Eva Rieger

Minna und Richard Wagner

Minna Wagner. Foto: E. Humblot & P. Sagel, Dresden.
Mit freundlicher Genehmigung des Nationalarchivs der Richard-Wagner-Stiftung, Bayreuth.

Eva Rieger

Minna und Richard Wagner

Stationen einer Liebe

Artemis & Winkler

Bibliografische Information Der Deutschen Bibliothek
Die Deutsche Bibliothek verzeichnet diese Publikation in der Deutschen Nationalbibliografie; detaillierte bibliografische Daten sind im Internet über http://dnb.ddb.de abrufbar.

Satz: Typo Fröhlich GmbH, Düsseldorf
Druck und Bindung: Clausen & Bosse, Leck
ISBN 3-538-07154-3
www.patmos.de

Inhalt

Einleitung

»Ohne sie fehlte ihm die Luft zum Atmen«

Richard ruft mir zu: »Was ist der Unterschied zwischen Wotan und Siegfried? Wotan heiratete Minna und Siegfried Cosima.« [1] Cosima Wagner, Richard Wagners zweite Ehefrau,[2] notiert, wie sich der Komponist mit seinen eigenen Opernfiguren gleichsetzt. Der Gott Wotan ist mit Fricka verheiratet, einer nörgelnden, moralisierenden Partnerin, die ihn an seine Pflichten erinnert und mit spitzen Bemerkungen ärgert. Siegfried erlebt dagegen mit Brünnhilde eine rauschhafte, leidenschaftliche Liebe, die beide wie eine Naturgewalt überfällt. Mit dem Ausspruch hat Wagner einer stereotypen Vorstellung Vorschub geleistet, die das Bild seiner ersten Ehefrau, Minna Wagner, bis heute prägt.

Minna Wagner sah ihr Verhältnis zu Richard aus einer anderen Perspektive, die realistischer anmutet. *Aus dem Grunde, daß mein Herr und Gebieter noch unwohl ist, konnten wir Frau Hoffmann nicht singen hören ... ich mußte eben mein Kind pflegen.*[3] Indem sie Richard die Doppelrolle des »Gebieters« und des »Kindes« zuweist, zeichnet sie treffend sowohl ihre Funktion als Mutter und Geliebte, als auch die seine als autoritärer sowie psychisch abhängiger Partner. In den Jahren des Zusammenlebens wusch und flickte sie Richards Wäsche, rieb ihn mit Olivenöl ein, heizte sein Badewasser, hörte seinen verwegenen Plänen und Ideen geduldig zu, ließ sich seine Opern vorspielen, verhandelte mit dem Dienstpersonal, schirmte ihn gegen störende Einflüsse ab, übernahm selber die niedrigsten Arbeiten, wenn kein Geld für Personal da war, nähte ihm Unterhosen und Morgenröcke, kurz: sie war für den gesamten Haushalt zuständig. Auf der Flucht vor Gläubigern, die sie nicht zu verantworten hatte, kroch sie mit ihrem Mann auf allen vieren durchs Gras und durchlitt lebensgefährliche Stürme auf See, die sie fast um den Verstand brachten. Sie kehrte sogar zeitweilig auf die Bühne zurück, um als Schauspielerin Einnahmen zu erzielen.

Aber ihre häuslichen Tätigkeiten erschöpften sich nicht im Praktischen. Minna war für Richards psychisches und sexuelles Wohlergehen über Jahrzehnte hinweg geradezu lebensnotwendig. Seine Briefe an sie verraten in den ersten Jahren ihres Zusammenseins eine Leidenschaft ohnegleichen, die eine fast neurotische Abhängigkeit offenbart. Später geht dies in enge Vertrautheit über, aber auch da konnte er kaum ohne sie sein. Er schreibt ihr über seine Pläne, über Aufführungen und endet oft seine Briefe mit *mehr mündlich*. Seine Amouren werden in Wagner-Biographien ausgebreitet, dabei wird aber gern übersehen, daß er anschließend Minna häufig anflehte, zu ihm zurückzukehren. In den ersten beiden Dezennien ihrer Ehe war nur sie imstande, ihm den für das Komponieren nötigen Seelenfrieden zu geben. Minnas Biograph Friedrich Herzfeld, der sich zuweilen vor harter Kritik an ihrer Person nicht scheut, war überzeugt: »Überhaupt wuchsen seine Qualen ins schier Unerträgliche, wenn er Minna in den ersten zwanzig Ehejahren einmal nicht an seiner Seite hatte. Sie war, wie sie nun auch war, das Salz seines Lebens. Ohne sie fehlte ihm die Luft zum Atmen. Bei all seinen Reisen konnte er den Augenblick der ersten Umarmung kaum erwarten. Minna bereitete ihm eben, so gut sie konnte, eine Heimat.«[4] Wenn Wagner nicht wußte, wie sie sich befand, überkam ihn fast eine Panik. *Laß mich bald gute nachricht von meiner frau hören! – Bei allem muthe bin ich oft die erbärmlichste memme!* verriet er Liszt 1849.[5] Und zwei Wochen darauf: *In Paris und ohne häuslichkeit – ich will sagen: herzens-ruhe kann ich nichts arbeiten: ich muß einen neuen punkt gewinnen, wo ich daheim bin und mir vornehmen kann, daheim zu bleiben. Als solchen punkt habe ich mir Zürich erlesen … Habe ich meine Frau wieder, so geht es frisch und froh an die arbeit.*[6] Er war zu diesem Zeitpunkt bereits 13 Jahre lang mit ihr verheiratet. Sie konnte also mit Fug und Recht behaupten, seine Werke mitgeschaffen zu haben. Und dies, obwohl er ihr später vorhielt, seine künstlerische Sendung nicht begriffen und mitgetragen zu haben.

Richards Gleichstellung seiner Person mit Wotan und Siegfried zeigt, wie sehr er das Persönliche mit seiner Kunst vermengte. Im 19. Jahrhundert hatte sich die Musik immer stärker zu einem Ausdruck seelischer Bekenntnisse entwickelt. Wie für alle bedeutenden Komponisten trifft auch für Wagner zu, daß er nicht seine unmittelbaren Erlebnisse, sondern die daraus entstandenen Ideen verarbeitete. Für ihn war jedoch das Leben eine Bühne und die Bühne stellte das Leben dar; beide Bereiche überlagern sich. Musik war für ihn Gefühlsdarstellung, Ausdruck der Spiegelung subjektiven Innengeschehens.[7] Hinzu kam das theatralische Element. Im künstlerischen Werk gelang es ihm, den Gefühlsimpuls mit Hilfe seiner Phantasie durch den Gestaltungswillen in Werke umzuwandeln, deren Qualität musikgeschichtliche Maßstäbe setzte. Im realen Leben versagte diese Methode, da seine Phantasie ständig Bilder und Vorstellungen aufrief, die mit den wahren Begebenheiten nicht übereinstimmten. Die Leidtragenden waren die unmittelbar mit ihm verbundenen Menschen, in den wichtigsten Lebensjahren war dies Minna.

Minna war ihrem Mann in Treue und Liebe ergeben. Nach dem Aufstand in Dresden und dem daraus erfolgenden Verlust des Kapellmeisteramtes kam es allerdings zu einem Bruch, der letztlich nicht zu kitten war. Minna fühlte sich getäuscht und versagte Richard die alles einigende Solidarität, so daß er sich nicht mehr von ihr geliebt fühlte. Sie konnte bei aller Bewunderung für Richards Leistungen ihn nicht als Genie begreifen, dem man alle Wünsche erfüllen und alle Ideen abzunehmen hatte. Dies überließ sie anderen Frauen, die dem Alltag fernstanden und gebildet genug waren, um seine genialen Fähigkeiten zu erfassen. Richard fühlte sich seinem Schaffen verpflichtet und stellte alles andere hintan. So war er der Ansicht, daß eine Trennung von Dresden unabdingbar war. Manches weist aber darauf hin, daß ein Verbleib trotz seiner ungeliebten Dirigierverpflichtungen ebensolche künstlerischen Hervorbringungen gezeitigt hätte wie das Leben in Zürich, wohin er floh und das von finanziellen Sorgen und häufigem Wohnsitzwechsel geprägt war. Nach der Flucht aus Dresden war er mehr als fünf Jahre lang zu einer neuen Komposition unfähig. Es marterte ihn zudem, daß er seine Opern über Jahre hinweg nicht hören konnte, weil er nicht nach Deutschland einreisen durfte. 1861 beschwerte er sich über die Stumpfheit seiner Protektoren in Deutschland, *die niemals auf den Einfall kommen, wie unwürdig ein Künstler von meinem Ernste eigentlich allen Chancen eines Abenteurerlebens ausgesetzt bleibt*[8]. Auf jeden Fall wären ihm die peinigenden Monate, die er 1849 und 1850 aus Geldnot in Paris verbrachte, ebenso erspart geblieben wie die ihn ebenso belastende Zeit in London und die vielen Jahre des Reiseverbots nach Deutschland. Aus ihrer Sicht hatte Minna mit ihrem praktischen Realitätssinn jedenfalls Recht.

Die Tragik dieser Ehe hat vor allem damit zu tun, daß das 19. Jahrhundert Normen errichtete, denen Richard sich nicht beugen konnte. Die Ehe war eine Sozial- und Wirtschaftsgemeinschaft, bei der die Rollen von Mann und Frau genau festlagen. Die Arbeitsteilung zwischen den Geschlechtern, ein Strukturprinzip in Industriegesellschaften, verwies die Frau in erster Linie auf den Haushalt, während der Mann für die Erwerbsarbeit zuständig war. Richard, der sich oft genug über bürgerliche Normen erhob, hätte nie an dieser Rollenteilung gerüttelt – wenn Minna erkrankte, konnte er über die zusätzliche Arbeit leicht jähzornig werden. Dem geregelten Gelderwerb verweigerte er sich aber durchgehend, und nicht nur das: Er war in den Jahren ihres Zusammenlebens ständig verschuldet, so daß eine bürgerliche Haushaltsführung unmöglich war. Minna fehlte oft das Geld zum Wirtschaften, und sie hatte noch dazu die Schande der Bettelei zu ertragen, unter der sie im Gegensatz zu Richard litt: *Nur von der Freundschaft seiner Freunde abzuhängen, ist für eine Frau eine traurige Existenz,* schrieb sie, als Richard sie bat, ihm in die Schweiz zu folgen.[9] Wagner beherrschte alle Arten des Bettelns und Pumpens virtuos und war auch im Umgang mit seiner Ehefrau oft wie ein Chamäleon, wenn er etwa seine Liebe zu Jessie Laussot oder zu Mathilde Wesendonck herunterspielte. So verlor sie langsam das Vertrauen in ihn und wurde im Laufe der Jahre chronisch mißtrauisch.

Wie haben wir uns Minna Wagner vorzustellen? Ihre postume Einschätzung könnte widersprüchlicher nicht sein. Philip Hurn und Waverley Root nehmen sie in Schutz, belegen aber dafür Cosima Wagner mit Schuldzuweisungen. Für sie steht fest, daß Cosima Minna haßte und dementsprechend handelte: »Es ist die Geschichte vom Kampf einer Eifersüchtigen gegen eine uneigennützige Frau.«[10] Minna gilt als integer und unschuldig, Wagner wird als großartiger Komponist, aber als Mensch ohne Moral geschildert, der alles seinem Egoismus opferte. Es gibt ebenso die gegenteilige Version: Cosima wird verklärt, Minna degradiert. Indem man die Frauen gegeneinander ausspielt, wird eine historisch stimmige Interpretation erschwert. Nicht selten wurden Fakten verfälscht, verbogen oder ignoriert, um Minna als eine halb frivole, halb biedere, auf jeden Fall schlechte Schauspielerin und dumme Ehefrau darzustellen, die ihrem Mann nicht gewachsen war und ihm das Leben erschwerte. Wagners Gefühle für sie werden fast schamhaft übergangen, paßt es doch nicht besonders gut, daß sich ein Genie in eine alleinstehende Mutter aus einfachsten Verhältnissen verliebt und sie zu seiner Gattin macht.

Wenn in Gregor-Dellins voluminöser Wagnerbiographie behauptet wird, sie »vereinte Zurückhaltung und Koketterie im Typ der Herzensbrecherin«, so sprechen die Fakten dagegen – abgesehen davon, daß andere Einschätzungen ihr »nüchterne Hausbackenheit«[11] vorwerfen, was sich damit wohl schlecht verträgt. So wird eine Aussage Wagners – und die anderer Zeitgenossen, die ihr Darstellungstalent, ihren Humor, ihre Liebenswürdigkeit und Schönheit loben – in ihr Gegenteil verkehrt. Wagner selbst beschreibt ihr Verhalten als *fern von aller Koketterie und Absichtlichkeit*. Exaltierte und affektierte Frauen waren ihm ein Greuel.[12] Und weiter: Sie stand *in dem auffallendsten Gegensatz zu all den unangenehmen Eindrücken des Theaters*. Er findet an ihrem Verhalten *etwas Mütterliches, das keineswegs auf Leichtfertigkeit oder Gefühllosigkeit deutete*.[13]

Dieser Vorwurf der Koketterie hat übrigens eine lange Tradition, denn bereits Heinrich Dorn, ein Kollege, Freund und späterer Feind Wagners, setzte sie in die Welt, als er von dem »sehr lebenslustigen« Charakter Minnas schrieb, der dazu beigetragen haben soll, Wagners Schuldenlast in Riga zu vergrößern.[14] Ein Blick in Wagners Erinnerungen zeigt, daß es gerade ihre Fähigkeit war, das wenige Geld zusammenzuhalten und ihm ein behagliches Umfeld zu gestalten, die er so schätzte.

Auch Joachim Köhler schreibt in seiner neuen Wagnerbiographie die alte Vorstellung von Minna als leichtlebiger Ehebrecherin fort. Zum einen übernimmt er Wagners Aussagen in »Mein Leben« als bare Münze, ohne dessen gelegentliche Bemühungen um Schönfärberei zu problematisieren.[15] Zum anderen liest er Wagners Erinnerungen falsch, wenn er beispielsweise Minna ein Verhältnis anhängen will, das nach Wagners eigener Aussage keins war. Über ihre Beziehung zu einem Herrn Schwabe schreibt Wagner selber: ›Es konnte nicht‹ *als eine Untreue gegen mich angesehen werden*,[16] trotz der Korrespondenz, die er vorfand und die ihn aufregte. Köhler unterstellt Schwabe hingegen, ein »heimlicher Mitgenießer gewesen zu sein, der sich um Minnas ›wohlbestellte Verhältnisse‹ verdient gemacht hatte.«[17] Und der Eklat um Richards Liebesaffäre mit Mathilde Wesendonck, der in Zürich zum Auszug aus dem Nachbarhaus führte, wird ihr allein angelastet. »Sehr zielstrebig führte Minna den Eklat herbei. Sie konfrontierte die Verhasste, drohte auch, deren vermeintlich ahnungslosen Gemahl einzuweihen« schreibt Köhler absichtsvoll dramatisierend,[18] obwohl Minna dem Rat ihrer Freundin Emma Herwegh folgend nur mit Mathilde sprach, im Vertrauen darauf, daß die Angelegenheit geheim bleiben konnte. Vielleicht war tatsächlich etwas Häme im Spiel, da sie den verräterischen Brief Richards an Mathilde besaß, aber die Biographen setzen sie einfach voraus, wenn sie der betrogenen Ehefrau von vornherein die Schuld für das Desaster anlasten. Es paßt übrigens zu Köhlers kritischer Einschätzung der Frauen in Wagners Leben, wenn er bei Mathilde Wesendonck »ein wenig Gemeinheit« vermutet, weil sie sich ihrem Mann sexuell verweigert und ihm mit Suizid gedroht habe, wenn er auf seinem ehelichen Recht bestünde[19]. Daß die leidenschaftlich verliebte junge Frau Richard begehrte und damit zeitweise außerstande war, sich ihrem Mann sexuell hinzugeben (was sie in eine schwer erträgliche Krise trieb), übersteigt eine sich auf traditionell patriarchale Normen stützende Phantasie.

Die Neigung, das Handeln der Frauen zu deren Nachteil auszulegen, findet sich selbst bei den wissenschaftlich akribisch arbeitenden Herausgebern der Briefe Wagners, wenn sie von Minna behaupten, ihre Eifersucht auf Mathilde Wesendonck sei »krankhaft« gewesen[20]. Minna hat sich lange ruhig verhalten, obwohl sie von der erotisch aufgeladenen Beziehung Richards zu seiner angebeteten Muse wußte und die häufigen Treffen toleriert. Sie deutet in ihren Briefen an, daß es nicht das erste Mal gewesen sei, daß Richard sie betrogen habe. Das Attribut »krankhaft« verdient eher Wagners Verhalten als junger Mann Minna gegenüber. In seinen Erinnerungen gibt er selber zu, während der ersten Jahre der Ehe aus grundloser Eifersucht Wutausbrüche und Vorhaltungen inszeniert und Minna so gequält zu haben, bis sie Krämpfe erlitt. Auch dies wird übrigens verdreht, wenn es dazu heißt, Minna hätte bei diesen Zerwürfnissen »ihrer Hysterie freien Lauf« gelassen.[21] Es scheint, als würde die üble Tradition des 19. Jahrhunderts, wonach das Kranksein und der hysterische Ausbruch als zum weiblichen

Körper zugehörig empfunden wurde, im patriarchalen Denken sedimentiert liegen und immer wieder unverhofft auftauchen.

Obwohl ein Bewunderer Minnas in einem schwärmerischen Gedicht ihre »edle Stirn«[22] beschreibt, behauptet Martin Gregor-Dellin, sie habe eine »sehr niedere Stirn« besessen, und weiter: »Sie hing nicht sehr an ihrem Beruf, den sie bei leidlicher Stimme und mit edlen, beherrschten, eingelernten Bewegungen gerade ausfüllte, sondern suchte irgendwann bürgerliche Sicherheit.«[23] Er deutet damit an, daß Minna Planer eine Schauspielerin der unteren Kategorie war. Die Burrell-Sammlung enthält jedoch zahlreiche Programme und Dokumente, die ihre kurze, aber durchaus erfolgreiche Karriere belegen. Zwischen 1833 und 1836 erhielt sie Angebote von Theatern aus zwölf Städten, und sie spielte an mehreren dieser Orten. Es ist unwahrscheinlich, daß jemand, der lediglich durch ein gefälliges Äußeres auffiel, so gefragt gewesen sein kann. Vermutlich war sie keine Darstellerin von überragendem Rang, und ihr Naturell stemmte sich gegen allzu große Exaltiertheit, aber sie galt bei Zeitgenossen als eine gute Schauspielerin. Das Magdeburger Theater hätte sie gewiß nicht wieder engagiert, wenn sie dort nicht eine große Lücke hinterlassen hätte. Ein Zeitgenosse berichtet über eine Saison des Königsberger Theaters, das qualitätsmäßig darniederlag, und wo es nur Minna Planer und einer anderen Schauspielerin namens Schmidt »zuweilen gelungen ›sei‹, das sehr erkaltete Interesse ›am rezitierenden Schauspiel‹ flüchtig anzufachen.«[24] Kein großes Lob, fürwahr, aber sie wird doch aus dem gesamten Ensemble hervorgehoben. Anzunehmen ist, daß sie mit großem Pflichtbewußtsein ihre Rollen lernte und zu gestalten versuchte. Da ihre Schwester Amalie Sängerin wurde und ihr Vater in seinem ersten Beruf Musiker war, ist durchaus von künstlerischem Talent auszugehen. Zweifellos profitierte Wagner zu Beginn seiner Karriere von ihren bühnenhandwerklichen und -künstlerischen Erfahrungen.

Minna wird oft vorgehalten, die Werke Wagners nicht begriffen zu haben. Der geistige Abstand zwischen ihnen wird oft als Grund für Richards Untreue erwähnt.[25] Sie ging davon aus, daß Opern eine begrenzte Lebensfähigkeit besäßen, und sie beurteilte sie auch nach dem Erlös, den sie einbrachten – ein durchaus verständliches Verhalten, das unzähligen Künstlerehefrauen eigen war, die für den Lebensunterhalt sorgen mußten. So schrieb sie innerlich den »Tannhäuser« ab, als das Werk zahlreiche Opernhäuser bereits durchlaufen hatte. Selbst Wagner ahnte nichts von der Ausstrahlung, die sein Schaffen noch über ein Jahrhundert haben würde. Dem Verlag Breitkopf & Härtel teilte er mit, er wünsche, daß der dritte Akt des »Lohengrin« noch *hoffentlich eine Weile über meinen Tod hinausspielen soll.*[26] Aber nie machte Minna einen Hehl aus ihrer Begeisterung für seine Werke: Ihm selber schrieb sie einmal, daß sie seine Musik *verehren und vergöttern* würde.[27] 1854 wohnte sie in Frankfurt einer Aufführung des »Tannhäuser« bei und war *ganz hingerissen von Wonne und Entzücken. Heulte unaufhörlich, daß man sogar den folgenden Tag von meinem sichtlichen Ergriffensein in den Zeitungen davon geschrieben.*[28] »Tristan« aber verstand sie nicht mehr. Die Oper war nach ihrer Auffassung eine Verirrung, Ausdruck einer ehebrecherischen Ekstase, die sie niemals gutheißen konnte. Es gab für sie auch keinen Grund mehr, sich in diese neue Musik einzufühlen, zumal sie genau zu wissen meinte, zu welchem Zweck das Werk geschaffen worden war: *Ich will nichts von dem Triumph und dieser Oper wissen, die ich ohnehin nicht leiden kann, da ich ihre Veranlassung kenne. Der Text ist abscheulich, fast unanständig liebesglühend.*[29] Selbstverständlich wäre es verkürzt, eine direkte biographische Linie zwischen Werk und Leben zu ziehen, doch konnte es Minna als betrogener Ehefrau nicht gefallen, daß Wagner im »Tristan« die Konvention verachtete und die Liebe – wie auch im »Ring« – als naturhafte Gewalt über den Ehebund stellte und damit den Ehebruch legitimierte. Sie hielt sich fortan an die Frühwerke.

Oft wird vergessen, wie sehr sich Wagner musikalisch in Distanz zu seiner Umgebung befand. In Minnas Bekanntenkreis konnten Freunde wie Heine, Fischer, Tichatschek, Pusinelli und Wagners Schwestern nicht verstehen, warum er nicht lieber Opern im Stil von »Rienzi«, »Tannhäuser« und »Lohengrin« komponierte, die doch beliebt waren und Geld einbrachten. Wagners Bruder Albert, ein bühnenerfahrener Künstler, bat Richard, praktischer zu komponieren und es den Sängern bequemer zu machen.[30] Selbst ein musikalisch geschulter Zeitgenosse wie Robert Schumann, dem Neuen stets aufgeschlossen, konnte mit Wagners Musik nur wenig anfangen und gab beim ersten Hören krasse Fehlurteile ab: »Er kann wahrhaftig nicht vier Takte schön, kaum gut hintereinander wegschreiben und denken.«[31] Clara Schumanns Äußerungen sind ebenso affektgeladen negativ wie die von Luise Büchner und anderen gebildeten Frauen ihrer Zeit. Auch Mendelssohn fand keinen Zugang zu der Musik Wagners, ebenso wie Joseph Joachim und selbst Brahms (der seine Meinung wie Schumann jedoch revidierte). Aber nur Minna wird das angebliche Unverständnis angelastet.

Die Entfremdung, die mit der Komposition des »Ring des Nibelungen« einsetzte, hatte weniger mit Minnas mangelndem Verständnis für sein Schaffen zu tun, sondern damit, daß Richard sich innerlich abgrenzte, weil er beim Komponieren an Mathilde dachte. Die vielen leicht zu entziffernden Eintragungen, die er in den 1. Aufzug der Kompositionsskizze der »Walküre« einbrachte (beispielsweise L.d.m.M.? = »Liebst du mich Mathilde?«) zeigen, wie sehr er sich und Mathilde mit den Gestalten Siegmunds und Sieglindes identifizierte. Minna konnte da nur störend wirken, und er hielt folglich den Kompositionsvorgang weitgehend von ihr getrennt, während er ihr früher alles vorgespielt und vorgesungen hatte. Die Entfremdung ist damit weniger ihrer vermeintlichen Beschränktheit anzulasten, sondern vielmehr seiner erotischen Neuorientierung.

»Der übereilte Schritt dieser Eheschließung zog bei der unvereinbaren Verschiedenheit der Naturen eine fast ununterbrochene Kette von Trübsalen und inneren Kämpfen nach sich«[32]: Auch dies gilt nur bedingt. Im Eheleben entstanden immer wieder Perioden der beiderseitigen Zufriedenheit. Richard war jahrelang sexuell und emotional an Minna gefesselt, und seine Briefe strahlen eine tiefe Verbundenheit und Intimität aus, die sie adeln: »Die ›echtesten‹ Briefe sind, überraschend genug, die an Minna Planer (Wagner), weil sie, jenseits einer unaufhebbaren Entfremdung, Zeugnisse einer selbstverständlichen Solidarität darstellen, wie sie Wagner sonst kaum kannte.«[33] Ein gesichertes Dasein konnte Wagner seiner Frau jedoch nur kurz bieten. Die Ehejahre waren angefüllt mit fortgesetzten Umzügen, Möbelverkäufen, neuen Einrichtungen, großer Geldnot und Schulden. Seinen Traum von einem zweirädrigen Pferdewagen, den er noch vor der Hochzeit ausgesprochen hatte[34], artikulierte er immer wieder, aber erst Cosima, die in Tribschen und später in Bayreuth residierte, kam in einen solchen Genuß. Es war weniger eine charakterliche Unvereinbarkeit als vielmehr eine ständige Wiederholung von uneinlösbaren Zusagen und Zukunftsplänen, die bei Minna Enttäuschung, Zermürbung und schließlich Abwendung bewirkten.

Mit seiner Aussage, daß Minna sich nach einer Ehe sehnte und lediglich bürgerliche Sicherheit suchte, läßt Gregor-Dellin den erheblichen psychischen Konflikt aller Frauen im 19. Jahrhundert außer acht, die die Gründung einer Familie mit der Selbstverwirklichung durch den Beruf in Einklang zu bringen trachteten. Minna hing an ihrer Arbeit, als Schauspielerin hatte sie immer genug verdient und war zu ihrer Zeit gefragt. Es war Richard, der sie aus dem Beruf drängte, um seine Eifersucht überwinden zu können. Nach seiner Flucht aus Dresden 1848 überlegte sie, sich von ihm zu trennen und an die Bühne zurückzukehren, weil sie eine neue Phase der Not befürchtete. Und zehn Jahre später – Minna war inzwischen 48 Jahre alt – faßte sie kurz nach dem Wesendonck-Drama wiederum ernsthaft diese Verdienstmöglichkeit ins Auge, doch ihre Schwägerin riet ihr von einer Rückkehr an die Bühne ab: *Zum Theater wieder gehen ist eine sehr sehr trübe Aussicht, die Theater sind sehr herabgekommen, Du bist soviele Jahre davon entfernt, mußt ein anderes Fach übernehmen, hast keine Garderobe, kurz dazu rathe ich Dir gar nicht…*[35] Es kann somit keine Rede davon sein, daß Minna freudig die Schauspielerei aufgab.

Zahlreiche Zeitgenossen und -genossinnen haben Minna darzustellen versucht. Minna »war so wunderhübsch, daß sie allein schon ausgereicht hätte, das Ehepaar interessant zu machen«[36], schrieb der Maler Friedrich Pecht. Ferdinand Praeger, dessen Erinnerungen sich allerdings als zuweilen unzuverlässig herausstellten, ist jedenfalls voll des Lobes: »Sie hatte Gazellenaugen, und ihre gutmüthige Freundlichkeit gegen jedermann gab ihrem Blick einen besonderen Reiz. Mit ihrem Aussehen im engsten Bunde war ihre sanfte Rede, die jeden einnehmen mußte. Im Hause war sie die Seele, die allen an den Augen absah, was ihnen Freude gewähren konnte, und ohne die geringste Aufregung alles that, jeden zufrieden zu stellen.[37] Richards Nichte, die Sängerin Johanna Jachmann-Wagner, beschreibt sie als auffallend hübsche, liebenswürdige und treuherzige Frau, mit viel praktischem Sinn und gesundem Menschenverstand.[38] Dies wird von Gustav Kietz unterstrichen, der sie als eine »ungewöhnlich schöne, höchst sympathische Erscheinung, voll herzlicher Güte und Liebenswürdigkeit … voller Teilnahme für das Schaffen ihres Mannes« bezeichnet.[39] Der Zeitgenosse Pecht meinte allerdings, man habe »der bildhübschen Frau weder die ehemalige Schauspielerin, noch überhaupt nur die Künstlerin angesehen, sondern die herzensgute, aber doch innerlich schwunglose und nüchterne Natur, die mit ganzer Seele an dem Gatten hing, gebeugten Hauptes ihm überallhin folgte, aber im Grunde keine Ahnung von seiner Bedeutung hatte, und mit ihrem, vor allem auf geregelte bürgerliche Verhältnisse hindrängenden Wesen trotz aller Liebe und Treue zu ihm in einem unversöhnlichen inneren Gegensatz stand.«[40]

Die wohl differenzierteste Darstellung stammt von Emma Herwegh, Ehefrau des berühmten Revolutionärs Georg Herwegh und Minnas vertraute Freundin: »Frau Minna Wagner war um 1850 herum eine stattliche hübsche Erscheinung. Ohne auf der gleichen Bildungsstufe mit ihrem Mann zu stehen, so besaß sie doch, was das Gemüt, die wirkliche Herzensgüte betraf, viele Haupteigenschaften, in denen sie ihm weit überlegen war und um derentwillen man sie lieb haben und ehren mußte. Sie zeichnete sich keineswegs durch eine besonders geistvolle Konversation aus, aber sie hatte, was wichtiger ist, in den schwersten Zeiten, wo es Beiden oft am Allerunentbehrlichsten fehlte, vortrefflich verstanden, dem von ihr verehrten Mann und Künstler die Sorge ums tägliche Brot und die bittere Prosa jede Stunde möglichst fern zu halten.

Was sie von poetischem Verständnis besaß, suchte sie praktisch zu bekunden. Wo eine Andere geschwärmt oder schlechte Verse gemacht hätte, handelte sie, und wenige Frauen, die wie Minna Wagner durch eine so harte Schule gegangen, können sich rühmen, ihr Schlußexamen so tüchtig bestanden zu haben wie sie. Feinen Takt mußte man von ihr freilich nicht fordern: dazu war sie eine zu leidenschaftliche, sich nicht beherrschen könnende und nicht genügend gebildete Natur, aber wer an ihr vortreffliches Herz appellierte, durfte sicher sein, verstanden zu werden und Gehör zu finden.

Als sie sich mit Wagner vermählte, war sie die schöne, gefeierte Tragödin, und er der damals noch unberühmte, unscheinbare, verhältnismäßig unbekannte und immer überschuldete Musiker. Die Eitelkeit hatte somit keinen Teil an ihrer Wahl. Allerdings, um später in einem Leben von Kampf, Entbehrungen und der ärgsten Prosa noch so viel Atem zu behalten, um trotz Allem mit einem Manne wie Wagner Schritt halten zu können, ihm stets ebenbürtig zu bleiben, dazu hätte es vielseitiger Naturanlagen und einer Schwungkraft bedurft, die die gute Minna wohl nie besessen, jedenfalls zu pflegen nie die Muße gehabt hat. Der Kern war vortrefflich.«[41]

Bis heute dominiert das Bild der kleinbürgerlichen Partnerin des genialen Komponisten, die ihn nie wirklich verstand, und die er nie wirklich liebte. Oft wird noch etwas draufgelegt, wenn ihr beispielsweise ein »eifersüchtiges, mißtrauisches und kleinliches Wesen« bescheinigt wird.[42] »Nirgendwo sonst finden sich so viele Banalitäten und Äußerlichkeiten wie in den Briefen Wagners an seine Frau«, schreiben die Herausgeber von Wagners sämtlichen Briefen.[43] Wagner wechselt – wie Briefschreiber allgemein – die Tonlage je nach AdressatIn. An Liszt schreibt er detailliert über seine Schaffensprobleme, mit Minna werden Alltagsgeschäfte besprochen und Mathilde Wesendonck bleibt die hohe Frau, mit der er im abgehobenen-idealisierenden Tonfall korrespondiert. Wenn aber betont wird, daß er seine eigentlichen Probleme, vor allem die des künstlerischen Schaffens, an Minna vorbei (lebt)[44], dann wird dabei übergangen, daß seine wichtigsten Werke während ihres Zusammenseins entstanden – selbst wenn man die letzten zerrütteten Jahre abzieht. »Der Wagner der dreizehn gewaltigen Musikdramen ist an Minnas Seite gewachsen«[45]: Alle Lebenswerke Wagners entstanden – bis auf »Parsifal« – im Keim in Dresden und in den Jahren zuvor, selbst seine Ideen zum »Ring des Nibelungen« stammen aus dieser Zeit. In diesen Jahren hätte ihm eine ekstatisch Liebende, wie sie später Jessie Laussot, Mathilde Wesendonck und Cosima von Bülow verkörperten, kaum etwas genützt. Er brauchte eine Frau mit Herz, Verstand und viel Takt, die ihm in der strengsten Entbehrung beistand, und Minna erfüllte diese Rolle. Wagner verlas ihr bis 1848 seine Texte und spielte ihr seine Werke am Klavier vor. Sie war ihm mit ihren Theatererfahrungen eine wichtige Partnerin. Als sie im Herbst 1854 eine Reise durch deutsche Städte antrat, überließ er ihr die Entscheidungsbefugnis bei ihren Bemühungen um eine Amnestierung und einen eventuellen Umzug nach Weimar und legte damit sein Schicksal in ihre Hände: *Daß ich Deiner Einsicht hierin vollkommen vertraue, sei versichert!*[46] In seinen Briefen, die er an *mein Herzensweibel, mein Herzens-Minel, mein liebstes, bestes Minel, mein allerbestes Weib, meine liebe, gute Frau, mein Mietzel, mein gutes Tierchen, liebe Mietze, gute Minake, gute liebe Minna, mein armer Muzius, gutes Karnikel, mein lieber guter Mutz, Chère épouse, Allerbester Querspahn, ungeheuer gute, gescheute Minna, Carissima Minna, Bestes Mutzigen, theuerste Gattin, Engel, liebe Kleine, meine Charmanteste, Du ganz guter*

Mutzinius adressiert, erzählt er zuweilen genauestens über die Vorbereitungen zu Aufführungen, bespricht die Leistungen der Sänger und Sängerinnen, kopiert Briefe, die Aufführungen loben, und legt sie ihr stolz bei. Insofern ist es erlaubt zu fragen, ob Wagner seine kreativen Leistungen auch ohne seine treusorgende Ehefrau vollbracht hätte. Seinem Jugendfreund Theodor Apel schreibt er begeistert über seine Gefühle für Minna: *Mehr als alle Begriffe der Moralität macht auch mich die Liebe kräftig; eine hohe, sentimentale Liebe würde mich jetzt entnerven, – die meinige macht mich froh und heiter.*[47] Zwei Jahrzehnte später war er reif für die *hohe, sentimentale Liebe* zu Mathilde Wesendonck, aber in diesen ersten stürmischen Jahren brauchte er Minna.

Wenn man aber den Wagnerbiographen nicht trauen kann, wie steht es um Wagner selbst? Es kommt selten vor, daß ein Künstler die eigene Frau in einer Autobiographie so offen beschreibt. Richard stand vor dem Problem, seiner zweiten Frau Cosima und einer eingeweihten Leserschaft[48] zu erklären, warum er sich von Minna trennen mußte, zugleich aber herauszustellen, was ihn bewog, gegen den Willen seiner Verwandten und über alle Hindernisse hinweg Minna geheiratet zu haben. Hierzu mußte er auch ihre Meriten auflisten, wollte er nicht als Dummkopf dastehen. Das Resultat ist eine Mischung sich teilweise widersprechender Aussagen. Als er das voluminöse Werk Cosima in die Feder diktierte, war er vor allem bemüht, seine Abhängigkeit von ihr herunterzuspielen. Als Beispiel kann das Jahr 1849 gelten. Nach seiner Flucht aus Dresden blieb Richard wochenlang ohne Post von seiner Frau. Während er in »Mein Leben« geschäftsmäßig neutral schreibt, *Ich erkundigte mich bei einer ihrer Verwandten durch einen Brief … theilnehmend nach ihrem Schicksal,*[49] verrät gerade dieser Brief, der zufällig erhalten ist, einen anderen Sachverhalt. Er fleht darin Minnas Tochter Natalie an, auf Minna einzuwirken, damit sie umgehend kommt, und zieht alle Register der Überzeugungskunst, um zum Schluß zu erpresserischen Mitteln zu greifen. *O Gott, wäre nur Minna bei mir! So schmachte u. sorge ich einsam, u. Minna sorgt und grämt sich einsam: zusammen hätten wir nur noch die Sorgen, die wir ohne dem doch auch schon haben, die aber durch die Trennung nur noch so vielfältig erschwert wären. Ach, möchte der gute Geist, der Geist der Liebe bald wieder über Minna kommen: überwältigt sie dieses edelste u. reinste Gefühl für mich nicht bald wieder, so fürchte ich, wird sie auch nie wieder der Liebe für mich fähig sein: dann soll sie mir es sagen, daß sie mich nie wiedersehen möge, daß sie mich nie mehr lieben könne, – u. dann – leb' wohl, Kunst u. Alles, was mein Leben ausmacht! Dann nehme ich meinen Wanderstab u. gehe in die weite Welt hinein, daß keiner mehr eine Spur von mir finden soll*![50] Seine im Nachhinein von allen Emotionen gereinigte Version läßt auch Zweifel an dem Wahrheitsgehalt manch anderer Aussage aufkommen.

Nicht genug, daß er bewußt Sachverhalte variiert, seine Briefe stellen häufig eine momentane, aktuelle Bestandsaufnahme dar. 1850, er war in Jessie Laussot verliebt und wollte mit ihr in den Orient fliehen, schrieb er Minna einen Abschiedsbrief, in den er alle Kritik packte, die ihm in den Sinn kam. Er mußte vor sich selber eine Begründung finden, um die Trennung von ihr zu rechtfertigen, und wirft ihr vor, sie habe nach dem Aufstand in Dresden deutlich ausgesprochen, sie hege keine Liebe mehr zu ihm. Sie hatte jedoch versucht, ihrem *Herzensmann* klar zu machen, daß es nicht mangelnde Liebe war, die sie von einer sofortigen Abreise abhielt. Es ängstigte sie, daß er wieder Schulden machen könnte und sie wünschte sich für die Zukunft eine feste Einkommensquelle. Von mangelnder Liebe ist nirgends die Rede. Wagner erfindet notfalls Dinge, um seine Sichtweise zu unterstreichen.[51] 1855 heißt es: *Glaube mir, liebe Minna, wenn wir auch in manchem nicht recht gleich denken und uns über diess und jenes dann und wann verschieden auslassen: keiner von uns kann doch sein Leben mehr überblicken, ohne zu sehen durch welche grossen Beweise von Liebe und Ausdauer in den schwierigsten und oft schrecklichsten Lagen wir uns nahe stehen.*[52] Fünf Jahre zuvor hatte er jedoch – beseelt von seinem Wunsch, mit Jessie Laussot ins Ausland zu ziehen – geschrieben: *Höre mich an! Das gänzlich Verschiedene im Grunde unseres Wesens hat sich zur Pein für mich – und namentlich auch Dich, zu jeder Zeit seit wir uns kennen, bald gelinder, bald greller herausgestellt.*[53] Man kann es kaum glauben, aber einen Monat vor dieser vernichtenden Einschätzung schreibt er wiederum: *Meine liebe Frau, – nächsten Sommer wollen wir einmal ganz uns selbst, unsrer Gesundheit und der Natur leben! Dieß ist meine einzige Hoffnung, mein einziger Trost! Leb wohl! Grüße Alles! Behalte mich lieb.*[54] Dieses Schwanken nach augenblicklicher Laune und Gegebenheit, die bewußten Verklausulierungen, Beschwichtigungen und sogar Unwahrheiten – diese Tendenz, die Realität umzubiegen, die in seiner theatralischen Natur tief begründet war, erschwert es, seine Aussagen als präzise Quellen zu verwenden. Im Gegensatz dazu prägt Minnas Briefe eine fast penetrante Wiederholung der gleichen Ansichten, so daß sie sich durchaus als verläßliche Dokumente erweisen. Minna drohte übrigens einmal Richard damit, daß sie ihre Memoiren schreiben würde[55]; da ihre Sichtweise der Dinge zuweilen diametral zu der ihres Mannes stand, hätte dies eine weitere Verwirrung nach sich gezogen. Es gilt daher, die Ereignisse aus ihrem Entstehen heraus zu deuten, alle Quellen mit Vorsicht zu behandeln und erst in der Häufung von Briefen, Erinnerungen, zeitgenössischen Äußerungen und historischen Fakten nach dem zu suchen, was der Wirklichkeit am nächsten kommt.

Die folgenden Kapitel sollen nicht Wagner in den Mittelpunkt stellen, um den andere Menschen gravitieren, sondern widmen sich der Ehe mit der ihr eigenen Wertigkeit und Dynamik. Daraus entsteht das Porträt einer von Grund auf »normalen« Frau im 19. Jahrhundert. Die Neigung des Biographen oder der Biographin, die zu beschreibende Person in Schutz zu nehmen und notfalls zu idealisieren, ist oft zu Recht kritisiert worden. Ganz frei ist man von Solidarisierungseffekten – trotz aller Bemühungen – freilich nicht. Die Verfasserin bekennt, sich leichter in Minnas als in Richards Situation hineinversetzen zu können, doch wäre niemandem gedient, wollte man bei aller Kritik Richards ihn mit Häme überziehen und als menschlich charakterlos darstellen, wie es oft genug geschehen ist. Die Studie legt daher auch in ihrer tragischen Verkettung die Nöte eines sämtliche Normen seiner Zeit sprengenden genialen Künstlers offen, der sich eine Frau wünschte, die ihm bedingungslos folgen konnte, aber sich von Minna über Jahrzehnte hinweg nicht trennen konnte, und der diesen Konflikt auch innerlich durchlebte und durchlitt. Die vorliegende Studie versteht sich daher auch als ein Beitrag zur Grundlagenforschung, um zum einen Klischees über die Geschlechtergeschichte im Bürgertum aufzubrechen und zum anderen die Bedeutung der Geschlechterbeziehungen für das Verständnis von Wagners Werk aus dem marginalen Diskurs herauszunehmen und in eine zentrale Position zu rücken. Jens Malte Fischer nennt einmal Peter Wapnewski als sein Vorbild, der gezeigt habe, »daß man sich intensiv mit Wagner beschäftigen kann, ohne durch Liebe blind oder durch Haß taub zu werden.[56]« Anstelle von Einseitigkeiten und Mythenbildungen bleibt, anhand der Quellen zu versuchen, die Stationen einer Ehe ansatzweise nachzuzeichnen, mit all ihren Widersprüchen und Konflikten, aber auch Vertraulichkeiten und Glücksmomenten. Letztlich soll es dem Leser und der Leserin überlassen bleiben, sich ein eigenes Bild von den Vorgängen und den Menschen zu machen, die in ihnen verwickelt waren.

Erstes Kapitel

»Ich bin ihr Despot geworden«: Von der Liebe zur Ehe

Weiß Gott, mein herrliches Mädchen, ob mir eine Stunde entflieht, in der ich Deiner nicht tausendmal gedenke! Das ist Wonne u. Qual zugleich, denn Deiner zu gedenken ist Freude, u. Dich so ganz lebhaft vor mir zu sehen u. doch so fern zu wissen, ist Qual! … Wir müssen aus diesen schmutzigen Theaterverhältnissen, wie wir sie bis jetzt erlebt haben, heraus, wir müssen als verheirathetes Paar mehr in den Kreis des bürgerlichen u. höheren Lebens eintreten; u. sieh, mein süßes Kind, ich habe den sichern Glauben u. die feste Hoffnung, wenn wir verheirathet sind, wird das Glück bei uns einziehen.[57] Richard Wagner, der dies seiner fernab weilenden Geliebten Minna schrieb, strebte zeitlebens nach besseren Verhältnissen. Um so erstaunlicher, daß er eine Frau ohne Mitgift heiratete. Entscheidend war die Liebesleidenschaft, die den knapp Zwanzigjährigen überfiel und anhaltend besetzt hielt. Zunächst glaubte er freilich, die Oberhand behalten und seine Geliebte nach Lust und Laune wieder fallen lassen zu können. Doch es kam anders.

Die Frau seines Herzens, Minna genannt, hieß eigentlich Christiane Wilhelmine Planer und wurde am 5. 9. 1809 in ärmliche Verhältnisse hineingeboren. Die Familie lebte im sächsischen Oederan im Erzgebirge. Wie der Geburts- und Taufschein der Kirche in Oederan belegt, war sie vier Jahre älter als Richard. Minnas Vater, Gotthelf Planer (1770-1855), war sächsischer Stabstrompeter gewesen. Als Musiker hatte er an dem Feldzug in Frankreich sowie im Juli 1809 an der berühmten Schlacht gegen Napoleon bei Wagram teilgenommen, die verlorenging. Sein Oederaner Kürassierregiment »Churfürst« zog mit den geschlagenen Truppen nach Sachsen zurück. Kurz nach seiner Rückkehr, am 25. 9. 1809, heiratete er

Minnas Mutter Johanna Christiana Meyer (1782–1856), sie verstarb ein Jahr nach ihrem Mann. Minna wurde somit wie zwei ihrer Schwestern unehelich geboren, was aber durch die Heirat drei Wochen nach der Geburt bereinigt wurde. Die Mutter gebar zehn Kinder, von denen die meisten im Kindesalter starben. Charlotte, die den Arzt Adam Tröger heiratete und 1864 starb, war die älteste Schwester. Es folgten Henriette-Wilhelmine (genannt Jette), die 1853 starb, 1809 Minna, 1811 Amalie (eine Sängerin, die einen russischen Rittmeister namens von Meck heiratete) sowie 1818 Karl Eduard, der 1843 schon mit 25 Jahren starb.

In der Geburtsurkunde Minnas wird ihr Vater als »Mechanici allhier« bezeichnet. Das waren Werkzeugmacher, zwischen Handwerk und Industrie angesiedelt, die mechanische Werkzeuge, Geräte und Antriebe produzierten. Als Trompeter eines geschlagenen Heeres fand er keine Arbeit mehr und stellte dann in Heimarbeit sogenannte Wollkrempeln her: Drahthäkchen, die in der Wollindustrie gebraucht wurden.

Es waren keine guten Zeiten, in denen Minna aufwuchs. Während des Krieges waren hunderttausende Einwohner Sachsens gestorben, der materielle Schaden war beträchtlich, und das Land verlor durch den Friedensschluß zwischen Rußland, Preußen und Sachsen über die Hälfte der früheren Fläche des Landes und damit 42% seiner restlichen Einwohner. 1816 und 1817 gab es in Sachsen zwei Mißernten, die die Armut verschärften. Das väterliche Geschäft lief zunächst recht gut. Das Unglück setzte ein, als ein wohlhabender Fabrikant in Chemnitz 1819 eine große Anzahl Wollkrempeln bestellte. Glücklich über die Aussicht auf eine einträgliche Einnahme gab Gotthelf sein letztes Geld für das Material aus. Die Kinder mußten bei der Produktion mithelfen, weil ihre kleinen, biegsamen Finger dafür besonders geeignet waren. Sie arbeiteten angestrengt und bis in die Nächte hinein, denn ihr Vater versprach ihnen viele Weihnachtsgeschenke zur Belohnung. Als er die Ware abliefern wollte, erfuhr er, daß das Geschäft des Auftraggebers zusammengebrochen war. Dessen Konkurs bedeutete auch den Ruin für sein Geschäft.

Von diesem Schlag erholte sich Gotthelf Planer nicht wieder. Seine spätere geistige Verwirrtheit dürfte mit diesem Trauma zu tun haben, und auch Minnas lebenslange Angst vor dem Elend speiste sich wohl aus diesem Schock. Wenn sie als Kind die Dimension der Armut nicht ganz begriff, wird dennoch das Entsetzen der Eltern sich tief in ihr eingeprägt haben.

Wohin mit den großen Mengen des speziellen feinen Drahtes, der für die Herstellung der Krempeln gebraucht wurde und nun überflüssig war? Die zehnjährige Minna wurde beauftragt, ihn an Putzmacherinnen zu verkaufen, die ihn für das Verfertigen künstlicher Blumensträuße verwenden konnten. Sie verabschiedete sich mit schweren Körben voller Draht von daheim und kehrte mit leeren Behältern und dem Erlös nach Hause zurück. Es war ihr gelungen – entweder mit schauspielerischem Können oder unter dem Einsatz kindlichen Ernstes –, ihre Ware so gut anzupreisen, daß sie alles losschlagen konnte. So erlebte das Kind zum ersten Mal das Gefühl, etwas wahrhaft Nützliches vollbracht zu haben. Diese Erfahrung prägte sie nachhaltig, denn sie weckte in ihr den Wunsch, durch weitere Tätigkeiten die Armut der Familie zu mildern und einen eigenen Beruf zu erlernen.

Inzwischen war die Familie Planer nach Dresden gezogen. Noch Jahre nach dem verlorenen Krieg konnte man in der Stadt die deprimierenden Folgen sehen. Ein Zeitgenosse berichtet 1820: »Nun gings an verfallenen Kirchhofsmauern vorüber, dann gar an der Stelle des jetzigen Postplatzes. Da sah man nur Trümmer und Schutt und wüstes Wesen ... Der Zwinger selbst bot, wenn die Orangerie aus demselben entfernt war, d.h. vom Oktober bis Mai, ein Bild des Verfalls. Der Fußboden war teilweise beraset, die statuen- und ornamentreichen Gebäude waren beschädigt, schmutzig ... am wüstesten aber sah es hinter dem Zwinger aus, wo man begonnen hatte, die alten Festungswerke abzutragen und deren Steintrümmer wild umherlagen...«[58] Vater Gotthelf versuchte sich sogar als Klavierbauer, aber er konnte kaum etwas verkaufen, denn das Bürgertum hatte Mühe, sich selbst zu ernähren. Die Mittellosigkeit führte dazu, daß Minna lediglich den notwendigsten Schulbesuch absolvieren durfte, der damals Geld kostete. Außer den Grundfertigkeiten Lesen, Schreiben und Rechnen erhielt sie keine weitere Bildung, was die Schreibfehler in ihren Briefen belegen. Dies war nach Ansicht Gotthelfs – und später ihres Mannes – auch unnötig: *Dein Vater hatte ganz recht, Euch das Schreiben nicht lernen lassen zu wollen,*[59] stellt Richard einmal fest.

Vielleicht war es der Wunsch, der Ärmlichkeit zu entfliehen, der die Fünfzehnjährige im Frühjahr 1825 auf das Werben eines königlich-sächsischen Garde-Hauptmanns namens Ernst Rudolph von Einsiedel eingehen ließ, von dem sie zum Intimverkehr überredet wurde. Sollte sie sich freiwillig hingegeben haben, werden sie wohl eher seine Versprechungen von Wohlstand gelockt haben als die Wogen der Leidenschaft, hätte doch eine Ehe mit einem Mann aus begütertem Hause sie für immer dem Elend enthoben und eine große Erleichterung für ihre notleidende Familie bedeutet. Das Adelsprädikat und die schneidige Uniform werden sie zusätzlich beeindruckt haben. Alle Offiziere waren in dieser Zeit adliger oder patrizischer Herkunft, die wenigen Bürgerlichen, die im Militär Karriere machten, gehörten dem Amtsadel an.[60] Richard zufolge wußte Einsiedel *seine Leidenschaft dem unerfahrenen jungen Mädchen in einer unbewachten Stunde verderblich zu machen*,[61] was auf eine Vergewaltigung hindeutet. Die Folgen waren katastrophal, denn sie wurde schwanger. Einsiedel verschwand auf Nimmerwiedersehen. Ihre Verzweiflung war groß, denn eine »entehrte« Tochter hätte ihrem Vater, dem ehemaligen Soldaten, nach dem Verlust seiner Habe einen weiteren tiefen Stoß versetzt. Minna fürchtete den väterlichen Zorn, brach vermutlich unter der Last dieser schrecklichen Aussicht zusammen und offenbarte sich der Mutter sowie ihrer Schwester Charlotte. Für diese gab es nur eine Lösung: die Verheimlichung. Alle drei kamen überein, dem Vater vorzugaukeln, daß nicht sie, sondern die Mutter ein Kind erwarte. Der plumpe Trick gelang. Das Baby, Natalie genannt, kam laut Taufschein am 22. 2. 1826 in einem Dresdener Entbindungsinstitut zur Welt. Diese öffentliche Anstalt, die verlassenen Schwangeren als Zufluchtsort während der letzten Zeit der Schwangerschaft, zur Entbindung und während des Wochenbetts offenstand, diente zugleich als Lehranstalt zur Ausbildung von Hebammen[62]. Vielleicht erzählte die Mutter ihrem Mann, daß sie dort entbinden und Minna als angebliche Hilfe mitnehmen müsse. Wagners Bemerkung, wonach sie das Kind *unter Umständen* ›bekam‹, *die ihr Leben auf das äußerste bedrohten*,[63] lassen jedoch einen anderen Schluß zu. Er führt dies zwar nicht näher aus, aber wahrscheinlich trieb sie sich kurz vor der Geburt herum, weil sie in ihrem Zustand nicht beim Vater Verdacht erregen wollte. Als die Wehen einsetzten, mußte vermutlich die Schwester die Mutter informieren, die daraufhin sofort das Haus verließ. Es ist anzunehmen, daß Minna ihr Kind nicht in der Entbindungsanstalt gebar, sondern vielleicht im Wald

Dresdener Altstadt mit Elbbrücke und Kreuzkirche. Aquatinta von Carl Gregor Täubert, 1830 (Ausschnitt).

oder an irgendeinem verlassenen Ort, es dann aber zum Dresdner Entbindungsinstitut brachte.

Der Vater ahnte bis zu seinem Tode nichts. Selbst Minnas Tochter Natalie wußte bis ins hohe Alter nicht, wer sie in Wirklichkeit war. (Dem Wagnerbibliographen Nikolaus Oesterlein, der sie um 1880 besuchte, erzählte sie, sie sei die Schwester, da war sie bereits 54 Jahre alt.) Diese Lebenslüge führte im Zusammenleben der beiden Frauen immer wieder zu Reibungen. Minna betrachtete Natalie als Tochter und behandelte sie danach, Natalie wollte sich von der vermeintlichen Schwester nicht dominieren lassen und wehrte sich entsprechend.

Die Taufe des Babys fand in der Dresdener Kreuzkirche statt. Minna und ihre Mutter wagten nicht, die kirchlichen Autoritäten zu belügen, sondern gaben Natalie als die leibliche Tochter von

Minnas und Ernst Rudolph von Einsiedel an. Minnas Schwester Charlotte Planer fungierte als Taufpatin. So bildete sich eine Frauenphalanx gegen den Vater, der sich vermutlich nichtsahnend über die späte Geburt einer Tochter freute. Diese Episode mitsamt den daraus entstandenen Schuldgefühlen gegenüber der Mutter könnte auch erklären, warum sich Minna ihr Leben lang um die finanzielle Situation der Eltern kümmerte und alles unternahm, um Richard zu Zahlungen zu bewegen, und warum sie zeitlebens auch ein gutes Verhältnis zu Charlotte pflegte. Es ist übrigens auffällig, daß das Baby den vollen Namen »Ernestine Natalie« erhielt, womit Minna den Erzeuger bewußt einbezog. Wie Cosima ihrem Tagebuch am 29. 7. 1878 anvertraute, erinnerte sich Richard Jahrzehnte später, daß er von Minna gegen seinen Willen dazu gebracht wurde, sie zum Landesgericht in Dresden zu begleiten und gegen Einsiedel einen Alimentationsprozeß für Natalie einzuleiten. Wann dies stattfand, ist nicht bekannt; jedenfalls blieben die Bemühungen erfolglos. Richard empfand dies als einen Mangel an Zartgefühl, während der Vorgang für Minna sicherlich ein inneres Bedürfnis war, das ihr neben der Versorgung der Tochter auch eine nachträgliche Genugtuung verschaffen sollte.

Minna lernte durch dieses brutale Erlebnis zweierlei, was ihr in Fleisch und Blut überging: Man durfte den Versprechungen von Männern nur Glauben schenken, wenn erstens der Wunsch zur Heirat damit verkoppelt und zweitens eine solide wirtschaftliche Basis vorhanden war. Ein verläßliches Einkommen war für sie gleichbedeutend mit Bürgerlichkeit. Und sie lernte, wie man eine bürgerliche Fassade aufbaut. Dies erklärt ihre spätere Angst vor Entehrung und Spott, als ihr Mann aus Dresden fliehen mußte. Wenigstens nach außen hin mußte man das Bild von Normalität aufrecht erhalten, darauf legte sie viel Wert, zum Unverständnis Richards, der in seinen Briefen an sie oft ihren Hang bespöttelt, sich der Leute wegen zu verstellen.

Was konnte Minna erlernen? Noch herrschte in Deutschland der Zunftausschluß von Frauen; es gab somit keine Gewerbefreiheit. Minna war bewußt, daß sie als attraktiv galt: Außerdem besaß sie durchaus Talent, das sie anzuwenden gedachte. Die Tatsache, daß Minnas Vater Musiker gewesen war, eine ihrer Schwestern Sängerin wurde und sie spontan zweite Stimmen zu Liedern improvisieren konnte, deutet auf eine künstlerische Strähne in der Familie hin.

Für bürgerliche Frauen – und zu denen zählte sich Minna trotz der Armut ihrer Eltern – gab es kaum mehr als zwei Berufe: der der Erzieherin oder Künstlerin. Während die Erzieherin aber von den »Herrschaften« abhängig war, oft von Eltern und Kindern gedemütigt, ermöglichte die Laufbahn der Bühnenkünstlerin eine dem Mann ebenbürtige Anerkennung. Die Schriftstellerin Fanny Lewald (1811-1889) war von Bühnenkünstlerinnen besonders deshalb beeindruckt, weil sie »mir das Bild einer Unabhängigkeit und einer persönlichen Bedeutung vorführten, nach denen meine ganze Seele trachtete. Stundenlang konnte ich es mir bei meinem Nähen und Stricken ausmalen, welch eine Wonne es mir sein würde, unabhängig zu sein, einen selbständigen Beruf zu haben, wie diese Frauen.«[64] Vielleicht war es auch dieser Aspekt am Beruf der Schauspielerin, der Minna faszinierte. Es gab aber noch eine andere, dunkle Seite des Berufs. Der Theaterhistoriker und Bühnendirektor Eduard Devrient war der Ansicht, daß sich mit der Einführung der Frauen auf der Bühne »das Urteil des männlichen, also des tonangebenden Publikums, durch das geschlechtliche Interesse getrübt« habe.[65] Frauen mußten somit äußerst vorsichtig agieren, wollten sie nicht als schwüllüsterne Geschöpfe gelten, die ihre entfesselte Sinneslust auslebten. Der Beruf, der Frauen der unteren Stände ermöglichte, aufzusteigen und Ruhm und Prestige zu gewinnen, barg ebenso die Gefahr des Ehrverlustes. Sie wurden von Lebemännern hofiert und nicht selten »verführt«, um dann in Schimpf und Schande die Karriere aufgeben zu müssen. Der sogenannte »Fehltritt« wurde wie selbstverständlich den Opfern angelastet und nicht den meist gutsituierten Männern, die diese Frauen als bessere Prostituierte benutzten. Andererseits waren gerade diejenigen Künstlerinnen, die schlecht verdienten, auf solche »Kavaliere« angewiesen, da sie durch Liebesdienste ihr Gehalt aufbessern konnten. In den Augen der Gesellschaft überschritten diese Frauen daher leicht die Grenze zur Libertinage.

Der Kostümparagraph war für Frauen eine zusätzliche finanzielle und arbeitsmäßige Belastung. Heinrich Stümcke schildert in seiner Untersuchung über Schauspielerinnen eine typische Situation: »Während der Schauspieler sich im Wirtshaus bei Bier und Skat von den Strapazen erholt, sitzt die unglückliche Komödiantin mit Nadel und Schere über die Näharbeit gebeugt und müht sich, der einzigen Staatsrobe durch eine neue Garnierung, Faltenraffung oder Dekolletierung den Charakter zu verleihen, den eine neue Rolle gerade erfordert.«[66]

Aufgrund der zunehmenden Kommerzialisierung veränderten sich die Probleme des Schauspielerstandes im Lauf des 19. Jahrhunderts. Hatten Schauspieler sich früher bemüht, vom Bürgertum geachtet zu werden, verschob sich nun die Situation des Theaters und seines Standes in Richtung rein geschäftlicher Spekulation. Diesen Veränderungen fielen die Schauspielerinnen meistens als erste zum Opfer. Es entstand ein Schauspielerproleteriat, und das Antichambrieren beim Intendanten wurde immer wichtiger für das berufliche Fortkommen. Frauen griffen dabei wiederum zum altbewährten Mittel der versteckten Prostitution – sie gaben ihren Körper hin, um überleben zu können. In der zweiten Hälfte des 19. Jahrhunderts verschärfte sich die soziale Kluft zwischen den Schauspielerinnen. Während die einen es zu einer erfolgreichen Karriere im Einzelfach brachten und dann auch bürgerliches Ansehen genossen, landeten die anderen bei der Statisterie und dem Chorpersonal, wo es ihnen finanziell wesentlich schlechter ging, oder gar bei der Straßenbettelei und -prostitution.

Minna entschloß sich trotz allem für diesen Beruf und ging auf das Angebot der Dresdener Schauspielerin Else Mevius ein, die 1828-1833 am Hoftheater tätig war, sich für die Bühne ausbilden zu lassen. Sie war etwa zweiundzwanzig Jahre alt. Es gelang ihr, Rollen zu bekommen und sich damit ein Einkommen zu sichern. Auf dem Freiberger Platz in Dresden spielte sie in dem Stück »Eumorphia« von Ziegenborn – Friedrich Herzfeld nennt es eine »Vorstadtschmiere«[67] – und hatte Glück: Der Intendant des Dessauer Hoftheaters war zufällig anwesend, und er bot ihr einen Vertrag an. Es war gewiß nicht nur Glück oder gutes Aussehen im Spiel: Minna überzeugte als Schauspielerin.

War es nicht für sie ein erhabenes, beglückendes Gefühl, ein Publikum zu fesseln und zu spüren, wie man kraft des eigenen Könnens etwas leistete und darstellte? Die Huldigungen entgegenzunehmen, in den begeisterten Applaus hinein sich zu verbeugen – das wird sie für manche Probe auf eiskalten Bühnen und endlose Nähereien an Bühnenkostümen entschädigt haben. Etwas anderes waren die beruflichen Gefahren, denen Minna als attraktive Frau in besonderem Maße ausgesetzt war. Männer stellten ihr häufig nach. Es gibt keine Hinweise darauf, daß sie sich angesichts der Geldnot

Minna Planer als Schauspielerin, um 1835. Mit freundlicher Genehmigung der Hulton Deutsch Collection Ltd., London.

prostituiert hätte. Obwohl ein Kenner der Situation 1854 schrieb: »Die Sängerin muß als Weib die Männerwelt zu fesseln, sie muss zu kokettieren, eine gute Toilette zu machen verstehen,«[68] war sie sich der Gefahren wohl bewußt und verstand, sie zu umschiffen.

Der Entwurf einer Antwort an einen Verehrer ist erhalten geblieben. Sie schrieb: *Ihre beiden Briefe, in welchen Sie mich um eine Antwort bitten, habe ich erhalten. Wie ich Ihnen schon mündlich versicherte, wird es mir angenehm sein, wenn Sie freundschaftliche Gefühle für mich empfinden und ich kann Ihnen dasselbe nur jetzt schriftlich wiederholen. Sollten die dunkeln Andeutungen in Ihrem Briefe, die ich nicht verstehe, einen andern Sinn haben, so würde mich dies aufrichtig schmerzen, da mir meine ganze Stellung und Verhältnisse nicht erlauben, in irgend eine andere Beziehung zu treten.*[69] Auf der Rückseite ist eine Notiz in Wagners Handschrift aus dem Jahr 1835 zu finden, folglich mußte sich Minna verschiedener Verehrer erwehren, als sie schon mit ihm liiert war.

Minna mußte sich nicht nur selber finanziell unterhalten, sondern auch ihren Eltern Geld schicken. So beschreibt sie ihre damalige Armut: *Ich übernahm es, in Zeiten, wo es mir bei dem schlimmen Cassen-Bestand der Theater-Direction oft an 4 Groschen fehlte, um Mittag-Essen holen zu lassen; ich versetzte denn meine Ohrringe und d.gl., die mir für das Theater oft unentbehrlich waren, schickte das Geld meinem Bruder, der dafür etwas lernen sollte, und behielt mir nur drei Pfennige zurück, um mir dafür ein Brödchen zu kaufen, das ich auf einem Spatziergange um die Stadt als Mittags-Mal verzehrte, während ich meinen Wirthsleuten vorgegeben hatte, daß ich irgendwo zu Tisch ausgebeten sei.*[70] Dieser Drang, sich aufzuopfern, kann als Kompensation für ihre Schuldgefühle gedient haben, denn sie ließ Natalie bei der Mutter, solange sie klein war.

Minna lernte ihren künftigen Ehemann im August 1834 kennen. Er war gerade 21 Jahre alt. Das künstlerische Talent des am 22. Mai 1813 geborenen Richard Wagner wurde von seinem Stiefvater Ludwig Geyer entschieden gefördert, er galt ihm als Vorbild. Vier seiner sechs älteren Geschwister wählten die Bühnenlaufbahn. Sein älterer Bruder Albert wurde Tenor, Rosalie und Luise wirkten als Schauspielerinnen, Clara wiederum als Sängerin. Schon als Kind spielte Richard begeistert kleine Rollen. Später erinnerte er sich, *bei einem lebenden Bilde als Engel ganz in Trikots eingenäht, mit Flügeln auf dem Rücken, in schwierig eingelernter graziöser Stellung figuriert zu haben.*[71] In der Schulzeit war er an einer Aufführung des »Freischütz« mit selbstgebastelten Kostümen und Masken beteiligt.

Eine tiefe Empfindungsfähigkeit und leichte Erregbarkeit prägten ihn von Kindesbeinen an. Theaterbesuche stimulierten die

Phantasie des Knaben bis zum Grauen. Auch seine freundschaftlichen Beziehungen waren stark gefühlsbetont. In der Schule stand er meist *in leidenschaftlichem Freundschaftsbund zu irgendeinem Erwählten,*[72] der bezeichnenderweise nach dem Grad des Eingehens auf Richards phantastischen Liebhabereien bestimmt wurde – wer ihm nicht zuhörte und folgte, wurde verstoßen. Er wuchs zusammen mit den Schwestern sowie der Halbschwester Cäcilie auf. Den leiblichen Vater lernte er nie kennen, sein Stiefvater starb, als er acht Jahre alt war. Der ältesten Schwester Rosalie oblag die Erziehung der jüngeren Kinder. Aus seinen Briefen spricht eine liebevolle, fast schwärmerisch-verliebte Neigung zu ihr. *Die zarteren Garderobengegenstände meiner Schwestern, mit deren Herrichtung ich die Familie häufig beschäftigt sah, übten einen fein erregenden Reiz auf meine Phantasie aus; das Berühren derselben konnte mich bis zu bangem, heftigen Herzschlag aufregen. Trotzdem daß, wie ich erwähnte, in unserem Familienverkehr keine, namentlich in Liebkosungen sich ergehende Zärtlichkeit herrschte, musste doch die stets nur weibliche Umgebung in der Entwicklung meines Empfindungswesens mich stark beeinflussen.*[73] Wagners Familienbeziehungen waren in erster Linie weiblich bestimmt. Zärtlichkeiten wurden in seiner Familie nur spärlich verteilt, dennoch liebte er seine Mutter sowie seine Schwestern aus tiefster Seele. Der 22jährige schrieb ihr einige Zeilen, aus denen trotz des schwülstigen Stils eine innige Nähe hervortritt: *Nur an Dich, liebste Mutter, denke ich mit der innigsten Liebe und der tiefsten Rührung zurück; … Ach, wie steht doch aber über alle dem die Liebe einer Mutter! Ich gehöre wol auch zu denen, die nicht immer so sprechen können, wie es ihnen im Augenblick um's Herz ist, – sonst würdest Du mich wol oft von einer viel weicheren Seite kennen gelernt haben. Aber die Empfindungen bleiben dieselben, – und sieh Mutter, jetzt – da ich von Dir fort bin, überwältigen mich die Gefühle des Dankes für Deine herrliche Liebe zu Deinem Kinde, die Du ihm zuletzt wieder so innig und warm an den Tag legtest, so sehr, daß ich Dir mit dem zärtlichsten Tone eines Verliebten gegen seine Geliebte davon schreiben und sagen möchte. Ach, aber weit mehr, – ist denn nicht die Liebe einer Mutter weit mehr – weit unbefleckter als jede andere? – … Dir dringt alles aus dem Herzen, aus dem lieben, guten Herzen, das Gott mir immer geneigt erhalten möge, – denn ich weiß, wenn mich alles verließe, würde es immer meine letzte, liebs-*

Richard Wagner, Scherenschnitt, 1835. Das früheste Wagner-Portrait stammt aus der Zeit von Wagners Tätigkeit bei der Magdeburger Theatergesellschaft.

te Zuflucht sein.[74] Bei ihr hatte er die Wärme, Treue und Liebe erfahren, die er so dringend brauchte. Die Frau, die unter allen Umständen unerschütterlich zu lieben bereit ist, sollte denn auch das Grundthema seiner Opern werden. Die Mutter scheint diesem Ideal entsprochen zu haben, denn er schreibt Theodor Apel unter Tränen, nachdem er sich wegen seines ausschweifenden Lebenswandels mit seiner Familie überworfen hat: *Eine Mutter, die mich herzlich liebt, ist Alles, was ich noch habe, – nichts weiter!*[75]

Nach einer recht wilden Phase als Student hatte für Richard *das Weib begonnen vorhanden zu sein.*[76] In seinen tagebuchartigen Aufzeichnungen aus den Jahren 1829 bis 1832 sind Umschreibungen seiner Liebesabenteuer zu finden: *Werde lüderlich. Lüderliche Zeit im Sommer.*[77] Verhältnismäßig spät faßt er den Mut, auf Frauen zuzugehen, macht bald sexuelle Erfahrungen, vermutlich mit Hilfe von Alkohol und gemeinsam mit Freunden. 1832 verliebte er sich bei Prag in eine oder beide Töchter eines Grafen Pachta, den er durch seine Schwester Rosalie kennenlernte, die in Prag ein Engagement hatte. Er wurde aber abgewiesen, was ihn tief traf, und er zog es erst einmal vor, sein Selbstvertrauen im Umgang mit männlichen Altersgenossen aufzubauen. Seine lebhafte Erregbarkeit gab ihm im Umgang mit trägeren Freunden das Gefühl einer gewissen Kraft und er folgerte: *Ich gewann nun die erste Empfin-*

dung davon, daß ich nicht nur unter Männer, sondern auch unter Frauen für etwas gelten mochte.[78]

1834 hatte man dem 21jährigen, der bereits in Würzburg seine praktische Theaterlaufbahn als Dirigent begonnen hatte, einen Posten als Musikdirektor bei der Magdeburger Theatergesellschaft angeboten, die im Sommer in Bad Lauchstädt gastierte. Richard fand alles so mittelmäßig, daß er die Stelle bereits abgesagt hatte. Doch dann lernte er Minna Planer kennen, die die Rolle der ersten jugendlichen Liebhaberin innehatte. Vom ersten Augenblick an war er von ihrer Schönheit und Wesensart fasziniert: *Ihre Erscheinung und Haltung stand in dem auffallendsten Gegensatz zu all den unangenehmen Eindrücken des Theaters, welche ich soeben an diesem verhängnisvollen Morgen empfangen: von sehr anmutigem und frischem Äußern, zeichnete die junge Schauspielerin sich durch eine große Gemessenheit und ernste Sicherheit der Bewegung und des Benehmens aus, welche der Freundlichkeit des Gesichtsausdruckes eine angenehm fesselnde Würde gaben; die sorgsam saubre und dezente Kleidung vollendete den überraschenden Eindruck der sehr unerwarteten Begegnung.* Nachdem sie ihn der Hauswirtin freundlich empfohlen hatte, ging sie *mit stolz ruhigem Schritte über die Straße dahin in die Theaterprobe.* Auffällig in Richards Rückblick ist seine häufige Betonung der Reinheit Minnas inmitten eines Sündenpfuhls. Er war so von ihr angetan, daß er spontan beschloß, den Posten doch anzunehmen und die Wohnung im gleichen Wohnhaus wie sie zu mieten. Auf der Bühne *erschien sie mitten unter dieser Staubwolke von Frivolität und Gemeinheit wirklich wie eine Fee … Während ich namentlich in den Sängerinnen der Oper nichts als jene wohlbekannten komödiantischen Karikaturen und Grimassen zu ersehen hatte, schied die schöne Schauspielerin durch ungezierte Solidität und elegante Sauberkeit, sowie durch Abwesenheit aller theatralischer Affektation und komödiantischer Gespreiztheit sich vollständig von ihrer Umgebung aus.*[79]

Seine Einschätzung ihres Könnens ist widersprüchlich. Zum einen schreibt er, Minna sei eine *sehr beachtete Schauspielerin,* eine Aussage, die aufhorchen läßt. Dann wiederum spricht er ihr jegliches künstlerisches Talent ab, räumt aber ein: *Ob es mit der Zeit erlangter Routine gelungen sein würde, sie zu einer »guten« Schauspielerin zu machen, kann ich nicht beurteilen.* Da er diese Möglichkeit nicht von vornherein ausschließt, ging er wohl zumindest davon aus, daß ihre Anlagen nicht schlecht waren. Es ist zu bezweifeln, daß er sich bei seinem bedingungslosen Urteil, das er zeitlebens in künstlerischer Hinsicht pflegte, in eine unfähige Schauspielerin verliebt hätte. Außerdem beschreibt er selbst, wie es ihn verdroß, *das Talent und die geistige Begabung Minnas kritisiert zu sehen.*[80]

Zunächst nahm sie ihn nicht sonderlich wahr, und er fand sie kalt und unzugänglich.[81] Doch kam man sich bald näher. Es rührte ihn, daß sie sich von seiner entstellenden Gesichtsrose keinesfalls stören ließ, sondern ihn im Gegenteil besuchte und pflegte. Als er genesen war, aber noch unter einem Ausschlag am Mund litt, entschuldigte sich Richard für sein Aussehen. *Sie wollte auch dies noch erträglich finden: da meinte ich, sie würde mir doch keinen Kuß geben; wogegen sie mir sofort durch die Tat bewies, daß sie auch davor sich nicht scheue. Dies alles geschah ihrerseits mit einer freundlichen Ruhe und Gelassenheit, die fast etwas Mütterliches an sich hatte und keineswegs auf Leichtfertigkeit oder Gefühllosigkeit deutete.*

Die Gesellschaft zog von Lauchstädt nach Rudolstadt, um dort Gastvorstellungen zu geben. Richards *Neigung* zu Minna *schwoll an.*[82] Neben der sexuellen Anziehungskraft – sie galt als überaus attraktive Frau – war es das mütterliche Element, das ihn berührte. Er sehnte sich nach Geborgenheit und spürte instinktiv, daß sie sie ihm geben konnte. Über 30 Jahre später zeigte er seiner zweiten Ehefrau Cosima die Straße, wo Minna damals wohnte, und erzählte ihr, daß er ganze Tage dort verbrachte.[83] Aber parallel zur Liebe wuchs sofort die Eifersucht. Er erfuhr, daß Minna mit einem jungen adeligen Mann befreundet war, der ihr eine herzliche Zuneigung entgegenbrachte, dessen gesellschaftliche Stellung ihn aber schließlich zu einer Vernunftheirat zwang, da er ohne Vermögen war. Wagner sah aber auch, daß er mit seinem Begehren nicht leicht zum Ziel gelangen würde: *Jedenfalls erkannte ich bei näherer Besinnung, daß ... zwischen »Fee Amorosa« in heitrer Theaterlaune und »ehrlicher Bürger Kind«, welches ein anständiges Unterkommen sucht, ein sehr bestimmter Unterschied bestand.*[84] Minna war nicht eine der frivolen Personen, die sie zuweilen auf der Bühne darstellen mußte. Sie war zu keinerlei Freizügigkeiten bereit, solange keine ernsten Absichten Richards feststanden. Verärgert über diese Hürde, verbrachte er die Abende mit Freunden in Rudolstadt bei Bratwurst und Bier und verspielte sein Gehalt an Würfel- und Roulette-Tischen, die auf dem offenen Markt ausgestellt waren. Der Kontakt zu Minna brach für einige Monate ab.

Aus dieser Zeit stammt ein Brief Richards an Theodor Apel, dem gegenüber er so tut, als wäre er bei Minna sexuell am Ziel. An eine Verheiratung dachte er damals nicht. Im Gegenteil, ihm schwebte eher ein Leben in Freiheit im Kreise seiner Freunde vor, und seine Erwähnung Minnas ist dementsprechend lässig: *Du sollst auch die Planer haben, – sie hat mich ein paarmal recht sinnlich verklärt, – es war mir dabei prächtig zu Muthe. – Und gegenwärtig bin ich ziemlich ohne Liebschaft, – ich habe keine Zeit dazu; – mit der Toni hänge ich noch etwas – Ach du lieber Gott, das ist ja Alles; – ich lebe gegenwärtig zwar in süssen Schwärmereien, denn morgen ist Gage-Tag; – aber Du mein Gott, das ist ja alles zu prosaisch! … Minna sagte zu mir, als ich sie fragte, warum sie mir denn all die Gunstbezeugungen zuliesse, – da sie mich doch nicht liebe, und überhaupt gar nicht lieben könne: – «Was kann ich dafür, wenn Du mehr Kraft hast* ›als‹ *ich und mich halb todt küssest?«*[85]

Das salopp-freche Angebot ist durch seine Lektüre über freie, sinnliche Liebe beeinflußt. In Wirklichkeit hätte er eine solche Promiskuität nie verkraftet. Vielleicht genierte er sich auch, Apel zuzugeben, daß er sich ernsthaft verliebt hatte – war es doch Mode, von Heinses »Ardinghello«-Roman oder von Laubes »Das junge Europa« beeinflußt, den sinnlich-oberflächlichen Genuß als Maß aller Dinge hinzustellen. Daß es in Rudolstadt, von wo aus er diese Zeilen schrieb, tatsächlich zu intimen Kontakten gekommen war, steht nicht in Wagners Erinnerungen. Man muß daher annehmen, daß er dem Freund gegenüber aufschneiden wollte; Minna hatte ihm wohl Gunstbezeugungen in Form von Küssen und Flirten gestattet, mehr nicht.

Zur alles entscheidenden Begegnung kam es in Magdeburg, das nach Ende der Sommerspielzeit in Rudolstadt die nächste Station der Schauspielertruppe war. Dort machte Richard seit August 1834 als Dirigent große Fortschritte, was sein Ansehen vermehrte. Minna war derweilen eine *sehr beachtete Schauspielerin* geworden. Sie erlaubte auch einigen Bewunderern, sie zu besuchen, wobei Wagner betont, daß *ihr Ruf, dank ihrem stets schicklichen und ernsten Benehmen, wirklich unangetastet* blieb.[86] Trotzdem ärgerte er sich über vermeintliche Rivalen. In Minnas Nachlaß befand sich das Gedicht eines unbekannten Verehrers, das in der ersten Strophe ihr damaliges Aussehen beschreibt:

»An Minna P....
Leiht mir, o Himmel, o Wahrheit, Leih mir Begeistrung die Farben
Eures reineren Lichts, daß ich ein Bild der Gestalt? –
Nein! nur den Umriß, o daß ichs vermöchte der Lieblichen mahle!
Ach! dieß Antlitz, worauf rein und erhaben noch thront
Strotzende Fülle des Glücks, der Gesundheit blühende Farbe
Und jener himmlischer Glanze, den nur die Unschult ertheilt
Und das schmachtende Auge, das fromm, unschultig und offen
Strahlt, und womit sie, sich selbst unbewußt, Herzen verwund't;
Ueber ihm ferner der dunkelen Brauen schattige Halbkreises
Und auf der edelen Stirn braun das sich lockente Haar,
Welches wen›n‹ *es gelöst: wie herrlich umfließt es die Schultern,*
Und in Locken gelegt giebt es ihr Hoheit und Reitz;
Freundliche Lippen, die blühen wie die dunkeln Knospen der Rose,
Und diese edle Gestalt, schlank wie die Grazie und leicht
Mit der schnell sie dahin, gleich wie eine Pristerin der Vesta
Schweb und im Gehen nur kaum flüchtig den Boden berührt!«[87]

Sie war demnach schlank, hatte fülliges braunes, langes lockiges Haar, dunkle Augenbrauen und eine *edle Stirn*. Richard mußte damit leben, daß seine Geliebte das Begehren von Konkurrenten auslöste, obwohl sie, wie der unbekannte Dichter beteuert, sich dessen nicht bewußt war. Er ärgerte sich über vermeintliche Rivalen und stellte sie wegen der Herrenbesuche zur Rede. Als sie ihm versicherte, daß diese Herren aus der Oberschicht sich dezenter und bescheidener benahmen als Theaterliebhaber aus bürgerlichen Kreisen, griff er sie dennoch mit *Bitterkeit und streitsüchtiger Laune* an. Auffälligerweise vergleicht er diese Zwischenfälle mit seinen Erfahrungen im Pachtaschen Hause bei Prag drei Jahre zuvor, wo er zu seiner Demütigung erleben mußte, daß die Herren von Stand Vorrang bei den Töchtern hatten: *Es geschah dies, als ich eines Abends meinen Besuch machen wollte und von der Mutter in einem Vorzimmer festgehalten wurde, während ... die jungen Damen sich mit den mir verhaßten vornehmen Herren unterhielten.*[88] Als unterlegen zu gelten, war ihm unerträglich. Sie trennten sich deswegen Ende 1834 für drei Monate, während derer er *mit halb verzweifelter Wahllosigkeit mir Gefallen an dem allerdiffusesten Umgange vorlog und nach jeder Seite hin mich so auffällig leichtfertig gehenließ, daß Minna, wie sie mir später versicherte, dadurch zu ernstlicher, mitleidvoller Besorgnis um mich bewogen wurde.*[89]

Es war zu viel für ihn, zum einen sexuell abgewiesen zu werden und zum anderen zusehen zu müssen, wie andere sich Hoffnungen machten. Minna fand es außerdem klug, sich den Regisseur, den Direktor und die wichtigsten Ensemble-Mitglieder zu Freunden zu machen und lieber nachzugeben, als zu kämpfen – etwas, was Richard nicht verstand. Er stritt sich oft genug mit den zuständigen Kollegen, weil er von der Richtigkeit seiner künstlerischen und organisatorischen Ansichten überzeugt war, und durchschaute nicht, warum Minna sich bemühte, nicht anzuecken. Sie hatte diese eine Chance, Geld zu verdienen, und es blieben ihr kaum Alternativen, wenn sie sich ihrer berauben würde. Es fehlte ihr jegliches Abenteurertum, wie Richard es besaß, der von Ort zu Ort reiste und Erfahrungen sammelte, abgesehen davon, daß ihr das als Frau sowieso erschwert war. Der Verdienst, den sie auch für ihre Eltern und ihre Geschwister brauchte, war ihre alleinige Maxime, und sie mußte kein künstlerisches Vermächtnis aufbauen wie Richard, den es drängte, der Welt sein Talent zu beweisen.

Minna verstand, daß er ihretwegen so litt, und dies steigerte ihr Mitgefühl. Sie war immer noch bekannter als er. Ihr Name als Schauspielerin erschien auf Plakaten, sie wurde in Gedichten besungen, von Verehrern hofiert und sie erhielt Angebote für Auftritte. Diverse erhaltene Korrespondenzen zwischen ihr und Theaterdirektoren zwischen 1832 und 1836 zeugen davon: »Geehrtes Fräulein! In höflichster Antwort Ihres Briefes frage ich hierdurch an, ob sie vielleicht eine Auflösung Ihres jetzigen Contracts zum Monat Februar oder etwas später bewerkstelligen können und wollen, und wäre es mir in diesem Falle wünschenswerth, ein Engagement mit Ihnen auf längere Zeit abzuschließen.« (Dessau, 26. 11. 1832) … »Sollten Sie jetzt noch dieselbe Gesinnung haben, so werde ich mich glücklich schätzen, wenn Sie mit Ihrem herrlichen Talent mein Institut unterstützen.« (Brandenburg, 16.1.1834) …«Ihr mir bekanntes Talent läßt mich nicht zweifeln, daß Sie den Beyfall des hiesigen, sehr gebildeten Publikums leicht erhalten werden.« (Lübeck, 16. 9. 1834) … »Sehr geehrte Demoiselle! Im Falle Sie geneigt sein sollten, ein Engagement bei hiesiger Hofbühne annehmen zu wollen, ersuche ich Sie, mir gefälligst Ihre Bedingungen nebst Rollenverzeichnis einzusenden. Wünschen Sie, daß dem Engagement ein Gastspiel vorausgehe, so haben Sie die Güte, mir auch dafür Ihre Bedingungen mitzutheilen« (Magdeburg, 25. 1. 1835) … »Wären Sie wohl geneigt ein Engagement bei einer höchst soliden Hofbühne anzunehmen? Welche Bedingungen würden Sie stellen und zu welcher Zeit könnten Sie das Engagement antreten? Noch bemerke ich, daß die Solidität der Bühne, bei der ein Engagement für Ihr Fach offen ist, bekannt und zu den besseren mit Recht gezählt werden darf« (Berlin, 26. 11. 1835).[90] Und so ging es immer weiter, mit Anfragen aus Coburg, Gotha, Dessau und Königsberg. Sie nahm Rollen in Lustspielen, Schauspielen, Possen und Tragödien an. Allein im Eumorphia Theater in Dresden spielte sie folgende Partien: »Die Schuld« von Adolph Müllner (Elvira), »Die Schweizerhütte am Rheinfall« von Johanna Franul von Weißenthurn (Julie), »Die Engländerin«, ebenfalls von Weißenthurn (Fanny), in der Posse »Die Benefiz-Vorstellung« spielte sie die Tänzerin Gambasuella, und in dem Schauspiel »Die Erbschaft« von August von Kotzebue die Witwe Dahl. Das war keine große Literatur, die bühnenkünstlerische Finessen erforderte, und doch brauchte es dafür viel Vorbereitung, Sicherheit und professionelles Können.

Diesen Erfolg der Geliebten zu ertragen, war für den jungen, ehrgeizigen und noch unbekannten Komponisten eine Anfechtung. Wenn ihm ein Wunsch verweigert wurde, führte Richard sich wie ein unartiges Kind auf. Der Gedanke, abgewiesen zu werden, war ihm unerträglich. *Ihre sonderbare Toleranz gegen gewisse Vertraulichkeiten und Zudringlichkeiten der von ihr dafür angesehenen Protektoren des Theaters selbst gegen ihre Person verletzten mich im höchsten Grade; und zur Verzweiflung brachte es mich, gegen meine Vorwürfe hierüber sie die ernstliche Miene der Beleidigten annehmen zu sehen.*[91] Da er kurz zuvor auf die Solidität ihres Wesens eingeht, ihre Besonnenheit lobt und keine Untreue feststellen konnte, ließ sie vermutlich bestimmte Anzüglichkeiten (Handkuß, Flirten, vertrauliches Lächeln usw.) über sich ergehen, um keine böse Stimmung zu erzeugen, setzte dort aber auch eine Grenze.

An den Silvesterabend 1834 erinnerte sich Richard später gut: *Was dem Champagner noch nicht gelungen war, glückte endlich dem Punsch: alle Fesseln der dürftigen Konvenienz … wurden gesprengt, und allgemeine Liebenswürdigkeit trat, von keiner Seite bestritten, ein. Hier entschied es sich denn nun, durch welch königlich ruhigen Anstand Minna sich vor all ihrer Genossenschaft aus-*

zeichnete. Nie verlor sie die würdigste Haltung; niemand wagte sich ihr zutraulich zu nähern; und desto bedeutender, ja endlich völlig ernüchternd, wirkte es dagegen auf alle, als Minna ohne alle Scheu meine freundlichen und innigen Zärtlichkeiten erwiderte, wodurch es denn nun der ganzen Genossenschaft klarwurde, welch besondre, mit keinem andren Verhältnis zu vergleichende Bewandtnis es zwischen uns beiden hatte.[92]

Von nun an setzte Minna seinem Werben keine Widerstände mehr entgegen. Im Nachhinein beschreibt er die Gefühle, die sie ihm entgegenbrachte: *Ich glaube nicht, dass sie je eine irgend an Leidenschaftlichkeit grenzende Neigung, den eigentlichen Affekt der Liebe für mich empfand oder überhaupt zu empfinden fähig war, und kann dagegen ihr Gefühl für mich nur als das des herzlichsten Wohlwollens, des innigsten Wunsches für mein Gedeihen und Wohlergehen, der freundlichsten Teilnahme und des gutgelaunten Gefallens an meinen sie oft mit Verwunderung erfüllenden Eigenschaften, welches alles ihr endlich zu einer steten und behaglichen Gewohnheit wurde, bezeichnen. Offenbar hatte sie eine sehr günstige Meinung von meinem Talente und fühlte sich von meinen so schnellen Erfolgen auf fesselnde Weise überrascht; mein exzentrisches Wesen, welches sie durch ihre launige Ruhe sehr angenehm zu temperieren wusste, reizte sie zur fortgesetzten Ausübung dieser ihrem Selbstgefühl schmeichelnden Macht, und ohne mir irgendein Verlangen, ein Sehnen, oder gar Glut zu zeigen, setzte sie meinem Ungestüm doch durchaus keine Kälte entgegen.*[93]

Er deutet damit an, daß er sexuellen Verkehr mit ihr pflegte, nie aber die Glückseligkeit der Leidenschaft seitens der Geliebten erlebte. Richard diktierte diese Zeilen seiner zweiten Ehefrau Cosima, die selber nicht allzuviel von sexuellen Wonnen hielt (*Von mir ist jede Leidenschaftlichkeit der Liebe gewichen, bei R. waltet sie noch* vertraute sie ihrem Tagebuch im Jahr ihrer Verheiratung an[94]); außerdem war Minna, als er dieses niederschrieb, bereits verstorben, so daß sie nicht widersprechen konnte. Hätte Minna seine Briefe nicht aufgehoben, wäre der Eindruck einer laschen, eher asexuellen Liebesbeziehung zementiert worden. Da aber seine leidenschaftlichen Beschwörungen erhalten geblieben sind, sind Zweifel an dieser Betrachtungsweise angebracht. An eine passiv-verklemmte Geliebte hätte er vermutlich nicht in solchem Stil geschrieben. Sie konnte übrigens durchaus Leidenschaft zeigen, wie Richard seinem Freund

Theodor Apel 1835 schrieb: *Du solltest die Briefe lesen, – sie brennen vor Feuer, und daß ihr dies nicht angeboren ist, wissen wir beide.*[95]

An dem bewußten Silvesterabend erschien er volltrunken bei Minna. Sie konnte ihn kaum nach Hause schicken, und er blieb über Nacht bei ihr; am Morgen beleuchtete ihm das Tagesgrauen *ein an diesen Morgen sich knüpfendes langes, unendlich verhängnisvolles Lebensverhältnis mit unabweisbar wachsender Klarheit.*[96] Er stellt die Sache so dar, als wäre er fast besinnungslos von der Ehe überwältigt worden – wahrscheinlich wieder eine Konzession an Cosima während des Diktats. Aber Minna hatte sich als Schauspielerin eine neue, eigene Identität geschaffen, gespeist aus ihrer Unabhängigkeit und Wertschätzung seitens des Publikums. Das wollte sie keinesfalls unüberlegt aufgeben. Die enge Verbindung war von Richard gesucht und forciert worden. Es war Richard, der die ständige Nähe zu ihr suchte, aber möglichst keine Verpflichtungen eingehen wollte.

Minna hat jetzt das monatliche und ist etwas krank[97], verrät er Apel im März 1835. Als er kurz darauf in Leipzig weilte, besuchte ihn Minna drei Tage lang beim schlechtesten Wetter, ohne jemand dort zu kennen, was ihn sehr rührte.[98] *Ja, meine Minna, – ich liebe Dich, – und bin dabei ein wenig eitel, – sieh – ich bilde mir nun ein, – ich hätte Dir Leben und Seele eingehaucht, die Du früher nicht hattest, – oder die ich wenigstens nicht bei Dir kannte; – ich glaubte auch oft, Du liebtest mich doch nicht, – aber ich glaube es jetzt, – ja, als ich Dir den letzten Kuß gab, – da drang all' Deine Liebe doppelt u. tausendfach in mich! – O mein Leben, – vergiß mich nie, – verrathe mich nie, – halte treu an mir, – bleib' meine Minna, und wenn Du je Liebe empfandest, so wende Alles mir ganz zu, – und laß mich nie mit jemand theilen, – Du hast ja selbst mein ganzes Herz! – Hörst Du? Hörst Du? Verrathe mich nie!*[99] Solche Beschwörungen weisen bereits auf die unverhältnismäßige Eifersucht hin, die sich seiner noch stärker bemächtigen sollte.

Nach dem Ende der Theatersaison reiste Richard nach Leipzig zu seiner Familie, während Minna zu ihren Eltern und Natalie nach Dresden fuhr. Das Theater war bankrott und der Direktor hatte zum Schluß Logenbillette anstelle der Gage verteilt. Mit diesen konnte Richard nichts anfangen, während Minna, die *immer sparsam und vorsorglich lebte,* selbst daran etwas verdiente. Vielleicht erinnerte sie sich daran, wie erfolgreich sie als Kind Draht an

Putzmacherinnen verkaufte, und nutzte diese Fähigkeit, um andere zum Kauf von Theaterkarten zu animieren. Als sie ihn in Leipzig besuchte, lud er sie zum Tee bei seiner Mutter und der Schwester Rosalie ein und konnte seine Verliebtheit kaum verbergen. Ihm wurde klar, daß *die Zeiten der patriarchalischen Familienabhängigkeit für mich erloschen wären* und ihr seine Zukunft galt. Im Sommer reiste er zusammen mit ihr und einer ihrer Schwestern in die Sächsische Schweiz, wo sie *einige wirklich heitre, vom unschuldigsten jugendlichen Übermut erfüllte Tage verbrachten, welche nur einmal durch das Hervorbrechen einer eifersüchtigen Stimmung meinerseits getrübt wurden, zu der in diesen Tagen selbst durchaus keine Veranlassung gegeben war, welche aber in meinem tiefsten Innern durch Eindrücke der Vergangenheit, sowie durch eine bange Ahnung der Zukunft, an den Erfahrungen, die ich bisher bei meinen Bekanntschaften mit der Frauenwelt gemacht hatte, sich nährte.*[100] Dieses Bekenntnis offenbart tiefliegende Ängste vor Zurücksetzung. Während er in beruflichen Dingen selbst aktiv werden konnte, war dies Frauen gegenüber nur begrenzt möglich; er war von deren Zuneigung und Akzeptanz abhängig, was eine latente Aggressivität speiste und ihn zu unbegründeten Eifersuchtsszenen trieb. In diesen Tagen gelang es jedoch, diese zu bändigen und sie erlebten glückliche Zeiten. Insbesondere war ihn eine gemeinsam durchwachte Nacht bei herrlichem Wetter in Bad Schandau eine beglückende Erinnerung.

Anschließend reiste er allein nach Böhmen, Nürnberg, Würzburg und Frankfurt, auf der Suche nach geeigneten Künstlern und Künstlerinnen für das Magdeburger Theater. Er konnte sich nicht genug tun über sein Glück: *Sie liebt mich, und ihre Liebe ist mir jetzt viel werth; – sie ist jetzt mein Centralpunkt, giebt mir Consistenz und Wärme; – ich kann ihr nicht entsagen.*[101] Doch dann geschah etwas, womit er nicht gerechnet hatte und was ihn aus allen Tagträumen herausriß: Minna reiste aus Magdeburg ab. Der Direktor des Theaters, Bethmann, hatte entgegen seiner ursprünglichen Zusage für eine Hauptrolle ihr eine Konkurrentin namens Grabowsky vorgezogen. Dies verletzte sie zutiefst. Hinzu kam, daß Wagner keine feste Stelle hatte. Die Angst vor einem sozialen Abstieg, verbunden mit dem Ärger über eine unverdiente Zurücksetzung, bewogen sie, sich woanders – am Königstädtischen Theater in Berlin – ein Engagement zu suchen. Sie wollte sich nicht von

Richard trennen, sondern nur eine Zeitlang woanders leben und arbeiten. Richards Schwager Wolfram, der am selben Ensemble in Berlin arbeitete, hatte nichts besseres zu tun, als ihm den neuesten Klatsch zu überbringen, wonach Minna dort zweifelhaften Umgang pflegte. Auf Richard verzweifeltes Nachfragen mußte er jedoch kleinlaut zugeben, daß er dummem Gerede aufgesessen sei. Er *bekannte, Minna leichtsinnig angeklagt zu haben, bereute, auf müßiges Geschwätz, welches sich nach genauester Erkundigung als völlig grundlos erwiesen, eine Verleumdung begründet zu haben, und erklärte, nach näherer Bekanntschaft und Unterredung mit Minna sich von der Tüchtigkeit und Rechtschaffenheit ihres Charakters auf das befriedigendste überzeugt zu haben.*[102] Wolfram gratulierte ihm sogar zu seiner möglichen Ehe mit ihr.

Man warb regelrecht darum, daß sie Engagements annahm – ihr stand also die Bühnenwelt offen. Dies wird sie mit berechtigtem Stolz erfüllt haben.

Auf Wagner wirkte dieser unvorhergesehene Weggang Minnas, der er nach Magdeburg gefolgt war, katastrophal. Noch Jahrzehnte später erinnert er sich an die damalige *wahrhafte Beängstigung*, in die er geriet. Vom 4. bis 11. November 1835 bestürmte er sie täglich in einem langen Brief, doch heimzukehren. Richards Sehnsucht, sein flehentliches Weinen und Betteln sind nicht lediglich als das Leiden eines frisch Verliebten anzusehen, sondern verraten eine obsessive Abhängigkeit, die ihm Frauen gegenüber zeitlebens eigen war. Seine seitenlangen Beschwörungen sind zugleich Meisterwerke der Überredungskraft.[103]

Für den ersten Brief hat Richard sofort nach Minnas Abreise zur Feder gegriffen.

Früh halb 9 Uhr.

Minna, mein Zustand ist nicht zu beschreiben, Du bist fort, u. mir ist das Herz gebrochen; ich sitze hier da, meiner Sinne kaum mächtig u. weine u. schluchze wie ein Kind. Heiliger Gott, was soll ich anfangen; wie u. worin soll ich Trost und u. Ruhe finden! – Als ich Dich fortfahren sah, da brachen alle Gefühle u. Empfindungen schmerzvoll in mir los … Minna, Minna, – es wollte mir auf einmal schrecklich gewiß werden, dieser Wagen entrisse Dich mir für immer u. ewig. O Mädchen, Du begehst eine furchtbare Sünde, wenn Du es gewiß machst. Ich hänge an Dir mit hunderttausend Ketten, u. so ist es mir, als ob Du mir diese um den Hals würfest u.

mich damit erwürgtest. – Minna, Minna, was hast Du aus mir gemacht! – Ich sitze nun auf meiner Stube, die Gedanken schwirren mir umher; – eine Leere, die gräßlich ist, – nichts als Thränen, Jammer u. Elend … Das, was mich eben so tief erschüttert u. mir am Mark meiner Seele nagt, ist, daß Du die Wichtigkeit des jetzigen Wendepunktes unsres Geschickes so arg verkennst. Minna, sieh, wir leben noch in einem so zarten Alter unsrer Liebe; eine Mücke, die unsre Liebeslaunen durchkreuzt, regt uns schon empfindlich auf. Es löst mir schon alle Grundtiefen meiner Seele, wenn ich einer nur 12tägigen Trennung entgegensehe, – und, – gerechter Gott! Du hältst eine Trennung auf ein ganzes halbes Jahr für etwas Leichtes, u. schlüpfest empfindungslos darüber hinweg; … Ich reiste im Mai dieses Jahres von Magdeburg hinweg, mit meiner tiefen Liebe zu Dir im Herzen. Ich fühlte mich nicht mehr frei, ich fühlte mich an Dich gefesselt; – die kurze Trennung machte mir es klar, daß ich nicht ohne Dich leben könnte; – wie war Dein Besitz zu erringen? Durch eine Heirath … Ich warf also alles bei Seite, u. verschaffte mir ein neues Engagement in Magdeburg, aus dem doppelten Grund, damit meinen veränderten Weg zu begründen, u. unausgesetzt in Deiner Nähe zu sein … ich bin jung, bei erwünschtem Glück steht mir als Componist eine nicht unrühmliche Zukunft offen, – ein buntes schönes Leben gebe ich um Deinen Besitz hin, den ich nur auf einem ganz andren Weg erringen kann; – und Du?? – Minna, mir vergeht aller Glaube; – eine elende, gewiß bald vorübergehende Komödianten-Kabale ist Dir bedeutend genug, um unser Zusammenleben, das ich mit manchen Aufopferungen erkaufte, dafür zu vernichten … Mein Gott, mein Gott, was soll ich Dir noch sagen, – mir bricht das Herz![104]

O dieser gestrige Tag! Schon um des Jammer's dieses Tages willen, müßtest Du wissen, was Du zu thun hättest! – Wie mein Schatten wankte ich hier herum; – nichts hat mehr Bezug, nichts mehr Interesse für mich. Mein Streben, – die Oper – meine Geschäfte, – existiren für mich nicht mehr, wenn Du mich verläßt; denn Du warst ja der Brennpunkt –, in dem sich mein ganzes Streben und Wirken hier konzentrirten; – denn nur um Dich zu besitzen, übernahm ich es ja. Mein Kind, noch eine Woche wie diesen Tag, und ich habe mich verzehrt vor Gram u. Kummer; selbst auf der Straße konnte ich meinen Thränen nicht wehren; ach, und Deine Wohnung, – wenn ich sie betrete, zerknirscht mich der Schmerz. O Min-

na, Du machst mich elend, u. bedauerst mich nicht einmal! Mein Herz ist mir gebrochen, Alles liegt farblos u. freudenleer vor mir; – u. diese Zukunft; was soll ich noch hier? Was? – Kehrst Du mir nicht zurück, u. erfahre ich, daß Du Dich fest in Berlin gebunden hast, so muß ich das als den Treubruch unserer Liebe ansehen; u. dann hält mich auch kein Gott mehr hier; – ich bin dann fest entschlossen, einen Verzweiflungsstreich zu begehen; – wohin? – mir gleich viel, ich stürze mich dann mit Willen in meinen Untergang, – denn es ist unmöglich, daß Du mich noch lieben solltest, nachdem Du diese Thränen u. diese Bitten kalt von Dir gewiesen. – Ich werfe mich dann in ein ganz neues Leben, u. will darin untergehen – O Minna, – Mädchen, – mit aller Inbrunst, deren die auf den höchsten Punkt gesteigerten Liebe fähig ist, sieh mich Deine Knie umfassen, u. wie ein Verzweifelnder von Todesangst Dich anflehen: – kehre zu mir zurück; – komm wieder![105]

Mein Schmerz u. Gram um Dich, die mich zu einem Schatten umwandeln, – haben mir es jetzt, – wenn je noch ein Zweifel darüber existirt hätte, unwiderruflich klar gemacht: – ich kann nicht mehr ohne dich leben! Durch die unerschütterliche Festigkeit dieses Gedanken's gelange ich auch allmälig wieder zur Hoffnung; – denn da es bei mir feststeht, daß ich mich Dir hiermit ganz hingebe, kann es ja wol auch nicht anders sein, als daß Du Dich mir auch jetzt ganz giebst … Ich weiß, daß ich Alles, – Alles thue, was Dich an mich fesseln soll; – und Du kannst nicht anders, Du mußt es annehmen; – Sieh', diese Ueberzeugung habe ich … so heilig ich Dir gelobe, daß, – überzeugst Du mich durch die Annahme meiner Vorschläge von Deiner wahren Liebe, – Du nie mehr das mindeste harte, unglimpfliche u. gehässige Wort, nie mehr die kleinste Zänkerei von mir hören sollst, – so heilig verlasse ich mich darauf, daß Du mir nicht das Mindeste von der scheinbaren Nothwendigkeit Deines Bleibens in Berlin schreibst. Ich lasse es nun und nimmermehr zu: Du bist meine Braut u. ich habe ein Recht an Dir; schon zu Ostern heirathen wir uns; was sollst Du da in Berlin?[106]

Hier ist es schon zu finden, sein Insistieren auf einer eigenen Wirklichkeit, das sich in der Lebensplanung so fatal auswirken sollte. Da er sie liebte, mußte sie ihn zwangsläufig auch lieben, etwas anderes war undenkbar. Diese Zeilen kreuzten sich mit einem Brief von Minna, in dem sie ihm schrieb, daß sie nicht nach Magdeburg zurückkehren könne und ihm den Grund mündlich nennen würde.

Richard geriet noch mehr außer sich, denn er sah, daß Minna ihren Beruf nicht für ihn aufgeben, sondern ihre Beziehung und die Karriere verbinden wollte. Für ihn als Mann war ein solches Verhalten eine Selbstverständlichkeit, für sie jedoch aus seiner Sicht undenkbar.

Du schreibst, – auch Du würdest ohne mich nicht leben können; – Du hättest mir ja Dein Leben gegeben, wenn ich es gewollt, – aber was Deine Ehre betreffe u.s.w. – Mein Kind, wie stimmt denn dies zusammen? Du kannst nicht ohne mich leben, u. fliehst mich auf das Ungewisse hin? – Dein Leben willst Du mir opfern, aber nicht Deine theatralische CARRIÈRE, die ich mit Füßen trete, ehe sie uns trennen sollte. Ich schwöre Dir, Minna, ich achte Deines Bühnenlebens nicht im Geringsten, und ehe ich ihm unsre Liebe aufopfere, nehme ich Dich lieber auf der Stelle ganz vom Theater, heirathe Dich auf dem Fleck mit 600 Thaler Gehalt, dem ich jetzt noch auf einige Jahre 200 Thaler zuschießen kann … O erkenntest Du jetzt die rastlose Kraft u. Ausdauer meiner Liebe, das Eis müßte Dir schmelzen, Du müßtest Dich unbedingt in meine Arme werfen! … Oeffne Dein Herz, Minna; – und wenn nicht, so will ich Dich zwingen; bei Gott, ich komme nach Berlin, u. reiße Dich mit Gewalt fort; u. sollte sie Dich schmerzen, so sage daß Du mich nicht mehr liebst, um mir selbst den Todesstoß zu geben! – Mädchen, Mädchen, – so ward noch keine geliebt, wie Du![107] *Ich beweise sie Dir jetzt durch meine rastlosen, kräftigen Anerbieten für unsre Verbindung; – verschmähst Du sie, so sollst Du die Gewalt meiner Liebe noch anders erfahren. Dies schwört Dein Richard.*[108]

Eher gewöhne ich mich an den Gedanken meines schnellen Todes, als an den einer Trennung von Dir. – Nun, ich lasse heute diese Seite unberührt, was bleibt nach meinen früheren Briefen jetzt noch zu sagen übrig; – dem Mädchen, dem diese Bitten, diese Vorstellungen, diese Anerbieten nicht bis in das innerste Gemüth gedrungen wären, – dem Mädchen würde nichts mehr in's Herz dringen können – als – – ein scharfes Messer.

…Wie ich lebe? – Allmächtiger Gott, kann es ein jämmerlicheres, elenderes Leben geben! – Ich bin in dieser Stadt allein, allein, – verlassen wie im Tode; – kein Mensch, keine Sache, die mir irgend ein Interesse einflößt; – alles kalt u. gefühllos für mich! Nur Deinetwillen kam ich hierher u. übernahm diese Geschäfte; Du warst der Brennpunkt meines Hierseins, denn nur durch Dich hatten diese Häuser, diese Straßen Interesse für mich; im Gedanken an Dich ver-

waltete ich mein Amt, denn ich wußte Dich wol oben in der Loge, wenn ich an meinem Pult dirigirte: – ich wußte, daß ich Dir so gefiele, und diese Eitelkeit tat mir so wohl; – Jetzt, – Alles verschwunden! Mit welcher gräßlichen Gleichgültigkeit gehe ich auf die Bühne, wo mir nicht mehr Dein liebes Angesicht entgegen treten soll; – wie wegwerfend denke ich an meine Geschäfte, – u., – ach, – mit welchem Gefühl betrete ich Dein Haus; – nie öffne ich mehr die Stube rechts, – wenn ich klopfte, würde mir ja kein liebes: »Herein!« winken; – ich gehe in die linke Stube, die ich nie leiden konnte; – sehe Deine Schwester ›Amalie Planer‹ *in Deinem Schlafrock, mir gegenüber Otterstedt's Bild* ›Porträt Minnas‹, *– ich trinke alleine aus dem Glase, aus dem ich nur mit Dir zusammen trank; – Deine Mutter schenkt mir in Deine Tasse den Kaffee, damit ich Dich nicht vergessen soll; o Himmel! Und nun dabei solche alberne gleichgültige Menschen, wie dieser Schreiber, – der jetzt, – wie um mich zu höhnen, immer dreister mit Amalien wird; – ich sehe zu, wie sie sich küssen. – – Minna, – Minna, – und Du willst, ich soll diesen Jammer lange ertragen? – Es ist schauderhaft! – Du kennst meine Weichheit, – Du hast meine Thränen oft gesehn, hast sie mir von den Augen geküßt; – jammere ich Dich jetzt nicht? Ich arbeite angestrengt, um meinem Schmerz einen Damm zu setzen; – früh um 7 Uhr setze ich mich hin, u. schreibe Dir; – dann arbeite ich bis 1 Uhr fortwährend an meiner Oper* ›Das Liebesverbot‹, *die jetzt mit aller Gewalt wieder in mir auflebt, u. mit Deinem Besitz innig verschmolzen ist; …. O, u. täusche Dich nicht, etwa zu glauben, – die Zeit werde diesen Schmerz lindern u. heben; – auf mich hat die Zeit einen bei weitem andern Einfluß. Anstatt meine Liebe zu Dir als eine Gewohnheit allmälig abzustumpfen u. zu erschlaffen, hat die Länge der Zeit sie nur immer dauerhafter u. fester gemacht; – u. so würde es mit meinem Jammer der Trennung ergehen; schon jetzt fühle ich es, wie er immer mehr an meinem Herzen nagt. –*

Doch Du wirst mich nicht untergehen lassen, – Du wirst zu mir zurückkehren, – wir werden uns wieder besitzen, um nie uns mehr zu trennen! Es kann, es wird nicht anders sein! Nur im Gefühl dieser Hoffnung lebe ich noch! – Gott grüße Dich, mein Engel![109]

Verlaß mich nicht, und entwürdige mich nicht so tief, daß Du all meinen Jammer, mein Flehn, meine Vorstellungen, meine Anerbieten unbeachtet läßt. Du würdest dadurch mich in meiner eigenen Achtung erniedrigen, wenn Du so meine heiligsten Gefühle, meine männlichsten Entschlüsse als eine Bagatelle übergiengst, und auf Deinem einseitig gefaßten Vorsatze stehen bliebst. Nein, das kann nicht sein![110]

Nun, sag Minna, was soll ich von Dir denken? Bist Du wahnsinnig, daß Du mich in diesem Zustande so lange ohne Brief lässest? … Ich bin rasend! – Ihr Weiber seid doch unempfindlicher als Stein! –

In der Zeitung lese ich, daß Du heute als Esmeralda auftrittst,[111] *sonst wüßte ich nicht davon; – o Minna, ich sehe es im Geist, welche Nachstellungen Du in Berlin hast; – o halte Dich brav, woran ich oft zweifeln muß, wenn Du mir auch gar nicht schreibst.*

… Die Leute geben Dir hier sehr Recht, – und erst gestern Abend war ich mit welchen aus der bekannten Orchester-Loge zusammen; – sie sprachen allgemein davon, daß der Unfug mit Grabowsky's bald aufhören müßte und würde … und daß man Dich gar nicht entbehren könne … O Minna, meine süße Braut, komm, komm, – Du sollst Dich nirgends so glücklich, so heimisch, so wohl und lieb fühlen als in den Armen Deines Richard.[112]

Endlich erfuhr Richard, daß Minna eine Anstellung in Berlin ablehnen würde. *Du großer Gott, was hat mich das Mädchen, ohne daß sie es wirklich darauf abgelegt hat, gefesselt! Sie ist meinetwillen wieder zurückgekommen, trotzdem, daß ihr in Berlin ein brillantes Engagement angeboten wurde* berichtete er voller Freude Apel.[113] Und Minna schrieb er: *Wie danke ich Dir, wie kann ich Dir danken für Deinen Brief! Es war jetzt der entscheidende Punkt gekommen, und Dein Brief mußte die Entscheidung enthalten. Ich hielt ihn lange unerbrochen in den Händen; – es schnürte – mir vor Bangigkeit die Brust zu; – nein: wenn darin stünde: »Liebes Kind, es geht nicht anders, ich muß hier bleiben, und es thut mir deshalb leid, auf Deine Anerbietungen nicht eingehen zu können?« – Damit hättest Du einen Mord an mir begangen, Minna! – Aber Gott im Himmel hat mich erhört, hat Dir Weichheit Milde, Liebe und Kraft gegeben. Nimm mich dafür hin für immer und ewig!*[114]

Dieses Bombardement mit Ausdrücken leidenschaftlicher Gefühle – bald zeigte Richard sich von einer gewalttätigen Seite, bald wollte er sich bedingungslos unterwerfen – tat seine Wirkung. Richard erfuhr von ihr, daß die frivolen Tendenzen des Theaters sie störten und sie zurückkehren wolle. Sein Flehen hatte sie überzeugt, wie ernst es ihm war. Er war selig! Es beeindruckte ihn besonders, daß sie vier Rollen ausgeschlagen hatte, die ihr in Berlin angeboten wurden. Er zog nun vor das Theaterkomitee und forderte mit leidenschaftlichen Worten ihre Rückberufung nach Magdeburg. Da man sie dringend benötigte, willigte der Leiter sofort ein – wiederum ein Beweis für ihr Talent. In einer stürmischen und pechschwarzen Winternacht reiste er *mit Extrapost der wiederkehrenden Geliebten entgegen, um sie unter herzlichen Tränen freudig zu begrüßen und im Triumphe in ihre behagliche, mir so lieb gewordene Magdeburger Wohnung zurückzuleiten.*[115]

Die Briefe sind nicht nur Zeugnisse einer ungestümen Jugendliebe, sondern offenbaren auch Züge, die für Richard zeitlebens typisch waren. Seine Gewaltphantasien übertrug er später auf das Kunstleben, das er am liebsten vollständig zerstören wollte. Sätze wie *so will ich Dich zwingen … ich komme und reiße Dich mit Gewalt fort* oder seine Vorstellung, daß ein *scharfes Messer* ihr ins Herz dringe, waren in ihrer Begrifflichkeit Ausdruck eines zwanghaften Willens, diese Frau zu besitzen, ohne Rücksicht auf ihren größten Wunsch, die *theatralische Carrière* fortzusetzen. In den Briefen, die er Minna ein halbes Jahr später aus Berlin schickte, setzt sich dieser Tonfall fort. Auffällig ist auch eine gewisse Rollenumkehr, wenn er schreibt, daß er sich nicht mehr *so weich zeigen* will – vermutlich war sie die seelisch Robustere, solange sein Ruf im Musikleben noch so wenig gefestigt war. Wenn er darauf verweist, daß sie ihr Theater als Lebensinhalt habe, er aber nur sie,[116] dann bedeutet das auch eine Umkehrung der traditionellen Geschlechterrollen. Andererseits konnte er in ihr ein Kind sehen und spielte dann die männliche Überlegenheit aus.

Aus der ursprünglichen Verliebtheit war eine starke Abhängigkeit geworden, die Wagner nun auch nicht mehr leugnete. Er schrieb an Apel: *Es soll mir jetzt noch Einer kommen, und über meine Liebe zu Minna die Nase rümpfen, dem schlage ich sie ein. Gott weiß, wie u. was ich jetzt ohne sie wäre! Es möge Dir diese einfache Andeutung genügen, denke Dir das Uebrige! – Ich schreibe diesen Brief an ihrem Schreibepult; Liebe um Liebe, ich bin bei ihr, u. schreibe an Dich.*[117]

Im März 1836 fand die Uraufführung seiner Oper »Das Liebesverbot« in Magdeburg statt. Richard setzte große Hoffnungen auf den finanziellen Erfolg, und dies steckte Minna an, denn sie glaubte noch seinen Prophezeiungen. Die erste Aufführung verlief mäßig, weil er wegen der angespannten finanziellen Situation der

Bühne zu wenige Proben zugesprochen bekam; am zweiten Tag kam es zu einer Schlägerei der Sänger hinter der Bühne, so daß die Vorstellung abgesagt wurde. Minna machte ihre ersten Erfahrungen mit seinem laxen Geldumgang, reagierte aber liebevoll, denn als Richard eine gerichtliche Vorladung an seiner Haustür angenagelt fand und er daraufhin zu ihr floh, zeigte sie Verständnis und gewährte ihm *mit wahrhaft tröstlicher Sicherheit und Standhaftigkeit in jeder Art des Verhaltens mir einen letzten, höchst wohltuenden Anhalt.*[118]

Er hatte es nicht leicht in Magdeburg, seine bürgerlich denkende Familie wehrte sich gegen seine geplante Ehe, die sie als Mesalliance ansah. Insbesondere seine Mutter beschwor ihn daher, von Minna abzulassen, was für ihn aber undenkbar war. Sein Entschluß stand fest. Sie blieb weiterhin beruflich selbständig und verhandelte mit der Theaterdirektion in Königsberg. Wagner schloß sich an, und obwohl zu der Zeit kein Kapellmeisterposten vakant war, machte man ihm Hoffnungen auf eine Nachfolge. Man beschloß, daß Minna vorausreisen sollte. Wagner schauderte es vor dem Gedanken, ohne Minna sein zu müssen, und er rückte in Magdeburg noch näher an die Geliebte heran: *In Erwartung der Trennung und ihrer ungewissen Dauer verließ ich sie kaum mehr, und unsre einzige Erholung bestand in Spaziergängen nach der entlegeneren Umgebung der Stadt.*

Aus Berlin, wo er hoffte, »Das Liebesverbot« aufführen zu können, erging wiederum eine Serie von glühenden Liebesbriefen an Minna. Richard beschreibt sich als *hülflos und verlassen.* Er stellt das schier unendliche Ausmaß seines Begehrens in glühenden Worten vor: *Minna, wenn ich Dich nicht einmal noch sehr glücklich machen kann, so bin ich Deiner kaum werth! So weit, so weit, ach, der Gedanke zermalmt mich, wenn mich die Hoffnung verlassen sollte! Du bist mir jetzt Alles, Alles auf der Welt, – Du weißt es, Du hast ein großes Recht an mir! Aber Minna, was könnte mich auch dessen vergessen machen? Was könnte mich bewegen u. zwingen, Dich nicht mehr zu lieben, – Dich – zu verlassen? Noch einmal schwöre ich Dir, wenn uns das Schicksal nach Süd u. Norden trennte, so würde ich doch nur einen Gedanken haben, – wie ich diese Trennung vernichten könnte! – O, mein armes Kind, wie ist es Dir denn jetzt, so fern von Allem, was Du kanntest und liebtest? Weinst Du, bist Du traurig,– oder bist Du fest u. muthig, wie immer? … Mit welcher Beklemmung u. Seelenangst ich einem Brief von Dir entgegensehe, kann ich Dir nicht beschreiben. Was wird er mir enthüllen, was werde ich erfahren? Fühlst Du Dich unglücklich, siehst Du keine Hoffnung, so ertrage ich es nicht!– Meine Minna, Minna, Minna! Ich weine fortwährend, u. schäme mich wahrlich meiner Thränen nicht; – es ist kein gewöhnlicher Zustand, in dem ich mich befinde, es ist alle Wehmuth meines Lebens die sich in dem Gedanken vereinigt: es ist ein gutes, liebes herrliches Mädchen, das um mich leidet! – – Minna, mein armes Kind, gieb mir einen Trost, eine Labung!*[119]

Er schildert seine vermeintlich erfolgreichen Unterhandlungen mit Cerf, dem Direktor des Königstädter Theaters, der ihm in Aussicht stellte, »Das Liebesverbot« aufzuführen. Als Cerf ihn bat, die Stelle des beurlaubten Dirigenten Gläser zu übernehmen, genügte ihm dieser Hoffnungsschimmer, um darauf einen ganzen Lebensentwurf zu errichten: *Kann ich nicht sogleich in Königsberg antreten, so bleibe ich solange hier an Gläser's Stelle, u. führe meine Oper selbst auf … u. komme vielleicht späterhin einmal mit meiner lieben Frau u. einem tüchtigen Jungen nach Berlin an Gläser's Stelle, wo Du dann nicht mehr beim Theater zu sein brauchtest … Dann bringe ich es auch vielleicht dahin, daß er dich noch engagirt, u., wenn nicht, so könnte ich Dich alsdann auch heirathen, wenn Du auch nicht beim Theater bist … Ach, wie froh würde ich sein, wenn ich zu unsrem Glücke etwas beitragen könnte, damit Du endlich auch mir einmal etwas zu verdanken hättest, da ich bis jetzt doch Alles, Alles nur Dir verdanke – Mein armes, armes Mädchen, welchen Kummer u. Noth habe ich Dir schon gemacht,– o, wenn ich der letzten Zeit gedenke, und noch jetzt, jetzt. Minna, Minna! Ach ich vergehe vor Wehmuth u. Sehnsucht, – mein armes, armes Kind!*

Ach Minna, es ist doch recht elend,– ich wüßte nicht, was aus mir werden sollte, wenn mir der Himmel meine Vereinigung mit Dir noch lange vorenthalten sollte. Ich bin stumpf für Alles, mein Inneres verzehrt sich, u. ich sehe mehr als jemals ein,– nur ein glückliches Leben mit Dir kann mir meine Kraft wiedergeben;– dann auch erst, fühle ich, werde ich kräftig u. glücklich als Mann handeln u. wirken können. Jede Hoffnung, die mir einzeln winkt, existiert für mich gar nicht. Mein Kind, ich las eben Deine sämmtlichen Briefe der Reihe nach durch, u. freue mich wie ein Seeliger unsre Liebe;– wie hat sie sich entfaltet, u. immer inniger, fester geschlossen. Es rührt mich bis in das innerste Mark![120]

Als er in der Zeitung lesen mußte, daß Minna persönlich erwähnt wurde, weil sie von Magdeburg weg an die Königsberger Bühne engagiert worden war, litt er darunter, daß »rohe« fremde Menschen sie betrachten konnten, während er in der Ferne saß: *Ich will mich ja nur allein Deiner freuen*! Er hatte Angst, daß sie ihn nun vielleicht nicht mehr benötigen würde. Bei jeder Kleinigkeit loderten seine Ängste auf. *Ich trage es nicht, ich kann es nicht tragen,– ich fürchte im Ernst eine Gemüthskrankheit, ich halte es nicht aus, ich muß zu Dir. Möge mir hier Ehre, Ruhm, Gold u. Pracht winken, ich sinke unter der Last zusammen,– denn das mußt du wissen, Mädchen, so liebte noch Niemand wie ich; so ward noch Niemand geliebt wie Du!! ... Warum kann ich nicht Dich küssen, bis ich vergehe*![121] Er redet von Glut und Verzehrung, vom Zustand der Qual, von Schmerz, Beklommenheit, und immer wieder schimmert das sexuelle Verlangen hindurch, gekoppelt mit der Sehnsucht nach mütterlichem Schutz: *O jetzt, jetzt, Dich bei mir haben, Dich zu fühlen, in Deinen Blick mich versenken, mit Deinem lieben Körper mich zu vermählen, alle meine Leiden in Deiner wundersüßen Umarmung aufzulösen!*[122]

Seine Überzeugung, wonach die geliebte Frau ihm *standhaft und liebend folgen* müsse, war keine angelesene Philosophie, keine politische oder nationalistische Überzeugung, kein künstlerisches Credo, sondern eine psychische Grundlage seines Seins. Sie bildet demnach den Bodenbestand seines künstlerischen Schaffens. Richard hoffte, mit der Heirat mehr Rechte über Minna ausüben zu können. Er würde ihr die Schauspielerei ausreden, dann wäre sie den Blicken von eventuellen Nebenbuhlern nicht mehr ausgesetzt und seine Eifersucht würde schwinden. Seine Zweifel an Minnas Absichten waren nicht unbegründet, denn sie war von Anfang an unsicher, ob Richard sie würde ernähren können und zögerte daher, ihm eine Zusage zu geben. Dennoch siegte Richards ungestümes Liebeswerben. Im Juli 1836 folgte er ihr nach Königsberg. Am 24. November 1836 wurden Richard und die vier Jahre ältere Christine Wilhelmine Planer, dritte Tochter des in Dresden lebenden Mechanikers Gotthelf Planer und seiner Frau, in der Tragheimer Kirche zu Königsberg getraut.

Wagners Angehörige waren beunruhigt, denn nach bürgerlichen Normen war Richard zu jung,[123] und die Braut stammte aus einem verarmten Milieu. Nur Richards Schwester Rosalie hielt zu ihm,

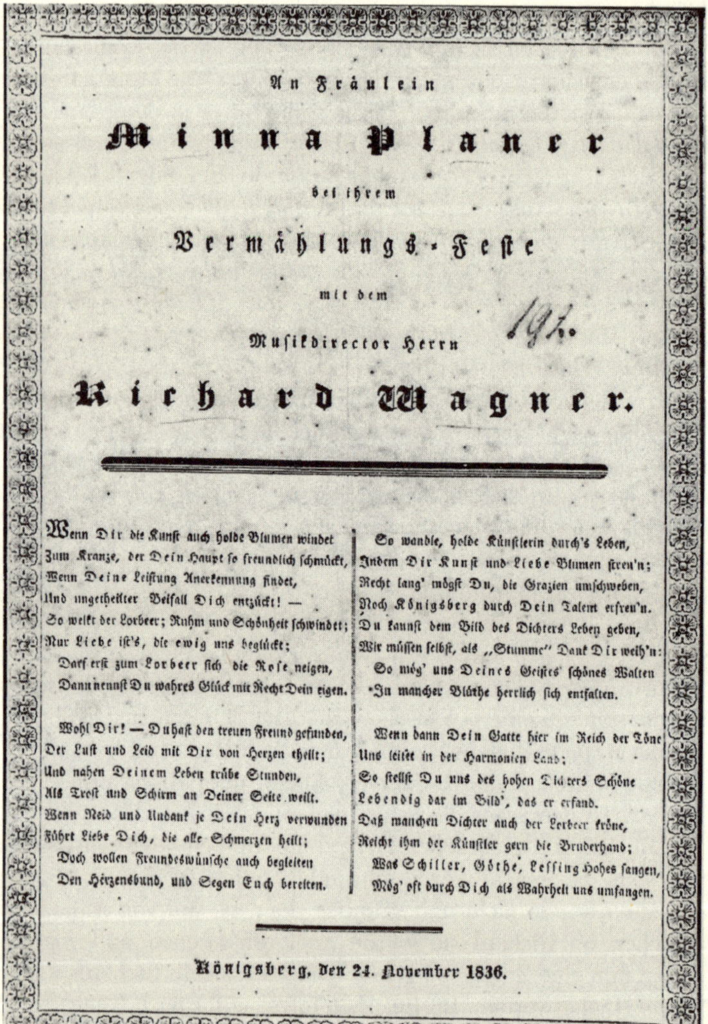

An Fräulein

Minna Planer

bei ihrem

Vermählungs-Feste

mit dem

Musikdirector Herrn

Richard Wagner.

Wenn Dir die Kunst auch holde Blumen windet
Zum Kranze, der Dein Haupt so freundlich schmückt,
Wenn Deine Leistung Anerkennung findet,
Und ungetheilter Beifall Dich entzückt! —
So welkt der Lorbeer; Ruhm und Schönheit schwindet;
Nur Liebe ist's, die ewig uns beglückt;
Darf erst zum Lorbeer sich die Rose neigen,
Dann nennst Du wahres Glück mit Recht Dein eigen.

Wohl Dir! — Du hast den treuen Freund gefunden,
Der Lust und Leid mit Dir von Herzen theilt;
Und nahen Deinem Leben trübe Stunden,
Als Trost und Schirm an Deiner Seite weilt.
Wenn Neid und Undank je Dein Herz verwunden
Führt Liebe Dich, die alle Schmerzen heilt;
Doch wollen Freundeswünsche auch begleiten
Den Herzensbund, und Segen Euch bereiten.

So wandle, holde Künstlerin durch's Leben,
Indem Dir Kunst und Liebe Blumen streu'n;
Recht lang' mögst Du, die Grazien umschweben,
Noch Königsberg durch Dein Talent erfreu'n.
Du kannst dem Bild des Dichters Leben geben,
Wir müssen selbst, als „Stumme" Dank Dir weih'n:
So mög' uns Deines Geistes schönes Walten
In mancher Blüthe herrlich sich entfalten.

Wenn dann Dein Gatte hier im Reich der Töne
Uns leitet in der Harmonien Land;
So stellst Du uns des hohen Dichters Schöne
Lebendig dar im Bild', das er erfand.
Daß manchen Dichter auch der Lorbeer kröne,
Reicht ihm der Künstler gern die Bruderhand;
Was Schiller, Göthe, Lessing Hohes sangen,
Mög' oft durch Dich als Wahrheit uns umfangen.

Königsberg, den 24. November 1836.

Hochzeitsgedicht für Minna, 24. November 1836.

als die Nachricht von meiner eigenwilligen Heirat und dem damit verbundenen Mißraten meiner Lebenslage in die Familie gelangte.[124] Aber auch Minnas Eltern befürchteten, der Künstler würde die Tochter nicht unterhalten können. Doch das focht ihn nicht an.

Da er nach preußischem Gesetz mit 23 Jahren noch minderjährig war, machte er sich um ein Jahr älter. Mit Behörden nahm er es nie sonderlich genau, und auch Minna fälschte ihr Alter – sie machte sich im Gegensatz zu ihm jünger. Auf der Urkunde, die der Pfarrer ihnen überreichte, stimmt keine einzige Jahreszahl.

Am Tag vor der Trauung mußten beide beim Pfarrer vorsprechen. Anschließend hatte Minna in einer Benefiz-Aufführung zum Wohle des Brautpaars die pantomimische Rolle der Fenella in Aubers Oper »Die Stumme von Portici« zu spielen. Sie hatte das Kostüm noch nicht fertigstellen können und wurde nervös, weil der Pfarrer sie so lange warten ließ. Daraus entstand ein Wortwechsel, der in einen Streit mündete. Das Paar hatte gerade beschlossen, daß Minna gehen sollte, als der Pfarrer endlich die Tür öffnete und die beiden hereinbat.

Die Vorstellung brachte eine gute Einnahme. Nach dem Polterabend fror Richard die Nacht hindurch auf einem harten Kanapee, denn das aufgeputzte Brautbett war tabu. Bei der Trauung trug der Bräutigam einen dunkelblauen Frack mit goldenen Knöpfen, Minna ein prächtiges, von Richard ausgewähltes Kleid. Sie begrüßte ihn *mit wirklicher Innigkeit und Freude im Auge*. Die Kirche war überfüllt, alle waren entzückt, und der 23jährige Richard kam sich vor, als erlebe er einen seltsamen Traum: *Mir wurde es in diesem Augenblick wie durch eine Vision klar, daß sich mein ganzes Wesen wie in zwei übereinander fließenden Strömungen befand, welche in ganz verschiedener Richtung mich dahinzögen: die obere, der Sonne zugewendete, riß mich wie einen Träumenden fort, während die untere in tiefem unverständlichem Bangen meine Natur gefesselt hielt. Der unerhörte Leichtsinn, mit welchem ich die oft jäh sich aufdringenden Vorstellungen des Doppelfrevels, den ich beging, ebenso schnell wieder zu verjagen wußte, fand einen freundlichen, für alles entschuldigenden Anhalt an der wirklich herzlichen Wärme, mit welcher ich auf das in ihrer Art und namentlich in ihrer Umgebung wahrhaft seltene und eigentümliche Mädchen blickte, das sich so rückhaltlos mit dem im Leben so ohne allen Rückhalt dastehenden jungen Mann verband.*[125]

Minnas Eltern, Gotthelf und Christina Planer, mußten dem Brauch entsprechend dem Bräutigam eine Zustimmungserklärung beibringen. Diese zeigt, wie sehr sie sich trotz aller Bedenken freuten: »Mit innigem Vergnügen geben wir zu Ihrer ehelichen Verbindung mit unserer geliebten Tochter Minna unsere volle Zustimmung und hiermit unseren elterlichen Segen aus der Ferne, und haben zu Ihnen das gute Zutrauen, daß Sie durch wahre und treue Liebe unsere gute Tochter gewiß glücklich machen werden, sowie wir auch diese herzlich bitten und ermahnen, stets und in allen Verhältnissen des Lebens den Pflichten nachzukommen, die sie in der Stunde ihrer ehelichen Einsegnung vor Gott dem Allwissenden übernehmen wird. Gewiß, unsere herzlichsten und aufrichtigsten Wünsche werden Euch Beide bei diesem so wichtigen Wendepunkte des Lebens segnend begleiten, und nichts soll uns größere Freude bereiten, als wenn wir recht bald in Ihnen und unserer Tochter ein glückliches und zufriedenes Ehepaar in unserer Mitte begrüßen können.«[126] Nach der Trauung gab es eine reichhaltige Tafel, Minna *trat sogleich in wirtschaftliche Sorge für den Empfang und die Bewirtung der Gäste ein,*[127] und es wurde fröhlich gefeiert. Mit viel Jubel nahmen auch die Schauspielkollegen teil. Das Paar bekam eine silberne Zuckerdose und ein silbernes Kuchenkörbchen geschenkt, und jeder Gast erhielt ein rosa Seidentaschentuch, auf dem ein Gedicht an »Fräulein Minna Planer bei ihrem Vermählungs-Feste mit dem Musikdirector Herrn Richard Wagner« gedruckt war und das zeigt, wie beliebt sie in Königsberg als Schauspielerin war: »So wandle, holde Künstlerin durch's Leben, Indem Dir Kunst und Liebe Blumen streun; Recht lang' mögst Du, die Grazien umschweben, Noch Königsberg durch Dein Talent erfreu'n.«[128]

Minna war durchaus bewußt, daß sie mit der Heirat ein großes ökonomisches Risiko einging. Dreizehn Jahre später erinnerte sie sich: *Was warst Du denn als ich Dich heirathete? Du warst ein armer, verlassner, unbekannter, unangestellter Musikdirector, und was standen mir damals für Aussichten bevor! Mein ganzes Thun und Schaffen in unsrer Häuslichkeit war ja nur um Dir es recht zu machen, Dir zu gefallen und so von frühester Zeit an, that ich ja Alles aus Liebe, sogar meine Selbständigkeit die ich so hoch hielt, gab ich freudig auf, um Dir ganz angehören zu können.*[129] Ihre finanzielle Unabhängigkeit aufgeben, auf den Beruf verzichten zu müssen – das war ihr schwergefallen. Sie hielt dennoch aus Liebe zu ihm und – was noch wichtiger war – sie glaubte an ihn. Daß sie sich ausgerechnet in einen damals noch recht unbedeutend aussehenden Mann verliebt hatte, der überall einen Rattenschwanz an

Schulden hinterließ, bürgerliche Ordnung verachtete und von Zukunftsträumen sprach, die sich nirgends zu realisieren schienen – das sollte beiden im Laufe ihrer Ehe zum Verhängnis werden. Viele Jahre später, er war längst mit Cosima verheiratet, ging ihm das durch den Kopf, und Cosima notierte: *Beim Kaffee hatten wir viel über Minna gesprochen, ihre Schönheit anerkennend und daß ein richtiger Instinkt R. zu ihr geführt, »damit waren alle Dummheiten für mich abgeschnitten und dachte ich nur zu arbeiten«. – Er beklagt sie, daß sie ihn geheiratet.*[130]

Zweites Kapitel

»... des Mutterglückes verlustig«: Riga, London, Paris 1836–1842

Richard nahm weder Rücksicht auf seine Magdeburger Gläubiger noch auf den eingeschränkten Ausgabenrahmen. Frühzeitig mußte Minna sich mit seinem Hang zu kostspieligen Wohnungseinrichtungen anfreunden, und es kam zu *Verdriesslichkeiten, welche oft zum Ausbruch von heftigen Zänkereien führten*[131], verursacht durch sein Bedürfnis nach besonderem Komfort. Er brauchte ein großbürgerliches Ambiente, um sich wohl zu fühlen und scherte sich nicht um die Preise, während Minna nur das anschaffen mochte, was man sich leisten konnte. Zwischen 1836 und 1837 erwarb er unter anderem 24 m Seide und Atlas, 18 m Damast, 35 m Musselin, 4 Paar Glacéhandschuhe, Seidentücher und grünen Florence (glatte, glänzende Seide), und übernahm sich finanziell dermaßen, daß es zu einem Gerichtsverfahren kam.[132]

Am schlimmsten waren aber für Minna die unsinnigen Anschuldigungen der Untreue. Richards Eifersucht blieb auch in der Ehe überspannt, und 1836 erlebte die zehnjährige Natalie etwas, woran sie sich noch im Alter erinnerte. Minna sollte die Rolle der Fenella in der Oper »Die Stumme von Portici« spielen, die Vorstellung fiel aber aus. Auf dem Heimweg ging sie in einem modischen rotschwarz karierten Mantel voraus, Richard folgte und Natalie trippelte hinterher. Ein vorbeigehender Soldat besah Minna und sagte: »Dort geht ein schönes Mädchen, ich möchte sie gleich zur Liebsten haben.« Das reichte, um Richard wütend zu machen. Er fiel über Minna her. »Minna mußte ihn wegzaußen und nach Hause ziehen, wo er noch wütete. Da sagte ich: ›Minna, Du hast einen garstigen Richard. Laß Dir von dem garstigen Richard abtrauen.‹ Ich war ein kleines Kind und wußte nicht das Wort ›scheiden‹. Dann hat er gleich Zucker für mich geholt, um mich zu besänftigen.«[133] Von Natalie stammt auch der Bericht über den extrem kalten Winter 1836/37, wonach Minna morgens sehr früh aufzustehen pflegte, um den Haushalt zu besorgen und zur Probe zu eilen. Sie hastete mittags nach Hause, um das Essen vorzubereiten. »Gleich nach dem Essen setzte sie sich hin, ihre Garderobe für die Abendvorstellung zusammen zu nähen und vorzurichten, wobei sie immer eine neue Rolle mit auswendig lernte, und wo ihr oft, vor fliegender Eile und Besorgnis, ja mit ihrer Garderobe pünktlich fertig zu werden, die Hände gezittert haben … Da man damals noch nicht die Nähmaschine kannte, so mußte jeder Stich mit der Hand genäht werden. Dabei durfte sie sich nicht wagen, mit ihrer Arbeit ans Fenster zu setzen, wegen Richards unsinniger Eifersucht. Nun schnell die fertig gestellte Garderobe einpacken und ins Theater zur Vorstellung eilen; ich ging stets mit, um ihr beim Ankleiden und oft sehr schnell sich Umziehen behilflich zu sein, wo alles nicht schnell genug gehen konnte. Die Garderobe war sehr weit ab von der Bühne. Kam sie nun vor Kälte zitternd nach Hause, denn das große Theater wurde und konnte nicht geheizt werden, wo sie in weißen dünnen Atlas-Schuhen, im bloßen Hals und Armen, wie es die Rollen mit sich brachten, Sommer spielen mußte, während das Publikum in dicke Pelz und Fußsäcke eingehüllt im Zuschauerraum saß. Auch auf dem Heimweg schon, wenn sie recht oft hervorgerufen und applaudiert worden war, fing Richard aus unsinniger Eifersucht zu skandalisieren, zu toben und zu lärmen an, die ganze Nacht hindurch und Minna in der rohesten Weise zu behandeln. Hatte er sich endlich müde getobt, so setzte sich Minna, die bittersten Thränen vergießend, hin, um zu ersuchen, noch für die Probe des andern Vormittags an einer neuen Rolle zu lernen, doch nur zu oft kam es vor, daß sie stundenlang in Krämpfen dalag, über Richards rohe Behandlung … Freilich lag er dann, wenn er es recht toll und roh getrieben und sie in Krämpfen dalag, vor ihr auf den Knien und weinte und bettelte um Verzeihung wie ein Kind, doch währte der Friede höchstens nur ein paar Stunden; dann ging diese rohe entwürdigende Behandlung, womit er Minna quälte, von Neuem los.«[134] Richard bestätigt diese Schilderung: *Es war eine große Heftigkeit und verletzende Bitterkeit, mit welcher ich mich in Sprache und Benehmen gehen ließ. Wiederholt führten solche Szenen zu Krämpfen meiner Frau.*[135] Ein andermal spricht er von der *tobenden Heftigkeit meiner Worte und Sprache, durch welche die*

Geschmähte sich so stark verletzt fühlte, daß ich beim Innewerden dieser Übertreibung stets nur auf die Begütigung der Gekränkten durch Bekennen meines Unrechtes und die Bitte um Verzeihung angewiesen blieb.[136] Noch vor der Ehe hatte er ihr versprochen, *harte, unglimpfliche und gehässige Worte* sowie *Zänkerei* zu unterlassen[137], seine ungerechten Vorwürfe hatten sie somit von Anfang an verfolgt und gequält.

Minna konnte diesen quälend-obsessiven Szenen, die sie krank machten, nichts entgegensetzen. Am Ende ihrer Kraft angelangt, beschloß sie Ende Mai zu fliehen, als ein Verehrer namens Dietrich sie hofierte. Richard hatte sich über den Nebenbuhler schon geärgert, weil er fand, daß er zu vertraulich mit Minna umging. Sie wünschte ihrerseits keine neue Liebesbeziehung, sondern wollte lediglich zu ihren Eltern zurückkehren. Als Richard eines Tages nach Hause kam, mußte er feststellen, daß der Kleiderschrank geleert worden war. Ihm fiel ein, daß Minna und Natalie sich zuvor schluchzend von ihm verabschiedet hatten – ein Verhalten, das ihm wegen seiner Arbeitsüberlastung zunächst nicht sonderlich aufgefallen war. Selbst die Dienstmagd hatte nichts von Minnas Reiseplänen mitbekommen. Er stürzte aus der Wohnung, fragte herum und erfuhr, daß Minna und die elfjährige Tochter mit dem Post-Eilwagen abgereist waren. Sofort reiste er bis Elbing hinterher, doch erfolglos: seine Finanzen waren erschöpft, so daß er umkehren mußte. Zum Glück hatte er noch einige silberne Hochzeitsgeschenke – eine Zuckerdose und Kuchenkörbchen – eingesteckt, so daß er von dem Erlös wenigstens heimfahren konnte: *Diese Rückfahrt nach Königsberg bleibt mit Recht eine der traurigsten Erinnerungen aus meinem jungen Leben.* Von einem Freund erfuhr er endlich, daß Minna sich von Dietrich ein Stück in Richtung Dresden hatte begleiten lassen, wo sie bei ihren Eltern Ruhe und Erholung suchte. Sie war ihm also nicht erlegen, sondern hatte sich lediglich unter seinen männlichen Schutz begeben. Da aber Dietrich in sie verliebt war, wird er auf dem Weg zu ihren Eltern auf sie eingeredet haben, Richard endgültig zu verlassen – keine angenehme Situation für die nervlich zerrüttete und verängstigte junge Frau.

Derweilen machte sich Richard Vorwürfe wegen seines unmäßigen Verhaltens, reiste ihr wiederum nach und traf sie *in der ärmlichen Wohnung ihrer Eltern* an. Jene waren über Minnas Zustand erschrocken und befürchteten erneute Aufregung, daher empfingen sie Richard mit frostiger Miene. Dies ließ ihn unbeeindruckt, nur Minna zählte, die er um jeden Preis wiederhaben wollte. *Es bestätigte sich, daß Minna sich als übel von mir behandelt ansah und zu dem verzweifelten Schritt nur durch die Rücksicht auf unsre unhaltbare Lage, gegen welche sie mich blind und taub erkannt hätte, gedrängt worden zu sein erklärte.*[138] Es waren also seine emotionalen Ausbrüche und die Geldknappheit, die sie zu ihrer Verzweiflungstat bewogen hatten. Tagelang redete er auf sie ein und flehte sie an, doch zurückzukehren. Mit der Aussicht auf eine Musikdirektorenstelle in Riga gelang es, sie fast umzustimmen. Richard erhoffte sich ein gutes Gehalt, so daß Minna ganz vom Theater zurücktreten *und dadurch in den Stand gesetzt werden könnte, Beschämungen und Beängstigungen in Zukunft von mir fernzuhalten.*[139] Sie sollte demnach ihren Beruf aufgeben, damit seine Eifersuchtsexzesse ein Ende fanden. Dies war eine schwere Entscheidung für sie, hatte sie sich doch gerade eine selbständige Existenz aufgebaut. Sie mochte nicht sofort darauf eingehen und bat Richard, sie mit seinen Bitten und Vorschlägen nicht zu bedrängen. Inzwischen war sie mit seiner Neigung vertraut, Aussichten auf Posten, Geldquellen und Aufführungen herbeizuzaubern, die sich dann als Wahngebilde herausstellten, und war entsprechend skeptisch. Sofort reiste er nach Berlin, um mit dem dort anwesenden Direktor des Musiktheaters von Riga vertraglich zu verhandeln, der sich gerade da aufhielt. Minna brachte er derweil in einem an der Elbe gelegenenen Gasthof in einem bescheidenen Quartier in Blasewitz unter.

Als sie ihn mit der Ankündigung einer kleinen Reise überraschte, die sie mit Bekannten unternehmen wollte, begleitete er sie zu ihren Eltern nach Dresden und wartete ihre Heimkehr in Blasewitz ab. Er schrieb ihr: *Du wirfst mir nun ein hartes u. grausames Betragen gegen Dich vor, und hast leider dazu das Recht, zumal wenn ich Dir zugestehen muß, daß ich Dich in diesen Verhältnissen nicht nur nicht hart sondern sogar ausgezeichnet zart hätte behandeln sollen. Du hast Recht, mein Weib, u. Gott weiß, ob ich nicht die herzlichste Reue darüber empfinde. Du hast mich aber auch grausam dafür bestraft, u. bedenke, ob Du nun nicht durch Dein Benehmen eigentlich zum größten Theil meine Schuld getilgt hast. …Wenn Du mir zurufst: »sei ein Mann«, – so rufe ich Dir zu: »sei ein Weib«. Sieh, meine Minna, – Du willst Dich von mir auf eine Zeitlang trennen;*

welch ein unglückseliger Gedanke! … Minna, werde wieder ein Weib, – wirf Deine üblen Meinungen alle von Dir, sei wieder ganz mein! – Aber auch nicht halb, meine Minna! Fühlst Du nicht die Kraft in Dir, die ganze Erinnerung an die Vergangenheit von Dir zu werfen, mir Dein vollstes Vertrauen, Deine innigste Liebe wieder zu schenken, ich möchte sagen, Dich mir mit Leib u. Seele wieder zu übergeben, – so ist es allerdings schlimm…[140]

Selbst diese beschwörenden Zeilen vermochten nicht, ihre Angst vor seinen heftigen Ausbrüchen zu mildern. Nach seiner Rückkehr aus Berlin erschien Minnas älteste Schwester Charlotte bei ihm und bat um die schriftliche Erlaubnis zur Ausstellung eines Passes für Minna. Er witterte sofort eine erneute Gefahr und fuhr noch einmal zu ihren Eltern. Diesmal warfen sie ihm vor, außerstande zu sein, die Tochter zu ernähren. Über den Verbleib der Tochter schwiegen sie sich aus, da sie eine erneute Einflußnahme aufgrund der rhetorischen Fähigkeiten des Schwiegersohnes befürchteten. Endlich erfuhr er durch einen Freund, daß der ominöse Herr Dietrich angereist war und alles darangesetzt hatte, um Minna doch noch zur Flucht zu überreden. Ihre wachsenden Zweifel, ob die Ehe mit Richard Sinn mache, hatten sie zusammen mit der Überredungskunst des Verehrers entschließen lassen, die finanzielle Sicherheit über die Liebe zu Richard zu stellen.

Richard war erschüttert. Immer wieder hatte er Hürden überwunden, um Minna für sich zu gewinnen, aber nun war er an einem Punkt angelangt, wo es nicht mehr weiterging. Er mußte sich damit abfinden, daß sie unauffindbar war. Trost und Hilfe suchte er bei seiner Schwester Ottilie Brockhaus und ihrem Ehemann Hermann, die mit ihren beiden Kindern in einem schönen Sommerpavillon bei Dresden wohnten und ihn aufnahmen. Sie versuchten ihn durch Lektüre von seinem Schmerz abzulenken, was auch gelang, und trotz seiner Niedergeschlagenheit arbeitete er den ersten Textentwurf für »Rienzi« aus. Er blieb dort, bis er im Herbst 1837 die Stelle in Riga antreten sollte, um als erster Musikdirektor an dem neu eröffneten Theater mitzuwirken. Da Minna noch unauffindbar war, lud er ihre Schwester Amalie ein, ihn zu begleiten. Sie war Richard zufolge *ein wirkliches Gesangstalent* und sollte das Ensemble in Riga verstärken. So übernahm sie die Partie des Romeo in Bellinis »I Capuleti e i Montecchi« und eine Rigaer Zeitung bescheinigte ihr, seelenvoll und ergreifend zu singen.[141] Amalie litt ebenfalls unter dem plötzlichen Verschwinden Minnas; sie wußte, wie schwer es Minna gefallen war, zu gehen, und wie sehr Richard daran litt. Als sie mit ihm eine »Fidelio«-Aufführung besuchte und sie die unerschütterliche Liebe Leonores auf der Bühne miterlebten, schluchzten beide in Gedanken an Minna, die sich von diesem Ideal so sehr entfernt hatte.

Minna hatte in der Zwischenzeit schmerzhaft erfahren müssen, daß sie sich im Charakter des Herrn Dietrich geirrt hatte. Er hatte nur ein kurzes Abenteuer gesucht und sie belogen. Diese Erkenntnis führte zu einer Nervenkrise und sie erkrankte schwer. Innerlich zerbrochen und elend schrieb sie Richard und bat ihn um Verzeihung für ihr Verhalten *mit einem wahrhaft erschütternden Brief, in welchem sie mir offen ihre Untreue eingestand. Wie sie zu dieser durch Verzweiflung getrieben worden, sei sie jedoch ebenfalls durch Verzweiflung über das Unglück, in welches sie sich gestürzt, von diesem Wege wieder abgekommen.*[142] Richard, der schon in Riga weilte, dort Einlagen für Opern komponierte, dirigierte und vollauf beschäftigt war, zögerte nicht lange. Er hatte zwar beim Königsberger Gericht die ersten Schritte zur Scheidung unternommen,[143] nun aber war er spontan von ihrer Reue ergriffen und bat sie, umgehend nachzukommen. Er gab zu, daß er sich selbst die meiste Schuld beimesse – seine Eifersuchtsszenen hatten sie schließlich in die Flucht getrieben –, und nie wieder über dieses Geschehen mit ihr sprechen wollte. Die Aussicht auf eine Wiedervereinigung beglückte ihn zutiefst. *Solltest Du* ›mit der Abreise‹ *noch zögern, mein Weib, so gebe Gott meinen Zeilen Kraft, Dich schnell dazu anzuspornen, u. jede Stunde, die Du nöch zögern könntest, Dir zu entführen. – Nichts mehr von Allem, mein armes Weib, ich kenne keine Vergangenheit, keine Gegenwart, – nichts, nichts mehr, nur ein glühender Wunsch, eine Sehnsucht lebt noch in mir, u. diese zählt jede Minute, bis ich Dich in meine Arme werde schließen können. Was soll denn bis dahin mit mir werden? – Krank bin ich auch wieder, ich habe ja keine Pflegerin mehr! – Ach, haltet Euch nun warm, nur hab' mich lieb, u. habt Eile, u. komme bald! – Der garstige weite Weg! Sieh mal das dumme Zeug, was ich da in der Rührung u. Freude herausbringe, – schönes dummes Zeug, u. immer weine ich! Du hast mich Deiner gränzenlosesten Offenheit gewürdigt, hast jede Falte ausgeglättet, die doch so vielen Jammer u. Schmerz verbargen; bin ich dessen werth? Nein: unbegrenzte Treue kann ich Dir nur dagegen schenken, nichts weiter ... Ich bin ganz verdreht! – Die Minna kommt wieder, die Minna kommt wieder! – und was sie mir für einen schönen Brief geschrieben hat! – Wie wahr, wie offen, wie richtig, – und o mein Gott – wie unglücklich!*

Ganz so einseitig war die Schuldzuweisung nicht, wie Wagner sie in seinen Erinnerungen anführt, denn ihr war vieles aus dritter Hand über ihn zugetragen worden, das sie in ihrer Entscheidung zur Trennung bestärkte, und er bot alle Rhetorik auf, um sie positiv zu stimmen. *O Minna, ein Mensch, der einer solchen Liebe fähig ist, wie ich, kann kein schlechter Mensch sein, – höre nicht mehr auf die fremden Leute! – Sieh, mein Kind, Du hast vieles, vieles erfahren u. ich habe jede Stelle Deines Briefes verstanden, Du nimmst meine Verzeihung in Anspruch und mein ewiges Vergessen. – Siehst Du nun, daß auch Du mich für einen guten Menschen hältst, – o wie ehrt mich dieses Vertrauen,– wie danke ich Dir dafür! – Ich kann Dir nur danken für Deine Liebe, Dein Vertrauen, laß uns Verzeihung wechseln, wir verdienen sie beide; – ach, meine Minna. Dir kann ich nicht untreu werden!*[144]

Ihre Erleichterung war groß: Richard hatte eine feste Stelle und sie konnte sich nun den häuslichen Aufgaben zuwenden. Dadurch, daß sie nur noch selten auftrat, entfielen die peinigenden Eifersuchtsszenen. Amalie, die Minna von Dresden abholte und nach Riga begleitete, wird sich auf der langen Reise ihre Klagen und ihre Reue angehört und ihrerseits von Richards fester Liebe berichtet haben. Es lag Minna nun daran, ihre Dankbarkeit durch eine perfekte Haushaltsführung zu demonstrieren. Amalie hatte eine Wohnung im gleichen Haus, und Richard freute sich auf die Abende zu dritt: *Da sind wir dann doch gleich zusammen, wenn wir mal recht schlampamben wollen.*[145] Er mochte Bratwurst, Eierkuchen und sächsische Käsekeulchen, die Minna alle gut herzustellen wußte. An besseren Tagen gab es abends russischen Salat, Lachs und sogar frischen Kaviar. Richard hatte für Minna zwei schwarze Pudel gekauft, als Ersatz für Kinder; sollten Kinder kommen, so schrieb er, müßten sie dann weggegeben werden. Die Schwestern sangen oft Volkslieder zusammen, wobei Minna *recht geschickt zu sekundieren wußte.*[146] *Wiederhergestelltes Glück*, vertraut Richard dem Tagebuch an.[147]

Warum ließ Richard zu, daß eine im herkömmlichen Sinne des 19. Jahrhunderts »entehrte« Frau zu ihm zurückkehrte? Er war zum

Hahnrei geworden; Untreue von Frauen galt im 19. Jahrhundert als ein schweres, fast unverzeihliches Vergehen. Mitglieder des Theaters hatten ihm Briefe geschrieben, worin er wegen seines Betragens verhöhnt und *als betrogener Ehemann gehänselt* wurde.[148] Ein Mann mußte sich viril verhalten und seine »Mannhaftigkeit« nach außen kehren. Eigentlich gehörte es sich, daß man sich mit dem Gegner duellierte, oder aber die Frau verfemte. Indem er das ablehnte, verhielt er sich untypisch, »unmännlich«. Es war letztlich Minnas Versicherung, *daß sie erst jetzt zur wahren Erkenntnis ihrer Liebe zu mir gelangt* sei[149] – das, so gibt er selber zu, erschütterte ihn zutiefst und stimmte ihn um. Er schrieb später von sich: *Es zeigte sich, daß die erste heftige und eigensinnige Leidenschaft einer ernsten und wahrhaften Liebe Raum gegeben hatte.*[150]

Noch Jahrzehnte später kam er auf diese Episode zurück, und es ist aufschlußreich zu sehen, wie er im Nachhinein die Ereignisse bewertet. Als Minna in einer autobiographischen Notiz von ihm eine wenig schmeichelhafte Beschreibung ihrer Ehe fand[151] und darüber verletzt war, besänftigte er sie mit einer Darstellung der Sachlage, die aufhorchen läßt: *Sollte Dir nun in Zukunft irgend wer einmal mit bedenklicher Miene von dieser Stelle* ›im Text‹ *sprechen, so lache ihm in's Gesicht und sage: »nun freilich, er war so toll, dass er aus Eifersucht mit mir tanzte, und damit nur ja Niemand mir zu nahe kommen durfte, auf der Heirath bestand, und zwar unter so ungünstigen und bettelhaften Verhältnissen, dass meine ruhige Besinnung mir voraussagte, welches Elend wir durchzumachen haben würden. Was wollte ich aber thun? Ich liebte ihn auch, und so taumelten wir blutjunges Paar in ein Misere hinein, das bald genug schon so heftig und kummervoll hereinbrach, dass ich selbst glaubte, nicht drin aushalten zu können, und deshalb meinem unbesonnenen, leidenschaftlichen jungen Manne, der mich, während er von Schulden erdrückt war und wir den Sommer ohne Gage vor uns sahen, auch noch mit den stärksten Ausbrüchen einer unleidlichen Eifersucht plagte, eines Tages fortlief.«* Er wiederholt im gleichen Brief diese Minna entlastende Schilderung: *Sollte Dir … dieser bedenkliche Einwurf* ›der Untreue‹ *gemacht werden, so würdest Du, unbeschadet Deiner Ehre, dann etwa so erwidern können: »Allerdings war in jener bedenklichen Zeit meine Liebe zu Richard aus mir geschwunden; doch glaube ich nicht, daß es so weit gekommen wäre, wenn nicht zugleicher Zeit ein in wohlgeordneten, reich-*

lichen Verhältnissen lebender Mann sich mit mit einem so starken Anscheine herzlicher und bekümmerter Theilnahme für meine leidende Lage näherte, und diese Theilnahme mir auf so verführerische Weise betheuerte, dass ich unter all diesen gegenseitigen Eindrücken, für einige Zeit in's Schwanken gerieth, und ich Richard's Liebe zu mir, da sie sich namentlich nur in so verletzenden Exzessen gegen mich kund that, dass ich sie kaum mehr erkennen konnte, keine hinreichende Entschädigung für all das Elend zu ersehen vermochte, welches diese unglückliche, eigensinnige Heirath zur Unzeit über uns Beide gebracht hatte.«[152]

Da Richard in dieser Darstellung Selbstkritik übt, wirkt sie glaubwürdig. Er konnte Minna wieder aufnehmen und sich gegen gesellschaftliche Normen stellen, weil er seine *verletzenden Exzesse* ihr gegenüber kritisch sah und ihre Flucht als einen Verzweiflungsakt begriff. Es war zudem ein charakterlicher Zug von ihm, schnell vergessen und nach vorne schauen zu können. In der Wagnerbiographik gilt Minnas Verhalten als Beweis für ihre Wankelmütigkeit. Attribute wie »Herzensbrecherin« und »Kokette«, die ihr angeheftet wurden, stellen sie als sexuell aktive und flirtende Frau hin. Sie verließ ihren Mann jedoch nicht aus einer Herzensneigung heraus, sondern weil sie spürte, daß er neben seiner Eifersucht (die später zum Glück für sie nachließ) unfähig war, ihr einen geregelten Haushalt zu bieten. Geld aber, das hatte sie in bitteren Lehren gelernt, war das A und O der Existenz. Außerdem gab eine Frau im 19. Jahrhundert in der Ehe ihre bürgerlichen Rechte preis, durfte nicht über Eigentum verfügen, erwerbstätig sein oder gar politische Rechte besitzen. Minna war für ihre uneheliche Tochter verantwortlich, und ihre Eltern lebten in Armut; diese wollte sie auch pekuniär unterstützen. Die Verantwortung wog schwer. Als ein reicher Mann ihr seine Liebe beteuerte und ein Leben im Wohlstand versprach, schien es ihr sinnvoll, ihm zu folgen, obwohl sie ihn nicht liebte. Die folgenden Wochen und Monate müssen mehr als qualvoll für sie gewesen sein. Bezeichnenderweise erwähnt sie sie später nirgends, sie versuchte sie auszulöschen, wohl auch weil sie sich schämte. Sie war von dem Verführer belogen worden, und sie spürte, daß Richard trotz seiner Gefühlsausbrüche und seines leichtsinnigen Lebensstils ihr mit allen Fasern seines Wesens ergeben war. Das rührte sie und ließ sie ihr Verhalten letztlich bereuen. *Auch über die guten Eigenschaften meiner Frau waren meiner Familie empfehlende Berichte zugekommen*, schreibt Richard, *was mir besonders wohltätig war, da mir so die Verteidigung ihres bedenklichen Benehmens gegen mich, welche mich sehr beschwert haben würde, im versöhnlichen Sinne erspart wurde.*[153]

Auf Richards Seite überwog letztlich die Abhängigkeit. Sätze wie *Verzeihe mir schon hier meinen vielen Unsinn, – Du bist schuld, Du bist schuld, – warte nur, – nein, nein, komm nur, – u. warte ja nicht, – komm, komm, mein liebes einziges Weib zu Deinem Richard W. W. W. W. W. W. … Jetzt lebt unsre Liebe wieder so neu u. jugendlich auf, – o die Liebe ist doch von göttlicher Art! Komm' zu mir, mein Weib, laß mich Deine Wunden heilen, es soll nun das Geschäft meiner Liebe sein. Ich bin so voll von Dir, mein armer Engel, ich trage Dich so fest u. warm in meinem Busen; o komme auch Du in meine Arme, laß uns uns gegenseitig schützen und pflegen, u. wir werden nie sterben, wir leben in Ewigkeit vereint* [154] sind nicht nur das Zeugnis einer noch andauernden Verliebtheit, sondern zugleich Ausdruck einer tief verankerten Bindung.

Es gefiel Wagner nach einiger Zeit nicht mehr in Riga. Er verstand sich schon länger schlecht mit dem Theaterleiter Holtei und mußte erfahren, daß dieser seiner Frau heimlich – allerdings vergeb-

Riga. Die Petersburger Vorstadt, in der Minna und Richard Wagner samt der Schwester Amalie Planer 1838 eine Wohnung bezogen. Historische Photographie.

lich – nachgestellt hatte unter dem Vorwand, sie engagieren zu wollen. Wagner hielt ihn für homosexuell *(er brachte sich mit hübschen Frauen in das Gerede, um hierdurch die Aufmerksamkeit des Publikums von ungleich befleckenderen Verirrungen abzulenken).*[155] Minna hatte ihn abgewiesen und dies Richard verheimlicht; sie versicherte ihrem Mann, daß sie keinesfalls zurück zur Bühne wollte, verschwieg ihm aber, daß der Grund beim Theaterleiter lag, dem sie ausweichen wollte.[156] Holtei mußte annehmen, daß Richard ihr die Bühne aus Eifersucht verboten hatte und war dementsprechend mißgestimmt. Richard ärgerte sich außerdem über seinen Kollegen Heinrich Dorn, dessen Oper »Der Schöffe von Paris« er aufgeführt hatte. Seine Stelle wurde nicht verlängert, sondern an Dorn vergeben. Dieser hatte das feindselige Verhältnis Holteis zu Wagner für sich ausgenutzt. Als Wagner ihn zur Rede stellte, verteidigte er sich damit, daß Wagner bei dem geringen Gehalt, unter dem er gelitten habe, und den Forderungen der Gläubiger die Stelle sowieso nicht verlängert hätte. Es handelte sich aber, wie Wagner entgegnen konnte, um sein drittes Kontraktjahr, wo ihm eine bitter benötigte Gehaltserhöhung zugestanden hätte. Außerdem habe Holtei nicht vorgehabt, ihm zu kündigen. Dorn zeigte sich nicht bereit, von seinem Vertrag abzusehen, schwieg auf dessen Nachfragen. Wagner mußte also eine Intrige gegen sich vermuten. Auch Minna war über diesen Verrat eines Freundes außer sich, denn Richard hatte mit dem Kollegen in dem beliebten Gesellschaftshaus am Schwarzhäupterplatz oft genug Whist gespielt und Lachs gegessen, und auch die beiden Frauen harmonierten sehr gut miteinander. *Nicht ohne Geschick benutzte ich die Erregung auch ihres über den an mir begangenen Verrat erbitterten Gemütes, um meine Frau mit dem von mir gefaßten exzentrischen Vorhaben, nach Paris zu gehen, zu befreunden,* beschreibt Richard seine schlitzohrige Taktik.[157] Er wußte genau, daß es sonst schwer werden würde, sie zu einem Umzug ins Ungewisse zu überreden. Aber es drängte ihn sehr, dem provinziellen Theatertreiben zu entkommen und seine großen künstlerischen Ziele in einer Weltstadt umzusetzen.

Minna sah zwar die momentane Situation, doch blieb sie skeptisch. *Sie, die niemals leidenschaftliche Hoffnungen hegt, und voraussah, welchem Jammer wir entgegen gingen, stimmte aus Liebe zu mir ein.*[158] Sie erkannte aufgrund ihrer mangelnden Weltläufigkeit nicht, daß der Glaube, man könne als Anfänger in die

Hauptstadt des europäischen Opernwesens reisen und dort reüssieren, von vornherein zum Scheitern verurteilt war. Wagner unterlag einmal mehr einer Täuschung des Ausmaßes der sich auftürmenden Probleme und einer Überschätzung seiner Erfolge, doch in diesen ersten Ehejahren beugte sich Minna noch seinen Entscheidungen, obwohl sie von seinen Projekten und Voraussagen nicht restlos überzeugt war. Das Einzige, was er vorweisen konnte, war die Bestätigung einer Zusendung an den Opernlibrettisten Scribe, dem er einen ausgearbeiteten Entwurf zu einer Oper mit der Bitte um Erstellung eines Librettos zugeschickt hatte. Da er zunächst keine Antwort erhielt, bat er seinen Schwager Eduard Avenarius, der mit Wagners Halbschwester Cäcilie verheiratet war und in Paris als Buchhändler bei der Firma Brockhaus angestellt war, bei Scribe vorstellig zu werden. Die mageren Kommentare, die Scribe zum Entwurf von sich gab, ließen Wagner vermuten, daß dieser lediglich den ersten Akt gelesen und insofern keinerlei Interesse an dem Vorhaben hatte; doch dies konnte seinen Plan nicht trüben. Im Gegenteil: *Selbst auf die keineswegs sanguinische Vorstellungsart meiner Frau wirkte dieser Scribesche Brief so bedeutend, daß sie den Schrecken, mit mir sich zu dem Pariser Abenteuer aufmachen zu sollen, immer mehr zu überwinden vermochte.*[159] Wie hätte sie aber den Brief beurteilen können? Es waren Richards Überredungskünste, die sie einlenken ließen.

Als ein alter Freund aus Königsberg, Abraham Möller, das Ehepaar in Riga besuchte, klagte Richard ihm sein Leid. Es sei unmöglich, das Reisegeld zusammenzusparen, wenn die Gläubiger es zugleich auffraßen. Möller überlegte nicht lange, gab es doch nur einen Ausweg: die Flucht. Er riet dem Freund, die Schulden erst abzuzahlen, wenn er in Paris mit Erfolgen aufwarten konnte und sich finanziell erholt habe – ein Vorschlag, der Wagner sofort zusagte. Möllers Plan war, beide zunächst in seinem Reisewagen über die russische Grenze bis zu einem ostpreußischen Hafen zu bringen. Auf der preußischen Seite habe er einen Freund, der bei der Flucht mithelfen könne. Da dies ohne Pässe geschehen mußte – die Gläubiger hatten sie vorsorglich beschlagnahmen lassen, um eine Abreise zu verhindern – konnte die Grenzüberschreitung nur heimlich vonstatten gehen.

Wagner willigte ein. Seine Neigung, sich so rasch wie möglich den Konflikten zu entziehen und einzubilden, woanders käme er mit seinen ehrgeizigen Wünschen besser voran, paßte zu seinem rastlosen Naturell, im Gegensatz zu seiner Frau, die Beständigkeit bevorzugte. Diesmal aber war auch sie gegenüber den Risiken verblendet und wollte ebenso wie er einen neuen Anfang wagen. Möglicherweise reizte sie Paris, weil Cäcilie und Eduard bereits dort lebten, außerdem drohte Richard der Stellenverlust in Riga. Richard ließ sie aber auch über das wirkliche Ausmaß dieser illegalen Unternehmung absichtlich im Unklaren. Vorher blieb ihr noch, einen Teil des Mobiliars zu verkaufen und den Haushalt aufzulösen – etwas, das ihr im Laufe ihrer Ehe zur vertrauten Handlung werden sollte. Sie beschloß, einige Gastrollen zu geben, um die Einnahmen für die Reise aufzustocken. Ein Benefizkonzert für Richard umfaßte Beethovens Sinfonie Nr. 5 sowie »Meeresstille und glückliche Fahrt« von Mendelssohn, zwischendurch rezitierte Minna den Monolog der Beatrice aus der »Braut von Messina« von Friedrich Schiller. Ihr wurde zudem ein Gastspiel bewilligt, in dem sie als Preziosa und Maria Stuart auftrat und sich in der Titelrolle von Theodor Hells »Christinens Liebe und Entsagung« vom Rigaer Publikum verabschiedete – ein anspruchsvolles Programm.[160] Wie Richard mit einer Ehefrau umging, die vermutlich in jeder freien Minute in einer Ecke der Wohnung saß, memorierte und übte, ist ebensowenig überliefert wie ihre Gefühle beim Auftritt. Die Kritik war jedenfalls wohlwollend: *Ein sehr gefälliges Äußere, Grazie in der Haltung, ein belebtes Mienenspiel machen sie zu einer sehr ansprechenden Erscheinung auf der Bühne. Nur die sonst sehr ausdrucksvolle Sprache klingt fremdartig und zuweilen etwas unverständlich, was zum Teil daher rühren mag, daß Mme. Wagner in langer Zeit die Bühne nicht betreten hat, und vielleicht etwas aus der Übung gekommen ist.*[161] Das war insgesamt eine recht positive Kritik. Ob sie ahnte, daß es das letzte öffentliche Auftreten ihres Lebens sein würde? Es war ihr Pech, daß ein italienischer Bassist am letzten der vier Abende parallel zu ihrer Veranstaltung gastierte, und so saßen fast nur Abonnenten im Zuschauerraum. Um die geplante Einnahme dennoch zu erreichen, verkaufte sie den größten Teil ihrer Theatergarderobe. Damit begrub sie ihre Träume, jemals wieder aufzutreten. Ihre Identität als Schauspielerin war ausgelöscht, und das Wenige, das sie nach Paris mitnahm, war vermutlich eine sentimentale Erinnerung an eine bessere Zeit.

An einem sonnigen Julitag fuhren Minna und Richard mit ihrem Gepäck und dem Neufundländer Robber durch die schöne Landschaft. Der Hund hatte sich durch rührende Anhänglichkeit beliebt gemacht und Richard entschied daher, ihn mitzunehmen. Tagelang trottete er bei glühender Hitze neben dem Wagen her, bis sie es nicht mehr ertrugen und Richard das Gepäck daraufhin so klug verstaute, daß noch ein Plätzchen für das Tier übrigblieb. An der russisch-preußischen Grenze angekommen, traf das Paar wie verabredet den Freund von Möller. Er nahm sie auf und fuhr von der Hauptstraße weg und über Umwege zu einem Gasthof, wo sie ihren Führer trafen, der sie nach Sonnenuntergang über die Grenze bringen sollte. Die Kosaken, die dort ihren Dienst taten, hatten Schießbefehl und es galt, die Minuten kurz nach der Ablösung der bewaffneten Wachen auszunutzen, da sie anderweitig beschäftigt waren. Nach einigen Stunden Wartezeit war es soweit. Zum Glück blieb Robber während der Flucht ruhig und hielt sich eng an Richard, als ob er die Gefahr geahnt hätte. Jenseits der Grenze wartete der aufgeregte Möller voller Angst in einem preußischen Gasthof auf sie. Minna war *zu Tode erschöpft*, sie stand sicherlich unter Schock, war es doch kein alltägliches Erlebnis, sich unter Lebensgefahr wie eine Kriminelle verhalten zu müssen.

Mit Hilfe seines Freundes plante Richard die Weiterfahrt nach London auf einem Segelschiff, das von dem preußischen Hafen Pillau starten sollte. Die Entscheidung für das Schiff lieferte ausgerechnet Robber, dem eine tagelange Fahrt mit der Postkutsche von Königsberg aus unzumutbar gewesen wäre (eine Eisenbahnstrecke gab es noch nicht). Nachdem sich das Ehepaar einige Tage auf einem Gasthof von den nervlichen und körperlichen Strapazen erholt hatte, ging es weiter nach Pillau. Sie saßen in einem landesüblichen Wagen, der einem Leiterwagen ähnelte und recht unsicher war. Zu allem Unglück kippte er in der Nähe eines Bauernhofes um, und Minna wurde bei dem Sturz durch eine innere Erschütterung so stark verletzt, daß sie sich mit größter Anstrengung zu einem Bauernhaus schleppte. Sie war wie gelähmt, so daß Richard sie fast tragen mußte. Richard ließ sich mit Hilfe eines Knechtes zum nächsten Wirtshaus führen. Sie kamen bei mürrischen Bauern unter, die noch dazu unhygienische Verhältnisse aufwiesen, wo Minna eine Nacht in großen Schmerzen verbrachte. Natalie hat dieser Schilderung eine pikante Ergänzung geliefert, die ihr die

Gustave Doré, „Der Fliegende Holländer". Die gefahrvolle Seereise der Eheleute Wagner von Pillau nach London auf dem Schoner „Thetis" lieferte dem Komponisten tiefe Eindrücke für seine 1843 uraufgeführte Romantische Oper.

Mutter später erzählte. Ihr zufolge wurde Wagner aus dem Wagen geschleudert und flog in eine Jauchegrube. Die Bauern wollten Richard zunächst nicht hereinlassen, weil er so infernalisch stank.

Dieser eher komische Teil der Geschichte wurde aber durch einen tragischen Zusatz ergänzt, den Richard ebenfalls unterschlägt: Minna »kam so unglücklich unter den Wagen zu liegen, daß sie schwer beschädigt des höchsten Glückes einer jungen Frau, des begonnenen Mutterglückes verlustig wurde.«[162]

Minna war also schwanger gewesen und verlor durch den Unfall die Leibesfrucht. Schlimmer noch, sie wurde dadurch unfruchtbar. Da die Mutterschaft im 19. Jahrhundert als höchste Form der Weiblichkeit, als adäquate Lebensform der bürgerlichen Frau überhaupt galt, haftet ihrer Kinderlosigkeit eine besondere Tragik an. Wagner hatte sich so sehr Kinder gewünscht. In seinen Erinnerungen findet sich kein Hinweis auf diese Fehlgeburt. Er wollte wohl nicht den Eindruck erwecken, daß er mit seiner Flucht daran Schuld gewesen sein konnte. So stand einer der berühmtesten Komponisten der Musikgeschichte nach Jauche stinkend an der Tür, zusammen mit einer Frau, die sich vor Schmerzen krümmte und einen Abort verkraften mußte.

Es gibt übrigens einen Hinweis, der Natalies Aussage unterstreicht: Richard hatte in Riga einen Spaß ausgeheckt und wollte mit Minnas Mantel erscheinen, in der Hand eine Puppe, *darunter eine Wiege mit Deinem künftigen Kleinen* – damit könnte die Vorfreude aufgrund einer festgestellten Schwangerschaft gemeint sein.[163]

Für die körperlich ausgelaugte Frau muß die Weiterreise zur Küste eine Marter bedeutet haben. Aber die Qual war noch lange nicht zu Ende. Das Paar versteckte sich wiederum in einem Wirtshaus, um dann Natalie zufolge bei Dunkelheit »den ganzen weiten Weg zum Schiff durch hohes nasses Gras auf dem Erdboden kriechend zurückzulegen, damit sie niemand von den wachhabenden Strandwächtern bemerken könnte. Endlich am Schiff angelangt, wurden sie eiligst von dem Kapitän im alleruntersten Schiffsraum hinter Fässern, Kisten und Warenballen versteckt, damit man sie bei der Schiffsrevision nicht finden sollte.«[164] In dieser unbequemen Lage mußten sie viele Stunden lang verharren. Erst als die offene See erreicht war, befreite er sie. Sie blieben fortan in der engen Kajüte des Kapitäns eingepfercht – das Bett reichte nicht für zwei Personen.

Man würde meinen, daß Minna – schwer verletzt, völlig verängstigt, mehrfach lebensgefährdet – genug geprüft war. Aber das

Schlimmste sollte noch kommen. Das Segelschiff war lediglich mit sieben Seeleuten bemannt. Bei gutem Wetter hätte man die Überfahrt nach England in einer guten Woche geschafft, diesmal wurde aber die Reise zu einer Tortur, denn sie dauerte dreimal so lange. Nach sieben Tagen fuhr man in den Hafen von Kopenhagen ein, um die Lebensmittelvorräte aufzustocken. Weiter ging es über Helsingör durch das Kattegatt dem Skagerrak zu. Plötzlich schlug der Wind um und ein mehrtägiger Sturm setzte ein. Minna und Richard waren sofort seekrank; dieser elende Zustand dauerte an, bis der Kapitän endlich einen norwegischen Hafen ansteuerte. Beide waren überglücklich, in Sandwike bei Arendal an Land gehen und sich erholen zu können. Zwei Tage darauf befahl der Kapitän die Weiterfahrt, obwohl der Sturm keineswegs abgeklungen war und der Lotse dagegen sprach. Auf dem Schiff vernahmen sie plötzlich, wie die Mannschaft fluchte und aufschrie: sie steuerten auf ein Riff zu, das das Schiff aber zum Glück nur streifte. Dennoch mußten sie wieder an Land gehen, um das Schiff untersuchen zu lassen.

Zwei Tage darauf, am 1. August, nahmen sie die Fahrt wieder auf. Einige Tage lang war alles ruhig, bis am 6. August ein heftiger Sturm einsetzte. Volle sieben Tage lang erlebten die beiden grauenhafte Todesängste. Was sie noch mehr als die hohen Wellen und den peitschenden Wind in Panik versetzte, war die Mutlosigkeit der Mannschaft, die das Schiff preisgegeben zu haben schien. Dies übertrug sich auf sie; nicht zuletzt machten die bösen Blicke der Männer auf sie den Eindruck, als würde ihnen die Schuld für die Misere angelastet werden. Minnas Angst war unbeschreiblich, und sie rechnete bereits mit ihrem Ertrinken. Als ein Gewitter sich zusätzlich zum Sturm austobte, *sprach Minna den eifrigen Wunsch aus, lieber vom Blitz zerschmettert mit mir umzukommen, als in die fürchterliche Wasserflut lebend zu versinken. Auch bat sie mich, sie mit einigen Tüchern an mich anzubinden, damit wir beim Versinken nicht getrennt werden möchten.*[165]

Die folgende Nacht wurde ebenfalls in Todesangst verbracht, bis der Sturm sich am nächsten Morgen endlich abschwächte. Nun aber hatte der Kapitän die Orientierung verloren. Wegen des dichten Nebels konnte er den Standort nicht bestimmen. Schließlich sah man ein Schiff, das in gleicher Richtung segelte, und er folgte nach, um dann zu beobachten, wie es auf eine Sandbank getrieben wurde. Das Unglück wollte nicht enden, denn es dauerte noch

Das Dampfschiff, ein neues Verkehrsmittel des beginnenden Industriezeitalters.

qualvolle 24 Stunden, bis man landen konnte, da sich innerhalb der Sandbänke an der Küste wiederum ein Sturm entfaltete. Minna war nervlich so angespannt, daß sie die kleinen rotgefärbten Glocken verschiedener Wachtschiffe die ganze Nacht hindurch beobachtete und die Mannschaft aufgeregt darauf hinwies, während Richard beruhigt sah, daß das Land nicht fern sein konnte und hervorragend schlief. In der Nacht zum 12. August steuerte das Schiff die Mündung der Themse an. Welche Erlösung, wieder festen Boden unter sich zu spüren! Drei schreckliche Wochen, die sie nie vergessen würden, waren endlich vorüber.

Ferdinand Praeger zufolge, der das Ehepaar in England begrüßte, fand Minna an London mehr Gefallen als Wagner: »Die selbstbeherrschende Ruhe der Engländer hatte ihr eben so sehr gefallen, als diese ihrem Richard missfiel, denn er vermisste bei den Briten die Gemütlichkeit und ihm erschien ihre steife Höflichkeit hohl.«[166] Beide staunten über die zahlreichen Schiffe, die die Themse bevölkerten, die breiten Straßen, den Tumult und die Lebendigkeit der Weltstadt. Sie fuhren mit dem Fiaker zum kultivierten Stadtteil Westend, wobei Robber querüber durch die Fenster lag – anders paßte er nicht hinein. Dort nahmen sie ein Quartier. Am nächsten Tag mietete Richard ungeachtet der Kosten einen Fiaker und sie fuhren eine von ihm auf einem Stadtplan eingezeichnete Route, wobei Minna aus dem Staunen nicht herauskam. Ein besonderes Ereignis war der Besuch einer Sitzung des Oberhauses des Parlaments, da sie durch Zufall zu Eintrittskarten gelangt waren.

Weitere Streifzüge – viele zu Fuß – durch London folgten, bis zur Erschöpfung. Eine Zeitlang ging Robber verloren, was große Aufregung verursachte. Das Geld war knapp und sie mußten weiter, denn die französische Großstadt war das eigentliche Ziel. Diesmal nahmen sie ein Dampfschiff, denn von Segelschiffen hatten sie genug.

Richard entschied, daß sie einige Tage in Boulogne verbringen sollten, um die Instrumentierung des 2. Aktes von »Rienzi« endlich fertigzustellen. Sie wählten eine Wohnung mit zwei fast leeren Kammern, *die wir auf kurze Zeit mieteten und zu unsrem Zweck mit vieler Erfindung, worin namentlich Minna sich auszeichnete, dürftig aber genügend einrichteten.*[167] Sie trieb außer einem Bett und zwei Stühlen einen Tisch auf und kochte die Mahlzeiten in einem Kamin. Solche Fertigkeiten hatte sie in ihrer Kindheit gelernt. Von Boulogne aus wurde Eduard Avenarius gebeten, eine Einzimmerwohnung mit einem Alkoven in Paris zu suchen: *Meublirt muss es nun freilich sein, jedoch besitzen wir selbst Betten, sowie Bett-Wäsche, Tischzeug, Leuchter, Geräthschaften, da wir unsre kleine Wirthschaft so ziemlich ganz mitgebracht haben, und nur das intransportabelste in Russland verkauften.*[168] Richard teilte ihm noch mit, daß Minna selbst die Hauswirtschaft führen würde. Man brauchte also außer einer Aufwärterin für die gröbsten Arbeiten keine weitere Bedienung, Minna wollte so wenig Geld wie möglich ausgeben.

Wagner besuchte den berühmten Komponisten Giacomo Meyerbeer, der ihn freundlich aufnahm, und auch die bekannte Klaviervirtuosin Leopoldine Blahetka; beide veranstalteten musikalische Soireen, an denen sicherlich auch Minna teilnahm. Mitte September brach das Ehepaar zusammen mit Robber, den man wiederum mühevoll in den Wagen einzwängte, schließlich nach Paris auf. Minna wird die Metropole ebenso bestaunt haben wie London. Die breiten Boulevards, die eleganten Equipagen und die ausgefallenen Kleidermoden waren vielversprechend, während die Kneipen und Cafés des Bohème-Viertels weniger für Frauen ihres Schlages geeignet waren. Ihr Hotelzimmer, das Eduard ihnen vorerst besorgt hatte, war nicht dazu angetan, sie sonderlich zu begeistern, aber es war wenigstens billig. Es besaß keine Kochmöglichkeit, so daß sie in Restaurants essen mußten.

Kurz nach der Ankunft in Paris war das Geld restlos aufgebraucht. Richard mußte Minnas Schmuck versetzen ebenso wie die Hochzeitsgeschenke, Silberzeug und schließlich sogar die Trauringe. Minna gab auch den letzten, kostbaren Rest ihrer Theatergarderobe her. Darunter befand sich ein mit Silber bestickter, blauer Schlepprock, der einst im Besitz der Herzogin von Dessau gewesen war. Richard begriff, daß er eine bessere Einnahme erzielen konnte, wenn er sie für immer verkaufte: der Schlepprock gehörte zu den ersten Gegenständen, die daran glauben mußten. So gingen nach und nach die Insignien ihrer beruflichen Tätigkeit als Schauspielerin dahin.

Während Richard unterwegs auf der Suche nach einem Gelderwerb war, blieb Minna im Hotel, wo sie sich langweilte. Er spricht einmal in seinen Erinnerungen von der *armen, oft sehr vereinsamten* Frau.[169] Ferdinand Praeger behauptet, daß Wagner sich der Großtaten seiner Frau durchaus bewußt war. »In Paris wurde Minna zur wahren Heldin. Ihr Mann war durch die Misserfolge nervlich angeschlagen. Sie entwickelte eine an ihr ganz neue Eigenschaft, eine Art mütterlicher Autorität, die dem leidenden Kinde imponirte, und der er sich vertrauensvoll hingab. Die ganze Pariser Leidenszeit war eine ununterbrochene Kette von Aufopferung seitens der guten Minna, und nie sprach Wagner davon, ohne daß ihm die Erinnerung an ihrer Hingebung Thränen brachte. Jede Arbeit im Hause wurde von ihr mit grösster Bereitwilligkeit verrichtet – sie scheuerte, wusch die Wäsche, kochte und flickte; dabei verheimlichte sie so viel als nur möglich, alles, was ihn nur irgendwie unangenehm berühren konnte. Nie klagte sie, und gab sich die grösste Mühe, immer heiter und aufmunternd zu sein. Abends gingen sie zu drei aus, denn der große Hund, dessen Verlust in London ihm so viel Angst gemacht hatte, musste immer den Spaziergang auf den Boulevards mitmachen.«[170]

Robber ging nach einigen Wochen im Gewühl verloren, was beiden sehr zusetzte. Noch schlimmer war es allerdings für Richard, ihn später auf der Straße zu entdecken. Weil er den Hund einige Male gezüchtigt hatte, floh dieser und ließ sich nicht mehr einfangen; dies deprimierte seinen ehemaligen Herrn aufs tiefste und schien ihm ein schlechtes Omen zu sein.

Minna freute sich, als etwa zwei Monate nach ihrer Ankunft Richards Schwester Luise sie mit ihrem Mann, dem Buchhändler Friedrich Brockhaus, besuchte. In seinen Erinnerungen behauptet Richard, den Schwager nicht um Geld gebeten zu haben. Dies geschah sicherlich auf Minnas Wunsch, die stets bemüht war, den bürgerlichen Schein aufrechtzuerhalten. Angesichts der Hemmungslosigkeit, die »das Pumpgenie Wagner« (Thomas Mann) üblicherweise an den Tag legte, wenn es ums Borgen ging, könnte dies als ihr Erfolg verbucht werden. Sie war sogar so gutmütig, Luise bei ihren luxuriösen Einkäufen zu begleiten, wobei sie so tat, als besäße man selber genug.

Zu einem ihrer liebsten Freunde wurde der aus Dresden stammende Maler Ernst Benedikt Kietz. Der gutmütige und treuherzige Künstler ließ sich in Paris weiter ausbilden. Er benötigte so lange Zeit für seine Porträts, daß sie meist unfertig blieben, weil die Auftraggeber inzwischen abgereist waren. Daher war er finanziell ebenso bedürftig wie das Ehepaar Wagner. Das stärkte die Freundschaft wie die Tatsache, daß er sich freiwillig unterordnete und den Ersatzsohn spielte. *Für jetzt war mir und namentlich auch meiner armen, oft sehr vereinsamten Frau der kindlich zutrauliche Mensch sehr angenehm.*[171] Dieses Mutter-Sohn-Verhältnis sagte Minna sofort zu. In ihren Briefen und Nachrichten an ihn spielt sie Jahre später noch die Mutterrolle. Richard, der gerne Gäste hatte, wenn er die Gespräche anführen konnte, reihte Kietz in den abendlichen Familienkreis ein. Der Maler schaffte es, den oft verzweifelten Freund, dem gar nichts gelingen wollte, stimmungsmäßig so zu beeinflussen, daß die Abende trotz der Sorgen heiter ausklangen. Der Bibliothekar Gottfried Anders und der Philologe Samuel Lehrs freundeten sich ebenfalls mit dem Ehepaar an. Da die geselligen Stunden aus Sparsamkeit daheim stattfanden, übernahm Minna eine wichtige Rolle. Sie wurde geachtet und geliebt, dies wertete sie auf und gab ihr Kraft. Sie wird neben der Gastfreundschaft vermutlich auch ihre Fähigkeit, Kleidung auszubessern und zu flicken, angewendet haben, um den Junggesellen beizustehen. Cäcilie und Eduard gesellten sich bei den abendlichen Treffen oft hinzu. Auch Heinrich Laube kam mit seiner Frau Iduna zu Besuch, und durch ihn machte Richard die Bekanntschaft Heinrich Heines, von dem er die Stoffe zum »Fliegenden Holländer« und zu »Tannhäuser« übernahm.

Laube, der sich für die Zukunft Wagners interessierte, überredete seine vermögende Leipziger Familie und andere Bekannte, Richard für einige Monate eine Rente auszuzahlen. Wagner entschloß sich daraufhin, das möblierte Zimmer zu verlassen und eine eigene Wohnung zu beziehen. *Meine Frau, deren vorsichtiges und solides Wesen durch die Nötigung zur Teilnahme an meiner sorglosen Behandlung der bürgerlichen Lebensfragen bereits in Schwan-*

Ernst Bernhard Kietz, Wagners Land- und Luftsitz, Zeichnung 1839. Mit freundlicher Genehmigung des Nationalarchivs der Richard-Wagner-Stiftung, Bayreuth.

ken und Unsicherheit gebracht worden war, ließ sich hierbei namentlich durch die Annahme bestimmen, daß sie es verstehen werde, einen eigenen Haushalt weniger kostspielig einzurichten, als das Hotel-garni- und Restaurant-Leben für uns war.[172] Die Miete für die gemütliche Behausung betrug jährlich 1200 Francs, in vierteljährlichen Raten zu bezahlen. Die Möbel wurden per Ratenzahlung erworben. Wie aber den Haushalt finanzieren? Richard hatte mit seinen Bemühungen um einen Verdienst Pech auf der ganzen Linie. Er wurde mehrfach abgewiesen: die Partitur seiner Ouvertüre »Rule Britannia« wurde von der Philharmonischen Gesellschaft in London zurückgeschickt (als Wagner sieben Franken Postgebühr für den Empfang zahlen sollte, verweigerte er die Annahme), und ein Theater, für das er was schreiben sollte, ging bankrott. Auf längeren Spaziergängen mit Minna phantasierte er von Südamerika, wo man von Opern und Musik keine Ahnung habe und sich durch tüchtige Arbeit eine Existenz aufbauen könne. Die *vorsichtige und solide* Frau, an seine exaltierten Ausbrüche gewöhnt, ermahnte ihn, sich nicht zu stark von der Erzählung »Die Gründung von Maryland« von Heinrich Zschokke beeinflussen zu lassen. Der Autor schildert darin das Gefühl von Befreiung, das die Auswanderer erlebt hatten. Sie bedeutete ihm, daß es keine andere Alternative gab, als erst einmal in Paris durchzuhalten.

Was Minna konkret im Haushalt leistete, ist nicht dokumentiert. Es ist kaum anzunehmen, daß sie sich angesichts der vielen Umzüge mit dem Einkellern von Kartoffeln, dem Schälen und Aufreihen von Obst, das dann vom Bäcker getrocknet wurde, sowie dem Einkochen von Obstreserven befaßte. Ob sie Fässer mit Gurken, Rüben, Sauerkohl und anderem für die Wintermonate füllte, wie es damals in Haushalten üblich war, ist ebenfalls kaum anzunehmen. Weder sie noch Richard erwähnen in ihren Briefen solche Hausarbeiten, zu denen damals auch das Backen von Brot sowie das Herstellen von Pökel- und Rauchfleischwaren gehörte[173], und Richard war nicht jemand, der für die Zukunft vorsorgte; er wird dies für unnötig gehalten haben. Dennoch blieb mit dem Sauberhalten der Wohnung, dem Wäschewaschen, Flicken und Nähen sowie Einkaufen und Kochen genug für sie zu tun, da sie aus Sparsamkeit viele Arbeiten übernahm, für die man normalerweise Arbeitskräfte bezahlte.

Richard mußte neue Geldquellen suchen und zugleich alte Schuldenlücken stopfen. Es war recht bequem, anstelle von Bargeld Wechsel auszustellen, doch mußten diese bei Fälligkeit eingelöst werden, weil sonst eine Haftstrafe drohte. Bei der Suche nach Einkünften hatte Kietz, den Richard häufig um Geld bat *(Lassen Sie um's Himmels Willen Ihren Schneider noch diese 14 Tage oder 3 Wochen warten, und helfen Sie mir bis dahin damit aus*[174]) einen guten Einfall. Eine ältere, begüterte Dame aus Leipzig, Fräulein Leplay, suchte für die Dauer von zwei Monaten für sich und eine Bekannte eine Unterkunft in Paris. Da Wagners eine recht geräumige Wohnung gemietet hatten, boten sie den beiden Logis und Frühstück an. Minna setzte ihnen ein Frühstück vor, das dem der Hotels ähnelte und freute sich, die wenigen Sou, die sie dabei verdiente, an sich nehmen zu können. Die beiden Damen brachten zwar Unruhe in den Haushalt, aber Wagners brauchten das Geld so dringend, daß sie umgehend nach deren Wegreise einen neuen Untermieter nahmen. (Im übrigen besuchte Fräulein Leplay Minna später in Dresden, was auf ein gutes Verhältnis schließen läßt.) Der Nachfolger hieß Brix, war Maler und freundete sich mit dem Ehepaar an.

Wagner suchte weiterhin rastlos nach Verdienstmöglichkeiten und schrieb Lieder, die er dem Verleger Maurice Schlesinger anbot. Als dieser ihm Arbeiten für die von ihm herausgegebene »Gazette musicale« vorschlug, ging Richard darauf ein. Allerdings erhielt er nur die Hälfte des üblichen Honorars, da die andere Hälfte für die französische Übersetzung draufging. Aber er war erfolgreich, seine Schriften wurden gelesen. Schlesinger schlug ihm nun die Herstellung eines Unterrichtswerks für das Cornet à piston (Bügelhorn) vor. *Meinem Staunen darüber, wie ich dies beginnen sollte, entgegnete er mit der Zusendung von fünf bereits erschienenen Schulen für das Cornet à piston, welches damals das beliebteste Privatinstrument der jüngeren männlichen Bevölkerung von Paris war. Aus diesen fünf Methoden sollte ich sehr einfach eine sechste neue kombinieren, da es Schlesinger eben nur darauf ankam, eine solche in seinem Verlag zu haben. Wirklich begann ich mir ganz ernstlich den Kopf darüber zu zerbrechen, wie ich dies anfangen sollte, als Schlesinger mich von dieser Zumutung wieder befreite, da ihm soeben eine bereits fertige Methode eingesandt worden sei. Dagegen sollte ich nun nicht weniger als vierzehn »Suiten« für Cornet à piston schreiben, hierunter wurden Auszüge von Opernmelodien für dieses Instrument verstanden, und um für diese*

Arbeit mich mit Stoff zu versehen, schickte mir Schlesinger nicht mehr als 60 vollständige Opernklavierauszüge ins Haus. Diese durchsuchte ich nun nach geeigneten Melodien für meine Suiten, merkte in jedem Bande die aufgefundenen Stellen mit Papierstreifen an und führte mit den 60 Klavierauszügen ein sonderbar konstruiertes Bauwerk um meinen Arbeitstisch auf, um von meinem Sitze aus nach möglichster Varietät den melodischen Stoff zur Hand zu haben. Zu meiner großen Befriedigung, jedoch zur Bestürzung meiner armen Frau, eröffnete mir mitten in dieser Arbeit Schlesinger, daß Herr Schiltz, der Haupt-Kornettbläser von Paris, welchem er meine Etüden vor dem Stiche zur Durchsicht mitteilen mußte, erklärt habe, ich verstünde ja gar nichts von dem Instrumente und hätte gemeiniglich zu hohe Tonarten gewählt, welche die Pariser nicht herausbringen würden … Die 60 Klavierauszüge wanderten wieder in das merkwürdige Magazin der rue Richelieu zurück.[175]

Richard erhielt wenigstens die Hälfte des zugesagten Honorars. Er war sicherlich erleichtert, als die Arbeit auf diese Weise ein Ende nahm, im Gegensatz zu Minna, die immer wieder voller Angst an die fehlende Einnahme dachte, weil sie oft nicht wußte, wie sie das Essen auf den Tisch bringen konnte.

Die Schilderungen Richards sind angesichts der schieren Existenznot herzergreifend. So mußte er einmal verschiedene Wechsel, die fällig geworden waren, stunden, um die ohnehin bedürftige Hauswirtschaft zu bestreiten. Er lief morgens los, um Schlesinger zu besuchen und dann den Bruder seines Schwagers, Heinrich Brockhaus, um Geld anzugehen. *Ich verließ nach bangem Abschied am frühen Morgen Minna, welche aus Erfahrung wußte, daß sie, wenn ich um Geld aufzutreiben ausging, mich vor spätem Abend nicht wiederzusehen bekäme*. Heinrich schickte ihn mit einer Absage weg und bei Schlesinger wartete er stundenlang vergeblich auf einen Termin, wobei er noch dazu das *fadeste Geschwätz der Besucher* über sich ergehen lassen mußte. Die Nacht war angebrochen, und als er nach Hause gelangte, schaute Minna in großer Beklemmung bereits aus dem Fenster. Sie hatte seinen Mißerfolg geahnt und vorsorglich den Mieter Brix um einen Vorschuß gebeten, den sie auch erhielt, so daß sie ihrem Mann wenigstens eine Mahlzeit vorsetzen konnte.

Diese Episode zeigt, warum sich Minna trotz der so harten Zeit in Paris dennoch gerne daran erinnerte. Sie war in diesen Jahren eine gleichberechtigte Partnerin, die für die Lebenserhaltung unverzichtbar war, und keine Nebenperson auf dem Abstellgleis, wie sie es später erleben mußte. Die drei engsten Freunde des Ehepaares waren Junggesellen und scharten sich bei abendlichen Treffen um sie; sie umsorgte sie so gut es ging, und saß dabei, wenn sie diskutierten, frotzelten oder stritten. Selbst nach einer zehnjährigen Zeitspanne, bei der sie sich nicht gesehen hatten, erinnerte sich Anders an die verschworene Gruppe und stieß mit einem Glas Wein und dem Zweizeiler auf Minna an: »O, herzgeliebte Minna! – Du, die stets meinem Sinn nah'!«[176] Richard las ihnen seine Novellen vor – in »Ein Ende in Paris« hatte er seine Erlebnisse verarbeitet, und auch Minna wird aufmerksam zugehört und kommentiert haben, im Gegensatz zu den späteren Vorlesungen in Zürich, als sie seinen ausschweifenden kunsttheoretischen Abhandlungen kaum folgen konnte. Ihr Mann legte seine Pläne offen, er war noch immer als Künstler wenig bekannt und dadurch gab es keinen großen Abstand zwischen ihnen – und schließlich überwog die Frage, wie der Alltag zu bewältigen war, alle anderen Themen. Es war somit eine Mischung aus ihrer liebevollen Hilfsbereitschaft sowie ihren Koch- und Haushaltskünsten, die ihr bei den Junggesellen und anderen Freunden eine solche maßgebliche Rolle ermöglichte. Nicht zu vergessen das mütterliche Element der Fürsorge: es ging ihr ans Herz, andere leiden zu sehen und sie konnte dabei die eigene Not besser verkraften. Dennoch nagte die Entbehrung an ihr und begann sie gesundheitlich zu untergraben.

Eines Morgens stürmte Schlesinger in die Wohnung der beiden und bot Richard an, die Oper »La Favorite« von Halévy für 1100 Franken mehrfach zu bearbeiten: *Vollständiger Klavierauszug, Klavierauszug ohne Worte zu zwei Händen, dito zu 4 Händen, vollständiges Arrangement für Quatuor, ebenso für zwei Violinen, dito für Cornet à Piston.*[177] Für Minna klang das wie ein Goldsegen, und auch Richard war trotz der langweiligen Tätigkeit von dem Auftrag angetan. Als er den ersten Vorschuß von 500 Franken auf den Tisch aufgehäuft hatte, traf Cäcilie zufällig zu Besuch ein. Sie mußte den Eindruck erhalten, es ginge den beiden viel besser; sie trauten sich nicht, sie aufzuklären, und genossen ihre Einladungen zum Sonntagsbraten, die fortan häufiger eingingen.

Minna machte ihrem Mann zu seinem Geburtstag am 22. April 1840 eine besondere Freude. Der stets auf ein gepflegtes Äußeres

Bedachte litt unter seinen abgetragenen Sachen. Minna wußte, wie ihn das kränkte und war durch ganz Paris gelaufen, um einen deutschen Schneider zu finden, der bereit war, einen Anzug auf Kredit zu nähen. Sie hatte Erfolg und schenkte ihm den Anzug. »Wagner war gerührt von solchen Zügen, welche Innigkeit und Hingebung zeigten, zugleich klagte er sich an, daß er nämlich während der drei Jahre in Paris durch sein Unglück bei den Plänen immer in trauriger Gemütsstimmung gewesen sei, und dass es schwer war, mit ihm auszukommen.«[178]

Die akute Geldnot griff weiter um sich, und damit auch ihre Angst, die sich wiederum auf ihren nervlichen Zustand niederschlug. Ein kranker deutscher Handwerksbursche läutete und bat um etwas zu essen. Das Geld für das Brot, das Minna ihm kaufte, war die letzte Reserve, mehr war nicht vorhanden. Ende Juni 1840 besaß Richard noch 25 Franken, von denen er am 1. Juli einen Wechsel von 140 Franken, am 15. Juli die Vierteljahresmiete (300 Franken) zahlen sollte. Seinem Tagebuch vertraute er an: *Alle Quellen sind erschöpft; meiner armen Frau halte ich immer noch geheim, daß es schon so schlimm steht; – ich hoffte immer, Laube sollte mir bis dahin schicken; ich hätte ihr dann erst entdeckt, wie wir ohne den auf nichts zu rechnen gehabt hätten und ich's ihr verheimlicht habe, um ihr von Sorgen schon ganz zerrüttetes Wesen nicht noch mehr zu ängstigen. Damit wird es aber wohl nun nichts werden. Den ersten kann ich es nicht mehr verheimlichen. Hilf Gott, das wird ein schrecklicher Tag werden, wenn nicht Hilfe kommt!* Einen Tag darauf beichtete er ihr von dem Unglück: *Habe heut' meiner Frau auf dem Spaziergange erklärt, wie wir mit unseren Geldangelegenheiten stehen; ich bedauere die Arme im Grunde der Seele! Es ist ein trauriger Akkord!*[179]

Richard und Minna heizten in diesem Winter nur noch im Schlafzimmer, das zu einem Salon, Speise- und Arbeitszimmer zugleich umfunktioniert wurde. Zwei Schritte reichten vom Bett zum Arbeitstisch. Richard blieb stets drei Tage hintereinander daheim und ging nur an jedem vierten Tag spazieren. Diese überwiegend sitzende Tätigkeit hielt er den ganzen Winter über durch, und er gab später dieser Vorgehensweise die Schuld an seinem Unterleibsleiden (Darmverstopfung und Hämorrhoidal-Beschwerden, die er durch Klystieren zu beheben suchte, was wiederum den Magen angriff), das ihn jahrzehntelang quälen sollte und sich nie ganz auskurieren ließ. Die mangelnde Anerkennung verbitterte ihn; er fühlte sich als Außenseiter und ließ sich zur Manifestierung dieser Stimmung einen Bart wachsen, was seiner Frau mißfiel. Die billige Wohnung hatte außerdem den Nachteil, daß sie hellhörig war, was Richard empfindlich störte. Als ein Nachbar immer wieder Liszts Klavierbearbeitung von Donizettis »Lucia di Lammermoor« übte und Richard es nicht mehr ertrug, rief er seinen Mieter Brix herbei, der auch Flöte spielte (aber das Spielen weitgehend aufgegeben hatte, um seinen Vermieter zu schonen), stellte ihn an der Wand auf und ließ ihn auf seiner Pikkoloflöte, die bekanntlich sehr schrill klingt, seine Bearbeitung der Ouvertüre zur »Favorite« spielen. Die Wirkung war so stark, daß der Nachbar – ein junger Klavierlehrer – auszog, was dem weichherzigen Richard fast wieder leid tat.

Bisher hatte die Frau vom Concierge Putzdienste in der Wohnung der Wagners übernommen, so die Reinigung der Küche, der Kleider und der Schuhe. Nun war aber selbst dieser geringe Lohn zu viel. Es war demütigend für Minna, ihr zu kündigen und allein auf sich gestellt die als niedrig geltenden Tätigkeiten selber übernehmen zu müssen. Dazu gehörte das Kochen und Aufwaschen, wobei zu bedenken ist, daß diese Tätigkeiten aufgrund fehlender moderner Hilfsmittel wie beispielsweise Elektrizität weitaus schmutziger und aufwendiger waren als heute. Da der Untermieter nichts von der Kündigung erfahren sollte, sah sich Minna genötigt, selber dessen Stiefel zu putzen. Beide schämten sich nun vor dem Concierge und seiner Frau, aber sie waren erleichtert, als diese ihnen mit noch mehr Höflichkeit als bisher begegneten, allerdings verbunden mit einem Anflug von Vertraulichkeit. Besonders bekümmerte es Richard, daß er seiner Frau keine Medikamente kaufen konnte, als sie im Herbst 1840 erkrankte. *Wird sie diesen Jammer überleben, und werde ich den ihrigen ertragen? – Herr Gott, stehe mir bei! Ich weiß mir nicht mehr zu helfen! – Alles, Alles, – alle letzten Quellen eines Hungernden habe ich erschöpft … Den letzten kleinen Schmuck, das letzte nothwendige Geräth seiner Frau zu Brod gemacht haben zu müssen, und sie dann krank, leidend ohne Hülfe lassen zu müssen, weil der Erlös der Trauringe nicht zureichte Brod und Arznei anzuschaffen, – wie soll ich dieß nennen, wenn ich früher schon von Noth sprach!*[180]

Schlesinger bot ihm an, eine kleine Operette für ein Boulevard-Theater zu schreiben, Richard hatte aber genug davon. Praeger

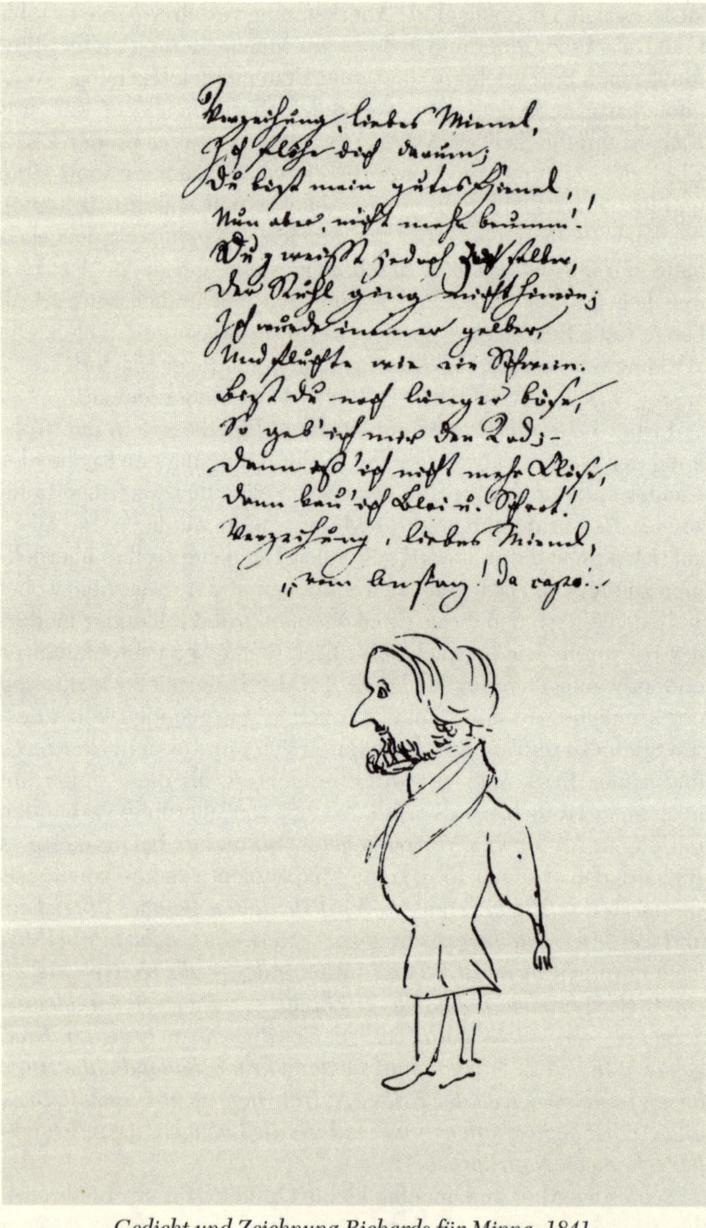

Gedicht und Zeichnung Richards für Minna, 1841.

zufolge verließ er den Verleger und eilte durch Regen und Wind nach Hause. »Völlig durchnässt kam er zu Hause an und erzählte Minna den ganzen Vorgang. Was die gute Frau auch darüber denken mochte, sie entgegnete ihm kein Wort, hörte ruhig zu und half ihm, sich zu Bette zu legen, denn sie sah mit Angst einen Fieberanfall kommen, der auch wirklich nicht ausblieb, und Wagners altes Übel, die Gesichtsrose, mit sich brachte … In dieser wilden Gedankenflucht jedoch stiegen die einzelnen Keime des zukünftigen Musikdramas auf, wie in Fieberhitze eine Vision von Gespenstern, und reihten sich gliedweise nach und nach zu einem Ganzen, so dass sein Krankenlager ihm oft nachher als das Treibhaus vorkam, in dem die revolutionären Ideen wuchsen und der Keim seines ›Kunstwerkes der Zukunft‹ ihm oft nachher als das Treibhaus vorkam … Alle diese exaltierten Ausbrüche seiner schaffenden Phantasie musste Minna anhören und sie war eine aufmerksame und geduldige Zuhörerin, was ihr wahrscheinlich gegenüber einer solchen übermächtig aufstrebenden Natur wie die ihres Richard den Standpunkt unendlich mehr erleichterte, als etwa die Kritik einer begabteren Organisation als die ihrige dies vermocht hätte … Minna ließ ihn austoben und fand immer Mittel, ihn zu beruhigen und ihm neue Hoffnung zu erwecken … Wagner vergass nie, diese Lebensepisode als den Prüfstein von Minnas Wert zu bezeichnen.«[181]

Wenn Kritiker heute monieren, daß Minna Richards Größe nicht begriff, so verkennen sie, daß Richard in dieser Lebensphase keine Anbetung benötigte. Er war sich seiner genialen Größe nicht in dem Maße bewußt wie später in Zürich, und es reichte ihm, wenn Minna dabei saß, an seinem Leben teilnahm, ihm aufmerksam zuhörte und ansonsten eine gemütliche Atmosphäre schuf, wie es Natalie zufolge, die nachgereist war und bei den Wagners wohnte, der Fall war: »Wie verstand sie die kleine Häuslichkeit so anheimelnd nett und sauber durch die äußerste Ordnung und Reinlichkeit zu machen … Still und geräuschlos arbeitete sie gleich einer Magd, kehrte, wusch, kochte, putzte ihm seine Kleider und Stiefel, weil sie kein Geld hatten, diese niederen Arbeiten Dienstleuten zu überlassen; dabei sah sie immer rosig, frisch, nett und äußerst sauber aus, daß man nicht ahnen konnte, daß sie alle diese niedern Mägdedienste verrichtete. Wie freute sie sich, wenn sie auf stundenweit entferntem Markt, weil es da billiger zum Einkauf der nöthigen Lebensmittel war, etwas ersparen konnte, um ihren

Ernst Bernhard Kietz, Wagner im Freundeskreis. Sylvester in der rue Jacob, Zeichnung 1840/41. Mit freundlicher Genehmigung des Nationalarchivs der Richard-Wagner-Stiftung, Bayreuth.

geliebten Richard mit ein paar guten Cigarren und einem Dütchen Schnupftabak, da er sehr gern schnupfte, zu überraschen und zu erfreuen. Wie freute sich auch Richard jedesmal über die willkommene Liebesgabe, gleich einem Kinde, und wußte nicht genug seinem dafür besorgten Mienchen mit Küssen zu danken.«[182]

Doch die eingeengten Wohnverhältnisse zerrten auch an den Nerven. Einmal, so Natalie, stolperte Richard mit einem Stuhl gegen einen großen Wandspiegel und zerbrach ihn um ein Haar. Minna erschrak heftig und wies ihn scharf zurecht. Er brauste auf und rannte wütend aus der Wohnung. Später kehrte er mit seinen Freunden Kietz, Lehrs und Anders zurück, die sich über den Vorfall amüsierten. Am nächsten Morgen fand Minna das folgende Gedicht als Friedensgabe auf ihrem Bett:

Verzeihung, liebes Mienel,
Ich flöhe dich darum,
Du bist mein gutes Bienel,
Nun aber nicht mehr brumm!

Du weißt jedoch auch selber,
der Stuhl ging nicht hinein,
Ich wurde immer gelber
Und fluchte wie ein Schwein.
Bist du noch länger böse,
So geb' ich mir den Tod; –
dann eß' ich nicht mehr Klöße
dann kau' ich Blei u. Schrot!
Verzeihung, liebes Mienel,
vom Anfang! da capo.[183]

Es werden diese kleinen Zeichen seiner Liebe gewesen sein, die sie rührten und trotz aller Not zum Durchhalten beitrugen – es war gerade die Zwangslage, die sie zusammenschweißte.

Die vertrauten Freunde kamen weiterhin zu Besuch, wobei sie sich daran gewöhnten, daß Richard während der Unterhaltung an den Bearbeitungen weiterschrieb. Der Silvesterabend 1840 wurde zu einem besonders denkwürdigen Fest. Die Freunde hatten sich heimlich verabredet und erschienen jeder mit einer anderen Gabe: Kietz brachte Rum, Zucker und Zitrone, Lehrs eine große Kalbskeule, der Maler Friedrich Pecht (ein Freund von Kietz) eine Gans und Anders zwei Flaschen Champagner, die ihm ein Instrumentenmacher für eine Werbung für seine Klaviere geschenkt und er für eine besondere Gelegenheit aufgehoben hatte. Wagner ließ sofort die lästigen Bearbeitungen fallen und stürzte sich begeistert in das Vergnügen. Minnas Freude kann man sich ausmalen, denn die Freunde heizten den Salon, holten Fehlendes vom Lebensmittelhändler und halfen in der Küche mit. Die Stimmung riß alle hin: *Als nach dem Champagner noch der Punsch zu wirken begann,* schreibt Wagner, *hielt ich eine emphatische Rede, die, weil sie die Freunde in unaufhörlichem Lachen unterhielt, nicht enden wollte und mich so hinriß, daß ich, der ich im gesteigerten Pathos mich bereits auf einen Stuhl gestellt hatte, endlich selbst den Tisch bestieg und von da herab das Evangelium der unsinnigsten Lehren der Weltverachtung mit Anpreisung der südamerikanischen Freistaaten meinen entzückten Zuhörern verkündete, welche endlich in lachendes Schluchzen sich verloren und schließlich von uns sämtlich beherbergt werden mußten, da ihr Nachhausegehen unmöglich geworden war.*[184]

Die Wohnung der Wagners im Pariser Vorort Meudon, avenue de Meudon 3.

Als hätte sich die ganze Welt gegen ihn vereint, erlebte Richard im neuen Jahr 1841 sogleich einen Tiefschlag. Er kündigte – wie er der Meinung war, termingerecht – die Wohnung, nur um zu erfahren, daß er den vertraglichen Zeitpunkt um einen Tag überschritten hatte. Nun war die Miete für das ganze kommende Jahr zu entrichten, alle Proteste waren vergebens. In der Hoffnung, umgehend Nachmieter zu finden, machten sich Richard und Minna daher auf, um in der Umgebung von Paris ein billiges Heim für den Sommer zu finden. Dies gelang ihnen in Meudon. Nachmieter ließen sich erst um Ostern auftreiben, was die Geldmisere weiter verschlimmerte. Richard war ratlos, wie er den Sommer finanziell überstehen sollte, denn Schlesinger konnte ihm nichts mehr anbieten. Er griff auf journalistische Arbeiten zurück und schrieb mehrere Aufsätze. Einiges war zusammengeschludert: Informationen von Lehrs und Anders, die sie selber lediglich aus zweiter Hand hatten, mischte er für Zeitungsartikel zusammen. Etwas seriöser ging er mit der Monatsschrift »Europa« um. Dort wurden musikalische Beilagen gegeben und er schickte einige Lieder, die auch abgedruckt wurden. Dies waren übrigens die ersten Kompositionen, für die er ein Honorar erhielt. In dieser Zeit wuchs sein Ekel vor den trivialen Aufführungen in französischen Opernhäusern und das Verlangen, dem etwas Besseres entgegenzusetzen. *Zum großen Leidwesen Minnas* schickte er Theaterkarten für das »Théâtre français« zurück, auch weil er über die Fruchtlosigkeit seiner Bemühungen, in Paris Fuß zu fassen, so enttäuscht war.[185] Als ehemalige Schauspielerin wäre sie gerne hingegangen, zumal etwas Abwechslung ihr gut getan hätte, denn sie saß oft viele Stunden alleine daheim.

Im Mai und Juni 1841 steigerte sich die verzweifelte Lage des Ehepaars bis zur Schmerzgrenze. Als Cäcilie und ihr Mann ebenfalls den Sommer über auf das Land zogen und ganz in ihrer Nähe eine Wohnung mieteten, legte Minna Wert darauf, über ihre Entbehrungen zu schweigen; der äußere Schein eines bürgerlichen Auskommens sollte erhalten bleiben. Als kein Sou mehr da war, machte sich Richard zu Fuß nach Paris auf, um dort ein paar Franken aufzutreiben. Er blieb erfolglos und mußte den langen Weg zu Fuß zurückgehen, nur um zu erfahren, daß ein Freund namens Hermann Pfau zu Minna gekommen war und um Brot gebettelt habe; sie hatte ihm das letzte Stück gegeben. Nun hoffte Wagner auf Brix, der mit nach Meudon gezogen war. Er war wie Wagner auch in Paris gewesen, um Geld aufzutreiben, aber auch er kam verschwitzt und zerschlagen zurück, ohne irgendwas erreicht zu haben. Jetzt kam der Moment, wo Minna sich zu heroischer Größe steigerte. Die hungernden Männer scheinen ihr besondere Kraft verliehen zu haben, denn zum ersten Mal brachte sie den Bäcker, den Fleischer und den Weinhändler dazu, ihr Waren ohne Barbezahlung auszuhändigen: *sie hielt sich berufen, wenigstens gegen den Hunger der Männer rettend anzukämpfen.*[186] Sie strahlte, als sie ihnen eine Mahlzeit präsentieren konnte.

Der Zufall wollte es, daß Cäcilie und Eduard hinzukamen, als man sich zum Essen hingesetzt hatte; beide waren beruhigt zu sehen, daß es den Wagners gut ging. Das Verhältnis zwischen den

Ernst Bernhard Kietz, Minna Wagner, Zeichnung 1840. Mit freundlicher Genehmigung des Nationalarchivs der Richard-Wagner-Stiftung, Bayreuth.

beiden Ehepaaren, das durch Richards wiederholte Versuche, Geld von Eduard zu leihen belastet worden war, wurde sogar innig.[187] Minna fühlte sich von der Halbschwester und dem Schwager ihres Mannes akzeptiert und respektiert und sie liebte den Knaben Max abgöttisch; das Ehepaar Avenarius begriff seinerseits anscheinend, welche schwierige Rolle sie mit ihrem exzentrischen Mann durchzustehen hatte und zollte ihr dafür Anerkennung. Man kam sich am 32. Geburtstag Minnas am 5. September 1841 näher, denn Richard und Eduard gingen zu dem vertraulichen »Du« über, und Richard erinnerte sich ein Jahr später voller Freude an diese Feier: *Ach, glaubt nur, uns wird es immer butterweich um's Herz, wenn wir Eurer gedenken: dieser 5te September, und der im vorigen Jahre!!! O Himmel, welch ein Abstand! Ich habe Minna fast kaum gratulirt vor lauter Mismuth und Verstimmung: – da kam Euer Brief! Er ließ uns wieder so recht fühlen, welche göttliche Macht in der Freundschaft liegt! Ihr saßet bei uns am Tische, und wir küßten uns und freuten uns, als ob wir uns beim Kopfe hätten! Nie, nie, gute Cecilie und bester Eduard, werden wir Eure Treue und Liebe vergessen, und unser Dank soll Euch schon noch erreichen! Es leben die Schmerzen von Paris, sie haben uns herrliche Früchte getragen!*[188]

Cäcilie und Eduard, Kietz, Anders und Richard bilden den »heiligen Rat der Fünfe« – verwunderlich nur, daß Minna hier nicht auftaucht. Richard verfaßte ihr ein Geburtstagsgedicht, in dem er seine Geldnot beschrieb. Er hatte auf verschlungenen Pfaden Geschenke für sie besorgen können, die er ihr nun vorlegte.

In Meudon entwarf Wagner den Text zum »Fliegenden Holländer«. Wie so oft in seinem Leben verarbeitet er darin Erlebtes sowie Wunschprojektionen. Die schauerliche Seereise, die er und Minna auf der Reise nach England durchlitten, setzte er lautmalerisch um. Er identifizierte sich mit dem ausgestoßenen Holländer, wie man seiner Novelle »Ein Ende in Paris« entnehmen kann. Die Pariser Umstände verschmolzen wie selbstverständlich mit dieser Figur des Elends und des Außenseitertums. Die Figur der Senta (die ursprünglich Minna heißen sollte) wurde nicht nur von Leonore in Beethovens Oper »Fidelio« beeinflußt, sondern er gestaltete sie so, wie er sich Minna wünschte: *Die … Erlösung kann der Holländer aber gewinnen durch – ein Weib, das sich aus Liebe ihm opfert: die Sehnsucht nach dem Tode treibt ihn somit zum Aufsuchen dieses Weibes; dieß Weib ist aber nicht mehr die heimathlich sorgende, vor Zeiten gefreite Penelope des Odysseus, sondern es ist das Weib überhaupt, aber das noch unvorhandene, ersehnte, geahnte, unendlich weibliche Weib – sage ich es mit einem Worte heraus: das Weib der Zukunft.*[189] Zwischen den Zeilen ist ein kritischer Unterton zu hören. Je mehr Minna unter der Situation litt, um so weniger war sie bereit, alle Zumutungen ihres Mannes zu akzeptieren. Was später mit Gewalt aus ihr herausbrach – ihr Trennungswunsch nach Richards Verlust des Dresdener Kapellmeisterpostens – war offenbar in Paris ansatzweise auch vorhanden und verunsicherte ihn. Wie sehr er Senta, die auf den Holländer mit Leib und Seele fixiert ist, mit Minna gleichsetzte, zeigt die Widmung, die er ihr an das Ende des Prosaentwurfes zur Oper setzte:

Durch eines Weibes Treu' ward er gerettet,
Befreit aus hundertjähr'ger Leiden Joch;
Wenn noch so schwer sich Trübsal an mich kettet,
Bleib' treu mir nur, so lacht das Glück uns noch!

Der Verkauf seines Textes zum »Fliegenden Holländer« brachte Richard 500 Franken ein, die er zur Vertonung nutzte. Er mietete ein Klavier und in sieben Wochen hatte er die gesamte Musik ausgeführt, wobei nur noch die Instrumentation fehlte. Er war glücklich, daß ihm die Einfälle nicht abhanden gekommen waren und dies schlug sich auf seine Laune nieder, es machte auch vieles nun für Minna leichter. Noch Jahrzehnte später erinnerte er sich an seine euphorische Stimmung in dieser Zeit.[190] Oft begleitete er seine Frau auf der Suche nach Pilzen, *was für sie leider den Hauptreiz unserer Waldeinsamkeit bildete und unsren Hauswirt, wenn er uns mit der Beute heimkehren sah, mit Entsetzen erfüllte, weil er behauptete, wir würden uns durch den Genuß der Pilze vergiften.*[191] Die hungernde Minna reizte die Aussicht, eine Mahlzeit umsonst zu bekommen, mehr als die Freude an der freien Natur. Aus der gleichen Not heraus pflückten sie bei Spaziergängen die Nüsse von Bäumen, deren Äste über die Gartenmauern hingen. (Die Obstbäume konnten dagegen kaum genutzt werden, da Richard eine Abneigung gegen Obst hatte.)

Inzwischen erhielten sie die Nachricht, daß ihre Nachmieter aus der Pariser Wohnung ausgezogen seien. Sie sollten nun neben der Wohnung in Meudon auch noch die Miete dafür zahlen, wozu sie außerstande waren. Richard kam auf die Idee, dem Hausbesitzer die in der Pariser Wohnung stehenden Möbel als Entschädigung anzubieten, obwohl die Möbel ihrerseits noch nicht abbezahlt waren – eine geradezu geniale Konstruktion. Inzwischen trat eine empfindliche Kälte ein, aber ein Rückzug nach Paris war finanziell nicht verkraftbar. Kietz besuchte sie und brachte Rum mit, damit sie die Kälte überstehen konnten, denn die Sommerwohnung war für rauhe Jahreszeiten ungeeignet. Richard erwartete Geld von einem früheren Bekannten, dessen Versprechen jedoch nicht ernst gemeint war: *Nun starrten wir gänzlich hilfos in den kalten Nebel des herannahenden Winters hinein.* Die Rettung kam von Kietz, der auf verschlungenen Pfaden 200 Francs aufgetrieben hatte, so daß Richard und Minna nach Paris ziehen und sich im Hintergebäude des Hauses rue Jacob Nr. 14 eine kleine Wohnung mieten konnten. Richard arbeitete an der Partitur des »Holländers« und verpflichtete Kietz, ihm die nötigen Gelder derweilen zu verschaffen, was dieser in rührender Weise mit 10- und 5-Frankenscheinen tat. *Ich zeigte um diese Zeit häufig mit heitrem Stolze meine Stiefel,* schreibt Richard, *welche endlich buchstäblich nur noch eine Scheinbekleidung für meine Füße abgaben, da die Sohlen zuletzt vollständig verschwanden.*[192]

Ernst Bernhard Kietz, Richard Wagner, Zeichnung 1842.

Die Monate des Hungerns und des Elends hatten an Minna gezehrt. Seinem Freund Ferdinand Heine schrieb Richard: *Mich leidet es für jetzt nicht mehr in Paris, und ich lechze nach dem deutschen Boden. Zudem macht es der nicht ganz erwünschte Gesundheitszustand meiner Frau mir zur Pflicht, sie diesen Sommer in die ihr allgemein angerathenen Teplitzer Bäder zu führen.*[193] Richards Verwandschaft hatte ihn überredet, nach Deutschland zurückzukehren. Eduard und seine Schwester Luise legten zusammen und schenkten ihm 500 Franken für den Neuanfang, die er in den Schnabel einer Gans steckte und zu Minna nach Hause trug. Da Richard Zusagen für die Aufführung zweier seiner Werke von deutschen Theatern bekommen hatte, reizte ihn auch selber die Idee der Rückkehr, zumal Friedrich Brockhaus das nötige Reisegeld beisteuerte.

Der Abschied von dem geliebten Freundeskreis Anfang April 1842 erfüllte Minna dennoch mit großer Trauer; Kietz hatte ihnen noch in rührender Fürsorge sein letztes Fünf-Franken-Stück aufgedrängt, und sie schluchzte ununterbrochen auf der ganzen Reise. Als Richard sie abzulenken versuchte, antwortete sie nach kurzer Zeit: *Darf ich nun wieder weinen?* Die Heimreise war äußerst strapaziös, sie benötigten schier endlose fünf Tage und fünf Nächte bis Dresden. Schuld daran war der Strom der Reisenden, die zur Leipziger Ostermesse unterwegs waren, wodurch die Postkutschen überbelegt waren und sie lange Wartezeiten ertragen mußten. Ein plötzlicher Wetterumschwung mit Sturm, Schnee und Regen wird Minna an die schreckliche Hinreise vier Jahre zuvor erinnert haben, als würden die Götter ihre Reisepläne stets verfluchen. Richard spricht von *meiner armen zerschlagenen und erfrorenen Frau*[194], als sie endlich ankamen. In Dresden ruhten sie sich einen Tag aus und machten sich dann auf die Suche nach einer Wohnung. Richard blieb nur einen weiteren Tag, *um die heftig angegriffene Minna in Ruhe zu bringen* und fuhr dann nach Leipzig und Berlin weiter, während sie bei ihren Eltern unterkam. Als er sich von Minna verabschiedete, weinte sie schon wieder, und als Richard dies auf seinen Abschied schob, antwortete sie ihm offen, sie weine, weil sie nicht wisse, wie sie wieder nach Paris zurückkehren könne. Allerdings mußte er ihr versprechen, bald heimzukehren.

Drittes Kapitel

»Meine Heimath aber, das bist Du«: Dresden 1842–1847

Oh, meine lieben Kinder, glaubt mir nur, auch ich theile ihr ›Minnas‹ *Gefühl*, schrieb Richard bewegt an Cäcilie und Eduard, *ich bin noch völlig lau in der Betreibung meiner Angelegenheiten, denn mein Sinn ist noch zu voll von Paris u. den guten, lieben Herzen dort, von denen ich weiß, daß sie auch für mich schlagen … Minna will, es soll mir schlecht gehen, damit ich mit Schlesinger einen Contract mache u. nach Paris zurückgehe: – die Arme denkt an nichts, als an Paris.* Die französische Hauptstadt erschien Minna mitsamt den lieben Freunden und Verwandten im Rückblick wie das reinste Paradies. Ihre Gedanken waren ständig bei Cäcilie, deren Mann und *dem lieben, lieben Paris* – alles verklärte sich im Nachhinein. Insbesondere der kleine Neffe hatte es ihnen angetan: *Wenn Minna, durch Thränen u. Schluchzen hindurch Maxel's Namen nannte, da war sie sicher, mich auch sogleich in Thränen zu sehen. In dem Gedanken an das liebe Kind konzentrirt sich all unsere Wehmuth.*[195] Und Minna ergänzte: *Meinen Herzensjungen den Max den will ich schon abküssen, dass er der garstigen Tante mit einem Donnerwetter das ewige Leben wünschen soll. Ein Kleidchen in Deinem Geschmack habe ich schon für ihn in Petto – ach Gott, wäre die Zeit doch schon da wo ich Euch Beiden an mein Herz drücken könnte!*[196] In solchen Zeilen offenbart sich auch die Trauer über die eigene Kinderlosigkeit. Minnas Sehnsucht straft übrigens die landläufigen Meinungen Lügen, die ihr ausschließlich das Verlangen nach finanzieller Sicherheit und gutbürgerlicher Umgebung zuschreiben. *Du glaubst nicht, wie mir noch heute zu Mute ist, wie traurig ich bin und wie ich nicht aufhöre, an Euch, meine Lieben zu denken! Richard war genötigt, sich zu zerstreuen. Seine Angelegenheiten beschäftigen ihn; ich aber, wenn ich Zerstreuungen hätte finden können, habe sie geflohen, denn alles widert mich an. Paris ist mir wie ein Himmel, und nur mit Tränen denke ich daran zurück. Wer hätte das glauben sollen, als wir nach Paris kamen, daß es mir einmal so schwer werden könnte, es wieder zu verlassen! … Nie ist es mir so hart angekommen, mich zu trennen. Für nichts habe ich hier noch Sinn.*[197]

Während sie dies schrieb, kam ein Brief von Cäcilie und Eduard an. Richard kommentierte: *Nun ist der Teufel los – ich weine – u. Minna heult – ! Das ist eine Noth! Ich thät' am Gescheutesten, ich ginge nur gleich wieder fort, denn mit meinen Opern wird's doch nichts – ich habe einen furchtbaren Gegner zu bekämpfen, einen Intriguanten sonder Gleichen, – meine eigene Frau! Sie erklärt mir so eben unter einem Strom von Thränen, daß sie Alles anwenden würde, um meine Opern durchfallen zu lassen, denn dann bliebe mir gar nichts anderes übrig, als wieder nach Paris zu gehen! … Etwas anderes, als einen Allgemeinen Ausbruch meines Gefühles kann ich Dir jetzt, liebe Cäcilie, auf Deinen lieben, theuren Brief nicht antworten; Minna ist es unmöglich noch eine Zeile hinzuzusetzen, denn sie ist aufgelöst.*[198]

Selbst wenn die Tränenströme, die beide vergossen, mentalitätsgeschichtlich als durchaus übliche Gefühlsentladung gelten können, zeigen diese extremen Reaktionen, wie tief die Erlebnisse nachwirkten. Im übrigen war nicht nur sie unglücklich: Cäcilie berichtete, Kietz sei am Morgen nach der Trennung herumgelaufen und habe *geschrieen wie ein Kind nach der Mutter Brust.*[199] Und Cäcilie selber bezeichnete im Nachhinein die Zeit als *die schönste meines Lebens und ich hänge noch mit meinen schönen Erinnerungen an Paris wie an einem heißgeliebten Wesen … wo wir als ganz junge Eheleute vereint waren.*[200] Minna wollte keinesfalls zurück in die Entbehrung, die sie dort erleben mußte – es ging ihr um den Freundeskreis. Noch monatelang klangen die Erinnerungen nach.

Auch Richard versicherte dem »Kleeblatt« Kietz, Anders und Lehrs, daß er sich nach ihnen sehne. *Sagt mir doch, warum bin ich eigentlich von Euch fortgegangen, was war mir denn, was trieb mich denn? Warum blieb ich denn nicht bei Euch, u. wär's auch gewesen um zu hungern? Hatten wir denn nicht zusammen Noth gelitten u. uns dennoch gefreut? Wenn ich nun zu Fressen bekommen sollte, was werde ich denn weiter haben als einen vollen Magen? Wie wird es aber mit meinem leeren Herzen werden? … Meine*

Frau ist in euch verliebt; keinen Eurer Namen darf ich nennen, wenn nicht der Jammer losbrechen soll. Sollte ich sterben, eh' wir uns wiedersehen, so vermache ich Dir, Anders, meine zukünftigen Tantièmen, Dir, Lehrs, den Venusberg, und Dir, Kietz, meine beiden in Paris verlorenen Hunde – Du verstehst es so schön, sie auf die Straße zu führen. – Wie steht's mit No 14, rue Jacob? Erinnern sich anhängliche Leute meiner? – Es ist mir, als ob ich einige Schulden hinterlassen hätte…[201]

Aber Minnas Sehnsucht deutet auf einen weiteren, ernsten Hintergrund. Ihre Beziehung zu Richard war durch die Anfechtungen der letzten Jahre in Mitleidenschaft gezogen worden. Seine explosionsartige Entwicklung neuer Ideen, die er wochenlang mit Nachdruck vertreten und dann verwerfen konnte, die Maßlosigkeit in Gelddingen und die Unfähigkeit, für die Zukunft vorzusorgen: dies alles setzte ihre Anhänglichkeit einer schweren Belastung aus. In Paris und Meudon wurde sie geliebt und geachtet von Menschen, die mitunter ihre Partei ergriffen. Wenn Wagner mit seinem rastlosen Geist auf den Tisch stieg und begeistert schwadronierte, konnte sie sich mit dem Junggesellen-»Kleeblatt« verbünden und gemeinsam über ihn lachen. Das half ihr, die Ängste zu bewältigen. Die Generosität der Freunde, die von irgendwoher Geld oder Essen auftrieben und wie selbstverständlich mit ihnen teilten, rührte sie. Sie tat das gleiche und erlebte die Dankbarkeit und Zuneigung der anderen. Sie waren wie eine Familie, und sie stand als Mutter und Ehefrau im Mittelpunkt.

In Dresden erschien Minna im Vergleich zu der französischen Hauptstadt alles zunächst eng und kleinlich, den früheren Bekannten wich sie aus. Eine Ablenkung fand sie im Opernbesuch. Der Generaldirektor des Dresdener Hoftheaters, August Freiherr von Lüttichau, ließ den beiden auf Wunsch gute Plätze anweisen, und so konnten sie ungeachtet ihrer Geldknappheit manche Aufführungen erleben. Langsam lebte Wagner sich ein. Bereits am 12. Mai bekannte er Kietz gegenüber, daß der Entschluß, Paris zu verlassen und in die deutsche Heimat zu reisen, im Grunde genommen richtig gewesen sei, und er konnte sogar ausrufen: *verfluchtes Paris – ich hasse Dich!!!* Seine weiterhin *heftig angegriffene* Frau konnte diese Richtungsänderung nicht mitmachen: *Jetzt bläst Minna zur Tafel! das arme Weib – sie grämt sich immer noch.*[202] – Dennoch dachte auch er immer wieder gerne an die Zeit zurück, in der er, Minna und die Freunde wie in einem Kokon eingesponnen vor der Außenwelt geschützt gewesen waren: *Die Freunde, die ich habe, genügen mir vollkommen; mein Weib und Ihr – säße ich mit Euch am letzten Zipfel der Welt, glücklich würde ich mich preisen und ein großer Künstler sein.*[203]

Dennoch: auch die Landeshauptstadt des Freistaates Sachsen hatte ihre schöne Seiten, die man zu genießen wußte. An beiden Seiten des Elbstromes gelegen, zwischen zwei teilweise bewaldeten Hügelketten, lud die Stadt mit ihrer unvergleichlichen Lage zu zahlreichen Ausflügen ein. Elbaufwärts traf man auf die Sächsische Schweiz, flußabwärts auf die Weinberge des Meißner Landes. Im Süden befanden sich die Ausläufer des Erzgebirges und im Norden die Dresdener Heide. Die Dampfschiffahrt gab es seit Mitte der 1830er Jahre und somit die Möglichkeit zu zahlreichen Fahrten. Die Stadt glänzte zudem mit ihrem Reichtum an Bau- und Kunstdenkmälern und sonstigen Kunstschätzen. Sie gehörte mit ihrer Hofkirche, der Kreuzkirche, dem barocken Zwinger, der Brühlschen Terrasse, der Frauenkirche und vielen anderen Bauten zu den schönsten Städten in Deutschland. Zwar war die Gemäldegalerie noch nicht errichtet (die Bauarbeiten begannen im Sommer 1847), aber die Fülle der historischen Bauten imponierte dennoch.

Von Dresden aus lag Teplitz einen Tag mit der Kutsche entfernt. Der Ort wurde zu einem beliebten Kur- und Ferienziel des Ehepaars. Im Juni reisten sie mit einer von Minnas Schwestern bei schönstem Sonnenwetter dorthin, um sich in der malerischen Natur und mit Hilfe der warmen Heilquellen einige Erholung zu gönnen. Dort traf Minna, die sich einer Badekur nach ärztlicher Vorschrift unterzog, eine strenge Diät einhielt und viel Brunnenwasser trank, mit Richards Mutter zusammen. Als Wagner am 18. Juli vorzeitig zurückfuhr, um seine Oper »Rienzi« einzustudieren, sehnte er sich schon kurz darauf nach ihrer Nähe: *Nun, mein gutes, braves, charamantiges Weib, Du kommst doch wohl Donnerstag? … Leb' wohl, mein liebes Weib, sei mir gut und komm ja recht bald zu Deinem charamantigen Richel.*[204] Sie hatte unterdessen mit der Schwiegermutter einigen Ärger, da diese sich oft spendabel gerierte, um dann über die Geldausgaben zu jammern. Minna schätzte Aufrichtigkeit und beschwerte sich folglich bei Richard, der ihr in allem Recht gab. Seine Schwester Luise Brockhaus hatte schon vorausgesagt, daß Minna zwar gut mit der Mutter umgehen, sie aber auf die Dauer nicht würde ertragen können, selbst wenn sie ein *Engel an Sanftmuth* wäre, und er fügt hinzu: *Ach! es ist mir fast ein recht bitterer Vorwurf, daß ich Dich so lange mit ihr allein lassen muß! Ich kenne ja das Alles, nur, gestehe ich, bin und fühle ich mich so sehr über die Nörgeleien der Mutter erhaben, daß sie keinen Eindruck mehr auf mich machen … Du, mein liebes Weib, solltest von Allen mit einer ganz vorzüglichen Schonung behandelt werden.*[205] Es tat ihr gut, daß er ihre Partei ergriff. Auch gegenüber Eduard und Cäcilie Avenarius lobte er sie: *Ich gestehe, daß ich Minna's großem Takte, vorzüglich ihrer Mäßigung in ihrem Umgange mit der Mutter wirklich Bewunderung zolle …* »Die Mutter« *wird oft so beleidigend, daß Jemand von so unbescholtener Rechtlichkeit, wie Minna ist, es ohne tiefe Erbitterung nicht vertragen kann.*[206] Und in »Mein Leben« heißt es: *Meine Mutter … erhielt nun durch Bekanntwerden mit* »Minnas« *häuslichen Eigenschaften vollen Grund, die Genossin meiner trübseligen Pariser Leiden zu achten und liebzugewinnen.*[207]

Aber es gab grundsätzlichere Probleme, die sie in Teplitz quälten, wo sie Zeit hatte, über die neue Situation nachzudenken. Sie hatte ihrem Mann in Paris alles, Kraft, Karriere, Gesundheit, Heimat, Besitz und eigenes Einkommen, geopfert, und er war dort glücklos geblieben. In Paris hatte er auf Erfolge gesetzt und große Versprechungen gemacht, die sich in Luft auflösten. Weder war er mit seinen Liedern erfolgreich noch waren »Rienzi«, »Das Liebesverbot« oder »Der Fliegende Holländer« von der Pariser Oper angenommen worden. Es gelang ihm lediglich, das Libretto des »Holländers« für 500 Francs an den Direktor der Großen Oper zu verkaufen. Man hatte dort die Armut ertragen können, weil kein Bekanntenkreis sie hämisch beobachtete, die Freunde litten in Paris selber Not. Aber in Dresden war es anders, hier gab es eine soziale Rangordnung, und sie standen recht weit unten. Minna sah keine solide Zukunft voraus, es drückten die alten Schulden aus der Zeit vor Paris, und wenn weiterhin kein Geld aufzutreiben war, erwarteten Richard juristische Schritte. Seine Verwandten Luise, Ottilie und Hermann hatten zwar beschlossen, ihm ein halbes Jahr lang Geld vorzustrecken, und er erhielt von ihnen 200 Taler, doch war das nur ein Tropfen auf dem heißen Stein. Richard klagte: *Bei der jetzigen Teuerung haben wir daher schrecklich zu würgen, um den äußeren Anstand, den ich in meinen hiesigen Verhältnissen weit mehr auf-*

recht erhalten muß, als dies in Paris nötig war, nur einigermaßen zu behaupten. Oft könnte ich mit wahrem Gebrüll die Zeit herwünschen, in der wir endlich einmal aufhören sollen, Bettler in anständigen Kleidern zu sein. Glücklich, wer die Lumpen auf dem Leibe zur Schau tragen darf![208]

Zuweilen reichte das Geld noch nicht einmal zum Essen. Sie hatte das Sparen und das Hungern gründlich satt – eine Wiederholung der Pariser Armut wollte sie keinesfalls mitmachen. *Wir lebten in einer kalten Wohnung kümmerlich aber hoffnungsvoll der leider sich sehr verzögernden Erlösung entgegen,*[209] schreibt Wagner rückschauend. Was sie besonders bedrückte, war die Tatsache, daß Richard seinen engeren Familien- und Bekanntenkreis um Geld anging und diesen damit vergrätzte. Das mußte gerade Minna empören, die viel Wert auf die Meinung der Umwelt legte und ihr zuweilen etwas vorspielte, um einen guten Eindruck zu erwecken.

Sie war 32 Jahre alt und somit im besten Alter für eine Schauspielerin. Träumte sie davon, wieder auf der Bühne zu stehen und fortan selber für sich zu sorgen? Obwohl die Pariser Jahre ihren Tribut gefordert hatten, fühlte sie sich anscheinend imstande, den alten Beruf zu ergreifen. Ihr Vorschlag aus Teplitz, sich eine Zeitlang von Richard zu trennen, wirkt wie aus der Verzweiflung geboren. Ihre Zeilen sind nicht erhalten, dafür aber seine affektgeladene Antwort, die noch einmal seine tiefe Abhängigkeit von ihr verrät. *Sehr traurig macht es mich, daß Du mich so lange noch allein lassen willst! Liebe Minna, wir dürfen uns durchaus nicht auf lange Zeit trennen, das fühle ich nun wieder von Neuem tief u. innig. Was Du mir bist, kann mir eine ganze Residenz von 70,000 Einwohnern nicht ersetzen. Habe ich keine Geschäfte, so gräme ich mich um so mehr, allein zu sein: habe ich mich aber den ganzen Tag abgemüht, kommt der Abend u. finde ich Dich nicht zu Hause, so widert mich alle Häuslichkeit, die mir sonst doch so wohlthätig ist, heftig an, u. was ich außer dem Hause finde, ist wahrlich nicht im Stande, mich nur um eine Minute zu entschädigen. Eine Stelle in Deinem Briefe habe ich noch nicht ganz verstanden: – Du sprichst von einer Nothwendigkeit, uns vielleicht noch auf länger zu trennen? – Wo ist die Nothwendigkeit? Als ich mich – um meinen hochfliegenden Plänen u. Hoffnungen (die Du nicht einmal mit mir theiltest) nachzustreben, unter Umständen, die wohl selbst den beherzesten Mann abschrecken konnten, zur Reise aus Rußland aufmachte; als ich mich unter Gefahren jeder Art zu*

Pillau einschiffte, um eine furchtbar ungewisse Reise anzutreten, die mich zu einem noch schwankenderen Ziele bringen sollte, – sprachst Du damals von Nothwendigkeit, Dich von mir zu trennen? Damals hätte ich Dir, bei Gott! Recht geben müssen! Es fiel Dir aber nicht ein. Als Sturm u. Gefahr am Größten waren, als Du zum Lohne für alle mit mir verlebten Leiden einen gräßlichen Tod vor Dir sahst, da batest Du mich nur, Dich recht fest zu umarmen, damit wir nur nicht getrennt in die Tiefe hinabsänken! Als wir in Paris am Rande der Hungersnoth schwebten, bot sich Dir mehr als eine Gelegenheit, Dich zu retten ... Warum sprachest Du damals nichts von einer Nothwendigkeit uns zu trennen? Sieh, damals hätte ich Dir nichts erwidern können. Jetzt aber, da ich fühle, ich habe meine Zukunft immer mehr in meinen Händen, jetzt frage ich Dich, warum sprichst Du nun von dieser Nothwendigkeit? Sag' mir, was Dich so kleinmüthig macht? Er geht noch ausführlich auf ihren Vorwurf ein, er würde seiner Familie finanziell zur Last fallen, und versucht, ihn zu entkräften. *Dieser Sorge entschlage Dich also: denn sollte ich wirklich noch Geld nöthig haben, so weiß ich jetzt, daß ich unter Fremden hier nicht mehr fremd bin.*[210]

Richard begriff nicht, daß es mitnichten Kleinmut, sondern praktischer Realitätssinn war, der Minna das Vertrauen in sein »Gefühl« entzog. *Ich habe meine Zukunft immer mehr in meinen Händen*: Solche zuversichtlichen Aussagen gab er seit Jahren von sich. Seine Versicherung, er könne von Dresdener Freunden Geld leihen, glaubte er wohl selbst nicht ernsthaft, denn kurze Zeit darauf schrieb er Ernst Kietz, daß ihm seine drei Hemden buchstäblich vom Leibe fielen, er aber niemanden anpumpen könne: ›Ich‹ *habe 14 Thr. zum Leben, Schuhwerk u. s. w. Schließe daraus, wie bei der jetzigen Theuerung unser Auskommen beschaffen ist, u. in welche gränzenlosen Verlegenheiten ich daher mitunter an einem Orte gerathe, wo von Borgen unter keiner Bedingung die Rede sein kann.*[211] Mit seiner leicht entflammbaren Phantasie und seinen plötzlich umschlagenden Stimmungen entdeckte er jedoch überall Lichtblicke und konnte sich im Gegensatz zu Minna rasch von Niederlagen erholen. Er schreibt ihr noch, daß alles gut geordnet sei; die Klaviermiete bis Oktober bezahlt, die Wohnung ebenfalls. *Somit werde ich Niemanden, am Allerwenigsten meiner Familie mehr lästig fallen. ...*

Mein lieber Südwind, blas` noch mehr!
Nach meiner Minna verlangt mich's sehr!
Grüß herzlich! Ade, mein gutes Weib![212]

Wie im »Fliegenden Holländer« wünschte er sich im wahren Leben eine bedingungslos liebende Partnerin. Richard schaffte es erneut mit Hilfe seiner glänzenden Überredungskunst und seiner Liebesbezeugungen, Minna weiter an sich zu binden. Sie begrub ihre Trennungspläne. Es wird sie aber nicht sonderlich erbaut haben, daß er nach langer Suche – insgesamt sah er sich 21 Logis an – eine Wohnung in der Waisenhausgasse fand, die kaum ihren Vorstellungen entsprechen konnte: Für sie blieb kein eigener Raum, und sie mußte die Küche mit anderen Mietern teilen. *2 anständige Zimmer à 2 Fenster, und eines à 1 Fenster: recht hübsch meublirt, 2 Betten mit Matrazen etc. … Die Miethe beträgt allerdings 12 Thaler. Alle haben mir aber zugerathen, denn, sagten sie, es wäre nicht möglich ein ähnliches Logis billiger zu haben.*[213]

Das Ehepaar hatte in der Anfangszeit nur wenige Freunde in Dresden, was ebenfalls Paris in einem goldenen Licht erschienen ließ, denn damals kam fast jeden Abend jemand vorbei. Eine Ausnahme bildeten der Chorleiter Wilhelm Fischer mit seiner Ehefrau und der Kostümmaler des Hoftheaters und Schauspieler Ferdinand Heine samt Gattin. Deren Tochter Marie Schmole-Heine erinnerte sich an verschiedene Treffen im Hause und im Garten ihrer Eltern. »Minna, damals eine sehr schöne Dame, gewann durch ihr freundliches Wesen mein Herz.« Richard und Minna schauten mehrmals in der Woche vorbei, wobei Richard die große Weinlaube im Garten besonders gefiel. Dort aßen sie zu Abend, so oft das Wetter es erlaubte. »Später erst verstand ich, weshalb sein Blick oft so freundlich auf den einfachen Speisen weilte, mit denen der Tisch besetzt war. Ich hörte einst, daß Minna Wagner oft meiner Mutter erzählte, dies sei an manchen Tagen seit dem Frühstück ihre erste ordentliche Mahlzeit gewesen! – Wenn wir vor dem gedeckten Tische standen, sprach er häufig zu seiner Gattin: ›Minel, nun wollen wir aber pampen.‹ Sein größtes Entzücken war, als Vorgericht der kalten Fleischspeisen: Neue Kartoffeln in der Schale mit Häring in piquanter Sauce –›Lake‹ nannte er es. Als meine Mama ihm einst scherzend erklärte, er consumire zu viele Butter, überreichte er ihr am nächsten Abend ein großes Stück Butter.

Die Sängerin Wilhelmine Schröder-Devrient.

An solchen Tagen war er harmlos heiter wie ein Kind.«[214] Auch Richard bestätigt, daß die Abende unter dem Weinlaub im Heineschen Garten die einzigen fröhlichen waren.

Minnas Geburtstag am 5. September war in Richards Erinnerung *der schlechteste Geburtstag, den ich je mit Minna erlebt habe,* da das gesamte Vermögen des Ehepaars aus einem einzigen Taler bestand. Minnas Ängste waren wohlbegründet gewesen. Auch diesbezüglich erschien Paris immer noch in goldenem Schimmer, weil man sich dort das Elend geteilt hatte. *Minna grüßt schwesterlich die Glieder des alten Bundes! Sie sehnt sich schmerzlich in die alte Noth zurück,* heißt es noch im September 1842 in einem Brief an Kietz.[215]

Im Herbst näherte sich die Uraufführung des »Rienzi«, und der Wagnersche Freundeskreis diskutierte lebhaft über das bevorstehende Ereignis. Richard war mehr als nervös, hing doch seine ganze Karriere daran. *Ich schmachte seit zehn Jahren darnach, so wie ich möchte, – hervorzutreten,* schreibt er mit verblüffender Offenheit seinem Kollegen Robert Schumann.[216] Minna dachte eher an die Einnahme: einige Tage vor der Aufführung konnte Richard noch nicht einmal auf Eduard Avenarius' Geburtstag anstoßen, weil er keinen Wein im Haus hatte. Bei den Proben gab es mit der Sopranistin Wilhelmine Schröder-Devrient und dem Tenor Joseph Tichatschek manche Auseinandersetzung, aber beide spürten Richards ungewöhnliche künstlerische Gestaltungskraft und hielten letztlich zu ihm. Marie Schmole-Heine berichtet: »Am Tage der ersten Aufführung (20. October 1842) speiste das Ehepaar Wagner Mittags bei meinen Eltern – gegessen haben Beide freilich herzlich wenig. Frau Minna preßte häufig die Hand auf's Herz und seufzte beklommen. Richard rutschte, wie er bei innerer Unruhe stets that, auf seinem Stuhle beständig hin und her, oder sprang auf, lief im Zimmer umher und zog alle fünf Minuten seine Uhr.«[217] Kietz zufolge wollte Minna zunächst nicht der Aufführung beiwohnen, weil sie solche Angst hatte, was Ferdinand Heine bestätigt: »Sein armes Frauchen wollte erst diesen Abend gar nicht ins Theater, die Meine hat sie unter ihre großen Fittige genommen und sich zu ihr in die Loge gesetzt. Die treue Seele hat sich in Kompagnie mit ihrem Richard so abgeängstigt, daß sie ganz grün und jämmerlich aussieht.«[218]

Auch Richards Schwester Clara saß mit in der Parterreloge. Während der Vorstellung hielt seine Unruhe weiter an, in seiner Logenecke schimpfte er sogar über sich selbst: »Solch ein Ochse – Nein was für ein Esel! Nein welcher Wahnsinn!« Und dennoch: Trotz der Überlänge war der blechgepanzerte »Rienzi« mit seinen Aufmärschen, zahlreichen Chören und jubelnden Trompetenfanfaren von der ersten Vorstellung an ein schlagender Erfolg, und das, obwohl die erste Vorstellung bis 23.15 Uhr dauerte. Wagner wurde viermal herausgerufen, die Begeisterung überschlug sich. Richard und Minna waren außer sich vor Freude. Richard lachte und weinte gleichzeitig und umarmte alle, dabei lief ihm der kalte Schweiß von der Stirn: die Nervenbelastung war unaussprechlich gewesen.[219] Am nächsten Tag berichtete Richard Eduard und Cäcilie von dem grandiosen Erfolg, am Rand setzte Minna euphorisch hinzu: *Die Oper wird noch in mehreren Vorstellungen mit erhöhten Preisen gegeben: Kinder, ich bin zu glücklich meine höchsten Wünsche sind erreicht!*[220] Endlich, endlich war sie am Ziel ihrer so lange gehegten Träume – die jahrelange Schinderei hatte einen Sinn gehabt, nun würde alles aufwärts gehen. Der Erfolg der Oper mit den sechs folgenden, ausverkauften Vorstellungen und weiteren Aufführungen wirkte auf sie wie eine Erlösung. In ihrem Stolz und Übermut legte sie Richard Lorbeerblätter ins Bett und fragte ihn am nächsten Morgen mit unschuldiger Miene, ob er gut geschlafen habe.

Wagner durchlebte nun eine Phase, die ihm bislang unbekannt geblieben war: *Bleibe ich auch immer derselbe, so ist um mich herum doch Alles anders geworden … Vorher krähte kein Hahn nach mir, und nun kann ich mich nicht retten … kurz ich bin hier Mode.*[221] Er wurde mit einem Schlag über die Grenzen Dresdens hinaus berühmt und erhielt innerhalb von zwei Monaten mehr Briefe als während des gesamten Aufenthalts in Frankreich. Er war eine Person des öffentlichen Lebens geworden und mußte so neben überschwenglichem Lob zugleich Spott und Neid ertragen. Noch aber überwog Ersteres. Als Wilhelmine Schröder-Devrient Wagner und Felix Mendelssohn zu einer deklamatorischen Abendunterhaltung am 26. November in Leipzig einlud, fuhr Minna bestimmt mit. Sie versäumte nach eigener Aussage nie eine Vorstellung, bei der Richard am Pult stand. Richard dirigierte Auszüge aus »Rienzi«. Die Gefeierte der Benefizveranstaltung war Wilhelmines Mutter, die große Schauspielerin Sophie Schröder, die – so Wagner – trotz fehlender Zähne mit ihrer großartigen Rezitation von Gottfried August Bürgers »Lenore« alles andere an Wirkung übertraf.[222]

Die Opernhäuser in Berlin und Dresden planten nun Aufführungen des »Fliegenden Holländers«. In Dresden fand die Uraufführung am 2. Januar 1843 statt, und wiederum feierte Richard einen ungewöhnlichen Erfolg, der Minna auch beglückte. Als Richard eine nachfolgende Vorstellung dirigieren sollte, fehlte ihm ein Taktstock. Damals durfte nur ein königlicher Kapellmeister mit einem solchen dirigieren, die niederen Chargen mußten mit einem Geigenbogen vorliebnehmen. Marie Schmole-Heines Bruder sägte den Stil eines Quirls ab und beklebte ihn mit Papier, wobei er etwas Mehl und Wasser benutzte. So kam Richard unentgeltlich zu einem Dirigierstab.

Mit den Finanzen ging es nicht so voran, wie Richard es sich vorgestellt hatte. Seine Magdeburger Gläubiger drohten ihm mit Klagen; *ich werde sie so gut wie möglich beschwichtigen müssen; dann ist unsere körperliche Ausstattung – Hemden, Wäsche etc. jetzt in einem Zustande, der unbeschreiblich ist, und auf das dringendste eine Restauration verlangt,*[223] schrieb er den Pariser Freunden, wohl um sie zu beschwichtigen, denn auch in Paris hatte er mannigfache Schulden. Seine zwar eleganten, aber abgenutzten Glacéhandschuhe waren schon Marie Schmole-Heine aufgefallen. Als Minna im Dezember 1842 einige Tage bei ihrer Schwester Charlotte Tröger in Zwickau verbrachte, schickte ihr Richard einen Brief mit 2 Talern, nicht ohne zu betonen, daß er in der vergangenen Woche kaum mehr als einen Taler ausgegeben habe. Seine Klagen zeigen, daß er ebenso an Minna gebunden war wie in den Anfangsjahren ihres Zusammenseins: *Ach Gott! Ich bin Dir sehr betrübt: oft, wenn ich so allein bin, überfällt mich eine Angst wie damals, als wir noch ohne alle Aussicht waren. Nichts, nichts macht mir Freude! Ich dachte, in Deiner Abwesenheit recht fleißig zu sein: Du lieber Himmel! Alle Lust zur Arbeit fehlt mir, u. in dem leeren Logis leidet es mich nicht. Ich habe meistens bei Heine's gegessen, einmal bei Tichatschek, u. einmal zu Hause. Heute esse ich bei Fischer: nächstens will ich auch zu den Alten* ›Minnas Eltern‹ *gehen. Auch war ich einen Abend bei der Weber* ›Carl Maria von Webers Witwe‹. *Es ist ein Jammerleben das! – Ohne Minel und ohne –* ›den Hund‹ *Pebs! – Ja, lache nur! Ich möchte weinen!! … Kommst Du denn auch bald zurück?? Ach, Gott! Thu', wie es Dir gefällt; wenn Du mir aber eine große Freude machen willst, so kommst Du recht bald.*[224] Da er ihr nicht mehr schrieb, ließ sie sich wohl erweichen und fuhr bald heim.

Eine enge Freundschaft entspann sich zwischen Minna und der von Richard so hochverehrten Sängerin Wilhelmine Schröder-Devrient. Obwohl Richard ihr gegenüber in seiner Beurteilung ambivalent war (mal nennt er sie *ein Sauluder*, dann wieder eine *wahrhaft edle, hochherzige Frau*), überwog seine Hochachtung. Die berühmte Künstlerin schloß Minna in ihr Herz, und zu Weihnachten wurde sie *wirklich luxuriös von ihr beschenkt: Alles, was sie sich nur wünschen konnte, erhielt sie*. Richard bekam von ihr ein Darlehen über 1000 Taler, das mehr als willkommen war. Mit der Hälfte dieses Geldes wollte er versuchen, endlich seine Magdeburger Schulden loszuwerden, die andere Hälfte ging nach Paris: *Von den 1000 Thlr. verwende ich keinen Groschen an mich.*[225]

Es müssen dies aufregende und schöne Tage für Minna gewesen sein. Zuerst der überwältigende Erfolg des »Rienzi«, dann die Proben zum »Fliegenden Holländer« mit anschließender erfolgreicher Aufführung, die Aussicht des Ehemannes auf eine prestigereiche und einträgliche Stelle als Königlicher Kapellmeister in Dresden, die liebevolle Freundschaft der berühmtesten deutschen Sängerin nicht nur mit ihrem Mann, sondern ganz speziell mit ihr selbst, ihr generöses Darlehen, das zur Einlösung eines Pariser Pfandscheines beitrug und ihr Silberzeug und eine Uhr wieder heimbrachte – das alles wird ein Hochgefühl in ihr geweckt haben, welches sie lange entbehrt hatte und nun genoß. Häufig kehrten ihre Gedanken dabei zu den Freunden zurück: *Es begegnet mir nichts Angenehmes, ohne dabei mit Minna das Schicksal zu verwünschen, das es so eingerichet hat, daß Ihr nur die Noth, nicht aber das Glück mit uns theilen könnt*, schrieb ihnen Richard.[226]

Die Einladungen häuften sich und Minna stöhnte in einem Briefchen an Cäcilie darüber: *Wir essen in mancher Woche kaum zweimal zu Hause.*[227] Der erhöhte Bekanntheitsgrad schwemmte auch Besucher in ihr Haus. So kam einmal Clara Schumann und brachte einen Brief ihres Mannes mit. Sie trug Roberts Klavierquintett Es-Dur op. 44 in der Wohnung der Wagners vor. Richard äußerte den Wunsch, es noch einmal zu hören, was auch geschah.[228] Was Clara von Minna hielt (und umgekehrt), ist leider nicht überliefert, aber die professionelle Künstlerin wird der im Hintergrund agierenden Ehefrau wohl nicht viel zu sagen gehabt haben. Aber auch die Familienbande verstärkten sich, denn Wagners Nichten Klara und Ottilie Brockhaus zogen nach Dresden und besuchten das Ehepaar wöchentlich. Die Sängerin Johanna Wagner, Tochter von Richards Bruder Albert, erhielt 1844 ein Engagement in Dresden, so daß die ganze Familie (Albert und Elise mit den Kindern Franziska, Johanna und Marie) in eine Wohnung in der Ostra-Allee 23 zog. Damit verbanden sich rege gegenseitige Besuche. Richard lud oft Künstler und Künstlerinnen ein, die Familie Albert Wagner kam dann hinzu und Johanna half Minna oft in der Küche, wenn Gäste erwartet wurden. Minna nahm an der Karriere ihrer Nichte lebhaften Anteil, da diese als Schauspielerin begonnen hatte und durch Richard Unterricht in Gesang erhielt, um später als Sängerin zu wirken.

Als man Wagner anbot, Königlicher Kapellmeister am Dresdener Opernhaus zu werden, zögerte er lange. *Ich liege noch in einem sehr schweren Kampfe: gern bliebe ich natürlich für die nächsten Jahre noch frei*, schrieb er Albert.[229] Er fühlte sich im besten Alter und wollte die Zeit ausschließlich für das Komponieren nutzen, wußte aber zugleich, daß er noch nicht bekannt genug war, um davon leben zu können. Geld war ihm nie wichtig, solange er genügend Menschen fand, die ihm welches liehen, und seine Anerkennung in der Welt wollte er durch sein Schaffen und nicht durch ein Amt, schon gar nicht durch das Dirigieren der Werke anderer Komponisten erreichen. Minna empfand es genau umgekehrt. Endlich ein Lichtblick am Horizont! Sie wußte um die Nichtigkeit von Richards Vorstellungen, wenn sie vom praktischen Leben handelten. Ein Amt mit einem jährlich festen hohen Einkommen, das ihr bürgerlichen Verkehr in einem respektierten Rahmen und eine regelmäßige Unterstützung ihrer verarmten Eltern ermöglichte: das war eine Aussicht, die sie zutiefst befriedigte. Alle Freunde und Verwandte drängten ihn, die prestigereiche Stelle anzunehmen. Insbesondere die Witwe Carl Maria von Webers, Caroline, beschwor ihn, an Minnas Sicherheit zu denken, die bei seinem Ableben für alle Zeiten mit einer Pension versorgt wäre. *Die große Wichtigkeit … welche solch eine lebenslängliche Königliche Anstellung namentlich deutscher Musiker als das höchste erreichbare irdische Glück vorschweben läßt, fing nun an, meine gute Frau in große Aufregung zu versetzen.*[230] Als Richard zögerte, weil er weder eine Probezeit noch eine dem ersten Dirigenten Carl Gottlieb Reißiger untergeordnete Stelle akzeptieren wollte, wurden diese Hindernisse rasch aus dem Weg geräumt. Was Minna während der Verhandlungen gebangt haben muß, läßt sich erahnen. Nach dem Vertragsabschluß fiel er seiner *vor Freude taumelnden Frau in die Arme*.[231]

Von der Waisenhausgasse siedelten Minna und Richard in eine möblierte Wohnung in der Marienstraße über. Dort bewohnten sie eine Stube und eine Kammer, das Essen ließen sie aus dem sogenannten Speisehaus holen. Richard mußte bei bestimmten Anlässen eine Hofuniform tragen, was ihm mißfiel, zumal er sie auch noch selbst zu bezahlen hatte. Er dirigierte auch bei Gottesdiensten, mußte Hofkonzerte arrangieren und leiten. Zur Feier seines 30. Geburtstages am 22. Mai 1843 wurde ihm von 60 Sängern aus den Gesangsvereinen der Stadt ein Ständchen gebracht, beleuchtet von bunten Laternen. Man überreichte ihm ein Gedicht, das der befreundete Arzt Anton Pusinelli verfaßt hatte und das auf eine Melodie von Weber gesungen wurde. Die Ehrung rührte ihn und Minna zutiefst.

Kurz darauf reiste Minna wieder nach Teplitz, wo sie drei Monate verbringen wollte. Sie war noch immer nicht gesund, zu sehr hatten die Jahre in Paris an ihr gezehrt, aber sie hoffte, sich durch eine

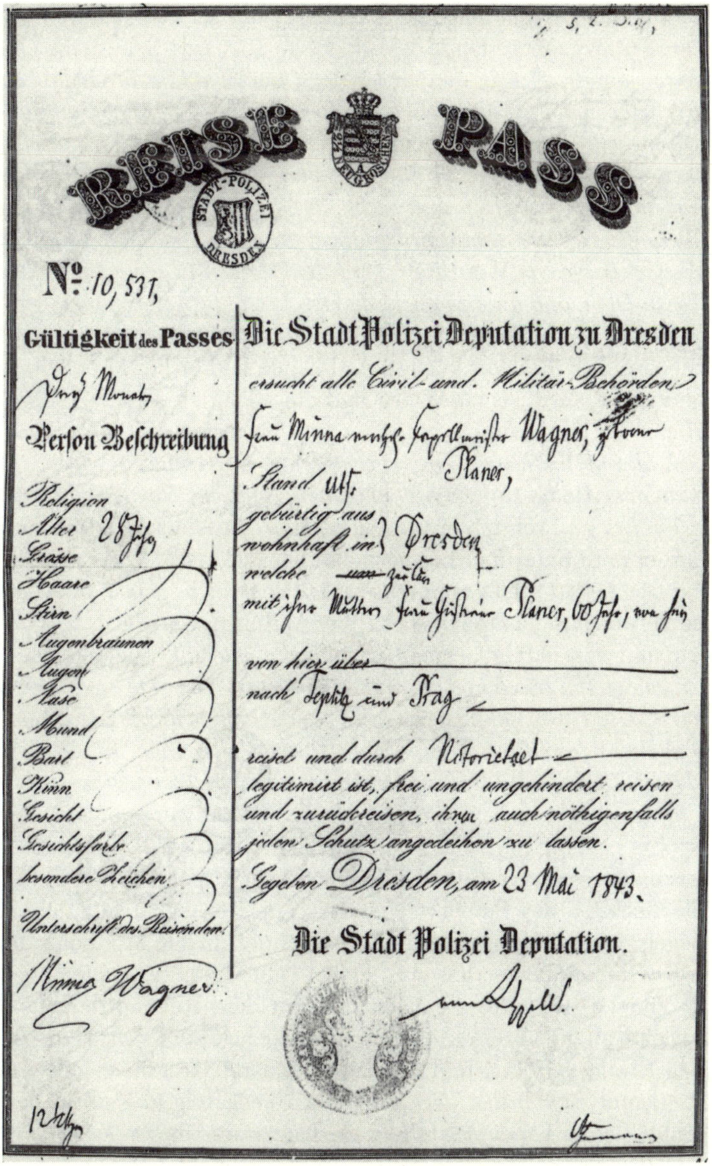

REISE PASS

No. 10,531.

Gültigkeit des Passes
Drey Monate

Person Beschreibung
Religion
Alter 28 Jahr
Grösse
Haare
Stirn
Augenbraunen
Augen
Nase
Mund
Bart
Kinn
Gesicht
Gesichtsfarbe
besondere Zeichen

Unterschrift des Reisenden.
Minna Wagner

Die Stadt Polizei Deputation zu Dresden
ersucht alle Civil- und Militär-Behörden
Frau Minna verehel. Kapellmeister Wagner, geborne Planer,
Stand ...
gebürtig aus
wohnhaft in Dresden
welche ...
mit ihrer Mutter Frau ... Planer, 60 Jahr, von hier
von hier über
nach Teplitz und Prag
reiset und durch Notorietaet
legitimiert ist, frei und ungehindert reisen
und zurückreisen, ihnen auch nöthigenfalls
jeden Schutz angedeihen zu lassen.
Gegeben Dresden, am 23 Mai 1843.

Die Stadt Polizei Deputation.

Reisepass für Minna Wagner zur Kur in Teplitz, 23. Mai 1843.

Diät und die Anwendung der Teplitzer Bäder auf eine spätere richtige Kur vorzubereiten. Sogleich setzte Richards Sehnsucht ein: *Wenn alle die Briefe, die ich Dir jetzt immer schon in Gedanken geschrieben habe, wirklich von mir zu Papier gebracht worden wären, so könnte ich Dir jetzt schon ein hübsches Paketchen zuschicken … Als Du fortgefahren warst und ich Dich endlich aus den Augen verlor, hatte ich nun nichts anderes zu thun, als immer zu überlegen, wo Du nun sein könntest: es war ein so unbeständiges Wetter! Bei jedem Windstoße, bei jedem kleinen Regengusse dachte ich an Dich, und ärgerte mich, daß ich Dich hätte an so einem garstigen Tage abreisen lassen.*[232] Am Abreisetag hielt er es nicht zuhause aus, ihm wurde angst und bange und er lief in der Stadt herum, aß auswärts zu Mittag und ging dann zu seinem Freund Heine. Er litt, wenn er keine Post von ihr bekam. *Du gutes, dummes, allerbestes Minel, Du! Du schreibst ja garnicht? Was heißt denn das? Hältst Du es schon mit einem Andern? Warte, Du sollst's schon kriegen!* schrieb er ihr scherzhaft.[233] In seinen Briefen plaudert er mit Minna über Besuche, darüber, daß er *alle halbe Stunden auf den Abtritt muß um eine Wenigkeit von mir zu geben*, über seine Verpflichtungen in Dresden, über Aufführungen, die er besucht hat, und wünscht ihr Gesundheit. *Auch hat mich die Mattigkeit verlassen, ich bin frisch und stramm*, schreibt er. *Wenn Du es nur auch wirst, d. h. Du weißt schon, so recht gesund, daß man Dir wieder einmal etwas zumuthen kann, – nun, Du verstehst mich: so ein ganz kleines Kindchen*![234] Er fragt, *ob Du gestern, den 5ten, Abends um 6 Uhr denn nicht recht an Cassel gedacht?*[235] Dort wurde unter Louis Spohrs Leitung der »Fliegende Holländer« aufgeführt, worauf er besonders stolz war. Er bezog Minna in sein gespanntes Warten auf die Reaktion des Publikums mit ein, kopierte eigenhändig einen begeisterten Brief Spohrs für sie und schrieb an den Komponisten, daß es ihn schmerze, dessen Brief nicht mit Minna zusammen lesen zu können. Er hatte sogar geplant, mit dem Brief in der Hand sogleich zu ihr zu reisen[236], denn er wußte, wie sehr sie sich an seinen Erfolgen freute, und ihm lag auch daran, von ihr gelobt und anerkannt zu werden. Die Nachricht vom Erfolg in Kassel überschlug sich in Tönen des Jubels. Beglückt rief er ihr zu: *Freue Dich mit, tanze u. mache Halloh! Jetzt ist es mir nicht mehr bange! Es muß Alles durch! Mag es auch langsam gehen, – aber ich gehe mit Dir einer herrlichen Zukunft entgegen, die kein Flitter-Glück sein wird, sondern gediegen u. nachhaltig!*[237] Die Nachricht vom Tod ihres 25-jährigen Bruders Karl Eduard Planer, die Minna erschütterte, machte den Erfolg des Teplitzer Aufenthaltes allerdings fast wieder zunichte.

In dieser Zeit besuchte der junge Gustav Kietz, Bildhauer und Bruder des engen Freundes aus Pariser Zeiten, Ernst Benedikt, das Ehepaar. Sein Bericht wirft ein mildes Licht auf ihre Gastfreundlichkeit. Richard lieh ihm Bücher aus seiner Bibliothek, führte ihn bei Spaziergängen in neue literarische Welten ein und lud ihn häufig zu Abendgesellschaften ein, an denen der Sänger Tichatschek, der Maler Franz Hanfstängl und andere teilnahmen. Er bestand darauf, ihn sonntags regelmäßig zum Essen einzuladen, da es dann immer etwas Gutes gab. Weil er dünn war, tat ihm Richard die größten Bissen auf den Teller, und das Gefühl der Übersättigung war das einzig Unbehagliche, das er erlebte. Natalie und Richards Nichte Johanna saßen oft mit bei Tisch, und Letztere nannte ihn ihren Ganymed. Minna beschreibt er als eine sympathische Erscheinung, voll herzlicher Güte und Liebenswürdigkeit. »Höchst komisch waren die musikalischen Vorführungen, wenn er ›Wagner‹ auf dem Klavier spielte und seine Frau ihn mit der Klarinette begleitete, die sie sehr gut mit dem Munde nachzuahmen verstand … Ich habe mich bei ihm und seiner lieben Frau unendlich wohl gefühlt. Sie gaben in ihrer herzlichen und fürsorglichen Art mir, dem von frühester Kindheit an gänzlich Verwaisten, ein Stückchen Heimat in ihrer Häuslichkeit, das mir unendlich wohltat … Beide nahmen den liebevollsten Anteil sowohl an meiner künstlerischen Tätigkeit, wie an meinem Leben.«[238] Wagner sang zuweilen zum Spaß mit Minna Duette, so beispielsweise »Vergy, Vergy« aus der Oper »Raoul Barbe-Bleue« von André Grétry.[239] Und noch jemand stellte sich vor: der Musikkritiker Eduard Hanslick, der später von Wagner zum Erzfeind auserkoren wurde. In seinen Erinnerungen beschreibt er, wie er durch Zufall Richard im Juli/August 1845 in Marienbad traf. Obwohl Jurastudent, kannte er die Noten des »Rienzi« und des »Holländers« gut. »Seine Frau, eine hochgewachsene, schöne Frau, trat für einen Augenblick ins Zimmer. Ich konnte, nachdem sie uns verlassen, ein bewunderndes Wort nicht unterdrücken. ›Ach, jetzt ist sie kaum mehr zu kennen‹, erwiderte Wagner. ›Sie hätten sie vor ein paar Jahren sehen sollen. Die arme Frau hat viel Kummer und Entbehrungen mit mir durchgemacht. In

Paris ist's uns elend gegangen, und ohne Meyerbeers Hülfe hätten wir verhungern können.‹«[240]

Minna war stets bemüht, ihrem Mann den Alltag zu erleichtern, wofür er dankbar war. So schreibt er aus Hamburg, wo er Proben des »Rienzi« beiwohnte: *Mein gutes, liebes Mienel! Mein erstes, was ich hier thue, nachdem ich mich halbwegs ausgeschlafen habe, ist: an Dich schreiben. Mit Dir gelabert habe ich in einem fort, selbst diese Nacht, als ich aufwachte und mein durch die Reise aufgeregtes Blut durch ein kräftiges Brausepulver in Ordnung bringen wollte; ich hatte kein Licht und wollte dennoch die Aufschrift auf den verschiedenen Paketchen fühlen: das war aber nicht nöthig, Du hattest sie wohlweislich von verschiedener Größe gemacht, so daß ich auch im Finstern Deine Fürsorge erkennen konnte. Am Morgen habe ich vom Bett aus sogleich das übliche Gespräch mit Dir u. Peps begonnen, so daß ich mir noch so vorkomme, als sei ich mit Dir zusammen.*

Auf dem Weg nach Hamburg fuhr er durch Magdeburg und wurde an die Zeit erinnert, als sie dort lebten. *Uebrigens wird's nun 10 Jahre, daß wir zuerst dort zusammen kamen: wir alten Liebes-Leute! – Hast Du in meinem Bette geschlafen? Ich habe mich in Gedanken die beiden Nächte in Deines gelegt: hättest Du nachgesucht, vielleicht hättest Du mich darin gefunden, – wenn nicht Peps schon darin lag!*

Na, grüße meine Freunde, behalte mich lieb und versorge die Kinder gut, daß sie sich Nachts nicht aufdecken! Leb wohl, Du altes gutes Herzens-Weib, sei guter Dinge und bedenke, daß nicht Alles in der Welt so schlecht ist, wie diese niederträchtige Feder, die mir der Kellner gegeben hat! Adieu, Mienel! Viele, viele Küsse von Deinem Richard.[241]

Ein fünfwöchiger Urlaub im böhmischen Marienbad im Sommer 1845 tat beiden gut. Minna badete und trank tüchtig Brunnenwasser, Richard gingen Entwürfe zu »Lohengrin« durch den Kopf. Er spricht von *innerer Heiterkeit* auf dieser Reise; als er einmal ein Kurbad nahm, sprang er nach wenigen Minuten heraus, um in seine Pension zu eilen und *das Bedrängende zu Papier zu bringen.*[242] Sie wanderten in den Wäldern und Bergen, und Minna wird aufmerksam seinen Schilderungen der Handlung und Gestaltung der neuen Oper beim Wandern zugehört haben, zumal Richard bemüht war, Bekanntschaften fernzuhalten und mit Minna allein zu sein. Die Oper gehörte später zu ihren Favoriten.

Über Teplitz-Außig gelangte man Mitte August mit dem Dampfschiff heim. Die Geldsorgen bedrängten Richard inzwischen so sehr, daß er 1845 seinen Vorgesetzten von Lüttichau um die Vermittlung einer Anleihe bzw. eines Vorschusses bitten mußte. Ausgelöst hatte dies Wilhelmine Schröder-Devrient, die seinen Schuldschein einem Anwalt übergab, so daß er handeln mußte. (Sie hatte vergeblich gehofft, ihr Geld ratenweise zurück zu erhalten). Richard erhielt von seiner Dienststelle 5000 Thaler mit einer fünfprozentigen Verzinsung; ein Drittel seines Gehalts wurde ihm nun abgezogen. Daß er auch noch den größten Teil des geliehenen Geldes für Rückzahlungen aufwenden mußte, verstimmte ihn. Zuweilen dünkte ihm, als würde er umsonst arbeiten, was seine wachsende Abneigung der Stellung gegenüber noch verstärkte.

Minna wurde über alle Verhandlungen ins Benehmen gesetzt, die er im September 1845 in Berlin zur Förderung seiner Aufführungen führte, und er betont, daß er alles Weitere mit ihr mündlich besprechen werde – ein Zeichen für die Vertrautheit zwischen ihnen. Ihre Briefe gefielen ihm: *Deine so ungewohnte Schreibseligkeit ist mir ein Beleg dafür, zu was herzliche Liebe alles bringen kann … Adieu! mein Herzensweib! Sei gesund und heiter! Bald ist ganz mit Herz und Leib bei Dir Dein Richard.*[243]

In diesen Jahren war Richard sehr aktiv. Als Dirigent führte er Werke von Auber, Bellini, Gluck, Lortzing, Mozart, Spontini, Meyerbeer und Weber auf. Im Sommer 1845 organisierte und leitete er als Direktor des Dresdener Männerchors »Liedertafel« ein großes Sängerfest in der Frauenkirche. Gleichzeitig begann er mit der Arbeit am »Tannhäuser«, 1845 folgten Arbeiten an »Die Meistersinger von Nürnberg« und »Lohengrin«. Im Herbst 1845 wurde »Tannhäuser« unter seiner Leitung uraufgeführt. Mit Ausnahme der chronischen Geldsorgen schien alles aufwärts zu gehen.

Mitte Mai 1846 machten Richard und Minna in Groß-Graupa unweit von Dresden Ferien. Minna hatte Gustav Kietz herzlich eingeladen, sie zu besuchen, was er auch tat. Nach einiger Suche fand er ihr Haus, das außerhalb des Dorfes lag und traf dort Elise Wagner, die Ehefrau von Richards Bruder Albert an, die am Klavier saß und den Pilgerchor aus »Tannhäuser« intonierte. Er war erstaunt, ein mittelgroßes, weißgetünchtes Zimmer mit einfachster Einrichtung vorzufinden, mit einer Schlafkammer, einer kleinen Küche und dem Klavier auf dem Treppenflur: »Das war alles – und hier fühlte

Die repräsentative Dresdener Wohnung des Ehepaars in der Ostra-Allee 6.

sich der damals schon als luxuriös und verschwenderisch verrufene Richard Wagner so glücklich!«[244]

Im Frühjahr 1847 war Richard gezwungen, die repräsentative Wohnung in der Ostra-Allee 6 wegen der hohen Miete aufzugeben, und das Ehepaar zog in eine Wohnung im früheren Marcolinischen Palais in Dresden-Friedrichstadt, Friedrichstraße 20a. Der Jahresmietzins war um mehr als die Hälfte billiger (100 statt 220 Taler), was eine wesentliche Ersparnis bedeutete. Minna war wieder einmal mit dem Einrichten einer Wohnung befaßt. Er konnte dort Heines zu sich einladen, und Marie Schmole-Heine erinnerte sich: »Bekannt ist ja, daß neben dem Flügel ein gepolstertes Tabouret ›Schemel‹ stand, auf welchem Peps liegen mußte, sobald der Meister komponieren wollte. War der Hund nicht zugegen, wurde der ganze Hausstand aufgeboten, ihn zu suchen, und manch liebes Mal machte Frau Minna sich selbst auf den Weg, ihn aus den Anlagen zunächst der Ostra-Allee herbeizuholen.«[245] Die Musik des »Lohengrin« reifte in ihm, vormittags schrieb er eifrig an der Partitur. Nachmittags floh er im Garten vor der Hitze in den Schatten und las dort Geschichtswerke, Märchen, Heldensagen und die Schriften der alten Griechen. Seine Gesundheit und seine Laune *besser-*

ten sich zu einer fast untrübbar heitern Stimmung … Tägliche Ausflüge in die nächste Umgegend der vom Elbufer nach dem Plauenschen Grund sich hinziehenden Höhen, welche ich meistens einsam nur von Peps begleitet antrat, führten stets zu angenehm produktiver Sammlung. Zugleich aber gewann ich wie fast sonst nie die Befähigung zu gutgelauntem Umgang mit Freunden und Bekannten, welche zu Zeiten gern im Marcolinischen Garten sich einfanden, mein einfaches Abendmahl mit mir zu teilen.[246] Er kletterte übrigens gerne wie ein Kind herum, und es konnte passieren, daß man ihn entweder in den Ästen eines Baumes anfand oder auf dem Nacken des Neptun, der in der Mitte einer riesigen Statuengruppe auf dem Marcolinischen Grundstück stand.

Für Minna gehörten diese Dresdener Jahre zu den schönsten ihres Lebens. Sätze wie *Tausend herzliche Grüße von meiner Minna; sie ist wohl und zufrieden*[247] waren nicht nur dahingeschrieben, sondern entsprachen der Wirklichkeit. Wenn er ihr ein paar Jahre später, nach dem Verlust seines Postens, schrieb: *In einem Dienstverhältnis würdest Du an mir immer einen unerträglichen Menschen haben, der sich und – Dich quält und betrübt,*[248] konnte sie nicht zustimmen, denn sie hatte ihn als angestellten Kapellmeister trotz gelegentlicher Spannungen insgesamt fröhlich und unbeschwert erlebt und genossen.

Kaum war er im September 1847 zur Einstudierung des »Rienzi« nach Berlin gereist, packte ihn wie üblich die Sehnsucht nach dem Zuhause. In den ersten beiden Nächten seines Berliner Aufenthalts träumt er von Minna. Das Essen unterwegs behagt ihm nicht, und er sehnt sich nach ihren Kochkünsten zurück. Er stellt sogar seine Liebe zu ihr über seine Karriere, was zwar nicht ernst zu nehmen ist, aber ein Licht auf seine Anhänglichkeit wirft: *Mein Heimweh ist so groß, als es nur irgend sein kann: – meine Heimath aber, das bist Du und unser kleiner Hausstand; ich weiß nichts in der Welt, was da entschädigen könnte! Aber bedenke auch, wie wir leben und ob ich eben etwas anderes kenne als mein Haus! Du glaubst nicht, wie ich mich darnach sehne, Dich einmal wieder an mich drücken zu können, um die Frostigkeit los zu werden, die endlich das ganze Wesen beherrscht, wenn man so in der Fremde von aller Liebe abgelöst ist! Nein, mein Ehrgeiz geht doch nicht weit, – eine schöne Herzensheimath geht mir über Alles! – Nun, mein gutes Kind, – jetzt sind wir ja wohl am längsten getrennt gewesen? Gott sei Dank!!! … Lebe wohl, mein liebes gutes Weib! Liebe mich so unbedingt, wie ich Dich liebe, dann will ich nicht mehr!*[249] Bedenkt man, daß das Paar bereits elf Jahre lang verheiratet war und sich seit dreizehn Jahren kannte, ist das Ausmaß der Sehnsucht, die Richard an den Tag legt, ein Indiz für eine insgesamt intakte Ehe, denn auch Minna hing mit jeder Faser ihres Wesens an ihrem *Männel.*

Wieder besprach er seine künstlerischen Eindrucke mit ihr und vergaß dabei nicht, die Akustik des neuen Berliner Opernhauses zu erwähnen. Minna konnte aufgrund ihrer bei vielen Opernbesuchen gewonnenen Erfahrungen Gesangsstimmen gut beurteilen, und Richard behandelt sie als gleichwertige Gesprächspartnerin, wenn er sich beispielsweise zum Unterschied zwischen den Interpretationen der Mozartschen Donna Anna durch Schröder-Devrient und Jenny Lind äußerte. Solche Briefe liebte Minna, denn so war sie in sein Schaffen und Denken einbezogen – etwas, was ihr Richard Jahre später versagen sollte. Er informierte sie aber auch über seinen Stuhlgang, die Hämorrhoiden, die ihn plagten, bat sie, eine Wanne für kalte Waschungen zu besorgen und schilderte ihr zahllose Einzelheiten aus dem Alltag, wie es die Intimität einer jahrelangen Partnerschaft mit sich bringt. Da die Reise über zwei Monate dauerte, fuhr Minna zusammen mit Richards Schwester Clara nach Berlin, um ihn zu besuchen. Auf der Heimfahrt geriet sie mit einem Handlungsreisenden aneinander, als dieser sich negativ über »Rienzi« äußerte. Richard beobachtete gerührt, wie seine Frau mit Wärme und Leidenschaft solange mit dem Mann argumentierte, bis er schließlich zugab, die Oper gar nicht selbst zu kennen.[250] Auf »Rienzi« ließ sie nichts kommen, es blieb ihre Lieblingsoper.

Das Band der Vertrautheit, das beide miteinander verknüpfte, lockerte sich erst aufgrund der Ereignisse um die Revolution 1849. Dieser Umbruch kann als Scheidepunkt der Beziehung gelten, denn Minna erlitt eine Erschütterung, die ihre Identität berührte und von der sie sich nie wieder erholte. Auch Richard erlebte zum ersten Mal, daß seine Frau ihm nicht mehr bedingungslos folgte.

Mit der Zeit stöhnte Richard unter seinem Amt als Königlicher Kapellmeister. Verhandeln, vermitteln und notfalls nachgeben – das war nichts für ihn. In künstlerischen Dingen gab es nur eine Meinung: seine. Seine negativen Vorahnungen hatten sich bewahrheitet. Da die Fürsten in Deutschland die Theater unterhielten, konnten sie die Spielpläne nach den Vorlieben des Hofes gestalten.

Schon das reichte aus, um ihn zu verstimmen. Sein Vorgesetzter, Generalintendant August Freiherr von Lüttichau, ein ehemaliger hoher Forstbeamter, besaß wenig Verständnis für Richards Ideen. Es war damals gang und gäbe, die Intendanten aus altgedienten Offizieren oder Hofbeamten auszuwählen, die naturgemäß meist musikalisch unqualifiziert waren. Richards Verachtung für den *widerlichen Dresdener Hofintendanten-Despotismus*[251] wuchs und ließ sich im Lauf der Zeit kaum mehr zügeln. Ein Gesuch um Gehaltserhöhung war abgelehnt worden, die er jedoch dringend benötigte, denn seine Schulden reichten bis in die Gymnasiasten-Zeit zurück. Gläubiger, die von seiner Anstellung erfuhren, rückten an und bestanden auf Rückzahlung. Daß die Gehälter anderer Kollegen sein Jahreseinkommen in Höhe von 1500 Talern überstiegen, verbitterte ihn. So erhielt Felix Mendelssohn vom Dresdener Hof 2000 Taler, die zu den 1000 Leipziger Talern hinzukamen, er erzielte somit das Doppelte. Die Sängerin Wilhelmine Schröder-Devrient hatte ein festes Einkommen von 4000 Talern, zu dem die Auftrittsgagen hinzukamen, und selbst Wagners Kollege Carl Gottlieb Reißiger erhielt 1800 Taler. Seine Hoffnung, durch Aufführungen seiner Werke an anderen Bühnen zu zusätzlichen Einnahmen zu gelangen, erfüllte sich nicht. Die finanzielle Seite seines Amtes verlor für ihn somit an Bedeutung. Seit langem stand für ihn zudem fest, daß er seinen Ruhm als Komponist und nicht als Dirigent festigen wollte. Nach einem Konflikt mit dem Orchester war ihm klar, *daß ich nicht als Dresdener Kapellmeister sterben würde.* Andererseits wußte er, daß seine Berufung zum Hofkapellmeister auf Lebenszeit eine Entschädigung für Minnas Pariser Leiden darstellte, die sie mit Genugtuung erfüllte, und daß sie niemals mit der Aufgabe dieser Stellung einverstanden sein würde.

Er träumte von einem »Deutschen Nationaltheater« und arbeitete einen Plan aus, der schon deswegen nicht akzeptiert werden konnte, weil er darin das Amt seines Vorgesetzten Lüttichau als überflüssig hinstellte. Richard mochte in vielem recht haben, stach aber in ein Wespennest. Er weigerte sich, an Dienstbesprechungen mit Lüttichau teilzunehmen. Dieser rächte sich, indem er die von Wagner konzipierten Konzerte an dessen Kollegen Carl Gottlieb Reißiger übertrug. Die hohe künstlerische Qualität, die er in der Zusammenarbeit mit dem Orchester erreicht hatte, wurde durch den nachlässigen Arbeitsstil seines Kollegen Reißiger wieder zunichte gemacht. Noch dazu erhielt jener einen Orden, Richard ging leer aus. Angesichts der verfahrenen Situation schien es ihm, als würde ein politischer Umsturz auch den Künsten helfen. Er politisierte regelmäßig mit seinem Freund August Röckel, der Musikdirektor beim Hoftheater geworden war und ihn in die Lehren Feuerbachs, Stirners und Proudhons einweihte; außerdem besuchte er einmal wöchentlich einen Stammtisch, wo er Künstler und Intellektuelle traf, mit denen man trefflich über die Tagespolitik diskutieren konnte. 1848 kam der Revolutionär Mikhail Bakunin aus Leipzig nach Dresden, und Wagner gehörte bald zu seinen Freunden. Als Letzterer einmal zu Wagners eingeladen wurde, war Minna über seine ungehobelten Manieren entsetzt: die ihm vorgesetzten, zierlich geschnittenen Wurst- und Fleischstückchen verteilte er nicht, wie in Sachsen üblich, sparsam auf das Brot, sondern verschlang sie haufenweise, und anstelle von Wein trank er lieber Schnaps, da die Wirkung sich schneller und ohne Umwege einstellte.[252] Richard war von dieser Mischung aus Kulturbanausentum und idealem Menschentum fasziniert, Minna weniger.

Im Februar 1848 war in Frankreich König Louis-Philippe vom Thron abgesetzt und die Republik ausgerufen worden. In Wien wurde der Reaktionär Metternich vom wütenden Volk vertrieben, und auch in Berlin kam es zu Tumulten und Ausschreitungen. Eine allgemeine Aufbruchstimmung machte sich in Europa breit, und die liberalen Kräfte in Europa schöpften Hoffnung. Bei allen Diskussionen über einen politischen Neuanfang hatte Wagner immer eine Verbesserung seines ureigenen Tätigkeitsfeldes im Blickfeld, schien ihm doch das damalige Musik- und Theaterwesen veraltet und verrottet zu sein. Er war nicht der einzige Künstler, der so dachte: Auch der Architekt Gottfried Semper nahm an den Treffen der Revolutionäre teil.

Doch Minna wollte nicht dulden, daß Richard über der politischen Begeisterung seine eigentliche Arbeit als Dirigent und Komponist vernachlässigte. Ihr praktischer Sinn sagte ihr, daß die Versuche ihres Gatten, politisch zu agitieren, nur mit einer Niederlage enden konnten, was sie ihm in langen Gesprächen klarzumachen versuchte. Vergeblich, es kam zu erbitterten Streitereien, an die sie sich noch ein Jahrzehnt später lebhaft erinnerte: *Ich wenigstens kann nicht glauben, daß sich Frauenzimmer mit Politick, ein mir verhaßtes Feld für Männer, geschweige denn für Frauen, befassen.*

Ach Gott, ich bin doch froh, daß das bei Richard ein gänzlich überwundener Standpunkt ist, was für furchtbare Debatten setzte es damals zwischen uns, diese verdammte Politick hätte mich ja beinahe ganz auseinander mit meinen Knübeltopf von Mann gebracht. Wäre damals der abscheuliche Röckel nicht gewesen, so hätte sich Richard gar nicht erst mit eingelassen.[253]

Die *furchtbaren Debatten* führten nicht weit und Minna mußte machtlos zusehen, wie sehr ihr Mann den Einflüssen seiner Zeit zugetan war und ihn nichts daran hinderte, sich den Aufrührern anzuschließen. Ihre Drohung, sich scheiden zu lassen, nahm er nicht ernst. Ihre Besorgnis hatte auch mit der Veröffentlichung seines Artikels »Wie verhalten sich republikanische Bestrebungen dem Königtum gegenüber?« zu tun, der von Richard im Vaterlandsverein vorgelesen und dann am 14. Juni 1848 im Dresdener Anzeiger gedruckt wurde und großes Aufsehen erregte. In ihm läßt Richard, der immer noch königlicher Beamter war, seinem Haß freien Lauf, wenn er »den Untergang auch des letzten Schimmers von Aristokratismus« verlangt und mit verbalem Säbelrasseln denjenigen Herren vom Adel, die nicht »den letzten Rest einer Auszeichnung aufgeben«, droht, daß ihnen diese »ab einem hitzigen Tage leicht zu einem Nessusgewande werden könnte, das sie bis auf die Knochen verbrennt«.[254] Der Hof war ungehalten, die Dresdener Hofschranzen forderten Wagners Entlassung, eine Abordnung des Orchesters schloß sich dieser Forderung an. Richard dachte nicht daran zurückzustecken, sondern rächte sich am 18. Juni im Dresdener Anzeiger mit der Replik: »Den Schurken und Halunken zur Nachricht, daß ich auf ihre anonymen Angriffe nicht antworte. Richard Wagner.«[255] Damit goß er Öl ins Feuer. Minna muß – abgesehen von den Spottgedichten und Schmähungen, die sich daraufhin gegen ihren Mann richteten – die Absetzung des »Rienzi«, die nun erfolgte, besonders erschreckt haben. Ihr war bewußt, daß er durch die Dresdener Kulturverwaltung auch gefördert worden war, und sie widersprach ihm daher energisch. Sie warf ihm vor, seine Position zu gefährden. Er spürte, daß sie sich innerlich von ihm entfernte, ohne daß er darauf Rücksicht nehmen konnte. Gustav Kietz zufolge brach es einmal aus ihm heraus: *Es ist furchtbar; während andere ihre Gegner nur außer dem Hause haben, habe ich meinen ärgsten Widersacher am eignen Tische sitzen.* Frau Minna erwiderte darauf: *O, ihr weisen Männer, wie töricht handelt ihr!*[256]

Minna vergaß nicht die Folgen dieses Artikels, und später erinnerte sie ihn daran: *Seit zwei Jahren, als Du mir jenen Aufsatz vorlesen wolltest, worin Du ganze Geschlechter schmähtest die Dir doch im Grunde liebes gethan, seit jener Zeit grolltest Du mir und straftest mich damit so hart, daß Du mir nie etwas allein von Deinen Arbeiten mehr zu hören gabst.*[257] Vielleicht dachte Minna dabei auch an Ida von Lüttichau, die Ehefrau des Intendanten, und die adelige Marie von Könneritz, die *große Verehrinnen* von Richard waren, wie er zu berichten wußte, und mit denen auch Minna verkehrt haben wird.[258] Richard hingegen spürte, daß Minna ihm in seinem grenzenlosen Abscheu gegen das Alte nicht folgen konnte. Kritik konnte er nicht ertragen, von seiner Ehefrau brauchte er uneingeschränkte Zustimmung.

Im Juli beschloß Richard, einen Urlaub in Wien zu verbringen, auch um sich den Aufregungen seines Handelns eine Zeitlang zu entziehen. Er war von der Stadt entzückt und entwarf dort Ideen für eine Reform des Theaters, die er bislang in Dresden nicht hatte anbringen können. Eine Zeitlang überlegte er ernsthaft, den Posten in Dresden aufzugeben und mit Minna nach Wien zu ziehen. Er schrieb ihr von dort: *Für das Kärnthnerthor-Operntheater wäre eine Bedingung, so meinten Alle, – nämlich, daß ich mich von Dresden losmachen könnte um die Einrichtung u. Direction dieses Theaters zu übernehmen. Ich sagte: Allerdings habe ich in Dresden eine königl. lebenslängliche Anstellung, mit schönem Gehalte etc. könnten jedoch meine Wünsche für Wien ganz in Erfüllung gehen, so hoffe ich von meinem Könige schon losgelassen zu werden.*[259] Eine Schilderung der prächtigen Stadt Wien schloß sich an.

Das reichte, um sie in höchste Aufruhr zu versetzen, und zwar so sehr, daß Richard den Bühnendirektor Eduard Devrient bitten mußte, sie zu beruhigen. Dieser notiert in seinem Tagebuch: *Ich ging vergeblich zu Kapellmeister Wagners Frau, an die mich ein Brief von ihm aus Wien gewiesen. Er wirft sich mir darin in die Arme, ich soll sein Schicksal regeln, seine Frau aufrichten. Ein wunderlicher Hitzkopf, der immer die Dinge erst schlimm macht, um nachher, wenn es zu spät ist, um Hilfe zu rufen. Was wird da zu tun sein? Therese* »seine Frau« *empfindet eine große Genugtuung, daß Wagner, anfangs mein Gegner und offenbar die Ursache, daß ich von der Regie entfernt wurde, nicht nur seine äußere Stellung, sondern auch seine häuslichen Verhältnisse mir zur Heilung gibt.* Erst

Ernst Bernhard Kietz, Minna zügelt Wagner in der Kutsche, Zeichnung 1840/41. Mit freundlicher Genehmigung des Nationalarchivs der Richard-Wagner-Stiftung, Bayreuth. Minnas Versuche, ihren Mann in seiner Revolutionsbegeisterung zu zügeln, blieben indes vergeblich.

bei seinem zweiten Besuch traf er Minna an: *Die Frau ist nicht so recht unglücklich als ungehalten auf ihn und scheint mehr an sich als an ihn bei der Lage der Dinge zu denken.*[260] Aber was war die Lage der Dinge? Während Richard eine grundlegende Reform des Theaters und der allgemeinen Verhältnisse wünschte, war sie auf die Bewahrung des Erreichten bedacht. Einem Brief an den Freund Uhlig kann man seinen wirren Rausch revolutionärer Begeisterung entnehmen, der Minna entsetzt haben muß: *Meine sache ist: revolution zu machen wohin ich komme. Unterliege ich, nun so ist diese niederlage mir ehrenvoller als ein triumph auf dem entgegengesetzten wege: selbst ohne persönlichen sieg nütze ich aber jedenfalls der sache. Der sieg wird hierin eigentlich nur aber durch die ausdauer versichert: wer aushält, gewinnt unbedingt, und aushalten heißt bei mir – da ich an meiner willenskraft nicht zu zweifeln habe – geld genug haben, um unbekümmert um meine existenz immer nur drauf losschlagen zu können. … Geht mir das geld zu früh aus, so hoffe ich mit sicherheit auf einen andern beistand, d. i. die sociale republik … das kunstwerk kann jetzt nicht geschaffen, sondern nur vorbereitet werden, und zwar durch revolutioniren, durch zerstören und zerschlagen alles dessen, was zerstörens- und zerschlagenswerth ist.*[261]

Die Beziehung bekam ernste Risse, die beide schmerzten, ohne daß sie sie kitten konnten. Er hielt ihr dies zwei Jahre später überraschend klar vor, als er sich sein Leid wegen der Dresdener Zeit von der Seele schrieb: *Seit meiner Anstellung in Dresden tritt Deine wachsende Mißstimmung genau mit der Zeit und in dem Grade ein, als ich – meinen persönlichen Vorteil vergessend – im Interesse meiner Kunst und meiner künstlerischen wie menschlichen Unabhängigkeit den elenden Direktionsverhältnissen jener Kunstanstalt mich nicht mehr zu fügen vermochte. In dieser entscheidenden Periode meines Lebens wird jeder, der mich genau beobachtete und zu verstehen suchte, zugestehen müssen, daß alles was ich tat, eine unausbleiblich richtige Konsequenz meines künstlerischen Wesens war. Daß ich endlich nicht nur als Künstler, sondern auch als Mensch mich gegen all die lasterhaften Zustände empörte, die – bei meiner leidenschaftlichen Natur – niemand zu größerer Qual empfinden konnte, das muß demjenigen höchst erklärlich und daher gewiß auch nicht tadelnswürdig erscheinen, der mir genau gefolgt wäre, wie ich Schritt für Schritt, nicht sprungweise, zu dem Standpunkt als Künstler und Mensch gelangte, den ich jetzt einnehme: er hätte erkennen müssen, daß ich hierin nicht willkürlich und aus Eitelkeit verfuhr, denn er hätte beobachtet, wie ich darunter litt, und mein Weib hätte dies getan, wenn sie sich Mühe geben wollte mich zu verstehen, wozu sie keineswegs der Büchergelehrsamkeit bedurfte, sondern nur der Liebe!*[262] – In lichten Momenten erkannte er aber auch ihre Seite des Konflikts, wenn er beispielsweise Jahre später schrieb: *Wenn ich aber etwas wollen soll, was ich nicht wollen kann, dann werde ich geradesweges wahnsinnig: Du armes Thier hast das schon einmal erfahren; wüsstest Du, was ich damals um Dich gelitten habe! Du glaubtest es gewiss nicht! – Nun, jetzt ist alles gut, und wir wollen sehen, wie wir unsre alten Tage noch froh und heiter beschliessen.*[263]

VIERTES KAPITEL

»Mein Knübeltopf von Mann«: Die Revolution und die Folgen 1848–1850

Richard war nicht mehr zu bremsen. Die politische Situation war dadurch besonders aufgeladen, daß die in die Frankfurter Paulskirche einberufene Versammlung eine neue Reichsverfassung verabschiedete, die vom sächsischen Landtag durch Beschluß übernommen wurde, allerdings gegen den Willen der Regierung und des Königs. Friedrich August II. löste daraufhin Ende April den Landtag auf, was das Faß zum Überlaufen brachte. Die Kommunalgarde reagierte mit der Mobilmachung. Nun brach in Dresden ein bewaffneter Widerstand der Bürger aus. Preußische und sächsische Truppen kämpften gegen die Aufständischen. Überall hallte in der Stadt der Kanonendonner, Pflastersteine wurden herausgerissen, die Barrikaden mit allen Arten von Möbeln, Karren, Wagen und anderem immer höher aufgetürmt. Brandstätten loderten auf, überall sah man die durch Kanonenkugeln verursachten Zerstörungen an den Gebäuden. Gesetzlosigkeit herrschte allerorten. Verstümmelte Tote wurden zur Schau gestellt, und eine lähmende Angst verbreitete sich. Die Aufständischen erhielten Zulauf von Männern aus der Umgegend, die andere Seite wurde durch weitere preußische Truppen verstärkt. Überzeugt davon, daß eine Änderung der gesellschaftlichen Verhältnisse nur durch eine Revolution möglich war, hielt Richard feurige Reden, verfaßte revolutionäre Propaganda und zeigte sich auf den Barrikaden. Obwohl er dies später abstritt, war er – kein Wunder bei seiner leicht entzündbaren Begeisterung und rhetorischen Begabung – an vorderster Stelle im revolutionären Kampf involviert. In der Anklageschrift beschuldigte man ihn später unter anderem, seinen Garten für Besprechungen über eine Bewaffnung des Volkes hergegeben zu haben. Noch gravierender war die Aussage des Gelbgießers Oehme, der versicherte, Röckel und

Wagners Weggefährten, die Dresdener Revolutionsführer: Der Musikdirektor und Publizist August Röckel, der Architekt Gottfried Semper und der russische Anarchist Mikhail Bakunin.

Wagner hätten im Mai 1849 eine große Anzahl von Handgranaten bei ihm bestellt und anfertigen lassen. Wagner stritt alles ab und Röckel wollte Wagner allein für die Bestellung haftbar machen; Oehme blieb jedoch bei seiner Aussage.[264]

Auch Clara Schumann weilte in diesen Tagen in Dresden. Für ihren Mann Robert kam eine Teilnahme an den Unruhen nicht in Frage, im Gegenteil, er flüchtete aus der Stadt aufs Land. Ihre

Tagebucheintragungen sind Zeitdokumente ersten Ranges: So schildert sie, daß das Militär in einem Zimmer 26 Studenten entdeckte und hintereinander erschoß. Die Leichen wurden auf die Straße geworfen. Sie sah Tausende von Löchern an den Häusermauern, die rauchenden Ruinen des verbrannten Opernhauses, durchbrochene Wände, und sie erfuhr, daß sich 500 Gefangene in der Frauenkirche befanden. *So müssen sich die Menschen das bißchen Freiheit erkämpfen! wann wird einmal die Zeit kommen, wo die Menschen alle gleiche Rechte haben werden?* fragte sich die 31jährige verzweifelt, und sie fügte hinzu: *Kapellmeister Wagner soll auch eine Rolle bei den Republikanern gespielt haben. Reden vom Rathaus herunter gehalten, Barrikaden nach seinen Angaben haben bauen lassen und manches andre noch!* [265]

Als es nach der Flucht des Königs zu einem kurzen Waffenstillstand kam, der genutzt wurde, um eine Provisorische Regierung zu wählen, verteilte Richard Handzettel an Soldaten mit der Aufforderung, sich den Revolutionären anzuschließen. Nachts blieb er auf dem Kreuzturm, um den Zuzug der Truppen zu beobachten. Er ließ Minna bestellen, daß er Proviant benötige, und sie schickte ihm einen Korb mit Essen, Wein und Schnupftabak – ein Zeichen, daß sie trotz allen Ärgers zu ihm hielt. Er beobachtete, wie das alte Opernhaus in Flammen aufging, was er weniger als Verlust seines Arbeitsplatzes, vielmehr als Zeichen für einen neuen Aufbruch interpretierte. Bei einem Rundgang durch die Stadt traf er auf verrammelte Häuser, geschlossene Läden und einzelne Bewaffnete. Daheim fand er Minna mit mehreren *aufgeregten Frauenzimmern*[266] vor, die voller Angst vor den Kämpfen aus der Innenstadt zu ihr geflüchtet waren. Obwohl Röckel in seinen Erinnerungen mehrfach Frauen erwähnt, die sich trotz des Pfeifens der Kugeln zu den Verwundeten und Sterbenden begaben, um sie zu pflegen, und sogar beobachtete, wie einige von ihnen aktiv am Kampfgeschehen teilnahmen und ihr Leben dafür hergaben,[267] hielt sich Minna von allen Kämpfen strikt zurück. Sie war zeitlebens davon überzeugt, daß die Politik Männersache sei – allerdings nicht die ihres eigenen Mannes. Wagner berichtete, daß seine Nichten, die bei Minna waren, sich über die Schüsse in der Stadt lustig machten und Minna sich von deren übermütiger Laune anstecken ließ. Dies erinnert jedoch eher an eine hysterische Reaktion als Folge der nervlichen Belastung. Möglicherweise ließen sich die Frauen auch von Wagners Siegesgewißheit kurzfristig anstecken, der bekannte, daß der Anblick der Volksmiliz *den erhebendsten Eindruck*[268] auf ihn machte. Richard gab übrigens nachträglich zu, daß er Minna belog; er hatte ihr erzählt, daß *man solche Leute wie mich suchen würde und als Sekretär der Provisorischen Regierung anstellen. Ich mußte ihr das unter dem Bild einer festen Anstellung vorbringen und mir selbst etwas vormachen.*[269] Nur mit Hilfe dieser Täuschung konnte er ihre wachsende Beklemmung etwas dämpfen.

Angesichts der anrückenden preußischen Truppen erwogen die Aufständischen, Dresden aufzugeben und sich zum Erzgebirge zurückzuziehen, um dort den Volkskrieg besser führen zu können. Richard wollte unbedingt dabeisein. Ihm war klar, daß Minna dies nie billigen würde, zu oft hatte sie gegen seine Teilnahme aufbegehrt. Außerdem wollte er sie keinesfalls alleine in Dresden zurücklassen. So sann er auf einen Ausweg und beschloß, sich Minnas Ängstlichkeit zunutze zu machen. Mit dem Hinweis auf die bedrohliche Nähe der gegnerischen Truppen konnte er sie zur sofortigen Abreise bewegen. In Chemnitz lebten seine Schwester Clara und ihr Mann Heinrich Wolfram, dort sollte sie unterkommen, bis die Gefahr vorüber wäre. Fast gelähmt vor Angst, sagte Minna sofort zu. Bei der Abfahrt im Einspänner hörten sie von ferne grollenden Geschützdonner. Als ihnen frisch Bewaffnete entgegenkamen, sprach sie ihnen aber sogar Mut zu. In Chemnitz setzte Wagner seine Frau bei Clara und Heinrich ab. Es war der 8. Mai 1849. Seine Erregung über die Ereignisse war noch ungebrochen, und es reizte ihn stark, rasch nach Dresden zurückzukehren, um zu schauen, wie der Kampf stehe. Es war der einzige Weg, um an Informationen zu gelangen.

Für Minna brach eine Welt zusammen. Ihr Mann begab sich bewußt in Lebensgefahr. Sie fühlte sich mit Fug und Recht betrogen und wird alles an Argumenten, Befehlen, Bitten, Tränen und Verzweiflungsausbrüchen aufgeboten haben, um ihn zum Dableiben zu bewegen. Schwager und Schwägerin waren auf ihrer Seite. Aber Richard war nicht zu bewegen. Er wünschte sich mit ganzer Seele einen Erfolg der Aufständischen, deren Sieg, so glaubte er, ihn vom Joch seines Amtes befreien und letztlich *eine Erlösung der in schmachvollen Banden liegenden Kunst herbeiführen* würde.

In Dresden angekommen, führte ihn der Weg direkt zum Rathaus. Die eigene Wohnung interessierte ihn nicht mehr. Dort traf er

Niederschlagung der Dresdener Mairevolution 1849: Soldaten führen gefangene Barrikadenkämpfer über die Elbbrücke ab. Viele von ihnen wurden unverzüglich füsiliert, ihre Leichen in die Elbe geworfen.

die erschöpften und teilweise entmutigten Kämpfer. Bakunins radikaler Plan, bei einem Sieg der gegnerischen Truppen das Rathaus in die Luft zu sprengen, wurde von seinen Mitkämpfern abgelehnt. Die Provisorische Regierung wies ihn an, umgehend nach Freiberg zu reisen und dort Kontakt zu einem Reservistenzug aufzunehmen. Wagner tat, wie ihm befohlen, und fuhr hin. Auf dem Rückweg kamen ihm die aus Dresden flüchtenden Truppen entgegen und er traf auf die Mitglieder der Provisorischen Regierung, die ebenfalls auf der Flucht waren, weil Dresden verloren war. Wagner schwang sich auf deren Fuhrwerk und erfuhr von Bakunin, daß er noch die Bäume in der Maximilians-Allee hatte fällen lassen, um einen Flankenangriff der Kavallerie zu stoppen; die Bewohner hätten sich laut über den Verlust der *scheenen Beeme* beschwert.[270] Bei einer Lagebesprechung zwischen den Rebellen und der Provisorischen Regierung, an der auch Wagner teilnahm, beschlossen die erschöpften und übermüdeten Revolutionäre, nach Chemnitz weiterzureisen. Wagner wollte ihnen vorausfahren, wurde jedoch aufgehalten und fuhr ihnen mit dem Postwagen hinterher. Er blieb allein, übernachtete nicht in demselben Gasthof wie sie. Am nächsten Morgen gingen jene in eine Falle, sie wurden alle verhaftet und einige davon zum Tode verurteilt, was später in eine jahrelange Haft umgewandelt wurde. Wagner entkam dem Verhängnis durch puren Zufall und tauchte am 10. Mai bei Wolframs in Chemnitz auf.

Aus dem geachteten Kapellmeister war nun ein gesuchter Verbrecher geworden. Es wurde umgehend beschlossen, daß er wegen der drohenden Verhaftung die Stadt verlassen sollte. Heinrich erbot sich, den Gefährdeten heimlich in seinem Fuhrwerk nach Altenburg zu fahren, von wo aus er den Postwagen nach Weimar nehmen sollte, um sich dort mit Franz Liszt zu treffen und zu überlegen, wie es weitergehen sollte. Gesagt, getan. Noch am selben Abend verließ Richard Chemnitz und traf drei Tage darauf, am 13. Mai, in Weimar ein. Er begab sich zum Hotel »Zum Erbprinzen«, wo Franz logierte. Es kam zu einem ernsten Gespräch, bei dem dieser Richard ins Gewissen redete und ihn beschwor, von der Politik abzulassen. Bei dieser Gelegenheit beschlossen die beiden, sich fortan zu »duzen«.

Die völlig verängstigte Minna brach unmittelbar nach Richards Abreise auf, um in Dresden nach der Wohnung zu sehen. Dort erschien zu ihrer Bestürzung ein Polizeirat, der ihr mitteilte, daß er beauftragt sei, Wagner zu verhaften und die Wohnung nach Beweisen für seine Schuld zu durchsuchen. Er ließ jedoch durchblicken, daß es möglich sei, den Haftbefehl einschließlich Steckbrief drei Tage lang zurückzuhalten. Die zutiefst Erschrockene begriff, daß der Polizeirat ihrem Mann eine Chance zur Flucht geben wollte. Sofort schrieb sie Richard, schilderte den Vorfall und bat ihn, Deutschland zu verlassen. Ihr Brief erreichte ihn jedoch nicht, weil sie ihn an Liszts Anschrift schickte, dieser jedoch abwesend war. Statt dessen erhielt Minna ein Schreiben Richards, in dem er darum bat, sie vor seiner Abreise noch einmal sehen zu dürfen. Dies mußte sie noch mehr entsetzen, da sein Leben im höchsten Maße gefährdet war. Sie schrieb ihm umgehend und beschwor ihn wiederum inständig, sofort das Land zu verlassen.[271]

Am 17. Mai ging sie in ihrer Verzweiflung zu Eduard Devrient, um sich Rat zu holen. *Kapellmeister Wagners Frau war mittags bei mir, in Angst und Not mich befragend, was für ihren Mann zu tun sei? Sie versichert, er habe sich nicht eigentlich tätig beim Aufstande beteiligt. Wagner hat ihr teils die Wahrheit nicht gesagt, teils deutet er die Tatsachen um. Es kann ihm nichts helfen. Ich wußte ihr nichts zu sagen, als daß, wenn er sich in der Tat zu reinigen weiß, er unverzüglich zurückkehren und eine Untersuchung fordern muß. Kann er das nicht, muß er auf seine Stelle verzichten. Müsse er das, sagte die Frau mit Tränen, dann, das habe sie ihm längst erklärt, seien sie geschieden.*

Auch Richard schrieb an Devrient und versuchte, seine Beteiligung am Aufstand zu bagatellisieren. Er bat den Kollegen, dafür zu sorgen, daß seine Stelle offengehalten würde, damit er zurückkehren könne. Doch von Devrient war keine Hilfe zu erwarten, im Gegenteil, er empörte sich: *Diese Denkweise ist doch grund-unehrlich. Daß er bei seiner exzentrischen Parteinahme sich vom Aufstande mit fortreißen lassen würde, war vorauszusehen, nun aber sollte er auch sagen: »ich hab's getan« und sich selbst nicht verleugnen. Dann auch noch an den König Gehaltsansprüche zu richten, gegen den man die Empörung geteilt.*[272]

Als das Schlimmste vorüber war, ging Gustav Kietz sofort zur Wohnung der Wagners und traf dort Minna an. Sie war in großer Angst und Sorge, schluchzte und versicherte ihm, daß ihr Mann keine einzige Nacht auswärts zugebracht hatte; nur tagsüber hätte ihn eine Unruhe immer wieder in die Stadt getrieben, trotz ihrer Warnungen.[273] Nach außen hin vertrat Minna fortan hartnäckig eine verharmlosende Version. Ihrer Schweizer Freundin Eliza Wille gegenüber beteuerte sie später, Richard habe nichts Schuldhaftes begangen, er habe nur von der Höhe des Turmes aus nach den Truppen Ausschau gehalten, nie auf den Barrikaden gestanden oder Waffen ergriffen. Wenngleich diese Version vielleicht ihre späteren Bekannten in der Schweiz überzeugt haben dürfte, die Behörden blieben hart.

Seelisch war sie am Ende ihrer Kraft. Der Verlust des Kapellmeisterpostens kam ihr als eine Schande vor, und es traf sie zusätzlich, daß sie das Unglück vorausgesehen hatte. Ein Wiedersehen mit Richard wurde für den 23. Mai in Magdala bei Weimar vereinbart, wo er sich unter einem Pseudonym aufhielt. Obwohl es sein 36. Geburtstag war und er ein etwas freundlicheres Verhalten erwartete, machte sie ihm dort heftige Vorhaltungen, blieb aber noch zwei Tage bei ihm. Auch ein zweites Treffen im Hause des Sprachwissenschaftlers Oskar Ludwig Bernhard Wolff in Jena fand statt, bei dem sie Richard streng und geradezu lieblos erschien, wobei er ihren Kummer übergeht: *Die entscheidende Stunde schlug: ich mußte fliehen und hinter mir Alles zurücklassen. Einen einzigen*

Wunsch hatte ich: ehe ich Deutschland ganz verlassen sollte, mein Weib noch einmal zu sehen! Alles wäre mir gleichgültig gewesen, ich hätte mich fangen lassen, – ohne diesen Trost wollte ich aber nicht fortziehen. Nicht um mir diesen Trost zu geben, oder um aus meiner Umarmung nocheinmal Trost zu empfangen entschloß sich aber endlich meine Frau, meinen Bitten nachzugeben, – sondern nur um einem eigensinnigen Menschen es recht zu machen, damit er endlich fortgehe – allerdings um sich zu retten. Ich kann nie die Nacht vergessen, in der ich in meinem Zufluchtsorte geweckt wurde, um meine Frau zu empfangen: kalt und vorwurfsvoll stand sie vor mir und sprach die Worte: »nun, ich komme, wie Du es durchaus verlangt hast: jetzt wirst Du zufrieden sein! Reise nun fort, ich kehre ebenfalls noch diese Nacht wieder um!« [274]

Wagners Darstellung des Sachverhalts ist, wie so oft in der Rückschau, subjektiv gefärbt. *Wie viele Thränen habe ich in diesen verhängnisvollen Zeiten vergossen*, schreibt Minna rückwirkend[275]. Mit ihrer vermeintlichen Gefühlskälte überspielte sie nur ihre tiefe Verletztheit. Er spürte dies auch und schrieb ihr: *Nur Eines freut mich noch in der Erinnerung: daß wir uns noch einmal gesehen haben. Ja, und bei allem Kummer und bei manchem Hin- und Widerreden, habe ich doch die schöne Ueberzeugung von Neuem fest wieder gewonnen, daß auch Du mich recht vom Herzen liebst, wenn gleich sich Deine Liebe auch fast nur in der Sorge um mich ausspricht … Leb wohl, mein altes treues Herz!*[276]

Richard plante, in die Schweiz zu fliehen. Danach wollte er in Frankreich sein Glück versuchen. Er reiste zunächst nach Zürich zu einem alten Freund, dem Chorleiter Alexander Müller. Dessen Tochter Henriette Hesselbarth erinnerte sich noch Jahre später an seine dramatische Ankunft: *Plötzlich wurde die Hausglocke mit aller Macht geläutet, und als mein Vater zum Fenster hinaus fragte: Wer kommt denn noch so spät? antwortete eine Stimme: Mach schnell auf; ich bins, Richard Wagner. Nie werde ich seinen Eintritt in unser Haus vergessen. Er stürmte die Treppe hinauf, fiel meinem Vater um den Hals und rief: Alexander, Du musst mich bei dir behalten, hier bin ich sicher, aus Dresden bin ich mit Hinterlassung meiner Frau und meines Eigentums geflohen.*[277] Kaum angekommen, schrieb er einen Brief an Minna, in dem er daranging, ihr das fremde Land schmackhaft zu machen: *Ach, gute Minna, ich getraue mich Dir kaum zu sagen, wie himmlisch es hier ist: es käme mir wie*

Politisch gefährliche Individuen.

Richard Wagner

ehemal. Kapellmeister und politischer Flächtling aus Dresden.

Steckbrief.

Der unten etwas näher bezeichnete Königl. Capellmeister

Richard **W a g n e r** von hier

ist wegen wesentlicher Theilnahme an der in hiesiger Stadt stattgefundenen aufrührerischen Bewegung zur Untersuchung zu ziehen, zur Zeit aber nicht zu erlangen gewesen. Es werden daher alle Polizeibehörden auf denselben aufmerksam gemacht und ersucht, Wagnern im Betretungsfalle zu verhaften und davon uns schleunigst Nachricht zu ertheilen.

D r e s d e n, den 16. Mai 1849.

Die Stadt-Polizei-Deputation.

von Oppell.

Wagner ist 37—38 Jahre alt, mittler Statur, hat braunes Haar und trägt eine Brille.

Fahndung nach einem Staatsverbrecher. Steckbrief der Dresdener Polizei gegen Richard Wagner, Mai 1849.

bittrer Hohn auf Deine geängstigte Lage vor, wollte ich Dir von den niegedachten Schönheiten dieses herrlichen Landes sagen. Höchster Wohlstand, Freiheit und erhabener Naturreiz liegen hier plötzlich wie durch Zauber vor mir: so wie ich mich recht meiner Freude hingeben wollte, mußte ich aber jedesmal Deinen Namen ausrufen, wie um Dich zum Mitgefühl u. Mitgenuß aufzufordern, und da fiel sogleich Dein ernster Blick auf mich, der, ach! nur die trübseligen Sorgen gewahrt, denen ich Dich, armes Weib, überlassen habe. Ja, während ich mich hier meiner neugewonnenen Freiheit erfreue, wühlest Du mitten drin in den widerlichsten Zuständen, die Dir meine Wildheit bereitet: der ganze peinliche Druck einer verhängnisvollen Gegenwart lastet auf Deiner gemarterten Seele, während ich bereits wieder frische Kräfte sammle, um kühn in die Zukunft hineinzutreten. Gott stärke Dich bei dem letzten (hoffentlich letzten) schlimmen Berufe, dem Du Dich in der Sorge um mich unterzogen hast! Alles, worum ich Dich zunächst inständig bitte, ist aber: kürze Dir Deine widerlichen Geschäfte so sehr als möglich ab, was nicht zu lösen ist, das zerreiße, – nur damit Du schnell aus dem unglückseligen Dresden hinwegkommst u. eine andere, wohlthätigere Luft athmen kannst … jeder Tag, den Du jetzt in Dresden zubringst, lastet zentnerschwer auf meinem Gewissen.[278]

Es drängte ihn nach Paris, um mit rastloser Energie und Tätigkeit ihrer beider Zukunft vorzubereiten, und dies soll mit einer Quadratur des Kreises erreicht werden: *Es gilt, mir eine freie unabhängige Laufbahn zu eröffnen, auf der ich mein Talent zur äußersten Geltung bringe, ohne je mich wieder fesseln zu dürfen*. Dieses Bedürfnis nach größtmöglicher Freiheit gilt freilich nicht Minna gegenüber: *Du weißt, trotzdem ich die Freiheit u. Ungebundenheit über Alles liebe, so neige ich mich doch keineswegs zum bloßen Herumfahren in der weiten Welt: eine Heimat muß ich immer wissen, – u. diese Heimat, mein liebes Weib, bist Du mir ganz allein. Wo meine Liebe ist, da ist meine Heimat, – und Eines ist uns bei der schmerzlichen Trennung der letzten Tage doch gewiß recht zur Ueberzeugung gekommen, – daß wir uns wirklich und wahrhaft lieben! Ja! auch Du, meine Minna, – wenn alle unsre Streitigkeiten vorüber sind – fühlst endlich doch, daß Du Dich mit mir nicht streiten würdest, wenn Du eben um mich nicht in liebender Sorge wärest. Ich kann zwischen jetzt und früher nur den Unterschied machen, daß ich jetzt noch mehr weiß, daß ich Dich liebe. So nimm denn nun auch jede neue Prüfung uns-*

rer Liebe muthig auf: sie kann nur immer reiner u. inniger werden! Er schließt mit einem Feuerwerk von Ausrufen, die seine innere Erregung widerspiegeln: *Heute Abend um 7 Uhr reise ich nämlich von hier ab u. bin nun, will's Gott, in einigen Tagen in Paris, von wo aus Du sogleich wieder einen Brief von mir erhältst. – Nun denn, mein theures, liebes, gutes Weib! Tausend Küsse begleiten diese Zeilen! Sei getrost! Sei muthig u. stolz! Denke nur edel von mir! Jetzt bin ich auf der rechten Bahn! Bald soll sie mich wieder zu Dir führen! Grüße die Getreuen herzlichst Alle von mir! Leb wohl! Leb wohl!*[279]

Wie sollte sie ihm glauben, wo er doch immerzu seine Meinung änderte? Er, der sich monatelang an den revolutionären Strömungen berauscht hatte, war mit einem Schlag ernüchtert. An Liszt schrieb er: *Daß ich jetzt, namentlich durch meine Theilnahme für jenen Aufstand belehrt, unmöglich mich je in eine politische Katastrophe wieder mit einlassen könnte, brauche ich wohl nicht erst zu versichern, jeder Vernünftige begreift das von selbst: daß ich mit allem Streben ganz wieder Künstler geworden bin.*[280] Warum hatte er dann aber nicht auf Minna gehört, als sie ihn in Dresden anflehte, von der Politik abzulassen? Solche Gedanken werden sie geplagt haben, und so entschied sie, auf seine Beschwörungen zu schweigen.

Richard erhielt über die Staatsschreiber Johann Jakob Sulzer und Franz Hagenbuch, mit denen er sich später anfreundete, einen eidgenössischen Paß. Damit reiste er über Basel und Straßburg, war 36 Stunden lang unterwegs und traf am 2. Juni in der französischen Hauptstadt ein. Er fand ein Zimmer mit Schlafkabinett für einen Monat und litt unter der extremen Hitze und dem Lärm; die gesamte Situation behagte ihm nicht. Liszts Sekretär Gaetano Belloni erwartete ihn dort, um ihm Geld von seinem Meister zu übergeben. Richard plante eine Oper in französischen Versen, auch eine Weiterreise nach London wurde erwogen, beides dann aber verworfen. Franz Liszt versuchte vergeblich, ihn zu einer Aufführung des »Rienzi« zu überreden. Richard war nun zwangsläufig auf sich alleine angewiesen, und er spürte die Einsamkeit um so stärker. Am meisten focht ihn an, keine Nachricht von seiner Frau zu bekommen. Er war wie gelähmt und ohne sie unfähig zu arbeiten. Sein wichtigstes Anliegen war nun, sie zu bewegen, ihm ins Ausland zu folgen. Am 4. Juni folgte das nächste Schreiben:

Ich glaubte in ein ziemlich ruhiges Quartier gezogen zu sein, statt dessen finde ich auch den Lärmen ebenso bedeutend wie im dicksten

Stadtgewühl. Und diese Hitze, diese Aufregung, diese Unruhe, – im Kopfe alles wirr, – denn seit so lange habe ich nun schon keine Nachrichten von Dir! Ach, mein Schweizermuth ist schon bald dahin u. ich habe keine andere Sehnsucht als an einem stillen Örtchen mit Dir u. den vertrauten Resten unsres alten Hausstandes wieder vereinigt zu sein! Arbeiten u. schaffen will ich, dichten u. componiren, was die Welt nur immer von mir verlangen kann: aber darnach so laufen u. hetzen zu müssen, in diesen Lärmen sich hineinstürzen zu sollen, – warum das? – Das hätte ich gern andern überlassen, die Lärmen u. Herumtreiben lieben! – Du siehst, mein theures Weib, Paris ist für mich kein Ort der Freude u. Lust! Ja, in der Schweiz, in der herrlichen, stärkenden Natur, in einer freundlichen kleinen Stadt, in der Genossenschaft einer Zahl von Freunden, da konnte ich eher den Gedanken fassen, mit Dir glücklich sein zu können!… Also Muth! Muth! Es hilft nichts! Vorwärts! –

Was mir meine Seele jetzt einzig erfrischen könnte, das wäre eine gute Nachricht von Dir! … Ich habe immer nichts weiter im Kopf, als plötzlich einmal wieder zu Dir zu kommen! Aber mit allem solchen Zeuge schwatze ich nur immer in die Luft hinein, denn leider weiß ich ja gar nicht, wie es um Dieses u. Jenes bei Dir steht! Bald suche ich mich zu beruhigen, bald muß ich mich wieder furchtbar ängstigen, u. zumal um Deiner Gesundheit willen! O, beruhige mich, schon um des guten Werkes willen, das Du damit thust: so bald ich nur das Auge schließe – jetzt, wo mir das Blut immer kocht – kommen mir Bilder u. Träume vor, die mir den Schlaf zur Marter werden lassen. Er erzählte ihr, daß seine Zürcher Freunde ihn herzlich einluden, mit ihr nach Zürich zu ziehen, daß niemand eine Leistung von ihm verlangen würde und er nach Herzenslust dort arbeiten könnte. Von solchen vagen Sprüchen hielt Minna zu Recht nichts, denn Wagner übertrieb tatsächlich, indem er so tat, als wären in Zürich Geldgeber bereit gewesen, sie zu unterstützen.

Wie wenig ihm die Politik in Wirklichkeit bedeutete, schrieb er nebenbei: *Von den deutschen Zuständen weiß ich gar nichts mehr: Aufrichtig gesagt, bekümmere ich mich auch nicht viel darum: ich kümmere mich nur um Dich, – die ich doch bald wiederzusehen hoffe. Erhielte ich nur Nachricht von Dir!!*[281]

In einem solchen Satz liegt die Tragik des immer wieder aufbrechenden Konflikts zwischen Minna und Richard verborgen (1857 schrieb er gar von seinen *dummen Streichen von vor 9 Jahren.*[282])

Die Teilnahme an den politischen Ereignissen hatten ihn immerhin die Stellung gekostet und sie damit in eine tiefe persönliche Krise mit entsprechenden gesundheitlichen Folgen gestürzt. Nun auf einmal zählte die Politik nicht, er betrachtete seine Beteiligung nachträglich als Dumme-Jungen-Streich. Aber was konnte sie davon halten, daß er angeblich nur noch an sie dachte? Wäre dies ehrlich gemeint gewesen, hätte er sich in Dresden wohl anders verhalten müssen. Unfähig, von Minna und ihren Bedürfnissen auszugehen, griff er nach ihr, wenn er sie brauchte. Er drängelte und rief nach ihr wie ein Kind, das des mütterlichen Schutzes bedarf. Mit ihrem Schweigen zahlte sie ihm ihre Verletzheit heim und ließ ihn mit Absicht zappeln. Sie ahnte nicht, daß sie ihn damit zugleich zwang, sich innerlich von ihr abzuwenden, mit fatalen Folgen für die Zukunft.

Noch aber wünschte er sich nichts anderes als ihr Kommen. Er legt weiter dar, was er alles in Paris versuchen will, um Aufführungen zu erreichen und zu Geld zu kommen, beschreibt ihr seinen Plan, einen großen Artikel über das Theater der Zukunft zu verfassen, und kehrt immer wieder zu seinem Kummer zurück: *Keine Nachrichten! Am Ende schreibst Du mir doch erst auf meinen Zürcher Brief, u. dann kann allerdings vor ein paar Tagen kein Brief von Dir zu mir kommen! O, welche Marter! – Ich aber kann es nicht ertragen, einen an Dich angefangenen Brief so lange liegen zu lassen, – ich kann ihn nicht im Kasten wissen, ich muß ihn wenigstens auf die Post gegeben haben, denn dann ist es mir doch, als hätte ich schon laut zu Dir gesprochen, u. selbst das genügt mir schon zum Trost. Also noch ein paar Worte zum Schluß, dann auf die Post! … Ach! liebes, liebes Weib! Das sind öde, traurige Tage! Gott, wären sie nur erst überstanden u. wäre ich schon in der richtigen Thätigkeit darin! Nur die größte Thätigkeit kann mich trösten, wenn es gute Nachrichten von Dir nicht thun. O, schreibe mir nur viel u. oft! Ohne etwas von Dir zu wissen, kommt es mir jetzt so lächerlich vor, Dich nach dem u. jenen fragen zu wollen: mich hält wenigstens immer der Schreck davon zurück, welche abscheuliche Besorgungen Dir alle auf dem Halse liegen mögen…*[283]

Im übrigen liegt dieses gräuliche Paris zentnerschwer auf mir; schreibt er zeitgleich dem Freund Liszt, *oft blöke ich wie ein kalb nach dem stalle und nach dem euter der nährenden mutter. Wie bin ich allein unter diesen menschen! – - Meine arme frau! keine nach-*

richt habe ich noch erhalten, mir wird so todesweichlich und schlaff bei jeder erinnerung. Laß mich bald gute nachricht von meiner frau hören! – Bei allem muthe bin ich oft die erbärmlichste memme![284] Er hofft, über den inzwischen in Leipzig beheimateten Schwager Avenarius mehr zu erfahren: *Meine Angst um sie ist grenzenlos: warum erhalte ich nirgendsher ein Lebenszeichen meiner Frau?* [285]

Zwei Wochen später wartet er immer noch ungeduldig auf ein Lebenszeichen von ihr, was er Liszt meldet: *Meine Pein und Niedergeschlagenheit ist groß! – Ich muß einen neuen häuslichen Herd gewinnen, sonst ist es aus mit mir: mein Herz ist größer als mein Verstand. … Habe ich dort* ›in Zürich‹ *meine Frau wieder, so geht es frisch und froh an die Arbeit … Ich muß jetzt an eine tüchtige Arbeit gehen, sonst vergehe ich: um jetzt aber arbeiten zu können, bedarf ich der Ruhe und einer Heimat: ist meine Frau bei mir – und in dem freundlichen Zürich – werde ich beides finden.*[286] Minna ist sein Fixpunkt, um den sich alles dreht.

Minnas Enttäuschung über sein Verhalten bestimmte ihr Handeln, war doch ihr Schweigen zusammen mit der Weigerung, ihm zu folgen das einzige Mittel, um ihm einen Bruchteil ihres Kummers heimzuzahlen. Seine Briefe verraten denn auch ein schlechtes Gewissen, aber eher deswegen, weil er sie in Dresden mit den Ansprüchen seiner Schuldner allein ließ, sie mit dem Verschicken seiner Musikalien an verschiedene Personen und der Auflösung der Wohnung beauftragt hatte und weil sie die Nachbarn und Freunde ständig belügen mußte. Liszt gegenüber erwähnt er *die Last des Bodensatzes Dresdener Gemeinheit*[287], unter der seine Frau zu leiden habe. Er hatte sich in Dresden Feinde gemacht, und vermutlich von dem Hohn und Spott erfahren, der sich in Abwesenheit über den steckbrieflich Gesuchten ergoß, und er konnte sich die daraus erfolgende soziale Ächtung ausmalen. Am schlimmsten aber war wieder einmal ihr Geldmangel. Nachdem sie endlich das Schweigen gebrochen hatte, berichtete sie, sie habe 62 Taler zu zahlen, ohne zu wissen, woher sie das Geld nehmen solle, wobei sie Wagners Verwandte aus Scham nicht habe darum bitten wollen.

Anfang Juni aber schwieg sie noch, und Wagners Seelenschmerz vermehrte sich mit jedem Tag. Sie wohnte jetzt bei Schwager und Schwägerin Avenarius in Leipzig, Marienstraße 2, und Richard schrieb ihr alle paar Tage. Er versuchte auch, durch einen Brief an Eduard sie zum Einlenken zu bewegen: *Meine jetzige marter ist groß: ich verfluche jeden tag der mir ohne nachricht von meiner frau dahinfließt.*[288] Er schreibt ihr, daß er nicht in Paris bleiben könne. Nicht nur, daß die Stadt ihm laut und unfreundlich erscheint, immer mehr wird ihm deutlich, daß nur Zürich als Bleibe in Frage kommt. *Mein furchtbarer Ekel vor der Pariser Wirthschaft soll hier nur mit angedeutet werden, um Dir überhaupt zu sagen, daß ich in diesem scheußlichen, lärmenden u. theuren großen Gefängnisse keineswegs verbleiben kann, ohne einen ganz bestimmten Zweck dabei zu haben. Dieser Zweck ist gegenwärtig erreicht: unter einem halben Jahre ist nichts weiter darin zu thun: also fort von Paris, wo die Luft mich erdrückt.* Es scheint ihm sinnlos, nach London weiter zu reisen, und er folgert daraus: *Was soll ich nun thun? – Das Liebste, was ich nur auf der Welt denken u. wünschen kann: mit meiner lieben Frau an einem der herrlichsten Orte der Erde gänzlich u. häuslich mich wieder vereinigen! – Höre denn: in das Weimarische, wie wir es früher besprochen, könnte ich doch jetzt noch nicht zurückkehren; dagegen biete ich Dir nun einen Punkt, wo Dir Leib u. Seele gesunden soll, das ist das herrliche Zürich in der Schweiz. Eine höchst angenehme freundliche reiche Stadt, in einer Lage, wie sie kaum eine andere wieder hat: wir werden dort in einem einfachen Häuschen gleich bei der Stadt am Züricher See wohnen mit der Aussicht auf die schneebedeckten Alpen-Gebirge. Nicht Teplitz wird Dir helfen, aber die Seebäder in Zürich, das Gesündeste von der Welt, wird Dich stärken u. erfrischen, zu Kraft u. neuem Lebensmuth. Dort, in der deutschen Schweiz, sind wir wie zu Hause … Dann – sieh, liebe Minna! bist Du dann bei mir, mit Nette, Peps und Papo! – dann will ich endlich wieder einmal meinem wahren Berufe nachgehen, – eine Oper schreiben. Alles drängt mich zu einer neuen Schöpfung, aber mein Gemüth muß zuvor beruhigt sein, und das kann ich nur in deiner Nähe!* Mit der ihm eigenen Beredsamkeit malt er eine goldene Zukunft aus, um sie endgültig umzustimmen: *Sieh, liebes Weib, in Zürich bin ich in jeder Hinsicht – merke wohl, in jeder Hinsicht – sicher, ruhig u. frei, Niemand kann mich dort im Mindesten verfolgen. Dort werden wir den kleinen Gehalt von der Großherzogin von Weimar beziehen, u. eben thue ich die nöthigen Schritte, um diesen Gehalt durch Theilnahme einiger anderer Kunstbeschützer zu verdoppeln. 50 Thaler sollst Du jeden Monat von mir erhalten, u. dafür können wir dort ein höchst angenehmes, unabhängiges Leben führen. Vorläufig, liebe Minna, würden wir annehmen, daß wir mindestens ein Jahr dort blieben: im Herbst wird die Eisenbahn von Paris nach der Schweiz fertig, u. die ganze Unterbrechung unsres Aufenthaltes bestünde höchstens vielleicht darin, daß, wenn Alles soweit wäre, ich einmal auf eine Woche nach Paris ging, um meine Sachen dort vollends in Ordnung zu bringen. Jedenfalls würde ich dort aber mit Lust u. Liebe immer neue Werke schreiben, die endlich doch einmal zu Tage kommen u. in der Zukunft mir Erfolge bereiten würden: blieben aber alle Erfolge aus, so würde ich doch während des Schaffens und an Deiner Seite immer mich wohl fühlen. Dort könnten wir auch ruhig abwarten, wie sich im Uebrigen die Dinge gestalten, u. was wir jetzt noch nicht wissen, wissen wir später einmal. Jedenfalls aber sind wir vereint, – u. das ist für mich nicht nur das höchste Glück, sondern für mein ganzes Leben u. Schaffen die größte Nothwendigkeit. Das empfinde ich jetzt auf die herzzerreißendste Weise! Wollte ich noch 8 Tage länger so in Paris bleiben, so stürbe ich – das ist gewiß! Du kannst Dir meine Wehmuth nicht vorstellen: sowie ich allein bin, sitze ich da und weine und kann mich nicht fassen: nichts in der Welt kann mich aufrichten als Deine Nähe!*

Er hatte ursprünglich versprochen, nach dem Abebben der politischen Unruhen mit ihr in Weimar zu leben, dort ein Gehalt von der Großherzogin zu beziehen und ihre Eltern zu sich zu nehmen. Nun schlägt er lapidar vor, daß sie die Alten *für jetzt wohl bei Riedel's oder sonstwo* lassen soll, bis es sich mit dem Häuschen in Weimar entscheidet – ein Denkanstoß, der schwerlich dazu beitragen konnte, Minnas Kummer wegen der hilfsbedürftigen Eltern zu mildern. Sie soll übriggebliebene Möbel irgendwo lagern und den Rest mitnehmen, sodann zusammen mit Natalie, dem Papagei und dem Hund mit der Eisenbahn über Leipzig und Nürnberg bis Donauwörth reisen. Von da ginge es weiter über Augsburg und Kaufbeuren bis Lindau. Hierfür würde sie zwei Tage und eine Nacht benötigen. Von Lindau aus sollte sie mit dem Dampfschiff über den Bodensee nach Rorschach fahren, was zwei Stunden dauern würde. In Rohrschach würde er sie erwarten und nach Zürich begleiten, wo er mit ihr zwar bescheiden, aber traulich wohnen will. Schließlich bricht die Verzweiflung aus ihm heraus: *O Minna, – ich kann vor Thränen nichts erkennen, wenn ich daran denke, wenn ich das Glück mir vorstelle, Dich – Dich – meine alte, treue, liebe Frau, wieder in meine Arme schließen zu können, um mich nie wieder als höchstens nur auf die kürzeste Zeit von Dir zu trennen! Meine gute Minna, noch nie habe ich Dich so inständig um etwas gebeten: noch nie hat mein Glück, meine Gesundheit, meine Existenz so von der Erfüllung einer Bitte abgehangen, als jetzt, wo ich Dich bitte: sage ja! u. komme! komme so schnell als irgend möglich. Minna! ich bitte Dich um Alles, was Dir je theuer war, sage: ja! und komme. Es soll Dir wohlgehen, gewiß! gewiß! ich habe Freunde, das habe ich jetzt erkannt! komme und bleib' bei mir! … Manches habe ich vorbereitet, auch von Frankfurt erwarte ich Geld: – in der Schweiz ist mir Geld angeboten, – kurz, ich bin über Alles unbesorgt, – wenn ich nur wieder meine liebe Minna habe, – ach! dann ist Alles, Alles gut! u. nie soll sich unser Himmel mehr trüben, denn nun haben wir Alles, auch das Härteste erfahren. … Minna, Minna! Gieb mir gute Nachricht, sage, daß Du kommen willst, ich schreibe Dir dann Alles noch genau u. in der Schweiz am Bodensee sehen wir uns wieder! Leb wohl! Ach, sei gütig gegen mich! Leb wohl, und verzeihe Alles Schlimme Deinem Dir ewig treuen Richard W.*[289]

Daß diese rosig ausgemalte Zukunft Minna einmal mehr nicht beeindruckte, zeigt, wie wenig sie den Worten Richards traute. Er hätte die Chance gehabt, sich von ihr zu trennen und ein neues Leben in Zürich aufzubauen, aber wieder tritt eine tiefe seelisch-körperliche Abhängigkeit von ihr zutage, die er nicht auflösen konnte. Die Metapher des sich nach dem Euter der Mutter blökenden Kalbes, das er für sich und seinen Zustand verwendet hatte, spricht für sich. Es waren schwere Monate für ihn, er weinte hemmungslos, flehte und bat. Die Folge war eine Zerrüttung, die bei Minna unmittelbar nach dem Dresdener Eklat eingesetzt hatte, bei Richard nun folgte. Beide fühlten sich ungeliebt. Minna verarbeitete ihren Schmerz, indem sie sich in die Krankheit flüchtete, und Richard öffnete sich kurze Zeit darauf einer anderen Frau – die Laussot-Affäre war somit programmiert. So hilflos-bittend schrieb er ihr nie wieder.

Bis Minna tatsächlich bereit war, ins Schweizer Exil zu ziehen, sollten noch drei lange Monate vergehen. Die Ereignisse hatten sie so schwer getroffen, daß sie ernstlich eine Trennung in Erwägung zog. Richards aus ihrer Sicht leichtsinnige Zerstörung seiner beruflichen und sozialen Stellung wog umso schwerer, als das Ehepaar seit der Heirat im Jahr 1836, also dreizehn lange Jahre lang, ununterbrochen mit Geld- und Existenzproblemen konfrontiert gewesen war. Armut war etwas, das Minna als Schauspielerin erfolgreich abgeschüttelt hatte. Nun, wo ihr Mann endlich einen repräsentativen Posten errungen hatte, der ihm – und damit auch ihr – soziales Prestige, finanzielle Sicherheit und Anerkennung brachte, wurde sie aus dieser gesicherten Stellung abrupt hinausgeworfen. Doch nicht nur sie war die Leidtragende, sondern auch ihre Eltern, die sich so sehr über Richards feste Stellung gefreut hatten. Wie konnte er ihr das antun? Hatte sie ihn nicht in den armseligen Jahren in Paris mit Liebe und Sympathie gestützt, Pilze gesucht und Beeren gepflückt, um den Hunger zu stillen, jede Münze umgedreht, alle ihre Habseligkeiten verpfändet, um etwas im Magen zu haben, immer mit der Hoffnung auf Ruhm und feste Einnahmen? Hatte sie nicht seinen Luftschlössern geglaubt, wonach er bald mit seinen Opern überall Erfolg haben würde? Was sie wohl am meisten verbitterte, war ihre Gewißheit, daß Richard einen durch nichts zu entschuldigenden Fehler begangen hatte, als er sich in Dresden den Kämpfen aktiv anschloß, trotz ihrer heftigen Warnungen und flehentlichen Bitten. Aus ihrer Sicht hatte sie recht behalten.

Sie stand übrigens mit ihrer Ansicht nicht alleine. Nicht nur Liszt war entsetzt über Richards Teilnahme an den politischen Ereignissen, auch die Verwandschaft konnte ihr Befremden kaum verhehlen. Zwei Jahre nach den aufwühlenden Ereignissen besuchte der Musiker Robert Radecke das Ehepaar in Zürich und schrieb: »Wie leid tut es einem, daß ein so ausgezeichneter Künstler wie Wagner (er ist der bedeutendste deutsche Opernkomponist der Gegenwart) durch seine revolutionäre Richtung in der Politik sein Glück vernichtet hat, daß er hier in der Schweiz leben muß, fern von dem wahren musikalischen Leben.«[290] Diese Meinung teilten viele.

Als sie ihm endlich Mitte Juni nach Paris schrieb, war der Inhalt des Briefes so schmerzhaft für ihn, daß er recht niedergeschlagen darauf reagierte. Ihm dämmerte endlich, was er ihr angetan hatte: *Ich erhielt endlich einen brief von meiner Frau, und manche Gewissensbisse sind durch ihn in mir wach geworden.* Sie weigerte sich standhaft, geborgtes Geld von ihm anzunehmen: Damit wollte sie wohl ihre Verachtung für eine Lebensweise ausdrücken, die sich auf Geliehenes stützte. Sie war noch nicht so weit, daß sie versprechen konnte, zu kommen und bat ihn, sie nicht zu bestürmen. Zu stark litt sie noch unter der Zerstörung aller Hoffnungen und Träume, die Richards Stelle in ihr ausgelöst hatte. *Meine Frau leidet und ist bitter! ... Meine Frau macht mir viel Not!* schreibt er Liszt.[291]

Richard wußte nicht ein noch aus und schrieb verzweifelt an Natalie Planer, die mit ihren inzwischen 22 Jahren kein Kind mehr war. Damit hoffte er, Minna auf Umwegen zu erreichen: *Ich wende mich an Dich, um von Minna etwas zu erfahren, von der ich nicht einmal weiß, wo sie sich gegenwärtig aufhält. Was ich ihr selbst schreiben sollte, weiß ich kaum: über ihre Härte gegen mich will ich ihr keine Vorwürfe machen; meine Vertheidigung würde sie aber auch nicht verstehen wollen, – denn wer mich nicht selbst und aus sich selbst zu vertheidigen vermag, der wird auch meine Vertheidigung, wenn ich sie führe, nicht gelten lassen oder verstehen wollen. Somit bliebe mir nichts weiter mehr übrig, als ihr meine herzliche Sehnsucht nach ihr auszudrücken: dieß könnte ich aber auch wieder nicht anders, als indem ich Alles aufböte, um sie dazu zu vermögen, zu mir zu kommen, damit nicht das Traurige unserer Lage durch das größte Uebel, die Trennung, noch verschlimmert werde! Sie hat aber ausdrücklich, und namentlich auch um ihrer Gesundheit willen von mir verlangt, daß ich sie in dieser Hinsicht nicht bestürmen oder belästigen möge. Was soll ich ihr nun schreiben? Soll ich von mir schreiben? Wie können sie im Ernste bei solchen Gesinnungen Nachrichten von mir mit Theilnahme erfüllen? Schreibe ich ihr unzufrieden mit meinen Unternehmungen oder mit meinem Zustande, so verhöhnt sie mich und ruft mir zu: »siehst Du, so hast du es ja gewollt!« – oder schreibe ich von Gelingen, von Aussichten, Hoffnungen, so bezweifelt sie und nennt alles Täuschung. Hierin mag sie nun zwar sehr vorsichtig und klug handeln, von Liebe finde ich aber nicht eine Spur darin, sondern nur Lieblosigkeit und Eigensinn.*

Für Richard bedeutete Liebe die unbedingte Treue des Weibes. Daß er aus Liebe zu ihr den Posten in Dresden hätte behalten sollen, lag außerhalb seiner Vorstellungswelt. Dresden war für ihn, wie er höhnisch schrieb, ein *pfuhl bürgerlicher vortrefflichkeit und großherzigkeit*[292], und er fand, daß er es viel zu lange dort ausgehalten hatte. Er spann seine Überzeugung mit unüberwindlicher Logik weiter: *In meiner jetzigen Lage kann ich mich aber an Minna nur wenden, wenn ich ihrer Liebe gewiß bin: nur die Liebe kann Alles das überwinden, was jetzt zu überwinden ist, nur die Liebe kann vertheidigen, entschuldigen, erkennen u. versöhnen. Das erste Bekenntnis dieser Liebe wäre in unsrem Falle aber, daß die Frau, zu der ihr Mann nicht kommen kann, zu ihrem Manne ginge: ist Minna unter allen Umständen zu diesem Entschlusse nicht fähig, nun so beweist sie eben offen u. klar, daß sie keine Liebe zu ihrem Manne hat, daß ihr ein Ort, eine Wohnung, Tische, Stühle u. Sachen – um die sie jetzt trauert u. klagt – lieber sind als der lebendige Mensch, welcher ihr Mann heißt, – daß sie es mehr liebt, von ihrem Manne Verleumdungen, engherzige Beurtheilungen u. Nasenrümpfen anzuhören u. zu sehen, als an seiner Seite selbst sich Gewißheit über ihn zu verschaffen. Noch einmal u. mit einem Worte, sie beweist denn: daß sie keine Liebe zu ihm hat. Was soll ich unter dieser sehr vernünftigen Voraussetzung nun an sie schreiben?* [293]

Seine Hoffnungen auf Tantiemen für »Tannhäuser« in Frankfurt hatten sich gerade zerschlagen. Das waren kaum Nachrichten, die es Minna erleichtert hätten, ihren Entschluß zu überdenken. Dann aber schildert Richard eine Möglichkeit für Zürich, die ihm für den Anfang doch recht praktikabel erschien. Er wurde von seinem Freund Alexander Müller eingeladen, in dessen Haus zwei große Räume zu bewohnen. In der einen Stube standen zwei Betten für sie bereit. Er findet es angebracht, daß Minna der Ehefrau von Müller im Haushalt helfen würde, als Entschädigung für die gastfreundliche Aufnahme und verspricht, daß man nur so lange dort wohnen müsse, bis sich seine Pläne verwirklicht hätten. Er entwikkelt ein Modell, wonach ein reicher Kunstfreund ihm alle seine deutschen Opern im voraus durch ein festes Gehalt zahlen könnte. Zürich soll ihre neue Heimat werden, wobei er für einige Monate im Jahr nach Paris reisen würde, um dort für seine Musik zu werben und Aufführungen zu initiieren. *Wollte Minna nur erklären, daß sie komme, es wäre Alles leicht u. schnell in Ordnung: nur jetzt, da sie so kalt u. lieblos in der Ferne bleibt, habe ich für nichts gehöriges Interesse u. betreibe auch nichts mit Feuer. Wollte Minna kommen, so erhielte sie umgehend von mir alles nöthige Geld: die Möbel u. Sachen, die sie noch erhalten hat, müßte sie alle nachkommen lassen, denn diese sind hier theuer: für jetzt wohnte sie noch mit mir in Müller's Hause, um dann mit der Zeit u. nach dem Abschluß des erwähnten Geschäftes ein kleines Logis uns selbst einzurichten.*

Um Minna umzustimmen, lädt er Natalie ein mitzukommen, da er sie als Familienmitglied betrachte und sie im Haushalt der Gastgeber nützliche Beschäftigung finden werde; er könne ihr auch im Notfall leicht eine Anstellung verschaffen und zwar sofort, wenn

Minna sie nicht benötige. Er schließt mit einem verzweifelten Ausruf: *O Gott, wäre nur Minna bei mir! So schmachte u. sorge ich einsam, u. Minna sorgt u. grämt sich einsam, zusammen – hätten wir nur noch die Sorgen, die wir ohne dem doch auch schon haben, die aber durch die Trennung nur noch zu vielfältig erschwert wären. Ach, möchte der gute Geist, der Geist der Liebe bald wieder über Minna kommen: überwältigt sie dieses edelste u. reinste Gefühl für mich nicht bald wieder, so fürchte ich, wird sie auch nie wieder der Liebe für mich fähig sein: dann soll sie mir es sagen, daß sie mich nie wiedersehen möge, daß sie mich nie mehr lieben könne, – u. dann – leb' wohl, Kunst u. Alles, was mein Leben ausmacht! Dann nehme ich meinen Wanderstab u. gehe in die weite Welt hinein, daß keiner mehr eine Spur von mir finden soll!*

Indem Richard sein weiteres Leben und Schaffen mit Minna verknüpft, hat er sein stärkstes Geschütz aufgefahren, das fast erpresserisch wirkt, denn Minna sollte sich nun schuldig fühlen, wenn sie nicht käme. Er schließt mit einem weiteren dringenden Appell: *Nichts wird von Außen auf Minna wirken, wenn sie es nicht in sich hat; hat sie die Liebe, so kommt sie u. kommt unter jedem Verhältnisse, hat sie sie nicht, so würden die angenehmsten Verhältnisse von der Welt sie nicht aus ihrem trüben grollenden Mismuth herauslocken können.*[294]

Wagners Pläne zerstoben in nichts. Weder gelang es ihm, einen Gönner zu finden, noch lebte er in Paris, und Natalie erhielt auch keine Anstellung. Die Zukunft blieb weiterhin unberechenbar. Doch Minna nahm diese Hirngespinste sowieso nicht ernst. Die Vorstellung, in einem fremden Haushalt auszuhelfen, wird sie keinesfalls begeistert haben, und es ist möglich, daß sie den Umzug zur Bedingung machte. Entscheidend war letztlich für sie, daß sie ihrem Mann als Ehefrau angehörte und ihn noch liebte. Natalie hatte ihr die Beschwörungen Richards zukommen lassen, und am 18. Juli lenkte sie schweren Herzens ein. Sein demütiges Bitten hatte sie berührt. Weil sie ihre Zeilen an Belloni nach Frankreich schickte, erhielt Richard sie erst später. Diese Nachricht, die nicht erhalten ist, löste bei ihm euphorische Freude aus. Sofort bat er seinen Gönner und Freund Franz Liszt um Reisegeld für Minna, wobei er seine Bettelei mit seiner Liebe zu ihr erklärt und ihre Bereitschaft zu kommen recht verklärt darstellt: *Heute erhalte ich einen – unglücklicher weise durch die posten sehr verspäteten – brief von meiner frau, er ist so rührend wie nur etwas auf der welt: sie will zu mir kommen, um ganz bei mir zu bleiben und alle noth des lebens von neuem wieder mit mir durch zu machen … um ihren wunsch auszuführen und zu mir zu kommen, fehlt ihr und mir nicht mehr wie Alles … Nun muß sie unser weniges gerettete packen und zu mir schaffen lassen, ihren armen, von mir früher allein erhaltenen – ältern wenigstens etwas zu ihrem vorläufigen fortkommen hinterlassen, die Reise mit einer schwester* »gemeint ist Natalie« *hieher nach Zürich machen, und ich muß ihr doch wenigstens auf die erste zeit hier bei mir ein notdürftiges auskommen bieten können … O liebster freund! Dir ist ja an meinem besten, an meiner seele gelegen: an meiner kunst; mache mich wieder heil für meine kunst! Sieh, ich hänge an keiner heimat, aber ich hänge an dieser armen, guten, treuen frau, der ich fast noch nichts wie kummer bereitet habe, die ernst sorgend und ohne exaltation ist, und die doch an mich ungezogenen teufel sich ewig gefesselt fühlt. Gieb sie mir! dann giebst Du mir alles was Du mir je wünschen möchtest, und – sieh – dafür würde ich Dir dankbar sein! ja dankbar! –*

Du sollst einmal sehen wie mir dann Alles von den händen fliegt: meine Pariser vorarbeiten, der broschüre-artikel und – selbst zwei Sujet-entwürfe sollen im nächsten monat schon fertig und unterweges sein. Wohin ich mich Dir nicht fügen kann, dafür will ich Dich gewinnen: das verspreche ich Dir, so daß wir hand in hand gehen und uns nimmer zu trennen nöthig haben. Ich will Dir gehorchen – aber gieb mir meine arme frau, mache, daß sie heiter und mit einiger zuversicht bald – schnell zu mir komme – ach! und das heißt leider in der sprache des süßen neunzehnten jahrhunderts – schicke ihr soviel Geld als Dir nur irgend erschwinglich ist! Ja, so bin ich, – ich kann betteln – ich könnte stehlen, um jetzt meine Frau – wenn auch nur auf kurze Zeit – heiter zu machen! Du lieber, guter Liszt! Sieh zu, was Du kannst und vermagst! hilf mir! hilf mir! lieber Liszt! Leb wohl und – hilf mir![295]

Wieder vergingen einige Tage ohne Post: ihr anhaltendes Schweigen verursachte ihm einige Martern. Bevor sie abreiste, schrieb sie ihm noch dreimal. Ihre Zeilen, die erhalten geblieben sind, verraten, welche inneren Kämpfe sie aufgewühlt hatten und wie unterschiedlich die beiden die Lage bewerteten: *Ich schrieb Dir, daß ich zu Dir nach Zürich kommen würde, nur sollst Du mich nicht drängen, es läßt sich nicht alles so schnell, als man in der Fer-*

ne denkt, abmachen, zumal, wenn man so viel Unangenehmes zu beseitigen hat als ich und man für immer von dem Ort scheidet. Du wirst es hoffentlich, lieber Richard, einsehen, daß ich, indem ich zu Dir komme, kein kleines Opfer bringe. Was für einer Zukunft gehe ich jetzt entgegen, was kannst Du mir biehten? Fast zwei Jahre können vergehen, ehe Du im glücklichsten Fall auf eine Einnahme rechnen kannst, und nur von der Freundschaft seiner Freunde abzuhängen, ist für eine Frau eine traurige Existenz. Als wir damals ›in Paris‹ *in den erbärmlichsten Verhältnissen lebten, hatten wir doch eine Aussicht auf bessere Zeiten, bei der jetzigen unruhigen bewegten Welt ist es für die Kunst eher precair, die nur in Frieden und unter Wohlstand gedeihen kann. Ich will Dir Deinen Muth nicht rauben, aber mich noch einmal auf das Ungewisse in Sorge und Kummer in ein fremdes Land zu wagen habe ich keinen mehr, ich habe den Glauben bei den (leider?) schönen Verheißungen verloren, es giebt für mich kein Glück mehr auf Erden!*[296]

Die Angst vor einer Rückkehr in die Ärmlichkeit quälte sie am meisten, und sie kam darauf mehrfach zurück. ›Ich‹ *fürchte sehr, zumal bei jetzigen Zeiten für unsere beiderseitige Existenz. Es ist recht schön und gut, daß Dir Dein Freund auf Deine neue Oper Lohengrin 300 fl. geliehen hat, wovon Du mit Deiner Frau ein Vierteljahr leben zu können glaubst, aber für mich, lieber Richard, kann das keine Beruhigung sein, denn der Gedanke ist mir sehr niederdrückend, wenn mein Mann nicht im Stande ist, die Frau aus eigenen Mitteln ernähren zu können und nur von der Güte oder dem Mitleid seiner Freunde* ›lebt‹, *die ihm ab und zu 100 – 300 fl. auf seine zukünftigen Einnahmen leihen, wo es doch, nimm mir es nicht übel, sehr dahingestellt ist, ob Du sie jemals befriedigen wirst können, da Du Dich durchaus nicht nach der Welt, wie sie nun einmal ist frägst, sondern forderst, daß die ganze Welt sich nach Dir richtet und bilden soll.*[297] Das war etwas, was Minna niemals verstehen konnte. Sie wollte sich den Normen der Umwelt anpassen, und jedes Gerede war ihr zuwider. Richard hatte sich oft genug in Dresden über ihre Rücksichten auf die seiner Meinung nach spießbürgerliche Umwelt mokiert, aber sie nicht von ihren Ansichten abbringen können: *Sieh, lieber Richard, daß ist ein zu empfindlicher Punkt, für eine Frau wie ich bin, die lieber alles vermeidet nur ihren Mann zu Liebe, daß er als ein Ehrenmann* ›in den‹ *Augen der Leute dastehen soll. Ich bin nun einmal von so kleinlichen Ansich-*

ten, die ich mir mit dem besten Willen nicht abdisputieren kann, darum entschuldige mich. Es fiel ihr schwer, sich an neue Menschen und Gegenden zu gewöhnen, im Gegensatz zu ihm: *Du bist darin glücklicher als ich, etwas Neues zieht Dich viel mehr an, darum glaube ich auch, daß du sehr geliebt und gefeiert wirst, doch kann es kaum möglich sein, daß man Dich in Zürich mehr ehrt und vergöttern wird, als es anfangs in Dresden der Fall war, Du kannst sehr liebenswürdig sein, wenn Du willst! – –*

Wagner hatte sich in seinem letzten Brief mit einem edlen Pferd verglichen, das nach vorne preschen wollte, doch von der Reiterin – Minna – gebremst wird. Dieses Bild aufgreifend, wandte sie dagegen ein: *Etwas Muth besaß ich früher wohl, doch wenn der Reuter wiederholt von seinem übermüthigen Roß abgeworfen worden, zwar den Hals noch nicht dabei gebrochen hat, aber doch so schmerzhaft dadurch verletzt wurde, daß sein Muth gebrochen ist, so scheut er sich, diese›s‹ unbändige Roß endlich doch wieder zu besteigen und zieht es vor ein minder Edles zu besteigen wo er sein Ziel etwas später zwar, doch umso sicherer und ohne halsbrechende Gefahr erreicht.*[298]

Sein Vorwurf der Lieblosigkeit verletzte sie: *Ich begreife Dich in der That nicht, ich habe es Dir wahrlich bewiesen, aber was hab ich denn für einen Beweis von Liebe von Dir? Du hättest mir müssen mit gutem Beispiel vorangehen, das hast Du aber nicht, sonst hättest Du meine Bitten erhört und mir auch einmal ein Opfer gebracht, doch es ist vorbei, und dies soll kein Vorwurf sein, doch wirst Du mir zugestehen, daß Du ein großes Unrecht gegen mich, am Ende auch gegen Dich selbst begangen hast, indem Du ein sorgenfreies Leben mit einem höchst unsichern aufs Spiel setztest, ich wünsche, daß Du es nie bereuen mögest.*[299]

Nüchtern und klar sieht Minna aus ihrer Perspektive den Fehler in Richards Denksystem. Indem er die Dresdener Sicherheit trotz Minnas inständigem Flehen aufs Spiel setzte, handelte er ihr gegenüber rücksichtslos. Nun klagt er, daß sie sich lieblos verhält. Richard hielt sich an die damals übliche Vorstellung, eine Frau müsse ihrem Mann bedingungslos folgen und ihr Lebensglück ihm notfalls opfern – dies hatte er in seinen Opern in den Figuren der Senta, Elisabeth und Elsa fast zwanghaft wiederholt, und es war ihm ernst dabei: er verlangte ein solches Verhalten auch von seiner eigenen Ehefrau. Noch vierzig Jahre später vertraute er Cosima an, von Hause aus sei Minna gutartig, energisch und hilfreich gewesen, es sei jedoch das Mißtrauen über sie gekommen durch die Unfähigkeit, ihm zu folgen[300] – er blieb somit lebenslang bei seiner Überzeugung. *Trotzdem ich nun schon aus Erfahrung wußte, was ich von Richards Briefen, seinen Versprechungen zu halten habe, entschloß ich mich* ›nach seinen vielen Bitten‹ *mein Schicksal von neuem an einen Mann zu ketten, mit dem ich doch schon das Schlimmste ertragen hatte und war abermals bereit alles Leid, wie es auch kommen möchte mit ihm zu theilen, denn ich liebte ihn ja immer noch, trotz allem was er mir im Leben zugefügt,*[301] schrieb sie ihrer Dresdener Freundin, der 1800 geborenen Schneiderin Mathilde Schiffner, mit der sie eine enge Freundschaft verband. Und wieder an Richard: *Dresden kann der Ort meines künftigen Aufenthalts nicht sein. Ich würde als Deine zurückgelassene Frau eine traurige Rolle spielen. Eine Stelle anzunehmen, wie sich mir schon geboten, die mir allerdings eine sorgenfreie Existenz biethet, willst Du nicht zugeben, und würde auch eine zu lange Trennung herbeiführen, die ich selbst kaum ertragen könnte, denn ich liebe Dich, trotz Allem, was Du mir gethan, doch immer noch. Du kannst ermessen, mein lieber Richard, wie stark sie gewesen sein muß, hast Du es aber nicht Wort, und willst mir absprechen, daß Du mir nichts Uebles zugefügt, so werde ich mich zu beherrschen wissen und ich komme nicht wieder zu Dir, sollte ich auch darüber zu Grunde gehen!*[302] –

Sie möchte kein Schuldbekenntnis, um ihn zu demütigen, sondern er soll begreifen, was er ihr angetan hat. Große Schmerzen bereiten ihr die Sorgen um die Eltern, die sie nun kaum unterstützen kann. *Ich darf daran gar nicht denken, ohne nicht die bittersten Thränen dabei zu vergießen, sie so hülflos zurücklassen zu müssen, Gott möge ihnen bald ein seeliges Ende verleihen, und mir die Sünde verzeihen, daß ich es wünschen muß!*[303]

Minna hatte die heikle Aufgabe, die Schuldner ihres Mannes in Dresden zu befriedigen. Es kam dabei zu einem Streit mit ihrer Schwägerin Elise Wagner, als die polnische Gräfin Kamienska eine Summe übernehmen wollte. Vermutlich griff Elsa ein und verlangte selbst das Geld zur Begleichung einer alten Schuld, jedenfalls weigerte sich daraufhin Minna jahrelang, sie auf ihren Reisen nach Deutschland zu besuchen.[304] Ihre zweite große Aufgabe bestand darin, über den Verbleib des Hausstands zu entscheiden. Wagner hatte bereits die wertvollsten Möbelstücke verkauft, und Minna versuchte nun so viel wie möglich loszuschlagen, um mit einigem Geld anreisen zu können. Die restlichen Stücke waren abgenützt und kaum die Transportkosten wert, so daß Minna ankündigte, nur Matratzen, Gardinen und leichte Gegenstände mitzubringen. Sie sah mit Recht voraus, daß man wohl nicht lange bei dem Ehepaar Müller bleiben könnte, da es schwierig für sie sein würde, im Haushalt mitzuhelfen. Ihre Aussage, keine gutmütige Stiefelputzerin mehr sein zu können, erinnert an die Jahre in Paris, als sie jene Tätigkeit übernahm, um das Geld für diese Dienstleistung sparen zu können. Eine Rückkehr in solche Ärmlichkeit kam für die ehemalige Frau Kapellmeisterin nicht in Betracht. Immer wieder bat sie um Verständnis für ihr Hinauszögern der Reise: *Du thust überhaupt nicht recht, wenn Du mich mit dem Hinkommen zu sehr pressierst, lege es mir nicht wieder als Mangel von Liebe aus, aber es ist natürlich, meine Gesundheit* ›hat‹ *durch diese gräßlichen Aufregungen und Strapazen sehr gelitten, ich bin sehr reizbar, wohl gar bitter, ich sage Dir das im Voraus, damit Du mir keine Vorwürfe bei vorkommenden Fällen machen sollst und ich mich zurück in meine Heimath sehne, … ach ich vergaß, daß ich keine Heimath mehr habe – Kurz, daß ich mich nicht in andere Verhältnisse sehne.*

Ich habe in der letzten Zeit keine Üppigkeiten besessen, aber es graut mir schrecklich vor dieser Zukunft. Ich hatte wenig ›in Dresden‹, *aber doch gewiß und wir wären doch wieder auf einen grünen Zweig gekommen, diese beruhigende Aussicht war schon Glück genug für mich.*[305]

Wie sehr sie mit ihren düsteren Prognosen recht haben sollte, zeigt sich an Richards Mitteilung, daß Liszt von der Großherzogin in Weimar eine Jahresrente erwirken würde. Nachdem er ihr dies schmackhaft gemacht hatte, mußte er gleich wieder zurückrudern. Liszt teilte er diesbezüglich salopp mit: *Ich hatte ihr nun noch nicht gemeldet, daß mit der verhofften Weimarischen unterstützung jetzt nichts sein könne: sie wird dieß nun leicht begreifen und sich darin fügen.*[306] Ihr gegenüber klang das dann etwas anders: *Liszt's Bemühungen für einen mir zu erwirkenden Jahresgehalt (sind) nur jetzt – und zwar nach meinem eigenen Willen – unterbrochen, keineswegs aber aufgegeben.*[307] Er täuscht ihr weiter eine finanzielle Sicherheit vor und fügt doch nur eine erneute Unwahrheit hinzu. Natürlich durchschaute sie diese Praktiken. Er plädierte an ihre Liebesfähigkeit, die er zugleich mit Füßen trat, indem er sie unerhörten Zumutungen aussetze, die ihre seelische und körperliche Kraft überstiegen.

Aber sie hatte eingewilligt zu kommen, allerdings unter einigen Bedingungen. So schärfte sie Richard ein, den Bekannten in Dresden nicht zu verraten, daß er sich in der Schweiz niederlassen wollte, *sie ist jetzt, der Insurgenten wegen, die sich dort zu tausenden hingezogen, sehr verrufen, und es heißt, daß die müßigen unruhigen Revolutionärenköpfe dort ihr Unwesen noch forttreiben würden. Nun weiß ich wohl, daß Du kein Revolutionär bist, Du hast es mir geschrieben, ich könnte auch keinem als Frau angehören, aber es ist doch also, daß man alles Schlimme von Dir erwartet: Darum gönne ich den Leuten gar nicht erst den Triumph und sage ihnen, Du seiest noch bei Paris und würdest im October/November einen Auftrag bekommen eine Oper zu componieren, in dem Dresdener Journal hat es sogar schon gedruckt gestanden, wollte Gott es wäre so – die große Oper ist jetzt, wie ich gelesen, gänzlich geschlossen, das sind schlimme Aussichten!*

Ihre Besorgnis war angesichts der politischen Ereignisse groß, denn die Nachrichten überstürzten sich. *Schreib mir doch, ob die Schweizer nicht fürchten, von den Österreichern und Deutschen überfallen zu werden, sie wollen ihnen ja die Flüchtlinge alle wieder abjagen, so ließt man in der Leipziger Zeitung; bestätigte sich dies so wüßte ich kaum, wo Du ein Asil außer Engelland findet wolltest. Frankreich benimmt sich doch, zumal als republikanischer Staat, erbärmlich.* Schließlich gibt sie ihrer Bitterkeit Ausdruck, wieder eine neue Wohnung einrichten und sich ein neues Zuhause schaffen zu müssen: *Richte nichts ein, stecke Dich ja mit nichts in Schulden … Ich brenne gar nicht mehr so darauf, mir eine kleine Häuslichkeit zu schaffen, es hat ja doch keinen Bestand, kaum daß man es sich eingerichtet, so wird es einem ohne Barmherzigkeit wieder entrissen, nun kann man wieder von Forne anfangen, wenn einen noch Lust dazu übrig bleibt, jetzt verspüre ich aber noch keine wieder dazu, man kommt doch auch auf keinen grünen Zweig.*

Der Vorwurf, den Du mir in Deinem letzten Brief machst, über die lebenslängliche Anstellung, daß ich an Außendinge wie an todte Meubel usw. hinge, kann mich fast nicht treffen. Du hast nur Beweise vom Gegentheil. Egoismus kenne ich nicht, da ist mein Bedarf für meine Person viel zu gering. Nur darfst Du mir es nicht übel deuten, wenn ich für unsere Existenz besorgt bin, ich kann ja das nicht noch einmal erleben, was ich schon mit Dir ertrug. Denke ich an die kleinlichen Nahrungssorgen, wo ich manchmal nicht wußte, was ich in das kochende Wasser schütten sollte, weil ich nichts hatte, so graust mir allerdings für meine Zukunft, wo Ähnliches zu erwarten steht; ich verhehlte es Dir nicht, ich bin kleinmüthig geworden.

Von Richard Plänen, Vorlesungen zu halten, hält sie nichts: *Eine Vorlesung? Noch dazu für's Geld – von einem Kapellmeister – da wurde mir doch ein bischen wunderbar zu Muthe, als ich das in Deinem Briefe las und demüthigte mich der Gedanke wohl sehr. Mein größter Stolz und Vergnügen war unstreitig, Dich an der Spitze der bedeutendsten Kapelle von ganz Deutschland zu sehen.*

Du wirst dich entsinnen, daß ich fast keine Vorstellung, die Du dirigiertest, versäumte, ich sah nur Dich und war glücklich! Was ich hörte, glaube ich, ging nur allein von Dir aus. Don Juan war Deine letzte Oper hier, sie wird mir noch lange eine wehmüthige Erinnerung sein. Die neunte Sinfonie wird mir aber durch Dich ewig unvergeßlich sein. Du erschienst mir wie ein Gott, der alle mächtigen Elemente regierte und die Menschen bezauberte. – Dir selbst, streite es mir nicht ab, machte es große Freude, solche Mittel, solche Kräfte vereinigen zu können und zu einem großen Ganzen zu verschmelzen. Sieh, lieber Richard, Du besitzest die Kraft, die herrliche Gabe, Großes selbst als Dirigent zu schaffen, und weichst so von der Bahn der Kunst ab, daß Du jetzt in Z›ürich‹ *ein Concert zusammenbringen willst, mit welchen Mittel? wie ist Dir dabei? Mir ist es sehr traurig, nichts mehr von alledem…*

So lebe denn wohl! Ich bitte Dich, mache nur in dieser Zeit unsrer Ankunft nicht erst noch schnell eine Gebirgsparthie. Empfiehl mich der Familie Müller bestens. Die Cholera ist hier wieder im Abnehmen. Du brauchst Dich nicht zu ängstigen. Papo ruft, Peps bellt Dir seinen Gruß zu![308]

Klingen so die Sorgen einer beschränkten, kleinmütigen Frau? Sie wußte um seine Fähigkeiten als genialer Dirigent und war stolz, so jemanden als Ehemann zu haben. Ihr war aufgrund der Pariser Erfahrung klar, daß die Schriftstellerei wenig Ansehen und noch weniger Einnahmen brachte. Sie konnte nicht ahnen, daß Wagner damit die Dresdener Erlebnisse verarbeitete und sein Scheitern in theoretische Überlegungen zur Umgestaltung der Oper in Deutschland verwandelte. Ihre begründete Angst vor einer Zwangslage, wie sie sie in Paris mit Richard erlebt hatte, verschmolz mit der Überzeugung, daß ihr begnadeter Mann grundlos und leichtsinnig sein Amt zur Verfügung gestellt hatte.

Er hingegen brauchte eine Frau, die für sein leibliches Wohlergehen sorgte und seine künstlerische Sendung erkannte (beides vermochte Minna zu leisten), die ihm zudem blind vertraute und überall bedingungslos mitging, wenn es sein mußte, auch von einer lebenslangen, gesicherten Stellung fort in den Weg der Entbehrung. Letzteres war Minna kaum mehr möglich. Ihr Ausruf *Ich kann ja das nicht noch einmal erleben, was ich schon mit Dir ertrug* hätte ihm zeigen müssen, daß sie an ihren psychischen Grenzen angelangt war. Wohl war ihm das bewußt, aber er wollte sie ja um jeden Preis wiederhaben. Sein Leiden war tief empfunden: *Gott, welche mühe gebe ich mir immer, nicht zu weinen! – Meine arme frau!!* [309] Er konnte ihre Ankunft kaum abwarten, denn ohne sie war er unfähig zu arbeiten: *Eine Heimat finden wir überall da, wo wir zusammen sind, – ich wenigstens habe keine andre Heimat als – Dich, und wo ich Dich habe, da bin ich zu Hause.*[310]

Liszt bat den Erbgroßherzog Karl Alexander von Weimar um Reisegeld für Minna, und sie erhielt 300 Taler. Bevor sie endlich abreisen konnte, waren zahlreiche organisatorische Dinge abzuwickeln. So versetzte sie für 70 Taler Silberzeug, das Richard erst zwei Jahre später einlöste. Da war er übrigens bereit, die Dinge so zu sehen wie Minna, wenn er schrieb, daß er *durch mein unkluges benehmen im Mai 1849 meine frau zum auszug aus Dresden nöthigte.*[311] Die meisten Möbel verkaufte sie ebenfalls. Endlich reiste sie los und brachte zusammen mit der 22jährigen Natalie den Flügel, die Matratzen, Betten und Spiegel, weiteren Hausrat, den Hund Peps und den Papagei Papo mit. Trotz alledem verließ sie nicht ihr Humor: *ich denke, da ich nicht das erstemal allein reise, doch den Ort der Bestimmung zu erreichen, ohne einen Umweg über Australien zu machen.*[312] Als Richard sie endlich in Rorschach am Bodensee abholen konnte, lag eine viermonatige Trennung hinter ihnen. Richard berichtet dem Dresdener Freund Heine: *Meine Alte ist glücklich bei mir angekommen ... sollen wir übellaunisch sein? nein, selbst meine Frau kann das nicht, nach den Beweisen von Vortrefflichkeit der Menschen, die wir in letzter Zeit erfahren haben.*

Zugleich klingt Kritik an ihr an, wenn er schreibt, sie sei *etwas renommistisch gesinnt*, und daß er gegen ihren praktischen Sinn *allerdings einen tüchtigen Strauß zu bestehen habe*.[313] Er mokierte sich darüber, daß sie so tat, als befänden sie sich in Paris. Minna hielt monatelang an dieser Täuschung fest, noch ein halbes Jahr nach ihrer Ankunft schreibt sie Mathilde Schiffner: *Nun noch eine Bitte, nur für Sie bin ich noch in Zürich, für alle Anderen unbedingt in Paris*.[314]

Wagners Gesundheit ängstigt mich jetzt nicht mehr, sein Unwohlsein war im Grunde weiter nichts als Heimweh, Sehnsucht nach seiner Ehehälfte, stellte sie bald fest. Sie sah zu Recht, daß viele körperliche Leiden Richards eine seelische Ursache hatten. Als sie an ihrem Geburtstag am 5. September zufällig ihre Kleider bügelte, fand sie Gaben von Mathilde in den Kleidertaschen. Neben einem gehäkelten Kragen von Natalie blieben es die einzigen Geschenke: *Von Richard konnte ich aus einfachen Gründen nichts erwarten und so sah ich einem recht traurigen Tag entgegen, der durch Sie nun so fröhlich vorüber ging; nochmal herzlichsten Dank!*[315] Sie beschrieb Mathilde die Berge, die sich hinter dem Zürchersee erhoben und sich mit ihren schneebedeckten Feldern bis in die Wolken hinein erstreckten. So was Prächtiges hatte sie noch nie gesehen, und sie freute sich darauf, den Rigi zu besteigen. Die Frau des Chorleiters Müller versuchte, ihr klar zu machen, daß es eine Großtat von Richard war, seine Kapellmeisterstelle aufzugeben,[316] doch brachte dies sie nicht von ihrer Meinung ab, wonach Richard unnötigerweise einen gutdotierten Posten hingeworfen hatte.

Inzwischen kehrten die altbekannten Nahrungssorgen zurück. Hinzu kam ein vergeblicher Kampf gegen die Kälte – Richards Versprechungen finanzieller Sorgenfreiheit lösten sich in Luft auf. Im Oktober ging ihm das geliehene Geld aus, und er flehte Liszt ein weiteres Mal an, ihm zu helfen. *Soll ich in die zeitung schreiben: »ich habe nichts zu leben, wer mich lieb hat, gebe mir etwas?« – ich kann es um meiner frau willen nicht, sie stürbe vor scham, Sieh zu, lieber Liszt, und vor allem denke daran, mir recht bald etwas – etwas Geld zuzuschicken: ich brauche holz und einen warmen überrock, da mir meine frau den alten, seiner dürftigkeit wegen, gar nicht erst mitgebracht hat.*[317] Mit Minna überlegte er, ob er seine versetzte Uhr wieder einlösen sollte oder nicht – Geschäfte mit Pfandleihern waren ihr wohl vertraut.[318] Heimlich schrieb er seinem alten Freund Ferdinand Heine und entfaltete einen Plan;

Heine sollte mögliche Gönner ansprechen und dafür sorgen, daß Geld gesammelt wurde. Keinesfalls sollte Minna davon erfahren: *sie versteht nicht, worauf es mir dabei ankommt, und würde nur dem Gefühle einer Scham nachgeben, die ich hierbei nicht empfinden kann.*[319]

Man zog von Müllers in eine Wohnung in der Ötenbachgasse 7, die so klein war, daß Richard im Wohnzimmer arbeiten mußte. Um mehr Platz zu haben, wechselte man Mitte September in ein Haus in Hottingen über. Minna richtete die Wohnung mit viel Einfallsreichtum gemütlich ein, so funktionierte sie eine Umzugskiste in einen Nipptisch um. Richard selbst spricht von *dem härtesten Druck der Nahrungssorgen und stets sieglosen Kampfe gegen die Kälte eines sonnenlosen Parterrestübchens.* Von dort ging es in die feuchte und kalte Parterrewohnung in Hintere Eschershäuser am Zeltweg (Steinwiesgasse 3); ein schlichtes Haus, das schon von außen im Vergleich zu Wagners prächtiger Wohnung im Dresdener Palais Marcolini den sozialen Abstieg demonstrierte. Minna erlebte somit drei Umzüge in sechs Wochen – diese Schwerstarbeit hatte sie in Dresden vorausgesehen.

Es war nicht einfach für sie, sich an die Schweizer zu gewöhnen. Trotz erster Kontakte mit Schweizerinnen sehnte sie sich nach den Lieben daheim, wie sie immer nach einem Ortswechsel von Heimweh ergriffen wurde. Sie war heilfroh, daß Richards politische Betätigung so abrupt geendet hatte, schwebte aber immer noch in der Angst vor Rückfällen: *Mit Deutschen, oder besser, mit Flüchtlingen, die hier zum Theil sind, kommen wir garnicht zusammen, was mir* W›agners‹ *wegen sehr lieb ist.*[320] Obwohl eine Aufwärterin im Haushalt half, mußte sie viele Arbeiten selber erledigen, und dies strengte sie übermäßig an, zumal es gleich im November sehr kalt wurde. Sie fror sehr viel in diesen Wochen, litt auch daran, daß der bewährte Freundeskreis fehlte und bat Mathilde Schiffner inständig um einen Besuch: *Das Meiste muß ich selber machen und zum Winter schmeckt mir das ganz und gar nicht, obgleich nie verwöhnt war, nun man muß ja viel im Leben ertragen lernen!* -

Es geht einmal sehr lumpich in solchen Zeiten her und meine Laune ist die einer Verzweifelten. Dann belebt mich doch die Hoffnung auf eine einstige bessere Zukunft, das heißt, momentan, und so borge ich mir ein wenig gute Laune um die jämmerliche Gegenwart damit verdauen zu können. Kunstgenüsse haben sich uns auch schon dargeboten, sie waren aber wahrhaft lächerlich, es waren nehmlich Konzerte von Dilletanten ausgeführt, mir war es als hörte ich lauter Kinder singen und Klavierspielen; wäre das bei uns gewesen, so hätte ich laut gelacht, so aber mußte ich ernsthaft bleiben, weil es im fremden Lande war, und die Leute fanden es schön. –

... Daß Ihnen meine Visage Freude macht ist mir lieb, ich fand es entsetzlich garstig, so alt und die schrecklichen tiefen Falten, ja, die Sorgen machen nicht schön –

Trotz allem bricht gelegentlich der sächsische Galgenhumor durch: *Morgen als den 24ten d.M. wird es 13 Jahre daß wir verheirathet sind, das war ein schlimmes Jahr und ich hatte mich nicht ohne Grund dafür gefürchtet. Darum will ich es auch recht prosaisch beschließen und Kartoffeln kochen, es hat nichts besseres verdient.*[321]

Mit ihrem Kunsturteil lag Minna nicht falsch; einige Jahre später bestätigte Clara Schumann, die auf einer Tournee in Zürich, Basel und Bern weilte, diese Meinung: *Musikalisch sieht es ganz entsetzlich hier aus. Gesang war in den Concerten, wie man's wohl kaum schlimmer hören kann, die Musiker haben kaum das liebe Leben und mir that das Herz weh, wenn ich das volle Haus sah und meine Begleitung, die armen zerlumpten Musiker. Hätte ich nicht die Kinder, ich hätte diesen meine Einnahme geschenkt.*[322]

Mit Johann Jakob Sulzer (1821–1897), Regierungsrat des Schweizer Kantons Zürich, Wilhelm Baumgartner (1820–1867), Musikpädagoge und Liederkomponist, sowie dem Juristen und Redakteur Bernard Spyri (1821–1884) hatte Wagner bald einen treuen Freundeskreis, den er die »Dreieinigkeit« taufte, wohl im Gedenken an das »Kleeblatt« der Pariser Zeit. Zum weiteren engen Freund der Wagners wurde Franz Hagenbuch (1819–1888), Staatsschreiber des Kantons Zürich. Auch der Schriftsteller Gottfried Keller war später mit von der Partie. Wagner verfaßte als Folge seiner philosophischen und kunsttheoretischen Überlegungen die Schrift »Die Kunst und die Revolution«, der »Das Kunstwerk der Zukunft« folgte. An Ferdinand Heine schreibt der Mittellose über die Verpflichtung, die Kunst zu ändern: *Dieser Prozeß geht allerdings nicht unter Austern- und Kuchenessen in der gemüthlichen Sophaecke vor sich, sondern auf dem breitesten Markte des Lebens muß man seine Zähne erst einmal mit Steinebeißen üben, ehe das Auge so hell wird, als die innerste Natur dieses Auges es zuläßt.*[323]

Solche Vergleiche werden Minna mißfallen haben, zumal Richard Austern mochte und gutem Essen keineswegs abgeneigt war. Für sie war das Komponieren das Wichtigste, denn durch die Aufführungen gingen Tantiemen ein, und die wiederum ermöglichten ihr, Gäste mit Kuchen zu bewirten. Sie legte daher Wert darauf, daß Wagner bald, wie von Liszt vorgeschlagen, nach Paris fuhr, um dort sein Glück mit einer Oper zu versuchen. Dabei verließ sie sich auf Liszt, der Richard immer wieder von den Vorteilen zu überzeugen suchte, die eine Oper für das französische Publikum ihm bringen würde.

Mehr als die eigene Not traf Minna die Sorge um ihre verarmten Eltern. Letztere lebten in Dresden im selben Haus wie ihre Freundin Mathilde, der sie schrieb: *Zwecks meines Schreibens ist also nur, daß ich Ihnen heut den Leihhauszettel von meinem Silberzeug zusende, mit der Bitte, ihn sogleich meiner Mutter zu übergeben, wozu Sie ihr, meine liebe Freundin freilich auch das Geld zum prolongieren vorstrecken sollen, ich würde es wahrlich nicht wagen, so unverschämt zu sein, wenn ich nicht schon so oft Beweise Ihrer treuen Freundschaft hätte, es ist die höchste Zeit, wie ich zu meinem großen Schrecken einsehe, und ich besitze im Augenblicke keinen Gulden. Meine Angst ist darum groß, und ich bitte um eilige Besorgung …*[324]

Sie hatte sich noch im Februar des nächsten Jahres keinesfalls damit abgefunden, im Exil zu bleiben. Als Richard nach Paris abgereist war, schrieb sie Mathilde: *Wagner wird erst in 4-6 Wochen wieder zurückkehren, wie lange wir dann noch bleiben, ist ungewiß, da man ja die Flüchtlinge über kurz oder lang ausweisen muß. In Frankreich ist für Wagner kein Asil und nach London gehe ich nicht mit, lieber komme ich nach Deutschland zurück und bitte dann meine Freundinnen mir eine Stelle zu verschaffen, die meinem Wirkungskreis angemessen, um nicht das Gnadenbrod essen zu müssen, das wäre für mich das fürchterlichste!*[325] Die Unsicherheit blieb. Dennoch versuchte sie, das Beste daraus zu machen. Richard spürte sehr wohl, daß sie sich bemühte, ihm das Leben zu erleichtern, und so schrieb er seiner Schwester Clara: *Das einzige, was hierbei mich betrüben kann, ist eben nur die Sorge um meine Frau, ohne die ich nicht leben möchte; daß sie durch das Bewußtsein ihrer Nothwendigkeit für mich so viel Stärke gewinnt, trotz ihrer inneren Verstimmung über mich, Alles mit mir zu ertragen, das stellt sie in meinem Herzen so hoch, und meine Liebe zu ihr ist das Band, das mich eigentlich noch mit einer Welt zusammenhält.*[326] Es bleibt eine Ironie des Schicksals, daß Richard, der seine Abhängigkeit von Minna so lobt, ihre seelische und nervliche Überbeanspruchung als mangelnde Liebe interpretierte und ihr kurz darauf untreu wurde, während Minna, die gedanklich die Trennung durchgespielt hatte, alles tat, um ihn zurückzugewinnen.

Für Minna gehörte der demütigende Weggang aus Dresden zu ihren schmerzhaftesten Lebenserfahrungen. Die Schriftstellerin Eliza Wille, die ab 1852 in Mariafeld bei Zürich wohnte und deren Haus die Wagners häufig aufsuchten, berichtet darüber: »Frau Minna hatte viel mit ihrem Manne erlebt, und die Schauder der Erinnerung aus der letzten Zeit in Dresden waren noch schlimmer als die Schicksale früherer Tage.«[327] Und Richard ahnte, daß Minna ihn in manchen Dingen niemals verstehen würde: *Mit Ende dieses Monates weiß ich nicht mehr, wovon ich existiren soll, was mir allein nicht so fatal wäre, als es mir schrecklich im Hinblick auf meine Frau ist, der ich im Grunde nach mancher Seite hin doch immer ein unverständliches Räthsel bleibe.*[328] Das war ein wahres Wort, und es sollte sich auch im Hinblick auf das Jahr 1850 als richtig erweisen. Denn es trat etwas ein, das die Ehe fast sprengte und die Beziehung trotz beiderseitiger Bemühungen um Versöhnung weiter korrodieren ließ.

FÜNFTES KAPITEL

»Diese dumme Liebesintrigue«: Die Jessie-Laussot-Affäre 1850 – 1851

Im Mai 1850 schrieb Minna ihrer Dresdener Freundin Mathilde: *Ihnen in aller Eile nur zu Ihrer Beruhigung, daß er gegenwärtig in Griechenland ist, es rappelt bei ihm alle Jahre, doch diesmal am schlimmsten. Und ich armes Thier muß es am härtesten büßen – doch wie gesagt, Alles nächstens ausführlich, und nur Sie ganz allein sollen es von mir erfahren sonst keine Seele weiter, für diejenigen die ich so liebe und sich so bewährt wie Sie, meine einzige Freundin habe ich kein Geheimnis mehr.*[329]

Es rappelt bei ihm alle Jahre – War Richard schon mal in Herzensangelegenheiten ausgeschert? Er verstand mit Frauen umzugehen, und seine Musik tat ein übriges, sie zu begeistern. Das konnte sie aber kaum gemeint haben, denn sie schrieb diese Zeilen in Unkenntnis der wahren Lage. Spielte sie auf Richards Drang an, zu verreisen, umzuziehen, in Neuland zu stoßen? Ihr Mann befand sich mitnichten in Griechenland. Was war also geschehen?

Richard war gegen seinen Willen nach Paris gefahren. Er befand sich aufgrund seines glücklosen Aufenthalts an einem seelischen Tiefpunkt. Um Minna die Zukunft rosig zu malen, hatte er ihr ein Jahr zuvor erzählt, daß der Plan einer Oper schon feststehe.[330] Sie erwartete folglich, daß er abreisen würde. Dort mußte er nun erleben, daß er hinsichtlich einer Opernaufführung machtlos war. Wieder wurde Franz Liszt um Geld gebeten, 500 Francs waren für den Aufenthalt in Paris nötig, denn er mußte sich außerdem neue Kleidung schneidern lassen. Es ging ihm dort schlecht, und er beschrieb Minna sein Heimweh: *Ich komme mir hier wie in einer langen, langen Nacht vor, in der ich nicht schlafen kann, halbwach träume, mich bald auf diese, bald auf jene Seite wende, um nur endlich – ruhen zu können, d. h. nichts mehr zu wissen – wenigstens nichts von*

Paris! O, ihr törigen Freunde, die ihr nur Spekulation und großen Sums mit mir im Kopfe habt, wie wenig kennt ihr mich, und das, was mir nötig ist, um mich glücklich zu fühlen … Wenn ich meine Sachen

Franz Liszt, Zeichnung von Dominique Ingres, 1839. Seit dem ersten Pariser Aufenthalt der Wagners stand Liszt seinem tiefverschuldeten Freund immer wieder in Geldnöten bei.

wieder einpacke, um zu Dir, meinen Freunden und unsren lieben Viechern im traulichen Zürich wieder zurückzukehren, – wäre ich noch so krank, da würde ich aber ganz von selbst wieder gesund.[331] Daß er nur zwei Monate später sich von seiner Frau lossagen und ihr bisheriges Zusammenleben als gescheitert bezeichnen würde, zeigt, wie wenig er selber seinen Worten trauen konnte, oder, anders gesagt: wie er ins Schlingern geriet, wenn er zwischen dem Pol der vertrauten Nähe zu Minna und dem eines erotischen Abenteuers lavierte.

Mitten in der Misere erreichte ihn ein lieber Brief aus Bordeaux. Absenderin war die zwanzigjährige Jessie Laussot, geborene Taylor. Die musikalisch hochbegabte hübsche Tochter eines wohlhabenden Advokaten war mit dem Weinhändler Eugène Laussot verheiratet und lebte mit ihm und ihrer Mutter Ann in Bordeaux. Der Dirigent, Pianist und Komponist Hans von Bülow lernte sie einige Jahre später kennen und nannte sie anerkennend *eine sehr liebenswürdige, geistreiche und musikalisch durchgebildete Frau ... eine ausgezeichnete Musikerin, liest Partituren famos vom Blatt, hat etwas Ordentliches gelernt und ist weder von künstlerischen noch sonstigen Vorurteilen besessen.*[332] Jessie hatte vier Jahre zuvor als junges Mädchen in Dresden eine für sie unvergeßliche Aufführung des »Tannhäuser« erlebt. Seitdem liebte sie Wagners Musik. Zwei Jahre darauf weilte sie noch einmal in Dresden und wurde dem Meister vorgestellt. Zusammen mit Julie Ritter, einer wohlwollenden Dresdener Freundin Wagners beschlossen Jessie und ihre Mutter Ann, ihn finanziell zu unterstützen. Er sollte jährlich 2500 Franken von ihnen erhalten, und Julie wollte weitere 500 Franken dazulegen. Vermutlich war Jessie mit ihrer schwärmerischen Verehrung die treibende Kraft dabei gewesen. Als Jessie erfuhr, daß Wagner sich in Frankreich aufhielt, lud sie ihn zu einem Besuch ein und legte das Reisegeld gleich bei: ein unerhörter Glücksfall für den vereinsamten und finanziell ausgelaugten Komponisten, der sich unverzüglich nach Bordeaux aufmachte. Beglückt schrieb er Uhlig: *Die nachricht von frau Laussot in Bordeaux hat mich ungemein gerührt und ergriffen, und zwar in mehr als einer hinsicht! Mit frauenherzen ist es meiner kunst immer noch ganz gut gegangen, und das kommt doch wahrscheinlich daher, daß bei aller herrschenden gemeinheit es den frauen doch noch immer am schwierigsten fällt ihre seelen so gründlich verledern zu lassen, als dies unserer staats-*

Jessie Laussot, Wagners Liebe aus dem Bordelais, im reiferen Alter.

bürgerlichen männerwelt so zu voller genüge gelungen ist. Die Frauen sind eben die musik des lebens: sie nehmen alles offener und unbedingter in sich auf, um es durch ihr Mitgefühl zu verschönen… sogleich habe ich, so gut ich konnte, zurückgeschrieben und die gefühle geschildert, die mir diese zeichen der liebe und theilnahme von seiten solcher, die ich fast gar nicht kannte, hervorriefen.[333]

Mit dem euphorischen Tonfall des gesamten Briefes deutet er sein Interesse an, das bereits erotisch gefärbt war. Minna spielt jetzt nur noch eine Nebenrolle, ihr Kampf um das tägliche Brot wird belächelt: *Auch meine frau darf mir bei sobewandten geldwitterungsverhältnissen kein ungläubig sorgliches gesicht mehr machen: ich hoffe sie auch überzeugt zu haben, daß, wer mir hilft, in meiner person nur meiner kunst und der heiligen sache, für die ich kämpfe, helfen will.*[333a] Hieraus spricht seine Angst, Minna könnte meinen, es sei bei Spenden von Frauen Erotisches im Spiel – was sich in diesem Fall nachträglich als durchaus zutreffend erwies.

Am 14. März reiste er über Orléans, Tours und Angoulême nach Bordeaux. Eine Welle des Wohlwollens schlug ihm dort entgegen. Er spürte die Verehrung Jessies und blühte auf, las ihr aus seinen neuesten Werke vor und deutete ihr den ersten Akt der »Walküre« auf dem Klavier an. Da Mutter Ann schwerhörig war, konnte er sich ganz auf Jessie einlassen. *Der unsägliche liebreiz an Jessie* ›war‹, *daß sie so schnell, so klar und sicher mich in allem verstand, – daß ich nicht ein wölkchen von verjährtem, engherzigem vorurtheile in ihr zu entdecken vermochte.*[334] Der ruhelose Holländer schien endlich seinem Ziele entgegenzugehen, denn Jessie konnte sich seiner Aura nicht entziehen – die unglücklich verheiratete Frau verliebte sich in den berühmten Komponisten. Sie war seelisch genauso ausgehungert wie Wagner; der auf Weinhandel bezogene Horizont ihres Ehemannes war nicht geeignet, um sie geistig und emotional zu befriedigen.

Auch Richard war entflammt. Endlich konnte er sich den lang ersehnten Traum von einer Geliebten und Muse erfüllen, die ihm als die Inkarnation idealer Weiblichkeit erschien. Er schrieb Julie Ritter, daß es Jessie war, *die aus freiem antriebe mir die erlösung anbot*[335] (in seiner Autobiographie heißt es etwas sittsamer, daß sie darum gebeten habe, sich unter seinen Schutz stellen zu dürfen.) In ihm reifte der Plan, mit der guten finanziellen Ausstattung der Laussots ins Ausland – zunächst nach Griechenland, dann in den Orient – zu fliehen, und Jessie willigte heimlich ein, mitzukommen. Sie wollte ihrer Mutter sagen, sie plane, nach Dresden zur Familie Ritter zu reisen.

Richard bedachte nicht, daß ihm die finanzielle Zuwendung von Jessies Mutter sofort entzogen würde, wenn diese die Wahrheit erfuhr. Beflügelt von dem Traum einer ihm bedingungslos angehörenden und verstehenden Frau, hatte er nur noch die Flucht im Sinn. Er verabschiedete sich zunächst und reiste nach Montmorency, einer Kleinstadt bei Paris, um abzuwarten, wie die Dinge sich entwickeln würden. Vor allem mußte er Minna nun erklären, daß und warum ihre Ehe zu einem abrupten Ende gekommen war. In einem langen Schreiben stellt er die Unterschiede zwischen ihnen mit einer Schroffheit gegenüber, wie Minna sie noch nie erlebt hatte.

Ich bin Dir durchaus fremd, Du siehst nur Ecken und Auswüchse an mir, Du siehst nur das, was Dir unerklärlich an mir ist, und findest nirgends Ersatz dafür, was Dir Leides durch mich geschieht. Du hängst an Ruhe und Dauerhaftigkeit der Verhältnisse – ich muß sie brechen um meinem inneren Wesen zu genügen; Du vermagst Alles zu opfern um eine »geachtete Stellung in der bürgerlichen Welt zu haben«, die ich verachte und mit der ich nichts zu thun haben will; Du hängst mit ganzem Herzen am Besitz, an Haus, Hof, Geräth und Heimath, – ich verlasse das Alles, um ein Mensch sein zu können. Du denkst nur mit Wehmuth und Sehnsucht an die Vergangenheit zurück, – ich gebe sie auf und denke nur an die Zukunft. All Deine Wünsche gehen auf Versöhnung mit dem Alten, auf Nachgeben und Sich schmiegen, auf wiederanknüpfen, – ich habe mit allem Alten gebrochen, und bekämpfe es mit allen meinen Kräften. Du hängst an der Person, ich an der Sache; Du an einzelnen Menschen, ich an der Menschheit. So ist zwischen uns nur Widerspruch, unversöhnbarer Widerspruch: so können wir uns nur gegenseitig aufreiben, ohne uns je zu beglücken: und vielleicht bist der unglücklichere theil – Du, – denn wohl verstehe ich Dich, nicht aber verstehst Du mich!

Er liefert hiermit weniger die Gründe für ein Scheitern der Beziehung, sondern stellt gegensätzliche Auffassungen vom Leben dar. Dabei ist jeder seiner Sätze anfechtbar. Es stimmte nur bedingt, daß ihm eine geachtete Stellung gleichgültig war, denn er benötigte Besitz, um sich eine luxuriöse Umgebung zu schaffen, während sie mit wenig auskam. Kernpunkt war sein Gedanke, daß Minna in kleinlichen Dimensionen dachte und lebte, während er das große Weltschicksal im Kopf hatte und den trivialen Alltag ignorierte. Dies zu behaupten war ihr gegenüber höchst ungerecht, schließlich oblag ihr als Frau die Organisation des täglichen Überlebens, wovon er am meisten profitierte.

Er blickt zurück auf den Anfang der Ehe und wirft ihr vor, nur aus Pflichtgefühl zu ihm zu halten. *Hättest du damals wahrhafte Liebe zu mir im Herzen gehabt, so würdest du Dich nun nie der Ertragung jener Leiden rühmen, sondern in Deinem festen Glauben an mich und das, was ich bin, hättest Du in diesen Leiden eine Nothwendigkeit erkannt, deren man sich um eines Höheren willen fügt, indem man nur dieses Höheren gedenkt, im Bewußtsein dieses Höheren glücklich ist, der niederen Leiden aber darum vergißt. Du – wie Du nun einmal bist – hast nachträglich allerdings aber keinen Ersatz gefunden, – Du siehst immer nur noch das Leiden!*

Immer wieder hält er ihr vor, ihn nicht genug und nicht richtig zu lieben. Er will von einer Partnerin keine Vorwürfe hören, sondern fordert unbedingte Solidarität ein und erinnert sie an den Bruch nach seiner Flucht aus Dresden, als sie ihm nicht verzeihen konnte, daß er alles mühsam Aufgebaute zerstört hatte. Er interpretiert ihre anfängliche Weigerung, ihm nachzureisen, als Beweis ihrer fehlenden Liebe, und er sieht in einer Trennung die einzige Lösung.

Dennoch: Der Gedanke, fortan von ihr und allem, was seine häusliche Existenz ausmachte, getrennt zu sein, schmerzte ihn andererseits auch heftig. *Indem ich dieß ruhig und als verständiger Mensch ausspreche, fühle ich zugleich den ungeheuren Jammer, der darin liegt, wenn ich mich von meiner ganzen alten, gewohnten Welt trenne! Was von Dir oft und heftig ausgesprochen worden ist, Trennung, – das bestätige ich nun, nachdem ich lange darüber fürchterlich gekämpft habe: ich spreche es nicht leichtsinnig aus, sondern mit der endlich fest gewonnenen Ueberzeugung, daß es so sein muß, und nun nicht anders mehr sein kann! …* Er bittet sie inständig, die Hälfte des von Laussots und Ritters gespendeten Geldes anzunehmen, ahnt aber zugleich, daß Minna niemals Geld von der Mutter seiner neuen Geliebten akzeptieren würde: *Minna! Minna! liebe Minna! erfülle mir diese Bitte, oder Du machst mich gränzenlos unglücklich! – Was Du erwählst, wohin Du gehst, thue dies einzige! ich bitte, ich flehe Dich inständigst darum, als Zeichen, daß Du mich noch ein ganz kleines wenig liebst: – Nimm die Hälfte des mir zugewiesenen Jahrgeldes als Unterstützung für Dein kümmerliches Leben an! … Ich kenne Deinen großen Stolz, Dein mannhaftes Selbständigkeitsgefühl! O, laß es mir nicht zur Geißel werden! Ueberwinde Dich nur noch dieß eine Mal! Denn sieh! Du machst mich wahnsinnig, und beschleunigst sicher meinen Tod, wenn Du diese letzte Bitte mir abschlägst, wenn Du mich der furchtbaren Vorstellung überlässest, als ob die Aermste, die mir ihre Jugend, Alles – fruchtlos! – geopfert hat, in ihren späteren Jahren darbte, oder fremden Menschen diente!*[336]

Minna war wie vom Schlag getroffen. Es kam ihr so vor, so schrieb sie, als habe Richard sie *auf die niederträchtigste Weise,* ›mit‹ *kleinlichsten, erbärmlichsten, ungegründetsten Beschuldigungen mit Füßen* getreten.[337] Fassungslos nahm sie an, Richard habe den Brief im Fieberwahn verfaßt. Sollte dies nicht der Fall sein, wollte sie den grausamen Entschluß aus seinem eigenen Munde hören. «Ich weiß es noch als wenn es heute wäre, was Minna nach Lesung dieser unglücklichen Zeilen gelitten», schrieb Natalie rückwirkend. »Sie war kaum fähig auf die Post zu gehen und brach, ohnmächtig zusammen«[338] – dabei wußte sie noch nicht einmal, daß eine Frau hinter allem stand.

Trotz aller Meinungsverschiedenheiten und gelegentlicher Konflikte war sie immer der Ansicht gewesen, daß sie und Richard vereint bleiben würden. Während Richard in Paris weilte, hatte sie eine neue Wohnung nach langer Suche bei Zürich im Haus »Zum Abendstern« in der Sternengasse in der Enge gefunden. Es war der vierte Umzug in acht Monaten: *Ich miethete, bezog sie, richtete sie so hübsch wie möglich mit unseren Habseligkeiten ein und erwartete Wagner von Tag zu Tag von seiner Reise zurück.*[339] Und das, obwohl sie ihm versichert hatte, daß sie sich von ihm lieber trennen würde, als noch einmal umziehen zu müssen.[340] Aber es waren weniger die praktischen Erwägungen, die sie schier um den Verstand brachten. Nur ein Jahr zuvor hatte Wagner ihr Kommen mit höchster Dringlichkeit betrieben. Wochenlang hatte er alles darangesetzt, um sie zu einem Umzug nach Zürich zu bewegen, Geld von Liszt erbettelt und ihr die schönste Zukunft ausgemalt. Nur zehn Monate zuvor waren Beschwörungen geschrieben worden wie: *Ich habe immer nichts weiter im Kopf, als plötzlich einmal wieder zu Dir zu kommen!*[341] oder: *Das Liebste, was ich nur auf der Welt denken und wünschen kann: mit meiner lieben Frau an einem der herrlichsten Orte der Erde gänzlich und häuslich mich wieder vereinigen!*[342] Seitenlang wurde geklagt, geweint und gebettelt um ihr zu zeigen, wie schlecht es ihm ohne sie ging. Hatte er nicht seine Schaffenskraft wiederholt mit ihrer Gegenwart verknüpft? *Ohne herzens-ruhe kann ich nichts arbeiten,* hatte er Liszt gegenüber geklagt[343] und ihr dies ebenfalls mehrfach zu verstehen gegeben. Selbst sein letzter Brief aus Paris war liebevoll im Ton: *So lebe denn wohl für heute, meine gute Frau! Sei gutes Muthes, vergiß die Leiden und freue Dich der Liebe, die wir genießen!* hatte er ihr zugerufen.[344] Sollte das wirklich das Ende sein? Waren die vielen Ehejahre voller Entbehrung völlig umsonst gewesen? Sie verstand die Welt nicht mehr. *Hat ein genialer Mann das Recht auch ein Schuft zu sein?* fragte sie Mathilde Schiffner ratlos.[345]

Ich war wirklich dem Wahnsinn nahe, so kämpfte ich zwei Nächte und Tage mit mir, bis ich endlich in dem Gedanken einige Beruhigung fand, ihn noch einmal zu sehn aus seinem Munde selbst den fürchterlichen Entschluß zu vernehmen, beschreibt sie ihren Zustand. Verzweifelt beschloß sie, nach Paris zu reisen und mit Richard selber zu sprechen. Da sie mittellos war, überlegte sie, die Freunde Jakob Sulzer und Wilhelm Baumgartner ins Vertrauen zu ziehen und lud sie zu sich ein. Sicherlich in Tränen aufgelöst, zeigte sie ihnen Richards langes Schreiben sowie den Brief, den er ihr knapp vier Wochen zuvor geschrieben hatte, und in dem solche Sätze standen: ›Ich‹ *sehne mich doch von ganzem Herzen nach Dir und dem Hause zurück! Glaub' mir, ich kenne nun kein Glück, als mit Dir in unsrer kleinen Häuslichkeit ruhig und zufrieden leben zu können: da ich jetzt hoffen darf, Deine Sorgen beschwichtigt zu sehen, Lebensmuth und Heiterkeit in Dein Herz – ja in Deinen Körper wiederkehren zu sehen, – das ist es, was mich selbst wieder gesund und glücklich macht.*[346] Die beiden Freunde hatten aus nächster Nähe eine trotz gelegentlicher Streitereien intakt scheinende Ehe erleben dürfen. Sie waren ebenso wie Minna schockiert und glaubten, er sei nicht bei Sinnen. Nachdem sie mit ihr die Lage besprochen hatten, gaben sie ihr das Fahrgeld nach Paris als auch einen Brief an Richard mit:

Lieber Freund!

Du kannst Dir leicht denken, welch' bekümmerte Stunden Du Deiner Frau und uns durch Deine letzte Mittheilung gemacht hast. Wenn Du diese Zeilen liesest, ist Dir bereits bekannt, daß Deine heldenmüthige Frau sich durch nichts hat abwendig machen lassen, aus Deinem eigenen Munde die Bestätigung Deines verhängnisvollen Entschlusses zu vernehmen, der uns beide, denn außer Deiner Frau und uns wird Niemand von Deinem Plan erfahren, psychologisch nicht motiviert – erinnere Dich nur alle Deiner, dem letzten vorhergegangenen Briefe – und auf einem unglückseligen Mißverständniß beruhend erscheint. Eben deßwegen und nur um Deiner und Deiner eigensten Zukunft willen beschwören wir Dich: prüfe nochmals unbefangen Dich selbst, und die Gründe Deiner letzten Entscheidung, bevor du dieselben unwiderruflich feststellst. Eine dritte Hand, wenn auch von innigster Theilnahme durchdrungen, kann in solchen Verhältnissen nur störend eingreifen. Wir werden daher durch kein Raisonnement, so sehr sich solches uns aufdrängt, auf Deine endliche Entschließung uns einzuwirken erlauben, aber die Bitte wirst Du von Seite bewährter Freunde gern berücksichtigen, Du mögest den männlichen Vorsatz fassen, den Vorstellungen Deiner Frau keinen unabänderlichen Entschluß entgegen zu stellen, und ihr daher ein geneigtes Ohr leihen. So sehr uns die Aussicht erfreute, Du würdest in Deiner neuen Wohnung in Zürich, wir tauften sie bereits Villa »Rienzi«, die Deine Wünsche wohl in keiner Weise unbefriedigt ließe, uns wiederum eine Reihe von Abenden schenken, deren ähnliche unter ungünstigeren Verhältnissen wir zu den schönsten unseres Lebens zählen, – diese Hoffnung bestimmt uns nicht zu unserer obigen Bitte, sondern einzig und allein der sehnliche Wunsch, daß Du Deiner eigenen bereits in Flammenschrift vorgezeichneten Bestimmung, sowie Deinem Wohlergehen nicht selbst feindlich in den Weg tretest. Falle übrigens Dein Entschluß, wie er wolle, so vergiß nie, daß Dir in Zürich Freunde weilen, wie Du sie treuer nicht finden kannst.[347]

Dieses von freundschaftlicher Sorge, ja Liebe getragene Schreiben, das versöhnlich ausklingt, nahm Minna also nach Paris mit. Ihr Mut ist nicht hoch genug einzuschätzen: Eine Frau, die alleine reiste, und noch dazu in eine ausländische Großstadt, dies war für die damaligen Verhältnisse ein unerhörter Schritt. Sie war drei Nächte und drei Tage unterwegs – schon das war für die gesundheitlich Geschwächte eine besondere Strapaze. Dort angekommen, lief sie fast besinnungslos die Straßen entlang. Elf Tage war sie auf der Suche nach ihrem Mann unterwegs, klopfte bei Freunden an und fragte nach. Alle Nachforschungen waren erfolglos.

Richard erfuhr in Montmorency, daß seine Frau in Paris weilte. Was tun? Eine Zeitlang lang kämpfte er mit sich selbst, entschied aber, bei seinem Entschluß zu bleiben und fuhr nach Paris zu seinem alten Freund Kietz. Er beschwor ihn, falls Minna bei ihm auftauchen würde, zu lügen und ihr zu sagen, daß er nicht wisse, wo Richard sich befinde. Vielleicht fürchtete er, bei einer Begegnung mit Minna weich zu werden und ihr nachzugeben. Kietz war über den Trennungswunsch bestürzt. Minna mochte er herzlich gern; er erklärte Richard, er käme sich bei diesem Betrug *wie die Achse vor, um welche sich alles Unglück der Welt drehe.*[348]

Sie traf mit Gottfried Anders zusammen, für dessen liebende Teilnahme sie sich später bedankte, sowie mit Leo von Zychlinsky, einem Bekannten aus Dresdener Zeiten. Aber niemand verriet ihr, wo Richard sich befand, so daß sie ohne Erfolg heimreisen mußte. Daheim angelangt, formulierte sie eine umfangreiche Replik. Sie rückt darin Richards Kritik wieder zurecht: *Nachdem ich Deinen Brief worin Du Dich für eine ewige Trennung von mir entschieden aussprichst gelesen hatte, war ich auf das tiefste erschüttert und angegriffen und konnte mich nur der Entschluß, zu Dir selbst nach Paris zu reisen einigermaßen augenblickliche Beruhigung geben um aus Deinem Munde selbst jene fürchterlichen Worte zu vernehmen … Niemand vermochte mich also von meinem Vorhaben abzubringen. Ich ging Sonntag als den 21ten auf die Post, wohin mich unsere treuesten Freunde Baumgartner und Sulzer tief betrübt über Deinen unerhörten Entschluß begleiteten. Mittwoch nachmittag kam ich erst in Paris an, mein erster Gang war natürlich zu Frank um Deine Adreße zu erfahren, dort erfuhr ich aber leider, daß Du schon mehrere Tage fort wärst, wohin wußten sie nicht Deinen Freunden hattest Du wohl weißlich Deinen neuen Aufenthalt verschwiegen. Kietz traf ich mehreremal nicht, endlich! ich fuhr mit ihn Sonnabend früh nach Montmoranzi, da hörte ich nun abermals Du seist schon Donnerstag abgereist. Wenn Du noch einen Funken Menschengefühl – lange Tage bin ich in diesem verhängnisvollen Paris umhergeirrt – hast, kannst Du ermessen wie mir zu Muthe sein mußte. In der fürchterlichsten Gemüthsbewegung hatte ich die lange Reise gemacht, und konnte Dich nicht erreichen: Richard, jetzt habe ich fester als jemals die Ueberzeugung, daß es eine Vorsehung giebt, sonst wäre ich diesmal durch diesen harten Schlag den Du mir gabst um meinen Verstand gekommen. Ich beschwöre Dich was geht in diesem Jahre wieder in Dir vor? nichts ist Dir heilig, nichts ist Dir mehr zum zerstören geblieben, als unser eheliches Glück, darum reißest Du die kleinlichsten, ungerechtesten, verächtlichsten Beschuldigungen vom Himmel, Dich vor Vorwürfen zu verwahren, redest Dir Dinge ein, die zwischen uns nie bestanden, belügst Dich endlich selbst, um eine abscheuliche Handlungsweise die Du abermals an mir begehst zu beschönigen. Keine Vorwürfe will ich Dir hiermit machen, aber vergönnt muß mir sein, mich auf jene kränkenden Beschuldigungen wogegen sich alle meine Fiebern empören zu verdheitigen. Freilich führe ich die ungewohnte Waffe schlecht und ich stehe, wie Du jetzt bist, einen sehr gefährlichen Kämpfer gegenüber, dennoch sei es gewagt, ich biete meinen letzten Rest von Kraft und Muth auf, und der Himmel gebe, daß Du erkennen wolltest, daß ich den Muth (die Wahrheit) aus den tiefsten Grunde meiner gedrückten Seele schöpfte. Zuerst sprichst Du von dem gänzlichen Verschiedensein unseres Wesens, ich gestehe, nie hörte ich auch nur ein Wort von Dir darüber, daß wir darum nicht zusammen paßten, als nur jetzt nachdem wir nun schon im 14ten Jahre verheirathet sind. – Du sprichst von frühsten fortgesetzten bösen Auftritten, gestehst mir für dergleichen ein gut Gedächtnis zu, eben darum entsinne ich mich deren wohl die Du von schrecklicher Eifersucht getrieben wiederholt herbeigeführt, nachdem diese überwunden, haben wir uns beide so gut verstanden, so glücklich miteinander gelebt wie es wohl selten bei Eheleuten der Fall sein wird. Nur seit zwei Jahren seitdem Du Dich der unglücklichen Politik zuwandest, die schon so viele glückliche Verhältniße zerstörte, hatte ich allerdings unkluger Weise heftige Auftritte mit Dir nicht vermieden, ich konnte Dich nur darin nicht verstehen, nur so viel war mir mit meinem einfachen Verstande klar, daß Dir aus dem revulutionären Treiben kein Heil erblühen würde. Ich eiferte daher auch mit dem Umgang mit Bakunin und Röckel weil ich sah welch verderblichen Einfluß sie auf Dich, selbst auf Deine Gesundheit ausübten, das war mir verzeihlich, denn nur um Deinetwillen setzte ich mich den heftigsten Auftritten mit aus. Darum wir aber in Zürich selbst keine mehr gehabt haben. Nun trägst Du ungerechter Weise diese auf unsre ganze Vergangenheit über. Nur Deiner Kunst die ich verehre vergöttre wollte ich Dich erhalten, den Genius der in Dir wohnte den solltest Du walten lassen, nicht gewaltsam und feindlich solltest Du Dir entgegentreten es wäre ja auch die Zeit wiedergekommen wo Du alle Deine Wünsche erfüllt gesehn, nur die Gedult durftest Du noch nicht gleich verlieren. Ich sah mit unsäglichem Schmerz wie Du von der Bahn der Kunst, von Deutschland, dem ich Dich so gern erhalten wollte, losrißest, mir war immer das schmerzliche Gefühl als rißest Du Dich auch von mir los. Niemals habe ich mich geschämt zu sagen das ich zu Dir nach Zürich ginge, ich gab mir das Wort um Deinen Feinden keinen Grund zu neuen Lästerungen zu geben, gegen Jedermann zu sagen: ich ginge zu Dir nach Paris. Eben so wenig ist mir in den sinn gekommen mich gerühmt zu haben, Leiden mit Dir ertragen zu haben ich nannte nur jene Parisermission um Dein Verdienst damals um so mehr hervorzuheben, als meine Pflicht, Dir nach Kräften beizustehn und nur wer nie seine Pflicht erfüllte, sie gar nicht kannte, kann sie andern zum Verbrechen anrechnen, wie Du mir in Deinem Brief es thust, dennoch geht die Pflicht, namentlich bei einem Weibe nur aus Liebe hervor, und immer habe ich mit Liebe Muth selbst mit Lächeln das Schlimmste ertragen, wie wäre es wohl auch anders möglich gewesen. Ich hatte niemals ein persönliches Interesse, blicke gerecht auf mein ganzes Benehmen gegen Dich zurück. Endlich erniedrichst Du mich noch so, daß Du Dich nicht einmal scheust zu schreiben ich wäre in den ungeheuren Irrthum zu dem Wagner nach Zürich gekommen, der im Auftrag eine Oper für Paris schreiben sollte, ich frage dich hierauf, was warst Du denn als ich Dich heirathete? Du warst ein armer, verlassner, unbekannter, unangestellter Musikdirector, und was standen mir damals für Aussichten bevor! – O Richard es steht schlimm um Dich, Du verwundest mich aufs Neue furchtbar! Daß ich Dich hier nicht zurückhielt, durfte ich auf Anrathen des Arztes nicht mit Recht, Du wurdest jeden Tag zwilliger, heftiger, daß es mir einleuchtete eine Veränderung der Luft, der Beschäftigung die Dich von Deinen Launen ableitete. Die Zeit der Aufführung Deiner Ouvertüre rückte heran, Liszt schickte das Geld, Du selbst hattest keine Ruhe mehr, nun bin ich schuld gewesen Dich aus Lieblosigkeit fort gedrängt zu haben. Besinne Dich nur, wie Du mich vierzehn Tage vor Deiner Abreise mit Sulzern in Thränen fandest und so viele Tage vorher schluckte ich während dem Essen nichts als thränen so oft ich an Dein Fortgehn dachte. Ich wurde jedesmal elend vor Sehnsucht nach dir, ich war dem unruhigen Richard Wagner nach der Entfernung immer bitter und böse, daß er immer die Ursache war, und mir meinen Mann von der Seite riß, o, mein Gott was soll ich Dir noch sagen, wenn ich eine kleine Ueberraschung auffinden konnte, die Dir Freude machte, war ich glücklich! – Mein ganzes Thun und Schaffen in unsrer Häuslichkeit war ja nur um Dir es recht zu machen, Dir zu gefallen und so von frühester Zeit an, that ich ja Alles aus Liebe, sogar meine Selbständigkeit die ich so hoch hielt, gab ich freudig auf, um Dir ganz angehören zu können. Was Dein geistiges Gedeihen betrifft, beglückt mich das Bewußtsein, daß Du Alles was du Schönes geschaffen, nur in meiner Umgebung schufst, und darin verstand, begriff ich Dich vollkommen, Du machtest mich ja auch immer so glücklich, sangst und spieltest mir fast jede neue Scene vor.*[349]

Minnas Unterscheidung zwischen ihrem Ehemann Wagner und einem Richard, dem sie böse war, weil er ihr den Ehemann entriß, mutet seltsam an, ist aber nachvollziehbar. Nicht nur er litt seit zwei Jahren an der schleichenden Entfremdung, sondern auch sie spürte sie und ertrug sie nur schwer.

Noch immer ahnte Minna nicht, daß Richard sich wegen einer anderen Frau trennen wollte. Unterdessen reiste Wagner von Paris über Genf nach Villeneuve am Genfer See. Er hatte ursprünglich geplant, am 7. Mai von Marseille aus mit dem Schiff in Richtung Griechenland aufzubrechen. Einige Tage nachdem dieser Termin verstrichen war, erreichte ihn ein Brief von Jessie, die keine andere Wahl gehabt habe, als ihrer Mutter alles zu beichten. Damit war ihr Rückzug entschieden, denn diese konnte einen solchen Skandal keinesfalls zulassen. Richard bildete sich zwar noch ein, daß angesichts der übergroßen Liebe zwischen ihm und Jessie der Ehemann Eugène auf seine angestammten Rechte verzichten würde. Dieser dachte aber nicht daran, sondern schwor vielmehr, Wagner so lange zu suchen, bis er ihn erschießen könnte. Die bühnenreife Situation reichte immer noch nicht aus, um Richard von seinen Plänen abzubringen. Im Gegenteil, er schrieb Laussot zurück, er begreife nicht, wie es ein Mann über sich bringen könne, eine Frau, die nichts von ihm wissen wolle, mit Gewalt zum Bleiben zu zwingen. Dann reiste er – vermutlich am 15. Mai – todesmutig nach Bordeaux. Daß er lieber eine Begegnung mit seinem Rivalen in Kauf nahm als ein Treffen mit der tief verunsicherten Minna, zeigt, wie schwer ihm Letzteres fiel. Die Polizei, die von Laussot informiert worden war, prüfte Wagners Visum und ließ ihm zwei Tage Zeit, die Stadt zu verlassen. Besorgt um das Wohl Jessies zog er an der Haustürklingel in Bordeaux. Dort aber fand er nur eine leere Wohnung vor, die Familie war vor ihm aufs Land geflüchtet. Wagner gelangte in das unverschlossene Haus und steckte Jessie einen Brief in ihr Nähkörbchen. Dann kehrte er nach Villeneuve zurück.

Am 10. Juni erhielt Minna einen anonymen Brief aus Bordeaux, vermutlich von Eugène verfaßt, in dem ihr erstmals deutlich mitgeteilt wurde, daß Richard ein Liebesverhältnis mit einer verheirateten Frau angeknüpft habe. Er habe sie entführen wollen, erfuhr sie zu ihrem Entsetzen, und sie wurde ersucht, *diesem unsinnigen Treiben … ein Ende zu setzen.* Sie wollte es zunächst nicht glauben, aber allmählich wurde ihr klar, warum Richard sich hatte trennen wollen. Wieder wurde sie von einer Schockwelle überrannt. An Anders schrieb sie: *Sie können glauben, daß ich in den Todt betrübt bin, auch noch das von einem Manne erleben zu müssen! Für den ich einstand, mein Leben wagte –.*[350] Und an Ernst Benedikt Kietz: *O, ich dumme, alberne, treue Frau die ich immer war! … Ich bewundre mich selbst, wie ich das Alles ertragen kann. Die warme Theilnahme die mir von Ihnen, von meinen sonstigen Freunden Theil wird, ist es allein was mich noch aufrecht erhält. Entziehen Sie mir diese nicht, mein lieber Freund … Meine Gedanken sind leider jetzt so schwach, daß sie mir oft ganz verge-*

hen, mir wäre es recht – aber noch lieber, wäre ich gleich todt, denn dieses Leben ist ja jammervoll! – Wie glücklich war ich damals in unserer Missere in Paris wo Schmalhans Küchenmeister war, man hatte wenigstens ein ruhiges Gemüth und eine Zukunft vor sich – jetzt liegt Alles leer und erstorben vor mir da, nur daß man noch 10 Jahre älter geworden ist. [351]

Ann Taylor hatte Kontakt zu Minna aufgenommen und von ihr Kopien der beiden Briefe Richards erhalten, in denen dieser sie von seinem Trennungswunsch unterrichtet hatte. In beiden Schreiben war von Jessie nirgends die Rede. Nie sprach er von einer Scheidung. Jessie mußte sich daher als heimliche Geliebte begreifen, ein Status, vor dem sie begreiflicherweise zurückschreckte.

Im Lichte von Richards Untreue erschien Minna dessen Versuch, den angeblich schlechten Zustand der Ehe als Vorwand für eine Trennung zu nehmen, besonders hinterhältig. *Ja wohl, darum mußte er die ungerechtesten kleinlichsten Beschuldigungen vom Himmel reisen, um eine abermalige abscheuliche Handlungsweise zu beschönigen die er an mir beging. O meine liebe Mathilde trösten Sie mich wenn Sie können, denn wahrlich ich bedarf in meiner betrübten Lage einer theilnehmenten Seele. Von allen Schicksalsschlägen ist offenbar dieser der härteste! Gebe Gott, daß ich unter diesem nicht endlich erliege, denn es frißt und nagt mich furchtbar am Herzen.* Außerdem besaß sie nur noch zehn Gulden und wußte nicht, wovon sie leben sollte. Vorsorglich bat sie Mathilde, das Geld für die Verlängerung ihres Dresdener Leihhauszettels für ihr versetztes Silberzeug auszulegen, und eine passende Arbeitsstelle für sie in der Umgebung von Dresden zu finden: *Sie wissen was ich leiste und verstehen kann, und wie sich überhaupt auf meine Bravheit zu verlassen ist, die keiner Recommandation zum Nachtheil gereichen würde.* Die Rückkehr in einen Beruf beschäftigte sie über Monate, bereits im Februar hatte sie überlegt, nach Deutschland zurückzukehren. ›Ich‹ *bitte dann meine Freundinnen mir eine Stelle zu verschaffen, die meinem Wirkungskreis angemessen, um nicht das Gnadenbrod essen zu müssen, das wäre für mich das fürchterlichste!* Sie bat Mathilde, ihre, Minnas Mutter ins Vertrauen zu ziehen. *Seien Sie froh, meine liebe, gute Mathilde, daß Sie keinen Mann haben, Sie haben diese Qualen nicht erst kennen gelernt, doch mißverstehen Sie mich nicht, ich bin nicht eifersüchtig, nur daß ich so schuftig beleidigt wurde, das ist es, was mich noch aufzehrt.* Wieder litt die Gesundheit, sie verlor Gewicht, konnte aufgrund der Aufregungen nicht schlafen oder essen. Da Laussots die versprochene Jahresrente wieder zurückzogen, konnte sie ihren armen Eltern kaum beistehen. Sie mußte etwas verkaufen, um Mathilde fünf Thaler für sie schicken zu können: *Es wird so kalt und sie haben nichts als das was ich beschließe, ich weine oft blutige Thränen und schon darum hasse ich den R. Alte Menschen aus Leichtsinn so verkommen zu lassen, das ist himmelschreiend!!*[352] In diesen Monaten verschärft sich ihre Kritik an Richard, was sich im Laufe der Ehe noch verstärken sollte.

Aus Dresden reiste Julie Ritter mit ihren beiden Töchtern Julie und Emilie sowie dem Sohn Karl nach Villeneuve, um das Chaos zu lichten und mäßigend auf den tiefverletzten Richard einzuwirken, der immer noch glaubte, Jessie den Fängen ihres Mannes entreißen zu können. Julie kannte Richard und Minna gut, sie hatte Minna in den letzten Dresdener Monaten beigestanden, war mit der Familie Laussot gut befreundet und klärte Wagner über den Stand der Dinge auf. Zu guter Letzt sagte sich Jessie in einem Brief endgültig von ihm los. Das raubte ihm die letzten Illusionen. Seine Enttäuschung war groß: *Die eine glaubt nicht an mich, weil sie mich nicht versteht, – die andere, weil sie aus feigheit mich plötzlich nicht mehr verstehen will!*[353] Er hätte jetzt die Chance gehabt, sich seinerseits endgültig von Minna zu trennen. Statt dessen beschloß er, zu ihr zurückzukehren.

Nun galt es, den Schein bürgerlichen Anstands zu wahren. Karl Ritter wurde von seiner Mutter mit Richards Einverständnis nach Zürich zu Minna geschickt, um die Stimmung zu sondieren und zu prüfen, ob eine Rückkehr ohne Gesichtsverlust möglich wäre. Richard schrieb aus Thun an Liszt: *Die dümmsten Gerüchte, die sich über mich verbreitet haben, stehe ich soeben im Begriffe, dadurch niederzuschlagen, dass ich nach Zürich zurückgehe.*[354] Und so kehrte der Bußfertige nach einem halben Jahr wieder heim.

Ein undatiertes apologetisches Schreiben Richards an Minna versah sie am Papierrand mit Anmerkungen, die tragikomisch wirken, aber zugleich ihre Verletztheit offenbaren. Richard schrieb: *Plötzlich schrieb* ›Jessie‹ *mir, daß sie entschlossen sei, die Ihrigen zu verlassen und sich unter meinen Schutz zu begeben.* Hierzu merkt

Minna an: *Als Abentheuerin mit in der Welt herum zu ziehen, sehr ehrenvoll.* Weiter Richard: ›Ich‹ *schilderte ihr auf das Abschrekkendste meine Lage und das ungeheuer gewagte und verderbliche ihres Entschlusses: sie solle mit sich zu Rathe gehen.* Darauf Minna: *Kurz und bündig ich habe bereits eine ordentliche Frau.* Wieder Richard: *Es wäre die wahnsinnigste Grausamkeit von mir gewesen, Dir zu enthüllen was vorgegangen war, da ich ja noch gar nicht wußte, welches Ende es zu nehmen hatte.* Minna kommentiert: *Von der Polizei aus Bordeaux fortgetrieben – schönes Ende!* Richard: ›Man hatte mich‹ *als Verführer und unredlichen Intriguanten bezeichnet.* Darauf Minna: *Nicht mit Unrecht.*[355]

Es gelang dem Paar, trotz der vernichtenden Ereignisse das Eheleben wieder aufzunehmen. Minna wußte um die starke innere Abhängigkeit ihres Mannes, und die Sachzwänge trugen ein weiteres zur Befriedung bei. Der Schock saß dennoch tief. Richard schrieb an Kietz nach Paris: *Ich habe zu meiner freude die überzeugung gewonnen, daß die liebe meiner frau zu mir stärker und unbedingter als ihr irrthum über mich sei: daß folglich nicht die trennung, sondern nur erneuetes und fortgesetztes zusammenleben die misstimmung zu heilen vermögen wird, die sich zwischen uns ausgebreitet hatte. Ich betrachte – mit Minna – daher das vorgefallene nur für heilsam; indem es uns gegenseitig gezeigt hat, was wir uns sind und nun sein können.*[356] Daß er Minna noch liebte, hatte er einige Zeit zuvor Julie Ritter geschrieben: *Was freute mich denn so an Jessie, als ihre vollkommenste unbefangenheit in diesen widerlichen bürgerlichen ehrenpunkten? Wer begriff denn besser als sie, daß ich meine unglückliche frau liebe, daß ich mit tausend ketten gemeinsamer alter lebensleiden an sie gebunden war, und daß ich nur mit tiefblutendem herzen mich von der ärmsten losreißen konnte, um sie selbst von einem schicksale loszutrennen, dessen zusammenhang ihr unfaßlich war, und das nur pein und qual ihr verursachen konnte, ohne von ihr gedeutet und verstanden zu werden?*[357]

Ein Brief an die Dresdener Freundin verrät, wie sehr das Erlebnis an Minna nagte: *Denken Sie sich, meine liebe Mathilde, daß Richard seit dem 4t. July unerwartet zu mir zurückgekehrt ist, ich glaubte ihn wirklich seit längerer Zeit in dem Orient, statt dessen hat er sich seit zwei Monnaten in der Schweitz in meiner Nähe herumgetrieben, da er sich doch nicht gleich zu mir getraut, weil ich von Allem was vorgefallen unterrichtet sein könnte. Er schrieb deshalb an seinen Freund um sich zu erkundigen, ob mir was geschehen sei; schickte auch den Karl Ritter der bei ihm war deshalb ab, zu hören, wie meine Stimmung sei, die ich allerdings nicht verhelte, ich ließ ihm sagen: wenn er sich rechtfertigen könne und kein Schuft sei solle er kommen, ich würde überlegen was dann zu thun sei; usw. er kam rechtfertigte sich so gut er konnte, ich, eine schwache Frau die ihn doch immer noch liebt, habe ihn verziehen, doch gewiß, zu Ihnen gesagt, meine liebe Freundin, vergessen kann und werde ich es nie! Er kann das nicht wieder gut machen was er mir für namenlosen Kummer verursacht hat. Gott möge es ihn verzeihen, wie ich es gethan.*

Sie erhielt auch von Jessie selbst einen Brief, in dem diese sich kritisch über Richard äußerte, weil er sich Minna gegenüber so schlecht benommen habe. Jessie versicherte ihr, nicht mehr mit ihm zu verkehren. Minna würdigte sie aber keiner Antwort, der Groll saß noch zu tief: *Im Grunde thue ich unrecht, jene Person zu hassen, am Ende hat er doch nur allein die Schuld, ein Mann muß stark sein, was wäre nicht aus mir geworden, wenn ich nicht stärker jeder Zeit gewesen wäre als er, wir aber heißen das schwächere Geschlecht, welch ein Irrthum! Mit dieser dummen Liebesintrigue, hat sich Richard auch den schönen sorgenfreien Unterhalt jährlich 3,000 fr. verscherzt schon als er nach Paris die Zusage jener Unterstützung erhielt erklärte er gleich, das er für Paris keine Oper componiren könne, und nun hat er auch diese nicht mehr – mir sollen Wohnungssorgen nicht mehr die Angst wie früher machen, er muß jetzt auch sehen woher schaffen, da er es nicht besser gewollt hat.*[358]

Ein zweites Schreiben an Mathilde Schiffner enthält ähnliche Klagen: *Der abscheuliche, leichtsinnige Mann!… Jene Frau* ›Jessie‹ *aber schrieb mir aus freien Antrieb unmittelbar vor R. Ankunft selbst, daß sie erfahren, wie nichtswürdig sich R. gegen mich benommen, sie verachte ihn darfür. Diesen Brief gab ich meinen edlen Gatten zu lesen, und er scheint abgekühlt. – Doch wer steht nicht dafür, wenn ein ähnlicher Fall kommt, er nicht wieder schwach ist? O der Abscheuliche! Darum schrieb er mir einen so beleidigten Brief, den ich ihn weniger verzeihe, als seine zehnfache Untreue.* [359]

Diesmal gefiel Richard die neue Behausung sehr, die Minna selbst ausgewählt hatte. Sofort änderte sich seine Stimmung: *Nach meiner Wahl möchte ich in der ganzen weiten Welt nicht anderswo leben als hier.*[360] Das war ein merkwürdiger Umschwung angesichts des kurz zuvor gefaßten Planes, nach Griechenland zu ziehen. Das Ehepaar wohnte direkt am Zürichsee mit einem herrlichen Ausblick auf die Berge und einem eigenen Garten. Richard konnte im Bademantel an den See heruntergehen und dort eintauchen. Er hatte sogar ein Boot. Sulzer, Baumgartner und Spyri kamen gleich nach seiner Ankunft am 7. Juli in der von ihnen so genannten »Villa Rienzi« zusammen. Sicherlich waren sie um eine fröhliche Stimmung bemüht, aber die Erschütterung saß wohl bei allen noch tief.

Es gab eine Abmachung zwischen dem Ehepaar, über das Vergangene nicht zu sprechen. Als 1837 ein Fluchtversuch Minnas gescheitert war und sie reumütig zu Richard zurückkehrte, hielt man sich daran. Auch diesmal wurde geschwiegen. Aber Minna konnte das Geschehene nicht vergessen. Wie so oft in ihrem Leben äußerte sich ihr seelisches Leid in Krankheitssymptomen. Mit seiner Untreue konnte sie, wenn auch unter Schmerzen, fertig werden, nicht aber mit Behauptungen, die den Wert der Ehe beschädigten. Im ersten Falle konnte sie sich als schuldlos begreifen und folglich ihrem Mann verzeihen, im zweiten stand sie da als Ehefrau, die versagt und damit seine Untreue geradezu veranlaßt hatte. Letzteres konnte und wollte sie nicht akzeptieren. Auch wenn jetzt Richard zerknirscht zurückgekehrt war, saß der Stachel tief. Vielleicht war auch von seiner Seite ein unbewußter Rachemechanismus am Werke, denn ein Jahr zuvor hatte Minna ihn zutiefst verletzt, als sie wochenlang schwieg und zögerte, ihm nach Zürich nachzureisen.

Beide nahmen sich vor, einen Neubeginn zu versuchen. Er spricht davon, daß sich *bald eine erträgliche Heiterkeit über unser häusliches Leben aus*›breitete‹[361], und seinem Freund Heine schrieb er: *Laß mich … von der aller letzten Vergangenheit schweigen, und Dir in Kürze nur so viel berichten, daß ich eine neue Frau bekommen habe: ist sie auch schon in Allem die alte geblieben, so weiß ich doch jetzt von ihr, daß sie – möge nun mit mir vorgehen und geschehen was da wolle – mir bis zum Tode zur Seite stehen wird. Ich für mein Theil dachte wahrlich nicht, sie etwa nur zu prüfen: wie sich aber die Ereignisse gewendet haben, hat sie eine Feuerprobe durchgemacht, wie sie alle bestehen müssen, die heut zu*

Tage mit Bewußtsein an der Seite solcher stehen wollen, die die Zukunft erkennen und auf sie lossteuern. – Ich bin nun um vieles älter geworden: ich weiß nun bestimmt, daß ich auf der zweiten Hälfte meines Lebens stehe und alles viele Hoffen hinter mir habe.[362]

War Minna also die Frau der Zukunft? Richards Zeilen überzeugen nicht, wenn man ihre Aussage *Er kann das nicht wieder gut machen was er mir für namenlosen Kummer verursacht hat*[363] ernst nimmt. Sie konnte ihrem Mann die Demütigung nicht verzeihen. So war ihre angebliche Veränderung, von der Richard schwärmt, wohl nur sein Versuch, sich nicht als völlig unglaubwürdig hinzustellen. Er konnte wohl kaum zu einer Bindung zurückkehren, die er zuvor Julie Ritter als gescheitert bezeichnet hatte, und wahrte sein Gesicht durch die Schilderung der wundersamen Wandlung Minnas.

Dennoch war er von ihrer Anhänglichkeit und Treue gerührt. Trotz der für sie katastrophalen Ereignisse hing sie an ihm, er bildete nach wie vor den Mittelpunkt ihres Lebens. Ihre spontane Reise nach Paris, wahrlich keine Kleinigkeit für sie, wird ihn entsprechend beeindruckt haben. Seine Sehnsucht nach einer verständnisvollen Muse blieb jedoch bestehen. Ihm blieb noch, mit der bitteren Enttäuschung über Jessie fertig zu werden, sich anderen Dingen zuzuwenden und einen neuen Abschnitt zu beginnen. *Ich sitze seit mehreren Wochen wieder in meinem freundlichen, gesunden Zürich, aus dem mich nun weder Gott noch Teufel mehr heraustreiben soll … ich war wirklich außer mir, und bin nun wieder bei mir,* schreibt er. Er behauptet auch, daß *Minna sich ganz wohl befindet und ganz eingeschweizert ist.*[364] Nicht nur die neue Wohnung, auch die Einrichtung gefiel ihm sehr. Minna hatte einen großen, breiten Diwan, einen Teppich und verschiedene andere Verbesserungen besorgt. Er hatte sich für sein Hinterzimmer über den Schreibtisch einen grünen Tuchteppich und leichte grünseidene Gardinen ringsherum gewünscht.[365] Damit er sich in der neuen Umgebung wohlfühlte, nähte ihm Minna einen bequemen neuen Schlafrock. Die Geldsorgen blieben, doch war Richard als Dirigent und Schriftsteller recht produktiv. Er dirigierte im Theater und im Konzertsaal und las das komplette Manuskript von »Oper und Drama«,[366] das er gerade geschrieben hatte, einem interessierten Kreis vor, allerdings in einem Wirtshaus, so daß Minna die Gäste nicht bewirten mußte. Im Februar 1851 war das

Manuskript fertiggestellt, aber es dauerte bis zum November, ehe der Aufsatz publiziert war, und noch länger, ehe das erste Honorar überwiesen wurde.

Im Sommer machte er mit Minna einen Ausflug auf den Rigi, der herrliche Blicke auf den Vierwaldstätter See bot, und im Herbst

Giacomo Meyerbeer, geschmückt mit dem „Pour le mérite", 1851. Der hocherfolgreiche Opernkomponist, der Wagners frühes Werk kollegial gefördert hatte, war für Wagner zum Inbegriff des von ihm bekämpften „Judentums in der Musik" geworden.

besuchte ihn der junge Hans von Bülow, noch auf der Suche nach einem beruflichen Ziel. Richard nahm ihn unter seine Fittiche, und auch bei Minna weckte er mütterliche Gefühle. *Zu Mittag essen wir bei Wagner, wo sehr gut gekocht wird, was seine Frau gründlich versteht*, schreibt Hans seiner Schwester. Minnas freundliches und zuvorkommendes Wesen sowie ihre Fürsorge beeindruckten ihn, zumal sie ihm eines Tages den zerrissenen Regenschirm reparierte, ohne ein Wort darüber zu verlieren.[367] Aber auch Wagners dunkle Seiten lebten auf. Aus dieser Zeit stammt der verhängnisvolle, von Gemeinheit triefende Aufsatz »Das Judentum in der Musik«, in dem er den untauglichen Versuch macht, einer religiösen Minderheit bestimmte negative Charaktereigenschaften zuzuweisen. *Mein Groll gegen die Juden ist meiner Natur so notwendig wie Galle dem Blute*, schreibt er Liszt.[368] In Ignorierung der Tatsache, daß Juden bis ins 19. Jahrhundert hinein von der Kunstpflege ausgeschlossen waren, war er überzeugt, daß sie von Natur aus unfähig zur wahren Kreativität seien. Ob seine durch die Laussot-Affäre verwundete Seele mit aggressiven Angriffen einen Ausweg suchte, um aus der Niederlage einen Sieg zu machen und ein inneres Gleichgewicht wiederzufinden? Minna wußte, daß Meyerbeer den »Rienzi« für Dresden und den »Fliegenden Holländer« für das Berliner Hoftheater empfohlen hatte. Obwohl sie auch gelegentlich über Meyerbeer schimpfen konnte und Ausdrücke wie *Wasserjuden* für den Leiter des Kurhauses in Albisbrunn erfand[369] (was Richard sehr amüsierte), war blanker Antisemitismus nicht ihre Sache. Sie hielt sowieso nicht sonderlich viel von Richards Schriftstellerei. Als er bei einer seiner *bäuerlichen Abendzusammenkünfte* wieder einmal aus seinen Aufsätzen vorlas, schlief der Journalist Adolph Kolatschek ein, und Georg Herwegh hielt sich an den angebotenen Punsch – das hatte Minna jedenfalls beobachtet und rieb es Richard unter die Nase.[370] Wahrscheinlich ging es ihr ähnlich, wenn er seine Texte mit den schwer verständlichen gedanklichen Windungen vorlas.

Die Geldknappheit klebte weiter an seinen Fersen. Minnas Bitterkeit über Richards Sorglosigkeit wurde durch seine Absage an den Direktor der Zürcher Oper genährt, der ihm 200 Franken für Dirigate geboten hatte. An Mathilde Schiffner schreibt sie: *Er findet es einmal unter seiner Würde, Geld zu verdienen und zieht es vor, von Almosen oder erborgtem Gelde zu leben. Sie, meine teure Freundin, können bei meiner Denkungsweise begreifen, welche*

Mißachtung, abgerechnet, was vorher gegangen ist, bei mir, wie wohl bei jeder anderen Frau, hervorbringen muß. Wie soll es mit mir, mit uns noch werden, bei solchen Grundsätzen? – Ich weine mir manchmal fast meine Augen wund und bin wirklich ganz abgefallen von Kummer, den mir dieser Mann verursacht. Wüßte ich nur einen Ausweg, ich glaube, ich könnte jetzt alles überwinden; schon um meiner alten Eltern willen, um die ich mich vergebens sorge. Diese ohne Unterstützung von mir zu wissen, macht mir unzählige schlaflose Nächte. Deshalb auch, meine gute, liebe Freundin, wende ich mich heute an Sie. Sie hatte einen Plan ausgeheckt: Mathilde sollte ihr einen Brief schicken, in dem sie vorgab, daß Minnas Vater sehr krank sei und die Eltern ihn um Hilfe baten. *Darum mache ich mir keine Skrupel, da es nichts Böses ist, und hoffe, auch bei Ihnen keine Fehlbitte zu tun. Ein extra Briefchen können Sie mit einlegen, worin Sie mir Privatgeheimnisse mitteilen.* Wie ein Aufschrei wirkt ihr Ausruf: *Ach, Mathilde! Wenn das noch wäre, wenn meine Wünsche sich erfüllten und ich noch einmal glücklich würde, wie sollten es so viele mit mir sein!* [371]

Es gehört zu Richards Wesenart, daß er mit einem bösartigen Federstrich ganze Menschengruppen diskriminieren konnte, aber von Tränen überfloß, wenn einem seiner Haustiere ein Leid geschah. Allerdings waren die Tiere ein Ersatz für die ausgebliebenen Kinder und wurden als solche von beiden geliebt. Als der vergötterte Papagei kränkelte, wollte Richard mit ihm einen Tierarzt aufsuchen, verschob das aber wegen der Schreibtischarbeiten, die ihn fesselten. *Am anderen Morgen früh war er plötzlich – tot! – Ja, wenn ich euch sagen könnte, was mir mit diesem Tierchen gestorben ist!! – … Es ist nun drei Tage her, und nichts kann mich noch beruhigen, und so geht's auch meiner Frau: – der Vogel war etwas Unwillkürliches zwischen uns und für uns.* Es kam noch Wochen später vor, daß er von Papo träumte und laut weinend aufwachte[372]. Die Haustiere waren immer noch ein verbindendes Element zwischen den ansonsten in vielem entfremdeten Eheleuten; die gemeinsam vergossenen Tränen verbanden sie in ihrer Trauer.

Im März 1851 mußte er Liszt wieder anbetteln: *Sollte ich aber jetzt eine größere künstlerische Arbeit vornehmen, so müßte ich für meine nächste Zukunft … gesichert sein, sonst finde ich die nötige Heiterkeit und Sammlung nicht – schon meiner Frau wegen. Bei allen vortrefflichen Eigenschaften, die diese besitzt, versteht sie mich doch in meinem eigensten Wesen leider gar nicht: in dem, was ich bin und leiste, vermag die Ärmste keine Erhebung über das zu finden, was um jenes Höheren Willen zu erdulden ist: sie empfindet nur das Trübe unsrer Lage, und vermag sich dafür durch nichts – was ich leiste – zu trösten. Ich bin ihr innerlich fremd.*[373] Damit unterstellt er, daß Minna die finanzielle Not weniger empfinden würde, wenn sie seine künstlerische Größe erkennen könnte. Seine späteren Geliebten Mathilde und Cosima waren wohlhabend genug, um sich über solche kleinlichen Sorgen zu erheben und sich ganz auf die geistige Dimension seines Schaffens zu konzentrieren. Als Verantwortliche für eine gute Häuslichkeit mußte sie aber zwangsläufig auf Geld für den Unterhalt pochen.

Er las die Schriften von Ludwig Feuerbach, schrieb viele Aufsätze, aber auch die erste Prosaskizze zu »Der junge Siegfried«, die gleichnamige Dichtung und notierte schon die ersten Motive zum »Ring«. Er litt darunter, daß seine Schaffenskraft beim Komponieren stockte. Erst ein Artikel, der von Liszt verfaßt war und 1851 in der Illustrierten Zeitung publiziert wurde, löste die Hemmung. Liszt hatte mehrere Aufführungen des »Lohengrin« in Weimar betreut, war von der musikalischen Qualität des Werkes überzeugt und verfaßte eine Lobeshymne. Wagner dankte dem Freund umgehend und schrieb, er fühle sich *ergriffen, entzückt, erwärmt und begeistert, daß ich in hellen thränen schwamm und plötzlich wieder keine höhere wollust kannte, als Künstler zu sein und werke zu schaffen.* Er wollte sofort »Siegfrieds Tod« in Angriff nehmen. Aus diesem Hochgefühl heraus schob er gleich eine Begründung nach, warum Liszt ihm finanziell beistehen müsse. *Fort mit aller garantie meiner existenz, ich werde nicht verhungern … Hier und da wirst Du manchmal einen Groschen für mich zurücklegen, und wenn mir die not über den hals kommt, wirst Du mir gerade mit soviel aushelfen, als Dir gerade zu Gebote steht für einen armen freund. Frau Ritter in Dresden tut ab und zu das ihrige; im winter verdiene ich mir wieder ein paar Louisd`or mit Symphonieaufführungen – und so soll mich der teufel am Ende nicht holen, wenn nur meine frau ruhig dabei bleibt.*[374]

Um Richard zu schonen machte Minna seit längerem mit ihrer Dresdener Freundin Mathilde Pumpgeschäfte: *Nur wenige Zeilen lege ich Ihnen heut mit bei, um Ihnen zu beweisen, daß ich recht oft an Sie denke, und Sie inständig zu bitten, mir recht bald zu schrei-*

ben; damit ich nur auch wieder die Überzeugung gewinnen kann, daß Sie mir nicht zürnen, weil ich leider immer noch in Rückstand mit den 5 Thl. Bei Ihnen bin. … ›Ich kann‹ *doch nicht so viel entbehren, daß der Mann darunter leiden müßte. Seien Sie darum nicht böse, in jedem Fall erhalten Sie die 5 Thr. von mir noch in diesem Jahre, wenn nicht in bälderer Zeit.*[375] Fast zwei Jahre später schuldete sie ihr noch immer die Summe: *Jetzt noch einen Punkt, meine theuere Freundin, bitte, seien Sie mir nicht böse, daß ich Ihnen meine Schuld 5 Thr. noch nicht mitschicke, ich war den ganzen Sommer nicht wohl und habe viel Geld verquacksalbert, jetzt Richard und meine arme Mutter macht mir viel Sorge, ich muß ihr anstatt, daß ich sie Ihnen schicken könnte 5 Thr. Und es ist so kalt, die alten Leute! – Gott es bricht mir fast das Herz, das sind verschämte Arme, diese sind zu beklagen.*[376]

Im Mai trafen mehrere gute Nachrichten ein. Der Klavierauszug von »Lohengrin« sollte bald erscheinen; eine Restschuld auf den Flügel, den Minna aus Dresden mitgebracht hatte, konnte dafür getilgt werden; ihm wurden 500 Taler Honorar für die Fertigstellung von »Siegfrieds Tod« zugesagt (daraus wurde später der letzte Teil der »Ring«-Tetralogie). Dies alles trug dazu bei, seine Laune zu heben und die Lust am Komponieren zurückkehren zu lassen, zumal er von Julie Ritter eine jährliche Unterstützung in Höhe von 800 Talern erhielt, die die schlimmste Geldnot lindern half.

Im Juli wanderte Wagner über Rapperswil, Utznach, Rickenpaß, Wattwil, Lichtensteig und Teufen zu Fuß von Zürich nach St. Gallen, um Karl Ritter, den Sohn seiner Gönnerin Julie, zu besuchen und seinen vertrauten Freund Theodor Uhlig in Rohrschach abzuholen. Auf der Heimreise bestiegen die drei Männer den Säntis (2504 m), wobei sie eine Nacht in einer Alpenhütte verbrachten. Die Besteigung des höchsten Berges im Appenzellerland eröffnete prächtige Aussichten. Sie nahmen einen Bergführer mit, da es keine Wanderwege im heutigen Sinn gab. Minna gesellte sich nicht zu ihnen, denn obwohl sie im vergangenen Sommer mit ihrem Mann den Rigi bestiegen hatte und, wie sie Mathilde mitteilte, vier Stunden in einem Zug tüchtig steigen mußte, wäre ihre Konstitution den Gewaltmärschen Richards, noch dazu bei einem zweitägigen Aufstieg, nicht gewachsen gewesen. Ihr Herz verschlechterte sich so sehr, daß sie bald noch nicht einmal die einstündige Wanderung auf den Züricher Uetliberg bewältigen konnte.

Im Herbst schwebte ihm ein Festspiel vor mit der Aufführung von »Siegfrieds Tod«, einer Vorform des »Ring«-Materials. Er malte sich aus, daß nach der dritten Aufführung das Theater eingerissen und die Partitur verbrannt würde. Was sagte Minna zu solchen Ideen? Sollte sie ihn pflegen, betreuen, bekochen und bedienen, nur damit er Partituren schuf, die nach einer einzigen Aufführung vernichtet wurden? Es waren gerade die Aufführungen von »Rienzi«, »Holländer« und »Tannhäuser« in zahlreichen Opernhäusern, die die lebenswichtigen Tantiemen einbrachten. Sie wird ihren Unmut über diese Pläne deutlich artikuliert haben. Er spürte, daß sie zwar seine Musik vergötterte, aber ihm auf seinem künstlerisch-gedanklichen Weg immer weniger folgen konnte. Wohl auch um sie zu beruhigen, schenkte er ihr zu ihrem Geburtstag ein neues Kleid und einen Hut und nahm das Geld dafür vom Honorar, das er von Breitkopf & Härtel für seine drei Operndichtungen erhalten hatte.

Richards konzentriertes Arbeiten forderte seinen Tribut. Das stundenlange Sitzen am Schreibtisch hatte wieder nachteilig auf seine Darmtätigkeit gewirkt, und er litt unter einem *siechen Unterleib*.[376] Als er das Buch »Wasser tuts freilich« von J. H. Rausse gelesen hatte, das ihm Uhlig geschenkt hatte, war er augenblicklich begeistert und wurde zu einem fanatischen Anhänger der sogenannten Hydrotherapie. Es ist verwunderlich, daß er bei der nun folgenden körperlichen Kasteiung nicht noch schlimmere Folgen seiner strengen Wasserdiäten erlebte. Er verzichtete auf Wein, Bier und Kaffee und trank nur noch Wasser oder kalte Milch. Morgens nahm er einige Gläser Wasser zu sich und ließ sich dann den ganzen Körper von Minna abwaschen. Sie mußte ihm selbst bei größter Winterkälte am frühen Morgen mit der Laterne den Weg zur Promenade leuchten, damit er im Wassser untertauchen konnte.[377] Auch mittags schwamm er im See oder nahm ein Sitzbad.

Er beschloß, diese Therapie zu verstärken, und begann im September in der Wasserheilanstalt Albisbrunn im Kanton Zürich eine zehnwöchige Kur, *zu Minna's großem Kummer*.[378] Sie hielt davon nämlich nichts – *Eine hartnäckige wasserfeindin habe ich an meiner frau, die die wasserkur – wie meistens Alles was ich ergreife – für übertreibung und dummes zeug hält: mit vernunft richte ich da nichts aus.*[379] Aber auch er mußte sich überwinden, um nicht gleich am ersten Tag wieder nach Hause zu fahren. Er langweilte sich, spielte Whist, Domino und Billard. Das Programm klingt wie der

Versuch, halbwegs gesunde Menschen in Kranke zu verwandeln. Morgens um 5.30 Uhr wurden die Patienten naß eingewickelt, um 7 Uhr in eine kalte Wanne gesteckt und spazieren geführt. Das anschließende Frühstück um 8 Uhr bestand aus trockenem Brot und Milch oder Wasser. Nach einem weiteren kurzen Spaziergang folgte eine kalte Kompresse. Um 12 Uhr gab es eine nasse Abreibung, eine kurze Promenade und eine neue Kompresse. Nach dem Mittagessen und einer Stunde Ruhe mußte man zwei Stunden lang alleine spazierengehen. Um 17 Uhr erfolgte eine nasse Abreibung und eine Promenade, um 18 Uhr ein Sitzbad mit einem anschließenden Spaziergang zur Erwärmung. Dann eine Kompresse, um 19 Uhr Abendessen, bestehend wiederum aus trockenem Brot und Wasser. Nach einer Whistpartie folgte eine neue Kompresse, und gegen 22 Uhr legte man sich ins Bett. Da Richards Darmtätigkeit sich bei so viel innerer und äußerer Feuchtigkeit sowie nach insgesamt sechs täglichen Spaziergängen verbesserte, phantasierte er sich einen Zustand zurecht, der an die noch heute weit verbreitete Überzeugung von der möglichen Reinigung des Körpers von »Schlacken« erinnert. Die bildliche Vorstellung reichte, um die Sinne zu beeinflussen: *Seit drei Tagen kommt ein körperliches Wohl über mich, das mich oft übermütig heiter macht: es ist dies das leichtere, gesündere Blut, mit dem sich jetzt meine Adern füllen.* Ihm gefiel die Vorstellung, Giftstoffe ausgeschwitzt zu haben: *und dann kamen die schlechten Blutstoffe, die mir der Schwefel nur zurückgedrängt hatte. Ich wußte wohl, daß mir was Böses im Leibe stak.*[380]

Es verstimmte ihn, daß Minna, auf die er sich *ungeheuer freute*, ihn nicht besuchen kam, und er erwartete sie bei gutem Wetter.[381] Doch das Wetter spielte nicht mit. Sie plante, ihn zusammen mit Zürcher Freunden aufzusuchen, was ihn verdroß, denn er wollte sie alleine sehen. *Es scheint Dir aber nur daran zu liegen, eine Gemeindepartie mit den Andern zu machen. Bei mir ist's anders: ich mache mir aus den Andern – mindestens für hier – sehr wenig; ein Zusammenkommen mit Sulzer macht mich an und für sich nie guter Laune, denn ich habe mir immer Zwang anzuthun, was mich namentlich bei der Kur sehr aufregt.* Sie sollte sich gefälligst auf die Postkutsche setzen, bei ihm übernachten und *sehen, wie Du Dich bei mir amüsiren kannst.*[382] Er hielt ihr vor, daß alle anderen Gäste, die ihre Verwandten in der Nähe hatten, bereits besucht worden waren. Dabei übersah er, daß sie mit dem neuerlichen Umzug in den Zeltweg 11 vollauf beschäftigt war, zumal er eine teilweise neue Einrichtung wünschte. Die vorige Wohnung war zu abgelegen gewesen, es machte den Freunden zu viel Mühe, sie zu besuchen, da es keine Beförderungsmittel von und nach Zürich gab. Wieder war es Minna, der es oblag, beim Umzug die Wohnung einzurichten. Vielleicht rächte sie sich an ihm, denn infolge der Geldsorgen überlegte sie laut, ihr festliches Atlaskleid zu verschenken, weil das Geld für eine Änderung fehlte. Er konnte ihr drei Louis d'or vom Musikhändler Hug überweisen und bat sie, ihn mit Rechnungen zu verschonen: *Du weißt, daß ich überhaupt nicht rechnen kann.*[383]

Dennoch spürte sie, daß er wirklich unter ihrem Fernbleiben litt und besuchte ihn umgehend, beladen mit zahlreichen Geschenken, darunter Nüsse, Strümpfe, Zigarren, eine Bürste und ein Messer. Mit einem Schlag war die schlechte Stimmung verweht: *Ach! Ach! Ach! – Du ganz ungeheuer gute Frau! – Ach! Oh! Oh! wie soll ich Dir danken? … Sei gescheut, und besuche mich mit Pepseln recht bald wieder! Das – sei versichert – ist die größte Freude, die Du mir machen kannst! – Grüß die Zürcher Bande! Die Albisbrunner Brut grüßt ebenfalls. Ganz der Deinige R.*[384] Sie kam nun regelmäßig, einmal blieb sie sogar vier Tage lang. Beim Spielen verlor sie Geld, das er nach ihrem Abschied ebenfalls durch Spielen zurückgewinnen wollte. Seine Zeilen zeugen von Vertrautheit und Zuneigung. Sie ist *mein lieber Mietz, Muzius, liebes Mienel*, die *gute liebe Frau, meine gute, liebe – schlechte, böse – Frau! Ach, Du gute Frau hast mir so einen wunderschönen Brief geschrieben!* bedankt er sich. *Wie Schade ist es nur, daß ich ihn so beantworten muß, und nicht, wie Du es vermuthest, Dir heute mündlich dafür danken kann!* [385] Zur gegenseitigen Erheiterung schickten sie sich Gedichte, von denen leider nur Richards erhalten geblieben sind, wie das folgende:

Minna, schicke mir bald Strümpfe!
Hier giebt es nichts wie lauter Sümpfe!
Davon bekomm' ich nasse Klümpfe!
Im Whist fehlen mir auch die Trümpfe!
Drum bringe Du mich wieder auf die Strümpfe!
Schick' mir nur ein Paarer Fümpfe![386]

Hierauf antwortete Minna launisch, denn Richard antwortete mit Anspielungen auf den sächsischen Dialekt: *Bestes Mutzigen! Wir machen ja Värsche wie – ! Nun, Deine Verse waren gewiß die besten! sie hatten einen Schwung, der einen tiefen Eindruck auf mich gemacht hat! Ich kann Dir nur noch in Prosa dafür danken! Und dieß geschehe hiermit!*[387]

Auf ihre Angst, vor neue, unangenehme Tatsachen oder spleenige Ideen wie die der Wasserkur gestellt zu werden, antwortete er ebenfalls humorvoll: *Du meinst, ich hätte nun alle Jahre etwas Wunderbares vorgenommen und wärest nur in Sorgen, worauf ich das nächste Jahr fallen würde? Das will ich Dir sogleich sagen: ich hoffe, im nächsten Jahre machen wir zusammen eine recht schöne Reise nach Italien. Wäre das so ein großes Unglück? … Bereits zähle ich die Tage, und sage mir täglich, morgen ist's noch so und so viel Tage. Entnimm daraus, wie ich mich auf's Haus und Dich wieder freue.*[388] Er bat sie, trotz der Wohnungsenge irgendwo eine Badewanne unterzubringen: *Du machst doch so vieles möglich!*[389] Da er nur kurz eintauchen will, kann die Wanne ruhig hoch statt lang sein. Daß er sie in Natalies Zimmer aufstellen wollte und vermutete, daß sie darüber fluchen würde, war ausnahmsweise realistisch gedacht. Nichts ist mehr zu spüren von seinen Trennungswünschen, Jessie Laussot war anscheinend überwunden, für Minna jedenfalls, und Richard machte eine anzügliche Anspielung bei der Überlegung, die Kur daheim fortzuführen: *Wenn's noth thut – kannst oder mußt Du mich sogar einpacken* schrieb er ihr, *nur kann ich diese Einpackungen nicht regelmäßig – als Kur – bei Dir zu Haus vornehmen, weil sich gewisse – hm! hm! – Dinge durchaus nicht damit vertragen.* Er gab ihr *verschiedene eheliche Küsse* und scherzte: *Kokettire nicht zu viel, es könnte Dir schaden!*[390]

Dennoch spürte Richard eine innere Leere, die ein Jahr darauf durch die Begegnung mit der schwärmerischen Mathilde Wesendonck gefüllt werden sollte. Vorerst glaubten beide an einen Neubeginn mit gutem Ausgang. Er versuchte vorsichtig, Minna ein weiteres Mal auf seine künstlerische Sendung einzuschwören, derentwegen ihm alle Freiheiten erlaubt sein müßten: *Nun, bleib' Du nur so wohl, wie ich Dich die letzten Male getroffen habe! – Wir wollen dann schon sehen, wie wir das Leben uns noch so erfreulich wie möglich gestalten. Sorgenlos für unsre Existenz dürfen wir nun schon ganz und gar, und bis an unser Lebensende sein: Nichts wird uns in dieser Art mehr beunruhigen. Laßt Ihr mir nur aber auch Ruhe: nehmt mich, wie ich bin, und laßt mich machen, was ich Lust und Freude habe: zwingt mich durch keine kleinen Quälereien zu etwas, was ich nun einmal nicht will und kann; seid dagegen versichert, ich werde immer etwas thun, was irgendwie andren Freude macht und mein Inneres befriedigt. – So, wenn wir uns nicht gegenseitig selbst quälen, können wir nun noch das schönste Leben führen, was uns die Umstände irgend nur ermöglichen.*[391]

Am 23. November, ihrem fünfzehnten Hochzeitstag, kehrte er von der Kur zurück. Anschließend begann er in der ihm eigenen Art, alle Freunde und Bekannte zu missionieren: Sie sollten ebenfalls die Segnungen der Hydrotherapie erfahren. So groß war seine Begeisterung, daß er in einem Brief an Liszt ausrief: *Wahrlich, all unsre Politik, Diplomatie, Ehrsucht, Ohnmacht und Wissenschaft und – leider auch – unsere ganze moderne Kunst, in denen man den Gaumen zum Verderb des Magens so lange einzig befriedigt, gereizt und wieder zu schmeicheln versucht hat, bis unvermerkt nur noch ein Leichnam galvanisiert wurde, wahrlich, diese ganzen Schmarotzergewüchse unsres heutigen Lebens haben keinen andren Grund und Boden, aus dem sie wachsen, als – unsre ruinierten Unterleibe!*[392]

Der Grandseigneur Liszt, der gerne gutes Essen genoß, wird darüber hinweggesehen haben, aber was sollte Minna mit solchen Sprüchen anfangen? Ihr Unterleib funktionierte noch recht gut, Probleme bereitete ihr dagegen ihr Herz. Sie wird über die Mehrarbeit gestöhnt haben, die ihr nach Richards Rückkehr von der Kur auferlegt war, denn sie hatte ihren Mann morgens in ein nasses Tuch einzupacken, dann herauszuwickeln und ihn nach dem Bad trocken abzureiben. Mittags sollte sie ihn wieder tüchtig mit einem nassen Tuch abreiben und für den Abend ein Sitzbad vorbereiten, das nur 10 Grad haben durfte. Richard sah die Belastung ein und forderte sie auf, eine rüstige Person anzuheuern, die das viele Wasser holen und das Scheuern der Wanne besorgen sollte. Ihrer Nichte Johanna gegenüber sprach sie von der *abscheulichen Wasserkur, die er vor einem Jahre brauchte und jetzt noch zu hause fortsetzt … wenn Richard sich einmal für etwas begeistert, so muß es bis auf den letzten Grund ausgetitscht* ›ausgelöffelt‹ *werden, selbst wenn er dabei seinem Verderben entgegengeht.*[393] Ihr war alles Fanatische zuwider. Er dagegen belehrte gerne seine Freunde und geriet prompt mit

Sulzer in eine scharfe Auseinandersetzung. Der eher nüchtern-kritisch eingestellte Freund versuchte ihm klar zu machen, daß seine angelesenen Weisheiten nicht wissenschaftlich untermauert und daher als subjektiv zu bezeichnen waren. Das konnte Wagner nicht stehenlassen, er fühlte sich beleidigt und wurde immer hitziger im Tonfall. Bei einem heftigen Streit nach einer Einladung zum Mittagessen verließ Sulzer die Wohnung und konnte erst durch einen Versöhnungsbrief beruhigt werden, in dem Wagner sich selber der *Auftritte der ärgerlichsten Art, wie sie endlich aus meinem leidenschaftlichen Naturell sich gestalten,* bezichtigte und Besserung gelobte. Er konnte dennoch nicht umhin, dem Freund zu raten, bestimmte Kapitel aus dem Werk von Reuss zu lesen, wobei es sich unter anderen um die »Abhandlung über die Auffangung und Ablagerung der Gifte« handelte. Minna hatte freundschaftliche Gefühle für Sulzer entwickelt, seit er ihr in der Laussot-Affäre so beigestanden hatte, und war sicherlich über diesen Streit verärgert. Richard blieb bei seiner asketischen Lebensweise, und sie mußte ihm morgens trokkenes Brot mit Milch servieren. Er wies sie an, einen Spieß anzuschaffen, um daran Fleisch zu rösten – vermutlich hatte er irgendwo gelesen, daß dies die beste Zubereitungsart sei. Als an ihrem Hochzeitstag die Gäste gratulierten und dabei Wein tranken, zog er verächtlich über sie her: *sie soffen wie immer, und mein ekel vor diesem weingesaufe, ohne das diese unglücklichen menschen keine spur von laune zu bekommen vermögen, hat mich vollends davon überzeugt, daß ich wirklich kurirt bin.*[394] Ob er Minna, die eine Schwäche für Champagner hatte, das Trinken gestattete, ist nicht bekannt. Spätestens 1854 hatte er seine Alkonholenthaltsamkeit aufgegeben, denn am 5. Juli schreibt er Minna, daß er sich bei einer Junggesellen-Whistpartie *in Acht nehmen werde, nicht einen Katzenjammer für die Reise zu bekommen.*

Ein Jahr später war er von den Wasserkuren geheilt. – *Ich gehe in keine Wasserheilanstalt mehr,* schrieb er Julie Ritter.[395] Im Oktober 1852 besuchte er mit Minna ein befreundetes Ehepaar, das sich in Behandlung bei einem Wasserarzt befand. Seine Meinung hatte sich inzwischen ins Gegenteil verkehrt, und Uhlig, dem die Zeilen galten, wird über den Meinungsumschwung gestaunt haben: *Der Aufenthalt dort ist aber gräßlich. Gott bewahre mich vor so 'ner Wasseranstalt: lieber verbrenne ich im feuer.*[396] Minna wird ihrerseits die verschiedenen Phasen mit Nachsicht ertragen haben, solange er nicht darauf bestand, daß sie sie sich zu eigen machen mußte. Es ist bewundernswert, daß er in diesen Wochen trotz verschiedener körperlicher Leiden noch Kraft fand, die erste Skizzierung der Handlung des »Rheingold« und der »Walküre« fertigzustellen.

Minna berichtete Mathilde Schiffner, daß Wagner zum Ehrenmitglied der schweizerischen Musikgesellschaft gemacht worden war, sowie *zum Ehrenmitglied einer der ersten geschlossenen Gesellschaften, wo man tanzt, singt und springt, dies ist unser beider Element nicht mehr. Kurz an Ehrenbezeugungen fehlt es nicht so, als wie oft am besten!* – Mit dem Theaterangebot war sie zufrieden, sie bekamen auch Freikarten, aber sie konnte sie nur selten nutzen, weil sie ständig so viel Kleidung für sich und Richard auszubessern hatte. Sie wünschte sich inständig, daß Richard wieder komponieren würde. Ihr schien das im Gegensatz zu seinen schriftstellerischen Arbeiten eine Möglichkeit zu sein, wieder an die alten Erfolge anzuknüpfen. Mathilde blieb ihr eine liebe Freundin: *gewänne* ›ich‹ *etwas in der Lotterie, dann müssten wir zusammen kommen*. Zum Schluß bedankte sich Minna für übermittelten Klatsch, den sie ihrem Mann sicherlich brühwarm erzählte: *Die Reis* ›s‹*igerische Geschichte, so wie die Devrient hat mich sehr amüsiert. Ich danke Ihnen dafür*.[397]

Was wäre aus Wagner geworden, wenn er wie geplant mit Jessie Laussot in den Orient gereist wäre? Es wäre ihm aus der Ferne verwehrt gewesen, sein Schaffen in Europa bekannt zu machen, Aufführungen in die Wege zu leiten und sich mittels Aufsätzen und Lektüre in den zeitgenössischen Diskurs über das Musikleben einzumischen. Seine Bibliothek, aus der er vielfache Anregungen schöpfte, hätte er ebenfalls nicht mitnehmen können. Minna hatte entscheidend zum Scheitern des Planes beigetragen und den seelisch Verwundeten wieder aufgenommen, wobei sie ihn spüren ließ, daß seine eloquenten Begründungen für eine Trennung sie zwar tief verletzt hatten, aber dennoch hinnehmbar waren, da sie in ihrer Radikalität nicht der Wahrheit entsprachen. So hatte es zu einem Neubeginn kommen können.

Obwohl Richard Jessie so gut wie nie erwähnte, blieb sie ihm noch jahrelang in lebhafter Erinnerung. An Emilie Ritter schrieb er sieben Jahre später, als er schon lange Mathilde Wesendonck zugetan war: *Aber könntest Du glauben, dass ich J. vergessen, und sie mir gleichgültig werden könnte? Was ich über sie erfuhr waren aber immer nur Nachrichten über ihr äußeres Leben: kannst Du mir nichts über ihr Inneres mittheilen? Was ich aus den letzten Jahren von ihr weiß ist genug, um meine Theilnahme für sie wieder auf das höchste zu spannen. Glaubte ich mich dereinst feindselig und untröstbar von ihr verletzt, so begreife ich jetzt doch wohl, daß sie nur einer unerhört schweren Prüfung vorübergehend erlegen war.*[399]

Und Minna? Vielleicht nahm sie sich in einer stillen Stunde einen der zahlreichen Briefe vor, in denen Richard ihr zwei Jahre zuvor eloquent seine Liebe bezeugt hatte: *So will ich denn keine Mühe, keinen Schritt scheuen, sei er mir auch noch so zuwider, der mich da hinauf bringt, von wo aus ich frei wählen kann, und was ich wähle – das weiß ich –: immer bei Dir sein zu können!*[400]

SECHSTES KAPITEL

»Der gute, närrische Mann…«: Das Zürcher Exil 1852 – 1854

Der Wechsel ins neue Jahr 1852 hatte bei Minna keine guten Vorahnungen geweckt. *Neujahr haben wir uns nun nach 10 uhr in das Bette gelegt, mir erregt so ein Festtag immer Bangigkeit, was mir wohl wieder bevorstehen wird, im vergangenen ›Jahr‹ habe ich wieder einen guten Theil zu tragen gehabt, sollte sich so etwas wiederholen, dann lieber Todt sein, ist mein Wunsch!*[401] Der trübe Winter scheint aber für sie gut geendet zu haben, denn im März und April konnte Richard berichten: *Minna geht's gut, sie amüsirt sich hier viel mehr als in Dresden, hat Freundinnen und Unterhaltung … Meine Frau strahlt in Wonne und Freude, hat schöne Kleider und viele Freundinnen.*[402] Einige Monate später klagt er jedoch dem Komponisten Robert Franz: *Ich lebe hier ein Leben der Verzweiflung und der fortgesetzten nothgedrungenen Entsagung.*[403] Und dies, obwohl er sich im Frühjahr einen *sträflichen Luxus* gegönnt hatte, den er darauf verwandte, in seinem Arbeitszimmer *die Phantasien aus 1001 Nacht* zu verwirklichen.[404] Es waren mehrere Ursachen, die seine Unzufriedenheit nährten. Verschiedene Vorhaben waren gescheitert, es fehlte ihm die *Nahrung von außen* – er meint den anerkennenden Zuspruch für sein Schaffen –, und er litt an überempfindlichen Nerven. Vor allem sehnte er sich nach einer Frau, die ihm uneingeschränktes Verständnis entgegenbringen könnte. An Uhlig schrieb er im Januar: *Um den wiedergewinn meiner jugend, um Gesundheit, natur, ein rückhaltslos liebendes Weib und tüchtige Kinder – sieh! Gebe ich all meine Kunst hin! Da hast Du sie! Gieb mir das andere!*[405] Auch Julie Ritter hatte von ihm erfahren, was sein größter Wunsch war: ›Ich‹ *habe die unüberwindlichste sehnsucht nach einem weiblichen wesen, das mir theuer ist.*[406] Von diesen Wünschen ahnte Minna nichts.

Zürich, die imposante Schweizer Metropole zu beiden Seiten der Limmat, vor der Kulisse des Zürichsees und des fernen Hochgebirges. Zeitgenössische Photographie.

Man lebte sich ein in der Schweiz. Das ursprünglich kleine Zürich war dabei, die größte Stadt des Landes zu werden. Erweiterungen und Umbauten prägten den Aufbruch. 1811 war die Stadtmauer aus dem 13. Jahrhundert abgetragen worden, bis 1829 waren die Türme und Tore verschwunden. Die letzten Reste der Stadtbefestigung wurden um 1860 herum beseitigt, somit hatte sich das Stadtbild in nur einem halben Jahrhundert rasch erweitert.[407] Industrie und Gewerbe siedelten sich weiter an, viele steinerne Bauten waren bis 1840 errichtet worden, der Handel nahm zu, und die Stadt zog vielseitig begabte Menschen an. Der Modernisierungsschub kam Wagner in mehrfacher Hinsicht zugute: durch die verstärkte Mobilität der Transportmittel konnte er seine zahlreichen Erkundungsreisen innerhalb der Schweiz leichter unternehmen, denn die Eisenbahn wurde 1847 eingerichtet und kontinuierlich ausgebaut. Die Postkutschenverbindungen zwischen Zürich und anderen Städten waren durch die Dampfschiffahrt auf dem Zürichsee ergänzt worden.

Der wirtschaftliche Aufschwung brachte aber auch ein entsprechendes kulturelles Interesse mit sich, und es zogen immer mehr geistig interessierte Menschen dorthin. Das Ehepaar pflegte denn auch regen Umgang. Richard besuchte in Begleitung Minnas verschiedene Opernvorstellungen (so die »Zauberflöte« von Mozart und den »Vampir« von Marschner). Die Damen der gehobenen Schichten werden sich auch um die Frau des immer berühmter werdenden Dirigenten, Komponisten und Musikschriftstellers bemüht haben. Damit wuchs ihre Position in der Zürcher Gesellschaft. Die Landschaft begeisterte sie, und sie beschrieb sie Mathilde Schiffner, die sie zu einem Besuch überreden wollte: *Auf den Rigi zu steigen braucht man von hier aus nur einen Tag, vom Fuße des Rigi braucht man dann nur 4 Stunden tüchtig zu steigen und sieht dann den Sonnuntergang wenn es nicht trübe ist, dann am folgenden Morgen den Sonnaufgang. Das ganze Berneroberland ist bei hellem Wetter zu überblicken, was wohl das Großartigste in seiner Art ist, was man sehen kann; ringsum die majestätischen Schneeberge, überall diese Wunder, man traut seinen Augen kaum.*[408] Als ehemalige Künstlerin hatte sie außerdem ein besonders scharfes Auge und Ohr für die künstlerischen Leistungen. Richard besprach die Darbietungen mit ihr, und da sie zudem freien Eintritt hatte, war sie häufig unterwegs. Aber auch das Tanzen kam zu seinem Recht, denn Richard erwähnt im Februar, daß sie zu einem Ball gegangen war, während er daheim blieb. Dennoch hing die bodenständig veranlagte Frau, der es damals so schwer gefallen war, sich von Paris zu trennen, immer noch gedanklich der Dresdener Zeit an.

Richard befaßte sich mit der Aufführung seines »Tannhäuser« in Berlin und bezog seine Nichte, die inzwischen berühmt gewordene Sängerin Johanna Wagner in die Verhandlungen ein. Sie hatte einen Zehnjahresvertrag mit der Berliner Hofoper, und ihr Vater Albert war von der Direktion beauftragt worden, mit Richard über die Überlassung des »Tannhäuser« für Berlin zu verhandeln. Das alles beschäftigte Minna. Sie bedankte sich bei Johanna, die ihr ein Kleid geschenkt hatte, und schrieb ihr im November mit großer Herzlichkeit: *Manche prosaische, häusliche Beschäftigungen, da ich nehmlich keinen Dienstboten habe, waren allein der Grund, der mich abhielt, mich aufschwingen zu können an meine jetzt ruhmgekrönte Nichte zu schreiben. Mit wahrhafter Freude ersehe ich, daß Du, trotz allen Huldigungen, die Dir in Deiner Stellung mit Recht zutheil werden, Dein liebes kindliches Gemüth und Anhänglichkeit für uns bewahrt hast. Glaube mir, meine gute Johanna, Niemand weiß das wohl mehr zu würdigen als ich, die Deine Lage so genau kennt. – Mit dem größten Interesse verfolgte ich stets Deine künstlerische Laufbahn, und freute mich jedesmal, wenn ich in unserm langweiligen, abgeschlossenen Zürich etwas von Dir zu hören oder zu lesen bekam, mit nicht geringem Stolz, wenn ich Dich so durchgängig rühmen sah, legte ich dann das Blatt aus der Hand und sagte mir: nicht einmal von dem Essigmund, den Dein Nichtchen in tragischen Stellen zu machen pflegte, hört man etwas mehr; Doch, sei mir darum nicht böse, daß ich diese kleine Eigenheit erwähne, aber ich erinnere mich daran gar zu gern und wünschte nur, daß ich Dich so vor mir sehe. Leider wird mir mein liebster Wunsch, Dich in Deinem künstlerischen Wirken bewundern zu können, noch lange versagt sein, obgleich mir mein Gatte sehr zuredet, der Frommann ihre Einladung mit in ihrer Nußschaale zu wohnen, anzunehmen … Dazu käme noch meine grenzenlose Angst für das Gefallen des Tannhäuser; ja könnte ich mich in ein Mäuseloch verbergen um Dich zu hören und zu sehen, dann eben wieder stünde ich nicht dafür, daß ich nicht plötzlich aus meinem Versteck hervor spränge zu Dir eilte, Dich so recht, wie fühlen würde, an mein heiß beweg-*

tes Herz zu drücken, Dich mit Küssen bedecken, dann aber mich wieder in meine Verborgenheit zurück zu ziehen, so wäre mein schönster Wunsch erfüllt.

Zu den Diskussionen über eine Tannhäuseraufführung steuerte sie die Bitte um Verständnis für ihren Mann bei: *Es ist jetzt für uns eine aufregende Zeit, da sich die Opern Richards immer mehr verbreiten, noch nie fühlte er seine Verbannung, als bei diesem Anlaß, besonders auch Berlin, da dies gewissermaßen das Organ Deutschlands ist; das Gefallen dort, kann ihm eben so viel nützen, als es im entgegengesetzten Fall ihm auch schaden kann. Der Onkel ist dann sehr aufgeregt, daß er die Proben und Aufführung nicht persöhnlich leiten kann, ich habe deshalb viel zu leiden. – Ihr müßt Geduld und Nachsicht mit ihm haben, auch Deinen lieben, guten Vater, den ich herzlichst grüßen lasse, bitte ich um Nachsicht, Langmuth, für seinen unruhigen Bruder!*[409]

1852 geschah etwas, das für Wagners weiteres Schaffen schicksalhaft werden sollte. Er machte die Bekanntschaft des wohlhabenden Ehepaars Otto und Mathilde Wesendonck, geborene Luckemeyer. Mathilde (1828–1902) war die Tochter des Unternehmers und königlichen Kommerzienrates Karl Luckemeyer und seiner Frau Johanna, geborene Stein, die ihrerseits die Tochter eines Bankiers war. 1848 heiratete sie Otto Wesendonck (1815–1896). Im Auftrag einer Firma war er nach Amerika gereist und hatte nach seiner Rückkehr die Vertretung eines New Yorker Seiden-Importgeschäfts für Europa übernommen. Mathildes richtiger Vorname war Agnes, diesen hatte sie Otto zuliebe abgelegt, da seine erste Ehefrau bei der Hochzeitsreise plötzlich verstorben war und er seine Verlobte bat, ihren Namen anzunehmen[410]: ein seltsames Anliegen, dessen Gewährung auf ein nur wenig entwickeltes Selbstwertgefühl der jungen Frau, aber auch ihres Verlobten schließen läßt. 1849 wurde der Sohn Paul geboren, der einige Monate darauf starb. Myrrha kam 1851 zur Welt, Guido 1855 – er starb drei Jahre darauf –, Karl wurde 1857 geboren und 1867 der Nachkömmling Hans. Die mütterlichen Pflichten waren damit ein gewichtiger Grund für Mathildes eheliche Standfestigkeit.

In Ermangelung einer standesgemäßen Wohnung lebte das Ehepaar vorerst im vornehmen Zürcher Hotel Baur au Lac, und man besuchte am 20. Januar ein Konzert im Casino-Saal, das Wagner dirigierte. Es wurden die Egmont-Ouvertüre und die 8. Symphonie von Beethoven gegeben. Die literarisch-künstlerisch empfängliche und begabte junge Frau fühlte sich von Richards Dirigat unmittelbar angesprochen. Der zweite Satz dieser Symphonie wurde fortan ihr Lieblingsstück. Bei einem späteren Privatkonzert in der neuen Villa des Ehepaars wurde der Satz ins Programm aufgenommen – möglicherweise für beide eine Erkennungsmusik, die sie an die erste Begegnung erinnerte.

Nach dem zweiten Konzert im Februar, das wiederum Werke von Beethoven enthielt, drängte es sie, dem Dirigenten persönlich ihre Begeisterung mitzuteilen. Damit war der Funke gelegt, der sich zum Brand ausweiten sollte. Eine junge, schöne, begeisterungsfähige, künstlerisch ambitionierte, lebhafte und mit großem Musikverstand ausgestattete Frau traf auf einen emotional und sexuell ausgehungerten, von Krankheiten geplagten und für weibliche Reize hochempfindlichen, bereits berühmten Mann. Er war fünfzehn Jahre älter als sie, sah recht bedeutend aus und verstand es, sich gut zu kleiden. Seine Redegewandtheit und Belesenheit hoben ihn aus der Zürcher Gesellschaft hervor und wirkten anregend auf sie, die später selber schriftstellerisch tätig sein sollte. Sie bat darum, den Proben für das Konzert am 16. März beiwohnen zu dürfen, was Richard nur zu gerne gestattete. »Niemals vergesse ich den Eindruck der ersten Probe der Tannhäuser-Ouvertüre unter seiner Leitung«, schrieb sie später, »im dunkeln Saal des alten Kaufhauses in Zürich. Es war ein Taumel des Glücks, eine Offenbarung; Zuhörer und Musiker waren elektrisiert.«[411] Schauer der Begeisterung rührten sie zu heftigen Tränen, der Taumel war demnach ihr eigener. Ihre Erinnerungen verraten einen erotischen Unterton, der dadurch verstärkt wurde, daß sie anschließend mit Richard über die Ouvertüre sprach und das Schicksal Tannhäusers als einen Aufruf gegen die Scheinheiligkeit interpretierte. Konnte Richard etwas Besseres passieren? Eine Frau, die sich gegen die Heuchelei in Liebesdingen wandte, war das Gegenteil von dem, was er von Minna kannte, die trotz ihres Lebens als Schauspielerin und eigener Übertretungen bürgerlichen Vorstellungen anhing, was Untreue betraf. Minna ahnte von alledem nichts und freute sich über den großen Erfolg: *Vorige Woche wurde seine Tannhäuserouvertüre im letzten der hiesigen Abonnementconzerte aufgeführt, wenn auch die Mittel nicht so wie in Dresden vorhanden, so zeigten die Musiker viel Fleiß und guten Willen, daß es Richard wahrhafte Freude gemacht hat, sie ihnen einzustudiren. Das Publicum war ganz erstaunt, etwas so ganz Neues zu hören, und Richard wurde noch einmal stürmisch auf seinen Dirigententritt gerufen und man schrie unaufhörlich dacapo was aber nicht stattfinden konnte, da die Musiker vorher schon viel gespielt hatten und auch noch unter R. Leitung eine Bethhofensche Synfonie zu spielen hatten.*[412] Endlich begegnete Richard wieder das, was er zwei Jahre zuvor in Jessie Laussot, wenn auch nur kurz, gefunden hatte: eine schwärmerisch angelegte weibliche Seele, zudem künstlerisch-ästhetisch gebildet, die ihn bis ins Tiefste verstand, ihm zuhörte und ihn bedingungslos verehrte. Mathilde besaß wie Jessie einen vermögenden Ehemann, der sich von Mathildes Begeisterung hatte anstecken lassen, auch dies war eine günstige Fügung.

Das alles tat ihm offensichtlich gut, und sechs Tage nach der Probe, bei der Mathilde Richard so überschwenglich begegnet war, schrieb er an Uhlig: *Einige neue Bekanntschaften haben sich mir aufgedrungen: ihrem männlichen Teile nach sind sie mir sehr gleichgültig, weniger dem weiblichen nach. So geht's mit einigen Schweizer Familien aus der hiesigen Aristokratie (ich spreche nur von den Frauen!) Ich bin verwundert, so viel Lebhaftigkeit und selbst Reiz unter ihnen anzutreffen.* Und wiederum an den vertrauten Freund: *Es ist immer wieder das »ewig Weibliche«, was mich mit süßen Täuschungen und warmen Schauern der Lebenslust erfüllt. Ein feucht glänzendes Frauenauge durchdringt mich oft wieder mit neuer Hoffnung.*[413] Mathildes Tränen der Erschütterung beglückten ihn zutiefst. Julie Ritter erhielt eine ähnliche Botschaft: *Die Wirkung davon* ›Tannhäuserouvertüre‹ *war ungeheuer, und sie hat mir plötzlich, wie im Sturm, Herzen geöffnet, deren matter Schlag mir bis dahin ganz gleichgültig sein mußte. Daß ich namentlich Frauen meine, versteht sich von selbst.*[414] Schließlich mußte auch Liszt informiert werden, daß unter den Freunden *eine sehr liebliche Frau war.*[415] Das, wofür er zunächst eher zurückhaltende Worte findet, steht ein Jahr später, 1853, bereits in voller Blüte: *oh, ich liebe! und ein so göttlicher Glaube beseelt mich, daß ich selbst – der Hoffnung nicht bedarf!*[416] Er genoß es, als Mensch und als Künstler von Mathilde verehrt und wahrhaft geliebt zu werden, und er begann, Mathilde in seine Kompositionspläne einzuweihen. In ihren Erinnerungen schreibt sie: *So kam ich nach Zürich ganz unbelehrt. Wagner selbst nannte mich ein weißes Blatt und nahm*

Mathilde Wesendonck.
Marmorbüste von L. Keiser, 1860.

sich vor, es zu beschreiben.[417] Da sie Beethoven liebte, spielte und erläuterte er ihr die Sonaten. Wenn ein Konzert mit Musik von Beethoven angekündigt war, zu dem sie hingehen wollte, spielte er ihr die Klavierfassung der jeweiligen Symphonien so lange vor, bis sie alles gut kannte. Es freute ihn, wenn sie ihm zu folgen vermochte und an seiner Begeisterung die Ihrige entzündete.[418] Sie erfuhr von ihm über den Buddhismus, nahm an seinen Gedanken teil, die er im Hotel, wenn er sie zum Tee besuchte, ausführte und setzte sie Jahre später in ihren eigenen Gedichten und Erzählungen um. Diese beglückende Erfahrung einer Seelenverwandschaft – wobei die Hierarchie von vornherein feststand, war sie doch das *weiße* Blatt, das er beschreiben durfte - führte dazu, daß er endlich wieder komponieren konnte. Er las einer interessierten Zuhörerschaft die Dichtungen zum »Ring« und nach und nach seine Prosa-Schriften vor. Sie war stets dabei.

Aber Mathilde war nicht nur verzückt, sondern voller Tatendrang. Sie wollte etwas für den vergötterten Tonschöpfer tun und half tatkräftig mit, Aufführungen des »Holländers« im April 1852 zu verwirklichen. Trotz ihrer Sanftheit, die sie nach außen hin trug, konnte sie hartnäckig sein. Ihr Status als Ehefrau eines wohlhabenden Industriellen öffnete ihr zusätzlich die Türen. Richard übernahm die Leitung der Oper, die Ende April viermal mit großem Aufsehen bei vollem Saal in Szene ging. Mathilde konnte das Werk, das die Erlösung eines einsamen Mannes durch die unbedingte Treue einer jungen und reinen Frau behandelt, viermal hintereinander hören, und sie tat es sicherlich mit wachsendem Genuß und innerer Bewegung. Aber auch Minna wird mit großer Genugtuung allen Aufführungen gelauscht haben. Die Presseresonanz war gewaltig. Es gab Widersacher ebenso wie Bewunderer, aber letztere überwogen.

Für Richard markierte dieses Ereignis das sichere Bewußtsein einer Liebe, die ihn jahrelang in den Bann schlagen würde. Jahre später schrieb er seiner Schwester Clara: *Was mich seit sechs Jahren erhalten, getröstet, und namentlich auch gestärkt hat, an Minna's Seite, trotz der enormen Differenzen unsres Karakters und Wesen's, auszuhalten, ist die Liebe jener jungen Frau, die mir anfangs und lange zagend, zweifelnd, zögernd und schüchtern, dann aber immer bestimmter und sichrer sich näherte. Da zwischen uns nie von einer Vereinigung die Rede sein konnte, gewann unsere tiefe Neigung den traurig wehmüthigen Charakter, der alles Gemeine und Niedre fern hält, und nur in dem Wohlergehen des Andren den Quell der Freude erkennt.*[419]

Es bleibt rätselhaft, was er mit dem *Gemeinen und Niederen* meint, war er doch ein Fürsprecher des naturhaften Liebesrausches, wie sich an der Gestaltung der Figuren von Tristan und Isolde, Brünnhilde und Siegfried, Siegmund und Sieglinde zeigt. Vermutlich dachte er an ein auf die reine Sexualität beschränktes Begehren. In den folgenden Jahren genoß er das Glück, wahrhaft geliebt zu werden und eine Muse zu haben, die ihn inspirierte, aber er erfuhr auch Frustration und Trauer, denn dauerhaft ließ sich der Wunsch nach körperlicher Vereinigung nicht unterdrücken. Wahrscheinlich befiel ihn auch im Zusammenhang mit Mathilde eine wehmütige Erinnerung an Jessie Laussot, denn er schrieb Julie Ritter, daß ihm klargeworden sei, daß es auf Erden kein Glück mehr für ihn geben könne. *Bis zu einem, Ihnen so wohl bekannten Ereignisse meines Lebens war ich noch jung: mit einem Schlage bin ich von da an alt geworden ... ich sank wieder in die Welt der Einbildungen zurück.*[420] Da Mathilde Wesendonck jung verheiratet war und eine Familie besaß, sah er – ausnahmsweise realistisch – keine Chancen für sich.

Minna ahnte einiges, stellte sich aber blind. So vertraute sie 1858 Mathilde Schiffner an: *Ich bin, was den Punkt in Nachsicht für die Männer betrifft eben so aufgeklärt und habe schon manches nachgesehen und nicht bemerken wollen, so gut wie andere Frauen, ich bin ja 6 volle Jahre blind nebenher gelaufen.*[421] Sie war mithin recht bald im Bilde, wenn auch nicht über das schädliche Ausmaß der Beziehung.

Alle Beteiligten bemühten sich, der Situation den Anschein des Normalen zu geben. Mathilde schrieb freundlich an Minna, so im Juli 1853, und schilderte ihren Ferienaufenthalt mit der Familie in Bad Ems. Es gab aber Passagen, die Minna alarmiert haben müssen, so beispielsweise, wenn sich Mathilde für die Zusendung einer Klaviersonate bedankte, die Richard komponiert und Minna ihr zugeschickt hatte: *Seit einigen Tagen besitze ich nun wieder ein Clavier, und spiele mit steigendem Entzücken das herrliche Werk, welches mir so unverdient zu Theil wurde. Wohl fühle ich, daß ich nur den leisesten Schatten davon wiederzugeben im Stande bin, allein selbst Dieser macht mir unendliche Freude. Ob ich wohl das »Wißt Ihr wie das wird« vollständig ergründen werde? Ich weiß es nicht – Wohl nicht eher, bis der Meister selbst mir durch sein Spiel das Verständnis dazu erschließt. Dadurch erhält das Werk erst seine wahre Weihe – bis dahin will ich forschen ob ich es erfassen könne.*[422] Solche huldigenden Töne, bei denen sich die Absenderin freiwillig zum Kind herabstufte und Meister überhöhte, konnten Minna nicht gefallen; sie waren auch eher für Richard als für sie gedacht, der sich auf eine Stunde am Klavier mit der geliebten Freundin freuen durfte. Minna versagte ihrem Mann keinesfalls die künstlerische Anerkennung, nur war sie mit Geld- und Haushaltssorgen beschäftigt und konnte Richard auch nicht die Verehrung entgegenbringen, wie es die junge Frau tat, die selbst nach Jahren der Korrespondenz brieflich sein *Kind* blieb.[423]

Als Richard für Freunde eine Ferienwohnung suchte, fand er etwas Passendes in der auf dem Zürichberg gelegenen Pension »Rinderknecht« in der Gemeinde Fluntern. Die Landschaft mit der Fernsicht auf das Limmatttal, den See und die Glarner Alpen gefiel ihm so sehr, daß er spontan beschloß, vom Mai bis Juli selber eine Wohnung ebendort zu mieten. Er suchte sein körperliches Heil inzwischen nicht mehr ausschließlich in Waschungen mit kaltem Wasser und Kompressen, sondern in Sonne und frischer Luft.

Dieser Umzug wurde dadurch etwas erleichtert, daß nicht alle Möbel in die Sommerwohnung gebracht werden mußten. Dennoch war Minna, die Seßhaftigkeit bevorzugte, mit diesem plötzlichen Entschluß unzufrieden. Es gefiel ihr dort gar nicht, die Sonne prallte, es gab keinen Schatten in der Nähe, keinen schönen Spaziergang, es sei denn, man stieg bergauf. Die häufigen Umzüge ermüdeten sie, denn sie zog nun zum fünften Mal in knapp drei Jahren um: *Ich kann Ihnen versichern, meine liebe Mathilde, daß ich Reisen und Herumziehen recht herzlich satt habe und beneide immer diejenigen, die einen steten Aufenthalt haben.* Sie freute sich darauf, mit ihr allein sein zu dürfen und bat sie, ihren Entschluß, zu kommen, nicht aufzugeben: *Daß Sie bei mir wohnen, versteht sich, gedultige Schaafe gehen viele in einen Stall, sagt man, eine so liebe Freundin bescheidet sich gern; oder packen Sie gleich nach Empfang dieses Briefchens zusammen, wenn es Ihre Zeit erlaubt, und kommen gleich, dann sind wir recht ungennirt da Richard nicht da ist, Sie schlafen in seinem Bett, in drei Tagen sind Sie hier, Sie reisen mit der Eisenbahn über Hof und Baiern.*[424] Dennoch gab sie sich Mühe, es ihrem *Männel* schön zu machen und lud an seinem Geburtstag am 22. Mai Johann Bernhard Spyri, Johann Jakob Sulzer und Wilhelm Baumgartner in die Pension zum Essen ein. Im Juli zog man an den Zeltweg zurück, was wiederum erhebliche Unruhe und Arbeit für Minna bedeutete.

Richard fühlte sich nach den Anstrengungen seiner Arbeit ausgebrannt und plante eine Erholungsreise durch das Schweizer Alpenland in den Süden. Es war schon lange sein Wunsch gewesen, Italien kennenzulernen. Obwohl touristische Reisen aufgrund des fortgeschrittenen Eisenbahn- und Bergbahnbaus Mitte des 19. Jahrhunderts en vogue waren, entschied Richard, den größten Teil zu Fuß zu bewältigen. Nach einer fünftägigen Fußwanderung über Luzern, Lungern, Brienz, Interlaken, Lauterbrunnen, Wengeralp, Kleine Scheidegg (2064 m), Grindelwald und von dort über das Faulhorn (2683 m), Große Scheidegg, Meiringen, Grimsel, Griespaß (2466 m), Domodossola, die Borromäischen Inseln, Pallanza und Locarno kam er in Lugano an. *Ein wunderlicher Instinkt* trieb ihn, Minna zu bitten, nachzureisen, wozu sie sich erstaunlich schnell entschloß. *Packe Deine 3 Strümpfe und 2 Hemden zusammen, nimm den Peps und setz'Dich mit ihm in den Postwagen*[425] … *Es ist drollig – immer bin ich doch wieder nur an diese beiden gewiesen, wenn ich 'was lebendes um mich haben will!* schreibt er Uhlig.[426] Und noch: *Ueber Minna's Ankunft habe ich mich sehr gefreut. Sie soll nun dafür auch noch etwas rechtes zu sehen bekommen.*[427] Auf der Fahrt geriet sie in ein schweres Gewitter und schlief nach der Ankunft in einem Gasthof völlig erschöpft auf dem Sofa sofort ein. Georg Herwegh und François Wille kamen am nächsten Tag hinzu, blieben aber nur drei Tage. Die Gruppe besuchte die Umgebung Luganos und den Lago Maggiore mit den Borromäischen Inseln. Nach der Abreise von Wille und Herwegh waren Minna und Richard mit dem Hund Peps noch zehn Tage unterwegs. Sie reisten weiter nach Domodossola und begaben sich über den Simplon nach Martigny im Wallis. Dort waren alle Gasthäuser überfüllt, und sie konnten *nur mit Benutzung des Liebesverhältnisses eines Postillons zu einem Dienstmädchen, widerrechtlich in einer für diese Nacht von der Herrschaft verlassenen Privatwohnung ein Obdach* finden.[428] Von Martigny ging es nach La Forclaz weiter (Höhe des Paßübergangs 1523 m). Sie erreichten Trient, wo sie im Hotel de la Tête Noire übernachteten, um von da über La Châtelard, – Vallorcine, – Col des Montets (Paßhöhe 1445 m) – Argentière, bis nach Chamonix zu reisen. Dort besuchten sie das sogenannte Eismeer und die Flégère, von wo aus sie den Montblanc sehen konnten. Minna rutschte dort aus und verletzte sich am Bein, so daß sie noch tagelang hinkte. Weiter ging es durch das Tal der Arve über Sallanches, Cluses, Bonneville, Annemasse nach Genf, von dort über Lausanne und Bern nach Zürich. Für die bereits herzkranke Minna muß diese weite Reise äußerst anstrengend gewesen sein, obwohl Richard versucht haben wird, sie möglichst zu schonen und große Strecken mit einem Wagen oder Zügen zu bewältigen. Auch ihm brummte der Kopf nach der Gewalttour.

Ein willkommener Zuwachs zum Freundeskreis fand sich 1852 in Eliza Wille und ihrem Mann François. Sie bewohnten ein stattliches Landhaus im benachbarten Mariafeld oberhalb des Zürichsees, malerisch unter Nuss-, Linden- und Ahornbäumen versteckt. Dr. François Wille war früher Journalist in Hamburg sowie Schleswig-Holsteinischer Deputierter in der Frankfurter Paulskirche gewesen. Das Ehepaar pflegte einen gediegenen Lebensstandard, zu dem auch ein Weinkeller gehörte, den man gerne plünderte, um die mitunter feurigen Diskussionen weiter zu beflügeln. Richard trank gerne eine »obligate halbe Flasche Champagner zur Nervenerfrischung.«[429] Zu weilen lud er sich über Nacht selber ein, da man für jede Strecke nach Marienfeld einen zweistündigen Fußmarsch zurücklegen mußte. Minna war auch oft dabei, und auch Georg Herwegh, der 1851 nach Zürich zog, gehörte zu den Gästen.

»Die Sitte der Zeit, welcher ich Erziehung und Bildung dankte, hielt es für vermessen, daß eine Frau mitredet über Dinge, die sie oberflächlich kennt, ohne je auf den Grund gegangen zu sein. – Ich hatte von meiner ersten Jugend an viel, unendlich viel gelesen ... aber weder mein Vater noch andere Männer, die ich verehrte, würden sich angenehm berührt gefühlt haben, wenn ich mit meinem Wissen hervorgetreten wäre ... Eine Vielwisserin, ein Blaustrumpf! davor graust der männlichen Natur; alle Grazien fliehen vor dieser.«[430] Eliza Wille, die dies niederschrieb war eine gebildete Frau und wußte, wovon sie sprach. Während die Männer über literarische und philosophische Themen parlierten, wurde von ihr verlangt, sich still zu verhalten und sich nicht mit ihren Kenntnissen einzumischen. Gebildete Frauen mußten in Schach gehalten werden; die Entscheidungsmacht in jeder Beziehung blieb in männlicher Hand. Dennoch nutzte sie ihr Reflexionsvermögen, um Erinnerungen an diese Jahre niederzuschreiben.

Richard genoß die geistig anregende Atmosphäre, denn er war stets Feuer und Flamme für neue Ideen und vertrat sie mit Leidenschaft, bis eine andere von ihm Besitz ergriffen hatte. Ein Beispiel dafür ist seine Überzeugung von den Wohltaten der Wasserkuren, die er seinen Freunden so energisch aufzuzwingen versuchte, daß es zum Streit kam. Mit leichtem Spott erinnert sich Eliza an Gespräche über seine Schopenhauer-Lektüre, die er bekanntlich auch in seinem Werk umsetzte: »Wagner, mit unerhörter Schnelligkeit der Auffassung, hatte bald die Werke Schopenhauers durchflogen. Er und Herwegh staunten über das gelöste Welträtsel. Weltentsagung und Askese – dahin sollte die Menschheit gelangen! – Weltentsagung, Tugenden der Heiligen konnten doch nur ein leerer Schall für Männer sein, die die Welt brauchten zu ihrem Schaffen und Bestehen, während sie Genüsse des Lebens weder zu verschmähen noch zu verachten gesonnen waren.«[431] Besonders überwältigt war Richard von neuen Ideen, wenn sie mit seinen Lebenserfahrungen zusammenfielen, und unter dem Deckmantel abstrakter Philosophien suchte er sogar seine Liebe zu Mathilde Wesendonck zu legitimieren. Eliza, die mit Mathilde befreundet war,

Der Landsitz von François und Eliza Wille in Mariafeld am Zürichsee. Gemälde von Wilhelm Streckfuß, 1855.

erinnerte sich noch gut daran. »Es war überhaupt eine Zeit unklarer Vorstellungen und verworrener Meinungen über Verhältnisse der Familie und Pflichten des Lebens. Die Ehre des Mannes, die in der Treue wurzelt bei übernommener Pflicht, und die Demut des Weibes, die sich dem Manne unterordnet in ihrer tiefen Liebesstärke, sollte zurückstehen vor dem göttlichen Rechte der Leidenschaft!«[432] Das betraf Mathilde, ohne daß Eliza Wille dies aussprechen mußte. Da Richard selbst ehelich gebunden und die Angebete ihrerseits sowohl Ehefrau als auch Mutter war, verteidigte er damit seine nach damaligen Vorstellungen gleich doppelt anrüchige Liebe.

Langsam gewöhnte sich Minna an Zürich. Die anfängliche Ablehnung ging in Akzeptanz über, je mehr sie und Richard in das soziale Gefüge Eingang fanden. Eliza zufolge war sie im Zeltweg eine freundliche Wirtin, die gerne gesellig lebte und Besucher gut zu bewirten verstand.[433] Der Freundeskreis leistete den Einladungen gerne Folge, denn auch Richard war gesellig veranlagt und es hob seine Laune, nach getaner Arbeit mit verständigen Menschen zusammen zu sein.

Minnas Alltag war in diesen Jahren aufgrund der psychovegetativen Krankheiten (Hautausschläge, Verstopfung) und depressiv-gereizten Stimmungen ihres Mannes belastet. Herwegh schärfte ihr ein, ihm wieder alkoholische Getränke aufzunötigen, und allmählich gewöhnte er sich wieder an den Genuß von Wein, Kaffee und Tee, was seine Bekannten erfreute.[434] Es blieb Minnas großer Wunsch, daß seine Opern möglichst oft gespielt würden, wußte sie doch aus Erfahrung, wie wichtig ihm gelungene Aufführungen und gute Besprechungen waren, trotz seiner Beteuerungen, nichts mit der Außenwelt zu tun haben zu wollen. In einem Brief an Mathilde Schiffner, die am 26. Oktober 1852 in Dresden eine Aufführung des »Tannhäuser« miterlebt und darüber berichtet hatte, zeigt sich Minna über den Stand der Aufführungen in Deutschland bestens informiert. *Meine liebste Freundin! Vergeben Sie mir, daß ich Ihnen noch nicht geschrieben und Ihnen für Ihre liebe Mittheilung, von der Aufführung des Tannhäuser von ganzem Herzen dankte! Auch Richard läßt Ihnen noch nachträglich herzlich danken, es freute ihn ungemein! Merkwürdigerweise blieben wir noch mehrere Tage gänzlich, ausgenommen der Ihrigen, ohne eine Nachricht von der Aufnahme des Tannhäuser, unsere einigen Freunde, Fischer, Heine, Uhlig hatten sich einer auf den anderen verlassen, bis endlich der arme kranke Uhlig uns schrieb. Sie meine liebe Mathilde haben also den Sieg davon getragen, die erste gewesen zu sein, die das bange erwartete Schweigen auf so liebevolle Weise gebrochen hatte. Dank, nochmals Dank dafür!!*

Die guten Krähwinkler können sich im Dresdener Anzeiger noch immer nicht beruhigen, daß man von einem solchen Hauptspitzbuben wieder eine Oper auf dem königl. Theater bringt, und diese Opposition gerade ist es, die Lüttichau bestimmen soll, auch den Lohengrin diesen Winter zu geben. Die Partituren von Tannhäuser hat man bereits zur Aufführung in diesen Winter für folgende Theater bezogen: Prag, Rostock, Riga, Frankfurt, Cöln, Düsseldorf, Berlin. In Wiesbaden und Breslau ist er bereits mit dem größten Beifall gegeben worden, in letzterem Ort in 4 Wochen sogar 12mal bei brechend vollem Hause. Es scheint, als wollte sich die Wagnersche Musick Bahn brechen. Gott gebe es, möchten diese erfreulichen Erfolge belebend auf seinen Geist, seine Gesundheit ebenso einwirken, damit ich, seine nächste Umgebung, nicht so furchtbar von seiner Unruhe, seinen Launen zu leiden habe. Gewiß, meine theuere Freundin, ich muß oft meine ganze Vernunft und Kraft zusammen nehmen, nicht einmal die Gedult zu verlieren, aber ich glaube denn doch, daß ich auch Nerven habe, es überfällt mich manchmal ein Weinen, wogegen ich gar nichts thun kann, bis sich der Thränenquell von selbst wieder schließt und dieses nur in Folge des ewigen Gestachels und der Aufregungen.

Im Monat Februar will Richard mit mir nach Paris gehen, um eine Kur unter der Aufsicht eines ihm bekannte Arztes zu machen, mir graut da ›vo‹r! Im Frühjahr kommen wir hier zurück: Überhaupt soll Zürich in jedem Verhältniß des Lebens eine Heimath für uns sein, selbst wenn eine Annarchie einmal einsetzen sollte, woran ich für meinen Teil zweifle ... Wenn man keine Dienstboten hat, giebt es doch zu viele kleine unangenehme Beschäftigungen, die einem die Zeit recht wegnehmen. Natalie ist mir nur eine schwache Hülfe und in meinem Gatten habe ich mindestens 4 kleine Kinder zu versorgen, schon die zwei Bäder, die er täglich im Hause nimmt, wollen erwärmt sein und erfordern viel Mühe.[435]

Minna listet Mathilde einige der Hausarbeiten auf, mit denen sie sich täglich abmühte. Frühmorgens mußte sie Richard ein- und abreiben, einige Stunden später ein 18 Grad warmes Duschbad zubereiten, ihn wieder abreiben, abends abwaschen und mit Olivenöl einreiben. Das Kochen verschlang viel Zeit, da er derzeit nur Wildpret aß. Für das Dienstpersonal, Natalie und sich kochte sie etwas Einfacheres, so daß sie zwei Gerichte zubereiten mußte. Zwischendurch kamen Besucher, die sie betreute, vor allem, wenn Richard arbeitete; zu nähen und zu sticken gab es auch vieles.

Anfang November beendete Richard den Text zu »Rheingold« und machte mit François Wille und Herwegh eine schon lange geplante Reise in die Alpen. Bis Mitte Dezember war die gesamte Tetralogie im Text fertiggestellt – eine ungeheure Leistung. *Hat Richard auch seine Launen, unter denen ich ja furchtbar leide, so ist es immer sein Unwohlsein, dann kommt doch wieder ein Moment, wo man verzeiht. Dann arbeitet er auf seiner Stube und wir sehen ihn nur von Mittag an, bis dahin gehören wir uns an und können uns der herrlichen Natur weiden,*[436] schreibt Minna in dieser Zeit an Mathilde, um sie zu einem erneuten Besuch nach Zürich zu locken.

Die Sorgen um ihre Eltern hielten an. Richard kannte ihre Klagen bereits recht gut: *Da fängt plötzlich meine Frau ihr Lamento an, daß heute nun schon der 1. Oktober sei und sie jetzt trostlos sein müsse, ihren Eltern nicht die Miete schicken zu können! Das ist nun allerdings das Härteste; ich habe in dem Moment gar kein Geld, und wenn Frankfurt nicht bald schickt, bin ich übel dran.*[437] Wieder mußte sie die beste Freundin um Geld bitten: *Ich kann leider nichts weiter thun, als schicken, was wir entbehren können, fehlt es ihnen aber dennoch an etwas Geld, so bitte ich Sie inständigst, meine gute Mathilde, borgen Sie meiner Mutter, wenn Sie es können nach und nach bis 10 Thr, ich werde es Ihnen gewissenhaft und mit größtem Dank zurück erstatten. Die Meinigen machen mir in Wahrheit so viel Kummer, daß ›ich‹ an nichts Freude finden kann, wir sind z. B. wiederholt auf Bällen eingeladen, ich könnte mich aber gar nicht so aufschwingen daran noch Vergnügen zu finden. Auch Richards ewiges Unwohlsein, seine Grillen, ich möchte mich oft recht ausweinen und ich thue es auch, dann fühle ich mich leichter. Letzhin fühlte ich mich auch garnicht recht wohl, ich unterstand es mich auszusprechen, da kam ich aber schön an, Richard schrie mich an und sagte: nun, da können wir ja gleich in das Spital gehen, wenn Du auch noch anfangen willst krank zu sein .... Gott gebe, daß ich gesund bleibe, sonst wirft man mich, wie die Juden, auf den Mist. Daß Richard, jetzt, wo man seine Opern häufig in Deutschland giebt, nicht gegenwärtig sein kann, fühlt er seine Verbannung doppelt, ich sah das kommen und ist nun nicht mehr zu helfen.*[438]

Mathilde Schiffner war für Minna ein seelischer Anker, an den sie sich klammerte. Sie brauchte die Vertraute, um sich auszusprechen, und erhielt von ihr Zuspruch und Trost. Sie lud sie wieder herzlich für den Sommer ein. Im Juli wollte Richard für vier Wochen nach St. Moritz fahren, um seine Nerven zu stärken. Dann wäre Minna alleine: *In dieser Zeit bin ich so frei wie der Vogel in der Luft, wie angenehm, wenn Sie da wären, ich sage Ihnen, meine liebe herzens Mathilde dies nicht, als ob Sie uns Beiden* ›nicht‹ *herzlich willkommen wären, nur der Ungenirtheit wegen. Aus diesen Grund und aus Liebe für Sie, könnte ich mich gern entschließen mit Ihnen den alten Rigi noch einmal zu besteigen, was mir gewiß nicht leicht geworden ist. Ueberhaupt kenne ich hier in der Umgegend alle schönen Punkte, wohin ich Sie stets begleiten würde und wir würden uns die Zeit so angenehm wie möglich verbringen, weiter darf ich Ihnen hierüber nun nichts mehr schreiben, überlegen Sie, prüfen Sie, schreiben Sie!!*[439]

Im Februar dirigierte Richard ein Konzert und las im Hotel Baur au Lac die Nibelungen-Trilogie vor. Kurz vor Weihnachten hatte er sie bei François und Eliza Wille im Haus Mariafeld in Meilen vorgetragen; Minna war sicherlich immer dabei. Während er dort vortrug, mußte Eliza Wille den Raum wegen eines kranken Kindes verlassen; Richard reagierte verärgert und nannte sie deswegen Fricka nach der mäkelnden Ehefrau Wotans.[440] Minna wird geahnt haben, daß auch sie mit der Rollengestaltung Frickas gemeint war; zu oft hatte sie Richards utopischen Flausen widersprochen und sich damit seinen Unmut zugezogen. Die Schlußworte des »Ring«-Textes in der damaligen Fassung werden ihr nicht gefallen haben: »Nicht trüber Verträge trügender Bund, nicht heuchelnder Sitte hartes Gesetz: selig in Lust und Leid läßt – die Liebe nur sein!« Der Laussot-Eklat war ihr noch gegenwärtig; sie war nicht bereit, einen solchen Freispruch für Liebesabenteuer zu akzeptieren, und die »Ring«-Trilogie konnte sie nicht so begeistern wie die Opern, die er davor geschrieben hatte.

Mehrere Beweggründe kamen zusammen, die Richard zu einer Aufführung seiner Musik in Konzertform motivierten. Verdis Oper »Nabucco« war euphorisch in der Presse besprochen worden und er mußte offensiv für sich werben, wenn er dem Konkurrenten nicht unterliegen wollte. Er hatte zudem »Lohengrin« noch nicht hören können und wünschte dies seit langem. Die Musikgesellschaft beschloß, die Unkosten durch erhöhte Eintrittspreise und Subskriptionen aufzufangen und willigte ein. Als das Vorhaben nicht so glatt verlief wie geplant, sprang Otto Wesendonck zusammen mit einem weiteren wohlhabenden Mann ein. Hier hatte wohl wieder Mathilde im Hintergrund die Fäden gezogen.

Während der Planungen und Vorarbeiten beschloß Richard, von der Parterrewohnung Zeltweg 11 in eine hellere und geräumigere Wohnung nebenan im Zeltweg 13 zu ziehen. Die neue Vermieterin war die begabte Aquarellistin und Zeichnerin Clementine Stockar-Escher, die die beiden später auch porträtierte. Minna war wieder vollauf beschäftigt. Um diesen Umzug zu finanzieren, nahm Richard wie so oft einen Vorschuß auf Honorare, die noch gar nicht zugesagt oder gar eingetroffen waren, die er aber durch einen erhofften Anstieg der Aufführungen seiner Werke erwartete. Zwei Gästebetten wurden untergebracht und verschiedene Handwerker beauftragt, Material zu liefern, um alles wunschgemäß einzurichten. Im Flügelzimmer stand nun ein neues Möbelensemble aus Plüsch; die Verbindungstüren zu den vorderen Zimmern ließ er aushängen und Stoffportièren dafür anbringen. Liszt, der im Juli die Räume besichtigte, sprach bewundernd von der »kleinen Elégance«. Während Richard den verschwenderischen Aufwand für sein kreatives Wohlergehen benötigte und sich dabei ästhetisch an den höheren Kreisen orientierte, blieben die Anschaffungen für Minna eine überflüssige Ausgabe. Die Kosten waren erheblich und Richard geriet wieder einmal in schwere Geldnöte, wovon Minna möglichst nichts erfahren sollte.

Die Konzerte im Mai 1853 waren ein besonderer Höhepunkt für die Stadt und den Komponisten. Noch nie war er so anhaltend und so herzlich gefeiert worden. Die Fremdenlisten der städtischen Gasthäuser verzeichneten ein Drittel mehr Gäste und ausländische Zeitungen berichteten im voraus von dem Ereignis. Am ersten Abend wurden Auszüge aus »Rienzi«, dem »Holländer«, »Tannhäuser« und »Lohengrin« gespielt, wobei Richard die Auszüge aus »Lohengrin«, denen er teilweise neue Schlüsse hinzukomponiert hatte, endlich hören konnte. Das Publikum war bezaubert. Man hatte 70 ausgezeichnete Musiker sowie einen Chor von 110 Stimmen zusammengebracht, *und vor diesem Orchester stand auf einer kleinen Erhöhung der herrliche Mann, dessen gewaltiger Geist alle hieher zum schönsten gemeinsamen Wirken vereinigt hatte, dessen zauberhaftem Stabe sie alle willig und freudig gehorchten … Einen solchen Jubel haben wir noch selten in unserm Theater gesehen; jede Nummer wurde rauschend bewillkommt, am Ende der Meister stürmisch gerufen und von Publikum, Musikern und Sängern mit Kränzen, Bouquets und Freudenbezeugungen überschüttet.*[441]

Was müssen wohl Minna – und einige Plätze weiter Mathilde Wesendonck – empfunden haben, als sie den jubelnden Erfolg miterleben durften? Nach dem ersten, anstrengenden Konzert lud Richard alle Mitwirkenden sowie die Mitglieder der Musikgesellschaft zu einer geselligen Zusammenkunft in ein Café ein – eine großzügige Geste angesichts seiner Geldknappheit. Wieder werden Minna und Mathilde einträchtig mitgefeiert haben, ohne zu ahnen, welches Seelendrama sie später durchleiden würden. In diesen unbeschwerten Tagen stand Richard im unangefochtenen Mittelpunkt und genoß die Anerkennung in vollen Zügen.

Beim zweiten Konzert am 20. Mai war das Haus wiederum ausverkauft. Das Orchester empfing ihn mit einem dreifachen Tusch.

Die Presse setzte den euphorischen Tonfall fort: *Wiederum ging das musikalische Wunderwerk, das uns Wagners künstlerischen Lebens- und Entwicklungsgang selbst zur Erscheinung brachte, in musikalischer Vollendung an den entzückten Herzen vorüber. Mit jedem Tonstück steigerte sich der Jubel, bis er im »Lohengrin«, gewiß der Krone von Wagners Schöpfungen, in niegehörtem Enthusiasmus losbrach. Publikum, Musiker und Sänger wetteiferten miteinander, dem Meister ihre Dankbarkeit, Verehrung und Bewunderung darzubringen.*[442]

Am nächsten Tag feierte man weiter, diesmal mit einer Seefahrt zu Ehren der Teilnehmer. Mit Musikbegleitung ging es nach Rapperswil und nach vier Stunden zurück. Wagner lud alle zu einem gemeinsamen Abendessen ein, dessen Kosten aber zum Glück für ihn die Musikgesellschaft übernahm. Es war das erste Festessen zu seinen Ehren. Auf die Rede des Präsidenten der Musikgesellschaft, Herrn Ott-Usteri, ging Wagner spontan ein. Er wolle mit seinem Schaffen weder Ruhm, Reichtum noch eine äußerlich glänzende Stellung erwerben, sondern alles, was edel, rein und göttlich sei, den Menschen ans Herz legen, damit sie in Liebe selig seien. Mathilde und Minna werden diese innerste Überzeugung Wagners unterschiedlich wahrgenommen haben. Für Mathilde waren es noble Sätze, und der Bezug auf die Liebe als höchster Wert alles Daseins wird sie besonders ergriffen haben; für Minna zwar erhaben klingende Worte, die sich in der praktischen Umsetzung aber als unergiebig erwiesen.

Das Fest war noch nicht vorbei. Für den 22. Mai, der dritte Konzerttag und zugleich Wagners 40. Geburtstag, hatte sich Mathilde etwas Besonderes ausgedacht: ihr Diener ging von Loge zu Loge und verteilte an alle Blumensträuße, die beim Schlußapplaus auf die Bühne zu werfen waren. Tatsächlich flogen die Kränze und Bouquets von überall auf das Podium, der Jubel war allgemein und das Orchester intonierte einen Tusch. Die Eidgenössische Zeitung berichtete: *Ein Sänger trat vor und rezitierte ein Gedicht, welches das Wirken des hochbegabten Mannes würdig feierte, und die schönste der Frauen überreichte ihm den Lorbeerkranz, den der bescheidene Meister sich nicht auf die Stirne drücken ließ. Eine zweite Dame überreichte ihm als freundliches Andenken im Namen der Sängerinnen einen silbernen Pokal. Vor Wonne trunken und aufs Tiefste ergriffen von so vielen Beweisen der Liebe und Vereh-*

rung, brachte der Gefeierte nur die Worte hervor: »Welch eine große und rührende Freude bereitet ihr mir heute!« Es war zufällig sein vierzigster Geburtstag. Beseligt und gerührt ging Alles auseinander. Die Tage dieses Festes werden unvergessen und unauslöschlich bleiben. So wirkt die Kunst und die edelste Menschlichkeit.[443]

Das Gedicht verfaßte Fehr zufolge Mathilde Wesendonck[444]; es wird aber von der Wagnerforschung inzwischen Johanna Spyri zugeordnet. Die Verfasserin zog es jedenfalls vor, anonym zu bleiben.

Besiegelt von der Liebe Kuß.
Den tiefsten Zug hast Du getan,
Du freier Mann mit Leier und Schwert.
Des heiligen Kampfes hast Du begehrt,
und hehr des Friedens Werk vollbracht.
Du greifst mit Deiner kühnen Hand
In alle Saiten der Natur,
Und auf der Töne lichter Spur
Steigt höchste Wahrheit Dir empor …
Gepriesen sei des Meisters Kraft,
Die alle Herzen sich erschließt,
Ins ärmste höchste Wonne gießt,
Dem ganzen Volk ein Segensborn.
Es winkt ein klares Morgenrot.
In dieses jungen Tages Lauf
Geht nun der Schönheit Blüte auf,
Und d i r gehört der Ehrenkranz.[445]

Wagner verriet Liszt gegenüber: *Einer schönen Frau … legte ich das ganze Fest zu Füßen* und deutete damit bereits jetzt eine geheime Kommunikation zwischen ihm und Mathilde an. Er hörte solche Worte, die ihn triumphal als Übermenschen befeierten, gewiß lieber als Bezeichnungen wie *Knübeltopf von Mann*, wie sie Minna zuweilen in Briefen gebrauchte. Das großartige Fest wurde am 23. Mai mit einem Spaziergang auf die Waid abgeschlossen. Dort traf Richard mit Minna etwas später ein, leutselig und glücklich über die Ehrungen. Am Tag darauf empfing das Ehepaar die engsten Freunde am Zeltweg, um den silbernen Pokal einzuweihen, den die Sängerinnen dem Meister gestiftet hatten.

Solche Feste erfreuten Minna trotz der zusätzlichen Arbeit von

Herzen, denn Richard war gutgelaunt, ja geradezu selig vor Glück, was die allgemeine Stimmung hob. Ihre Genugtuung kann jedoch nicht darüber hinwegtäuschen, daß sie ihren Gatten inzwischen sehr viel kritischer als früher sah. Es scheint, als würde sie ihre Zuneigung immer stärker auf ihre Freundin Schiffner verlegen, um sich für die Probleme des Alltags mit dem hochempfindlichen und oft

Minna Wagner mit Hund „Peps".
Aquarell von Clementine Stockar-Escher, Zürich 1853.

gereizten Ehemann zu entschädigen. Sie geriet förmlich in einen Überschwang, als sie ihr nach einem Besuch schrieb: *Daß Sie so reiche Blumenspenden bey Ihrer Ankunft gefunden ist natürlich, hätt ich den Tag Ihrer Ankunft hier gewußt hätt ich eine Ehrenpforte von uns bis an das Rathhaus gebaut und Sulzer als Genius darauf gestellt er ißt oft bey uns und läßt Sie schönsten grüßen … auch Baumgartner kommt oft und da verbringen wir die langen Abende ganz gemüthlich.*[446] Der treue Zürcher Freundeskreis entschädigte sie allmählich für die verlorengegangenen Freundschaften in Dresden.

Gesundheitlich war sie angeschlagen. Es plagten sie Schmerzen in der Brust und ein kurzer Atem deutete darauf hin, daß ihr Herz geschädigt war. Auch schmerzende Füße quälten sie. Richard beschloß, zusammen mit ihr nach Brunnen zur Kur zu fahren, um sich von den ermüdenden Festlichkeiten zu erholen. Man wollte von dort aus Ausflüge ins Berner Oberland unternehmen. Das Ehepaar unterbrach den Urlaub, um nach Interlaken zu den Töchtern von Julie Ritter zu reisen, die dort Ferientage verbrachten, hatte aber so schlechtes Wetter, daß Wagner sich zum Arbeiten zurückzog und Minna sich die Regentage mit den beiden Damen vertreiben mußte.

Anfang Juli erfolgte der von Wagner lang ersehnte Besuch Franz Liszts. Minna mußte nun zur Hochform auflaufen, ihre Koch- und Organisationskünste waren gefragt. Bis zu zwölf Personen drängten sich in ihrer Wohnung, darunter Sulzer, Müller, Eschmann, Kirchner, Baumgartner, das Ehepaar Wille sowie Herwegh. Liszts Diener Hermann half ihr und war erfreut, den Keller mit Lebensmitteln ebenso gefüllt zu sehen wie die Küche. Wagner hatte keine Kosten gescheut, um den Freund mit einer täglichen *table ouverte* gebührend zu empfangen. Minna erledigte ihre Pflichten zur größten Zufriedenheit, denn Liszt schrieb ihr nach seiner Rückkehr einen Dank für *alles Freundliche und Liebe*, das er durch sie erfahren habe.[447] Richard reagierte umgehend und teilte Liszt mit, daß Minna über sein Lob hocherfreut gewesen sei.[448] Daraufhin schickte sie Liszt Honig, denn er war ihr sympathisch, da er trotz seines Künstlertums und seines Ruhms bodenständig und lebensklug war – sie vergaß ihm auch nie, daß er die politische Betätigung ihres Mannes Jahre zuvor verurteilt und sie dadurch gestützt hatte.

Ein zweitägiger Ausflug Wagners mit Liszt und Herwegh in die Innerschweiz schloß den Besuch ab. Zwei Tage nach Liszts Abreise erfuhr Wagner eine erneute Huldigung, als die Zürcher Sängervereine ihn mit einem Fackelzug, einer Festrede und musikalischer Umrahmung wiederum feierten. Ihm wurde ein Ehrendiplom überreicht. Den Abschluß bildete der Matrosenchor aus dem »Fliegenden Holländer«. Minna freute sich über diese schöne Ehrung genauso wie er.

Richard fuhr anschließend zusammen mit Georg Herwegh zur Kur nach St. Moritz. Er war noch so beseelt von den vielen Ehrungen, daß er sich ihr gegenüber scherzhaft als *der hochbefackelte, berühmte Komponist, Dichter und Sterndeuter R.* betitelte. Die Reisegefährten übernachteten in Chur und waren dann mit dem Postwagen weitergefahren. In St. Moritz schlug seine Stimmung um, denn die Kur war mehr eine Qual als eine Erholung, vieles war unbequem, und zudem langweilte er sich. Um sich Abwechslung zu verschaffen, machte er gewaltige Bergwanderungen: *Vorgestern waren wir vier Stunden weit auf einen Rosetsch* ›Rosegg‹ *-Gletscher gegangen: furchtbares Klettern über Eisspalten! Herwegh erklärte oft, er könne hier oder dort nicht herüber; ich mußte dann immer wieder umkehren und es ihm noch einmal vormachen. (Sag das übrigens seiner Frau nicht!) Es war eine sehr anstrengende Partie; elf Stunden beständiges Klettern und Kräpeln; aber so etwas Großartiges habe ich noch nicht erlebt, so war ich noch nie in der erhabensten Eisgebirgswelt!* Es erstaunt, wie leistungsfähig Wagner war, elf Stunden Bergwanderung sind ohne Training eine schier unglaubliche Leistung. Er besaß bekanntlich bis an sein Lebensende eine große körperliche Beweglichkeit.

In St. Moritz wurde Jagd auf einen Bären gemacht, der angeblich sechs Schafe gerissen hatte, was Minna umgehend berichtet wurde. Ansonsten mußte er oft Mißverständnisse klären und ihre Ängste zerstreuen. Seine Frau hatte beunruhigt nachgefragt, warum er zwei Hotelnamen angegeben habe. Sie zweifelte an seiner Aussage, daß er Geld erwartete, und fragte nach, warum er ihren Schreibstil kritisiere. Alle drei Punkte stellte er richtig, nannte sie *ewig mistrauische Gattin* und folgerte: *Du siehst hieraus, – und das sind doch nur Kleinigkeiten, wie sonderbar es mit Deiner so gerühmten Liebe aussehen muß: Du arge Frau hast ja nicht einmal das mindeste Vertrauen, sondern hinter jedem Schritte, hinter jedem Worte argwöhnst Du etwas, siehst etwas, was gar nicht vorhanden ist, und bringst mir somit immer den Wunsch bei, daß Dich der liebe Gott bessern möge! … Ihr närrischen Frauen! begreift Ihr denn nicht, daß Euer größter Stolz darin bestehen muß, wenn euer Mann, aus der vollsten Ungebundenheit und Freiheit, endlich doch immer sich Euch wieder zuwendet? Ja, wenn Ihr wüßtet, was wirkliche Treue der Liebe wäre, d. h. wirkliche Dauer!*[449]

Obwohl er anschließend einen versöhnlichen Ton anschlägt – *genau betrachtet waren es Deinerseits doch nur Neckereien* –, hatte die kleine Auseinandersetzung doch einen ernsteren Unterton und ist typisch für die Art, wie sich die Kommunikation in den darauffolgenden Jahren entwickeln sollte. Richard begriff nicht, daß er es war, der Minna den sicheren Boden unter den Füßen weggezogen hatte, und beschuldigte sie der mangelnden Liebe und des Mißtrauens. Minna ihrerseits kannte seine Eloquenz, mit der er zuweilen hart an der Grenze zur Unwahrheit lavierte und schenkte seinen Aussagen oft keinen Glauben.

Als ihm Minna von ihrem labilen Gesundheitszustand schrieb, malte er ihr eine Zukunft aus, die aufgrund des Geldmangels niemals Wirklichkeit werden sollte: *Du sollst und mußt jetzt ein behaglich ruhiges Faulenzerleben führen: es muß Dich unterhalten, des Morgens Dich langsam hübsch und nach Gefallen anzuziehen; ein recht behagliches, schönes Negligée sollst Du zur Zeit schon von mir bekommen: Deine Beschäftigung sei etwas sticken, namentlich angenehme Lectüre; Besuch empfangen, gemächlich für die Straße Dich anziehen, Besuch machen u.s.w. Mit der Zeit schaffe ich ein hübsches Wägelchen an; das gebe ich zu einem Kutscher, mit dem ich wegen des Pferdes, das er mir stellen muß, einen Accord schließe: dann fahre ich Dich nachmittags hübsch spatzieren. Kurz, Du mußt durchaus nun das Leben einer vornehmen Frau führen; um Wirtschaft darfst Du Dich nicht mehr kümmern, als eben Dir nur Vergnügen macht. So allein kommst Du in den rechten Gang für die Dir nöthige Lebensweise. Was dazu mit Geld gemacht werden kann, dazu wird nun schon Rath; glaube mir, meine Zukunft, wie es jetzt steht, kann außerordentlich glänzend werden … Du sollst und mußt eine vornehme Frau werden; Du darfst mir nur noch in Sammt, Seide und Atlas gehen: und doch dabei so recht behaglich. Denn – wenn eine Frau es so hat, so verdienst Du es, so zu haben: das will ich dann Allen sagen, die Dich etwa beneiden und sich darüber aufhalten! – (Und ein Venusstübchen machen wir uns auch noch: das versteht sich!)* – Solche Wunschbilder kannte sie, seit sie mit ihm zusammenlebte, und sie wird darüber hinweggelesen haben. Beruhigender wird ihr der herzliche Grundton erschienen sein, mit dem er sich von ihr verabschiedete: *Nun meine gute Minna, leb wohl, halte Dich recht schön: denke an das behaglichste Leben, das Du Dir nur vorstellen kannst, an das Wägelchen – na! und – ich sage nichts weiter! Du sollst's schon noch eine Weile mit mir aushalten! Adieu!* Das Bild vom Venusstübchen gefiel ihm, und er konkretisiert es später: *Leb'wohl, altes Mietzel! Empfange mich gut: sorge für das Venusbett; an meinem Besuche soll's nicht fehlen. Adieu! Schüttle Pepsen die Pfoten!*[450]

Richard reiste anschließend nach Italien. An ihrem Geburtstag konnte er nicht bei ihr sein, und er ließ ihr über Baumgartner mehrere Geschenke überbringen. Er liebte es, ungeachtet seiner finanziellen Verhältnisse großzügig zu schenken. Sie erhielt ein goldenes Armband, eine hübsche Haube und Handschuhe. Sogar an seidene Armbänder hatte er gedacht, womit sie ihren Sonnenbrand bedekken sollte, den sie sich in einer einstündigen Wanderung auf den Uetliberg bei Zürich mit Mathilde Schiffner geholt hatte, die sie während Richards Abwesenheit besuchte. Nicht ohne Stolz berichtet sie ihr von Richards Sehnsucht: *An meinem Geburtstag erhalte ich einen Brief von ihm worin er das schmerzlichste Heimweh ausspricht das ich es kaum für Ernst hielt, zum Beyspiel das er vor Schmerz und Jammer laut aufschrein möchte weil er an diesem Tage nicht bey mir sein könnte das er ganz Italien dafür hingäbe*, stellt sie etwas erstaunt fest.[451] Tatsächlich hatte Richard am 3. September geschrieben: *Heute platzte ich bald vor Heimweh – ach Gott! Ja, ja! – ich komme gewiß bald wieder, so himmlisch schön es hier auch ist! Adieu! liebes gutes Mienel! Viele viele Küsse von Deinem Manne*. Ein Ausflug nach Genua wurde abgebrochen, weil es ihn dort nicht mehr hielt. Als Reisegeschenk brachte er von dem übriggebliebenen Geld zwei Kleider mit, ein schwarzes und ein farbiges, von dem Minna ihrer Freundin, die Schneiderin war, eine Stoffprobe beilegte. Minna ließ es mit schwarzen Spitzen garnieren. Sie galt immer noch als attraktiv und wußte sich durch entsprechende Kleidung ins rechte Licht zu setzen.

Nach Richards Rückkehr fuhr Minna nach Baden im Kanton Aargau zur Kur. Richard kaufte ihr zum Trost einen Papagei namens Jacquot, der den Kosenamen Knackerchen erhielt und zum Familienliebling avancierte. Minna brachte ihm die Worte

»Richard Wagner ist ein böser Mann!« bei, die er jedem vorschnarrte.

Im Oktober fuhr Richard nach Basel, um dort Liszt und die Fürstin Carolyne von Sayn-Wittgenstein zu treffen. Sein Verhältnis zur intellektuell interessierten Fürstin blieb gespalten: *Mit gleichem Interesse für die höchsten Fragen, welche uns bewegten, wie für die zufälligsten Einzelheiten unsres persönlichen Verkehres mit der Welt, schmeichelte sie einen jeden in eine gewisse Ekstase hinein, in welcher er das Beste, dessen er fähig war, von sich aus zu geben sich genötigt fühlte*,[452] beschreibt er sie mit ironischem Unterton. Er freute sich, auch Peter Cornelius, Joseph Joachim und Hans von Bülow zu treffen, die Liszt begleitet hatten. *Alle brüllten beim Eintritt in den Gasthof die Posaunenstelle aus Lohengrin,* schrieb er Minna im Wissen darüber, daß sie eher Sinn für das Komische denn das Ehrwürdige hatte. Carolyne hatte ihre bildhübsche sechzehnjährige Tochter Marie mitgebracht, die Emma Herwegh wegen ihres engelhaften Aussehens »Raphael« taufte, und Richard entwickelte für *das Kind* eine Schwäche. Liszt hatte ihn anschließend nach Paris eingeladen und die Fürstin, die kurz zuvor beim Mittagessen einen Toast auf Minnas Gesundheit ausgebracht hatte, entschloß sich spontan mitzureisen. Dort lernte Richard auch zum ersten Mal Liszts Kinder kennen, darunter die sechzehnjährige schüchterne Cosima.

Obwohl er viele liebe Menschen und Musikerkollegen um sich hatte, bat Richard seine Frau, doch nachzureisen: *Dich bekam ich natürlich nicht aus den Gedanken, und herzlich freute ich mich darauf, nächstens nun mit Dir so recht hier herum zu bummeln.*[453] Er mußte die Fahrtkosten zwar nicht bezahlen, aber er wußte aus Erfahrung, wie teuer Paris war und bat Sulzer um einen Vorschuß, den dieser auch gewährte. Minna übernachtete in Basel und reiste dann früh morgens mit dem Schnellzug direkt nach Paris. Die siebzehnstündige Fahrt, so versicherte ihr Richard, sei *ganz angenehm und nicht anstrengend*. Er schrieb ihr noch, daß Wesendoncks ebenfalls in Paris seien, obwohl Richard sich redlich bemühte, einen etwaigen Verdacht im Keim zu ersticken: *Die Wesendonk freute sich sehr, als sie erfuhr, daß Du auch kämest; sie wollen im Ganzen 14 Tage hier bleiben; für uns wird das recht angenehm sein, nur denke ich, bleiben wir nicht so lange; schon des armen, armen Pepsels willen.*[454] Sein Wunsch, Minna bei sich zu haben, zeigt, wie stark die alten Banden noch wirkten. Die alten Genossen Kietz und Anders kamen nur dann regelmäßig zum Essen, wenn Minna auch da war,[455] und man wird fröhlich alte Erinnerungen aufgefrischt haben.

In Paris verfolgten sie unangenehme Erinnerungen an die Suche nach Richard die Jahre zuvor, und Richard war bemüht, sie durch Geschenke ein wenig zu entschädigen. An Mathilde Schiffner schrieb sie nach ihrer Heimkehr: *Ich war also mit Richard gerade 8 Tage in dem verhängnisvollen Paris, das heißt Richard war schon mit Liszt 14 Tage früher dort und ich reiste allein den 19ten Oct. nach. Wir lebten dort meistens mit unseren alten armen Freunden zusammen, in ein Theater bin ich nicht gekommen. Richard hat mich mit Geschenken reich bedacht, zum Beispiel mit einem seidenen Schlafrock, in dem sich eine Königin nicht zu schämen brauchte, dann zwei Hüte aber viel kleiner als der Ihrige, den Sie vorigen Sommer hier aufhatten, fast nicht größer als eine Haube, davon ich auch zwei bekommen habe, ein Mäntelchen von wollenem sonderbaren Stoff. Die Ueberraschung aber bei unserer Zurückkunft, war aber noch größer, alle meine lieben, alten Möbel waren beiseite geschafft und an ihrer Statt rothseidene und samtene gestellt, auch rothe Vorhänge mit gesticktem Tüll darunder. Ich muß es Ihnen gestehen, meine theuere Freundin, daß es mich eher schmerzte als freute und es war als ob ich in eine fremde Stube käme, nicht mehr in meine heimlichen mit der ich ja vollkommen zufrieden war, ich mußte mich erst herzhaft ausweinen, der gute, närrische Mann, in solchen äußeren Flittern liegt mein Glück nicht. –*

Richard componiert fleißig und braucht nun äußere freundliche Eindrücke, die er nicht in Italien gefunden, darum verliere ich kein Wort über diesen Luxus, aber freuen kann ich mich nicht.

Unser Leben ist sonst noch wie im Sommer, nur mit dem Unterschiede, daß Sulzer, Baumgartner, Hagenbuch, Herr und Frau Wesendonck oft zu uns kommen, letztere kennen Sie freilich nicht, was ich bedauere, aber gesprochen habe ich Ihnen oft von ihnen … Sulzer läßt Sie schönstens grüßen, ich hatte ihm Grüße von Ihnen ausgerichtet, worüber er sich wirklich freute. Er brachte mir gestern einen Gewinn der Frankfurter Lotterie in 40 fr. bestehend, er schleppt mich nehmlich mit einem Antheil immer mit durch, ohne daß ich etwas steuere, diese zwei Napoleon d:ors schicke ich anbei mit diesem Brief meiner Mutter, sonst habe ich nichts Baares.[456]

Richard hatte somit vor der Abreise heimlich eine Bestellung zur Luxusausstattung der Wohnung erteilt, während Minna ihren kleinen Lottogewinn sofort an die bedürftigen Eltern schickte.

Nach einer längeren Pause arbeitete Wagner am »Ring«. In seinem Zimmer hatte er verschiedene Arbeitsplätze. An einem Schreibtisch dichtete und schrieb er und an einem Stehpult komponierte er. Während des Komponierens lief er im Zimmer auf und ab, trat in den Nebenraum, wo das Klavier stand, um einige Akkorde auszuprobieren und schrieb dann am Stehpult das Ergebnis nieder. Minna mußte vormittags alle Gäste von ihm fernhalten. Das tat sie gerne, denn er war aufgeräumt, wenn er gut gearbeitet hatte. Wenn Richard Bekannte einlud, mußte sie schnell handeln. *Bleibts doch morgen beim Mittagessen. Ein Hase kommt an den Spieß* – so und ähnlich schrieb er an Sulzer bzw. an die anderen Freunde.[457] Oft galt es, das Wirtschaftsgeld zu strecken. Noch von Paris aus lud Richard die Zürcher Freunde zum Mittagessen bei sich daheim ein. Auf der Rückreise kam man über Straßburg. Unter dem Turm des Münsters war ein Markt im Gange, und Minna nutzte die Gelegenheit, um Blumenkohl mitzunehmen. Hummer und Austern wurden ebenfalls erstanden.

Da Minna merklich abmagerte, beschloß Richard, Natalie, die in Leipzig weilte, zurückzuholen. Er war wirklich besorgt: *Leider geht's meiner armen Frau nicht zum besten: sie hat sich übernommen, und ihre Gesundheit ist jetzt in entschiedenem Verfall.*[458] Er bot Natalie, die in Leipzig weilte, 200 Franken dafür, daß sie Arbeiten von Minna übernahm, wozu die Beschäftigung einer Näherin mit Arbeiten, die Aufsicht über die Wäsche und über den gesamten Haushalt mit Ausnahme des Kochens gehörte. Natalie nahm das Angebot an; ob sie das Geld je gesehen hat, ist zu bezweifeln.

Das Ehepaar Wesendonck wurde nun häufig eingeladen. Die Treffen mit Mathilde blieben für Richard in diesen Jahren eine Labsal für Geist, Seele und Herz. In ihrem Nachlaß befinden sich zahlreiche Abschriften von Kurzschreiben, die Richard an sie oder das Ehepaar richtete. Sie sind meistens undatiert: *Herr und Madame Wesendonk sind zu Sonntag Mittag freundlichst von uns eingeladen. u.A.w.g. Familie Wagner*; oder: *Meine in der Küche beschäftigte Frau läßt Ihnen rathen, den Wagen zu nehmen, den Sie ja selbst bei gutem Wetter zu benutzen gewußt hätten. Auch wäre es in unse-*

rer Wohnung außerordentlich warm. Wodurch Ihnen angedeutet werden soll, daß wir Sie noch nicht aufzugeben Lust hätten.[458] *Verehrte! Sie erlauben mir, heute nachfragen zu lassen, ob Sie zu Abend noch ein wenig zu uns kommen könnten. Im günstigen Fall würde ich Ihnen dann vorschlagen, ein paar Stunden bis 10 Uhr recht ruhig bei uns zu verbringen: Ich werde niemand weiter einladen, um diesen heiligen Abend durch nichts zu verkümmern.*[459] Mit dem Begriff »heilig« deutete Richard das Glück an, das die Gegenwart der Angebeteten ihm bereiten würde. Für Minna waren diese großzügigen Einladungen, bei denen man Speisen vorsetzen mußte, trotz der gehobenen Stimmung schwierig. *Ach, warum bin ich nur ein so armes Thier, dem nur eben das nöthige bischen Wirtschaftsgeld zugetheilt wird.*[460] Es gab aber auch umgekehrte Einladungen. Sie besuchten weiterhin regelmäßig François Wille und seine Frau Eliza, und die Freundschaft mit Emma Herwegh, die sich mit ihrem Mann Georg nach einigen Jahren der Trennung wieder vereint hatte, wurde zu einem stabilen Pfeiler in Minnas Leben.

Die Unzulänglichkeit seiner Beziehung zu Minna wurde Richard gerade jetzt besonders bewußt. Er malte sich aus, wie paradiesisch es an der Seite von Mathilde Wesendonck sein könnte. In einem großen Bettelbrief an Liszt legt er ausführlich dar, daß ihm die Liebe das Wichtigste im Leben sei und er nur komponierte, um sein Leid ertragen zu können. Wie immer in solchen Situationen, malt er gern alles in tiefstem Schwarz, aber es wird dennoch in fast tragischer Weise deutlich, wie sehr ihm ein weiblich-erotischer Beistand fehlt und wie falsch es ist, sein Schaffen in erster Linie auf kunstpolitische und philosophische Motive zurückzuführen:

Lieber Franz! keines meiner letzten Lebensjahre ist an mir vorübergegangen, ohne daß ich nicht einmal darin am äußersten Ende des Entschlusses gestanden hätte, meinem Leben ein Ende zu machen. Es ist alles darin so verfahren, so verloren! Durch eine vorschnelle Heirat im 23. Jahre mit einer achtungswerten, aber mir ganz unangehörigen Frau bin ich ein fürs Leben Verfemter geworden. Lange war der gemeine Druck meiner Lebenslage, bei ehrgeizigen Plänen und Wünschen, diesem Druck durch Berühmtwerden mich zu entziehen, vermögend, die eigentliche Öde meines Herzens mir zu verdecken. Wahrlich, ich lebte bis in mein 36. Jahr, ehe ich jener furchbaren Öde ganz inne ward ›1849, als sich Minna zunächst weigerte, von Dresden nach Zürich zu ziehen‹: *bis dahin erhielt sich mein*

Wesen durch das Gleichgewicht zweier in mir streitenden Elemente des Verlangens, von denen ich das eine durch meine Kunst zu stillen suchte, während ich dem anderen periodenweise durch brünstige, phantastische, sinnliche Ausschweifungen Luft machte. (Du kennst meinen Tannhäuser, diese Idealisierung dieses in der Wirklichkeit oft so trivialen Gebarens! –)

Da gewann ich mir also – vielleicht im Lohengrin – das Gefühl, wie das Wissen von der Einheit jener beiden Strömungen in der wahren – Liebe, der Liebe, die ich nur in der Sehnsucht, nie in der Erfahrung hatte kennenlernen sollen. Gott, wie gern wollte ich da nackt in die Welt hinaus fliehen, nichts, nichts mehr sein als glücklich liebender und geliebter Mensch! Nun – dies eine – soll ich nicht mehr sein können: ich soll nicht mehr glücklich, sondern nur noch unglücklich lieben können – ein »Verfemter – Unmöglicher«!!

Liebster – seitdem ist mir die Kunst doch eigentlich nur noch Nebensache, sie ist mir reiner Notbehelf, nichts anderes! Doch wird sie endlich immer wieder zum wahren Notbehelf: – die Not zwingt mich, mir durch sie zu helfen, um eben noch leben zu können. Doch eigentlich nur mit wahrer Verzweiflung nehme ich immer wieder die Kunst auf: geschieht dies, und muß ich wieder der Wirklichkeit entsagen – muß ich mich wieder in die Wellen der künstlerischen Phantasie stürzen, um mich in einer eingebildeten Welt zu befriedigen, so muß wenigstens meiner Phantasie auch geholfen, meine Einbildungskraft muß unterstützt werden. Ich kann dann nicht wie ein Hund leben, ich kann mich nicht auf Stroh betten und mich in Fusel erquicken: meine stark gereizte, feine, ungeheuer begehrliche, aber ungemein zarte und zärtliche Sinnlichkeit muß irgendwie sich geschmeichelt fühlen, wenn meinem Geiste das blutig schwere Werke der Bildung einer unvorhandenen Welt gelingen soll.[461]

Obwohl Richard mit allen Fasern seines Wesens um Minna geworben und ihr leidenschaftliche Briefe geschickte hatte, war er nun überzeugt, in Mathilde Wesendonck die Idealfrau seines Lebens gefunden zu haben. Er gibt zu, daß er den Möbel- und Stoffetischismus als Kompensation für seine hoffnungslose Liebe zu Mathilde benötigte, um seine Arbeitsfähigkeit zu erhalten. Kein Wunder, daß Minna die neue Wohnungseinrichtung nicht mochte, sondern als *lauten Tand* und *alberne Einrichtung* kritisierte.[462] Er bemühte sich wohlweislich nicht, ihr den wahren Grund für seinen Geschmack zu erläutern. Dieser Brief – insofern als man ihn nicht als Momentaufnahme, sondern als ernsthaftes Bekenntnis begreift – zeigt, wie stark die Liebe zu Mathildes alles andere überschattete. Noch zehn Jahre später war die Erinnerung an diese Jahre frisch wie am ersten Tag, wenn er Eliza Wille rückblickend schrieb: *Sie ist und bleibt meine erste und einzige Liebe! Das fühl ich nun immer bestimmter. Es war der Höhepunkt meines Lebens: die bangen, schön beklommenen Jahre, die ich in dem wachsenden Zauber ihrer Nähe, ihrer Neigung verlebte, enthalten alle Süße meines Lebens. Der leisesten Veranlassung bedarf es, so bin ich mitten drin, ganz erfüllt von der wundervoll weichen Stimmung, die noch jetzt, wie damals mir den Atem benimmt und nur den Seufzer mir gestattet.*[463]

Ohne einer plumpen Ineinssetzung von Kunst und Leben das Wort reden zu wollen, ist nicht zu übersehen, daß sein Werk von diesem Topos der weiblichen Treue durchzogen ist. Er nennt selber Tannhäuser, wobei dort die sinnliche und die seelische Liebe auf zwei Frauen verteilt ist. Der Holländer bedarf einer Frau, die ihm bis in den Tod treu bleibt, und Lohengrin verlangt von der Partnerin, ihm bedingungslos zu vertrauen. Im »Ring des Nibelungen« ist es die Figur der Brünnhilde, die er zur aufopferungsvollen Liebenden stilisiert, und er läßt keinen Zweifel daran, daß die Idealisierung der weiblichen Liebeskraft (als »Liebe« verallgemeinert verbrämt) die Essenz seiner Trilogie ist.

Minna, die etwas ahnte, war noch nicht ernsthaft alarmiert, wie ihr Schreiben vom März 1854 an Mathilde Schiffner zeigt: *Vergangener Winter war ein sehr angenehmer bei uns, schönes, anhaltenes kaltes Wetter, viel Schnee ohne jedoch Schlitten zu fahren. Die Concerte worin Richard jedesmal eine Bethofensche Synphonie dirigirte und außerordentlich schön exekutirt wurden, läßt allgemein die vergangene Zeit zurück wünschen … Der Umgang mit der Familie Wesendonk ist uns sehr angenehm, zumal die Zürcher selbst doch immer Stockfische bleiben, nur mit wenigen Ausnahmen. Auf einen Ball bin ich nicht gekommen, alles Derartiges wurde rund abgeschlagen weil mir doch nicht mehr tanzerlich zumuthe ist. Sulzer und Baumgartner auch öfter Müller sind unsere gewöhnlichen Sonntags Tischgäste. Unser lieber kleiner Schwätzer der Papagei ist höchst gelehrig und ruft in einem fort, während ich Ihnen schreibe Jakob Sulzer! Ich habe es ihn per Spaß einigemale vorgesagt. Als wir ihn kauften konnte er kein Wort jetzt ruft er uns schon alle, sich selbst und noch sehr viel dummes Zeug z. B.: Minna komm her Kuß; und nun ahmt er das Küssen auf sehr natürliche Weise nach; warte Du Spitzbub, was willst Du usw. pfeift allerliebst, daß er unser ganzes Haus angenehm belebt und ihn alle sehr lieb haben.*[464]

Sulzer schenkte ihr oft Portwein, und sie wünschte ihm von Herzen *eine recht hübsche, reiche gescheute Frau, diese edle Seele verdiente es wohl.* Es gefiel ihr nicht, daß Richard sich oft mit ihm stritt, *vorigen Sonntag erst so heftig, daß Sulzer den Hut nahm und ohne Adieu zu sagen fortlief, natürlich muß ich als Versöhnerin dazwischen treten, weil er immer recht hat und ich nicht möchte, daß ein so grundbraver Freund sich von meinem Prausekopf abwendete.*[465] Ansonsten ging es bei den Zusammenkünften gemütlich zu. Der Dichter Gottfried Keller, der Ende 1855 in seine Heimatstadt zurückgekehrt war, schrieb über die lockeren Treffen des Freundeskreises um Wagner: »Hier in Zürich geht es mir bis dato gut, ich habe die beste Gesellschaft und sehe vielerlei Leute, wie sie in Berlin nicht so hübsch beisammen sind. Auch eine rheinische Familie Wesendonck ist hier, ursprünglich aus Düsseldorf, die aber eine Zeitlang in Neuyork waren. Sie ist eine sehr hübsche Frau, namens Mathilde Luckemeier, und machen diese Leute ein elegantes Haus, bauen auch eine prächtige Villa in der Nähe der Stadt, diese haben mich freundlich aufgenommen. Dann gibt es bei einem eleganten Regierungsrat feine Soupers, wo Richard Wagner, Semper, der das Dresdener Theater und Museum baute, der Tübinger Vischer und einige Zürcher zusammenkommen und wo man morgens zwei Uhr nach genugsamem Schwelgen eine Tasse heißen Tee und eine Havannazigarre bekommt. Wagner selbst verabreicht einen soliden Mittagstisch, wo tapfer pokuliert wird, so daß ich, der ich glaube aus dem Berliner Materialismus heraus zu sein, vom Regen in die Traufe gekommen bin.«[466]

Im Juli 1854 machte Minna eine Ziegenmolkenkur im Luftkurort Seelisberg (oberhalb des Rütli). Dies hatte sie sich schon im November vorgenommen, als sie von dem Tod ihrer Schwester Henriette Wilhelmine (»Jette«) durch Mathilde erfuhr. Sie wußte, daß Jette schon lange krank war, dennoch erschütterte sie die Nachricht: *Es ist mir als ob sie den Anfang gemacht und sich nun ein Familienglied nach dem anderen ablösen würde.* Ihre Ahnung sollte sich als richtig herausstellen, da ihre Eltern zwei bzw. drei Jahre später ebenfalls starben. Als Folge dieser Nachricht stellten sich körperliche Gebrechen ein: die alte Aufregung nahm überhand, die Schmerzen in den Fersen wurden heftiger und sie verlor an Gewicht.[467] Sie war zunächst recht unglücklich, da sie fast die Einzige dort war und zudem strömenden Regen vorfand, und Richard riet ihr, zurückzukehren, falls sie es nicht aushalten würde. *O Du arme, beklagenswerthe, schändlich hinausgestoßene und in's Elend gesendete Frau!! Sei versichert, daß ich herzlich bedaure, so auf Deiner Abreise bestanden zu haben: nur glaube auch, daß es aus den besten Gründen der Welt, aus wirklichem Eifer für Deine Gesundheit geschah!*[468] Dennoch blieb sie, und das Wetter klärte sich auf. Trotz der wachsenden Differenzen zwischen dem Ehepaar fehlte Richard seine Frau nach wie vor, wenn er von ihr getrennt war. Er litt zwar unter ihrem Mißtrauen sowie ihrer Skepsis seinen neuen Werken gegenüber, aber auf ihre Fürsorglichkeit wollte er nicht verzichten. Er schickte ihr die satirische Zeitschrift »Kladderadatsch«, die sie beide regelmäßig lasen, und berichtete ihr über verschiedene Aufführungen seiner Opern. Und er sandte ihr seine Schuhe, die ihr aufgrund seiner kleinwüchsigen Statur paßten: *ich denke, sie werden Dir gute Dienste thun.* Gerne erhielt er Post von ihr und ermutigte sie, häufiger zur Feder zu greifen: *Was Du mir schreibst, sei versichert, macht mir immer große Freude, besonders wenn Du Deinem Witze die Zügel schießen läßt, was Dir sehr gut ansteht!*[469]

Minna war trotz des schlechten Wetters froh, den Haushalt mit all den Sorgen zurückgelassen zu haben und sich in Ruhe erholen zu können. Sie liebte es, durch die Wälder zu laufen, und wird auch sicherlich in der kleinen Kapelle gesessen haben, die den Ort seit dem 16. Jahrhundert zum Wallfahrtsort machte.[470] Ihrer Freundin schickte sie eine Abbildung der Gegend und schrieb: *Wie unendlich oft ich hier auf hohem Berge, umgeben von der großartigsten, herrlichsten Natur Ihrer gedenke, Sie an meine Seite zaubern möchte, brauche ich Ihnen wohl nicht erst zu versichern … Aus obigen, leider immer noch zu schwachen Abdruck mögen Sie entnehmen oder besser Ihre lebhafte Phantasie mag sich noch das Erhabenste hinzu denken. Die Schneeberge nahmentlich der herrliche, stolze Urirothstock der diesseits liegt fehlt natürlich auf dem Bilde. Den Vierwaldstättersee den Sie bereits kennen sehe ich von meinem Fenster aus 2000 Fuß unter mir, gegenüber die Tellkapelle, eben auch das Grütlihaus worin die drei Quellen entsprungen, nachdem die drei Eidge-*

nossen ihren Schwur befestigt kurz vor lauter klassischen Denkwürdigkeiten bin ich umgeben und müßte schon davon gesunden. Seit mehr als 14 Tagen bin ich hier, trinke Ziegenmolken und Luft. War sogar eine Woche ganz allein, das Wetter war und ist noch immer sehr schlegt dennoch vergeht mir die Zeit so unendlich schnell daß ›ich‹ *schon vor der Heimreise zittere. Hier lebe ich im wahren Sinne des Wortes wie Hans ohne Sorge die ich alle unten im Thal zurückgelassen. Meine kleine höchst einfache Zelle ist mir lieb geworden ein wahres Asil! – Keine seidenen Möbel drücken mich hier wozu auch dieser laute Tand mein Leben war ohnedies so bunt, daß dieser nicht mehr zu meiner Stimmung paßt. In nächsten Tagen erwarte ich Richard, gebe Gott, daß es ihm nur einige Tage wenigstens gefallen möchte; aber mir ist vor dieser Unruhe ordentlich schon bange, ewiges raisoniren und alles schlegt finden.*[471] Sie kannte seine Empfindlichkeit, konnte aber seine nervös-gesteigerte Hypersensibilität nicht als Folge der kreativen Anspannung sehen, die ihm das Komponieren abverlangte, und schon gar nicht als ein Leiden an der unerfüllbaren Liebe zu Mathilde.

Sie freute sich auf Einnahmen, die Richard für das Dirigieren von Beethovens 7. Symphonie sowie der Ouvertüre zu »Tannhäuser« bei einem Musikfest im Juli 1854 in Sitten im Kanton Wallis bekommen sollte. Da aber die Qualität der Musiker zu wünschen übrig ließ, reiste er verärgert wieder ab und verzichtete auf das Honorar. Er ahnte, daß Minna ihrerseits wegen der entgangenen Einnahmen ungehalten sein würde und schrieb ihr entschuldigend: *Ich wäre vor innerem Ärger und vor Scham über das degradirte meiner Beschäftigung gewiss ernstlich krank geworden … Somit sei nun auch Du vernünftig, lieber Muzius, und mache mir keinen Summs!!!*[472]

Anschließend fuhr er zu ihr nach Seelisberg, und das Ehepaar kehrte am 28. Juli nach Zürich zurück, nicht ohne vorher beim »Goldenen Adler« in Brunnen Rast einzulegen. Richard versprach dem Gastwirt Märsche aus »Rienzi«, bearbeitet für Blasorchester, die das Brunner Blasmusikcorps aufführen wollte – er hatte durchaus auch Sinn für volkstümliche Arrangements.

In der Orchesterskizze zum ersten Akt der »Walküre«, die am 1. September 1854 fertiggestellt wurde, brachte er übrigens insgesamt 16 Ausrufe seiner Sehnsucht nach Mathilde an: L.d.m.M.? (Liebst Du mich Mathilde?), W.d.n.w. G.!!! (Wenn du nicht wärst,

Geliebte!!!), D.b.m.a!! (Du bist mir alles!!), G.w.h.d.m.verl.?? (Geliebte, warum hast du mich verlassen??)[473] Mathilde entschlüsselte selber in ihrem autobiographischen Bericht eines der Kürzel: G.s.M. = Gesegnet sei Mathilde.[474] Sieglinde, die das Verbotene wagt und sich dem geliebten Siegmund auch körperlich hingibt, erhielt im Richards Phantasie Anteile Mathildes, während Minna der nörgelnden Ehefrau Wotans, Fricka, ähnelte.

Nach ihrer Heimkehr meldete sich ein August Lesimple aus Weimar mit einem Empfehlungsschreiben bei ihnen. Minna empfing ihn an Richards statt, da er vormittags arbeitete und sagte, er sei nachmittags gerne willkommen. Lesimple erinnert sich: »Ich bewahre von ihr den Eindruck eines wohlwollenden, einnehmenden Wesens. Den Zügen konnte man die gerühmte Schönheit nicht mehr ablesen; Leid und Kummer hatten diesem Gesicht ihren Stempel aufgedrückt.«[475]

Siebtes Kapitel

»Ich dumme, arme Frau, daß ich Dich nur fortgelassen hab…«: Zürich, London 1854 – 1856

Trotz der Molkenkur verschlechterte sich Minnas Gesundheitszustand. Um sich ärztlich gründlich untersuchen und behandeln zu lassen, plante sie eine Reise zu ihrem Schwager Adam Tröger nach Zwickau, der Arzt war. Ihre Eltern kränkelten, und schon deshalb wollte sie sie auf ihrer Reise treffen und außerdem ihre anderen Angehörigen wiedersehen. Da sie zunächst vorhatte, Dresden in ihrer Reiseroute auszusparen (›ich würde‹ *keine Freunde und Freuden dort finden nur traurige Erinnerungen würden in mir auftauchen*[476]), ließ sie die Eltern nach Zwickau kommen. Die Unternehmung, die zunächst als Familientreffen gedacht war, weitete sich dann aber aus – Minna besuchte insgesamt neun Städte in neun Wochen. Dies war für eine Frau damals etwas Außerordentliches. Sie mußte schon als junge Schauspielerin Reisen ohne Begleitung bewältigen, und diese Erfahrung kam ihr jetzt zugute.

Am 2. September 1854 verließ sie Zürich und traf nach einer langen und anstrengenden Fahrt in Zwickau ein. Dort hießen sie ihre Schwester Charlotte Tröger, deren Mann Adam und ihre Eltern willkommen. Nachdem Adam sie behandelt hatte, brach sie zu einer Rundreise auf. Zunächst ging es weiter nach Chemnitz zu Clara und Heinrich Wolfram. Der Zufall wollte es, daß ausgerechnet jetzt ein ehemaliger Freund von Minna sich bei Richard meldete, Grüße an sie ausrichten ließ und Richard die rätselhafte Botschaft hinterließ, Minna solle sich nur an die »Concordia« erinnern. Richard seufzte: *Schöne Geschichten! und ich armes Luder muß das auch noch ausrichten!!* Und er scherzte: *Natalie erzählte, auf der Post würde man Bemerkungen darüber machen, bei was für Herren sich alles meine Frau herumtriebe, bald bei einem Herrn Dr. Tröger bald bei einem Herrn Wolfram.*[477] Gleichzeitig quälten ihn schwere Geldsorgen, von denen er seiner Frau aber nichts verriet. Die üppige Einrichtung der Wohnung am Zeltweg ein Jahr zuvor hatte er wieder ohne Rücksicht auf seine finanziellen Möglichkeiten angeschafft. Nachdem die von ihm anvisierten Herbsteinnahmen von kleineren deutschen Theatern auch nur bedingt eintrafen, vertraute sich Wagner in seiner Ratlosigkeit dem Freund Sulzer an, der seinerseits Otto Wesendonck einbezog. Dieser beschloß – wohl auf Wunsch Mathildes –, mit der Zuwendung von 7500 Franken Wagners Finanzen endgültig zu sanieren, und schrieb an Sulzer, den er zum Finanzverwalter ernannt hatte: *Soviel ist klar: ihm selbst darf kein Geld in die Hand gegeben werden … Von Anfang an hatte ich schon vor, die fonds an Madame Wagner zu geben, es schien mir aber so demütigend und vielleicht die Quelle von Zerwürfnissen zwischen beiden, so daß ich die Idee daran gab.*[478] In der Tat wäre die Übergabe der Finanzen an die sparsame Minna problematisch gewesen, da sie ihm Geld für Dinge, die sie für überflüssig hielt, wohl nur unter Protesten ausgehändigt hätte. Richard spricht auch ein Jahr später von *verdrießlichsten und aufreibendsten Auftritten* mit Minna, die sich aufgrund von Geldstreitereien ergaben.[479]

Fünf Tage nach Minnas Abreise war Richard schon in Aufruhr: *Gott sei Dank, liebe Minna, dass heute ein Brief kam! Wäre heute keiner gekommen, so hätte ich an Tröger eine telegraphische Depesche abgeschickt: das war fest bestimmt. Ich glaubte nämlich, wenn Du am 4ten (Montag) geschrieben, könnte der Brief schon Mittwoch (d. 6ten) hier sein. Nun ist er aber einen Tag länger gegangen, denn heute ist der 7te. Da hast Du denn am Ende auch meinen Geburtstags-Glückwunsch nicht richtig am 5ten, sondern auch erst einen Tag später erhalten! Das thut mir recht leid! Ueberhaupt war's diessmal mit Deinem Geburtstage dort eine recht verzwickte Sache. Ich hatte Tag's zuvor meinem Hause feierlich kund gethan, daß auf Dein Wohl ein »halbes« ausgestochen werden sollte. Leider aber stand ich am 5ten früh mit einer Schwindsucht am Halse auf, die ich mir durch Erkältung im Bade zugezogen: ich hatte sanftes Fieber, und hielt es für nöthig, den Tag über mich recht diät zu halten, damit ich die Schwindsucht nicht zum vollen Ausbruche kommen liesse, und etwa auch 14 Tage dran laborirte, wie meine arme Ehefrau. Dazu kam, daß auch Nette* ›Natalie‹ *von der Schwindsucht befallen war, die demnach von Dir uns in's Haus geschleppt worden ist: sie bellt schöner und ausdrucksvoller wie Peps, und hat es – wie man sonst zu sagen pflegte – tüchtig auf der Plautze. Unter solchen Umständen refüsirte ich denn auch eine Abendeinladung zu Wesendoncks, wohin auch Sulzer (um Deines Geburtstags willen) gebeten war. Somit verging der Tag ziemlich traurig: ich setzte aber fest, wenn morgen früh ein guter Brief von der Frau ankäme, so sollte, am 6ten das »halbe« getrunken werden. Nun hatte ich zwar am 6ten früh keine Schwindsucht mehr, aber – der Brief blieb aus, was mich für den ganzen Tag so verstimmte, daß ich wüthend arbeitete, aber an kein halbes dachte: mir wurde wirklich recht bang um Dich, und marterte mich mit den bösesten Vorstellungen, so daß ich diese Nacht miserabel schlief, 2 Stunden auf war, und den Tag herbeisehnte, der mir doch hoffentlich eine Nachricht bringen sollte.*[480]

Sehr erfreut war er über drei Rebhühner, die sie ihm schickte und darüber, daß sie sich gut erholte, gut schlief und Appetit entwickelte. Von ihm erfuhr sie wiederum, daß die Rebhühner zwar *etwas piquant* geworden seien, aber vielleicht gerade deswegen sehr gut geschmeckt und *sehr angenehme Verdauung bewirkt* hätten – eine Mitteilung, die er Mathilde Wesendonck gegenüber wohl verschwiegen hätte. Nachdem er von Minnas Genesung erfahren hatte, ging es ihm selber auch gleich besser: *Sogleich theilte ich Befehle aus: alle drei mußten gebraten werden, und zu Mittag wurde Friederike hereingerufen, die mußte mit mir und Netten zweimal auf Dein Wohl ein Glas trinken, das ihr das Mal nicht mehr wie Schnapps schmeckte. Da ging denn auch mein Kopfweh weg; jetzt rauch' ich zum Täßchen Kaffé meine Cigarre, und schreibe Dir ganz gemüthlich, um Dir meine Freude über Dein Befinden auszudrücken.*[481] Diese Hinweise auf eine enge, bis in die tiefsten Körperfasern reichende Verbindung stehen im Gegensatz zu Richards Briefen an Franz Liszt, in denen er eine andere Seite seines Wesens offenbart: *Es macht mir jetzt Spaß, für meine Frau zu leben: wenn man die Liebe nach Opfern mißt, so ist gewiß niemand so geliebt worden; denn niemand wurden so schwer bewußte Opfer gebracht.*[482] Er meint vermutlich die Rolle des guten und treuen Ehemannes, die er Minna gegenüber spielten mußte. Er fühlt sich durch Minna gebunden, würde aber am liebsten um die Welt ziehen, frei von allen Geldsorgen: *Bei der Einsicht, zu der ich diesen Sommer gelangt bin, würde ich zwar mit Wonne die Buße tragen, meinen ganzen Einrichtungskram pp. zu verkaufen und nackt, wie ich bin, abermals in die Welt hinaus zu ziehen, wo mich diesmal, ich schwöre es Dir – keine Illusion wieder fassen sollte! – Doch – meine Frau würde diesen gewaltsamen Schritt diesmal nicht wieder ertragen, ich weiß, es würde ihr Tod sein. Nun denn, ihr zu Liebe habe ich beschlossen auszuhalten.*[483] Auch Hans von Bülow erhielt ein ähnlich lautendes Schreiben. Richard sprach also die Befürchtung aus, Minna würde einen weiteren Umzug nicht überleben. Tatsächlich überlebte sie aber noch mehrere. Er erweckt damit den Anschein, nur aus Treue bei Minna zu bleiben, und verdrängt seine eigenen Gefühle. Es ist aufschlußreich, seine Zeilen zu vergleichen mit ihren von der Kur in Seelisberg, in denen sie schrieb, sie könne auf den luxuriösen Möbelplunder zugunsten einer nackten Zelle verzichten. Richard glaubte, ohne sie leben zu können, doch gab es ein starkes Band, das sie zusammenhielt, geknüpft aus Gewohnheit, kumpelhafter Treue, echter Zuneigung und Mitleid.

Die launige Korrespondenz setzte sich fort. Als sie sich beschwerte, daß sie zu wenig Post von ihm erhalte, reagierte er teils humorvoll, teils verärgert: *O Du vorschnelle, ungerechte, mistrauische, kurz – schlechte Frau! – Daß Du mir recht oft schreibst, ist ganz und gar in Ordnung – denn Du erlebst etwas, und hast – wenn auch nicht bedeutendes – doch neues zu berichten, und wenn es weiter nichts wäre, als wie es Dir auf Deinen Wanderungen geht. Wenn ich aber etwas seltener dazu komme, so ist es doch rein, weil ich eben gar nichts erlebe, alles im alten Geleise fortgeht, und ich mit dem besten Willen Dir nichts berichten kann, und somit höchstens nur Dir meine Befriedigung darüber zu bezeugen habe, wenn ich durch Dich erfahre, daß Du Dich gut befindest … Jetzt habe ich erst den zweiten Akt der Walküre wieder aufgenommen: als ich gestern Deinen etwas mistrauischen Brief bekam, hatte ich gerade das Auftreten der Fricka zu componiren; das stimmte gar nicht übel zusammen.*[484]

Anfang September war die Kompositionsskizze zum 1. Akt der »Walküre« beendet, er hatte gut gearbeitet. Während die angebetete Mathilde sich beglückt der Komposition zuwandte, rechnete sich die realistisch eingestellte Minna keine Zukunftschancen für sein neuestes Werk aus. *Nun Du meinst doch,* antwortet er ihr, *daß ich das Alles nur für mich ausführe: es kann auch so werden, – und doch möchte ich gar nicht mehr leben, wenn ich nicht gerade so etwas arbeite. Somit mußt Du mir schon diese Art von Arbeit gön-*

nen: für die Leipziger Messe und dgl. componire ich nun einmal nichts mehr. Das besorgen schon andere.[485] Ihre Zweifel sind angesichts der langen Leidenswege seiner Opern aus ihrer Sicht berechtigt, da er seit Dresden kein ausreichendes Einkommen mehr erzielte. Sie konnte nicht ahnen, daß Richard die leidigen Geldprobleme verdrängte und dafür seine psychische Not verarbeitete, indem er im 1. Akt der »Walküre« das gleiche Kernproblem behandelte, das ihn wenig später bei »Tristan und Isolde« in noch stärkerem Maße beschäftigen sollte: das Thema der zwanghaften Liebe, die Sieglinde und Siegmund zusammenführt und der sie sich nicht entziehen können, weil die Liebe stärker ist als jeder rationale Wille. Er hoffte wohl, Mathilde damit von der Schicksalhaftigkeit ihrer Liebe zu überzeugen und entlastete sich zugleich damit von Schuldgefühlen gegenüber Minna.

Von Chemnitz reiste Minna um den 20. September herum nach Leipzig, wo sie mit Richards Bruder Julius sowie seiner Schwester Luise (verheiratet mit Friedrich Brockhaus) und Ottilie (verheiratet mit Dr. Hermann Brockhaus) und der Halbschwester Cäcilie, die mit Eduard Avenarius verheiratet war, zusammentraf. (Wagner nannte sie scherzhaft *die Leipziger Brut*.[486]) Sie wohnte bei Cäcilie und Eduard. In einer privaten Aufführung hörte sie Auszüge aus »Lohengrin«, die sie sehr bewegten. Ende September beschloß sie spontan, den Dirigenten August Röckel im Zuchthaus in der Stadt Waldheim zu besuchen, die etwa 75 Kilometer östlich von Leipzig liegt. Richard freute sich darüber, war doch Röckel ihr *vermeintlicher Todfeind* gewesen, den sie oft genug als Anstifter der politisch motivierten Dresdner Untaten Richards ausgemacht hatte. Nun, fünf Jahre später, war die Wut verraucht und sie empfand Mitleid mit ihm, was Richard – allerdings etwas hochmütig – lobt: *Dein Herz ist weiter und umfassender, als Deine Einsicht in das Wesen von Charakteren, die Dir allerdings fremd und wiederwärtig vorkommen müssen, weil man euch Frauen nicht zumuthen kann, die Dinge der Welt mit so weit reichenden, und das fremdartigste verbindenden Blicke zu erfassen, als diess allerdings dem Manne – dem Dichter zukommt.*

Dass Dein nobles Herz (das Du dumm und schwach nennen zu müssen glaubst!) endlich gerade Dich aber über viele gewöhnlichen Frauen erhebt, das habe ich genug bereits erfahren, um mich in diesem Falle wundern zu sollen … Nun, dass Du Röckeln besuchtest, war brav und schön von Dir. Er konnte es sich aber nicht verkneifen, ihr in diesem Zusammenhang einen Vorwurf zu machen: *Dass Du aber diesem edlen Zuge Deines Herzens andrerseits durch grössere Einsicht nicht nachhilfst, um Dir z.B. über manches in meiner Vergangenheit auch ein beruhigendes Urtheil zu verschaffen, – das eben muss ich, wahrlich auch Deinetwegen, oft herzlich bedauern, denn Du bringst Dich durch so vielen Widerstreit gar zu sehr um Deine Gemüthsruhe.*[487] Er ahnte nicht, daß Minna in erster Linie nach Waldheim fuhr, weil sie Mitleid mit Röckels Ehefrau empfand, die in Weimar lebte. Der Besuch war übrigens nicht besonders erfolgreich, denn in »Mein Leben« behauptet Richard, Minna hätte *in fast höhnischer Weise* über Röckel gesprochen[488]. Dies hatte seinen Grund darin, daß Röckel ihr gegenüber *mit Kälte von den unglücklichen Seinigen sprach, es empört mich noch*, so Minna an Mathilde. Er blieb für sie ein *Bösewicht*,[489] dem sie nach wie vor die Schuld an Richards Beteiligung am Dresdner Maiaufstand gab.

Ende September reiste Minna von Leipzig weiter nach Berlin, wo sie bei Alwine Frommann zu Gast war. Die eingefleischte Anhängerin Richards war am preußischen Königshof als Vorleserin tätig, und Richard scherzte: *Mit allen Prinzessinnen der Welt steht sie ja ausserdem auf dem vertrautesten Fusse: ich nehme daher für gewiss an, dass sie Dich mit einigen bekannt macht, und bist du erst bei Hofe, dann wirst Du wahrscheinlich die Schweiz und den Zeltweg bald vergessen.*[490] Der Aufenthalt wurde durch eine Augenverletzung erschwert, die sie sich durch einen Sturz zuzog, als sie auf den Schienen des Anhalter Bahnhofs bei der Suche nach ihrem Portemonnaie ausglitt und stürzte, so daß sie Alwine einen Brief an Richard diktieren mußte.[491] Sie traute sich zunächst nicht, den Verlust Richard mitzuteilen, schrieb es ihm dann aber doch und er beeilte sich, ihr umgehend fünfzig Taler zu überweisen. So viel Pech rührte ihn: *O Du arme Unglücks-Frau! Habe doch einmal rechtes Glück! Du verdienst es wahrlich.*[492] Er hatte sie für Berlin mit der wichtigen Aufgabe betraut, sich um die Angelegenheit des »Tannhäuser« zu kümmern. Ursprünglich hatte Wagner auf Liszts Dirigat bestanden. Da sich aber die Korrespondenz mit dem Intendanten Botho von Hülsen immer länger hinzog und die Aufführung wegen der geforderten Mitwirkung Liszts nicht vorankam, was entsprechende Stauungen an anderen Musiktheatern nach sich zog, die auf eine erfolgreiche Aufführung in Berlin warteten, war

Richard nervös geworden und bereit, auf die Mitarbeit Liszts zu verzichten, um die Aufführung zu beschleunigen. Das ging aber nicht so einfach, denn Liszt hätte einen Gesichtsverlust erlitten, wenn er selber zurückgetreten wäre. Richard bat Minna, den Konflikt aufzulösen und schob ihr damit Verantwortung zu: *Uebrigens sei auch diese Angelegenheit gänzlich Dir übergeben.*[493] Sie konnte aber nichts erreichen, und schließlich gab Richard die Oper bedingungslos frei.

Richard schlug außerdem Minna vor, in Weimar dem Großherzog oder der Großherzogin ihre Aufwartung zu machen, um mit ihnen über eine Amnestierung zu sprechen. Er ermahnte sie zweimal, doch nach Weimar zu fahren, denn Liszt fragte in seinen Briefen schon nach ihr. In einem längeren, undatierten Schreiben läßt Richard seinen spaßigen und auf Alltagsprobleme beschränkten Schreibstil an Minna fallen. Überraschenderweise gibt er ihr das Recht, über eine mögliche Rückkehr nach Thüringen selber zu entscheiden, da ihm die Nähe zu Weimar sympathisch wäre: *Das einzige wäre nun, daß Dir eine solche Uebersiedelung zuwider wäre, und Du lieber hier bliebest: denn ich gestehe, Du hast so viel mit mir durchgemacht, daß ich Dir in solchen Dingen allein jetzt die entscheidende Stimme gebe; deshalb will ich aber auch, daß Du nicht gegen Dein Gefühl mir nur ein Opfer brächtest; denn wüßte ich, daß Du lieber hier bliebest, so sei versichert, daß dieß der bestimmte Grund wäre, daß ich fortfahren würde, es mir hier erträglich zu machen. Also, nur in dem Falle, daß Du mir ganz und gern beistimmest. Ist dem so, so bitte ich Dich als meine Bevollmächtigte anzusehen, und jedenfalls zur Großherzogin zu gehen. – Daß ich Deinem Verstande und Deiner Einsicht hierin vollkommen vertraue, sei versichert!*[494] Er träumte noch nicht von einem Zusammenleben mit Mathilde Wesendonck; die Unmöglichkeit eines solchen Ansinnens stand ihm wohl zu klar vor Augen.

Es war vermutlich dieses Schreiben, das Minna veranlaßte, von Weimar aus entgegen ihrem ursprünglichen Plan nach Dresden zu reisen, wo sie den Behörden eine persönliche Petition an den König von Sachsen überreichte.[495] Sie wird sich auch gut an die Diskussion zwischen Liszt und Wagner im Frühjahr erinnert haben, als ihr Mann den Freund fragte, was er von einem erneuten Bittbrief an den sächsischen König halte. Liszt konnte damals seine Skepsis nicht verhehlen, worauf Wagner den Plan fallenließ. Ihr war aber bewußt, daß Richard immer wieder an eine Rückkehr dachte, zumal er ihr nun schrieb, daß ihre Briefe seine Sehnsucht verstärkt hätten, endlich gute Aufführungen seiner Musik hören zu dürfen. *Es ist auf die Länge der Zeit denn doch ein Elend mit meinem Aufenthalte in Zürich, das endlich doch zu fühlbar wird, als daß es immer nur durch stolze Entsagung zu bekämpfen und zu unterdrücken wäre … Es ist ein lange genährtes Gefühl in mir, daß ich hier, ohne alle und jede Anregung für meine Kunst, es mit der Zeit nicht mehr durchführen können würde. Du weißt, daß ich in den letzten Jahren doch immer noch Hoffnung nährte, es würde sich hier noch einmal etwas für die Musik machen: an Anstrengungen dafür habe ich es wahrlich nicht fehlen lassen … Seit einem Jahre aber, wo ich nun wieder componire, muß dieser Zustand gänzlicher Anregungslosigkeit endlich aber vollkommen niederdrückend auf mich wirken. Ich fühle dieß deutlich bei meiner jetzigen Arbeit; ich merke es, daß die Lust dazu mir immer schwerer wird, und fürchte, wenn es noch lange so fortgehen sollte, daß ich die Musik wieder aufgeben werde. Es ist zu bös für mich.*[496] Solche Worte werden Minna alarmiert haben. Wenn er das Komponieren aufgeben müßte, wäre die Grundlage der wenn auch spärlichen Geldeinnahmen vollends weggebrochen. Sie hätte mit Häme reagieren können, denn ihre Warnungen vor einer Aufgabe der Stellung in Dresden hatten sich bewahrheitet: er war nicht nur mittellos, sondern ihm fehlten auch die künstlerischen Anregungen. Doch verzichtete sie darauf. Es schien ihr unter dem Eindruck dieser bitteren Klage[497] eher geboten, in ihrer Rolle als Ehefrau eine persönliche Petition abzugeben und damit alles zu tun, um die Angelegenheit voranzubringen.

Der Hofton der Bittschrift um Begnadigung für Wagner klingt recht hohl. Sie entwarf den Text selber, da ein Entwurf in ihrer Hand existiert: »Ermuthigt durch Allerhöchstdesselben allbekannten Hochsinn und Milde komme ich aus weiter Ferne, um demuthsvoll Ewer Majestät Gnade und Vergebung für einen Verbannten zu erflehen, dessen Schöpfungen sich früher der Huld Ewer Majestät zu erfreuen hatten. Die Frau des Verbannten Richard Wagner wagt Ewer Majestät fußfällig zu bitten, als Beschützer der Kunst und Wissenschaft einen verirrten Künstler Gnade verleihen zu wollen, der gehemmt in seinen Streben, durch die Unmöglichkeit, seine neuen Composit›i‹onen zu hören, tief niedergebeugt ist.

Möchten Ewer Majestät meinen Mann, den Verführten Richard Wagner, Genade und Vergebung schenken und vergönnen, den Aufführungen seiner Werke selbst beiwohnen zu können, um sein fernres Schaffen durch die Genade und Großmuth Ewer Majestät zu fördern.

Es bleibt mir noch, Ew. Majestät unterthänigst um Vergebung zu bitten, daß eine schwergeprüfte Frau es wagt, die Großmuth Ew. Majestät anzuflehen, für einen Schuldigen, Verirrten der in Hemmung seiner Kunst schwer büßt.

An den huldvollsten, großmüthigsten König wendet sich gläubig und vertrauend Ew. Majestät allerunterthänigste tief gebeugte Dienerin Minna Wagner.«[498]

Als »schuldig« oder »verirrt« hatte sich Richard nie empfunden, das Schreiben war geheuchelt. Vielleicht verschwieg Minna die Unternehmung, denn Richard erwähnt sie nicht in seinen Erinnerungen. Ihrer Vertrauten Mathilde Schiffner gegenüber verhielt sie sich allerdings recht offen und schien stolz auf ihren Vorstoß zu sein: *Nun bin ich nur begierig, ob meine Saat, die ich in Dresden ausgestreut, einstens Früchte tragen wird, spricht man denn nicht von meinem gewesenen Dortsein und Fußfall?*[499] Sie reichte das Schreiben vermutlich in der Kabinettskanzlei ein, von wo es vom König zum Justizminister ging. Um ihrem Antrag den nötigen Nachdruck zu geben, suchte sie den Generaldirektor des Dresdener Hoftheaters, August von Lüttichau, persönlich auf, der ihr versprach, sich beim König für ihr Anliegen einzusetzen. Die Unterredung wird ihr einiges Geschick abverlangt haben. Im März des folgenden Jahres hatte sie diese Ablehnung noch nicht erhalten, denn sie bat einen Dresdener Freund, Lüttichau nach dem Ausgang zu fragen: *Es sind nun bereits 5 Monate, daß ich in Dresden war ohne auch nur das Geringste seitdem, von meinem damaligen Unternehmen gehört zu haben, die Ungewißheit ist noch viel peinlicher in einer Sache, die mir doch sehr am Herzen liegt, als die schlimmste Gewißheit.*[500] Ihr Gesuch wurde abschlägig beschieden: »Das Allerhöchsten Orts unmittelbar von Minna Wagner für ihren wegen Hochverraths flüchtig wordenen Ehemann Richard Wagner angebrachte Begnadigungsgesuch ist … an das Justizministerium abgegeben worden. Da man jedoch Bedenken trägt, so lange der Flüchtling nicht zurückgekehrt ist und sich zur Untersuchung sistirt hat, ein Begnadigungsgesuch zur Allerhöchsten Entschließung zu bringen, so wird Bittstellerin auf ihr obiges Gesuch hierdurch abfällig beschieden.«[501]

Bevor sie nach Weimar fuhr, der letzten Station ihrer Rundreise, machte sie einen zweiten Abstecher nach Leipzig. Sie wollte ihre Nichte Rosalie Wolfram, die Schauspielerin geworden war, bei einer Aufführung erleben, konnte aber nur einer Probe beiwohnen. Als Fachfrau traute sie sich ein Urteil zu und war von der Leistung ihrer Nichte nur wenig erbaut, hütete sich aber, dies ihrer Schwägerin mitzuteilen. Dann reiste sie nach Weimar, wo sie am 15. Oktober eine Vorstellung des »Fliegenden Holländer« und eine Woche darauf, am 22. Oktober, »Lohengrin« erlebte. Richard hatte die Aufführungen eingefädelt. In der »Neuen Zeitschrift für Musik« vom 17. November 1854 wird sogar erwähnt, daß die Vorstellung *auf besonderen Wunsch von Frau Wagner* stattfand. Ihre Berichte stimmten Richard melancholisch, denn er wäre zu gerne dabei gewesen. Liszt, der am gleichen Tag seinen Geburtstag feierte, wurde in dem ausverkauften Theater mit stürmischem Applaus, Blumen und Kränzen gefeiert. Sicherlich mußte Minna, die wohl mit der Fürstin und deren Tochter Marie zusammensaß, vielen Besuchern und Besucherinnen, die aus Jena, Erfurt, Berlin, Leipzig und anderen Orten gekommen waren, die Hand schütteln und Fragen nach Richard beantworten, und sie wird anschließend bei der Geburtstagsfeier von Liszt einen Ehrenplatz erhalten haben.

Nur drei Tage später, am 25. Oktober, sah sie eine »Tannhäuser« Aufführung in Frankfurt. Wieder berichtete sie ihrem Mann davon und beurteilte die Leistungen der Sänger und Sängerinnen, was ihn besonders interessierte: *Deine Nachrichten über den fliegenden Holländer und den Sänger Milde haben mich sehr gefreut, aber auch meine Sehnsucht vermehrt, einmal wieder in meiner Weise Musik zu machen!*[502]

Nach ihrer Rückkehr am 31. 10. schrieb sie Mathilde Schiffner über ihre Erlebnisse in Leipzig, Weimar und Frankfurt: *Auf meiner Weiterreise hatte ich noch manchen aufregenden Genuß, so z. B. hörte ich noch am Tage meiner Ankunft in Leipzig in einer großen Gesellschaft viel aus Lohengrin vortrefflich singen, dies war ein Vorschmack der Weimarischen Aufführung des Lohengrin, die mich sehr ergriff, trotzdem der Hauptträger in dieser Oper eigentlich erbärmlich war, manche Stellen konnte er gar nicht singen, mußte schweigen, war als Darsteller ein Langstoffel ohne Stimme.*

Dagegen ergriff mich die Musick ganz wunderbar mächtig, nur schade, daß mir alles zu schnell vorüber eilte, ich hätte sie fast halten mögen um das Ganze so recht in mich aufnehmen zu können. Ich wohnte, wie Sie wußten, bei der Fürstin und lebte natürlich dort im größten Luxus, dennoch sehnte ich mich nach Einfacherem, nach einer Stunde Ruhe des Alleinseins, was leider nicht zu ermöglichen war. In Frankfurt hörte ich den Tannhäuser ausgezeichnet gut, mit wenig Ausnahme Tichatschecks und Mitterwurzer, sonst die Uebrigen alle bessere, frische schöne junge Stimmen, die Ausstattung ebenso gut wie die in Dresden, die Kapelle, der Kapellmeister unübertrefflich! Kurz ich war ganz hingerissen von Wonne und Entzücken. Heulte unaufhörlich, daß man sogar den folgenden Tag von meinem sichtlichen Ergriffensein in den Zeitungen davon geschrieben … Liszt will ich verzeihen, daß er mir durch sein dummes Geschwätz solche Unruhe gemacht, es ist nichts davon wahr. Die Wesendonk war außer sich, daß mir so etwas begegnen könnte. Richard habe ich natürlich gar nichts davon gesagt.

… Leben Sie denn wohl, meine liebe, gute Mathilde. Könnt ich doch ein Stündchen mit Ihnen verplaudern, wie glücklich wäre ich dann.[503]

Hatte Liszt etwas ausgeplaudert, was Richard und Mathilde betraf? Es spricht für Minna, daß sie Richard nicht damit überfiel, sondern sich von Mathilde Wesendoncks Beteuerungen beruhigen ließ. Ein leichtes Mißtrauen blieb jedoch bestehen.

Minna zeigte auf diesen Unternehmungen, daß sie durchaus verantwortlich agieren konnte. Die lange Reise war keine Kleinigkeit für sie, die sonst gewöhnt war, an der Seite Richards still zuzuhören und ihm das große Wort zu überlassen. Aber sie führte alle Aufgaben getreulich aus und war selbständig genug, um eigene Aktivitäten zu entwickeln. Sie mußte eine Audienz mit einem Großherzog bewältigen, besuchte einen Gefangenen im Zuchthaus, wurde von Alwine sicherlich in den Berliner Hof eingeführt, und saß in Weimar neben einem der berühmtesten Komponisten seiner Zeit, dessen höfisch-aristokratischem Lebenszuschnitt sie sich anpassen mußte. Das waren alles Verhaltensweisen, die ihr als bürgerliche Ehefrau, für die es sich schickte, dem Mann zu folgen und zur Seite zu stehen, ungewohnt waren.

Während Minnas Abwesenheit unternahm Richard einen mehrtägigen Ausflug mit dem Ehepaar Wesendonck, der sie über Glarus,

Stachelberg, Klöntal, Pragel, Schwyz zu seinem geliebten Brunnen am Vierwaldstätter See führte. Er wollte ihnen die schönsten Orte vorführen, die er in der Schweiz kannte. Vom Seelisberg aus, wo Minna einige Monate zuvor zur Kur gewesen war, schrieb er ihr, daß er dorthin *verschleppt worden* sei, um sie gleich darauf versöhnlich zu stimmen: *Hier, meine gute alte Minna, werde ich von allen Seiten mit solcher Liebe an Dich gemahnt, dass ich nicht wiederstehen kann, Dir grade von hier einen recht herzlichen Gruss zuzusenden. Alles schwärmt nur noch von Dir – die Gäste von damals sind zwar alle fort: aber die Bevölkerung des Selisberges singt Dein Loblied.* Wollte er durch diese Nettigkeit ihrem Mißtrauen gegenüber Mathilde begegnen? Der aufgesetzte Tonfall scheint das nahezulegen: *Ich aber – bin Dir wahrlich mit immer treuer Rührung und Liebe ergeben! Adieu! Gieb recht bald wieder gute Nachricht Deinem grundschlechten Männchen.*[504] Immer wieder flackerte die Angst auf, Richard könne sich neu verlieben, und daß Mathilde Wesendonck eine geeignete Kandidatin war, erkannte sie deutlich. Mathilde genoß jedenfalls den Ausflug mit den beiden Männern sichtlich. Sie erinnerte sich später daran, wie Richard im Gasthof in Brunnen »auf dem Klimperkasten des dortigen Speisezimmers bei einbrechender Dunkelheit Abschnitte aus der Eroica und der C-moll-Sinfonie ›spielte‹. In der Frühe aber, zum Frühstück, wurde ich mit ›Lohengrin‹-Klängen begrüßt.«[505]

Weihnachten lud Sulzer die Ehepaare Hagenbuch und Wagner zu einer großen Feier ein. Ein Satz in Minnas Bericht darüber bleibt rätselhaft: *Um 12 Uhr wurde eine Flasche Champagner geleert, und auf das Glück und Gesundheit im Neuenjahr angestoßen … Es war natürlich höchst luxuriös und fein, auch eine Bescheerung fehlte nicht und brennender Christbaum. Die Bescheerung war ebenso sinnreich, als der ganze Mensch ist. Ich bekam, wie die anderen, ein paßendes Buch, auch ein Visiten Büchelchen, nebst einem Gedicht, was ich Ihnen hierin mittheile. Ich glaube kaum, daß noch jemand auf der Welt mich und meine Verhältnisse mehr durchschaut als Sulzer, darum soll dies auch daß einzige Gedicht sein von denen die ich einstens erhielt, was ich mir aufbewahre.* Was mag in dem erwähnten Gedicht gestanden haben? Spielte Sulzer auf den ständigen Geldmangel an? Das wäre nicht sonderlich geschmackvoll gewesen. Hatte er erkannt, daß Richard neben der irdischen auch eine himmlische Liebe kultivierte? Wußte er, daß Minna etwas ahnte, und wollte er ihr beistehen? Minna fährt fort:

Richard hat allerhand scherzhafte Sachen bekommen, z. B. den Seelisberg, von dem er immer schwärmte, im Winter dargestellt, worauf Richard sehr erfroren steht und mit Fausthandschuhen die Flöte bläst. Ein Esel, der ihn herauf gebracht, hört ihn, in Gesellschaft eines Bären, und eines Murmeltieres, sehr andächtig zu usw. Den 25t war bei Wesendonks Bescheerung, auch mir wurde wieder bescheert eine kleine hübsche Theebüchse, Natalie ein Spitzenkragen, Richard Klavierauszug von Don Juan (Unsinn!) ›Er besaß längst ein Exemplar.‹ *Wir hatten viel zu thun, wir wurden beschenkt und mußten natürlich wieder beschenken, was, wie Sie begreifen, nur in Arbeiten von uns bestehen konnte.*

Anschließend läßt Minna ihrem Spott wieder freien Lauf, denn wenn es um die Qualität der Aufführungen in Zürich ging, hatte sie nur wenig Vertrauen: *Richard hat dem hiesigen Direcktor, während meiner Abwesenheit, die Partitur des Tannhäuser für ein spott Geld überlassen, somit habe ich die Aussicht, diese Oper nächstens hier aufs Schauderhafteste mir vorgeführt zu sehen, das ganze Personal ist gräßlich!*[506] Was die Aufführung betraf, mußte sie später ihre Meinung revidieren, denn es gelang Richard, das Beste aus den Künstlern herauszuholen. Er habe wahre Wunder mit den Sängern vollbracht, die vorher eher Klötzern denn Künstlern glichen, und sie schreibt stolz: *Am 16t. Feb. ging er zum erstenmal über die Bühne. Bis zum Schluß der hiesigen Saison, welche mit d. 17t. Maerz zu Ende ging kam er 6mal bei vollem Hause, mit größtem Beifall zur Aufführung. Ich habe Sie während dieser Zeit an meiner Seite gewünscht.*[507] Richard schrieb darüber seinem Freund Hans von Bülow: *Frau Wesendonck zu lieb gab ich mich sogar dazu her, schließlich den Tannhäuser in dem göttlichen Theater einmal zu dirigiren.*[508] Diesen eigentlichen Beweggrund durfte Minna nicht erfahren. Während sie sich somit Mathilde Schiffner herbeiwünschte, dachte Richard voller Sehnsucht an eine andere Mathilde.

An Liszt schreibt Wagner am Jahresende über die geplante Oper »Tristan und Isolde«: *Da ich nun aber doch im Leben nie das eigentliche Glück der Liebe genossen habe, so will ich diesem schönsten aller Träume noch ein Denkmal setzen, in dem vom Anfang bis zum Ende diese Liebe sich einmal so recht sättigen soll.*[509] So verleugnete er die Leidenschaft seiner ersten Ehejahre, um die Liebe zu Mathilde in umso schönerem Licht erstrahlen zu lassen.

Der Jahreswechsel wurde zusammen mit dem Ehepaar Wesendonck sowie Sulzer und Baumgartner im Hotel Baur au Lac gefeiert. Wesendoncks wohnten noch immer dort. Minna erhielt von Richard Spitzen geschenkt. Um Mitternacht knallten die Champagnerkorken, und man stieß auf das Glück und die Gesundheit im neuen Jahr an.

Richard hatte sich von Freunden aus finanziellen Erwägungen zu Dirigaten in London überreden lassen, war jedoch von Anfang an von diesem Auftrag wenig begeistert. Minna berichtete Mathilde Schiffner auch von der bevorstehenden Reise, von der er sich 5000 Franken Gewinn versprach, und setzte skeptisch hinzu: *wer's glaubt*. (Er kehrte in der Tat mit lediglich 1000 Franken zurück). Als er sich von ihr verabschiedete, vergoß sie Tränen, die Richard bewegten: *Wie schwer Dir diessmal wieder der Abschied wurde, hat mich sehr gerührt.*[510] Während der langen Wochen der Trennung von März bis Ende Juni, die beiden schwerfielen, war sie seine Hauptadressatin. Sie erhielt 32 Briefe mit zahlreichen Details über den Zustand des Musiklebens in England, seine Konzertprogramme, über das Essen (meist aß er ein Dutzend Austern als Vorspeise, gefolgt von Roastbeef), die Auslagen, sein körperliches Befinden, sogar über seinen Stuhlgang. Er beschreibt den Zustand des Orchesters, den Probenverlauf und schickt sein Urteil über die Sänger und Sängerinnen. Ausführlich setzt er sich mit den hohen Preisen auseinander, wohl um sich vor späteren Vorwürfen zu schützen. Sie schrieben sich ihre Briefe auf unterschiedlich gefärbtem Papier: Rosa bedeutete, daß man guter Dinge war, gelb war schon ein Warnzeichen. Und immer wieder schimmert die alte Vertrautheit hindurch: *In dem großen Bette hättest du ganz gut mit Platz.*[511] Wie bei alten Ehepaaren üblich, nimmt der Alltag breiten Raum in der Korrespondenz ein. Man diskutiert darüber, ob Minna den Überzug über dem Klavierstuhl ausrangieren soll, er zeichnet die Einzelteile eines Feldstuhls auf, den Minna für ihn anfertigen lassen will, und er staunt, daß sie an ihrem Geburtstag *champagnert* hat, trotz der gerade überstandenen Krankheit. Wegen der Kälte trägt er doppelte Unterhosen. Sie legt ihm eine Feder vom Papagei bei, über die er sich freut.

Ihren Argwohn gegen Mathilde Wesendonck versuchte er zu

zerstreuen, indem er diese von oben herab als *Tante*, *Muhme Wesendonck*, *die Frau* oder *die Wesendonck* bezeichnete. Minna ihrerseits befürchtete, er würde den Frauen in London schöne Augen machen: *4 Monnate vom Hause fortbleiben ist wirklich ein Stück Leben und niemals würde ich das mehr zugeben, da ich überhaupt in gewissen Sachen über meinen Herrn Gemahl nicht ruhig sein kann.*[512] Aber er fehlte ihr sehr, und sie schrieb ihm so lieb, daß er darauf entsprechend reagierte: *Dein erster Brief hat mich sehr gefreut und gerührt; ich danke Dir herzlich dafür, Du gute Frau! Gewiß bin und bleibe ich auch hier immer eigentlich zu Hause bei Dir und unsren lieben Freunden.*[513] Da er von ihr erfuhr, daß Otto Wesendonck befürchtete, er würde sein Geld in London verschwenden, rechnete er ihr akribisch die Lebenshaltungskosten vor. Die Vorstellung, daß der Mann seiner geliebten Mathilde schlecht von ihm denke, mißfiel ihm: *Die Furcht Freund Wesendoncks vor Ausschweifungen meiner Seits, thut mir nicht ganz wohl*[514] und er nutzte Minnas Mitteilung, um Otto sofort einen langen Brief zu schreiben, worin er ihm klar zu machen versuchte, daß er nie zum Geldverdienen taugen würde. Wenn er nach erfolgreichen Konzerten heiter gelaunt war, bekam sie seine Sehnsucht zu spüren: *Gestern nach dem Konzert nahm ich Klindworth noch mit zu mir nach Hause: wir verzehrten 2 Dutzend Austern, kalte Cottelets und tranken eine Flasche Wein dazu, – bis 2 Uhr. Ob ich dabei nach Hause gedacht habe?? Liebes Kind – das bleibt meine einzige Hoffnung, daß die Sache hier doch ein Ende nimmt, und ich endlich wieder in meine trauliche Heimath komme, denn das ist mir jetzt Zürich, mein Haus, meine Freunde, meine Thiere – und – ich mus Dir's denn doch sagen, meine alte, gute, kreuzbrave, bodenböse – ich wollte sagen – liebe Frau – mehr wie je!*[515] Die Finanzen, derentwegen er überhaupt den ungeliebten Auftrag übernommen hatte, blieben ein wichtiges Thema, denn *die Katastrophe des vorigen Jahres*, wie Wagner die fürchterliche Geldnot beschrieb, aus der Otto ihn erlöst hatte, war ihm noch gut in Erinnerung. Während Richards Abwesenheit entließ sie ihren *dienstbaren Geist*, weil sie das Geld für ihre Eltern sparen wollte. (Eine Magd kostete damals 284 Franken im Jahr, ein Knecht 364 Franken, hinzu kam die Beköstigung.[516]) Ende Januar schickte sie 100 Franken an die Eltern, etwas später noch einmal die gleiche Summe. *Ich kann nicht mehr für sie thun und gebe über meine Kräfte. Richard frägt nicht darnach.*[517] Mit Natalie lebte sie so einfach wie möglich. Gäste wurden nicht eingeladen, kamen aber dennoch. Es wurmte sie etwas, daß Richard in London täglich fünfzig Franken ausgeben konnte, während sie von den insgesamt 150 Franken, die sie von Sulzer erhielt, der ja das Wesendoncksche Geld verwaltete, neben den wochenlangen Kosten für Lebensmittel noch die Ausgaben für die Auffrischung ihrer Hüte und das Holz bestreiten mußte, so daß ihr nur noch wenig für anderes blieb.[518]

Und Du, arme Frau, sitzest nun wieder allein! halte mich ja ein andres mal recht, dass ich nicht wieder fortgeholt werde! Ihm war es zwar eine Genugtuung, *diese Conzerte recht tüchtig herzurichten, und den Leuten ihren Haydn, Mozart und Beethoven einmal ordentlich zu zeigen,* aber insgesamt war die ganze Unternehmung ihm ein Greuel. Daß sie ihm in künstlerischen Dingen durchaus noch eine Gesprächspartnerin war, wird an einigen Anmerkungen deutlich. So kritisiert er die Sängerin Elisa Rachel, die er in London erlebte, und fügt hinzu: *Hierüber einmal mündlich mehr, wenn ich zurück bin.* – Wenn er seine Nöte beschreibt, ist es, als würde er mit ihr plaudern: *Vor den Concerten selbst habe ich aber doch viel Angst: das zwar sehr gute Orchester soll durchaus nicht piano spielen können, immer nur forte, ohne alle Nüance. Nun hat man richtig nur eine Probe, und darin sollen alle mal zwei Symphonien, zwei Ouvertüren, und die übrigen Conzertpiecen mit durchgespielt werden. Wie werde ich mich nun da behelfen sollen?*[519] Er war ihr dankbar, daß sie alles versuchte, um ihn aufzumuntern. Sie fragte ihn, was sie ihm schneidern solle und er schrieb zurück, daß er seinen alten Schlafrock in London lassen würde, weil er ausgedient habe: *Du weißt, was ich in diesem Bezug für luxuriöse Gelüste habe. Jedenfalls aber bleibst Du meine Schlafrocklieferantin.*[520] Das ließ sie sich nicht zweimal sagen. Sie hatte schon einmal ein Hausgewand für den Winter für ihn genäht, und er wünschte sich nun eins für den Sommer. Sie sollte ihm eine weiche, faltige Jacke aus Samt oder Seide anfertigen, nicht wattiert, dazu ein paar mit Seidentaft gefütterte Hosen, deren luxuriöse Ausführung er bei Minna erst mühselig durchsetzen mußte. Sie fügte sich dem *Üppigkeitsteufel*, wie er seine Gelüste einmal nannte.

Minna teilte Mathilde Schiffner mit, daß es Richard in London nicht gefalle, er das neblige Klima schlecht ertrage und immer unwohl sei. Als er einmal über die englische Damenwelt herzog, trug sie seinen Bericht gleich weiter: *Das dortige Publicum nimmt ihn stets sehr enthusiastisch auf, er wird mehreremale wieder hervorgerufen und immer empfangen, trotzdem ihn die Presse, besonders die Times, prinzipiell herunter reißt, was stets auch auf den Beifall des Publicums wirken soll. In einen seiner Briefe sagt er mir, wenn ich einen Blick in das Publicum hineinwürfe, würde ich laut auflachen, was für einen Damenflor ich sehen würde, alle hochrothe Mantillen, keine könne das Maul zumachen, dabei sehe man zwei große nackte Zähne. Viele Locken und Rosen im Haar, dabei haben sie aber eine Brille auf der Nase. Ich kann mir da Richard denken, wie alle Illusion bei ihm schwindet.*

Befürchtete sie, daß er sich in London verlieben könnte? Als ihr dieser Gedanke kommt, greift sie ihn auf und beantwortet ihn selbst: *Glauben Sie mir, liebe Mathilde, daß ich im allgemeinen auf meinen Mann gar nicht Eifersüchtig bin und darum schwärzer sehe als es nöthig ist, auch vertraue ich dergleichen nur Ihnen, keiner anderen Seele an. Gewiß ist aber, daß ihn London schon darum nicht gefällt, weil es dort weniger exaltirte Frauen giebt, die die Werke des R. W. kennen, um ihn den Hof zu machen. Seine Person ist es ja nicht warum man in Schwärmerei geraten könnte, was zwar so ein schwacher Mann nicht glaubt. – Ich bin darüber ganz im Klaren und darum offen gegen Sie, wie auch ruhig im Gemüth.*[521]

Wagners Unmut darüber, durch Dirigierpflichten am Schaffen gehindert zu sein, wandelte sich in aggressive Schläge gegen seine Umwelt. Liszt gegenüber schreckt er vor hemmungsloser Kritik nicht zurück: *Ich bin mitten hinein in einen Sumpf von Konvenienzen und Gewohnheiten getreten, in dem ich nun bis über die Ohren stecken bleiben muß, ohne das mindeste frische Wasser zu meiner Erquickung hinein leiten zu können. »Mein Herr, das ist man nicht gewohnt!« – das ist das ewige Echo, was ich höre. – Auch das Orchester kann mir keine Entschädigung bieten: es besteht fast nur aus Engländern, d. i. geschickten Maschinen, die nie in den rechten Schwung zu setzen sind; das Handwerk und das Geschäft ertöten alles. Ein Publikum, welches – wie mir allgemein versichert wird – sehr für mich eingenommen ist und doch niemals aus sich heraus gebracht werden kann, das Ergreifendste ganz so wie das Langweiligste einnimmt, ohne irgendwie zu verraten, daß es einen wirklichen Eindruck empfangen habe. Dazu diese lächerliche Mendelssohn-Kultur, die ganze freche Scheinheiligkeit dieses absurden*

Volkes.[522] Die Schärfe solcher Urteile offenbart eine Kränkung des Künstlers, der von der eigenen Ausnahmestellung wußte und jede Ablenkung von der eigenen Arbeit haßte. Aber ihm fehlte der Mut, alles hinzuwerfen, zu groß war die Angst vor dem häuslichen Unfrieden: *Vorzüglich die Rücksicht auf meine Frau, die dieses plötzliche Aufgeben, mit allem, was darüber geschrieben worden wäre, mit großer Betrübnis aufgenommen haben würde, bestimmte mich, bis zum letzten Konzerte auszuhalten.*[523] Und an den Dirigenten Gustav Schmidt schreibt er ähnlich: *Ich hatte viel zu kämpfen mit meinem Unmuthe, und nur meiner Frau zu liebe lief ich dort nicht fort.*[524] Ein Jahr später verallgemeinert er dies nochmals: *Hätte ich meine Frau nicht, so solltet Ihr jetzt Kurioses von mir erleben, und ich würde stolz darauf sein, als Bettler einherzuziehen; dies ewig Unzureichende und Knauserige unserer Existenz greift aber meine arme Frau immer heftiger an, die ich nur durch eine gewisse ökonomische Ruhe ebenfalls bei Gemütsruhe erhalten kann.*[525] Die Bereitschaft zu einem Bettlerdasein entbehrte jeder Realität, denn Richard liebte und brauchte Luxus, um schaffen zu können, aber es entsprach der Wahrheit, daß der andauernde Geldmangel Minna zunehmend nervlich und seelisch zerrüttete.

Dennoch: Der rege Briefverkehr zwischen dem Ehepaar beweist bei allen Meinungsverschiedenheiten immer noch das Vorhandensein einer engen und liebevollen Bindung. Minna vermißte ihren Mann sehr, und sie bedauerte ihn von Herzen. *Richard schreibt mir wöchentlich fast immer zweimal, aber stets voller Lamentation, daß er z. B. nur froh sei, daß ich nicht mit wäre, sonst würde ich ihn leid thun, daß er nicht besser als nur zur Strafe dort sei usw. ferner gäbe er ganz London für einen gemütlichen Abend zu Hause hin. Der arme Mann kann einen völlig dauern.*[526] Nach zwei Monaten des Alleinseins schrieb sie sich auch ihre Sehnsucht von der Seele. *Mein lieber Engeländer! Heut vor zwei Monaten, war der schwere Tag für mich arme Frau, als Du mich zurückließest und jenseits des Meeres zagend. Schon daß so weit von seinem Mann getrennt ein Weib einsam daheim sitzt, das ist unaussprechlich hart (Sagt Klytemnästra). Nur ist der Unterschied, daß diese heuchelte, während es mir aus der tiefsten Tiefe meines Herzens geht, was ich hier eben geschrieben. Ich kann den heutigen Tag nicht würdiger verbringen, als wenn ich mich ein wenig mit Dir unterhalte, obgleich ich Dir nichts zu berichten habe. Von künftigen Montag an nach dem Conzert hast Du nur noch vier Conzerte zu dirigieren, dann bald nur noch drei usw. Dann geht es mit Riesenschritten bergab, dann sehe ich Dich bald, dann geht es mir ganz gut und dann endlich gehen wir auf den göttlichen Seelisberg und freuen uns, daß wir uns wieder haben, genießen die himmlische Luft und bewundern die Natur! Das schöne Wetter dauert hier noch immer fort, mich zieht es gewaltsam fort, möchte mit den Vögelchen fliegen können und zu Dir. – O, ich dumme, arme Frau, daß ich Dich nur fortgelassen habe, na wart, es soll nur wieder ein so vertrackter Engländer kommen, der Dich mir entführen will. Dem will ich einen Tusch geben, daß er über den Ocean zurückfliegen soll, wobei ihm Hören und sehen vergehen soll. Du armes Kindchen jetzt wünsche ich vor Allem daß Du wieder recht wohl sein möchtest und nicht mißmuthig.*

Kurze Zeit später heißt es: *Mein armes, armes Männel! Daß ist ja wahrhaft herz zerreißend und Schaudererregend was Du mir schreibst. Allerdings hat Du recht was Du über das letzte und nächste (ausgenommen die Tannhäuser Ouvertüre) Conzertprogramm sagst. Darum braucht man sich nicht 4 lange ewige Monate von seiner ganz guten Frau zu trennen, um sich in so langer Zeit in London wie ein verlorenes Schäfchen herum zu treiben und sich auf daß fürchterlichste ennuieren und die schlechteste Musik zu dirigieren, nicht wie eigentlich früher gesagt worden, nur classische und gute gehaltvolle Musik. – Ich begreife schon, daß die direktoren der Philharmonie Rücksichten auf ihre Winkelkomponisten zu nehmen haben, daß sie endlich im Winter und fünften Conzert dergleichen Schund müssen aufführen lassen nur durften sie Dich nicht dazu hinüberrufen, da wäre Hiller etc. an seinem Platz ge* ›wesen‹.[526a]

Richard versäumte nie, ihr seine Freude über ihre Post kundzutun. Nach einer fiebrigen Erkrankung Minnas schreibt er: *Dein heutiger Brief, liebes, gutes Mienel, hat mir eine große Wohlthat bereitet: schon der erste Anblick zerstreute mir meine ernstlichen Sorgen um Deine Gesundheit, weil ich sah, das Du soviel hattest schreiben können, trotzdem es doch eben erst 3 Tage her waren, daß Du fast gar nicht schreiben konntest*. Immer wieder kommt eine wahre Zuneigung zum Ausdruck: *Bleib' recht wohl, oder besser: werde recht wohl, damit Du's ferner noch durch Leid, Trübsal und kärgliche Freuden mit mir aushältst, wie Du es bisher aushieltest: dann wollen wir uns trösten und denken – das war uns nun einmal beschieden! Also, leb' schön wohl, gute alte Mienel, und behalt' mich lieb!* Seine Vorfreude auf sie wirkt glaubwürdig: *Ich kann's kaum erwarten, wieder in Zürich einzuziehen, in unsrer hübschen Wohnung, bei unsren guten Menschen und Thieren, und bei der behaglichen Hausfrau, Madame Wagner, die mich gewiß recht hätscheln wird, um mir die Erinnerung an dieses verfluchte London auszutreiben, damit ich mich wieder wohl und heiter auf zu meiner Arbeit fühle, die hier schrecklich darnieder liegt.*[527]

Dennoch blieb die Liebe zu Mathilde Wesendonck weiterhin bestimmend für ihn. Als Liszt im Sommer 1855 an einen Besuch dachte, bat Richard, diesen mit Rücksicht auf Mathildes bevorstehende Entbindung auf den November zu verschieben. *Sie ist alles in allem meine einzige Ressource hier. Mit dem höchsten Interesse hängt sie auch an Dir und seit lange hegt sie den Wunsch, an unserem versprochenen Zusammensein so recht nach Herzenslust teilnehmen zu können … Suchen wir dieses so seltene Glück nach Möglichkeit zu steigern und zu genießen: ich glaube, daß die Gesellschaft unsrer Freundin dies vermag.*[528] Franz entsprach dieser Bitte, wofür Mathilde ihren Dank ausrichten ließ.

Als die Abreise von London nahte, war Richard wie erlöst. In den schönsten Läden der Regent Street und Bond Street kaufte er seidene Unterwäsche für sich und kostbare irische Spitzen für Minna. Minna erhielt noch Socken, eine Nadelbüchse und einen Fingerhut von Frau Praeger.[529] Nach dem letzten Konzert feierte er in seiner Wohnung in Portland Terrace mit einer Gruppe ergebener Freunde. Klindworth und Praeger (sicherlich mit ihren Ehefrauen), Sainton, Lüders und Berlioz mit Ehefrau waren dabei. Am 30. Juni traf er wieder in der Schweiz ein.

Minna konnte gut schneidern und hatte ihm wie versprochen *eine herrliche Hausjacke gemacht und wundervolle seidene Haussommerhosen.*[530] Er faulenzte und wälzte sich nach eigener Aussage *von einem Kanapee zum andern.* Anfang Juli zog er wie geplant mit Minna und dem Papagei auf den Seelisberg, um sich für drei Wochen zu erholen. Der Hund war kurz zuvor eingegangen, worüber beide ausgiebig Tränen vergossen. Im Kurhaus Sonnenberg, wo sie bis Anfang August ihre Ferien verbrachten, versuchte Minna wieder, ihre Gesundheit durch eine Molkenkur zu verbessern. Die Luft und die herrliche Aussicht tat beiden gut. Es waren gute Wochen für das Ehepaar, Minna wird sich an ihre Sehnsucht während Richards Englandreise erinnert und kritische Bemerkungen vermieden haben. Wegen körperlichen Unwohlseins mußte sie aber die Kur vorzeitig beenden. Aber auch er hatte nach der Rückkehr mit einer Erkrankung zu kämpfen, er litt an einer Gesichtsrose, die ihn immer wieder von neuem plagte.

Das Ehepaar verbrachte Silvester wieder mit Wesendoncks. Sie wurden mit dem Pferdewagen abgeholt und mit Champagner begrüßt, und man beschenkte sich zum Jahresende. Minna bekam einen kostbaren Muff, worüber sie sich sehr freute, *denn mein grauer Muff hat nun 12 Jahre endlich ausgedient, er sah sehr ruppich aus*. Richard erhielt eine Schreibgarnitur aus schwarzem Marmor und Natalie einen hübschen grauen Schal. Richard und Minna beschenkten sich kaum: *Mein grilliger Mann bekam eine gestickte Samtmütze, ein paar Atlaskissen überzog ich ihm frisch. Ich bekam nichts*. Ihr Argwohn gegenüber Mathilde schwankte, momentan war sie beruhigt, wohl auch aufgrund von Mathildes Bemühen um sie: *Die Frau Wesendonk hat doch wie gewiß wenig Weiber sehr solite Grundsätze, was nicht jeden recht ist. – Außerdem glaube ich, daß diese Frau mich wirklich liebt und achtet, das trägt etwas bei, gute Grundsätze nicht so leicht zu erschüttern, kurz ich bin über diesen Punkt vollkommen ruhig*, und fährt fort: *Richard ist, Gott sei Dank, jetzt auch ziemlich wieder gesund obgleich er sich noch recht halten muß, um einem Rückfall der langweiligen Gesichtsrose zu pariren. Mehr als 9 Wochen mußte er im Bett meistens zubringen. Bei Richards Lebhaftigkeit, besonders aber eine peinigende Gehirnunruhe, die er hatte, war es sehr schwer und ich hatte viele garstige Launen dadurch zu ertragen die mir nicht gerade zuträglich waren, doch ist nichts an mir gelegen. Mit mir ist es noch beim alten nur der Athem hat sich vermindert und schändlich mager bin ich geworden. Steige ich nur eine Treppe muß ich stehen bleiben und nach Luft schnappen. Den Uetliberg könnte ich jetzt nicht mehr ersteigen, doch gehe ich überall mit Ihnen hin, natürlich per Esel oder Pferd.*[531] Daß sie die gut einstündige Wanderung nicht mehr schaffte, zeigt, wie sehr ihr Herz bereits geschädigt war.

Im Dezember starb ihr kranker Vater, und obwohl Minna mit seinem Tod gerechnet hatte, war sie dennoch erschüttert. *Möchte der Vater auch seine Launen und der Mutter viel Sorge gemacht haben, so nimmt der Todt alle Erinnerungen der Art, allen Groll mit in das kalte Grab … Nun ist abermals ein Glied von der Kette gelöst, bald auch wird es nicht besser mit uns ergehen, nun, wie Gott will.* Richard und Minna waren bereit, Minnas Mutter zu sich zu nehmen, und Minna bat Mathilde Schiffner, die im selben Haus wohnte, herauszufinden, ob diese zu so einer Fahrt körperlich imstande wäre.[532] Hierzu kam es nicht, denn nur drei Monate darauf starb auch ihre Mutter, die über die Pflege ihres Mannes die eigene Gesundheit vernachlässigt hatte. Das traf Minna wiederum schwer: *Sie wissen, meine beste Mathilde, wie ich die Mutter geliebt, wie schwer mir der Abschied damals, als ich nach Dresden kam, wurde, es wollte mir das Herz zerreißen, als ob ich geahnt, daß ich die gute Mutter nicht mehr sehen würde. Des Vaters Todt ging mir vor 3 Monaten trotz Allem sehr nahe, aber der Verlust meiner herzensguten Mutter hat mich furchtbar angegriffen.*[533]

1856 besuchte der alte Freund des Ehepaars, der in England lebende Musiker Ferdinand Praeger, die beiden in Zürich in ihrer Wohnung »in der Enge«. Seine Beschreibung Minnas klingt etwas idealisierend. »In Minna erkannte ich ein Muster der Ergebenheit; sie füllte im Chalet einen Platz aus, der das ganze Verhältnis zwischen ihr und ihrem Manne charakterisirte, sie war ihm treu ergeben, sah ihm an den Augen ab, was er wünschte, that alles, was ihm Freude machen konnte, und machte dabei nicht die geringsten Ansprüche; seine Zufriedenheit war ihre Belohnung. Wagner schuldete dem guten Weibe eine endlose Rechnung, ihre Bescheidenheit jedoch ließ ihn das nie entgelten, und man könnte fast von einem Verhältnis einer Mutter zu einem Lieblingskinde reden; sie wachte über sein Befinden und fühlte schon im Voraus, wenn er etwa Anfälle von Krankheit haben würde, und ertrug dabei alle die Aufregungen eines leidenschaftlich Klagenden.«[534]

Von Juni bis August machte Richard in Mornex am Fuße des Mont Salève in der Nähe von Genf eine mehrwöchige Kur, um die quälende Gesichtsrose loszuwerden, unter der er seit Monaten litt. Minna war vollauf damit beschäftigt gewesen, ihn zu pflegen. *Seine Laune grenzte vollkommen an Verzweiflung, nichts konnte er unternehmen, kaum einen Spazirgang machen oder lebhaft sprechen, da hatte er sie in letzter Zeit, im Mai 3mal. Das Übel nahm immer mehr zu. Ende August hofft Richard gesund und zurück zu sein, Ausflüge dürfte er mit uns wohl schwerlich machen dürfen dagegen mit mir… Sulzer kommt noch wie früher. Natalien ist es wieder einmal zu wohl, sie versteht gut den Hausdrachen zu spielen, antwortet mir wenn sie Lust hat oder läßt mich stehen ohne mich zu beachten, daß ich dreimal frug. Ihre Handreichungen sind höchst schwach und kindisch, deshalb kann ich sie entbehren.*[535]

Da Richard das strenge Arbeiten ärztlich untersagt war, komponierte er auch nicht. Um so mehr Briefe schrieb er. Wieder beschäftigte ihn die Amnestiefrage, und er bat Liszt, für ihn tätig zu werden. Im Mai 1856 schickte er ein Gnadengesuch an König Johann von Sachsen. Er war verliebt, ohne Aussicht auf Befriedigung seines Begehrens, und entsprechend reizbar. Nichts wollte gelingen. Weder konnte er sich von der lästigen Geldnot befreien, noch bestand Aussicht auf eine erotische Erfüllung seines Begehrens. Wollte er mit dem Versuch, in Deutschland seßhaft zu werden, einen Schlußstrich setzen und vor Komplikationen fliehen? Daheim gab es Ärger mit Nathalie Planer, deren Auseinandersetzungen mit Minna den Hausfrieden häufig gestört hatten und die ihm nun lästig wurde. Er wünschte, daß sie den Haushalt verlassen sollte. Die Vertragsbedingungen mit dem Verlag Breitkopf & Härtel, dem er einmal die vollständige Partitur des »Ring des Nibelungen« verkaufen wollte, waren rigide formuliert (er verlangte die Summe von 10 000 Talern). Der Verlag sagte ihm zunächst die Hälfte des ausgesprochenen Honorars zu, und Wagner versuchte daraufhin, die Honorierung zu seinen Gunsten dahingehend zu verändern, daß die zweite Honorarhälfte in eine Art Lebensrente mit einer zwanzigjährigen Laufzeit umgewandelt werden sollte. Das nun schien dem Verlag unannehmbar, so daß er auf die Veröffentlichung verzichtete.

Das größte Problem blieb die Suche nach einer angemessenen Wohnung. Richard wurde durch den Lärm verschiedener Klaviere und Flöten aus der Umgegend erheblich gestört. Noch während der Kur bat er seine Frau, aber auch Mathilde Wesendonck, in dieser Hinsicht tätig zu werden, geeignete Objekte anzuschauen und potentielle Vermieter oder Verkäufer anzusprechen. Minna, die Ende Juni ihrerseits auf dem Seelisberg ihre angegriffenen Nerven sowie ihre Kurzatmigkeit und Schlaflosigkeit behandeln ließ, erhielt von ihm eine gepreßte Blume. Sie symbolisierte vielleicht seinen Traum von einer größeren Geldsumme, mit der er ein kleines, ländliches Gartengrundstück mit Wohnhaus erwerben würde, um seinem Bedürfnis nach Ruhe und Zurückgezogenheit nachzukommen. Minna dachte jedoch realistisch. Sie kannte seinen Hang zu hochfliegenden Phantasien allzugut, und ihr schien es günstiger, ein am Zürichsee gelegenes Landgut zu mieten, statt ein Haus zu kaufen oder gar zu bauen. Sie wußte aus Erfahrung um Wagners Unruhe und konnte sich ausmalen, daß selbst ein eigenes Haus ihn nicht lange an einen Ort binden würde.

Da ihm das Komponieren untersagt war, dachte er viel über Dinge des täglichen Lebens nach. Seine Briefe aus Mornex sind damit gefüllt. Immer noch ist es die hartnäckige Darmträgheit, die ihn quält und die Hämorrhoiden zur Folge hat. Er schimpft über *verlumpte Mediziner* und ist froh, jetzt einen guten Arzt bekommen zu haben, denn seine Behandlung wirke *auf den Unterleib und die Hämorrhoidal-Knoten excitierend ... So bin ich in den ersten 4 Wochen, mit Hilfe der schönen Luft und guter Diät, bereits dahin gelangt, daß ich (entschuldigen Sie!) über Oeffnungen gebiete, von denen ich gar keinen Begriff mehr hatte.*[536] Auch Minna erfuhr, *daß der regelmäßige und sehr ergiebige Stuhlgang sich ganz von selbst* einfand.[537]

Seine wache Phantasie ließ ihn mehrere Dinge planen, von denen sich jedoch nichts verwirklichte. Er spricht Minna gegenüber von dem zu bauenden Heim, als wäre es schon Wirklichkeit, und nennt Anfang September als Termin für den Baubeginn. Er geht von 20 000 Francs Honorar aus, die er nie zu sehen bekam, malt sich die Anschaffung eines Pferdewagens aus, und er macht schließlich eine Kehrtwendung bei seinem Entschluß, Natalie fortzuschicken – auf einmal ist es ihm recht, wenn sie bleibt. Diese Unfähigkeit, den Alltag zu bewältigen, kannte Minna seit Jahren und brachte sie dazu, ihn als *schwach* zu bezeichnen. Sie konnte sich in praktischen Dingen nicht auf ihn verlassen. Was seinen Umgang mit Mathilde betraf, unterschied er allerdings hellwach und überlegte sich jeden Satz. Seine Briefe an Otto Wesendonck, der in Paris weilt, verraten sein Bemühen um den Anschein von Harmlosigkeit, ebenso wie er Minna gegenüber alles, was Mathilde betraf, herunterspielt. Doch konnte Mathilde zwischen den Zeilen lesen. An Otto schrieb er: *Sollte ich wirklich einmal wieder erfahren, wie sich ein Winter in Zürich ohne das Haus Wesendonck zubringen ließe? ... Ihr Vagabunden: sich ein Haus zu bauen, und dann fort laufen.*[538] Er konnte nur hoffen, daß Mathilde ihren Mann dazu bewegen würde, länger in Zürich zu bleiben.

Doch genauso oft landeten seine Gedanken bei Minna, und er ist sogar bereit, seinen Anteil an den Differenzen zuzugeben: *Du weißt, daß* ›es‹ *– bei aller Liebe – doch, wegen verschiedener Ansichten mitunter zu kleinen Disputen kommt, von denen wir beide besser dann und wann loskommen; Wobei ich herzlich gern zugebe, daß ich mehr Schuld habe als Du, namentlich wenn ich eben kribbelig und aufgeregt bin …*[539] Zwei Träume, die er ihr getreulich aufschreibt, zeugen von Verlustängsten. *Du warst von mir fortgegangen, und wolltest nichts mehr von mir wissen; ich suchte Dich auf (– wie es vor langen Zeiten ja auch einmal geschehen ist! –) und fand Dich in ziemlich ärmlicher Wirthschaft bei Deinen Aeltern, was mir immer bänger machte, je mehr Du Dich weigertest, mit mir zu kommen; bis ich Dir denn endlich mit Entsetzen zurief »aber, Deine Aeltern sind ja todt!« wobei ich schließlich laut Deinen Namen schrie und aufwachte. Mein Schrei hatte über mir Jemand erschreckt, der lange herumpolterte, ehe er wieder zur Ruhe kam. – Dann träumte ich von Neuem, ich liefe mit Pepsel herum, und suchte Dich ebenfalls wieder, denn Du warst mir abermals davongelaufen: Pepsel wurde immer elender dabei, ich sah ihn scharf an, und er hatte immer tiefer eingefallene Augen, so daß mir unbeschreiblich wehe dabei ward. Endlich fand ich Deine einsame Wohnung: Du warst aber eben fortgegangen, und das Stübchen war leer. Drin aber hörte ich den Jaquot ungeheuer lustig pfeifen und plaudern; ich ging hinein, und ein scharfer Zugwind kam mir entgegen: ein Fenster stand auf, welches ich mir alle Mühe gab zu verschliessen, ohne es recht zu Stand zu bringen; es waren da allerhand Schieber und Querschieber, so daß ich lange zu thun hatte, ich auch darüber endlich erwachte.*[540]

Das Amnestieersuchen war mittlerweile abgelehnt worden, er hatte also nur Pech: keine Wohnung, keine Amnestie, kein Geld, keinen »Ring«-Vertrag mit dem Verlag, keinen Pferdewagen, keine Wohnung ohne Natalie, die Geliebte weiterhin unerreichbar. Er begann sich zu fragen, was das Ganze solle. *Weiß Gott, wenn man mir nicht große Lust zur Arbeit macht, laß' ich's liegen. Was soll ich armer Teufel mich denn mit solchen furchtbaren Lasten schinden und plagen, wenn mir die Gegenwart nicht einmal den Arbeitsplatz gewähren kann? Ich habe es Härtels gesagt: können sie mir nicht zu einem ruhigen, freien Wohnhaus, wie ich's brauche, verhelfen, so laß' ich den Quark liegen.*[541]

Seine Mäzenin Julie Ritter zahlte ihm seit einigen Jahren 800 Taler jährlich, bis ein Konflikt zwischen ihrem Sohn Karl und Wagner eskalierte, da Wagner Geld von Karl geliehen hatte, aber nach einiger Zeit zahlte sie weiter. *Was unser Eines im Umgang mit heterogenen, gänzlich uns fremden Menschen sich aufopfert, welche Leiden und Martern uns hieraus erwachsen, das kann gar kein Andrer auch nur annähernd empfinden,* empört er sich gegenüber Liszt. *Diese Qualen sind um so größer, als sie eben von Niemand sonst begriffen werden.*[542] Sein Selbstbewußtsein blieb trotz der wiederholten Niederlagen ungebrochen, er reklamierte weiterhin einen Sonderstatus für sich.

Minna freute sich dagegen sehr auf den Besuch Mathilde Schiffners und Clara Wolframs, die ihr Kommen angekündigt hatten. *Ich bin bei weiten besser mit meiner Gesundheit daran die letzten Jahre, nur athmen habe ich noch nicht viel doch will ich gerne Sie und Klären führen, wohin Sie nur wollen, im schlimmsten Fall reite ich und laß euch junges Volk neben mich herlaufen … Mit meinen Aufträgen wage ich kaum Sie zu beläßtigen. Steinpilze und Morcheln, beide sind hier zu haben, doch kaum zu bezahlen, es ist einmal so ein altes theueres Nest. Dann zwei paar Stiefeln schwarz und mit Rahmsohlen und Vexirspitzen forne. Sollten sie mir nicht passen werde ich sie hier schon verkaufen können. Besinne ich mich noch auf etwas schreibe ich Ihnen noch. Auf jeden Fall muß ich, wenn auch nur 2 Wochen auf den Seelisberg, um eine kleine Ziegenmolkenkur zu gebrauchen länger würde es meine Kasse nicht hergeben 5 Franc kostet es per Tag in einem solchen Kurhaus, und anders kann man es nicht machen.*[543] Sie bestellte ferner ein kleines Dutteleisen (eine Art Bügeleisen, womit man Krausen und anderen Putz tütenförmig oder in Rollen falten konnte), Bischofessenz (Gewürze für eine Art Glühwein) und schweren roten Köper (dicht gewebter Baumwollstoff, um den Fensterzug besser abzuhalten). Die Stiefel bestellte sie später wieder ab, denn sie hatte sich welche vom Seelisberger Schuster gut und preisgünstig machen lassen. Sie schrieb ihr noch, daß sie und Richard zwar Freikarten für das Theater hätten, aber wegen der schwachen Qualität nur selten hingingen: *Die Konzerte sind ebenfalls sehr schlecht.*[544]

Auf der Rückreise von Mornex traf Richard Otto und Mathilde in Bern, zwei Tage später war er wieder daheim in Zürich. Zu Minnas Geburtstag machte er mit ihr sowie Clara Wolfram und Mathilde Schiffner, die inzwischen angekommen waren, einen Ausflug nach seinem geliebten Brunnen. Dies war sein Geburtstagsgeschenk für Minna, das sie sicherlich zu würdigen wußte. Es gab einen herrlichen Sonnenuntergang, sie erlebten Jodler und sahen zu, wie Kühe gemolken wurden.[545] Bei Einbruch der Dunkelheit wurde Richard eine Ovation dargebracht. Der Gastwirt Auf der Maur, der sich bereits Arrangements aus Wagners Opern für Blasorchester hatte geben lassen, ließ die Brunner Blechmusikkapelle auf zwei bunt erleuchteten Kähnen Stücke von ihm vortragen. *Bei einigen Flaschen Wein wurden am Ufer allerlei derbe Hände herzhaft von mir gedrückt.*[546] Das waren besondere Erlebnisse für die drei Frauen, die sich über die Würdigung Richards ebenso wie über die herrliche Landschaft gefreut haben werden.

Im Oktober 1856 reiste Franz Liszt mit Carolyne Sayn-Wittgenstein und deren Tochter Marie zu einem längeren Besuch an und quartierte sich im Züricher Hotel Baur au Lac ein, was sofort emsige Betriebsamkeit auslöste: Bediente schwirrten hin und her, Diners und Soupers wechselten sich ab, die Wagen der Herrschaften waren unterwegs. Es kam zu zahlreichen Treffen mit den erlauchten Gästen, wobei Emma und Georg Herwegh, Eliza und François Wille sowie Clara Wolfram fast immer dabei waren. Auch Wesendoncks kamen, so oft es ging. *Namentlich waren die einfacheren Abende bei mir, wo die Fürstin mit polnisch patriarchalischer Gemütlichkeit der Hausfrau beim Servieren half, wirklich von großer Behaglichkeit,* schreibt Richard.[547] Minna hatte viel zu tun bei solchen großen Einladungen, und es wird sie gerührt haben, daß die Fürstin im Haushalt mit Hand anlegte. Als es sich die Gruppe nach dem Essen halb sitzend, halb lagernd bequem gemacht hatte, las Richard den Text zu »Tristan und Isolde« sowie der geplanten Oper »Die Sieger« vor. Es kam auch zu intimen Gesprächen zwischen Richard und Franz sowie Carolyne, wobei Richard über seine Liebe zu Jessie Laussot in Bordeaux 1850 berichtete.[548] Bei diesen Unterhaltungen war Minna allerdings nicht anwesend.

Ein besonderer Höhepunkt war der gemeinsame Besuch von St. Gallen, wo Wagner und Liszt Dirigierpflichten übernommen hatten. Das Ehepaar Wesendonck war Mitte November nach Paris abgereist und konnte nicht dabei sein, was Wagner enttäuschte. Der hohe Besuch zog viel Aufmerksamkeit auf sich, und mehrere Freunde und Bekannte erwarteten sie am Bahnhof der neu eingeweihten Eisenbahn. Willes, Herweghs, Moritz von Wyss, der Architekt Zeugheer und andere reisten mit. Man logierte im Gasthof Zum Hecht. Im ersten Teil des Konzerts, das am 23. November stattfand, dirigierte Liszt seine symphonischen Dichtungen »Orpheus« und »Les Préludes«, im zweiten Teil dirigierte Wagner Beethovens Eroica. »Unvergessen wird uns dieser Abend bleiben, an welchem die zwei Kunstheroen der Neuzeit in unserer kleinen Stadt so schöne Genüsse uns vorgeführt haben«, schrieb ein Zeitungsrezensent begeistert.[549] Am Tag danach traf man sich nach einem Besuch der barocken St. Galler Stiftsbibliothek bei einem Kunstmäzen zu einem abendlichen Fest. Liszt spielte die Hammerklaviersonate von Beethoven und anschließend feierte man Minnas und Richards zwanzigsten Hochzeitstag, indem die ganze Gesellschaft nach den Klängen der Hochzeitsmusik aus »Lohengrin« eine Polonaise durch alle Zimmer des begüterten Kaufmanns veranstaltete. Man kann sich das Bild gut vorstellen: Der zu Scherzen stets aufgelegte Wagner Hand in Hand mit seiner strahlenden Frau vorneweg, dann Liszt mit der Fürstin Carolyne, die für Ungewöhnliches stets aufgeschlossene Emma Herwegh und der Revolutionär Georg Herwegh, der vermutlich das Ganze spießbürgerlich fand, aber dennoch eine gute Miene aufsetzte, und die weiteren Honoratioren von St. Gallen hinterher, die sich zu der Musik belustigt einen Weg durch die Räume bahnten. Dieser Abend bildete einen wahrhaften Höhepunkt in Minnas Leben, wurde doch auch sie gefeiert und nicht nur ihr Mann. Am Tag darauf gab es ein festliches Bankett im Saal des Gasthauses Zum Hecht, an dem rund vierzig Personen teilnahmen. Das St. Galler Tageblatt berichtete: »Es war ein Abend, wie es in öffentlich-geselliger Beziehung deren nicht allzuviele gibt. Neben dem heitersten, ungezwungenen Ton herrschte ein geistig reges Leben und ein warmer künstlerischer Gedankenaustausch an der Tafel, so daß man in Wahrheit sagen darf: es war ein Abend ›comme il faut‹. Feurige Toaste feierten in beredten Worten die lieben Gäste und ihre Verdienste um die Musik der Neuzeit.«[550] Wagner konnte es sich freilich nicht verkneifen, die Redezeit auszudehnen und sein Lieblingsthema zu behandeln, wonach es besser sei, kein Theater als ein schlechtes anzubieten. Er beschrieb ausführlich den Nutzen und den Schaden, den die Bühne auf den Geschmack und den sittlichen Halt der Bevölkerung ausüben könne. Dies mutet eigenartig an, bedenkt man, daß er seine Oper »Tristan und Isolde« bereits im Kopf hatte, in der Isoldes Liebestod musikalisch als Liebesakt dargestellt wird. Für ihn jedoch stellte das keinen Widerspruch dar. Liszt empfahl in seiner Begeisterung eine Aufführung des »Lohengrin« zur Eröffnung des Theaters in St. Gallen, wozu es allerdings nicht kam. Doch wird Minna, die zwischen Liszt und Wagner saß, das allgemein genußreiche und fröhliche Beisammensein in vollen Zügen genossen haben. Es sollte das letzte Mal sein, daß man ihr in einer solchen Runde als geachteter Ehefrau huldigte. (Mitten in der Nacht gab es Unruhe, weil die Fürstin einen Nervenanfall bekam und ihre Tochter bat, ihr vorzulesen. Dies störte Richard so sehr, daß er mit Minna in ein anderes Zimmer umzog.[551])

Nach sieben gemeinsamen Wochen reisten Franz und Carolyne ab. Die Stadt erschien Richard recht einsam, denn Wesendoncks waren Mitte November 1856 nach Paris gereist. Eine Eintrübung des guten Verhältnisses ergab sich, als diese sich im März am Zeltweg einfanden, um die Fertigstellung der Partitur der »Walküre« zu feiern. Richard beschimpfte sie, weil sie sich zu wenig um seine Arbeit gekümmert hätten – offenbar interpretierte er Mathildes Ausbleiben als Liebesentzug. Bestürzt brachen sie vorzeitig auf. Minna half *durch ausgleichende Vermittlungsbemühungen*[552] die Scherben zu kitten – entweder besuchte oder schrieb sie dem Ehepaar und entschuldigte sich für Richards aufbrausendes Temperament. Es kam wieder zu Besuchen, denn Minna berichtet Mathilde Schiffner, daß Wesendoncks *öfters ganz gemüthlich nach ihrem Essen um 6 Uhr zu uns kommen, worauf ich ihnen nichts weiter als Thee und Zwieback vorsetze.*[553]

Eine wunderbare Fügung ergab sich, als Otto Wesendonck dem Ehepaar auf Lebenszeit das Häuschen auf seinem Grundstück zu günstiger Miete anbot. Minna war selig. In so schöner Umgebung hatte sie noch nie gewohnt, und sie schien endlich am Ziel ihrer Träume zu sein. *Wir hatten das hübsche Haus mit dem reizenden Garten schon mehrere Jahre beliebäugelt*, schreibt sie Fürstin Carolyne glückstrahlend, *doch nun nicht mehr gehofft, unseren langen, heißersehnten Wunsch jemals erfüllt zu sehen.*[554] Mathilde Schiffner erhielt einen Brief auf rosa Papier, weil ihre Stimmung so gut war. Sie bedankte sich für ein geschenktes Taschentuch, um dann die gute Nachricht zu erzählen: *Ich kann das wohl der mühsamen feinen Arbeit nach recht gut beurtheilen, daß dieses schöne feine Tuch keineswegs einen Birnstiel kostet, ich kann mich ja nicht wieder revanchieren. Sie liebe, gute, böse, noble Mathilde, nehmen Sie nochmals meinen besten wärmsten Dank!!! Frau Wesendonk hat es sogar bewundert und wunderschön gefunden, was gewiß viel sagen will, da sie gewöhnlich Alles unbeachtet oder nur mit kaltem Blick betrachtet.*

Warum ich Ihnen nicht schon früher geschrieben und gedankt, weshalb Sie mich entschuldigen wollen, hatte seinen guten Grund, ich wollte erst die Gewißheit in dem haben, was ich Ihnen wie folgt mittheilen werde. Wahrscheinlich erinnern Sie sich noch des hübschen Häuschens, welches das nächste neben dem Wesendonkschen Grundstück ist, es muß Ihnen seines schönen Gartens wegen aufgefallen sein, auch glaube ich, daß wir öfters davon gesprochen, wie sehnlichst wir schon jahre lang gewünscht, der Ruhe wegen, die Richard als Componist ebenso nöthig wie der Maler das Licht, bedarf, ein Häuschen allein zu bewohnen. Dieses besagte Haus mit Garten neben Wesendonks Grundstück gelegen, hatte im vorigen September ein Irrenarzt gekauft, um dort eine Irrenanstalt zu etablieren, was natürlich der Familie Wesendonk nicht gleichgültig sein konnte eine solche unheimliche Nachbarschaft zu haben. Daher, o welches Glück für uns, sah sich Herr W veranlaßt mit etwas Rücksicht für uns dieses allerliebste Häuschen war sehr theuer, zu kaufen und uns zur Miethe zu überlassen, wovon er keineswegs zu seinen Interessen kommt, da er eben nur denselben Zins von uns verlangt, was wir hier in den Eschenhäusern zahlen (800 Franc). Unsere jetzige Wohnung kündigten wir zugleich und vermietheten sie auch schon nach einigen Tagen darauf, für 900 franc. In fünf Wochen, also noch vor den Osterfeiertagen ziehen wir schon hinaus, um alle Blüthen und Blätter gleich von Anfang an entsprießen zu sehen, welche Wonne.[555]

Achtes Kapitel

»Ich habe schon manches nicht bemerken wollen«: Der Wesendonck-Eklat 1857 – 1858

Welche Wonne! Endlich schien die große Wende erreicht, das so oft ersehnte und erträumte Landhäuschen mit Garten wurde Wirklichkeit. Für Minna war dieser sechste Wohnsitz in der Schweiz ein doppelter Glücksfall, da sie einen eigenen Garten bewirtschaften, die Erträge nutzen konnte und zudem hoffen durfte, daß die elende Geldnot ein Ende finden würde. Der hübsche Fachwerkbau mit einem herrlichen Blick auf den See, das vornehme Ambiente und die Ruhe gab es umsonst dazu. Sie sprudelte vor Freude: *Obgleich ich gegenwärtig wieder einen gräßlichen Husten und Schnupfen habe, so macht mich der Gedanke, in dem auf dieser kleinen Anhöhe gelegenen Garten mit seinen Blumen, die reine Luft einathmen zu können, schon ganz frisch und gesund. Schöner und gesünder können wir es kaum anderswo finden, das sagt auch Richard … Gegenwärtig wird schon in dem Häuschen die Luftheizung*[556]*, wie wir es hier haben, gebaut, es konnten nehmlich keine Oefen gesetzt werden, weil nach Züricher Bauart zu viel Fenster, Thüren und Wandkästen (Schränke nehmlich) angebracht waren, überhaupt war es nur für den Sommer zu bewohnen eingerichtet. Der Raum ist ungefähr derselbe den wir hier haben, unten 3 Zimmer und eine Treppe hoch ebenfalls 3 Zimmer, wovon das mittelste das größte, aber nicht so groß als meine jetzige Stube ist, wenn erst die häßlichen Holzwände mit Tapeten überklebt sein werden, ist es gewiß recht niedlich. Dabei sind unten aber große Altane mit wildem Wein umrankt, was sehr hübsch und schattig macht. Auch ein Gaststübchen wird eingerichtet, das darf nicht fehlen, und Sie, meine geliebte Mathilde, dürfen in ein paar Jährchen auch nicht fehlen, aber dann müssen Sie allein bei uns sein, nicht mit Klären zusammen kommen, ich habe Sie wegen diesem Zusammentreffen* *gewiß nur halb genossen. Ich denke mir das so herrlich, wenn Gott mir das Leben schenkt, mit Ihnen auf meinem Altan ein Tässchen Kaffee oder Thee zu trinken, dabei der großartigste Überblick auf die Schneeberge, See und Stadt, die sich von dort gar nicht übel ausnimmt, zu genießen.*[557]

Richard reservierte den ersten Stock für sich, wo ein kleines Arbeitszimmer mit herrlichem Blick nach dem oberen See und dem Glärnisch zusammen mit einem Musikzimmer, einem Salon und einer Veranda seinen Wohnbereich ausmachten. Im obersten Stockwerk gab es ein kleines Giebelzimmer für Gäste mit Blick auf die Stadt und den See. Minna würde im Parterre, einige Stufen über dem Garten, wohnen – hier hatte sie ihr eigenes Reich. So waren sie räumlich getrennt und sie konnte Richard vor Gästen abschirmen.

Bis es soweit war, mußte noch viel erledigt werden. Richard erwähnt eine *perennierende Meinungsdifferenz zwischen mir und meiner Frau über alles und jedes,*[558] und meint damit seine zahlreichen Änderungs- und Umbauwünsche. Er wollte *alles aufgefrischt für die neue Wohnung haben,* schreibt Minna, *und hielt mich deshalb gehörig in Trapp, da ich doch leider alles selbst besorgen muß, sobald ich nicht will, daß mir zehnfache Mühe durch verkehrtes Ausrichten oder Vergeßlichkeit entstehen sollen.* Sie beauftragte eine Näherin, sämtliche Vorhänge zu flicken, zu wenden und zu kürzen. Die Möbelüberzüge mußten gefärbt, die Zimmer tapeziert werden, und mancher Gang führte zum Posamenter, dem Spezialisten für Stoffverzierungen wie Borten, Schnüren und Quasten. Da die Rechnungen erst zum Jahresende fällig waren, wurde die Kasse vorläufig geschont. Minna, die ordentlich schneidern konnte, nähte auch vieles selbst. Aber die Anspannung hinterließ Spuren. Sie erkältete sich schwer, und am ersten Osterfeiertag, als sie einen Hut für Natalie garnieren wollte, mußte sie sich statt dessen mit einer fiebrigen Halsentzündung und Schüttelfrost ins Bett legen. Der Arzt setzte Blutegel an. *Durch diese abermalige Blutentziehung wurde ich, wie gewöhnlich, sehr aufgeregt, daß ich trotz des Verlangens nach Schlaf mehrere Tage und Nächte keine Ruhe fand. Auf jeden Fall regte mich der Gedanke des nahen Auszuges, wo ich all die Sachen packen sollte noch mehr auf, daß das Fieber nur noch vermehrte.*

Also mußte Richard wohl oder übel ihre Arbeit übernehmen, so gut es ging. Er ließ sich von dem Dienstmädchen Therese Kisten bringen und warf Wäsche und Kleidung einfach hinein, um die Schränke zu leeren, denn die Nachmieter drängelten. Als diese dann termingemäß einzogen, mußte das Ehepaar zu guter Letzt für zehn Tage ins Hotel. Minna heuerte für den Einzug eine Scheuerfrau an und ärgerte sich über Natalie und Therese, die in der Zwischenzeit *sich nur Essen und Kaffee gebraut, sich dabei um nichts gekümmert, als nur über uns räsonirt* hätten.[559] Als Minna genesen war und das Haus betrat, standen die Kisten immer noch herum. Das Verhältnis zwischen Mutter und Tochter blieb gereizt. Letztere glaubte immer noch, Minna sei ihre Schwester, und wollte sich von ihr nichts gefallen lassen. Außerdem führte Minna den Haushalt in fester Regie, und Natalie mochte nicht reine Befehlsempfängerin sein.

Ende April war es endlich soweit, und sie konnten einziehen. Maurer und Schreiner gaben sich zwar immer noch die Klinke in die Hand, es war kalt und feucht, und die Heizung funktionierte noch immer nicht. Die Eheleute waren gesundheitlich angeschlagen, erholten sich aber, als das Wetter sich besserte. Richards Arbeitszimmer war mit seinem Stehpult zum Komponieren und dem Schreibtisch zum Dichten oder Briefeschreiben komfortabel eingerichtet. Der Arbeitstisch stand an einem großen Fenster mit prachtvollem Ausblick, und in der Mitte des Raumes stand eine Chaiselongue. Er erreichte leicht das Musikzimmer, um eine Wendung auf dem Klavier auszuprobieren. Zwischendurch legte er sich auf die Chaiselongue, um sich auszuruhen. Vormittags war er für niemand zu sprechen und Minna mußte ihn abschirmen. Wenn er sich körperlich erholen wollte, spazierte er in dem parkähnlichen Garten umher.

Ein hübscher, bereits sehr gut gepflegter Garten bietet … meiner Frau die angenehmste Beschäftigung und Abhaltung von Grillen über mich; namentlich nimmt ein größerer Gemüsegarten ihre zärtlichste Sorge in Beschlag, schrieb er Liszt.[560] Das Gemüse wollte sie selbst anbauen, da kannte sie sich aus. Selbst südliche Obstsorten wie Aprikosen, Pfirsiche und Weintrauben wuchsen dort infolge des milden Klimas. Minna gab ihrerseits Mathilde Schiffner ebensolche gute Nachrichten über ihren Mann: *Richard ist seitdem wir hier sind noch nicht einmal grob gegen mich gewesen, ist der heitersten Laune, freut sich über unser Glück, was uns Gott und Wesendonks recht lange erhalten mögen und arbeitet sehr fleißig.* Sie kann sich nicht genugtun im Lob *des prächtigsten Wetters, des herrlichsten Aufenthalts, der göttlichen Luft*.[561] Der *Engelsfriede* schien sich selbst auf die Bediensteten auszuweiten: Therese war wie umgewandelt, arbeitete tüchtig und war freundlich.

Die Tapezier- und Stukkaturarbeiten waren im Juli im herrschaftlichen Anwesen nebenan beendet und das Ehepaar Wesendonck konnte einziehen. Mathilde verwaltete nun ein großzügiges Haus, und es gab gemeinsame Abende mit Gästen, die für alle Beteiligten anregend waren. Der Bildhauer Josef Kopf beschrieb den Wohnstil: »Frau Wesendonck verstand es, ihre Gäste mit Geschmack zu bewirten. Alles war groß angelegt, nichts Kleinliches kam da zum Vorschein. Angenehm und ruhig ging es in diesem Hause zu. Sie war die Seele des Ganzen. Wagen, Pferde zum Reiten, Zeitungen, Bücher, Bäder, ausgezeichneter Tisch mit vorzüglichen Weinen, Musik, interessante Menschen, die von überall herkamen und gern blieben, machten dem Gaste diese Villa zum Paradiese.«[562]

Ein solches Umfeld entsprach durchaus Richards Bedürfnissen. Richard Pohl beschreibt in seinen Erinnerungen die beiden Frauen: Mathilde war »eine schöne Erscheinung, eine weiblich anmutige und poetisch sinnige Natur, übte auf den Meister einen ersichtlich anregenden Einfluß. Ihr gegenüber mußte Wagners schnell gealterte Gattin Minna, mit ihrem ziemlich nüchternen, gutmütigen, aber hausbackenen Wesen freilich sehr im Schatten stehen. In Wagners Gegenwart verhielt sie sich meist still; wenn man sie allein traf, machte sie ihrem Herzen Luft. Sie konnte absolut nicht verstehen, wie ihr Gatte sich jahrelang mit Projekten trug, die nicht die geringste Aussicht auf Verwirklichung hatten. Von den Nibelungen hoffte sie nichts. Kompositionen, welche überall Aufnahme finden könnten und auch pekuniäre Erfolge bringen würden, wären ihr viel lieber gewesen. Daß diese beiden Naturen nicht harmonieren konnten, sah man auf den ersten Blick; daß früher oder später eine Trennung ihres ehelichen Zusammenlebens erfolgen müßte, war unschwer zu prophezeien.«[563]

Zu diesem Zeitpunkt stand das noch keinesfalls fest. Richard war im höchsten Grade angeregt, denn er konnte seine erotische Sehnsucht mit Hilfe seines Schaffens auf eine ideal-geistige Ebene projizieren, während er im praktischen Leben von Minna umsorgt wurde. Die unerfüllte Liebe zu Mathilde thematisierte er über den »Ring«, »Tristan«, und später »Die Meistersinger«: welch eine Ausbeute! Da er wußte, daß sie seine Musiksprache verstand, fühlte er sich bis in jede Faser seines Wesens verstanden.

Eduard Devrient war der Erste, der in diesem Sommer das »Asyl« besuchte und das Gästezimmer einweihte. Bei der Mittagstafel hatte Minna noch zusätzlich das Ehepaar Wesendonck, Hermann Müller, Gottfried Semper und Georg Herwegh zu bewirten – acht Personen saßen demnach zu Tisch. Seiner Ehefrau Therese schilderte Devrient den Besuch: *Er ist eine durchaus unheimliche Natur, wie Du ihn kennst, von neuen Eindrücken, Entwürfen und Voreingenommenheiten immer leidenschaftlich befangen, von seinem körperlichen Befinden, seiner Wasserkur, seinem neuen Arzte viel zu viel Wesen machend usw. Dazu hat man das Gefühl der Unsicherheit in der Eleganz seines reizenden Hauses, in der Opulenz der Bewirtung, und dies Gefühl wird noch durch das Benehmen der Frau gesteigert, die alles genießt und gibt mit einer Miene, als würde es ja doch nicht lange dauern, oder als scheue sie sich wenigstens davon Gebrauch zu machen. Ihr selbst ist unbehaglich, und sie führt das Haus mehr wie die Dienerin, als wie eine Hausfrau.*[564] Richard hatte eine besonders reichhaltige Tafel angeordnet, um dem ehemaligen Dresdener Kollegen zu imponieren, was Minna nicht gefiel. Nach dem Essen spazierte man auf den Gartenhöhen, dann wurde Tee serviert, und beim Abendessen las Devrient zwei Akte aus Shakespeares »Julius Cäsar« vor. Als ehemalige Schauspielerin wird Minna den Monologen des berühmten Kollegen mit mehr Spannung zugehört haben als denjenigen ihres Mannes, die sie seit Jahrzehnten täglich ertragen mußte. Wie anstrengend er sein konnte, hat wiederum Devrient notiert: *Wagner spricht unendlich viel und unruhig, repetiert einzelne Wörter bis zur Pein und bricht ebenso eine Menge von Perioden ab. Wie Liszt. Da er nun dabei alle die ihm zuströmenden Gedanken und Lesefrüchte sofort in der Rede benutzen will, so gerät er vom Hundertsten ins Tausendste, wird immer unverständlicher, je mehr Worte er macht, und so wird dem Hörer ganz schwindlicht davon.* Er bestellte Therese Grüße von Minna und fügte hinzu: *Sie ist eine sehr sorgsame Wirtin, die mir nur Sorge macht durch ihr großartiges Auftafeln.*[565] Die 300 Flaschen Wein, die bei der Auflösung des Hauses im Weinkeller lagerten, zeugen von Richards luxuriösen Bedürfnissen auch in kulinarischer Hinsicht.

Die erste Zeit verging im Fluge. *Ich wohne – Dank einer mir innig ergebenen Familie – jetzt herrlich, ruhig, frei und angenehm,* schrieb Richard an Tichatschek.[566] Zuweilen ging man zusammen ins Theater, so in Shakespeares »Othello«, oder besuchte ein Konzert wie das von Clara Schumann am 7. Dezember in Zürich. Mathilde und Richard waren anwesend. Die berühmte Pianistin wußte mit ihm nur wenig anzufangen: *Ich kann nicht viel über ihn sagen. Er ist überaus freundlich gegen mich und mir thut es deshalb um so weher, ihm kein Fünkchen Sympathie entgegen bringen zu können.*[567]

Die Ehepaare verkehrten fast täglich miteinander, wodurch Richard Mathilde regelmäßig sah, ohne daß dies auffiel. Als dann Hans und Cosima von Bülow Anfang Juli für vier Wochen eintrafen, wurde täglich musiziert, und Frau Wesendonck kam ihrerseits herüber, um zuzuhören. So saßen seine derzeitige Gattin, die künftige Ehefrau sowie die geliebte Muse einträchtig nebeneinander. Man las gemeinsam Literatur, beispielsweise Werke von Calderón, während sich Minna an Walter Scotts Romane hielt. Emma und Georg Herwegh, Franz Müller, Gottfried Keller sowie andere Gäste schauten oft herein. *Ich kann wohl sagen, daß ich seit undenklich langer Zeit nicht so vergnügte Augenblicke erlebt habe*, schreibt Bülow.[568] Es war ihm eine Lust, endlich fern von dem lähmenden Betrieb des Berliner Sternschen Konservatoriums, wo er als Klavierlehrer unterrichtete, die Werke seines geistesverwandten Freundes zu erschließen. Wagner erwähnt dessen enormes Können, seine sichere musikalische Intuition und sein unglaubliches Gedächtnis. Bülow war seinerseits einer der ersten, die das Potential dessen begriffen, was in Wagners neuen Schreibweise steckte. An Julius Stern schreib er über den »Ring der Nibelungen«: *Etwas Ähnliches, Annäherndes ist nicht geschrieben worden – überhaupt nicht – nirgends – in keiner Kunst, in keiner Sprache … es ist eine wahre Erlösung aus dem Weltkothe.*[569]

Minna berichtete Mathilde Schiffner: *Wir hatten aber diesen Sommer sehr viel Besuch, 2 Herren aus London, bei denen Richard gewohnt, was natürlich uns veranlaßte sie auch bei uns aufzunehmen. Später kam der junge Herr v. Bülow der die Tochter von Liszt geheirathet hat auf seiner Hochzeitsreise zu uns, das junge Paar wohnte drei volle Wochen bei uns. Das Bülow ein ausgezeichneter Klavirspieler ist, werden Sie bereits wissen. Es war für Richard wirklich eine Auffrischung, sie musicirten aus der Walküre die Richard nun für ein volles Jahr beiseite gelegt, um des lieben Geldes willen, was leider der gefräßige Lebensunterhalte braucht. Wagner hat bereits die Dichtung schon vor drei Wochen fertig und heißt Tristan und Isolde, ist noch ein bischen Geheimniß, komponirt auch schon recht fleißig daran, es ist mir recht leid, daß bei diesen großen Werke der Walküre eine Unterbrechung stattfinden muß, allein Tannhäuser, der immer etwas Geld brachte, hat nun doch so ziemlich die Runde auf allen Theatern gemacht, daß keine Einnahme mehr davon zu hoffen ist.*[570]

Zahlreiche Zettel in Richards Hand zeugen von dem häufigen Kontakt zu Wesendoncks: *Kinder, bekomme ich Euch heute nicht noch ein wenig zu sehen? Ich bin besser auf als gestern.* Anfang Juli 1857: *Mir ist, als hätten wir vergessen, Sie gehörig zu Sonntag Abend einzuladen: erlauben Sie, das Versäumte hiermit nachzuholen! Sie wissen, es handelt sich um ein Sulzerfest. Auch soll ich Sie benachrichtigen, daß der Thee um 7 Uhr getrunken wird.* Im September: *Ich bin nicht wohl und werde den Geburtstag meiner Frau vermutlich im Hausarrest feiern müssen. Für Ihre Güte herzlichen Dank!* Einmal hieß es: *Kommen Sie ein wenig herüber zum letzten Akt der Walküre? Ich – hoffe.* Im Dezember schickte er eine Winterblume für den Weihnachtsbaum; oft wurde auch Leselektüre ausgetauscht.[571]

Als Richard Pohl aus Weimar zu Besuch kam, traf er Wagner voll froher Hoffnung und in glücklicher Stimmung. Mehrfach gingen sie zusammen spazieren, und Richard sprach über die Mißverständnisse, denen seine Schriften ausgesetzt waren. Pohl war von der Atmosphäre im Wagnerschen Hause im höchsten Grade angeregt. An einem Abend spielte und sang Wagner den Schluß des 1. Akts aus »Siegfried« – das Waldweben und die Vogelstimme, kam dann auf die Dichtung von »Tristan und Isolde« zu sprechen und griff den Übergang vom 2. zum 3. Akt auf, für den er noch keine befriedigende Lösung gefunden hatte.[572] Minna kannte daher jede Einzelheit, wenn er Abend für Abend bis in die einzelnen Takte hinein über sein Werk dozierte und sie daneben saß.

Eine ästhetisch ansprechende Umgebung, eine exzellente Haushaltsbetreuung, geistige Anregungen, eine herrliche Landschaft und eine Bewunderin, die ihm zutiefst ergeben war: Es schien alles zu vollkommen, um anzudauern. Je mehr die Zeit fortschritt, um so deutlicher wurde ihm, daß seine Liebe keine Erfüllung finden konnte. Das Hochgefühl, das Richard in Gegenwart von Mathilde genoß, konnte daher umschlagen, und er verriet der Tochter der Fürstin Carolyne, Marie: *Der Umgang mit der lieben Frau, der hier ja wohl mein einziger Trost ist, wird mir immer mehr getrübt durch die peinigende Umgebung … Bei mir wird endlich der Druck einer unsympathischen Berührung so schmerzlich, daß ich mich kaum mehr fassen kann.*[573] Und: *Was in mir vorgeht, ist nicht zu sagen: nur das eine kann ich andeuten, daß mir die Welt täglich mehr vergeht und ich genau nur noch auf der schmalsten Grenzscheide zwischen Leben und Tod seufze … Und meine Kunst, das ewige Spiel mit meiner Qual, sollte sie mich erfreuen können? Wie lange noch soll die Täuschung vorhalten?*[574]

Es mißfiel Otto mit der Zeit, daß Richard bei seinen Besuchen in der Villa Wünsche äußerte bezüglich der Heizung, der Beleuchtung und sogar der Zeit der Mahlzeiten und Mathilde diese auch noch erfüllte. Es *wurden Rücksichten auf mich genommen, welche seinen Rechten als Hausherr nahezutreten schienen*, schreibt Richard später mit gespielter Ahnungslosigkeit.[575] Mathilde mußte zwischen zwei Männern lavieren und hatte noch gegen den Argwohn Minnas zu kämpfen. Das war nicht einfach, doch es beflügelte sie, daß sie der Auslöser für Richards enormen Schaffensdrang war. Das ließ sie Herablassung für die Nur-Hausfrau empfinden, die dem Geliebten das Essen kochte und dessen Kleidung in Ordnung brachte, aber weniger mit der geistigen Dimension seines Schaffens befaßt war. Minna muß eine Herabsetzung gespürt haben, denn sie schrieb ihrer vertrauten Freundin: *Wesendonks wohnen seit 2 Monaten neben uns in ihrem schönen Haus, die Einrichtung ist Königlich. Wir sehen uns die Woche doch einigemale. Vor einem Monat mußte ich der jungen Frau Wesendonk meinem Herzen Luft machen, sie benahm sich gegen mich auf einmal sehr hochmütig und albern, daß ich die Einladungen ausschlug. Da hat sie mich aber wieder um Verzeihung gebeten und nun bin ich ihr Richards wegen wieder gut.*[576] Worum es bei dieser kleinen Auseinandersetzung ging, ist nicht überliefert, jedenfalls bemühten sich beide aus Rücksicht auf Richard um Frieden.

Daß Mathilde und Richard offenbar gegenseitige sexuelle Enthaltsamkeit vereinbarten, belastete das Zusammensein der beiden Ehepaare zusätzlich. Richard verriet seiner Schwester: *Mathilde bestimmte* ›Otto‹ *allmählich bis zur vollsten Resignation auf sie … Was ihr diesen Erfolg ermöglichte konnte nur die Tiefe und Erhaben-*

heit ihrer, von jeder Selbstsucht fernen, Neigung sein, die ihr die Kraft gab, ihrem Manne sich in solcher Bedeutung zu zeigen, dass dieser, wenn sie endlich mit ihrem Tode drohen konnte, von ihr abstehen … musste.[577] Eine solche Askese auf allen Seiten heizte die ohnehin schwüle Atmosphäre nur noch weiter auf, und Natalies Aussage wirkt glaubwürdig, wenn sie Frau Burrell berichtete: *Gleich beim Einzug in dieses kleine Unglückshaus neben Wesendoncks, wurde Minna zum 1. Mal in ihrer 22jährigen Ehe aus dem mit Richard gemeinschaftlichen Schlafzimmer verbannt … Thatsache ist es, daß Mathilde sehr viel in reizendem, eleganten Morgenanzug Vormittags zu Wagner hinaufging und sehr lange bei ihm im Zimmer blieb. Minna fand es unter ihrer Frauenwürde und Frauenstolz unter solchen Umständen zu Wagners Besuch hinaufzugehen.*[578] Bei unverschlossenen Türen konnte es kaum zu intimeren Kontakten kommen; dagegen erinnert sich Wagner in Briefen an Mathilde rückwirkend an Zärtlichkeiten.

Ein Gedicht aus dem Zyklus »Mignon«, das Mathilde Richard widmete[579], stützt die Vermutung, daß die Liebenden sich tatsächlich Enthaltung geschworen hatten, Mathilde aber nicht gewillt war, dies einzuhalten:

Habe oft Dich bitten wollen um den höchsten Augenblick.
Doch ein unerklärlich Bangen schaudernd hielt das Wort zurück.

Einmal folgen meiner Neigung wollt' ich, einmal selig sein,
Einmal an der ganzen Fülle höchsten Erdenglücks mich freu'n!

Und so faßt' ich mir ein Herze, schlich zur Nacht an deine Thür,
Wußte, daß sie unverschlossen, wollt' mich bergen drin vor Dir!

Als zur Treppe ich gekommen, ein Geräusch gebot mir Halt,
Denn ich sah, den Gang hinschreitend, eine weibliche Gestalt.

Leise drückt sie an der Klinke deiner Thür und huscht hinein,
Bald d'rauf schallen Deine Tritte und der Riegel schiebt sich ein.

Unerhörte Qualen wühlten da mein ganz Empfinden auf,
Und des Herzens Puls, getroffen an der Quelle, stockt den Lauf.

Bleiern lag es auf mir wie Sterben, keine Rettung wußt ich mehr,
Und ich wälzte mich am Boden, schmerzlich zuckend, hin und her.

Da erklang das Lied des Harfners aus der Kammer unter'm Dach,
Und ich stürzt' zu seinen Füßen, blieb die Nacht in Jammer wach! [580]

Ihre Reaktion erinnert an die im 19. Jahrhundert grassierende Hysterie, die oft ihren Grund in der erzwungenen sexuellen Enthaltsamkeit der Frauen in dieser besonders prüden Zeit hatte.

Der Besucherstrom brach nicht ab, so daß Minna mit Hausarbeit ausgelastet war. Sofern ihr Zeit übrig blieb, beschäftigte sie sich mit dem großen Gemüsegarten. Richards Laune schwankte zwischen Verzweiflung und Hochgefühl. Seine Fortschritte bei der Komposition des »Tristan« halfen ihm, die Spannungen zu bewältigen. Es war ihm eine Labsal, wenn die angebetete Muse herüberkam und mit den Gästen plauderte oder seinen Ausführungen lauschte, und es bereitete ihm eine besondere Lust, ihr das Werk vorzustellen, denn sie verstand genau, daß sein sublimiertes Begehren ihr galt. Es gab niemand, dem er sich so gern mitteilte, und er verriet ihr auch warum: *Mit Männern geht das erst gar nicht: denen kommt's – bei aller Freundschaft – im Grunde doch nur darauf an, nicht aus sich herauszugehen, ihre persönliche Meinung zu behaupten, und sich überhaupt möglich wenig berühren zu lassen. Das ist nun einmal so: der Mann lebt von sich.*[581] Sie war ganz für ihn da, und er bezog sie aufs engste in sein Schaffen ein. Am 18. September überreichte er ihr die fertige Urschrift der Dichtung des »Tristan«, die sie überwältigte, und sie erklärte ihm, sterben zu müssen.[582] Dieses Datum wurde von beiden auch später gefeiert; 1861 teilte er ihr mit: *Daß ich den »Tristan« geschrieben, danke ich Ihnen aus tiefster Seele in alle Ewigkeit!*[583] Ob sie damals begriff, daß Isolde ihre Selbständigkeit verliert, um in der Liebe zu Tristan zu verschmelzen, und daß Wagner in der Musik zu Isoldes Liebestod auch »eine Metapher für Isoldes freiwilliges Opfer ihrer Seele für den geliebten Mann« schuf? Begriff sie auch die erotische Ausstrahlung? Wagner nannte Jahre später Tristan und Isolde *ein Paar in der vollsten Glut der Sünde.*[584]

Genau einen Monat nach diesem denkwürdigen 18. September war Wagner mit Wesendoncks bei Willes eingeladen. Insgeheim feierten Richard und Mathilde den Monatsgedenktag. Bei einem

Spaziergang bot Otto Eliza den Arm an, so durfte Richard seiner Geliebten ebenfalls den Arm reichen, und war selig. *Es war ein herrlicher, ein sättigender Tag.*[585]

Als er die Musik zum Gespräch zwischen Brangäne und Isolde in der 3. Szene des ersten Aufzuges fertiggestellt hatte, schrieb er der Geliebten:

Die Morold schlug, die Wunde
Sie heilt' ich, dass er gesunde u.s.w.
ist heut' vortrefflich geraten – ich muß sie Ihnen nachher vorspielen![586]

Die Querverbindungen waren offensichtlich, denn Isolde schreit ihre Qual heraus, in Tristans Nähe leben zu müssen, und Brangäne fragt sie: »Wo lebte der Mann, der dich nicht liebte? Der Isolden säh', und in Isolden selig nicht ganz verging?«[587] Mathildes Hingabe beglückte und beflügelte ihn, und die Arbeit trug dazu bei, die Pein ihrer Nähe zu ertragen.

Zwischen November und Mai komponierte Wagner fünf Lieder für eine Frauenstimme nach Texten von Mathilde. Da er sonst fast nur eigene Texte vertonte, war dies eine Auszeichnung, die sie zu würdigen wußte. Ihr Geburtstag am 23. Dezember 1857 bot ihm einen weiteren Anlaß, um seiner Liebe Ausdruck zu geben. Er veranstaltete im Vestibül der Villa als Geburtstagsständchen eine Morgenmusik für Violine und zehnstimmiges kleines Orchester. Dafür hatte er das Lied »Träume« nach einem Text von Mathilde, das er bereits für Stimme und Klavierbegleitung komponiert hatte, für Violine und Orchester gesetzt. Es paßte gut, daß Otto abwesend war. Der Erfolg war außerordentlich. Wie gewohnt sah Minna alles im praktischen Licht: *Das liebe Weihnachten rückt abermals mit Riesenschritten heran,* schrieb sie Mathilde Schiffner, *aber bei uns wird keines gespielt, erstlich bekam ich 2 Kleider im Voraus, um bei Wesendonks anständig erscheinen zu können und dann werden wir einige starke Rechnungen bekommen, was hier immer erst Neujahr geschied. Wir mußten nehmlich vor unserem Einzug hier, auf unsere Kosten tapeziren und malen lassen, da die rohen Wände uns überlassen wurden. Herr W ist etwas geitziger Natur, doch sind wir trotzdem froh, daß er uns dieses Häuschen zur Miethe überlassen hat. Bei dieser amerikanischen Krisis hat W viel Geld verloren und es werden furchtbare Einschränkungen in dessen Haushalt gemacht, kaum eine Tasse Thee lassen sie bei sich einnehmen, selbst uns nicht, sie kommen aber immer zu uns und scheint ihnen das gut zu behagen. Von einem alten Kleid ist schon seit Jahr und Tag nicht mehr die Rede, es geht aber auch ohnedem. –*

… Wir haben ihr dagegen diesmal gar nichts geschenkt, als das Richard ihr zu ihrem Geburtstage, welche den 23st. Dez. ist, 19 der besten Musicker hier auftrieb und ein Morgenständchen dem eine

Richard Wagner, Tristan und Isolde. Erste Seite der gedruckten Partitur.

Serenade, von ihm componirt, voranging,[588] *brachte, (versteht sich im Innern des Hauses gespielt) und Compositionen von Wagner selbst, die aus den Gesandten-Marsch aus Rienzi und den Empfang der Gäste auf der Wartburg in Tannhäuser (2t. Ackt) bestanden.*[589] *Es war früh 7 Uhr und alles gelungen und gut geklungen, sie aus süßen Träumen zu wecken. Ich trug in so fern mein Theil dazu bei, daß ich sämtlichen Musikern einen famosen Kaffee kochen ließ, sie mit Butter Brod usw. tracktirte, da sie alle noch nüchtern waren und der Weg doch immer weit ist, besonders, wenn man blasen muß. Der Spaß kam uns immer theuer zu stehen, wir mußten die Pulte und Instrumente doch heraus fahren lassen und dann, wenn es auch nur aus Gefälligkeit geschah, doch wenigstens dem Unternehmer dieser kleinen Musickergesellschaft ein geldeswertesgeschenk von einigen 20 Franc machen, somit glaubte ich meinen Beutel nicht weiter öffnen zu müssen außerdem habe ich Frau W. schon recht viel hübsche Arbeiten gemacht, daß ich nichts wußte was in dieser königlichen Einrichtung mehr paßte, besonders da sie nicht bunte Stickereien leiden mögen.*[590]

Von Mathilde Schiffner bekam Minna zu Weihnachten eine Morgenhaube geschenkt: *Die Haube freut mich aber darum doppelt, weil es Ihre Arbeit ist, ich sehe Ihre kunstgeübte Hand zwischen den reichen Spitzen herum fahren, daß ich sie fest halten möchte, um Ihnen meinen Dank in Wirklichkeit mit einen warmen Händedruck kund tun zu können, was die Feder doch nur sehr schwach zu beschreiben vermag, also einweilen nur schriftlich herzlichsten Dank … Sie steht mir sehr gut das sagt auch Richard, sie verjüngt mich um ein halb dutzend Jahre.*

Die Bescherung an diesem letzten Weihnachtsfest, das Wagners und Wesendoncks miteinander verbrachten, verlief auf der Oberfläche recht harmonisch. Dennoch waren die unterschwelligen Spannungen spürbar. Minna bemerkte die Aufmerksamkeit, die Richard Mathilde erwies, sowie sein Bedürfnis, viel mit ihr zusammenzu sein. Und sie empfand die Kluft zwischen dem wohlhabenden Ehepaar, das sich alles leisten konnte, und dem eigenen Zwang zur Sparsamkeit als bitter. *Die Bescheerung bei Wesendonks fand den Weihnachtsheiligenabend statt. Die Kinder bekommen einen großen Baum an Uepigkeit und Pracht den vorherigen bei weiten nach stand. Spielzeug aller Art war mit aufgestellt auch ich legte jedem Kinde eine Kleinigkeit dazu, was nach meinen Verhältnissen immer genug kostet, da es doch nichts lumpiges sein darf und hier dergleichen theuer ist. Wesendonk bekam von seiner Frau ein paar kostbare große Kupferstiche, sie dagegen von ihm ein paar Korallenknöpfe mit Brillianten und abermals einige reiche seidene Kleider, was bei unsereinen doch immer nur ein Ereigniß ist. Ich bekam ein Kragen und Aermel in Musselin gestickt, ganz der Haube gleich, die Sie mir geschickt, auch mit solchen Vallancien Spitzen und blauen Bänderchen verzirt, recht hübsch. Die Aermel sind aber so ungeheuer groß und weit, offen was ich nicht mehr liebe … Richard bekam abermals ein Kissen, dies nun das vierte, seit unserer Bekanntschaft. Natürlich plagt sich Frau Wesendonk nicht damit es selbst zu machen sie kauft es, das ist einfach und leicht schenken, in ihren Verhältnissen. Meinen Herrn Gemahl habe ich wirklich mit der kleinen Bescheerung auf einen Abend und das dem Sylvester so guter Laune gemacht, daß er einen schlegten Witz über den andern bei Wesendonks, wo wir diesen Abend zubrachten, machte. Ich hatte ihn nehmlich einen kleinen Teppich, vor den Sopha zu legen, mit Schwänen, bezüglich auf Lohengrin bescheert dazu die kleinen Büsten Schiller und Göthe, einen goldenen Uhrschlüssel, weil er seinen kurz vorher verloren hatte, 2 Flaschen Eau de colonge und sogar paar feine Socken, die er sich gewünscht. Darüber hat er sich wie ein Kind gefreut, er hatte sich gar nichts vermuthet.*[591]

Der Lohengrin-Teppich war von Minna als witzige Anspielung an die Oper gedacht. Ob Wagners Scherze die eines Verzweifelten waren, der sich bemühte, die Opernwelt zu revolutionieren, und dafür gestickte Schwäne auf einem Teppich von seiner Frau erhielt? Wenn Ironie im Spiel war, merkte sie nichts davon. Es spricht im übrigen für sie, daß sie im Eßstübchen nebenan auch die Magd Therese und den Knecht reichhaltig bescherte. Da Therese verlobt war und bald heiraten wollte, erhielt sie ein schwarzes wollenes Umschlagtuch, Spitzenärmel und einen Kragen mit weißen Schleifen, weiße Handschuhe und Schürzen. Der Knecht bekam 6 paar Socken, warme Handschuhe, eine Krawatte und Cachenez[592], dazu bekamen beide ihr Jahresgehalt. Selbst der Hund erhielt ein neues Halsband, der Papagei eine goldene Nuß, und sie genoß die Aufmerksamkeit: *Es war wirklich ein prächtiger Moment. Alle freuten sich wie die Götter, sogar Jacquot jubelte mit ihnen.*[593]

Am letzten Tag des Jahres hatte Richard die Kompositionsskizze des ersten Tristanaktes vollendet, und er schickte sie zusammen mit einem Gedicht, das den Sprachstil seiner Oper übernimmt und auch inhaltliche Parallelen enthält, durch den Diener an Mathilde:

Hochbeglückt,
schmerzentrückt,
frei und rein
ewig Dein –
Was sie sich klagten
und versagten,
Tristan und Isolde,
in keuscher Töne Gold,
ihr Weinen und ihr Küssen
leg' ich zu Deinen Füssen,
dass sie den Engel loben,
der mich so hoch erhoben![594]

In diesen Tagen zwischen Weihnachten und Anfang Januar muß ihm die Unhaltbarkeit der Lage aufgegangen sein, und er schickte einen Hilferuf an Franz Liszt: *Ich bin am Ende eines Conflictes, in welchem alles, was dem Menschen heilig sein kann, inbegriffen ist: ich muss mich entscheiden, und jede Wahl, die ich vor mir habe, ist so grausam, dass bei meiner Entscheidung ich den Freund zur Seite haben muss, den so einzig mir der Himmel geschenkt hat … Ich muss mit Dir meine ganze Lage berathen, um in dem, was ich ergreife, die volle Zustimmung meines einzigen Freundes zu haben*. Die Wahl, von der er spricht, kann nur bedeuten, daß er plante, Minna zu verlassen und mit Mathilde zu fliehen. Ihm war – auch auf dem Hintergrund der mißlungenen Flucht mit Jessie Laussot – die Waghalsigkeit eines solchen Vorhabens bewußt. Er hoffte, *den Weg zu finden, auf dem ich am wenigsten Unheil verursache,*[595] und beschloß, zunächst nach Paris zu reisen. Wäre Richard in seinem Wunsch, sich von Minna zu trennen, von Liszt unterstützt worden, hätte er vermutlich Otto aufgesucht und eine Scheidung verlangt.

Möglicherweise kam es schon aufgrund des Gedichtes, das Richard zusammen mit dem fertigen Textbuch sowie der Kompositionsskizze Mathilde geschickt hatte, zwischen Otto und ihr zum Zerwürfnis. In der Tat erstaunt die Verwegenheit, mit der Richard nicht nur sein Begehren formulierte, sondern es der geliebten Mathilde auch noch überreichte. Die Hervorhebung der Keuschheit in den Zeilen war nicht dazu angetan, Otto zu beruhigen, und es ist durchaus vorstellbar, daß er bereits im Dezember 1857 Richard verwarnte, wovon jedoch Minna nichts erfuhr, so daß das Weihnachtsfest an der Oberfläche noch harmonisch verlief. Wagner bat nämlich schon am 26. Dezember Regierungsrat Franz Hagenbuch um die Ausstellung eines Passes – ein Indiz dafür, daß er kurzfristig an die Abreise dachte. Otto wußte, daß seine Frau Richard liebte und brachte Mathilde vermutlich dazu, Richard mitzuteilen, daß sie ihren Ehemann und ihre Kinder nicht verlassen konnte.

Liszt war beunruhigt: *Franz und Freund sind bei Dir, liebster Richard … Schreibe mir bald, was Du aussinnst und vorhast. Bleibt Deine Frau in Zürich? Gedenkst Du später vielleicht wieder zurückzugehen? Wo ist Mme W. -? Die Kapellmeisterin hat eine vortreffliche Idee, von der Du nächstens mehr erfahren sollst. Sobald sie darüber Antwort erhalten hat, schreibt sie Dir. Verhalte dich ruhig – Gott mit Dir.*[596] Leider ist nicht erhalten geblieben, was sich Fürstin Carolyne ausgedacht hatte.

Daß Otto letztlich das Hindernis war, an dem die Liebe scheitern mußte, wird durch einen Brief Richards an seine Schwester Clara erhärtet: »Mathilde« *hat seit der Zeit unsrer ersten Bekanntschaft die unermüdlichste und feinfühlendste Sorge für mich getragen, und Alles, was mir mein Leben erleichtern konnte, auf die muthigste Weise ihrem Manne abgewonnen. Dieser konnte der offenen Unumwundenheit seiner Frau gegenüber nicht anders als bald in wachsende Eifersucht verfallen … Es galt ihm endlich, sich die Mutter seiner Kinder zu erhalten, und um dieser Willen – die ja uns beide auch am unüberwindlichsten trennten – fügte er sich in seine entsagende Stellung. So, während er von Eifersucht verzehrt war, wusste sie ihn wieder so für mich zu interessiren, dass er – wie Du weisst – mich oft unterstützte; als es endlich galt, mir nach Wunsch ein Häuschen mit Garten zu verschaffen, war sie es, die es mit den unerhörtesten Kämpfen über ihn gewann, für mich das schöne Grundstück neben dem seinigen zu kaufen.*[597]

Der Machtkampf zwischen Otto und Richard erreichte zuweilen ein schwer erträgliches Ausmaß, wenn Richard in das Haus der Wesendoncks kam. Otto faßte Richards Monologe als bedrohlich auf und konterte: *Die Ängstlichkeit darüber, daß, wie er vermeinte, in seinem Hause sich bald alles mehr nach mir als nach ihm richten würde, gab ihm außerdem die eigentümliche Wucht, mit welcher*

Otto Wesendonck,
Photographie, um 1860.
Jürg Wille, Meilen (Schweiz).

ein nur wenig Gebildeter bei den von ihm empfundenen Befürchtungen sich auf jedes Gespräch wirft, welches in seiner Gegenwart geführt wird, ungefähr wie ein Löschhut auf das Licht, schreibt Richard mit maliziösem Unterton.[598] Die Situation läßt sich leicht vorstellen: Richard versucht, die Gesprächshoheit an sich zu reißen, wird aber von Otto unterbrochen, der mit wirtschaftlichen Schlagzeilen aus seinen Geschäften in Nordamerika zu beeindrucken versucht. Mathilde sitzt gequält zwischen den beiden, unfähig, den Konflikt zu lösen, Minna stickt schweigend an einem Kissen und solidarisiert sich innerlich mit Otto.

Auf jeden Fall mußte etwas geschehen, und Richard sah einen Ausweg darin, der aufgeladenen Atmosphäre zu entfliehen. Am 14. Januar verließ er das »Asyl« und fuhr über Straßburg nach Paris, um dort seine Autorenrechte für Frankreich zu regeln – ein guter Vorwand, den Problemen daheim zu entkommen. Er erzählte Minna zwar, daß er in der französischen Metropole geschäftlich zu tun habe, machte aber vor engen Freunden keinen Hehl daraus, daß dies nur vorgetäuscht war. Minna ließ er in Ängsten wegen der Finanzen zurück. Sie war die Leidtragende, weil die aufgelaufenen Rechnungen für das vergangene Jahr 1857 nun bei ihr landeten. Er nahm ihr nach eigenem Bekunden *den letzten Heller aus der Wirt-*

schaftscasse,[599] was sie kaum entzückt haben wird. Otto, der vier Jahre lang seine Schulden in beträchtlicher Höhe beglichen hatte, konnte er schlecht anbetteln, so daß er sich Geld vom *armen Familienvater* Semper lieh. *Jetzt laufen mir nun die Rechnungen für meine Einrichtung massenweise zu … Schon jetzt kann ich aber meine Frau nicht einmal soweit mit Kasse entblößen als mich die Pariser Exkursion kosten würde*, schreibt er nach England an seinen Freund Ferdinand Praeger mit der Bitte um Hilfe.[600] *Ich bin in wahrer Verzweiflung, dass meine Frau noch kein Geld bekommen hat*, heißt es in einem weiteren Brief, diesmal nach Wien, von wo er Einnahmen aus Aufführungen des »Tannhäuser« erwartete.[601] Und Minna schrieb er besorgt: *Du glaubst nicht, wie es mich kränkt, dass ich Dich so mit Geld im Stiche lassen musste: selbst die kleine Berliner Einnahme ist noch nicht angekommen? Daß ich Dich so zurückgelassen habe, macht mir mehr Sorge, als Du glaubst … Wenn nur Einiges zuschlägt, so sind wir geborgen, und – lass mich dann nur weiter sorgen!* [602] Auch Liszt wurde angegangen, wobei die Bitte mehr einem Befehl glich: *Nun, ich erwarte dass Du mir hilfst. Meine Verlegenheit ist gross.*[603] Er plante sogar, seine Nichte Johanna zu bitten, sich um einen Vorschuß auf seine nächsten Tantiemen aus Berlin zu kümmern. Und er bat Minna, ihre Briefe jedesmal zu frankieren, *so lange bis ich Geld habe: meine Kasse steht natürlich nicht zum Besten.*[604] Franz rettete die Situation, indem er ihm 1000 Francs in Paris durch seinen Schwiegersohn Emile Ollivier auszahlen ließ. Anscheinend war Minna so sehr durch die Geldnot verängstigt, daß sie Richard Vorschläge unterbreitete, wie er etwas einnehmen könne, und er schrieb Hans von Bülow, er sei *durch das Zureden meiner geängsteten Frau darauf verfallen, diese Oper* »Rienzi« *schnell möglichst noch auszubeuten.*[605]

Trotz aller Vorkommnisse berichtet er ihr wie eh und je getreulich von allen Unternehmungen. Während er sich bei Freunden über Minnas Verhalten beklagte, schrieb er ihr gleichzeitig versöhnlich: *Behalte mich recht lieb – trotz aller Fehler und Schändlichkeiten, die ich habe. Wir müssen's nun doch mit einander vollends durchmachen; und im Grunde genommen geht es jetzt doch ganz passabel, wenn ich leider auch mehr Ruhm als Geld habe.* Hatte er sich also damit abgefunden, daß ein Leben mit Mathilde nie zustande kommen würde? Wollte er Minna als Ehefrau und Haushälterin noch behalten? Er schildert ihr die Details seiner geschäftlichen Angelegenheiten, behält sich aber vor, nicht zu ausführlich zu sein, *um uns Beiden wirklich diessmal das Vergnügen aufzusparen, mündlich recht viel zu erzählen zu haben, was man sich allemal verdirbt durch umständliche briefliche Mittheilungen, die dann machen, dass man, zu Haus angekommen, eigentlich sich nichts mehr zu sagen hat*. Nach einer zerrütteten Ehe klingt das nicht. Er erlaubt sich sogar einen Scherz, wenn er behauptet, daß er sich in die Witwe des Komponisten Ferdinand Hérold verliebt habe, trotz ihrer grauen Haare und ihrer fünfzig Jahre. Als es ihm endlich gelang, ihr Geld zu überweisen, teilte sie ihm ihr Erstaunen darüber mit, was ihn wiederum kränkte: *Mein Gott! für wen fährst Du fort mich zu halten? Dass ich zu Zeiten und unter Umständen Neigung zur Verschwendung habe, läugne ich nicht; dass ich je aber gleichgültig gegen die Verlegenheiten sein könnte, die Dir auch daraus entstehen, hast Du doch nie erfahren dürfen*. Allerdings mußte er zugeben, daß er manche Gelddinge vor ihr geheim gehalten hatte: *Die andern 100 fr. habe ich mir von Semper geborgt, was ich Dir nun hiermit zitternd gestehe.*[606] So machte er es ihr einmal mehr unmöglich, Vertrauen zu seinen Aussagen zu entwickeln. Davon abgesehen verriet er ihr sowieso nicht, was in seinem Innersten vorging.

Zur Feier seiner Rückkehr sollte Minna ein kleines Festessen veranstalten, zu dem Georg Herwegh, Gottfried Semper, Wesendoncks und Hermann Müller einzuladen waren. Richard wollte Austern dazu mitbringen. Der Termin platzte aber, da er später als vorgesehen aus Paris abreiste. Er schloß seinen letzten Brief mit Humor: *Adieu! Gute alte Madame! Bleibe mir gut bis dahin, dann kannst Du mich wieder schlecht machen, wenn ich mich übel aufführe. Auf allerschönstes Willkommen! Dein vielgeliebter Mann.*[607] Dennoch war ihm klar, daß es so nicht weitergehen konnte, und nach seiner Rückkehr schrieb er an Eduard Devrient: *Von meiner persönlichen Lage schweige ich. Es muss darin eine Aenderung vor sich gehen. Die beste Möglichkeit dazu ersehe ich immer nur noch in einer Amnestie.*[608] Eine Rückkehr nach Deutschland schwebte ihm als eine mögliche Lösung vor. Die Flucht vor unangenehmen Dingen hatte ihm oft genug im Leben geholfen.

Im März feierte Otto seinen Geburtstag. Wohl auf Anraten Mathildes und um ihn zu beruhigen, veranstaltete Richard eine

Morgenmusik mit 30 Musikern, wozu er einzelne Sätze aus Beethovenschen Symphonien spielen ließ. Anschließend soupierte Zürichs gute Gesellschaft – es waren 64 Personen[609] – an großen Tischen. Richard wurde ein elfenbeinerner Taktstock mit Gravuren von Gottfried Semper überreicht, den er demonstrativ Minna zeigte, die neben der Gattin des Primgeigers Heisterhagen auf einem Sofa saß.[610] Trotz des gutbürgerlichen Ambientes konnte Richard die Feier nicht wirklich genießen: *Auf mich wirkte der Eindruck dieses Festes in der wehmütigen Weise, wie eine Mahnung daran, daß der Höhepunkt einer Lebensbeziehung erreicht, da der eigentliche Gehalt derselben bereits überboten und die Sehne des Bogens überspannt sei*, schrieb er.[611] Im nachhinein mag ihm das so erschienen sein, aber das eigentliche Drama stand noch bevor.

Am 3. April war die Partitur des 1. »Tristan«-Aktes vollendet. Am 5. April fand eine von Richard ersehnte Begegnung mit Mathilde nicht statt, weil sie sich statt dessen mit ihrem Italienischlehrer traf. Am Abend des 6. April kamen Wesendoncks ins Haus der Wagners, wobei sich Mathilde und Richard über Goethes »Faust« stritten. Einen Tag später wollte Richard die skizzierte Instrumenation des Vorspiels zu »Tristan und Isolde« durch einen Diener zu Frau Wesendonck herüberschicken und legte den Noten einen Brief bei, der in einem exaltierten Ton gehalten war.

Minna schöpfte Verdacht: *Nachdem mir schon von mehren Seiten verschiedenes zugeflüstert wurde, was ich nicht glaubte, nur mußte mir auffallen, daß R. zu oft, wenn der brave Mann nicht zu Hause war, hinüber ging und diese tägliche Corespondenz und des Geschicks von der Frau, die fragen ließ ob Herr Wagner gut geschlafen, er soll doch hinüber kommen, der Wintergarten sei geheizt, ja, sie kam sogar selbst, verbat aber meinem Mädchen mich nicht erst zu stören, ich blieb auch aus Dummheit unten bei mir und ließ sie ungestört. Am 6t. waren sie Beide des Abends bei uns d. 7t. merkte ich Richard eine sonderbare Unruhe an, bei jeden Klingeln kam er heraus und hatte eine große Rolle in der Hand die er der Frau Wesendonk schicken wollte, aber sie nicht aus der Hand gab, als ich sie ihn besorgen wollte und sehr verlegen war versteckte usw. Das Alles machte mich ein wenig stutzig.*[612] Sie bat den Diener, ihr die Notenrolle auszuhändigen, und entdeckte darin den versteckten Brief, der ihre Befürchtungen bestätigte. Es interessierten sie weniger diejenigen Partien des Briefes, in denen Richard auf

Fausts Gretchen und Isolde einging, um damit Mathilde die erlösende Kraft der Liebe zu verdeutlichen, sondern hauptsächlich die direkten Äußerungen seiner Liebe: *Am Morgen ward ich nun wieder vernünftig, und konnte recht herzinnig zu meinem Engel beten; und dieß Gebet ist Liebe! Liebe! Tiefste Seelenfreude an dieser Liebe, der Quelle meiner Erlösung! Nun kam der Tag mit seinem üblen Wetter, die Freude auf Deinen Garten war mir versagt; mit der Arbeit wollt' es noch nicht gehen, so war mein ganzer Tag ein Kampf zwischen Mismuth und Sehnsucht nach Dir; und wenn ich mich so recht herzlich nach Dir sehnte, kam mir immer unser langweiliger Pedant* ›der Besucher vom vorgestrigen Abend‹ *dazwischen, der Dich mir raubte, und ich konnte mir nicht anders gestehen, als daß ich ihn haßte. …*

Was fasle ich da für dummes Zeug! Ist's die Lust, allein zu reden, oder die Freude, zu Dir zu reden? – Ja, zu Dir! Aber sehe ich Dein Auge, dann kann ich doch nicht mehr reden; dann wird doch Alles nichtig, was ich sagen könnte! … Das Wetter scheint mild. Heut' komm' ich in den Garten; sobald ich Dich sehe, hoffe ich einen Augenblick Dich ungestört zu finden! –

Nimm meine ganze Seele zum Morgengruße! –[613]

Richard hat diesen Brief in seinen Erinnerungen wie folgt beschrieben: *Ich begleitete die Sendung mit einem Briefchen, in welchem ich ernst und ruhig die damals mich beherrschende Stimmung mitteilte.*[614] Minna sah weder Ernst noch Ruhe in diesen Zeilen, sondern *ein offenes, zärtliches Liebesverhältnis*.[615] Daraufhin stellte sie mittags Richard zur Rede und sagte ihm, daß sie seinen Betrug an Otto verurteile. *R. wollte sich heraus reden mit seiner vortrefflichen Schvada* »Suada«. Nach Richards Darstellung versuchte er ihr klarzumachen, daß ihre Eifersucht töricht sei und es ihrem Herzleiden schade, wenn sie sich so aufregen würde. Daraufhin versprach Minna, sich ruhig zu verhalten. Das fiel ihr aber schwer, und um sich zu beruhigen, fragte sie ihre Busenfreundin Emma Herwegh um Rat. Die auf diesem Gebiet bereits Leidgeprüfte empfahl ihr, ein persönliches Gespräch mit Mathilde zu suchen; diese Strategie hatte sie erfolgreich verfolgt, als ihr Mann Georg sich in Marie d'Agoult verliebt hatte. Minna nahm sich eine Woche Zeit, ging dann auf Mathilde zu und sagte ihr, *daß ich den Veräther nicht machen wollte, aber auch nicht den Zuschauer mehr abgeben würde, ich leide es nicht, daß der Beste der Männer* ›Otto‹ *betrogen*

Villa Wesendonck und Asyl in Zürich.

würde p.p. Diese Person wollte nun die Beleidigte spielen, bis ich ihr von dem Briefe und seinem Inhalt sagte … Sie versprach mir Alles, die Vertraulichkeiten einzustellen, das ich glauben muß, denn ich bin hier. – Richard versprach mir dasselbe und wollte mit Gewalt mir die Reinheit seines Verhältnisses mit Gutem und Bösen einreden, wie lächerlich![616] Wenn Richard glaubte, daß seine durch die Umstände ihm aufgezwungene Enthaltsamkeit ihn dazu legitimiere, das erotische Begehren unsichtbar zu machen und von einer »reinen« Beziehung zu sprechen, so konnte er vielleicht andere überzeugen, nicht aber Minna,

Auch Emma erhielt einen Bericht: *Auf Deinen freundschaftlichen Rath damals war ich bei der bewußten Frau benahm mich ganz, wie wir beide es nicht anders gekannt, d.h. nobel. Sie war auch höchst dankbar und freundlich gegen mich, begleitete mich noch Hand in Hand bis an die Treppe und Alles war abgemacht und gut, hinterher jedoch, hat sie sich's anders überlegt. Ihrem Manne hat sie gesagt, ich hätte sie furchtbar beleidigt, ohne ihm jedoch die reinste Wahrheit über das gepflogene Verhältnis gesagt zu haben. Zu Richard hat sie nun gar ein Hallo gemacht, wie tief und abscheulich*

ich sie gekränkt, trotzdem ich delikat genug war dieser Frau nicht einmal den verhängnißvollen Brief zu zeigen, den ich doch in meiner Tasche trug. So sind aber die gemeinen, kleinlichen Naturen, nichts als Klatsch und Hetzereien können sie machen. Ich mochte der Betreffenden meine Unterredung mit ihr nicht verbieten zu verschweigen, was sich bei einer klugen Frau wohl von selbst verstanden hätte und es konnte unter Umständen, wenigstens äußerlich, beim Alten bleiben. – Wie es jetzt steht werde ich Dir mündlich noch mittheilen, da ich fürchten muß Dir schon mit diesem langweilig geworden zu sein, nur soviel noch, daß mein Herr Gemahl nicht mehr jenes Haus betritt, ob aus Stärke oder Schwäche weiß ich nicht.[617]

Mathilde verschwieg diesen Zwischenfall ihrem Ehemann nicht. Sie wäre sonst in die Position der Schuldigen geraten, die dem Mann etwas zu verbergen hatte – ein Eindruck, den sie keinesfalls erwecken wollte. Dadurch erfuhr Otto, daß es über die reinen abendlichen Treffen hinaus eine viel intensivere Kommunikation gab, was seine ohnehin latent vorhandene Eifersucht schürte. Und was stellte Minna sich vor? Ihrer eigenen Aussage zufolge war sie bereit, die Rolle Mathildes als angebetete Muse zu tolerieren, denn sie wußte, daß ein erotisches Ausleben dieser Liebe schon aus räumlichen Gründen nicht möglich war. Sie war sich auch sicher, daß Mathilde ihren Mann nicht verlassen würde: *Natürlich wollte sie lieber die reiche Frau bleiben und nicht die eines armen Teufels werden.*[618] Indem Minna die Konkurrentin wissen ließ, daß sie über das Verhältnis informiert war, hoffte sie wohl, sich von der Demütigung des Betrugs zu befreien. Hatte Otto bislang toleriert, daß ein Künstler mit Tönen und Worten seine Frau anbetete, war jetzt die Affäre auf die Ebene eines gemeinen Ehekonflikts herabgesunken, ein unbefangener Umgang miteinander nunmehr ausgeschlossen. Damit entstand eine für alle Beteiligten hochpeinliche Situation. Minna war um Richards und des »Asyls« willen bereit, die Situation zu ertragen, aber das war unmöglich geworden. Otto Wesendonck hatte mit äußerster Selbstbeherrschung die wachsende Entrücktheit seiner Frau ertragen, aber seine seelischen Kräfte waren aufgebraucht. Alle vier beteiligten Personen, die bis dahin große Disziplin bewiesen hatten, waren durch die Offenlegung der Verhältnisse gezwungen, die entsprechenden Konsequenzen zu ziehen.

Ein Jahr später kommentiert Minna die Ereignisse und schreibt Sulzer, Wagner habe ihr gesagt: *»Du, wir müssen uns trennen, die*

Wesendonck, wir haben eine Leidenschaft für einander und sie leidet es nicht, daß wir ferner zusammen sind, sie kann dich nicht ausstehen, ist eifersüchtig auf Dich, u.s.w.« (Dies sind Äußerungen, die nur aus dem rohesten Gemüthe entspringen können.) Ferner besuchte Mad. W. meinen Mann heimlich und umgekehrt, verbat meinem Knecht, als er ihr die Thüre aufmachte, daß er mir nicht sagen sollte, daß sie oben sei; ich habe dies alles ruhig geschehen lassen. Es ist ja so häufig der Fall, daß Männer ein Verhältnis haben, warum sollte ich es nicht auch von den Meinigen dulden? Eifersucht kannte ich ja nicht. Nur die Gemeinheiten, diese Kränkungen hätten mir erspart werden sollen und es mir mein lächerlich eitler Mann verbergen müssen.[619]

Keinesfalls hatte Minna den Stein ins Rollen bringen wollen, der nun das Glück des Asyls vernichtete. Sie schärfte Mathilde Schiffner ein, größte Verschwiegenheit zu praktizieren, *kein Mensch weiß es noch. Wenn Sie mir darüber schreiben, so bitte ich Sie, mir Ihre Meinung auf ein Blatt Papier besonders zu schreiben, damit es Richard niemals sieht der oft Ihre Briefe liest sobald er sie zu Gesicht bekommt.*[620] Für sie bedeutete der Skandal, der den Auszug zur Folge hatte, nicht nur eine seelische Demütigung, sondern eine ökonomische und gesellschaftliche Lebenskatastrophe. Das Muster kannte sie bereits von Dresden her. Auch damals war aufgrund des Verhaltens ihres Mannes die Existenz bedroht und sogar vernichtet worden. Haus, Garten, Freundeskreis, bescheidener Wohlstand, Ansehen – alles drohte ihr nun wieder unter den Fingern zu zerrinnen. Daß sich in dieser Situation ihr Herzleiden verstärkte, nimmt nicht Wunder. Richard kannte ihre Reaktion auf seelische Belastungen und bestand folglich darauf, sie zur Kur zu schicken.

Jahre später, als Richard, weil er keine Wohnung hatte, kurz bei Eliza Wille wohnte, brach sich nachträglich sein Zorn über Minnas Unverständnis Bahn, wovon Eliza berichtet: »Dann fing er, plötzlich auflodernd, an: Unter meiner Frau und mir hätte alles gut gehen können! Ich hatte sie nur zu heillos verwöhnt und ihr in allem nachgegeben. Sie fühlte nicht, daß ein Mann wie ich nicht mit gebundenen Flügeln leben kann! Was wußte sie von dem göttlichen Rechte der Leidenschaft, welches ich in dem Flammentode der aus der Götterhuld verstoßenen Walküre verkünde! Mit dem Todesopfer der Liebe tritt die Götterdämmerung ein!«[621]

Für diese Sichtweise konnte er jedoch kaum Sympathisanten gewinnen. Die Verwandten und Bekannten stellten sich auf Minnas Seite: Richards vermeintlicher Betrug war zu offensichtlich. Selbst seine Schwestern hielten zu ihr. Die weibliche Solidarität funktionierte in der Not am stärksten, denn jede bürgerliche Frau war im 19. Jahrhundert von Elend und Armut bedroht, wenn der Mann pekuniär versagte, die Frau betrog, verließ oder starb.

Besonders wohltuend muß für Minna ein langer Brief ihrer Schwägerin Clara Wolfram gewesen sein, den sie nach ihrer Rückkehr von der Kur erhielt. Clara war über das Verhalten ihres Bruders zutiefst empört und ergriff ohne Zögern Minnas Partei. *Du armes hartgeprüftes Weib, nein bei Gott diesen Ausgang hätte ich mir bei Richards gutem Herzen nie mir träumen lassen, ich kann nicht ander's glauben als er ist wahnsinnig geworden!* – Sie gibt den politischen Ereignissen die Schuld und ist überzeugt, diese hätten ihn charakterlich verändert. Vertrauensvoll bezeichnet sie die Schwägerin als Schwester: *Du armes gutes Schwesterchen, wohl kann ich mir dencken was du gelitten, nein bei Gott ich verdencke es Dir nicht wenn Du auf's tiefste empört auf ihn bist, Du kannst einen Roman herausgeben und wahrlich er würde nicht uninteressant. … Richard war …. ewig exentrisch nie praktisch, o mein Gott wenn der zur Besinnung kommt was wird aus dem!* Clara hat ihre beiden Schwestern benachrichtigt, sie würden sie gerne vorläufig aufnehmen. Sie schlägt Minna vor, ein Klavier oder ein vergleichbares Möbelstück in Zürich zu verkaufen und von dem Geld zu ihr zu reisen. *Bist Du erst wieder bei uns so wollen wir schon einen Plan über Deine Zukunft entwerfen.*

Wie könnte ihre Zukunft aussehen? Clara zählt zunächst auf, was ihrer Meinung nach nicht in Frage kommt: Zum Theater sollte sie nicht gehen, die seien zu sehr heruntergewirtschaftet, sie müßte zudem ein anderes Charakterfach übernehmen, weil sie nicht mehr jung sei, außerdem besäße sie keine Theatergarderobe mehr. Die Schwägerin schlägt ihr vor, ein kleines Geschäft zu betreiben. Sie nennt das Beispiel einer Witwe, *die mit fertiger Wäsche einen kleinen Handel trieb, ihr Mann war Arzt gewesen, früh gestorben, sie ohne Vermögen hatte zu etwas ihre Zuflucht nehmen müssen ihr Leben zu fristen, dieß Geschäft hob sich so; sie erweiterte es, es wurde nach kurzer Zeit das erste Putzgeschäft, dann heiratete sie wieder und verkaufte das Geschäft mit einigen tausend Thaler Nutzen.*

So wie Du paßt gar niemand zu dergleichen, die Du so eine feine Art hast mit den Leuten umzugehen, großer Fond's gehört dazu nicht. Es ist möglich daß Du diese Idee verwirfst, aber sonderbarer Weise auch mein Mann hatte denselben Gedanken. Freilich wäre es am allerbesten wenn Du in Dresden selbst Dich niederlassen könntest, der Anfang ist sehr sehr traurig, aber ich glaube fest, der pekuniäre Gewinn würde bedeutend sein, die Schulden von Richard kümmern Dich nicht, und Du bist so geachtet so beliebt, ich glaube sicher die Aristokratie stürzte zu Dir, und wenn hundert derartige Etablisment dort wären.[622]

Minna griff diesen Vorschlag jedoch nicht auf. Sie war wohl davon überzeugt, eines Tages wieder mit Richard wieder zusammenzuleben und hatte sicherlich auch Angst vor einem finanziellen Abenteuer.

Richard wollte seiner Frau das Feld der Sympathien nicht kampflos überlassen, und daher schrieb er, um Angriffen zuvorzukommen, abwiegelnde Briefe zu seiner Verteidigung, darunter an seine Gönnerin Julie Ritter. Minnas Kur wurde als Folge ihres schlechten Gesundheitszustandes, ihre in Aussicht gestellte Reise nach Deutschland als Folge ihrer Unfähigkeit, ein einsames Leben zu ertragen, ausgegeben: *Sie kann sich selbst nicht genügend unterhalten und bedarf der äusseren Zerstreuung.*[623] Eine solche Begründung hätte Minna empört, wenn sie sie zu lesen bekommen hätte. Auch Cosima von Bülows Schwester Blandine Ollivier erfuhr, daß Minnas schlechter Gesundheitszustand ihre Abreise verursachte,[624] und Clara bekam von ihm eine Erläuterung der Lage, so daß sie nun mit zwei Versionen umgehen mußte. Ganz konnte er sein Verhältnis zu Mathilde nicht verschweigen, da er wußte, daß Minna ihr Vertrauen besaß. Mathilde teilte er mit: *Ich deutete ihr* ›Clara‹ *an, was Du mir seit sechs Jahren warest und bist: welchen Himmel Du mir bereitetest, und mit welchen Opfern und Kämpfen Du mich beschütztest; und wie dies Wunderwerk Deiner edlen, hohen Liebe nun so roh und plump angetastet worden sei. Ich weiß, sie versteht mich: sie ist eine enthusiastische Natur in etwas vernachlässigter Schale. Ein wenig Aufklärung mußte ich nach jener Seite geben. Aber, wie mir Herz und Seele erbebte, als ich dies schrieb, und Deine hohe, edle Reinheit mit zarten Zügen schildern durfte! – Gewiß, wir werden alles, alles vergessen und verschmerzen, und nur ein Hochgefühl wird bleiben, das Bewußtsein, daß hier ein*

Wunder vorging, das die Natur nur in Jahrhunderten einmal webt, das ihr so edel aber vielleicht noch nie gelang. Laß allen Schmerz! Wir sind die Glücklichsten! Mit wem wollten wir tauschen?[625]

Es gehörte zu Richards großer Lebenskunst, selbst Leid in ein Hochgefühl umwandeln zu können. Mit der Idealisierung seiner Liebe zu Mathilde beleidigte er Minna noch einmal, denn die Sphäre, die sie vertrat, bildete nun, ob sie wollte oder nicht, die Kehrseite dessen, was Wagner mit *hoch, edel und rein* beschrieb, nämlich niedrig, primitiv und unrein. So verwendet Wagner bei der Schilderung der Vorfälle in »Mein Leben« Ausdrücke, die diese Bewertung zementieren: Minna habe seinen Liebesbrief als *trivial* gedeutet, sei von *törichter Eifersucht* und *großer Biederkeit* bewegt gewesen und habe sich *gereizt beklagt*. Er habe mit der *üblen Wirkung* ihres Benehmens fertig werden müssen, sie sei mit ihrer *gröblichen Mißverkennung* seines rein freundschaftlichen Verhältnisses zu Mathilde somit die Schuldige gewesen, habe sie doch Mathilde *gedroht* und somit *beleidigt*. In seinen Briefen setzt er seine Strategie fort, Minna und Mathilde durch gegenätzliche Charaktereigenschaften zu beschreiben. Mathilde ist *edel und zart, das reinste, edelste* Weib und die Liebe zwischen ihnen fußt auf *Zartheit, Reinheit und Uneigennützigkeit*, sie ist *fern von allem Niederen und Gemeinen*. Dagegen handelt Minna *eifersüchtig, verhöhnend, herabziehend, verletztend, roh, gemein und grob*.[626]

Er strickte weiter an der Legende ihrer Schuld, wenn er Liszt einerseits schrieb, *meine arme Frau … hat eine schreckliche Periode zu überstehen gehabt*, um dann hinzuzufügen, daß sie *wie vom Dämon getrieben in ihr Unglück rannte und alles mit sich hineinriß*. Dabei hatte diese doch nur an Mathildes Verständnis als Ehefrau appelliert, wenn sie ihr gegenüber bemerkte: *Mögen Sie Sich nun selbst fragen was Sie darin an meiner Stelle gethan haben würden*. Man konnte sich zwar einiges bieten lassen, aber irgendwann, so Minna, mußte ein Grenzstrich gezogen werden. Im übrigen konnte sich Richard nicht versagen, Liszt noch mitzuteilen: *Doch hoffe ich, daß die gänzliche Änderung der Verhältnisse, und selbst unsre Trennung, bald vorteilhaft auf sie wirken soll; der Ärmsten fehlt es so ganz an der nötigen Bildung, um einer edlen, ehrfurchtgebietenden Resignation Raum zu geben*.[627]

Eine *edle Resignation* war Minna in der Tat versagt, sie fühlte sich hintergangen und betrogen. Ein vertrauenvolles Zusammenleben war kaum mehr möglich, und eine Trennung hätte eine saubere Lösung bedeutet. Hierzu fehlte es beiden jedoch an Mut und Tatkraft. Im Gegenteil, es kam sogar von Ende 1859 bis Juli 1861 zu einem erneuten Versuch des Zusammenlebens.

Wesendoncks waren zwischenzeitlich nach Italien abgereist, um sich von allem zu erholen. Richard war sich noch nicht im klaren, wie es weitergehen sollte, und schrieb Mathilde: *Wir müssen uns längere Zeit gar nicht mehr sehen, um uns nah bleiben zu können.*[628]

Beide, Minna wie Richard, brauchten nun unbedingte Ruhe. Richard hatte Minna zur Kur auf Schloß Brestenberg geschickt. Dr. Adolf Erismann, der Minna betreute, leitete in dem Schloß an der Ostseite des Hallwiler Sees eine Kuranstalt. Dem Sohn fiel sie auf als eine Frau mit schönen, ebenmäßigen Gesichtszügen, die einen Papagei in einem Käfig mitbrachte, der größer war als sie selbst.[629] Sie blieb von Mitte April bis Mitte Juli dort, was Richards Finanzlage weiter trübte, denn jeder Tag dort kostete sechseinhalb Franken. Die Kur bekam ihr nicht. So schilderte sie Emma Herwegh einmal den Tagesablauf. Morgens um halb sechs wurde sie von einer Frau in ein nasses Tuch eingewickelt. Nach 10 Minuten entfernte diese das Tuch, wusch sie mit kaltem Brunnenwasser ab und rieb sie mit einem trockenen Tuch warm. Dann ging sie eine Stunde lang spazieren, trank drei Gläser Wasser und bekam dann Milch und Brot zum Frühstück. Um 10 Uhr gab es ein kaltes Fußsohlenbad, sie mußte wieder etwas laufen, um halb 11 Uhr war es Zeit für ein halbstündiges Sitzbad bei 18 Grad, wobei sie den nassen, ganz kalten Schwamm aufs Herz hielt, den sie alle fünf Minuten wechseln mußte, um ihn kalt zu halten. Dann wurde wieder eine Stunde gelaufen und Wasser getrunken. Abends um halb sechs wiederholte sich die ganze Prozedur.[630] Es erstaunt, daß Wagner eine solche Behandlung billigen konnte, wo er doch selbst die schädlichen Folgen von Wasserkuren am eigenen Leib erfahren hatte. Minnas Beschreibung bestätigt übrigens die Aussage Natalies, die den Brestenberger Arzt kritisierte, weil er eiskalte Duschen verschrieb; ihr zufolge wäre Minna dadurch beinahe eines Herztodes gestorben,[631] und auch Richard gibt zu: *Die Sorge um sie war schrecklich; während zweier Monate musste ich eigentlich täglich auf ihre Todesnachricht gefasst sein.*[632] Sie fand keinen Abstand zu den Ereignissen, immer wieder gingen sie ihr durch den Kopf: *Mit meiner Gesundheit will es gar nicht vorwärts. Nächsten Donnerstag*

Minna Wagner, um 1859.

bin ich schon 9 Wochen hier und noch immer klopft und tobt mein armes Herz als ob es heraus springen wollte. Dazu schlegte Nächte, daß ich gewöhnlich 2–3 Stunden der Nacht im Zimmer auf und abspazieren muß … Es ist gerade dies Leiden ein furchtbarer Zustand und ich mag es darum meinem Feinde nicht gönnen, ich möchte manchmal rasend werden, dennoch halte ich mich und mein Herz stets im Zaume daß mir kaum jemand anmerkt was ich leide … Es ist wirklich abscheulich, wie erbärmlich sich R. gegen seine Frau benimmt, die er doch so krank gemacht hat, Gott möge mir helfen.[633]

In den 28 Briefen, die er ihr während ihrer Kur in Brestenberg schrieb, ist sein Bemühen herauszulesen, die Dinge wieder in Ordnung zu bringen und das »Asyl« für die Zukunft zu retten. Immer wieder rührte sie jedoch das Geschehene auf, wahrscheinlich, um es besser verarbeiten zu können. Richard wurde davon freilich fast in die Verzweiflung getrieben. Ungeduldig und mit einer Portion von schwarzem Humor schrieb er ihr: *Dies, liebe Minna, ist der Datum, an dem ich mich entschlossen habe, mich nicht in eine Wasserheilanstalt, sondern in ein Narrenhaus bringen zu lassen; – denn dahin scheine ich einzig noch zu gehören! Mit allem was ich sage oder schreibe, und wenn ich es am besten meine, richte ich nichts wie Unglück und Misverständniss an. Schweige ich von gewissen Dingen, so mache ich Dich mistrauisch und argwöhnisch, ich wollte Dich hintergehen; schreibe ich dann ernst und offen, und – wie ich Esel eben glaubte – zugleich gründlich beruhigend, so erfahre ich, dass ich damit eine raffinirte Bosheit ausgeheckt, um Dich schnurstracks unter die Erde zu bringen! Zugleich aber auch wird mir gesagt, ich soll ein Mann sein! Nun gut, nicht ein Mann, sondern Dein Mann will ich sein: sag' mir nur immer genau, wie ich sprechen, denken und die Dinge der Welt ansehen soll, ich will mich immer genau darnach richten, und nichts sprechen, denken und sehen, was Dir nicht recht ist: – bist Du so zufrieden? Gieb mir auch immer an, was ich und wie ich componiren, dichten und dirigiren soll: ich will mich ja in Allem nach Dir richten, damit Du nicht einen Augenblick mehr an mir zweifeln kannst … Oder soll ich's endlich wie Sulzer machen, ehe er heirathete und die ›Weiber‹ allesammt hassen, und nur wünschen, es gebe bloss noch Männer auf der Welt?*[634]

Richard begleitete sie zum Kurhaus, war mindestens dreimal dort und holte sie auch ab. Sie überlegten ernsthaft, ein Kind zu adoptieren. Ernst Benedikt Kietz, der alte Freund, der noch in Frankreich lebte, wurde eingeladen, bei dem Ehepaar zu wohnen, und Richard versprach sogar, ihn als Universalerben einzusetzen. Ob Kind oder Hausfreund: Es schien ihm sinnvoll, Minna abzulenken. Er ließ den Hund bei Minna, obwohl er ihn gern behalten hätte, denn auch er brauchte Trost in diesen Wochen. Er erzählte ihr von dem Garten, der vom Diener gepflegt wurde und in dem Erdbeeren, Spargel und Bohnen gediehen. Es waren alles Versuche, ein Stück Normalität in das völlig aus dem Gleis geratene Leben zu bringen. Auch Georg und Emma Herwegh versprachen, zu kommen; Georg schrieb ebenso wie Emma persönlich an sie.

Während Minnas Kur kam der siebzehnjährige Wunderpianist Karl Tausig für zwei Monate zu Besuch nach Zürich. Richard brachte ihn in einer benachbarten Wirtschaft unter, wobei er tagsüber ständig bei Richard war. *Sein rasendes Klavierspiel macht mich schaudern,* kommentiert Richard, der auch sonst seine Probleme mit dem jungen Künstler hatte, der zu viel Zuckerwerk aß und dann behauptete, keinen Hunger zu haben, um sich an Richards Zwiebäcken zu bedienen, *mit denen selbst mich meine Frau kurz hält.*[635] Aber er hatte auch nette Seiten, so spielte er mit Minna nach ihrer Rückkehr Domino, damit Richards Mittagsschlaf nicht gestört wurde.

Richard schrieb Minna liebe Zeilen, aber wenn sie sich sahen, herrschte ein anderer Ton. Ihre Zweifel und Vorwürfe quälten ihn, so daß er seinerseits ungerecht wurde und sie angriff. Am 29. Mai, während eines kurzen Besuches von ihr im »Asyl«, kam es nachts zu einer schweren Auseinandersetzung, bei der beide spürten, daß sie sich zumindest vorübergehend trennen mußten. Minna schrieb: *Sonntag vor 8 Tagen war ich daheim, aber nur 23 Stunden … Ich wollte aber, ich wäre nicht dort gewesen. Bis die Nacht um 2 Uhr hat der liebe Richard seine Galle gegen mich ausgeschüttet.*[636] Seine Beschreibung des Abends klingt etwas anders. Er habe sie daran erinnert, *daß, durch die Folgen ihres Ungehorsams und ihres törichten Benehmens gegen unsre Nachbarin, die Möglichkeit unsres Verbleibens auf dem mit solcher Mühe kaum erst hergerichteten Grundstücke von mir in den allerernstesten Zweifel gezogen werde, und ich sie eben darauf vorbereiten müsse, die Notwendigkeit unsrer Trennung in das Auge zu fassen, da ich für den gefürchteten Fall entschlossen sei, an eine ähnliche gemeinschaftliche häusliche Einrichtung irgendwo anders nicht wieder zu gehen. Vieles Ernste, was ich bei dieser Gelegenheit meiner Frau über den ganzen Charakter unsres verflossenen Zusammenlebens zu Gemüte zu führen hatte, schien sie namentlich bei dem Innewerden davon, daß sie an dem Einsturz des letzten mühsamen Aufbaues unsres bürgerlichen Lebens Schuld trage, heftig zu erschüttern, so daß ich sie hier, zum ersten Male in unsrem Leben, in eine weiche und würdige Klage ausbrechen hörte. Zum ersten und einzigen Male gab sie mir das Zeichen einer liebevollen Demut, indem sie mir, als ich in tiefer Nacht von ihr mich zurückzog, die Hand küßte. Dieses rührte mich außerordentlich und erweckte in mir schnell den Gedanken an die Möglichkeit einer großen Umkehr im Charakter der armen Frau, und dies bestimmte mich wiederum selbst, meine Hoffnung auf die Möglichkeit eines guten Bestehens in der zuletzt eingenommenen Lebenslage zu setzen.*[637] Er wiederholte Alwine Frommann Monate später, daß er Minna noch nie so erlebt hatte: *Sie war – eben in ihrer Niedergetretenheit – zum ersten Male ganz weich, und nur noch klagend, was mir das Herz zerriss.*[638]

Richard ertrug es nicht, wegen seiner vermeintlichen Untreue kritisiert zu werden. Wenn er Minna klarzumachen versuchte, die

Schuld an den Ereignissen liege bei ihr, verdrehte er Ursache und Wirkung. Es war eine Wiederholung der Dresdener Situation vor neun Jahren. Minna hatte mit dem »Asyl« ein Haus bezogen, das ihre schönsten Träume erfüllte und ihr endlich das Gefühl gegeben hatte, einer stabilen Lebensphase entgegenzusehen. Durch eine aus ihrer Sicht unverantwortliche Torheit wurde dieses Paradies zertrümmert. Sie hatte nichts davon, die Frau eines berühmten Komponisten zu sein. Jetzt stand ihr ein Leben in Einsamkeit bevor, mit fremden Menschen, neuen, beengten Wohnverhältnissen und vor allem mit finanziellen Engpässen, da vorauszusehen war, daß Otto seine Rente, nicht mehr zahlen würde, die zusammen mit Julie Ritters Zuwendung Richards Haupteinnahme ausmachte.

Die ganze Zeit über gedachte Richard offenbar, sich alle Türen offen zu halten. Ein späterer Brief an Mathilde zeigt, daß er wenige Tage vor der Heimkehr Minnas noch immer glaubte, daß Mathilde Otto verlassen würde. *Als ich vor einem Monat Deinem Manne meinen Entschluss kundgab, den persönlichen Umgang mit Euch abzubrechen, hatte ich Dir – entsagt. Doch war ich hierin noch nicht ganz rein. Ich fühlte eben nur, dass nur eine vollständige Trennung, oder – eine vollständige Vereinigung unsre Liebe vor den schrecklichen Berührungen sichern konnte, denen wir sie in den letzten Zeiten ausgesetzt gesehen hatten. Somit stand dem Gefühl von der Notwendigkeit unsrer Trennung die – wenn auch nicht gewollte – aber gedachte Möglichkeit einer Vereinigung gegenüber. Hierin lag noch eine krampfhafte Spannung, die wir Beide nicht ertragen konnten. Ich trat zu Dir, und bestimmt und klar stand es vor uns, daß jene andere Möglichkeit einen Frevel enthalte, der selbst nicht gedacht werden durfte.*[639]

Cosima schilderte er später seinen Versuch, Mathilde zur Flucht zu bewegen, wie folgt: *In der scheußlichen Zeit, wo Mathilde Wesendonck auf meine Frau eifersüchtig wurde, da schlug ich ihr vor, mich von meiner Frau, sie sich von ihrem Mann trennen zu lassen und uns zu heiraten, sie erwiderte: das wäre Sakrilegium … Im tiefsten Grunde und unbewußt ernst war es mir nicht!*[640] Mathilde hatte in der Tat von einem *Sacrilegium* gesprochen.[641] Für sie wäre eine sexuelle Vereinigung einer Entweihung ihrer Liebe gleichzusetzen gewesen, obwohl sie ihn begehrte. Sie war keine Isolde, so sehr Richard sich das wünschte.

Am 15. Juli holte er die noch immer leidende Minna von Bre-

*Cosima von Bülow,
Foto: L. Held, Weimar, um 1857.
Mit freundlicher Genehmigung des Nationalarchivs der Richard-Wagner-Stiftung, Bayreuth.*

stenberg ab und bat sie inständig, mit Mathilde auszukommen. Wieder einmal stand die gesamte Existenz auf dem Spiel. Aber wie sollte sie das nervlich und körperlich durchstehen? Es gelang ihr nicht, ein Verhältnis, das derart erotisch aufgeladen war, nur deswegen als »rein« zu begreifen, weil es nicht zum Äußersten gekommen war. Und der nächste Eklat stand schon vor der Tür. Zunächst aber schien alles gut zu laufen. Der Musiker Wendelin Weißheimer besuchte Wagners, wurde von Minna beköstigt und freute sich über den Papagei, der Leporellos »Keine Ruh bei Tag und Nacht« sowie eine Schweizer Melodie singen konnte. »Frau Minna sah mich an und sagte stolz: ›Das ist mein Werk, das habe ich den Vogel gelehrt‹, worauf Wagner witzig zu mir bemerkte: ›Wie Sie sehen, hat sich meine Frau auch ein Konservatorium angelegt.‹ So kam in der heiteren Stimmung der Abend heran.«[642]

Doch die gute Laune währte nur kurz. Richards Diener Friedrich hatte zum Empfang Minnas die Haustür des »Asyls« mit einer Ehrengirlande geschmückt. Das freute Minna sehr, und sie bestand darauf, den Blumengruß so lange wie möglich hängen zu lassen. Mathilde verstand die Botschaft und war empört; sie muß die Nerven verloren haben, was angesichts der psychischen Belastungen der vorangegangenen Monate nicht verwundert. Sie beschwerte sich bei Otto und Hans von Bülow über Richard und machte ihm selbst Vorwürfe, verlangte gar Minnas Auszug. Es kam Richard zufolge zu den *unerhörtesten Auftritten und Peinigungen*, und Richard mußte mal *Rücksicht auf Jene wie auf diese* nehmen, was ihn überforderte.[643] In einem Brief an Eliza Wille formuliert er erstmals Kritik an der Geliebten: *Daß* ›Mathilde‹ *nicht begreifen will, wie alle meine Rücksicht wiederum gegen meine Frau hauptsächlich und entscheidend aus Rücksicht auf sie sich herleitete, muß ich ihr verzeihen, da ich sehe, wie sehr sie hierin unter ihren irrigen Vorstellungen leidet. Daß sie es aber über sich vermochte, nach meinem letzten Abschied von ihr, mich wenige Tage darauf wieder durch kindische und sinnlose Vorwürfe über mein vermeintliches Verhältnis zu meiner Frau, die sie als ihre Vorstellung darüber meinem Freunde* ›Bülow‹ *mitteilte, zu quälen, das läßt mich schmerzlich inne werden, daß sie doch kaum zu würdigen im stande sein kann, was ich um sie leide.*[644] In einem späteren Brief, der als Fragment erhalten geblieben ist, spricht er die Hoffnung aus, daß bald die Erinnerung an die Schmerzen verschwinden würde, *die sie mir nach jenem Abschiede noch durch neue Kundgebungen jenes gräßlichen, so tief kränkenden, ja entehrenden Mißtrauens bereitete.*[645] Selbst in seinen Erinnerungen gibt er zu, *daß die Gründe zu meiner Verzweiflung nicht allein von ihrem* ›Minnas‹ *Benehmen herrührten.*[646] Wie sehr ihn das Geschehen traf, zeigt ein Traum, den er vierzig Jahre später hatte und den Cosima getreulich notierte: *Ich war zwischen Minna und Mme Wesendonck, letztere machte mir gräßliche Avancen, um Minna zu ärgern, immer auf sie blickend, nun, keine von beiden, dachte ich und suchte mich fortzumachen.*[647]

Minna hatte nach ihrer Rückkehr aus Brestenberg sogleich Besuch zu bewältigen, zunächst Bülows. Das junge Ehepaar verehrte den Komponisten zutiefst, was dem so oft Verkannten guttat. Sie bezogen das Fremdenzimmer im »Asyl«. Vormittags verhielten sie sich still, da Richard am »Tristan« schrieb. Bülow entschuldigte sich später für Cosimas Schüchternheit: *Vor Dir pflegte bisher ihre Gesprächigkeit zu verstummen, ihr offenes expansives Wesen sich zurückzuziehen. Es lag ein Kompliment, wenn auch ein übel angebrachtes für Dich darin: »Ehrfurcht hielt sie in Bann«. Nun fürchtet sie immer, Du hieltest sie für kindisch und allzu unbedeutend um Dich lieben zu können und Dich zu verstehen.*[648] Hans und Cosima wurden Zeugen eines heftigen Streites zwischen dem Ehepaar.

Anscheinend tat es Richard und Minna leid, dem Besuch eine solche Szene geboten zu haben, denn Minna ließ sie durch Richard bitten, doch zurück ins »Asyl« zu kommen. Aber nicht nur Bülows kamen; Karl Ritter, der Lisztschüler Karl Klindworth, der Wagner in London beigestanden hatte, und sogar die Mutter von Cosima, Gräfin d'Agoult, ließen sich blicken. Die Gäste aus Berlin, London und Paris spürten die unterschwelligen Spannungen in einer insgesamt unheilvollen Atmosphäre: *So füllte sich täglich das Haus und besetzte sich der Gasttisch mit bangen, besorgten und unheimlich beängstigten Freunden, für deren Bewirtung wiederum diejenige zu sorgen sich bemühte, welche nächstens für immer diesen Hausstand aufgeben sollte.*[649] Bülow spricht von *Gewitterschwüle*, die die Atmosphäre belastete, obwohl Klindworth *hinreißend* aus den Klavierauszügen von »Rheingold« und »Die Walküre« spielte und Wagner alle Partien *mit einer kolossalen Selbstvergessenheit, unter Aufwand aller Kräfte* sang.[650] Minna hatte alle Hände voll zu tun und litt wie alle Beteiligten ebenfalls an der Situation. An Mathilde Schiffner schrieb sie: *D. 15t Juli kam ich erst aus der Wasserheilanstalt zurück, was mir immer noch leid ist, allein der Besuch hatte sich angemeldet und da geht es doch ohne Hausfrau nicht, besonders wenn man einen Esel von Dienstmädchen hat. – Es schmerzt mich, daß Sie mir in Ihrem letzten Brief kund geben, als wäre ich allein die Ursache, daß ich mich von meinem Mann trennen wollte. Sie wissen nur zu gut, wenn Sie mich genau befragen, wie schwer mir jedesmal nur einen Tag Trennung von ihm wird, viel weniger nun auf das Ungewisse hin, ob und wann ich ihn wiedersehe. Es ist keine Kleinigkeit, wenn man 22 Jahre verheirathet ist und eine Trennung bevorsteht, ich wenigstens komme nicht so leicht darüber hinweg. Läge es an mir, so versichere ich Ihnen, geschehe es gewiß nicht.* Und weiter: *Richards Ehre verträgt es jetzt einfach nicht, hier zu bleiben, da der Mann, ich weiß nicht wie, auch von dem Verhältniß erfahren hat. Als ich zurückkam, wurde ich so heftig von meinem Mann bestürmt und bedroht, daß ich mit jener Frau wieder umgehen sollte, ich gab auch nach, wollte diesen gewaltigen Sprung machen, das ist wirklich Alles mögliche, was eine Frau an meiner Stelle thun kann, allein der Mann und endlich dieses Weib selbst wollen es nicht, sie ist so, wurde mir von meinem Mann selbst zugeschrieen, wüthend, daß ich bleibe, nur R. allein soll hier hausen, was er aber nicht kann, so liebe Freundin, stehen die Sachen, nicht ich bin schuld.*

R. hat zwei Herzen, er ist umstrickt von der andern Seite und hängt aus Gewohnheit an mir, das ist Alles!

Mein Entschluß ist nun, da dieses Weib es nicht ertragen will, daß ich mit meinem Mann zusammen bleibe und er schwach genug ist, ihr den Willen zu thun, abwechselnd in Dresden bei den Tichatschecks, dann in Berlin, Weimar zu bleiben, bis mich entweder Richard oder der Liebe Gott abruft … Ich hasse die Welt, daß die schwachen Menschen einander solche Qualen bereiten, wobei der Unschuldige mitleiden muß.[651]

Die Wagnerbiographik hat beharrlich die Legende kolportiert, wonach Minna die alleinige Schuldige an dem Eklat war. Ihre »häßliche Eifersucht und taktloses Verhalten gegen Mathilde« werden fortgeschrieben, sie gilt bis heute als »wenig feinfühlig.[652]« Diese Verklärung der Liebe des Mannes zu einer sehr viel jüngeren Frau ist ein Topos der westlichen Kultur und wird in der Kulturgeschichte als selbstverständlich hingenommen, ohne auf die Ursache einzugehen, die in diesem Fall in der Unfähigkeit des genialen Tonschöpfers, partnerschaftlich zu leben, verwurzelt war. Richard war freilich in lichten Momenten ehrlich genug, um eine andere Sichtweise zuzulassen und Minna nicht wie so oft zuvor die Rolle der Schuldigen zuzuschieben. Mathilde Wesendonck gegenüber bekannte er später: *Nun ist der letzte Stachel aus meiner Seele. Du hast ihn doch wohl an der unrichtigen Stelle gesucht: es war nicht meine Frau – es war Dein Mann, der mich aus Deiner Nähe verscheuchte.*[653] Und an Mathilde Maier schrieb er 1863: *Kind, ich hab' zuletzt zwei Katastrophen zu beklagen, welche in ihren Wirkungen zu meinem wachsenden Verfall drängten. Die erste war die Nöthigung zum Aufgeben meiner Schweizer Niederlassung … Mein Züricher Verhältniß war der Art, daß ich dort, und in ihm, für alle Zeiten eigentlich über die Gemeinheit des Lebens hinweggetragen war: dort conzipirte ich die Nibelungen, mit denen ich Abschied von aller Möglichkeit, je mit unseren Theatern wiederum mich einzulassen, nahm. Unerläßlich hat meine unglückliche Frau diese Catastrophe zu büßen.*[654] Er machte abwechselnd Otto, Minna oder Mathilde dafür verantwortlich, sich selbst sah er dabei als Opfer und keinesfalls als denjenigen, der die tragischen Ereignisse ausgelöst hatte. Daß Hans von Bülow beim Abschied vom »Asyl« weinte,[655] mag ein Ausdruck seiner Einsicht in das tragische Chaos gewesen sein, aus dem niemand unbeschadet hervorging.

Neuntes Kapitel
Das bittere Ende 1858 – 1859

Liebster Franz! Ich verlasse am 15. August Zürich und kehre nicht wieder dahin zurück. Meine Frau geht etwas später nach Deutschland. Willst Du mich noch einmal sehen, so komme sogleich. Wie wichtig mir Dein Besuch sein würde, brauche ich Dir nicht zu versichern.[656] Liszt konnte dieser dringenden Bitte nicht nachkommen, da er eine Säkular-Feier der Universität Jena besuchen mußte – repräsentative Aufgaben waren ihm stets wichtig, im Gegensatz zu Richard, der bedauerte: *Daß ich Dich in dieser wichtigen Katastrophe meines Lebens nicht zugegen haben konnte, war mir sehr schmerzlich.*[657] Wollte er Liszt einsetzen, um Mathilde doch noch, trotz ihrer deutlichen Absage, von Otto zu trennen? Sollte Liszt für einen solchen Schritt womöglich finanzielle Sicherheit gewährleisten? Da sich Fürstin Carolyne unter Mißachtung aller Normen von ihrem ersten Mann getrennt hatte, um mit Franz zu leben, glaubte er sich wohl der Sympathie der beiden im voraus sicher sein zu können.

Minna war am Boden zerstört. Ihrem guten Freund Sulzer gegenüber, der ihr schon in der Laussot-Affäre beigestanden hatte, sprach sie von ihrem *verhängnisvollen Schicksal* und bezeichnete sich als *die unglücklichste Frau unter der Sonne*.[658] Der Grund des Übels blieb für sie Mathilde. Nachdem Richard beschlossen hatte, das »Asyl« aufzugeben, schrieb sie einen Abschiedsbrief an die verhaßte Konkurrentin. Sie legte ihr eine Abschrift des abgefangenen Briefes von Richard bei, wohl ein größeres Verständnis für ihr bisheriges Verhalten erhoffend: *Mit blutendem Herzen muß ich Ihnen vor meiner Abreise noch sagen daß es Ihnen gelungen ist meinen Mann nach beinahe 22jähriger Ehe von mir zu trennen. Möge diese edle That zu Ihrer Beruhigung, zu Ihrem Glück beitragen.*

Es ist mir leid, daß Sie mich, durch sehr gehässige Äußerung über mich, zwingen, Ihnen eine wörtliche Abschrift jenes verhängnißvollen Briefes, den mein Mann an Sie zu richten sich erlauben durfte, vorzulegen wo ich mich nach Durchlesung endlich entschloß zu Ihnen zu gehen um mich in Freundschaft zu besprechen.

Mögen Sie Sich nun selbst fragen was Sie darin an meiner Stelle gethan haben würden. Fest überzeugt daß Sie meine noble gute Absicht nicht verkannt als ich das letzte Mal Sie sah in Bezug meiner Besprechung mit Ihnen, leider aber mußte ich nur zu bald erfahren, daß Sie mein Vertrauen mißbraucht und einen ganz gewöhnlichen Klatsch daraus gemacht hatten. Sie hetzten meinen Mann wiederholt gegen mich auf und verklagten mich sogar ungerecht und unvorsichtig bei Ihrem guten Mann an. Bei meiner Zurückkunft nach dreimonatlicher Abwesenheit erklärte mir mein Mann daß ich mit Ihnen mich in persönlichen Verkehr setzen müßte. Ich gab nach einigen Exzessen auch nach, wollte den Mantel der Vergessenheit über das Vorgefallene decken; nur ein abscheuliches Gerede welches entstanden sein sollte niederzuschlagen und aufrichtig gestanden nur das Asyl zu erhalten doch vergebens, es war jedenfalls zu spät – Sie wollten es nicht und Sie hatten recht daran gethan, es ist das Einzige wofür ich Ihnen zu danken vermag.[659]

Sie schloß mit dem Wunsch, daß Richard wieder arbeiten möge. Das Geschehen quälte sie anhaltend, nicht so sehr wegen der Untreue, sondern weil man sie als legitime Ehefrau so betrogen und gekränkt hatte. Richard erinnerte sich Jahre später, daß Minna einmal gedroht habe, sich dem Trunke zu ergeben[660] – das kann sehr wohl in dieser Zeit gewesen sein.

Richard legte ein Tagebuch für Mathilde an, in das er seine geheimsten Wünsche und Gefühle eintrug. Er beschreibt darin den Abschied vom »Asyl«, der für ihn ebenso traumatisch verlief wie für Minna. In der Nacht vor seiner Abreise träumte er, Mathilde hätte ihre Arme um ihn geschlungen und ihn sanft geküßt. Er wachte auf und hatte das Gefühl, sie sei wirklich im Raum. Schlaflos verharrte er bis 5 Uhr, um dann aufzustehen und zu beobachten, wie die Sonne hinter dem Berg hervorkroch. *Oh Himmel! Mir kam keine Träne; aber mir war es, als erblichen alle Haare meiner Schläfe! – Nun hatte ich Abschied genommen. Jetzt war alles kalt und sicher in mir. – Ich ging hinunter. Dort erwartete mich meine Frau. Sie bot mir den Tee. Es war eine schreckliche, jämmerliche Stunde.*

– Sie begleitete mich. Wir stiegen den Garten hinab. Es war ein prachtvoller Morgen. Ich sah mich nicht um. – Beim letzten Abschied brach meine Frau in Jammer und Tränen aus. Zum ersten Male blieb mein Auge trocken. Noch einmal redete ich ihr zu, sich mild und edel zu zeigen und sich christlichen Trost zu gewinnen. Die alte rachsüchtige Heftigkeit loderte abermals in ihr auf. – Sie ist unrettbar! mußte ich mir sagen. Doch – rächen kann ich mich an der Unglücklichen nicht. Sie selbst muß ihr Urteil vollziehen. – So war ich furchtbar ernst, bitter und traurig. Doch – weinen konnte ich nicht. – So reiste ich fort. Und siehe! – ich leugne es nicht; mir ward wohl, ich atmete frei. – Ich ging in die Einsamkeit: da bin ich heimisch; dort in der Einsamkeit, wo ich mit jedem Atemzuge dich lieben darf! – [661]

Bei Minna liest sich das naturgemäß anders. Sie spürte sehr wohl, daß seine Gedanken bei der anderen Frau waren: *Der Abschied von Richard hat mir fast das Herz zerrissen. Hätte ich ihn zu Grabe geleitet, ich hätte keinen größeren Schmerz empfinden können … Der Abschied wurde mir auch deshalb so schwer, weil ich das Gefühl hatte, das dies eine Trennung für das ganze Leben sei. Richard vergoß nur Tränen, als er auf der Eisenbahn im Waggon saß; vorher hatte er keine Gedanken, keinen Blick und kein Gefühl für mich. Als ich ihn noch den Weg herunter in den Garten begleitete, wo man das Wesendonksche Haus sehen kann, ging er wie ein Blinder an meiner Seite und sah unverwandt hinüber ohne meinen Schmerz, mit dem ich ihm zur Seite ging, nur im geringsten zu beachten, bis ich ihn bei den Händen faßte und ihn sanft zu mir mit den Worten wandte: »Richard, sieh mich doch an!«*[662]

Zwei Wochen blieb Minna noch in Zürich, wo sie infolge der Aufregungen von einer heftigen Halsentzündung und hohem Fieber heimgesucht wurde. Während Richard sich in Venedig einrichtete, löste sie die Wohnung auf. Er fand das überflüssig, aber sie hörte nicht auf ihn, wollte alles schnell hinter sich bringen und trieb den Verkauf voran. Sie inserierte und bot einen Teil des Hausstandes an, während der Rest in Kisten verpackt und eingelagert wurde. Ein großer, goldgerahmter Spiegel, ein Spieltisch, ein verstellbarer Speisetisch für 14 Personen, 12 Stühle, ein Weinschrank mit 300 Flaschen, Bettstellen, Federmatratzen, seidene Kanapees, Fauteuils und Teppiche waren darunter.[663] Das Inserat war unklug, weil sie damit die Gläubiger auf den Plan rief, vom Klatsch ihrer

Umgebung ganz zu schweigen. Möglicherweise wollte sie damit Richard kränken, der am liebsten alles geheimgehalten hätte, während sie als Opfer des Geschehens galt und von den Bekannten bemitleidet wurde.

Nach seiner Abreise suchte er umgehend den Kontakt zu ihr. Ein Telegramm zeigt seine Sorge um sie: *Wie gestrigen Tag überstanden? Befinden? Mir erträglich. Noch ungewiß. Antwort franco 25 Wort. Wagner.*[664] Ein zweites Telegramm, in dem er ihr riet, bald abzureisen, wurde am gleichen Tag geschickt, und am nächsten Tag folgte ein Brief. Richard versuchte, ihren Vorwürfen zu entgehen, sie zur Ruhe anzuhalten und bat sie, sich mit den Gegebenheiten abzufinden: *Es war Dir viel zugemuthet, und für Deinen furchtbar gequälten Gesundheitszustand zu viel. Somit lass uns jetzt in Frieden und Versöhnung scheiden, damit ein Jeder eine Zeitlang seinen Weg gehe, auf dem er Beruhigung und Sammlung neuer Lebenskraft gewinne.*[665] Minna war aber nicht in der Lage, die Ereignisse abzuschütteln, dazu lasteten sie zu schwer auf ihr. Es gelang ihr im Lauf der Korrespondenz oft nicht, den richtigen Ton zu finden, was ihn zusätzlich reizen mußte. Sie fand eine gewisse Erleichterung darin, sich moralisch über Mathilde zu erheben. Obwohl sie den Abstand zu der gebildeten Konkurrentin aus der Oberschicht spürte, ließ sie sich nicht darunter einstufen. Bei dem folgenden Brief setzte sie zweimal zum Schreiben an, erst der dritte Versuch wurde abgeschickt:

Mein lieber Richard! Nur ein paar Worte heut, um Dir einen guten Tag zu wünschen! Heut vor 8 Tagen war der schwarze Tag für mich an dem mich mein Mann verließ und noch empfinde ich denselben Schmerz. Ob und wenn ich ihn wieder sehen werde, Gott weiß, es liegt zu viel zwischen einem Jahre. – Dein letzter Brief enthielt für mich auch nicht das geringste Tröstliche, im Gegentheil. – Nun ich habe so viel zu verschmerzen, vielleicht gewöhne ich mich noch an Manches Unnatürliche in dieser Welt. – Unser Häuschen hat sich in ein Trauerhaus verwandelt, während es in meiner mittelbaren Nähe recht lustig hervorgeht, was mich, ich möchte sagen, recht beleidigt, auch dies werde ich bald nicht mehr sehen. Es war mir lieb in Deinem Brief zu sehen, daß du das Hündchen vermissest, es ist doch noch ein Funke von Gefühl für uns armen Geschöpfe zurückgeblieben in Dir. Ich habe die Überzeugung, daß es nicht gar zu lange dauern wird, daß du Dich auch nach Deiner bequemen, hübschen Häuslichkeit sehnen wirst, vielleicht aber sehr viel später, auch einmal nach mir, die ich wahrscheinlich nicht mehr existier, das ist auch gleichgültig; aber Du wirst Dich später selbst verwünschen, Dich aus allem herausgerissen zu haben und Deine treue Frau so muthwillig von Dir verbannt zu haben. Ich und vielleicht noch Einige, können es nicht begreifen. – Doch ich wollte Dir eigentlich gar nichts von alledem schreiben, auch das wird aufhören, aber es fließt mir unwillkürlich aus der Feder und nur ein Rachegefühl steigt in mir auf, es giebt leider keinen Gott! Ich bin gar keine edle Frau, dennoch aber immer noch besser als manche Andere, es ist auch ein Dank; ob man edel ist oder nicht, ich bedaure nur, daß ich es lange war … Entschuldige eine unglücklich gekränkte Frau darum. Es ist auch möglich, daß du noch einmal recht lustige Briefe von mir bekämst, es läßt sich das, wie Vieles, nicht im Voraus wissen.

Da ich mit so vielem Vergnügen meine Geschäfte besorge, muß ich Dir doch auch mittheilen, daß ich eben vom Kaufhaus komme, um dort Deine Möbel etc unterzubringen. In der ganzen Enge ›Stadtteil von Zürich‹ *habe ich keine Kammer gefunden, wo die Treppen breit genug waren Dein Sopha und die großen Kisten hinaufzubringen … Gott beschütz Dich und erleuchte meinen einst guten Mann!*[666]

Kurz vor der Abreise am 2. September zusammen mit dem Diener Friedrich und den beiden Haustieren erlebte sie eine beispiellose Demütigung. Auf dem Weg zur Eisenbahn bog der Fuhrknecht in eine Gasse ein, anstatt sie zum Bahnhof zu bringen. Ihre Proteste wurden ignoriert. Als die Kutsche im Hof des Prinzipals des Fuhrbetriebs, Jakob Furrer, anhielt, stand dieser mit einer Liste unbezahlter Fahrten bereit, die Richard nicht beglichen hatte. Er drohte, sie nicht eher zum Bahnhof bringen zu lassen, ehe sie sie bezahlte, ließ nicht zu, daß sie ausstieg und zwang sie damit, einen Teil ihres kostbaren Reisegeldes zu opfern. Natürlich machte diese Geschichte sofort die Runde. Richard war außer sich und schrieb Furrer einen geharnischten Brief: *Ohne mir, oder meiner Frau eine Rechnung eingesandt, uns gemahnt oder irgend wie benachrichtigt zu haben, überfallen Sie meine Frau, die Ihnen dadurch, dass sie auch zu ihrer Abreise den Wagen von Ihnen nahm, doch ebenfalls bewies, dass hier nichts vor Ihnen verheimlicht werden sollte, – überfallen Sie meine Frau in Ihrem Hofe, schmähen Sie sie vor*

Ihren Knechten, drohen ihr, die Gepäcke ihr zu nehmen, und legen sogar Hand an dieselben, bis die erschrockene, hülflose Frau, ohne Rechnung zu erhalten, Ihnen eine von Ihnen geforderte Summe auszahlt.[667] Er drohte rechtliche Schritte an, wenn sich Furrer nicht bei Minna entschuldigen würde.

Die frisch verheiratete Cosima von Bülow schrieb Minna einen sympathisierenden Brief und lud sie zu sich nach Berlin ein. Minna sagte dankend ab: *Ich bin durch all das Unangenehme, was ich noch am Schluß meines Fortgehens von Zürich auszubaden hatte, und die Anstrengung dazu haben mich noch unwohler gemacht und so durch und durch gründlich verstimmt, daß ich nur Verwandten zumuthen kann, mich bei sich aufzunehmen. Deshalb auch gehe ich erst im November nach Dresden, obwohl mich Tichatscheks wiederholt eingeladen, sogleich zu ihnen zu kommen. Meine Nerven sind so angegriffen, daß ich nicht einmal Musik hören kann, am allerwenigstens aber welche von Wagner, was mir sonst das Liebste auf dieser Welt war.*[668] Zuvor hatte Cosima ihre Sicht des Zerwürfnisses der Freundin Emma Herwegh in französischer Sprache mitgeteilt: *Was Sie mir über die Lage unseres so berühmten Freundes Richard erzählen, bekümmert und überrascht mich zu einem gewissen Grad. Obwohl ich über die schmerzlichen Szenen informiert bin, die zwischen Mann und Frau zum Ausbruch kamen, glaubte ich nicht, daß sich die Dinge in diesem Ausmaße entwickeln würden – und ich sehe nur Traurigkeit und Gewöhnlichkeit in den Konflikten einer Beziehung, die aus Verdruß, Selbstgefälligkeit und Geldnot entstanden. Wie Sie bedauere auch ich Frau Minna, ohne so weit zu gehen, Richard die Schuld zu geben, der – zugleich vom Bedürfnis nach Ideal und Ruhe getrieben, von eintönigen Plackereien in seinem Leben unausgesetzt verdrossen – ein bißchen Glück diesem farblosen, armseligen Wesen abzuverlangen versucht, das ebenso unfähig ist, ein einfaches, gradliniges Leben zu führen, sowie mit ihren früheren Verpflichtungen zu brechen, um sich der Liebe hinzugeben und ihren Geliebten zu unterstützen. Hoffen wir, daß sich das Gleichgewicht einfach und ohne allzu große Skandale wiederherstellt.*[669]

Für Cosima war es bei allem Mitleid für die Betrogene selbstverständlich, daß die Frau dem Geliebten den Weg zu ebnen hatte. Minna reiste erst im folgenden Frühjahr nach Berlin und es ist unwahrscheinlich, daß sie sie besuchte. Vermutlich spürte sie Cosimas kritische Haltung, die durch Richards harte Kritik, aber auch durch ihr eigenes Mißtrauen genährt wurde: *Mit unerbittlichem Haß verfolgt meine Frau jeden Menschen, der mir irgend wie sympathisch und dadurch ihr verdächtig ist, und sucht ihn von mir fern zu halten*, schreibt Wagner an Alwine Frommann. *Ihre Mittheilung war, und ist fortgesetzt, ein beständiges, oft recht hämisches, ja gemeines Anfeinden mir ergebener Menschen; mit einem unglaublichen Scharfsinn für Médisance* ›Verleumdung‹ *sucht sie bald diesen oder jenen, namentlich Frauen (das versteht sich) bei mir anzuschwärzen. … Was hat sie mir jetzt ewig von den Bülow's z. B. zu berichten!*[670] Was sie ihm tatsächlich schrieb, ist nicht erhalten; sie bezeichnete Cosima jedenfalls einige Jahre später in einem überlieferten Brief als *liebenswürdige, gescheite Dame*[671].

Er hatte vor seiner Abreise nach Venedig gehofft, Alwine würde nach Zürich kommen, um zu schlichten, was aber nicht geschah, denn sie wollte nicht im »Asyl« wohnen, wenn Minna in Brestenberg weilte – ein Zeichen von Solidarität. *Haben Sie erkannt, welche enorme Differenz zwischen der Anschauungs- und Urtheilsweise meiner Frau und der meinigen liegt, und welcher Quell des stets wachsenden Misbehagens daraus für uns Beide fließen mußte?* fragt er sie und gibt zugleich zu, daß er diesen Unterschied in den ersten Ehejahren gar nicht spürte. Er trat erst ein, *als ich aus meinem Inneren mich immer bestimmter darübe*r ›über die Lebensnot‹ *erhob, und die Lebensnoth bis zur Unempfindlichkeit dagegen überwand. Diese Kraft konnte nur aus meinem eigensten, tiefsten Innern kommen, und der Welt kann ich sie nie deutlich bezeugen, sondern nur in meinen Kunstwerken sie ahnen lassen*. Er nennt die Weltverneinung, die Abwendung vom Leben, die aus einem Ekel gegen die Menschen und dem allgemeinen Welttreiben entstand. Solange er sich einen Namen in der Welt machen mußte und mit praktischen Dingen befaßt war, konnte auch Minna an seinem Leben teilnehmen. Jetzt aber, wo er mit der Welt nichts zu tun haben wollte, *wie ich hierbei namentlich mit mir selbst in den quälendsten Widerspruch gerathen muß, so konnte der Widerspruch mit derjenigen, die naturgemäß berufen war jene anderen Widersprüche zu mildern, gegen sie mich zu schützen, und schonend sie mir zu verbergen, nur um so offener heraustreten, als diese, durch die Lebensnoth einzig erzogen, mir am allerfernsten geblieben war. Gerade jene Kraft, aus der ich mich einzig über das Leben erhob,* *wurde für sie zum unbegreiflichen, unheimlichen Dämon, dem sie fremd und mistrauisch auswich, den sie mit Scheu und Widerwillen bekampfen zu müssen glaubte.*[672]

Man muß diese Zeilen mehrmals lesen, um ihnen auf den Grund zu kommen. Er erwartete von Minna eine liebende Treue, die sich über die Alltagsnöte erhob und sich aus dem Glauben an sein Genie speiste. Dies war aber wohl von keiner Partnerin zu erwarten, die zugleich für die materielle Versorgung zuständig war. Mathilde und Cosima waren zwar im Gegensatz zu Minna fähig, die herausragende Bedeutung seiner Schöpfungen zu erkennen, Mathilde hatte jedoch in weiser Voraussicht eine Verbindung mit Richard abgelehnt und es sei die Prognose gestattet, daß auch Cosima innerlich an diesem Widerspruch gescheitert wäre, hätte sie sich in dieser Lebenssituation mit Richard verbunden.

Seine Versuche, die Ehedifferenzen herauszustellen und dadurch Minna für das Desaster mitverantwortlich zu machen, waren nicht sehr erfolgreich. Die Sympathien galten überwiegend ihr. Die Gattin des ersten Oboisten des Züricher Orchesters, Elise Fries-Steiner, beteuerte, daß jedermann, der Minnas Schicksal kenne, sie aufrichtig bedauere.[673] Auch die Sängerin Emilie Heim korrespondierte in herzlichem Tonfall mit Minna, wobei sie ihr über alle Züricher Neuigkeiten (Konzertprogramme, Opern- und Theateraufführungen, Gastsängerinnen) berichtete. Emma Herwegh bedauerte sie wie Wagners Schwestern, die eher Mitleid mit ihr als mit dem Bruder hatten. Fast alle Frauen, die das Paar kannte, sahen Richards Verhalten kritisch. Er mußte daher weiterhin bemüht sein, die Freunde auf seine Seite zu ziehen, wenn er Liszt seine Leidenschaft für Mathilde beschrieb: *Die Liebe einer zarten Frau hat mich beglückt: sie konnte sich in ein Meer der Leiden und Qualen stürzen, um mir zu sagen – ich liebe Dich! Was sie zu leiden hatte, kann nur ermessen, wer ihre ganze Zartheit kennt. – Nichts wurde uns gespart; dafür aber – bin ich nun erlöst, und sie ist selig, weil sie's weiß.*[674] Indem er die Beziehung verklärt, versetzt er sie in eine Idealwelt, die ihn über den gemeinen Alltag erheben soll, in dem Minna zu Hause war. Diese Fähigkeit ermöglichte ihm, Niederlagen in Siege zu verwandeln und daraus kreative Energien zu schöpfen.

Während er über Genf und Lausanne, wo er Karl Ritter traf, nach Venedig reiste und in der ersten Etage des am Canale Grande gelegenenen Palazzo Giustiniani ein großes Arbeitszimmer mit

Schlafstube und Vorraum bezog, wollte Minna sich zunächst bei ihren Verwandten erholen, um schließlich in Dresden eine kleine Wohnung zu nehmen. Am 2. September reiste sie zusammen mit dem Diener Friedrich, Hund Fips und Papagei Jacquot mit dem Zug von Zürich nach Lindau, und von dort weiter nach Zwickau. Am übernächsten Tag traf sie dort ein und kam bei ihrer Schwester Charlotte und Adam Tröger unter. Charlotte erkannte sie wegen ihres veränderten Aussehens fast nicht wieder. Als Arzt konnte Adolf ihr organisches Herzleiden sogleich behandeln, und er bestand darauf, sie mindestens sechs Wochen bei sich zu behalten. Ihr schlechtes Befinden wurde durch eine nervliche Gereiztheit verstärkt, von der sie selbst spürte, daß sie sie keinem Fremden zumuten konnte. Seit Jahren litt sie an Schlaflosigkeit, was sich verschlimmert hatte. Ein Arzt hatte sie 1853 auf Gicht behandelt und heiße Bäder und Duschen verordnet, die sie Richard zufolge *bis zum Wahnsinn aufregten. Dann lernte sie den Genuß von Laudanum kennen, der ihr unvorsichtiger weise in kleinen Dosen gegen Schlaflosigkeit angerathen wurde; da sie davon keinen Erfolg verspürte, übertrieb sie die Dosen bis zu mehreren zwanzig Tropfen.*[675] Ob sie dieses gefährliche Opiat weiterhin einnahm, ist nicht bekannt.

Ihr Schwager erkannte jedenfalls den Ernst der Lage, denn als sich Richard nach Minnas Zustand erkundigte, bekam er eine sorgenvolle Antwort. Minna selbst muß Richard von *Todesgedanken* geschrieben haben, was ihn erschrak: *Sterben soll niemand aus Kummer über mich: – Das kann ich nicht zugeben*![676] Die Erlebnisse gingen ihr wie eine zwanghafte Vorstellung durch den Kopf. Ihre Körperkräfte und seelischen Reserven waren über die Maßen angegriffen und sie behalf sich damit, fieberhaft nach schuldigen Menschen zu suchen, die ihr dieses Leid angetan hatten.

In Chemnitz, wo sie im Oktober eintraf, logierte sie bei Clara und Heinrich Wolfram. Fürstin Carolyne lud Minna zu sich und Franz Liszt auf die Altenburg ein, was Richard aber nicht befürwortete, so daß sie absagte.

Neben den Eltern, die Minna dort besuchten, war ihre Vertraute Mathilde Schiffner die einzige, die sie aus der depressiven Stimmung retten konnte, und sie beschwor sie geradezu zu kommen. Es scheint, als wollte sie sich gerade jetzt, wo die Beziehung zu Richard auf dem Tiefpunkt war, ihrer wenigen noch verbliebenen Freundschaften vergewissern, und mit Mathilde konnte sie alles besprechen: *Gewiß, haben Sie, meine liebe Freundin, schon gedacht die Minna hat ihre Sehnsucht, uns zu sehen, schon wieder beschwichtigt. »nein. im Gegentheil« ich konnte die Zeit des Wiedersehens nicht erwarten und* ›bin‹ *halb krank Tage und Nacht, durch die eklige Cholera gereist, ist das nicht Heldenmuth?*

Also meine herzens gute Thilda, da ich den Todt nicht gescheut werden auch Sie nicht zurückbleiben und Ihr Versprechen halten, den kleinen Weg nicht scheuen um Ihre alte Minna zu sehen. O, wie unendlich freue ich mich, auf dieses Wiedersehen, kommen Sie ja, bitte! Kläre hat mir geschrieben, daß auch Sie bei ihr wohnen können, wie schön! Da wollen wir recht pappeln und klatschen. Könnten Sie sich nur einrichten recht lange zu bleiben, da wollen wir ein rechtes Götterleben führen. Nun ich schließe heut. Alles Uebrige mündlich.[677] Sie bat sie noch, in Dresden nach einer kleinen Parterrewohnung zu suchen, die aus einem Zimmer, einer Kammer und einer Küche bestehen sollte: *Richard wird mich abrufen, sobald er amnestiert ist, was wohl sehr lange dauern wird. – Darum bleibe ich so lange dort.*[678]

Daß Richard trotz anderslautender Briefe immer wieder von einer Vereinigung mit Mathilde Wesendonck träumte, wird aus seiner tiefen Enttäuschung deutlich, als er erfuhr, daß Mathilde entschlossen sei, wegen der Familienpflichten *die Entsagung durchzuführen: Dachte ich an Dich, nie kamen mir Eltern, Kinder und Pflichten in den Sinn: ich wußte nur, daß du mich liebtest, und daß alles Erhabene in der Welt unglücklich sein muß … Und mich faßt Grimm, sagen zu sollen: Diesen, die nichts von Dir wissen, nichts von Dir begreifen, aber alles von Dir wollen, sollst Du alles opfern! – Ich kann und mag das nicht sehen und hören, wenn ich mein Erdenwerk würdig vollenden soll!*[679] Es kränkte ihn, daß sie ihre familiären Pflichten voranstellte, während er sie als Tonschöpfer so nötig brauchte.

Nachdem sich das erträumte Glück mit Mathilde zerschlagen hatte, griff Richard wie Jahre zuvor bei Jessie Laussot wieder auf Minna zurück, anstatt eine endgültige Trennung voranzutreiben. Joseph Tichatschek teilte er allen Ernstes mit: *Meine Frau soll alles einmal wieder in Deutschland einrichten, denn endlich denke ich doch einmal wieder dahin zurückzukehren … Ich selbst, wenn mich später nichts besondres abhält, könnte mich gern auch in Dresden still niederlassen, natürlich nur um zu privatisiren. So verlebten wir auch unser Alter am Ende noch behaglich zusammen. Eine Heimat muss man doch am Ende haben, und ich habe nichts gegen Dresden, überall sonst wäre ich doch eigentlich fremd.*[680] Liszt erhielt eine ähnliche Botschaft: *Sie ist für jetzt bei Verwandten in Sachsen und soll sich später in Dresden mit unsren Habseligkeiten einrichten; kann ich dann einmal wieder Deutschland betreten, so besuche ich sie und denke überhaupt nicht, sie vollständig zu verlassen. Wir sind ja alle elend genug, um endlich doch mit einander auszukommen.*[681] Auch sie erfuhr, daß er ihr noch immer innerlich verbunden war: *So wie ich amnestirt bin, geht mein Streben darauf hin, mich mit Dir und meinen Hauskoboldchen in einer grossen Stadt Deutschlands, wenn auch bescheiden, niederzulassen, wo es gute und bedeutende Kunstkräfte giebt, mit denen ich von Zeit zu Zeit meine Werke aufführen kann … Pusinelli … soll Dich tüchtig in die Huth nehmen, so dass ich eine recht gesunde und aufgelebte gute Frau finde, wenn ich an das Glückshäuschen in Dresden poche, von wo aus wir diesmal zum ungestörten ruhigen Lebensalter ausgehen wollen.*[682] Bülow, der einen heftigen Streit zwischen dem Paar in Zürich mitbekommen hatte, schrieb befremdet an Karl Klindworth: ›Er‹ *scheint Sehnsucht nach seiner Frau zu haben (!!!), die ihm von ihrem baldigen Ende vorjammert und ihn natürlich dadurch – so trivial das Mittel auch ist – zu neuem Mitleid rührt.*[683] Richard jedenfalls schrieb ihr in einem versöhnlichen Tonfall: *Sieh denn, mein guter Mutz! … Mit Sicherheit also kannst Du darauf rechnen, nächste Ostern mich wieder zu sehen, und – will's Gott – finden wir dann nicht schwer gleich auch den Ort, wo Du mir das dauernde Ruhezelt für diese Lebenswanderung aufschlagen kannst.*[684] Diese Denkweise war ein Teil seiner Mentalität: dort von einem Aufbau zu träumen, wo man soeben rasch etwas niedergerissen hatte. Für die Nachwelt war diese Fähigkeit segensreich, da sie ihm eine ungebrochene Schaffenskraft verlieh, für seine nächste Umwelt war sie aber katastrophal.

Von Chemnitz reiste Minna weiter nach Dresden, wo sie bei Joseph und Pauline Tichatschek zu Gast war. Die ihr herzlich zugetane Pauline hatte ihr heimlich eine kleine Zweizimmerwohnung im Parterre des Hauses Marienstraße 9 eingerichtet. An alles war gedacht worden; Minna fand Eier, Mehl, Brot und Butter in der Speisekammer ebenso wie Holz und Kohlen vor, was sie von Herzen freute, weil ihr Schwager ihr nichts hatte vorschießen können und sie kaum Geld mehr besaß.[685] Bei ihrer krankhaften Herzerweiterung war sie auf ein angenehmes Umfeld und harmonische Ruhe angewiesen. Wieder machte sich eine weibliche Solidarität bemerkbar: *Alle meine Freundinnen sind mir treu geblieben, sie hätscheln und verziehen mich nach Herzenslust*, schreibt sie aus Dresden an Sulzer[686].

Nach Richards Abreise stockte eine Zeitlang der Briefverkehr mit Mathilde Wesendonck. Eliza Wille vermittelte, so gut es ging. Sein erster Brief aus Venedig an die Geliebte wurde von Frau Wille ungeöffnet zurückgeschickt, Mathilde hatte die Annahme verweigert, vermutlich um ihrem Ehemann den völligen Bruch zu demonstrieren. Sie schickte aber Geschenke und hielt somit die Verbindung auf diesem Wege aufrecht. Am 13. Oktober starb der kleine Guido Wesendonck. Otto berichtete es ihm, wahrscheinlich war Mathilde in ihrer Trauer dazu nicht in der Lage. Noch vor Monatsende schickte sie ihm aber ihr Tagebuch. Seine Sehnsucht loderte erneut empor, verstärkt durch den akuten Trennungsschmerz. Er wollte sich sofort aufmachen, um in ihre Nähe zu gelangen. Vermutlich hatte sie von ihrem Leiden an seinem Weggang berichtet, was er bei seinem leidenschaftlichen Temperament kaum aushielt. Er bat daraufhin Eliza Wille, zu Weihnachten ein Treffen in Marienfeld zu arrangieren. Diese fühlte sich überfordert und übergab ihrem Mann die Korrespondenz. Darauf schrieb François einige Zeilen an Richard, die an Sarkasmus kaum zu überbieten sind: *Meine Frau bittet mich, an Sie zu schreiben, sie ist geängstigt und gepeinigt durch Ihre Briefe; durch die ganze Art, wie Sie ihr zusetzen und ihr eine Rolle aufdringen, gegen die sie vergebens protestirt, zugleich gequält, beschämt und erzürnt. Und das will was sagen bei ihrer großen Schwäche, Gutmütigkeit und Aufopferungsfähigkeit und ihrer besonderen Verehrung für Sie … Aber freilich sind Sie auch Jünger Schopenhauer's und Buddha's und machen eine Nacht voll Entsagung, Reinigung vom Egoismus und Verzeihn durch, um – rücksicht- und erbarmenslos dem Gebote des Verlangens zu folgen, malen sich mit Ihrer Künstlerphantasie Alles aus, was dem »Willen« schmeichelt und wollen um der Laune zu genügen, heraufbeschwören die eben aufgegebene zweck- und heillose Quälerei, Zerstörung, Skandal und Schmach.*[687]

Diese scharfen Worte konnten Richard dennoch nicht von seiner Sehnsucht nach einem Wiedersehen abbringen. Im Frühjahr 1859 nahm er die Verbindung wieder auf. Als er durch seinen Schwager von Minnas leidendem Zustand erfuhr, schrieb er in sein Tagebuch, das er Mathilde später überreichen wollte: *Glaub mir, Du Einzige! Du hast mich in Deinen Händen, und nur mit Dir kann ich – vollenden. – ... Ich habe in dieser Nacht mir ein neues Recht auf Dich erworben – : Du kannst mich nicht dem Leben wiedergegeben wissen, um mit irgend einer Gunst gegen mich sparen zu wollen.*

So hilf mir denn! Denn auch ich will Dir treulich helfen. – Hilf mir auch die furchtbare Last tragen, die auf meinem Herzen liegt: – sie ist eine Last, – aber sie liegt auf meinem Herzen. – Von einem zuverlässigen Arzte erhalte ich gestern den genauen Bericht über die Krankheit meiner Frau. Sie scheint unrettbar. Die Ausbildung einer Brustwassersucht steht ihr bevor; zunehmendes, vielleicht langwieriges, aber immer qualenvolleres Leiden, mit einziger Aussicht auf Erlösung durch den Tod. Was einzig lindern und erträglich machen kann, ist grösste Ruhe, Fernhaltung jeder moralischen Aufregung. – Hilf mir, die Unglückliche pflegen!

Man kann sich vorstellen, daß Mathilde bei diesem Ausruf der Atem stockte, hätte sich doch Minnas Krankheit beim Anblick von Mathilde wohl eher verschlechtert als gebessert. Aber Richard bat um seelischen Beistand. Er wollte um jeden Preis die Verbindung zu Mathilde aufrecht erhalten. *Ich werde es wohl nur aus der Ferne thun können, weil ich selbst die Entfernung von ihr für das Zweckdienlichste halten muss. ... Aber auch diess kann ich nicht, wenn – Du mir nicht hilfst. Ich darf Dich nicht blutend wissen, ich darf mich nicht in dem Elend fühlen, Dir keine Heilung Deiner Wunden bieten zu können! Diess bricht mich in tausend Stücke, und führt mich dahin, woher ich diese Nacht noch einmal zu Dir zurückkehrte! Nicht wahr, Du Engel? Du verstehst mich?*[688] Möglicherweise lag ihm daran, Mathilde über den – wie er annehmen mußte – bevorstehenden Tod Minnas zu informieren, da er danach frei gewesen wäre, die Geliebte zu heiraten.

Noch hatte er sich aber den Angriffen zu erwehren, die ihm aus Minnas Zeilen entgegenschlugen. Sie konnte sich noch immer nicht von dem Geschehen in Zürich lösen, und er war genötigt zu antworten: *Du arme gute Frau! Um des Himmels willen, plage Dich nur nicht so schrecklich! Du wirst mich nicht mehr dazu bekommen, daß ich von meinem festen Vorsatz weiche, den für das erste mir eben die Entfernung erleichtert, weil ich da Herr über meine Stimmung bin, und immer nur meine Pflicht gegen Dich zu Rathe ziehen kann. Glaub' mir nur, Alles Uebrige ist auch gänzlich unnütz, und – wie ich Dir schon heute schrieb – wenn ich über gewisse Punkte schweige, so ist es nicht, weil ich Dir etwas zu verheimlichen hätte, sondern einzig, weil ich zu tief weiß, daß es thörig und nutzlos ist, so etwas immer wieder zu berühren; wogegen Vergessen und Verschmerzen auch für Dich das Einzig Ersprießliche ist. Genug davon, ich bitte und beschwöre Dich auf das Herzlichste und Ernsthafteste: nie wieder ein Wort davon! Bezeuge mir dadurch, daß Du mich wirklich liebst*. Er hielt ihr noch vor, sich mit *Selbstpeinigungen und Erniedrigungen* zu quälen, so beispielsweise wenn sie in der dritten Klasse der Eisenbahn fuhr.[689] Von Anfang an stellte er ein erneutes Zusammenleben in Aussicht: *Denke an nichts, als unsre Wiedervereinigung, und um diese recht schön, lang und für uns beide wohlthätig zu machen, pflege jetzt einzig und allein Deine Gesundheit, und dafür kannst Du nichts, nichts in der Welt thun, als – Dir Gemüthsruhe zu verschaffen!* Mit der ihm eigenen Überredungskunst versucht er anschließend, ihr die Vergangenheit schlecht zu reden: *Wir waren da in Zürich viel zu sehr vergraben und auf uns angewiesen; das mußte auf die Länge der Zeit nachtheilig wirken und uns vergrübeln. Sind wir erst einmal wieder in einer großen Stadt, wo ich mich mit Aufführungen abgebe, Du mich nach Erschöpfungen pflegen kannst, und Dich dann mit mir über das Gelingen freust, – dann wird es auch Dir wie ein Traum vorkommen, daß wir einmal so vermuffelt in solchem Neste saßen und mit Mühe nun dann und wann ein paar vernünftige Gäste in's Haus bekamen. Nun, nun! das wird eben Alles anders werden, und ein ganz neues Leben wird beginnen, voll Ruhm, Ehre und Anerkennung.*[690]

Dieses Schema wiederholt sich regelmäßig: Richard malt die Vergangenheit grau in grau aus, die Gegenwart übergeht er mit Schweigen, während er die Zukunft in rosigen Farben schimmern läßt. Damit untergrub er weiter Minnas Vertrauen in ihn. Sie hatten sich in Zürich einen Kreis gebildeter Freunde geschaffen, eine rege Besuchskultur gepflegt und es konnte daher von einem *vermuffelten* Ort nicht die Rede sein, zumal sie Emma Herwegh verriet, daß ihr Zürich fehlte. Wenn sie als realistisch denkende Ehefrau seine Aussagen auf den Wirklichkeitsgehalt überprüfte, kamen ihr Zweifel, die sie ihm sofort mitteilte. Das ärgerte ihn wiederum, so daß sie letztlich immer weiter auseinandergetrieben wurden.

Nach dem Aufenthalt bei Tichatscheks plante Minna in das Rottdorfsche Haus einzuziehen, wo sie mit Richard zuerst gewohnt hatte. Gesundheitlich ging es ihr weiterhin schlecht. Gesellschaften griffen sie an, so daß sie selten etwas unternahm. Sie konnte oft vor Herzklopfen nicht schlafen, mußte häufig um Atem ringen. Besonders Treppen machten ihr zu schaffen. Schlimmer waren die Nervositäts- und Angstzustände, die sie befielen. Um sie auf andere Gedanken zu bringen, riet ihr der Arzt, ins Theater zu gehen, denn er wußte um die psychosomatischen Ursachen, die das organische Herzleiden noch beschleunigten.

Als sie erfuhr, daß die Ortspolizei ihr Schwierigkeiten machte und es problematisch für sie sei, sich als Frau eines gesuchten Straftäters in Dresden niederzulassen, schlug Richard vor, sie im äußersten Fall nach Venedig kommen zu lassen. Auch Karlsruhe war als Treffpunkt im Gespräch. *Zum Teufel, ist denn Niemand da, der sogleich diese Scheerereien alle für dich besorgt?*[691] fragte er verärgert, weil sie so viele Behördengänge zu erledigen hatte. Seine Offerten griff sie umgehend auf, blieb aber skeptisch: *Vor ein paar Tagen erhielt ich auch wieder einen Brief aus Venedig von Richard, der jetzt schon Heimweh nach Bequemlichkeit hat, ich will nicht sagen, nach mir, er schlägt mir schon vor, daß ich auch nach Karlsruhe übersiedeln soll, wohin er nächste Ostern schon kommen will und die Erlaubniß dazu schon jetzt so ziemlich hat, um sein Tristan dort aufzuführen. Nun liebste Freundin, müssen Sie aber nicht glauben, daß mein Kummer über diese Trennung derart ist, daß ich gern und bald wieder mit meinen Mann zusammen sein möchte, o nein, mir graut vor einen Zusammensein mit diesem Menschen, der mich seiner Liebe wegen, die er zu einer anderen Frau faßte, roh und gemein behandelte und wer steht mir in Zukunft dafür, daß er in seinen älteren Jahren sich schwach zeigt, in diesen Punkt, daß er diese Passion nicht behält, was bei alten Männern sehr oft der Fall ist und ich dasselbe wieder durch zumachen habe.*[692]

Diese Beteuerungen, wonach es sie nicht danach dränge, sich wieder mit Richard zu vereinen, waren allerdings ebenso widersprüchlich wie seine Versicherungen, eines Tages zu ihr ziehen zu wollen. Sie hoffte in Wirklichkeit darauf, daß ihr Mann amnestiert und nach Dresden zurückkehren würde. Um dies zu beschleunigen, besuchte sie aus eigenen Stücken Lüttichau, Wagners früheren

Erzfeind. Sie wollte herausfinden, wie es mit einer möglichen Amnestie stand. Richard ermunterte sie sogar darin: *Du bist ja jetzt darüber, meine Dresdener Angelegenheiten in beste Ordnung zu bringen. Uebrigens fange ich doch an, zu glauben, daß auf diesem Wege am ehesten noch die Sache sich beilegen läßt. Es wäre Dein Meisterstück, und ich will Dir gerne an die Hand gehen*. Ob das ironisch gemeint war? Lüttichau bewies Anstand, indem er ihr Freikarten für alle Vorstellungen des Königlichen Hoftheaters schenkte. In der Sache kam sie nicht weiter. Sie war auch bemüht, eine Aufführung des »Lohengrin« zu fördern, stieß damit aber auf wenig Gegenliebe bei Richard, der nicht viel von dem vorgesehenen Dirigenten Karl August Krebs hielt. Dafür schickte sie Richard ein photographisches Porträt von sich, das er auf seinen Arbeitstisch neben das Porträt seines Vaters stellte: *Das liebste Geschenk war mir wirklich Deine Photographie … Namentlich sind die Augen und der Blick ganz ausnehmend ansprechend. Du hast darin etwas, was Dir sehr gut steht; etwas sanftes, melancholisches, nicht unruhig. Das mag wohl auch etwas von Deinen Leiden herrühren, Du arme Frau!*[693] Es werden diese kleinen Zeichen der Verbundenheit gewesen sein, die ihn ansprachen und bewegten. Aber auch sie erhielt Beweise seiner Zuneigung, wenn er ihr beispielsweise als Geburtstags- und Weihnachtsgeschenk zugleich einen Mantel, ganz nach seiner Vorstellung, *extra gemacht und den Stoff ausgewählt* (er liebte es, Stoffe zu bestellen) sowie ein schwarzes Atlaskleid durch Karl Ritter übergeben ließ, wobei er ihr versprach, den Atlasstoff *nie zum Schlafrockfutter beanspruchen* zu wollen – dieses war offenbar in der Vergangenheit vorgekommen. Sie sollte ihm dafür echten Pariser Schnupftabak und eine hübsche Zigarrentasche für kleine Zigarren durch Karl mitgeben, was sie sicherlich gerne tat. Als Natalie in seinem Auftrag eine Nachtlampe als Weihnachtsgeschenk für Minna besorgte, bat er sie, in Abänderung des Papageienspruches »Richard ist ein böser Mann« die Worte »Er ist doch ein guter Mann« anbringen zu lassen,[694] und als sie sich dafür bedankte, kommentierte er: *Mögest Du die Nachtlampe recht – wenig nöthig haben. Brauchst Du sie aber, wenn Du erwachst, nun so denke nur: er ist doch ein guter Mann! Dann schläfst Du wohl bald wieder ein.*[695]

Wie in den Jahren zuvor reagierte er psychosomatisch auf Streit mit ihr: einmal beschreibt er, welche Reaktion ihr *schrecklich auf-*

geregter Brief auf ihn hatte. Er fühlte sich bereits krank, verlor dann aber allen Appetit, konnte nichts mehr bei sich behalten, fieberte und war elend.[696]

Immer wieder kam sie auf seine berufliche Ausrichtung zu sprechen und bedauerte, daß er nicht mehr dirigierte, und Wagner wehrte sich: *Glaubst Du, wenn ich ewig so in der Kapellmeisterei geblieben wäre, mit diesem inneren Widerstreben, mit diesem ewigen Aerger und den so häufig sich folgenden starken Aufregungen bei Proben und Aufführungen, würde es mir so erträglich gehen? Ja, das wollten wir einmal sehen! Ich lebte nicht mehr. Glaub' Du mir!* Auch diese Aussage steht im Widerspruch zu seiner Versicherung, daß Lüttichau ihm den Posten in Dresden versauert habe: *O, hätte damals der Mensch mich etwas zarter, wie es gegen einen Künstler meiner Art sich geziemt, behandelt, wie vieles wäre anders geworden, oder nicht gekommen!*[697] Ihr blieb nur noch, ihren eigenen Verstand zu benutzen und seine konträren Äußerungen nicht allzu ernst zu nehmen.

Jetzt wird es ein volles Viertel-Jahrhundert, dass wir uns kennen und die Augen verdrehten! – Eine schöne Zeit -: wie wirds nach dem nächsten Viertel Jahrhundert sein?? – Ich denke, dann werde ich amnestirt.[698] So entspannt schreibt Richard seiner Frau, sichtlich bemüht, die Krise herunterzuspielen und sie ruhig zu stimmen. Die Mehrzahl aller Briefe, die er im Jahr 1859 schrieb, waren an sie gerichtet. Die jahrelang rege Korrespondenz mit Liszt hatte merklich nachgelassen. An Mathilde schrieb Richard zwar oft, wobei das Fortschreiten seiner Arbeit am »Tristan« eindrucksvoll dokumentiert ist. Er war aber in Gedanken auch bei Minna, und seine Zeilen machen deutlich, wie sehr ihn das Unrecht beschäftigte, das er ihr angetan hatte. Er hatte kein schlechtes Gewissen, das war ihm fremd, aber er war sich über die seelische Verwundung Minnas im klaren. Und da er wußte, wie sehr sich solche Erschütterungen bei ihr körperlich niederschlugen, sorgte er sich um ihre Gesundheit. Das starke Herzklopfen hatte sich beruhigt, doch litt sie weiterhin an Schlaflosigkeit und klagte über Atembeklemmungen mit andauernden Hustenkrämpfen. Pusinelli hielt eine längere Kur im Sommer für angebracht.

Die Briefe enthalten eine große Themenvielfalt, und die eingefahrene Gewohnheit, über Alltagsdinge zu schreiben, machte sich wieder breit. Richard listet seine Speisen auf: er ißt vorzugsweise

Kalbskotelett mit Spinat, davor entweder Fisch oder eine Nachspeise, bestehend aus Huhn oder Wildgeflügel. Jeden Abend holt ihm der Diener ein Glas Zitroneneis.[699] Minna berichtet, daß Wilhelmine Schröder-Devrient, mit der sie sich häufig in Dresden traf, sich kritisch zum Textbuch des »Tristan« geäußert und den dritten Akt als *nichts als eine Sterberei* bezeichnet habe, was Richard empörte: *Nun, ich sehe darin noch manches Andre, und auch das Praktische der Ausführung ist wohl überlegt. Die Frau ist doch eigentlich auch nur für's Theater, wohin sie, wie ich mit Staunen von Dir höre, wieder zurückkehren möchte. Kann sie denn nicht die Kunst als Kunst, sondern immer nur als Theaterroutine fassen?*[700] Bemüht, sie abzulenken, berichtete er über den Gondoliergesangverein in Venedig, dessen Gesang er vom Balkon aus hören konnte und beschrieb die Wasserträgerinnen. Auf dem Marcusplatz hörte er eines Tages, wie der Tannhäusermarsch von einem Blasorchester gespielt wurde. Ihn ärgerte das schleppende Tempo, er gab sich als Komponist des Werkes zu erkennen und zeigte den Musikern, wie man es richtig machte. Daraufhin intonierte man ihm zu Ehren die Rienziouvertüre, und er hörte zusammen mit Karl Ritter vom Restaurant aus beim Dessert und einer halben Flasche Champagner zu.[701]

Der Stil seiner Briefe an Minna unterscheidet sich naturgemäß diametral von dem, den er Mathilde gegenüber pflegt. So schreibt er Mathilde: *Grade gestern, zu der Stunde, in dem Augenblick, kam Ihr Gruss wie eine durch Zauber erzwungene Nothwendigkeit. Ich sass am Flügel; die alte goldene Feder spann ihr letztes Gewebe über den zweiten Act des Tristan, und zeichnete eben mit zögerndem Verweilen die fliehenden Wonnen des ersten Wiedersehens meines liebenden Paares.*[702] Minna hatte er zum »Tristan« nur mitzuteilen: *Über's Jahr wird der Tristan wie warmes Brod abgehen.*[703] Aber nicht nur der Stil seiner Briefe, auch der Inhalt konnte zuweilen konträr sein. Es ließ Minna keine Ruhe, daß Mathilde die Ursache für den »Tristan« war und er mit dem Werk das Gesetz der bürgerlichen Ehe aushebelte, und er belehrte sie, daß die Oper nichts mit seinen Erlebnissen zu tun hatte: *Nichts kann man wahrhaft dichten, namentlich im Drama, was nicht ausserhalb einem steht, so dass man es gleichsam sich gegenüber sieht; steckt man drin, so ist man unfähig zur klaren Dichtung.*[704] Mathilde erfuhr freilich etwas anderes: *In welch wunderbarer Beziehung ich zum ... Tristan stehe,*

Der Palazzo Giustiniani in Venedig, August 1858 bis März 1859 Wohnsitz Wagners, der hier die Arbeit am »Tristan« fortsetzte.

das empfinden Sie wohl leicht. Ich sage es offen, weil es eine, wenn auch nicht der Welt, aber dem geweihten Geiste angehörige Erscheinung ist, dass nie eine Idee so bestimmt in die Erfahrung trat. Wie weit beide sich gegenseitig vorausbestimmten, ist eine so feine, wunderbare Beziehung, dass eine gemeine Erkenntnisweise sie nur in dürftigster Entstellung sich denken können wird.[705] Sie verstand seine Worte sofort, und ihre Liebe spornte ihn zur Vollendung der Oper an.

Ende März 1859 verließ Richard Venedig, da die sächsischen Behörden seine Ausreise forderten, und kehrte in die Schweiz zurück. Er logierte im Luzerner Hotel Schweizerhof, wo er am letzten Akt des »Tristan« arbeitete. Das Komponieren hielt ihn meistens von morgens bis 16 Uhr am Schreibtisch. Er ging dann drei Stunden lang spazieren, ruhte sich aus, trank um 20 Uhr Tee und las die Zeitungen, schrieb Briefe und war um 22 Uhr so schläfrig, daß er noch nicht einmal mehr lesen konnte. Die Einsamkeit, in die er sich begeben hatte, lag ihm nicht sonderlich, aber sie war für den Fortgang der Komposition geradezu ideal. Aus Italien war sein Flügel angekommen, zusammen mit einem von Minna gearbeiteten Fußteppich. Außerdem traf der berühmte »Schwanenteppich« ein, den sie Weihnachten gefertigt hatte, als man noch einträchtig mit Wesendoncks feierte. Den breitete Wagner vor dem Diwan aus, denn er mochte ihn.

Er hielt die Korrespondenz zu Mathilde weiter aufrecht, wenn auch auf einer Ebene, die bei Otto keinen Verdacht aufkommen lassen sollte. Dieser blieb in finanziellen Dingen sein wichtiger Gesprächspartner. Richard besaß den Mut, ihn zu der Übernahme seiner Partituren zu überreden, für die er denn auch einen fürstlichen Vorschuß erhielt. Otto willigte sicherlich auf Zureden seiner Frau ein, die ihres Mannes und ihrer Kinder wegen auf die Nähe zu Wagner verzichtet hatte – etwas, das Otto zu würdigen wußte.

Obwohl Minna und Richard sich bemühten, die näheren Umstände ihrer Trennung geheimzuhalten, sickerte allerlei durch, darunter auch Falsches. Eduard Devrient, ihm ohnehin nicht sonderlich gewogen, notierte: *Frau Redtenbacher hat uns Wagners Nachrede aus Zürich mitgebracht. Danach hätte er sich auf die verletzendste Weise seiner Frau entledigt, weil sie zu krank und ihm zu hinderlich. Danach hat denn Wesendonck sich auch des treulosen Hausfreundes entledigt, der seiner Frau nun immer engere Schlingen gelegt. Bei diesem Grade der Selbstsucht scheint alles erlaubt.*[706] Diese rufschädigende Version war auf dem Züricher Klatschfeld gewachsen. Zwei Jahre später traf Devrient mit Wagner selbst zusammen, der ihm bzw. seiner Tochter diesmal eine andere Geschichte mitteilte: *Bei Marie tat er weich und erzählte von der Herzkrankheit seiner Frau, die eigentlich die Ursache des Zerwürfnisses mit Wesendonck in Zürich gewesen und seines Verlassens des Ortes*. Aber diese Erfindung wurde nicht gut aufgenommen, da die Wahrheit längst durchgesickert war: *Diese Behandlungsart hat ihm denn den höchsten Grad des Abscheues bei meinen Frauen erworben.*[707]

Da Richard Angst vor einer Verbreitung des Geschehens hatte, Minna aber dadurch nur mehr Sympathien erhielt, gab es eine unterschiedliche Interessenlage, die zuweilen seltsame Blüten trieb. Während Richard noch vier Monate nach seinem Weggang aus Zürich Sulzer eine verharmlosende Version schilderte und den Weggang aus Zürich mit Minnas Herzleiden erklärte (›Ihr Zustand wurde‹ *auch für mich so beunruhigend, daß endlich an eine gründliche Veränderung unserer Aufenthaltsverhältnisse gedacht werden mußte*[708]), schrieb ihm Minna ein paar Tage später ihre Version, da sie Sulzer als einen treuen Familienfreund begriff: *Daß ich in letzterer Zeit auf den Anlaß einer unerfahrenen, vom Glück getragenen, gewiß- und herzlosen Frau durch meinen schwachen, eiteln Mann die tiefesten Kränkungen ertragen, wird Ihnen nicht ganz unbekannt geblieben sein. Leider ist es ja, nur mit sehr wenig Ausnahmen, so oft der Fall, daß Männer mit Frauen in intymester Freundschaft leben, doch verbergen sie mit einem gewissen Feingefühl ihr Verhältnis, während mir auf das Gemeineste und Rohste ins Gesicht geschrien wurde, daß jene Frau mich nicht ausstehen könnte, eifersüchtig auf mich sei und durchaus unsere Trennung wollte usw. Wirklich hatte ich auch unausgesprochen den Wunsch jener übermüthigen Frau erfüllt, da mir mein Leben von einem leidenschaftlichen Manne zur Hölle auf Erden gemacht wurde.*

Mein Schmerz über unsere Trennung war unaussprechlich. Ich hätte keinen größeren empfinden können, wenn ich W. zur letzten Ruhestätte begleitet hätte; dennoch mußte sie sein, nach dem, was vorhergegangen war. Gott mag es dieser Frau verzeihen und jeden Kummer von ihr abwenden! Ich habe ihr und meinem Angehörigen verziehen; dennoch aber wäre es mir nicht möglich, mich sobald mit meinem Herrn Gemahl zu vereinigen, d.h. mit ihm zusammen zu sein. Daß ich die Sache noch einmal gegen Sie erwähne, mag Ihnen ein Beweis sein, wie lebhaft noch Alles vor meiner Seele steht und daß vor der zweiten Hälfte nächsten Jahres kaum daran zu denken sein wird, daß ich mich entschließen werde können, meine Zukunft mit W zu theilen. – Ich bin so elend geworden, daß mich meine Freunde und Verwande kaum gekannt haben; ich brauche noch lange Ruhe und Frieden, um nur einen geringen Theil meiner Gesundheit wieder zu gewinnen.

Selbst jetzt kommt ein Rest sächsischen Humors zum Vorschein: *Fast möchte ich wünschen, daß er es mit seiner Freundin einige Zeit versuchen möchte, vielleicht wäre das eine gute Kur für seine Krankheit.*[709]

Aber auch Minna bemühte sich, die Gründe für die Trennung vor gemeinem Klatsch zu schützen. Um so größer war ihre Aufregung, wenn es dennoch Gerede gab, denn für sie war die Wahrung einer bürgerlichen Wohlanständigkeit eine wichtige Voraussetzung für ihr Wohlbefinden. An Mathilde Schiffner schrieb sie aus Zwikkau, kurz nach ihrer Abreise aus Zürich: *Die Details von all dem Wirrwar erzähle ich Ihnen mündlich, ich kann nicht lange schreiben, es greift mich an. Nur bitte ich Sie, beste Mathilde, behalten Sie das, was ich Ihnen vertraue, um Gotteswillen für sich. Tichatscheck wollte behaupten, als er bei uns in Zürich war, daß er die ganze*

Affäre schon in Dresden vernommen hätte, weil ich sie an irgend jemanden geschrieben hätte, ich correspondiere mit niemanden dort als mit Ihnen, der ›Frau‹ T›ichatschek‹ *deutete ich nur sehr wenig an, also bitte, bitte meine Freundin bleiben, und das was ich Ihnen vertraue, verschweigen!*[710] Die Adressatin reagierte darauf etwas unwirsch, so daß Minna sie beruhigen mußte: *Sie thun mir aber unrecht, liebe Freundin, wenn Sie glauben, daß ich das geringste Mißtrauen gegen Sie hätte, wäre das der Fall, so hätte ich ja gar nicht erst nöthig gehabt, Sie mit all diesen Geschichten zu behelligen, also nichts davon, es wäre mir leid, wenn sich Mißverständnisse zwischen unsere langjährige Freundschaft schleichen würden, ich that ja nur eine Frage.*[711]

Zu Richards Leidwesen waren die peinigenden Ereignisse um das »Asyl« ein Jahr später noch immer Gesprächsstoff bei Verwandten und Freunden. Er glaubte, daß Minna durch das Reden über die Ereignisse immer aufgeregter wurde und warnte Pusinelli: *Besonders fürchte ich da eine gewisse Schiffner, Schneidermamsell, ein gutes, anhängliches Geschöpf, die sich in unsrer Familie als Erbstück erhalten hat. Nimm doch die einmal gehörig vor. Meine Frau muss immer nur abgebracht werden, nie unterstützt, durch noch so gutmütiges Eingehen auf ihre, wirklich thörigen Vorstellungen über mich und meine inneren Angelegenheiten, die gänzlich entstellt werden, sobald überhaupt nur darüber gesprochen wird.*«[712] Er erinnerte seine Schwester Clara daran, daß er sie ein Jahr zuvor gebeten hatte, alles zu vermeiden, was Minna hätte aufregen können. *Sie schrieb mir damals immer erhitzter und heftiger, so dass ich vermuthen musste, es würde mit ihr zuviel über den bösen Punkt verkehrt … Nicht genug glaubte ich thun zu können, um nach allen Seiten hin mich eines beruhigenden Einflusses auf sie zu versichern. Ein Herz, das so gar nicht zur Ruhe kommen will, ist doch eine schreckliche Qual … Da ich immer mehr einsah, dass mit Vernunft, und auf Vernunft, bei ihr zu wirken ganz unmöglich sei, erkannte ich auch, dass es nur eine Wahl gäbe, – sie entweder mit rücksichtsvoller Täuschung wie spielend, immer ausweichend, immer nur beruhigend, Alles von ihr Ausgehende ignorirend, zu behandeln, oder – sie offen und bestimmt ihrem Elend zu überlassen.* Er behauptet, daß er sie finanziell für den Sommer ausgestattet habe, *dass sie ein wahrhaft elegant-behagliches Leben führen kann. Gebe nun Gott, dass alles diess, und die Sommerkur in Schandau so gründlich bessernd auf sie wirkt, dass sie zum Herbst es mir möglich macht, ihr wieder mein Haus zu übergeben, ohne fürchten zu müssen, durch neue Rückfälle in ihren alten Zustand mir und sich alle fernere Hoffnung zu rauben!* Das erweckt den Eindruck, als wäre Minna seelisch erkrankt. Auch Liszt gegenüber ergreift er den Ton väterlichen Wohlwollens, der bei einem Kind eher angebracht wäre, wenn er von ihr spricht: *Für jetzt vergeude ich alles, was ich an guter Laune auftreiben kann, an das arme Thier, meine Frau! Sie wird von mir gehätschelt und gepflegt wie ein Flitterwochenkind. Dafür habe ich denn die Genugthuung, sie auch gedeihen zu wissen; mit ihrem bösen Leiden bessert es sich zusehends; sie kommt wieder auf und wird hoffentlich auch etwas vernünftig auf ihre alten Tage; so daß ich ihr letzthin – als ich grade Deinen Dante empfangen, schrieb, die Hölle hätten wir durchgemacht; möge ihr nun das Fegefeuer gut bekommen, da müsste endlich wohl auch noch etwas Paradies abfallen.*[713]

Es ist nicht einfach, sich ein reales Bild von Minnas Zustand anhand dieses wiederholten Urteils zu machen, das Richard überall streute. Da er später Minnas Briefe zerstörte und nur noch das übriggeblieben ist, was Natalie vor ihm verbarg, ist aus dieser Zeit lediglich ein Brief von ihr in einer Vorfassung enthalten, die sie entworfen hatte. Dieser verdient es, ungekürzt abgedruckt zu werden. Sie reagiert damit aus Chemnitz auf seinen Vorwurf an Clara, daß diese einen schlechten Einfluß auf sie, habe.

Liebster Richard!

Dies wird nun mein letzter Brief von hier aus an Dich sein. Heut über 8 Tage reise ich mit Hund, Vogel und Natalie, die ich künftigen Dienstag mit Jacquot hier erwarte, nach Dresden und ziehe sogleich in meine kleine Wohnung bei den alten Fräuleins Rottorf, Marienstraße No 9 ein, was mir recht lieb ist. Die gute Tichatschek schrieb mir nehmlich, vor ein paar Tagen, daß sie mir meine kleine Wohnung ganz hübsch hätte herrichten lassen und es mir zu meiner Bequemlichkeit habe mit allem Nöthigen versehen, habe sogar, mit etwas Küchengeschirr, was ich wahrscheinlich nicht brauche, da ich zu Kocherei für mich allein durchaus keine Lust habe. Es hat mich wirklich recht gefreut von der guten Frau, meint es doch einer gut mit mir. Vielleicht, ich will sehen, ob ich die Möbel für meinen Aufenthalt dort behalten darf, was mir natürlich große Kosten ersparen würde, wenn ich nicht erst nöthig hätte, die Sachen aus

Zürich kommen zu lassen. Der Tichatschek schrieb ich, daß ich mir nun meine Effekten würde kommen lassen, deshalb wurde sie genöthigt, mir diese geheime Überraschung zu verrathen, was mir um ihretwillen völlig leid war.

Das ich sobald eine Antwort auf meinen Brief an dich erhielt, freute und überraschte mich, ich muß Dir hier bedeutend näher sein als in Zwickau, dort erhielt ich oft den 6. Tag erst Deine Briefe und hier den 4. Tag schon. Auch schrieb mir die liebe Frau, daß als vergessen die 50 Louisdors von Hannover an Dich abgehen würden, der Intendand und Kapellmeister waren zur 9. Vorstellung auch wieder gegenwärtig, wozu früh 10 Uhr kein Billet mehr zu haben war. Die Direktoren wären wahre Thoren, wenn sie sich durch die Nichtaufführungen des Rienzi gute Einnahmen verscherzen würden. Du hast recht, wenn Du mich damit hänselst, bei meiner zu großen Bescheidenheit kam ich mir selber höchst komisch vor, als daß ich die Schenkung des Rienzi nur scherzweise erwähnen konnte, es war mir darum lieb, daß Du es auch nur als solchen aufgenommen hast, ich will es nicht wieder thun.

Nun aber mein lieber Richard forderst Du mich durch die Einlage an Klärchen und die darin befindliche Drohung an Mathilde ›Schiffner‹ *schreiben zu wollen auf, Dir auf das heiligste versichern zu müssen, daß das gute Geschöpf unschuldig ist, sie weiß nichts von der letzten Geschichte, hat mir nur früher nach Zürich noch geschrieben und zwar ganz erschrocken und mit innigstem Bedauern für uns, ob es wahr sei daß wir uns deshalb scheiden ließen (wofür mich für alle Zeiten Gott bewahren möge) weil Du eine reiche sehr pussierte Baronin heirathen wolltest; eine Frau Kälberle, die den Sommer in Zürich gelebt, hatte diese schöne Neuigkeit in Dresden erzählt. Ich schrieb Mathilden sogleich, daß nichts an diesem häßlichen Gerede wahr sei, worüber sie höchst froh war, weiter weiß sie nichts, sie wird sich also sehr wundern einen Brief von Dir zu erhalten. – Ueberhaupt, mein lieber Richard, mußt Du ja nicht glauben, daß der wahre Grund Deines Fortgehens von Zürich nicht bekannt sei, nimm dies, was ich Dir über diesen Punkt sage ja nicht als einen Vorwurf hin, ich selbst erscheine den Leuten ruhiger, als ich wirklich innerlich bin, höchstens ein Beben meiner Stimme läßt mich vernehmen, ich aber verrathe gewiß nichts, hätte selbst Klärchen nichts zugestanden, wenn sie nicht schon Alles von meinem Kommen gewußt hätte. Ihr ältester Sohn hatte diese schöne Neuig-*

keit mit aus dem Gesangsverein gebracht, ich mußte Dir das, auf Deine ungerechte Beschuldigung sagen, was ich Dir gern verschwiegen hätte. Die Nachricht aus Dresden, werde ich Dir einmal mittheilen, wenn es sein muß, ist aber durchaus nicht von der Mathilde, wie Du sehen wirst. – Glaube mir, es bedarf bei mir keineswegs einer äußeren Anregung meine Wunden aufzureißen, das sehen die Menschen wohl, und vermeiden es auch darüber zu sprechen, sie bluten ohnehin hart, sie wurden mir zu tief geschlagen, magst Du es mir glauben, daß ich sogar bete, daß mich es Gott vergessen lassen soll aber leider bis jetzt immer noch vergebens, hab ich einmal das überwunden, dann bin auch ich gerettet. – Du hast mich sehr elend durch all diese Kränkungen und Beleidigungen die ich dieses Verhältnisses wegen erleiden mußte, gemacht. Du weißt es ja, daß kein Wort über die damalige Bordeauxgeschichte gegen Dich wie überhaupt nicht über meine Lippen gekommen ist, aber ich hatte auch nicht so zu leiden als bei der Letztvergangenen.[714]

Aus ihrer Antwort spricht trotz allem Leid auch Zuneigung und Interesse an seinen Opern sowie ein Funken von Humor, den Wagner so an ihr mochte. Im Hinblick auf seine Kritik blieb sie hart. Da sie Mathilde Schiffner bereits im April Einzelheiten des Geschehens im »Asyl« verraten hatte, war ihre Versicherung des Gegenteils eine glatte Lüge; sie hatte Mathilde aber damals *dieses abscheuliche Geheimnniß unter größter Verschwiegenheit auf die Seele* gebunden und sie gebeten, ihre Zeilen nach dem Durchlesen zu verbrennen. Daher stellt sie sich vor Mathilde und schützt sie, denn sie konnte nicht auf sie verzichten, brauchte sie, um sich auszusprechen. Richard begriff nicht, daß ihr mit plakativen Forderungen nach Ruhe, die er in fast jedem Brief an sie beschwor, kaum geholfen werden konnte. Im Gegenteil, sie mußte darüber mit verständigen Menschen reden dürfen.

Noch Monate nach dem obigen Briefwechsel kam Richard auf *die Schneidermamsell* zu sprechen. Es mißfiel ihm, daß Minna trotz seiner unermüdlich vorgetragenen Botschaft, sich zu schonen und das Vergangene zu vergessen, ihm immer wieder ihre Ansichten vorhielt. Ihre Freundin wird ins Visier genommen: *Dergleichen alte Jungfern haben nichts auf der Welt im Herzen, als Klatsch, und wieder Klatsch, in dieser oder jener Form; was bleibt ihnen anderes übrig, als sich um andre Leute zu bekümmern, da sie selbst niemanden ihrigen nennen, der sie angeht; und das gilt Allen, von der*

Schneidermamsell bis zur Künstlerin; sie haben alle etwas Verdächtiges und Verdächtigendes an sich, und ihr Maul hängen sie in Alles, von Jedem wissen sie etwas, was nicht recht ist, und worüber die Nase zu rümpfen wäre. Du wirst dem widersprechen: – mir gleichgültig! Diese aggressiven Beschimpfungen führten zu einer gereizten Replik ihrerseits, und er mußte sich entschuldigen für *die Härte in manchen meiner Auslassungen gegen Dich*. Dennoch blieb seine Meinung im Raum, wonach er Frauen für dumm hielt, und er legte noch nach: *Vor Allem sehe ich zu meinem Bedauern, dass eine leicht zu entschuldigende weibliche Eitelkeit Dich stets darüber im Unklaren erhält, was eigentlich unter Liebe zu verstehen sei.*[715] Damit trat er wieder in ein Fettnäpfchen, denn in der Tat verstanden beide darunter etwas Unterschiedliches. Für ihn bedeutete Liebe die Abhängigkeit von einer Frau, die ihrerseits alles opferte, um ausschließlich für den Mann dazusein. Für Minna bedeutete Liebe Treue und Anhänglichkeit auf beiden Seiten. Dies sah sie durch Richards Affären zerstört, wobei es weniger die Affären selbst als vielmehr die damit verbundenen Demütigungen waren, die sie so schwer ertrug. Den Anstoß für diese Auseinandersetzung bot ein Vorwort, das sie gefunden hatte oder das ihr von anderen gezeigt worden war. In seiner autobiographischen Skizze, die bis 1842 reicht, wird ihre Ehe mit nur einem einzigen, noch dazu abwertend klingenden Satz erwähnt: *Dort heirathete ich noch im Herbst 1836, und zwar unter den mißlichsten äußeren Verhältnissen.*[716] Nicht viel anders verhält es sich mit der 1851 verfaßten »Mitteilung an meine Freunde«, wo es heißt: *Ich war verliebt, heirathete in heftigem Eigensinne, quälte mich und Andere unter dem widerlichen Eindrucke einer besitzlosen Häuslichkeit, und gerieth so in das Elend, dessen Natur es ist, Tausende und aber Tausende zu Grunde zu richten*. Und etwas später: *Mein häusliches Trübsal vermehrte sich.*[717] Obwohl sich dies vermutlich auf die finanziellen Sorgen bezieht, mußte Minna einen solchen Satz ebenfalls als verletzend empfinden. Sie versuchte Richard klarzumachen, daß er mit seinem damaligen Benehmen ihre innere Abkehr verursacht hatte, und er stimmt dem zu: *Ich glaube Dir gern, daß ich ein böser Kerl war*. Aber nun war es an ihm, sich zu ärgern, denn sie rieb ihm ihrerseits die Laussot-Affäre unter die Nase: *Daß Du mir nun zur Erwiderung das liebe Bordeaux zu riechen giebst, mag ich Dir dann nicht ganz verdenken können*.

Es verstimmte ihn, daß sie zu sehr auf Sparsamkeit bedacht war, hatte sie doch billigen Sekt aus Lössnitz zur Feier seines Geburtstages getrunken, der ihr schlecht bekam, und er erinnerte sie daran, wie sie in jungen Jahren beide einmal betrunken waren: *Ich vergesse mein Lebtag nicht, wie wir damals bleischwer zur Erde fielen von diesem Zeuge.*[718] Ihre Sparsamkeit reizte ihn immer wieder zum Widerspruch, zeigte sie ihm doch dadurch, daß er nicht angemessen für sie sorgen konnte. Als sie ihm eine elegant gestickte, innen mit violettem Samt ausgeschlagene Mappe schenkte, die ihm sehr gefiel, verdarb sie ihm die Freude mit ihren beigelegten Zeilen, in denen sie ihm freistellte, die Mappe beiseite zu legen. Das vergällte ihm alles, denn ihm war, als würde sie ihren Liebesbeweis wieder zurücknehmen. Er rächte sich mit seiner überzogenen Kritik an ihren Freundinnen, was sie traf, da er damit in ihre persönlichen Bindungen eingriff.

Dennoch konnten sie sich nicht voneinander lossagen. *Wenn mir's gestattet wäre, käme ich recht gern in das freundliche Schandau,* schreibt er ihr und versichert: *Glaube mir, ich ersehne mir für dieses Leben nichts ernstlicher, als in Ruhe, Frieden und Behagen mit Dir mein Leben zu beschließen.*[719] Beide träumten von einem neuen Zusammenleben zum Jahresende – Richard, weil er in erster Linie einen funktionierenden Haushalt benötigte, um ungestört schaffen zu können, Minna, weil es für sie trotz allem der einzige Inhalt ihres Daseins geblieben war, für Richard zu leben.

Wie stets erfaßte ihn Unruhe, wenn er eine Zeitlang nichts von ihr hörte, besonders jetzt, wo er in Luzern ganz auf sich gestellt war. Sein Tagesablauf, den er ihr schilderte, war monoton. Tagelang sieht er nichts außer der Dienerschaft; bei schönem Wetter kann er sich neben der Arbeit mit Spaziergängen ablenken; bei schlechtem Wetter fehlt ihm der Gesprächspartner, denn er hat noch nicht einmal einen Hund (alle Haustiere waren bei Minna). *Das Maul will einem doch auch einmal ein bischen wackeln! – So lebe ich denn einzig durch das, was mir die Post bringt. Deine Briefe kommen mir immer so erwünscht, denn erstlich: unterhalten sie mich; 2., erfreuen sie mich durch gute Nachricht über Dein Befinden – und 3., geben sie mir durch ihren ganzen Ton jetzt die Ruhe und Hoffnung, der ich für unsre alten Tage (ich kriege schändlich graue Haare!) so sehr bedarf.*[720]

Nebenbei beauftragte er Minna mit geschäftlichen Erledigungen. 1844 hatte er bei dem Dresdener Hofmusikalienhändler Carl Friedrich Meser seine Opern auf eigene Kosten erscheinen lassen, wofür einige Freunde, darunter Anton Pusinelli und Hans Kriete, ihm damals Geld liehen. Nach der Flucht trat er den Gläubigern das literarische Eigentumsrecht an den Opern ab. Er fürchtet nun Betrug und schimpft über den *hosensch- Kriete*. Minna gegenüber konnte er solche Ausdrücke fallenlassen. Er bat sie, in Bezug auf den Verkauf des Verlagseigentums seiner Opern die Dresdener Gläubiger persönlich zu mahnen.

Von großer Brisanz war eine Information, von der er wußte, daß sie Minna wieder in eine Krise führen würde. Er berichtete ihr fast beiläufig, daß er wieder Wesendoncks besucht habe, angeblich, um dem Klatsch ein Ende zu machen: *Ich brauche Dir wohl nicht erst zu sagen, dass hierdurch sich nicht das Mindeste in meinen und unsren beiderseitigen Dispositionen für die Zukunft ändert. Alles bleibt, wie wir es abgemacht. Nur ist hinter mir – und hoffentlich hinter Dir – nun alles klar, licht und hell, und keine Nebel und Wolken giebt es mehr zu zerstreuen. –*[721] Wie sollte Minna dies aufnehmen? Wie konnte er von ihr verlangen, die tiefe Verletzung zu vergessen? Das war so, als hätte er verlangt, sie ungeschehen zu machen.

Minna bat Emma Herwegh, ihren Mann Georg dazu zu bewegen, Richard in Luzern zu besuchen. Dieses Verhalten ist typisch für Minna: Einerseits litt sie unter den Kränkungen, andererseits liebte sie Richard noch immer und sorgte sich um sein Wohlergehen. Im übrigen besuchte Richard Wesendoncks erstmals am 4. April, dann Mitte des Monats, wieder am 16.–17. Mai und vom 10.–12. Juni kamen Otto und Mathilde nach Luzern. Man sah sich somit recht häufig.

Im April reiste Minna nach Berlin und sah eine Vorstellung des »Lohengrin«. Sie hatte sich zuvor bei Hans von Bülow vergeblich um eine Beurteilung der Aufführung bemüht, der sich dann bei Richard entschuldigte: *An Deine Frau hätte ich eigentlich über den Lohengrin schreiben sollen. Bei Jehovitsch – ich hatte aber keine Zeit dazu. Entschuldige mich bei ihr – ich konnte vermuten, daß die Frommann die Sache besorgt haben würde.*[722] Ihr eigener Bericht schien Wagner nicht weiter zu beeindrucken, denn er hielt nichts von der dortigen Qualität der Aufführungen.

Anfang August 1859 lag die Partitur von »Tristan und Isolde« fertig vor – eine intensive Arbeitsphase war zu einem Abschluß gekommen. Die Gefahr, die in der erotischen Ausstrahlung der Musik lag, war Richard noch einmal bewußt geworden, und er schrieb an Mathilde: *Kind! Dieser Tristan wird was furchtbares!*

Dieser letzte Akt!!! – – – – – – –

Ich fürchte die Oper wird verboten – [723]

Am gleichen Tag wurde »Lohengrin« zum ersten Mal auf dem Hoftheater in Dresden aufgeführt, und Minna war dabei. In der ersten Zeit nach dem Zürcher Skandal hatte sie seine Musik nicht ertragen können, das hatte sich aber gelegt. Sie liebte diese Oper besonders, und sie fand, daß die Hauptrollen diesmal besser besetzt waren als in Berlin. *Ich muss mich öfter an Richards Werken erheben und erkräftigen, sonst könnte ich keinen freundlichen Brief an ihn schreiben (unter uns gesagt),* schrieb sie Emma Herwegh. *An mir hat er gewiß eine glühende Verehrerin seiner früheren Werke, mir ist als hätte ich sie mitgeschaffen, da ich während dem* ›ihn‹ *pflegen, alle häuslichen Sorgen allein auf meine Schultern nehmen durfte. Wie so ganz anders war es in den letzten Jahren unseres Beisammenseins.*[724] Mit den frühen Opern konnte sie sich identifizieren, sie waren ein Teil ihrer Biographie. Sie hatte ihm nicht nur alles abgenommen, während er komponierte, sondern gerne zugehört, wenn er ihr seine Werke vorspielte und vorsang. Jetzt war sie überflüssig und die Musik, die entstand, war nicht die ihre.

Die Trennung von Minna währte nun schon mehr als ein Jahr. Da alle Bemühungen um eine Amnestie in den deutschen Ländern durch den sächsischen König vereitelt worden waren, entschloß sich Wagner, anderswo wieder mit Minna zusammen zu leben, und er drängte sie, so bald wie möglich nach Schandau zu reisen und sich dort zu erholen, *dann aber kommst Du hoffentlich gleich mit Hund und Vogel nach Karlsruhe.* Diese Stadt war zuvor schon im Gespräch gewesen. Es stand noch nicht fest, ob sie gemeinsam nach Paris reisen oder ob er nach Nordamerika fahren würde, *aber in dem letzten Falle könntest Du vielleicht immer schon in Paris bleiben und immer für das Frühjahr vorbereiten und mich dort zurückerwarten, wo wir von dann an zusammen leben wollen.*[725] Solche Aussichten begeisterten sie nicht sonderlich. In Paris leben zu müssen, ohne Bekanntenkreis, im ständigen Kampf mit Sprachschwierigkeiten, bei dem anhaltenden Geldmangel, unter Umständen monatelang einsam – der Gedanke hieran wird sie erschreckt haben. Dennoch entschied sie sich für ihren Ehemann. Richard antwortete: *So ist es mir denn auch sehr lieb, dass Du Dich entschlossen hast, von Karlsruhe an schon mit nach Paris zu gehen, selbst wenn ich den Winter noch nach Amerika müsste. Ich bin überzeugt, Du wirst Dich selbst ohne mich dort recht wohl fühlen; und Kietz wird ganz adoptirt: das versteht sich, als jüngstes Kind vom Hause. Sehr würdest Du Dir nützen, wenn Du dann förmlich noch das französisch erlerntest.*[726] Es war eine Ungeschicklichkeit, das von der Fünfzigjährigen zu verlangen. Als Frau war sie viel stärker ans Haus gebunden als ein Mann und hatte weniger Gelegenheit mit anderen Menschen zu plaudern. (Sie hat übrigens später bestätigt, daß sie sich bewußt verweigerte: *Die Sprache kann ich auch gar nicht mehr leiden will lieber den ohnhin oberflächlichen französischen Umgang meiden, ich lerne deshalb auch nichts, liebe nur deutsch zu sprechen.*[727])

Er legte ihr nah, sich eine Gesellschafterin als Pflegerin und für die Unterhaltung auszusuchen. Der Grund hierfür lag zum einen in seinem Wunsch, sich tagsüber räumlich von Minna zu trennen und unbelastet seiner Wege gehen zu können, und zum anderen in seiner Furcht, durch ihr Kranksein beansprucht zu werden. Er selbst wünschte sich einen Diener, der die Zimmer fegen, das Silberzeug putzen, Essen servieren, Gänge besorgen und ihn bedienen sollte, insbesondere beim Baden. Ferner sollte er ihn auf Reisen begleiten und sich um sein Gepäck kümmern. Er träumte vom künftigen Leben zu zweit: *Ich verspreche Dir, gesellig zu werden! In Paris soll sich das ganz hübsch machen; ich will mir da schon einen ganz gemüthlichen kleinen Schwarm (natürlich Deutsche) zusammenbringen, für die ich alle Abende zu Hause sein will, sobald die gestrenge Hausfrau uns nicht zum Teufel jagt … So sollst Du nun auf unsre alten Tage noch rechte Gelegenheit haben, mir das Haus behaglich zu halten und dafür sollst Du unumschränkte Herrin sein.*[728]

Im September 1859 reiste Richard nach Paris; sein Wunsch, mit Minna zusammenzuleben, hatte sich inzwischen zur Gewißheit verfestigt. *Uebrigens, glaube mir nur, handelt es sich nicht, und hat sich nie um ernstliche eheliche Differenzen gehandelt*, hatte er Pusinelli geschrieben[729] – eine erstaunliche Feststellung angesichts der vielen Briefe, die er nach Minnas Umzug nach Dresden an Freunde und Verwandte geschickt und in denen er auf die Unvereinbarkeit zwischen ihr und sich hingewiesen hatte. Er brauchte einen von weiblicher Fürsorge geleiteten Hausstand, in dem er zur Ruhe kommen und arbeiten konnte. Diesmal jedoch wollte er alles besser machen. Obwohl Pusinelli gegen eine erneute Reise Minnas nach Paris Bedenken vorbrachte, überging Richard diese und machte ihr Mut. Ihre Gemütsruhe sollte sie in Paris wiedererlangen. Der skeptischen Frau malte er ein Leben im Wohlstand aus und zählte ihr die Vorzüge der Gegend auf, in der er jetzt wohnte. *Herrliche Spatziergänge in der unmittelbarsten Nähe, reine schöne Luft, Ruhe und Stille, dennoch Leben; das bois de Boulogne, welches jetzt wirklich ganz zauberisch angenehm geworden ist, in der Nähe.*[730] Dann gab es die vielen kulturellen Angebote. Vor allem sollte sie es schön und bequem haben. Alle störenden Besuche wollte er vom Haus fernhalten; nur gute Freunde sollten kommen dürfen. Natürlich blickte er mit größter Ruhe nachhaltigen Einnahmen entgegen, und daher fühlte er sich in der Lage, ein angenehmes Haus halten zu können. Er wiederholte seinen Wunsch, eine Gesellschafterin zu engagieren. Diese sollte wie eine Tochter zu Minna sein, ihr vorlesen und sie vor allem pflegen. *Hierfür scheue ich keine Kosten … Also – gehorche mir, und widersprich nicht! Es muß so sein!*[731] *Du sollst nur noch die Genießende, die Gepflegte sein, und nur dadurch kannst Du wiederum angenehm und beruhigend auf mich zurückwirken. Mir wird Alles gar keine Anstrengung kosten.* Und noch eine letzte Angst von Minna wurde zerstreut: er versprach, weder seidene Möbel noch seidene Gardinen anzuschaffen,[732] was er allerdings nicht einhielt. Immer wieder kam er auf das junge, gebildete, französisch sprechende Frauenzimmer zu sprechen, das er einstellen wollte. Minna wehrte sich dagegen und schöpfte gar Verdacht, so daß er sich gegenüber ihrem Argwohn verteidigen mußte: *Daß ich Dir kein Frauenzimmer aufgedrungen haben würde, versteht sich von selbst; ein Bild von Schönheit hatte ich auch grade nicht im Sinn, sondern eine angenehme Person, was man sein kann, ohne sogar hübsch zu sein.*[733] Schließlich fand er sich bereit, auf ihren Vorschlag hin Natalie als Gesellschafterin zu nehmen. Da sie aber plötzlich anders entschied und Natalie doch nicht mitbrachte, versuchte Wagner noch eine Frau aufzutreiben, bis sie ihm schrieb, daß sie dies als einen Angriff auf ihre Selbständigkeit empfinden würde.[734] Sie bezog ihre Identität gerade aus ihrer Rolle als Hausfrau, die alle Fäden in der Hand hielt, um so mehr, als Richard sie seit Jahren kaum in seine kompositorische und schriftstellerischen Pläne einweihte. Ausgerechnet diese Rolle der Herrscherin über den Haushalt sollte ihr jedoch versagt werden. Das Nichtstun lag ihr nicht, dazu war sie zu lebhaft und an allem interessiert.

Nach einer längeren Kur in Bad Schandau erledigte Minna zahlreiche Arbeiten, wozu das Versenden der Möbel und des Hausrats gehörte. Mitte November reiste sie in einer 29stündigen Fahrt von Dresden über Magdeburg und Köln nach Paris, um mit Richard wieder zusammenzuleben – ein Wagnis für beide Parteien, da sie sich in der Zwischenzeit weiter auseinandergelebt hatten.

Zehntes Kapitel
»In treuer Liebe Deine Emma«: Emma Herwegh

Auf den ersten Blick ist wohl kaum ein größerer Gegensatz denkbar zwischen den beiden Frauen: einerseits der stets um den bürgerlichen Ruf bemühten, aus ärmlichen Verhältnissen kommenden, mit schlechter Schulbildung ausgestatteten Minna, andererseits der großbürgerlichen, vielseitig gebildeten, an Politik lebhaft interessierten Emma Herwegh. Dennoch entwickelte sich im Lauf der Jahre eine liebevolle Freundschaft. Minna hatte 1849 durch die politisch motivierten Aktivitäten Richards alles verloren, was ihr wertvoll war: gesellschaftliche Stellung, finanzielle Sicherheit, Ansehen und Prestige. Politisches Engagement war für sie folglich gleichbedeutend mit dem Ruin. Auf Emma traf das Gegenteil zu. Der Besitz war ihr nichts Wichtiges, entscheidender war es, sich mit aktuellen Ereignissen zu befassen und möglichst aktiv zu werden, um sich weit über die sterile Atmosphäre in ihrer Familie herauszuheben und ihrem Leben einen Sinn zu verleihen.

Die Liste der Gegensätzlichkeiten ließe sich fortsetzen. Und doch kommen auch Gemeinsamkeiten zum Vorschein, die die beiden Frauen zusammenführten und ein Gefühl der Solidarität entstehen ließen, aus der Freundschaft wurde. Beide waren künstlerisch aktiv gewesen. Hatte Minna einige Jahre lang erfolgreich als Schauspielerin agiert, so konnte Emma hervorragend zeichnen, komponierte als junge Frau und verstand es, elegant zu schreiben. Was die Frauen vor allem verband, war die Tatsache, daß sie mit Männern lebten, die sich von gesellschaftlichen Konventionen gelöst hatten und höchst ungewöhnliche Lebenswege gingen. Emma wie Minna waren mindestens einmal im Leben in höchster Lebensgefahr gewesen. Während sich Emma und ihr Mann Georg Herwegh 1848 auf der Flucht vor feindlichen Truppen in einem Kornfeld

Emma Herwegh, Freundin und Vertraute von Minna Wagner.

versteckt hielten, auf dem Speicher eines Bauernhauses von Soldaten gesucht wurden und sich als Bauern verkleiden mußten, um der Verhaftung und drohenden Todesstrafe zu entgehen, waren Minna und Richard 1839 auf der Flucht vor Gläubigern bäuchlings über die russisch-ostpreußische Grenze geschlichen und hatten eine lebensgefährliche Schiffahrt ertragen müssen, ebenfalls unter Todesangst. Beide Frauen mußten mit der Untreue ihrer berühmten Männer fertig werden, nicht nur seelisch, sondern auch nach außen hin, da diese Skandale große Aufmerksamkeit erregten. Und beide erlebten bittere Armut.

Der revolutionäre Dichter und Lyriker Georg Herwegh (1817–1875) zog 1851 nach Zürich und gehörte fortan zum engeren Freundeskreis der Wagners. Man lud sich gegenseitig ein. *Bist Du vernünftig geworden, von selbst anzunehmen, daß Du heute (1 Uhr) mit bei mir isst, oder muss ich Dich hiermit auch noch dazu einladen? Abends kommt wohl auch die Frau mit dazu?* schreibt Richard Georg Herwegh 1854.[735] Aus diesem Jahr stammen mehrere schriftliche Einladungen Richards, auch direkt an Emma : *Liebe Herwegh! Wollen Sie nicht Georg bestimmen, nächsten Mittwoch Abend mit Ihnen zu uns zu kommen? …* Ein anderes Mal: *Liebste*

Frau! Wir sind entschwägert und freuen uns sehr auf morgen Mittag 2 Uhr![736] (Minnas Tochter Natalie war abgereist und Richard freute sich auf einen Abend zu viert.) Meist wurden die Ehepartner gemeinsam eingeladen. Aber auch als Minna 1854 auf dem Seelisberg zur Kur weilte, wurde Richard zu Herweghs zu Tisch geladen, und er schreibt: *Sie sind die einzigen, die sich um mich kümmerten.*[737] Bei der Züricher Aufführung des »Tannhäuser« im November 1855 bekamen Herweghs von Richard Freikarten für die Mittelloge, wo sie sicherlich neben Minna saßen. So entwickelte sich allmählich zwischen den beiden Frauen eine freundschaftliche Beziehung.

Emma Siegmund, die 1817 geborene, verwöhnte Tochter aus begüterten bürgerlichen Verhältnissen, wuchs in Berlin auf. Sie beschrieb sich einmal selbst dem Dichter Frank Wedekind gegenüber, mit dem sie im Alter eine enge Freundschaft verband: »Haar nicht sehr voll, aber seidenweich, Stirne schmal, Nase ausserordentlich fein, Lippen ideal, aber mit dem Kinn habe die Schönheit ein Ende gehabt. Dann die Figur: Hände und Füße geradezu künstlerisch gebildet.«[738] Ihr Vater, ein konvertierter Jude, erzog seine Kinder in der protestantischen Konfession. Von Beruf war er ein Hoflieferant von eleganten Kleidern und Stoffen, in dessen Geschäft auch großbürgerliche und adelige Kunden ein- und ausgingen. Seine Tochter erhielt einen für Frauen ihrer Generation ungewöhnlich guten Unterricht in Geschichte, Zeichnen, modernen Fremdsprachen und Literatur, der ihr von ausgezeichneten Privatlehrern vermittelt wurde. Sie konnte bei philosophischen, religiösen, historischen und politischen Themen mithalten und beherrschte mehrere Fremdsprachen. Aber auch sportliche Tätigkeiten kamen nicht zu kurz, sie ritt, konnte schießen und segelte. Eine besondere Vorliebe galt den musischen Tätigkeiten: Ihre Porträt-Zeichnungen von Freunden und Bekannten verraten eine erstaunliche Begabung und großes Können; außerdem komponierte sie und schrieb.

Die Vielfalt ihrer Talente bewirkte eine innere Unruhe und Unentschlossenheit. *Lese ich ein schönes Werk, scheint es mir, als müsse ich schreiben, sehe ich ein Bild, das mich in der ganzen Urschöne des Gefühls und begeisternden Gedankens anstrahlt, ist es wieder die Malerei, welche mir als Lieblingssprache erscheint, und bei dem ersten Tone, der einer Saite melodisch entführt wird, möchte ich wieder nur der Musik all mein Streben, all meine Kräfte widmen. Chaotisch bin ich durch und durch*, schreibt sie verzweifelt.[739] Die Ziel- und Planlosigkeit des Lebens als Höhere Tochter wirkte geisttötend auf sie: *Große Müdigkeit. – Abends Segelfahrt. – Whistparthie. Unwohlsein. Kartoffelsalat.* Sie beneidete Bettina von Arnim (1785-1859), deren Bücher sie las und deren Anerkennung in den literarischen und intellektuellen Kreisen Berlins sie gerne genossen hätte: *Eine Frau wie Bettina hat außer vielen anderen Vorzügen auch den einen nicht jeden unterhalten zu müssen und sich unter dem Vorwande, bestimmte Stunden zum Studium benutzen zu wollen und zu müssen, entfernen zu können. So eine Frau jedoch wie ich muss warten, bis die Leute gehen, und möchte doch so gerne die Zeit anders ausfüllen.*[740]

Gemäß den Möglichkeiten, die Frauen ihrer Zeit offenstanden, überlegte sich Emma, ob sie Künstlerin oder Ehefrau werden sollte. Hier gibt es erstmals Parallelen zu Minna, für die jedoch die Schauspielerei eher Brotberuf war und erst in zweiter Linie Berufung. Minna wurde durch die Verarmung ihrer Familie aufgrund eines unverschuldeten Desasters aufgeschreckt und zum Geldverdienen motiviert; schon als Kind hatte sie kräftig zu einer Unterstützung ihrer Eltern beigetragen. Sie widersetzte sich der zeitüblichen Verurteilung der Schauspielerin als schamlose und unmoralische Person und wollte an den Maßstäben bürgerlicher Wohlanständigkeit gemessen werden. Emma kümmerte sich dagegen wenig um bürgerliche Normen. Sie fühlte sich zu allen Künsten hingezogen, aber sie scheiterte daran, daß sie zum einen zu hohe Ansprüche an sich selbst stellte und zum anderen sich mit ihrem unruhigen Geist für keine Kunst im professionellen Sinn entscheiden konnte. Sie ähnelt darin Frauen wie Fanny Hensel, der Schwester Felix Mendelssohn-Bartholdys, die zwar eine gründliche musikalische Ausbildung erhielt, die aber nicht zu einer beruflichen Ausübung führen durfte. Da Emmas Vater zudem wohlhabend war, bestand im Gegensatz zu Minna auch kein Zwang, sich für eine Tätigkeit zu entscheiden. Aber die berufliche Ausrichtung war nicht alles im Leben Emmas. Im Unterschied zu Minna, die schon mit 15 Jahren sexuelle Erfahrungen gemacht hatte, träumte Emma von einem Mann, der etwas ganz Besonderes sein müßte. Sie verliebte sich zwar auch in Frauen, verglich aber diese Schwärmereien nicht mit der eigentlichen Liebe, die einem Mann zuteil werden sollte. Die Verbindung mit einem bedeutenden Mann, dem sie sich unterordnete, sollte sie dann aus dem Dilemma ihrer Zukunftsplanung befreien, in das sie durch ihre hohen künstlerischen Ansprüche geraten war. Als der landesweit berühmte Revolutionär und Dichter Georg Herwegh 1842 eine Rundreise durch Deutschland machte, kam er also wie gerufen. Schon eine Woche, nachdem sie ihn kennengelernt hatte, war Emma mit ihm verlobt, im Gegensatz zu Minna, die sich monatelang nicht für Richard entscheiden konnte und ihn auch zeitweise verließ.

In dem Augenblick, als Emma sich in ihren *Herzensbräutigam* verliebte, war von ihren Plänen, Künstlerin zu werden, nicht mehr die Rede. Während Minna ihrem Beruf verbunden blieb und es als Opfer empfand, ihn Richards wegen aufgeben zu müssen, ordnete Emma freudig alle eigenen Tätigkeiten dem Dasein an der Seite eines Mannes unter.

1843 heirateten Georg und Emma, und das Paar zog nach Paris, wo im gleichen Jahr der Sohn Horace zur Welt kam. Dank Emmas reichlicher Mitgift führte man ein großes Haus und pflegte einen vornehmen Lebensstil. In ihrem Salon wurden politische und literarische Themen in einer gediegenen Umgebung diskutiert. Unter den erlauchten Gästen befand sich auch die Gräfin Marie d'Agoult, die frühere Geliebte Franz Liszts. Herwegh, der schon erfolglos mit Karl Marx' Frau Jenny anzubandeln versuchte, trat in intime Beziehungen zur Gräfin, was Emma in eine Krise stürzte. Immer wieder versuchte sie, mit der schmerzhaften Situation fertigzuwerden und sich die Dinge so zurechtzubiegen, daß sie für sie erträglich wurden: *Ich weiß Georg, Du liebst mich wie kein anderes Wesen es im Stande ist, ich fühle, Du mußt mich lieben, weil ich ganz in Dir aufgehe, nichts will als Dich…*[741] Für sie war die Liebe zu Georg eine Vorsehung des Schicksals und insofern unzerstörbar. Diese Idealisierung war – sicherlich unbewußt – ein geschickter Schachzug. Klug war es zudem, den Kampf mit der Rivalin aufzunehmen. Sie schrieb ihr kühn: *Da mich mein Georg liebt, dünkt mich, muß auch etwas in mir sein, was Ihnen gefallen könnte*[742] und sorgte damit sicherlich für erhebliche Irritationen bei der Gräfin. Emmas umsichtiges Verhalten, das sie aus dem festen Willen speiste, aktiv um ihre Rolle als Gattin zu kämpfen, führte wohl auch dazu, daß Georgs Beziehung zu Marie d'Agoult abkühlte und er zu ihr zurückkehrte. Ihr Tagebuch aus dieser Zeit verrät, daß sie am meisten litt, wenn er Mitleid für sie empfand, und sie forderte ihn auf, sie als gleichberechtigte Partnerin anzuerkennen.

Während Minna sich 1849 mit Richard über seinen politischen Enthusiasmus stritt und ihn vor sinnlosem Aktivismus warnte, riskierten Emma und Georg ihr Leben für den Traum von einer besseren, demokratisch legitimierten Gesellschaftsordnung. In Frankreich wird der korrupte König Louis Philippe 1848 vom Thron vertrieben. Kurz darauf gibt es eine Erhebung und Barrikadenkämpfe in Berlin. Die in Frankreich ansässigen Deutschen, die von der revolutionären Idee angesteckt sind, wählen Herwegh zum Präsidenten der Deutschen Demokratischen Gesellschaft. Dieser Verband aus Berufsrevolutionären, Ex-Soldaten und Freiwilligen aus verschiedenen Ländern wollte sich den Traum von einer demokratischen Republik diesseits des Rheins endlich erfüllen. Georg schreibt gemeinsam mit Emma eine revolutionäre Solidaritätsadresse an das französische Volk. Man möchte aber nicht nur Flugblätter und politische Erklärungen verfassen, sondern Glaubwürdigkeit demonstrieren und beim Kampf aktiv beteiligt sein. Georg wird der Anführer eines kleinen Heeres, »Deutsche Demokratische Legion« genannt, die den Aufständischen in Baden, die unter der Führung des Demokraten Friedrich Hecker kämpfen, zur Hilfe kommen will. Emma war Feuer und Flamme und sie beschloß, ihren Mann in den Freiheitskampf zu begleiten. Ihr Aufzug – sie trug schwarze Tuchhosen, eine schwarze Samtbluse mit einem Ledergürtel, in dem die Pistolen und ein Dolch steckten – war der kämpferischen Situation angepaßt und man hielt sie oft für einen halbwüchsigen Jungen.[743] An Mut mangelte es Emma wahrlich nicht. Klaglos ertrug sie die Strapazen bei Schnee und Regen, marschierte in vorderster Reihe, machte im Nachtquartier Brote zurecht, war an den leitenden Gesprächen beteiligt und hielt auch einmal vor der Truppe eine flammende Rede. Da Hecker zögerte, die Legion zur Hilfe zu rufen, übernahm sie todesmutig Kundschafterdienste und reiste alleine über die feindlichen Linien. Mit Hilfe von Eisenbahn, Kutsche, Pferd, Esel und zu Fuß[744] kam sie endlich an, nahm Kontakt mit dem Anführer auf und reiste zurück. Es gelang aber nicht, sich mit den Truppen in Südbaden zu vereinigen.

Bei einer kurzen Schlacht in Niederdossenbach ergriffen die »Legionäre« die Flucht vor den zahlenmäßig weit überlegenen

Georg Herwegh, die „eiserne Lerche", Dichter, Revolutionär und Emigrant.

württembergischen Truppen, darunter auch Herweghs, die bis zuletzt Patronen angefertigt hatten. Die Truppe löste sich auf, weil die Gegenseite zu übermächtig war. Emma und Georg versteckten sich im Korn, während die feindlichen Truppen vorbeizogen, und wurden durch einen Bauern gerettet, der sie in seinem Speicher unterbrachte und später mit einfacher Kleidung ausstattete, so daß sie in die Schweiz fliehen konnten, wobei sie sich unter das Landvolk mischten. Sie hatten großes Glück, einen verständigen Bauern zu treffen, denn eine bewaffnete Frau galt allgemein als verfemt, und es bestanden bösartige Ressentiments, »Herwegh und sein verfluchtes Weib« betreffend[745].

Emma verfaßte daraufhin 1849 eine Broschüre,[746] in der sie die Beteiligung der Legionäre am mißglückten badischen Aufstand im Frühjahr 1848 aus ihrer Sicht schilderte, aber sie tat das in erster Linie, um ihren Mann von dem Vorwurf der Feigheit reinzuwaschen, und nicht um schriftstellerisch zu brillieren. Ihm wurde vorgeworfen, sich bei Beginn der Kämpfe vom Kriegsschauplatz entfernt zu haben, was sie entkräftete.

Schriftstellerinnen waren für sie Blaustrümpfe. Es stand ihrer Ansicht nach Frauen nicht zu, sich künstlerisch über Männer zu erheben oder sich Felder anzueignen, die ihnen vorbehalten waren. Diese Verinnerlichung ideologischer Überzeugungen ihrer Zeit steht im krassen Widerspruch zu ihren politischen Grundsätzen. Hier betrat sie freudig Neuland. Sie war vom Freiheitsgedanken beseelt. Wenn Völker nach der Freiheit strebten, wie in Frankreich, Deutschland, Polen oder Italien, entflammte sie augenblicklich und vergaß alle »weiblichen« Restriktionen. *Nicht nur der Männer bedarf unsere Zeit, sondern auch der Frauen. Frauen, welche dem Manne nachfühlen die ganze glühende Sehnsucht nach Freiheit … Wir wollen vereint die Blitze in die Welt schleudern, ach, und ich will ihnen beweisen, was eine Frau tun kann, wenn sie ihr eigen Ich beiseite setzt.*[747] Ihre Phantasien waren gewalttätig: *Hätte so vor meiner Scheibe das russische Gouvernement samt Nicolas gestanden, piff paff, und die Kerls wären in die Luft gesprengt, und der weiße litauische Adler hätte hoch in den Lüften geschwebt,* schrieb sie nach Schießübungen, zu denen sie ein Freund mitgenommen hatte.[748] Das eigene Ich wurde der Idee und damit auch dem Mann aufgeopfert – weniger verstanden als damals übliches Insignium von bürgerlicher Weiblichkeit, sondern im Feuer der Idee.

Die Unterordnung führte dazu, daß diejenigen, die sie kannten, ihr Handeln guthießen, obwohl es teilweise stark von der »weiblichen« Norm abwich. Zeitgenossen wie Otto von Corvin akzeptierten sie und empfanden sie als praktischer gesinnt, energischer und unerschrockener denn Georg. Obwohl sie Zigarren rauchte, beim Zug der Legion Hosen und Pistolen trug und öffentlich politische Reden hielt, sah er sie nicht als männermordende Amazone: *Für sich fürchtete, für sich sorgte sie nie, nur für ihren Mann … trotz des männlichen Mutes fehlte es ihr nicht an den sanfteren Tugenden des Weibes; sie war eine treffliche Gattin und zärtliche Mutter.*[749]

1848 erlitt Emmas Vater aufgrund einer allgemeinen wirtschaftlichen Krise finanzielle Verluste, so daß er die Überweisungen an die Tochter erheblich kürzen mußte. Die luxuriöse Einrichtung der Pariser Wohnung wurde verkauft, und Georg, der wie Wagner unfähig war, sich das Geld für die Befriedigung der eigenen Bedürfnisse zu verdienen, besuchte abends häufig den Exilrussen Alexander Herzen und dessen Frau Natalie. Als Herzen seine Frau im Juni 1849 aus Angst vor polizeilicher Überwachung nach Genf brachte, fuhr Herwegh ihr nach, und im September wurde Natalie seine Geliebte. 1849/50, Emma befand sich noch in Paris, reiste sie mit ihren beiden Söhnen nach Nizza, wo Herzen das Ehepaar Herwegh aufnahm.

Vermutlich ahnte Emma zu Anfang genausowenig von dem Liebesverhältnis wie Alexander, aber Natalie hielt die Spannungen nicht aus und beichtete ihrem Mann. Man versuchte zunächst eine ménage à quatre, und das Quartett quälte sich zweieinhalb Jahre lang mit dieser Situation. Emma hielt durch, im Vertrauen darauf, daß die Beziehung bald zu Ende gehen würde.[750] Als Natalie schwanger wurde, wußte man nicht, von wem. Nur Emma, die laut Gottfried Keller eine Zigarette nach der anderen »dampfte«, wahrte trotz innerer Erregung die Vernunft und versuchte zu schlichten. Sie hatte sich im Stil von George Sand vorgenommen, das Bündnis zu tolerieren; dennoch erstaunt das Maß an Selbstverleugnung und Leidensfähigkeit, mit dem sie die Lage ertrug. Immer wieder sagte sie sich, daß Georg zu ihr zurückkehren würde, und sie sollte Recht behalten. Im Februar 1852 schrieb zunächst Natalie, wohl unter dem Diktat ihres Mannes, einen Abschiedsbrief an Georg. Nur drei Monate darauf starb Natalie an einer Brustfellentzündung. Alexander Herzen gab Georg die Schuld an ihrem plötzlichen Tod und machte die Affäre öffentlich. Der Skandal zog weite Kreise und die Salons hatten ihr Gesprächsthema. Emma fühlte sich sogar genötigt, in einem Leserbrief an die Neue Zürcher Zeitung sich gegen Klatsch über diese Tragödie zu verwahren.[751]

Herwegh wandte sich nach Zürich, während Emma mit den Kindern in Nizza lebte. Obwohl ihre Freunde ihr dringend rieten, sich scheiden zu lassen, kam das für sie nicht in Frage. In Zürich traf Herwegh mit Wagner zusammen: *Herwegh lebt jetzt hier und giebt mir einen angenehmen umgang*, schreibt dieser am 2. Juli 1851. Für einige Jahre gehörte Georg zu seinen engsten Freunden, von denen er nicht viele in seinem Leben besaß. Die Beziehung zwischen beiden Männern schien unverbrüchlich: ›Er ist‹ *wohl der einzige Mann, dem ich mich bis zur vollsten Sympathie verständlich machen könnte*, schrieb Wagner begeistert[752]. Durch Georg machte der Komponist Bekanntschaft mit der Philosophie Schopenhauers, der sein Denken und sein Werk so sehr prägen sollte, und sie beschlossen, Ludwig Feuerbach nach Zürich einzuladen, was aber fehlschlug. Herweghs Sohn Marcel berichtet:

»Eines Tages entdeckte er auf Herweghs Tisch *Parerga und Paralipomena*, öffnete den Band und brach in Gelächter aus. Er war auf das Kapitel über die Frauen gestoßen. ›Der muß Minna gekannt haben!‹ rief er und las begierig weiter. Auf dem Rückweg machte er Halt am Buchladen Meyer und Zeller, um dort alles zu bestellen, was bis dahin von Schopenhauer erschienen war. Das wurde von diesem Tag an sein neues Steckenpferd, das er durch seine hitzigen Interpretationen derart mißbrauchte, daß er seine besten Freunde buchstäblich in die Flucht schlug.«[753]

Richard hatte das berüchtigte Kapitel »Über die Weiber« aufgeschlagen, in dem der Philosoph seine frauenfeindlichen Sprüche als Universalweisheiten hinstellt: »Schon der Anblick der weiblichen Gestalt lehrt, daß das Weib weder zu großen geistigen, noch körperlichen Arbeiten bestimmt ist.« Man erfährt, daß Weiber »kindisch, läppisch und kurzsichtig, mit einem Worte, Zeit Lebens große Kinder sind: eine Art Mittelstufe, zwischen dem Kinde und dem Manne, als welcher der eigentliche Mensch ist.« Das weibliche Geschlecht wird unästhetisch genannt, da es für die Künste kein wirkliches Verständnis habe. Vermutlich war es die folgende Stelle, die Richard so freudig an Minna erinnerte: Die Weiber »sehn immer nur das Nächste, kleben an der Gegenwart, nehmen den Schein der Dinge für die Sache und ziehn Kleinigkeiten den wichtigsten Angelegenheiten vor.«[754] Daß sein Gelächter weder die Romanautorin Eliza Wille noch die hochgebildete Emma Herwegh amüsiert haben wird, kann man sich denken. Auch Mathilde Wesendonck, die im Winter 1857/58 ihre ersten Gedichte schrieb und immer behauptete, Wagner sei ihr »Erwecker« gewesen[755], wäre befremdet gewesen.

Aber auch auf einem anderen Gebiet beeinflußte Herwegh den Freund. »Der Dichter, in Sprachwissenschaften ebenso gebildet wie in Naturwissenschaft, beherrschte nicht nur die klassischen Altsprachen, sondern auch die wichtigsten modernen Sprachen und sprach perfekt Französisch, Italienisch und Englisch. Wagner hingegen konnte sich kaum auf Französisch ausdrücken[756]; er sprach mit einem schrecklichen sächsischen Akzent. Herwegh hatte eine Vorliebe, Wörterbücher zu lesen; er zog sie den besten Romanen vor. Wagner, begierig auch von diesem Wissen zu profitieren, wurde bald zum Schrecken seiner Umgebung mit seiner Manie, eher hartnäckig als glücklich, aus allem Möglichen ›linguistische Wurzeln‹ abzuleiten. Besonders die gute Minna klagte Herwegh an, ihren Gatten völlig verrückt zu machen. Das Aufbrausen Wagners endete in peinlichen Eheszenen, die nur das Einmischen eines Dritten befrieden konnte, nämlich ein Liebling des Paares – zusammen mit dem Hund Peps – der Papagei Papo, dieses außergewöhnliche Federvieh, das mit Präzision fünf Takte der Neunten Symphonie pfeifen konnte – und der dann mit überzeugender Stimme schrie: ›Richard Wagner ist ein böser Mann!‹ «[757]

Herwegh profitierte seinerseits von den musikalischen Kenntnissen seines Freundes; so führte Wagner auf sein Bitten hin die Tannhäuserouvertüre auf. Georgs künstlerische Schaffenskraft ließ nach und er lebte mehr oder weniger von seinem Ruf, den er sich in der Jugend erworben hatte. Als Emma 1853 nach Zürich zog, wohnte das Paar in schönster Lage am Berghang zunächst in Kirchbühl, später weiter unten in Sonnenbühl. Sie setzte nun das Leben mit Georg fort und genoß die Treffen mit geistig interessierten Freunden. Ihr Haus wurde von deutschen, französischen und italienischen Emigranten mit Leben erfüllt, was auf den Freundeskreis belebend wirkte. Mit einem Kreis italienischer Emigranten liebte sie es, bis in die frühen Morgenstunden zu diskutieren, und es war ihr Verdienst, daß die Männer, darunter Berufsrevolutionäre, die politisch unterschiedlichen Richtungen angehörten, sich nicht für alle Zeiten zerstritten. Während es dem phlegmatischen Georg an Energie mangelte, um sich nach dem Skandal mit Natalie zu fangen und einen neuen Wirkungskreis aufzubauen, strotzte sie vor Arbeitslust. Mit ihrer unerschöpflichen Tatkraft ähnelte sie Richard. Das Ehepaar Wagner gehörte selbstverständlich zu den Gästen in ihrem Heim, und so lernten sich die beiden Ehefrauen kennen. Der Kreis um Wagners, Herweghs, Willes, Gottfried Keller sowie Gottfried Semper traf sich abwechselnd in der einen oder anderen Wohnung. Auch Liszt und Carolyne versäumten nicht, Herweghs zu besuchen, wenn er in Zürich war, und es verdroß Richard beim Besuch der Weimarer Gäste im Jahr 1853, daß sich die Fürstin so sehr für Emma anstatt für ihn interessierte. Bei einer Wanderung, die Liszt, Herwegh und Wagner unternahmen, trank man aus den drei Quellen auf dem Rütli Brüderschaft. Als Franz und Carolyne 1856 wieder Zürich besuchten, versetzte Liszt in der Falkenburg auf dem Sonnenbühl trotz eines verstimmten Flügels seine Zuhörer gutgelaunt in Begeisterung.[758] Herweghs waren auch bei dem großen Fest in St. Gallen dabei, als Minna und Richard ihr 20. Ehejahr feierten und zu den Klängen der Hochzeitsmusik aus »Lohengrin« einen polonaisenartigen Festzug durch verschiedene Zimmer anführten.

1859 war Emmas Vermögen endgültig aufgebraucht, man hielt sich nur noch mühsam über Wasser. Sie übersetzte aus dem Italienischen und verdiente damit etwas, aber es reichte nicht. 1866 – da war Minna gerade verstorben – mußte sie, um die Gläubiger zufriedenzustellen, in Zürich Hausrat, Gemälde und die kostbare Bibliothek versteigern lassen. Daß sie in ihrem Umfeld als »excentrisch bekannte Frau«[759] galt, focht sie nicht an. Als Georg 1875 mit 58 Jahren in Baden-Baden an einer Lungenentzündung starb, ließ sie seinen Sarg nach Liestal in die Schweiz bringen; Herwegh wollte in republikanischer Erde beerdigt sein.

Wie konnte es bei so unterschiedlichen Auffassungen und Charakteren zu einer Freundschaft zwischen Minna und Emma kommen? Beide wuchsen in einer Zeit auf, die von einem am späten 18. Jahrhundert orientierten Weiblichkeitsideal geprägt war. Die Etablierung der bürgerlichen Familie um 1780–1800 ging mit Bestrebungen einher, einen spezifisch »weiblichen« Geschlechtscharakter zu propagieren. Die Empfehlungen der Traktate ähnelten der Weisung von Christian Ludwig Beck aus dem Jahr 1786: »Gott hat dem Weibe befohlen, ihren Willen dem Willen des Mannes zu unterwerfen. ... Glaubt aber das Weib, sie seye um ihrer selbst willen in die Welt gesetzt worden, nur sich zu vergnügen und zu belustigen, und zwar auf Kosten des männlichen Geschlechts ... so vergißt sie ihre Bestimmung und ist ihrer Bosheit Schuld, wenn sie das Schicksal eines Stockfisches bekommt, dem der Kopf abgenommen wird und ungeklopft nicht zu geniessen ist.«[760] Ob aus pädagogischer, moralphilosophischer oder anthropologischer Sicht: Die Frau wurde als naives, natürliches Geschöpf charakterisiert, das die eine Aufgabe habe, für den Ehemann dazusein. Beide Frauen wußten um diese Normen, dennoch entschieden sie sich für divergierende Lebensentwürfe. Obwohl Emma sicherlich auch die eher egalitäre Geschlechterkonzeption kannte, wie sie die aufklärerische Naturrechtslehre und teilweise auch die frühen Romantiker vertraten, und obgleich sie als Frau mit »männlichem« Mut und Kampfesgeist auftrat, war sie hinsichtlich ihrer Beziehung zu Georg konservativ, wie man ihrem Lebensspruch entnehmen kann, den sie Minna einmal zurief. Er half ihr vor allem dann, wenn sie seelisch am Boden war: *Klage nicht, gleichviel was kommt, so lange Du noch auf der Welt und um Dich die hast, die Dir am nächsten stehen, auf denn, die Sorgen kommen doch nur ihrethalb und für sie, und um sie zu verlieren müßtest Du ja alles begraben haben, um dessentwillen Du überhaupt nur leben magst. – genug!*[761] Dieser Spruch zeigt, daß es ihr zeitweilig mehr als schwer fiel, ihr Leben lang für den Ehemann einzustehen, obwohl sie sich dieser Lebensform verschrieben hatte. Und auch Minna schrieb nach der Laussot-Affäre an Richard: *Die Liebe* ›geht‹, *namentlich bei einem Weibe nur aus Liebe hervor, und immer habe ich mit Liebe* ›und‹ *Muth selbst mit Lächeln das Schlimmste ertragen.*[762]

Minna träumte von einem bürgerlich-ruhigen Leben als Ehefrau eines Kapellmeisters, Emma hingegen wollte aus ihrer Langeweile ausbrechen und sich endlich einer großen Aufgabe widmen: der vollen Unterstützung von Georgs politischer Arbeit. Minna nahm die Rolle der Haus- und Ehefrau sehr ernst und wollte mit und durch Richard in der Gesellschaft aufsteigen. Um so größer ihre Enttäuschung, als sie von der gerade erklommenen Stufe zur Gutbürgerlichkeit wieder herabfiel, weil ihr Ehemann als steckbrieflich Gesuchter ins Ausland fliehen mußte.[763] Emma war die Gesellschaft herzlich gleichgültig; sie wurde zeitweise selber steckbrieflich gesucht. Sie hatte ihr Leben ganz oben begonnen und fand es dort fad. Geld war ihr unwichtig.

Beide stürzten ab, und sie stürzten tief. Aber für beide war die Untreue des jeweiligen Ehemannes der härteste Schlag, obwohl sie beteuerten, nicht eifersüchtig zu sein.

Die Freundschaft zwischen Emma und Minna begann 1853, als Emma zu Georg nach Zürich zog. Das Verhältnis wurde lediglich durch die große Armut der beiden getrübt. Ein undatierter Zettel von Emma ist erhalten geblieben:

Meine gute Minna,

Verzeihen Sie wenn ich Sie plage, aber es geht mir richtig unterm Hund. Haben Sie noch einige Franken, ich bin ohne einen Rappen, und kann vor morgen Abend Nichts verschaffen.[764] Für Minna war dies belastend, da sie mit dem Wenigen, das Richard ihr gab, haushalten mußte. Diese Bettelei drohte zeitweilig sogar, die Freundschaft zu zerstören. An Mathilde Schiffner schrieb sie: *Frau Herwegh sehe ich gar nicht gerne mehr kommen, empfange auch nicht gerne Briefe von ihr, sie will ewig Geld von mir und reißt es einen sozusagen aus der Tasche; dabei aber haben sie mehr als wir über 6000 Franc nebst Grobe. Ich weiß mein Geld besser anzubringen als es in liederlicher Wirtschaft zu vergeuden, sie hat mir schon manchen Fr*›anken‹ *abgeluxt.*[765] Daß die bettelarme Minna ihr dennoch etwas abgab, zeigt der unangenehme Zwischenfall bei Minnas Abreise aus dem Asyl, als ein Fuhrunternehmer von ihr apodiktisch verlangte, Richards angehäufte Schulden zu begleichen.[766] Emma kommentiert voller Mitgefühl: *Ein Glück daß du noch so Viel hattest um zahlen zu können, nachdem Du Dich so ausgebeutelt hattest! Mich durchfuhr es als ich sie* ›die Geschichte‹ *hörte: ich dachte gleich: nun ist sie am Ende in Noth gewesen, denn Du hattest ja noch mit mir getheilt. Wäre mir dergleichen passiert, ich hätte entweder da bleiben oder die Sachen zurücklassen müssen. Edle Zustände! ich glaube daß nach dieser Richtung keine dritte Frau in Zürich ist, die vom Leben so eingeweiht wurde in diese Art von misèren wie wir Beide – Gute, liebe Minna! … Sei guten Muths, liebe, liebe Minna, laß Dich pflegen damit die hellen Tage auf ein gesundes Antlitz scheinen. Georg grüßte Dich herzlich und ich bin in treuer Liebe Deine Emma Herwegh.* Als scharfe Beobachterin der Wagnerschen Ehe hatte Emma übrigens die psychische Abhängigkeit Richards von Minna erkannt: *Da siehst Du nun ob ich Recht habe, wenn ich Dir prophezeiht, Dein Richard würde es nicht ohne Dich aushalten.* – Doch sie war vorsichtig: *Man kann keiner Seele raten in Dingen die so tief in die Individualität eingreifen, da jedes Wort aus drittem noch so lieben Munde im besten Falle überflüssig ist.*[767]

Der befreundeten Fürstin Carolyne gegenüber nahm sie Partei für Minna. In ihrer gewohnt offenen Art beurteilt sie die Dinge aus ihrer Sicht: *Ich gestehe Ihnen, daß von den vier Personen, die Darsteller dieses schwer einzuordnenden Stückes sind, diese arme Minna das lebhafteste Mitgefühl verdient. Nachdem sie all ihr Kapital gegeben hat – Sie wissen: das schönste Mädchen der Welt etc. – nachdem sie alle ihre Kräfte im Dienst des »Herrn« aufgebraucht hat, ist sie dabei, einem Idol geopfert zu werden. Pax! Möge das Schicksal milder als die Menschen sein! Vielleicht ließ ich die Feder überfließen; vielleicht sehen Sie in meinen Worten – was mich wahrlich schmerzen würde – mehr einen Oppositionsakt gegen Wagner (dem ich, glauben Sie mir, trotz allem eine Freundin bin), als die Bekundung einer echten Empfindung.*[768] Im übrigen ging es ihr selber schlecht zu diesem Zeitpunkt, sie spricht davon, daß sie Spießruten laufen mußte – wahrscheinlich aufgrund der Schulden.

Richards Einschätzung von Emma ist Schwankungen unterlegen. Er mochte keine Frauen, die sich traditionell männliche Verhaltensweisen aneigneten oder sich intellektuell auf eine Stufe mit Männern stellten, wie es Emma tat. Überhaupt hielt er nichts von Minnas Freundinnen: *Deine viele anderweitige Correspondenz respectiere ich übrigens nicht sonderlich. Was ihr Frauen unter Euch auszuhecken habt, taugt in der Regel nicht viel, und Dein Vater hatte ganz recht, Euch das Schreiben nicht lernen lassen zu wollen.*[769] Im April 1859 – Emma war inzwischen mittellos – holte er zu einer äußerst scharfen Kritik an dem Ehepaar Herwegh aus, die Minna tief treffen mußte, da ihr Emmas Beistand gerade nach der Wesendonckschen Affäre viel bedeutete: *Ich halte aber Herwegh's, und zwar Beide, für verlumptes Volk, ganz im ehrlichen Sinne Sulzers: sie ausserdem für eine so schamlose, unehrenhafte Bettlerin und Schwindlerin, dass mir wirklich der Gedanke Kummer erweckt, mit diesen Leuten wieder an einem Orte zu leben, und bei verhofftem erträglichem Wohlstande jeden Augenblick den Plünderungen der Frau H. ausgesetzt zu sein.*[770] Er stand mit diesem Urteil übrigens im Kontrast zu Fanny Lewald, die anläßlich eines Besuchs des Ehepaars feststellte: *Daß beide edle Naturen sind, das muß man ihnen zugestehen. Emma Herwegh besitzt eine solche Tiefe der Liebe, eine so unbedingte Hingebung, daß sie schon dadurch schön und bedeutend wird.*[771] Wagner trat noch nach: *Gegen sie hatte ich stets Widerwillen, und das kam grossentheils von ihrer kerlichen Physionomie und ihrem burschikosen Wesen; sie ist die Demoralisation selbst, über alle Sitte und Scham hinweg … Ich bin wirklich so offen, liebe Minna, Deine jetzige intime Freundschaft zu dieser Frau eine grosse Schwäche zu nennen, und Dir sie als solche anzurechnen. Und wenn ich nichts weiter, als meine gründliche Abneigung gegen diese Frau hätte, so dürfte ich vielleicht dennoch hoffen, dass Du aus Rücksicht für mich, der ich Dir ja meine Zuneigungen auch nicht aufzwinge, Dich in Deinen Beziehungen zu ihr etwas zurückhieltest … Genug – es ist und bleibt verlumptes Volk, unnütz und zwecklos in den Tag hinein lebend, und jede Freundschaft schamlos ausbeutend … Ich hoffe, liebster Mutz, die Herwegh ist Dir noch nicht so stark an's Herz gewachsen, dass Dich das hiermit Gesagte ernstlich aufregen werde.*[772]

Die Logik hierbei ist geradezu schlagend. Minna sollte ihre Freundschaft aufgeben, weil er ihr ja nicht seine Freundschaften aufdrängen würde. Minna dachte nicht im mindesten daran, Richard etwas aufzuzwingen. Er hatte zu recht vermutet, sie verletzt zu haben, denn ihr empörter Widerspruch ließ ihn rasch wieder zurückrudern: *leg' kein zu gross Gewicht auf meine letzten Aeusserungen.*[773] – Sie waren aber ausgesprochen worden.

Es paßte Richard auch nicht, daß seine spätere Ehefrau Cosima von Bülow mit Herweghs befreundet war. In Gegenwart von Bulows sprach er einmal verächtlich über Emma. Das mißfiel Cosima, so daß er sich in einem Brief an Hans dafür entschuldigte: *Zuvor aber muss ich Dir doch noch sagen, dass mich Cosima's Zurückhaltung vor mir wirklich betrübt, seitdem ich sicher zu sein glaube, dass der Grund der Sprache für die Mittheilung nur ein vorgeschützter ist, und sie dagegen sich ernstlich von mir befangen gemacht fühlt. Sollte meine Art ihr zu fremdartig gewesen, hie und da eine schroffe Aeusserung, ein kleiner Hohn (wegen Herwegh's u.s.w.) sie verletzt haben, so hätte ich recht zu bereuen, mich in meiner Zutraulichkeit etwas zu viel haben gehen zu lassen.*[774] *An den trefflichen Cosimus, dessen Neigung zu Herweghs ich beneide, schreibe ich nun nächstens besonders, um mich der Auszeichnung, von ihm endlich doch auch einen Brief erhalten zu haben, würdig zu erweisen. Ich finde, daß ich immer noch etwas im stillen Krieg mit ihr bin, weiß Gott, wie das kommt. Reine Eifersucht auf Herweghs kann das doch nicht sein?*[775] Zwei Monate später ging er Cosima gegenüber noch weiter: *Und damit Sie, liebes Kind, mit recht gutem Vertrauen zu mir kommen, sage ich Ihnen auch, dass ich Herwegh's am Ende doch recht gern habe, und namentlich er mir der liebste männlich geformte Mensch hier ist … Auch seiner Frau, die wir oft einluden, biete ich immer mit grosser Artigkeit die Cigarre an, und sehe weg wenn sie ohne übermässige Anmuth raucht. Unter uns: sie ist eine durchaus brave, höchst verständige, sehr begabte Frau und unvergleichliche Freundin. Gott, wenn ich eine Frau hätte, die mir so das Geld besorgte, wie sie ihrem Manne!*[776] Obwohl er Emmas Bettelei zuvor gegeißelt hatte (was angesichts seiner eigenen Fähigkeiten auf diesem Gebiet verwunderlich ist), lobt er ihre Hartnäckigkeit im Gegensatz zu Minna, der jedes Betteln zuwider war. Das Gegensatzpaar *verlumptes Volk* und *unvergleichliche Freundin* ist für Richards Meinungsschwankungen typisch; in Wirklichkeit überwog die Abneigung. Emma spürte dies übrigens. Als er sie einmal fragte, ob sie intime Freunde seien, antwortete sie »Dites des ennemis intimes, ce sera plus exact.«[777] Sie bezeichnete ihn einmal verächtlich als *Komponisten ohne Herz*, der sich *wie eine hysterische Frau* aufführe.[778] Während sie ihm somit weibliche Attribute zuschob, verunglimpfte er sie als männlich: Beides galt damals als äußerst beleidigend.

In der Wesendonck-Krise war Emma Minnas engste Vertraute. Als diese den intimen Brief Richards an Mathilde abgefangen hatte, wandte sie sich als erstes an die Freundin und bat sie um Rat. Emma riet ihr, sich an Mathilde zu wenden und mit ihr zu reden. Sie erwartete vermutlich so etwas wie eine weibliche Solidarität und hoffte, daß Mathilde sich nach dem Gespräch mit Minna künftig mit Besuchen im »Asyl« mäßigen würde. Emma hatte zwei schwere Krisen mit ihrem Mann hinter sich und war daher davon überzeugt, daß man dergleichen mit Zurückhaltung und Geduld lösen könne. Sie ahnte nicht, daß Mathilde alles mit ihrem Mann besprach, so daß sich der Rat im Nachhinein als Fehler erwies und den Bruch mit dem »Asyl«, der ohnehin bevorstand, beschleunigte.

Nach der Abreise aus Zürich ging es in den Briefen um »weibliche« Angelegenheiten: Minna hatte einer Waschfrau in Zürich zwei Morgenhauben gegeben, aber vergessen sie zurückzufordern, und bat nun Emma, sich darum zu kümmern. Sie bestellte einen Schleier bei Emma, wollte aber keinesfalls einen mit weißen Spitzen haben, da sie solche noch von ihrer Mutter besaß und sie nicht mochte. In den folgenden Jahren berichtete Minna über den Nachwuchs bei Freundinnen und Bekannten, und das Thema »Krankheit« nahm naturgemäß viel Platz ein. Wenn Minna nach ihrer Übersiedlung nach Dresden schrieb: *Ueberhaupt nehmen mich die hiesigen Leute sehr herzlich und freundlich auf und, wie ich glauben muß, diesmal nur meiner selbst willen*,«[779] dann konnte sie sich darauf verlassen, daß Emma sie verstand. Hier war sie weniger die Frau des berühmten Komponisten, sondern sie wurde an ihrer eigenen Persönlichkeit gemessen, was ihr gefiel. Scheinbar kriselte es auch in Gottfried Sempers Ehe, da Minna kurz nach der Wesendonck-Krise schrieb: *Auch bitte ich Sempers von mir zu grüßen, wie mag es wohl der Frau gehen? Ach Gott, wir Armen haben doch immer zu tragen.*[780] Als Emma einmal plante, nach Berlin zu reisen, kam die Idee auf, sich bei der Freundin des Ehepaars Wagner, Alwine Frommann, zu treffen. Alwine wollte sich melden, wenn »Lohengrin« wieder gegeben wurde, und Minna teilt Emma mit, daß es ihr ein doppelter Genuß wäre, die Oper an ihrer Seite zu hören. Sie wußte, daß Emma Wagners Musik sehr schätzte. Offenbar kam es auch zu dem Treffen, denn Minna schreibt: *Deiner mir lieb und wert gewordenen Familie bitte ich Dich mich auf das beste empfehlen zu wollen. Um 11 Uhr geht der*

Zug von dort ab, kannst Du, so schreibe mir noch, wann ich Dich abholen soll.[781]

Daß Minna sich ihrer Reize bewußt war, zeigt eine Anfrage an Emma: *apropos sage mir in Deinem nächsten Briefe doch noch einmal den Namen jenes Mannes, dem Du begegnet und der geäußert hatte: Schade, daß die Wagner wieder zu ihrem Manne geht, sie hätte zu mir kommen können, da ich Wittwer bin usw. Daß ich nicht zu ihm und Keinem gehen würde, weißt Du. Das hätte ich auch schon haben können; doch interessirt mich zu wissen, wer der ist, der das zu Dir sagte. Befriedige meine Neugier.*[782]

Georg Herwegh und Richard Wagner entfremdeten sich mit der Zeit. Wagners Kniefälle vor Herrschern und sein deutschnationales Bekenntnis zum Kaiserreich führten zum Bruch. Als Ludwig II. inkognito Luzern besuchte, schrieb Georg darüber ein spöttisches Gedicht. Auf Wagners Triumphe im Berliner Konzerthaus 1872 reagierte er 1873 – da lebte Minna nicht mehr – mit einer Glosse, in der er sich über die Gunstbeweise des preußischen Königs mokierte:

»Viel Gnade gefunden hat Dein Spiel
Beim gnädigen Landesvater,
nur läßt ihm der Bau des Reichs nicht viel
mehr übrig für Dein Theater.«

Richard antwortete mehr launisch als boshaft:
»Ja, lieber Herwegh, man wird alt;
Doch stets noch aus dem Wald es schallt
Wenn spielt der kühne Rattenfänger;
Und Du, ob Politik Du treibst,
Ob Poesie, Physik, Du bleibst
Der demokrat`sche Bänkelsänger.«[783]

Als Richard und Minna in Paris noch einen letzten Versuch des Zusammenlebens machten, schrieb Minna der Freundin unbefangen von ihren negativen Erlebnissen: *Wie ich Dir schon gesagt, ich wohne im obersten Stock, weiss nichts von dem was unten geschied, bekomme meine Briefe von dem Diener auf mein Zimmer gebracht und interessiert meinen Mann durchaus nichts, was mich betrifft oder wer mir geschrieben, was man mir geschrieben etc.*[784] Der Ver-

König Ludwig II. vor seinem Dampfschiff »Tristan« am Starnberger See, Aquarell von Erich Correns, 1867. Wagners Freundschaft mit Königen erboste Herwegh, der zeitlebens den Idealen der Achtundvierziger verpflichtet blieb.

trauten gegenüber konnte sie freimütig über die schleichende Verarmung reden, kannte diese sich doch gerade darin gut aus: *Unser Haushalt beschränkt sich bei der hiesigen Theuerniß wieder nur auf einen Dienstboten, welche einzig in Therese besteht, die schon bereits einige Jahre bei mir war.*[785]

Die Herzensverwandschaft zwischen Minna und Emma blieb zeitlebens bestehen. Als Minna eine Weile nichts von ihrer Freundin hörte, war sie gleich besorgt: *Sage mir, wie geht es Dir? Warum schreibst Du mir nicht einmal ein paar Zeilen, bist Du mir böse? Die Kürze Deines letzten Briefes läßt mich das leider vermuthen. Ich denke so viel an Dich, meine Seele, daß ich nicht eher Ruhe finde, bis ich ein paar Zeilen von Dir erhalten habe. Zögere nicht länger mehr!*[786] *Liebste Freundin! Solltest Du mich schon unter die Todten zählen, so nimm in Deinem Herzen nur noch einmal einen Belebungsversuch vor – der Mensch, oder mache ich eine Ausnahme, hat gar ein zähes Leben! … Hätt ich Geld käme ich zu Dir gereist, statt des unvollkommenen Schreibens, vielleicht gewinne ich in der Lotterie, wer kein Glück mehr in der Liebe hat, hat es im*

Spiel, sagt man. Dann sehe ich Dich! – Bis dahin behalte mich ein bischen lieb. Grüße Deinen vortrefflichen Mann! und sei innigst geküßt von Deiner Minna.[787] Die jeweilige Untreue der Ehemänner wurde nicht mehr thematisiert, aber es blieb das einigende Band, das Pauline Tichatschek, selber betrogene Gattin, unübertrefflich in einem Brief an Minna einmal zum Ausdruck brachte: *Allein muß man tragen und nur wenn man eine Leidensgefährtin findet, wie ich es bin, dann fühlt man was der andere leidet, und deshalb, meine theure, geliebte Minna, sind wir beide vereint fürs ganze Leben.*[788]

Emma, die genau wußte, was es bedeutete, das Leben dem Ehemann unterzuordnen, schrieb später über ihre Freundin: »Die Welt wird es nie erfahren, was diese gute treue Proletarierseele Alles für ihren Mann gethan hat.«[789]

Elftes Kapitel

»Ich bin nicht Frau, nicht Haushälterin, nicht Freundin«: Dresden, Paris, Biebrich 1860 – 1862

Es kränkte Minna noch monatelang, daß Richard in seiner Schrift »Eine Mitteilung an meine Freunde« ihre Ehe als mißlungen dargestellt hatte: *Die dummen neuen Aufregungen die ich noch vor meinem Fortgehen von dem schönen Dresden vor beinahe 3 Monnaten durch meinen guten Mann abermals erleiden musste, haben mich wieder bedeutend und für lange zurück gebracht, wie dies bei Herzleiden ja so leicht der Fall ist,* schrieb sie Emma Herwegh. *Muss ich nicht alles Vertrauen verlieren, wenn mir das kaum Versprochene, dass mir nur noch Gutes begegnen soll d.h. keine Beleidigungen mehr zu ertragen habe, immer wieder gebrochen wird? Nein, meine gute Emma, da gehört ein ganz besonderer Charakter dazu, um noch zu vergessen – und gesund zu werden. Meinen Mann mit einem anderen tauschen, möchte ich nicht um eine Welt, im Gegentheil, – ich möchte in Ruhe und Frieden in einer Ecke der Welt mein bischen Leben vollend verbringen, glaube das*. Sie hatte noch vor ihrer Abfahrt die Dresdener Erstaufführung des »Lohengrin« erlebt: *Ich liebe diese Oper sehr, und die Hauptparthien wurden besser als in Berlin durchgeführt, deshalb hätte ich Dich an meine Seite gewünscht, um sich mit mir zu stärken. Ich muss mich öfter an Richards Werken erheben und erkräftigen, sonst könnte ich keinen freundlichen Brief an ihn schreiben (unter uns gesagt.) An mir hat er gewiss eine glühende Verehrerin seiner früheren Werken mir ist als hätte ich sie mitgeschaffen, da ich während dem pflegen, alle häuslichen Sorgen allein auf meine Schultern nehmen durfte. Wie so ganz anders war es in den letzten Jahren unseres Beisammenseins.*[790] Unter diesen Bedingungen blieb ein Zusammenleben riskant. Richard hatte sich aber in den Kopf gesetzt, daß Paris für Minna das Geeignete wäre und an einem kleinen, pavillonartigen

Haus in der Rue Newton 16 Gefallen gefunden, das ihn zwar vor unliebsamem Lärm abschirmte, aber sein Budget weit überforderte. Großzügig entrichtete er den Mietzins für drei Jahre im voraus und übernahm alle Reparaturkosten sowie die luxuriöse Ausstattung der Räume. Wenn man der Aussage des Tapezierers Glauben schenken kann, hatte er insbesondere sein Schlafzimmer äußerst üppig einrichten lassen. Gepuffte Seide verdeckte die Zimmerdecke, die durch Rosengirlanden geteilt wurde, in der Mitte von einem Rosenbukett gehalten. Die Nische für das Bett war von Eingangsbögen begrenzt, auf denen Rosengirlanden prangten. In den Ecken der Rückwand war ein Vorhang angebracht. Die Wände dieses Alkovens waren auch mit gepuffter Seide ausgestattet, in deren Wolken je ein Spiegel eingebettet lag. Von der mit Rosengirlanden umrankten Zimmerdecke der Nische leuchtetet ebenfalls ein Spiegel herab, so daß Wagner sich vom Bett aus mehrfach spiegeln konnte. Er hatte sich noch einen mit kostbarstem Seidenbrokat bezogenen und mit Eiderdaunen gepolsterten Sessel gegönnt.[791] Wie bei jeder neuen Einrichtung schuf er sich damit einen Ausgleich für alle Zumutungen der Welt. Er selber schrieb Mathilde Wesendonck, daß er sein Schlafzimmer mit einfarbigem blaß violettem, grüngestreiftem Papier hatte tapezieren lassen,[792] was weitaus harmloser klingt. Auf jeden Fall machte die Herstellung der neuen Einrichtung etwa 150 Posten aus, die zusammen 2186 Francs kosteten.[793] Das Geld, das ihm Otto Wesendonck für den Aufenthalt überwiesen hatte, verschwand zusehends.

Im oberen Stock schuf er einen kleinen Musiksalon, in den er seinen geliebten Erardflügel stellte, ein Arbeitskabinett lag daneben. Nebenan richtete er einen Salon für Minna ein. Die meisten Möbel, Teppiche, Vorhänge und der sonstige Hausrat stammten aus dem Züricher Bestand, der nicht verkauft worden war.

In ihren Briefen hatten Minna und Richard oft genug laut darüber nachgedacht, erneut ein Zusammenleben zu versuchen. Minna blieb skeptisch; ihr Instinkt sollte sie nicht täuschen. Zunächst aber ging es aufwärts. Wagner plante eine Reihe von Aufführungen mit Auszügen aus »Tannhäuser«, »Lohengrin« sowie dem Vorspiel zu »Tristan und Isolde«, an denen hervorragende deutsche Gesangskräfte wie Jenny Bürde-Ney, Joseph Tichatschek und Albert Niemann teilnehmen sollten. Die Vorbereitungen beanspruchten ihn stark und Ende Januar und Anfang Februar 1860 fanden die Konzerte statt. Der gefüllte Saal täuschte jedoch darüber hinweg, daß wenig zahlendes Publikum darin saß – es waren viele Freikarten vergeben worden. Dies wurde Minna verschwiegen, die sich über den regen Besuch freute. Sie listete ihrer Freundin Schiffner das genaue Programm auf und berichtete stolz: *Ohne alle Uebertreibung kann ich Ihnen versichern, daß wohl noch kein Componist mit mehr Jubel von einen großen fremden Puplicum aufgenommen wurde als Richard von dem hiesigen. Nicht nur, daß er von dem eleganten zahlreichen Puplicum mit Beifallssturm empfangen wurde, auch die Musiker rasten völlig nach jeder beendeten Piece. Nochmaliger Hervorruf folgte ebenfalls. Die Presse benimmt sich ebenfalls ohne alle Bestechung, nicht à la Meyerbeer, höchst nobel, oft auch fast Enthusiastisch, nicht wie die Journalisten in Dresden gegen ihren Landsmann, trotzdem sie von Meyerbeer bezahlt sind.* Den Hinweis auf den Konkurrenten hatte sie von Wagner übernommen, der auf seinen früheren Gönner nicht gut zu sprechen war und stets Kabalen vermutete. *Trotzdem das große schöne Theater jedesmal noch voller wurde, daß* ›für‹ *die letzten Beiden* ›Aufführungstage‹ *sogar schon mehrere Tage vor der Aufführung kein Billet mehr zu haben war, sind die Kosten so entsetzlich groß, daß Richard eher noch darauflegen kann, statt daß er etwas Rechtes für seinen vergossenen Schweiß hätte, doch der Gewinn kommt nach sobald man seine Opern erst hier geben wird, die leider schon jetzt gefordert werden, aber immer noch nicht übersetzt sind … Richard selbst ist so ungedultig, daß er nächsten May die ersten Sänger Deutschlands sich will kommen lassen, um sich endlich seinen Lohengrin und Tristan vorzuführen, doch hoffe und wünsche ich, nachdem ich bei diesen Conzerten die Mühe gesehen habe nicht, daß es zu Stande kämme, auch denke ich, daß die Zeit bis dahin um die Decorationen fertig zu bekommen zu kurz ist und den Tristan allein möchte doch wohl nicht gerathen sein, ich bin, wie Sie wissen, nun einmal gegen diese Oper, vielleicht mit Unrecht. – Ich wünsche, daß Wagner hier wirklich zu etwas kämme, da man ihn, wie es doch den Anschein hat, für alle Zeiten aus seinem Vaterland verbannt hält und sich hier die Fürsten und Großen um ihn reißen. Wollte er die Einladungen zu diesen täglich annehmen, würde ich ihn nicht viel zu sehen bekommen, allein er kann es nicht vertragen, muß sich sehr schonen.*

Minna beurteilte Richards Sehnsucht, die eigenen Kompositionen zu hören, vornehmlich unter praktischen und ökonomischen

Gesichtspunkten. Daß sie über die Finanzen genau unterrichtet war, zeigt ihre Auflistung der Ausgaben für die Konzerte. *Um Ihnen eine kleine Uebersicht der großen Kosten hier zu geben, sage ich Ihnen, daß allein das Theater 8000 Franc Miethe kostet, Beleuchtung und die nöthigen Menschen zur Bedienung 1100, Orchester 7000, Chor 3000 ohne Annoncen ohne den dazu erforderlichen Bau wie in Dresden auf der Bühne für die Musiker nöthig ist. Sie können also denken, was da eingenommen werden muß, um dies Alles zu decken.*

Ihre Freundin muß geargwohnt haben, daß es Streit zwischen dem Ehepaar geben könnte, denn Minna korrigierte sie anschließend mit einem Anflug von Bitterkeit: *Sie sind in großem Irrthum, liebste Freundin, wenn Sie glauben, das ich mit Richard so ein Häckelleben führe, mich öfter mit ihm zanke, wie es wohl bei verschiedenen Leuten der Fall ist. Gott sollte mich davor bewahren, nein, das ist eine andere Sache bei uns. Kein Wort fällt meiner Seite über das was seiner Seite geschied, nichts Gebrumtes oder Gemaultes giebt es da aber der sogenannte Hofton ist es, den ich hasse, dieser existirt bei uns. Kein Vertrauen, keine Herzlichkeit mehr, die sonst bei uns heimisch waren, über Alles wird geschwiegen, nicht ein gemüthliches Berathen besprechen was oft gut war.* Richard fand in dem Abstand zu seiner Frau die nötige Ruhe, um seinen Geschäften nachgehen zu können, denn nichts fürchtete er so sehr wie den fruchtlosen Streit. Eine kalte Selbstbeherrschung hatte von beiden Besitz ergriffen, denn auch Minna wollte nicht provozieren und hielt sich entsprechend zurück, allerdings litt sie unter diesem Verhältnis. Vertrauen und Herzlichkeit schienen ihr für eine gute Ehe die wichtigste Voraussetzung zu sein, aber gerade diese beiden Eigenschaften verweigerte ihr Richard, der seiner Wege ging, weil er unter allen Umständen Vorwürfe über die Vergangenheit vermeiden wollte. Oft sah sie ihn außer beim Essen den ganzen Tag nicht. Manchmal verschwand er abends, und sie hatte aufgehört zu fragen, wo er gewesen war. Außerdem meinte sie es ohnehin zu wissen, denn sie war überzeugt, er sei bei Cosima von Bülows Schwester Blandine Ollivier.

Diese Dame merkt aber, daß ich nicht mit ihr verkehren will und unterläßt doch seit einiger Zeit die häufigen Besuche, die sie meinem Mann machte, lieber soll er zu ihr gehen, ich will nichts wieder mit solchen Geschöpfen zu thun haben, sie nicht wieder bedienen, so steht es. Ich bin hier nicht Frau, was mir auch recht ist, dazu fehlt die Liebe und müßten nicht solche Rohheiten von meinen Mann mir angetan worden sein. Haushälterin bin ich auch nicht, dazu fehlt mir der Gehalt, Freundin aber auch nicht, dazu fehlt das Vertrauen, welches mir unwürdige Personen geraubt haben, was also habe ich für Grund, daß es mir gefallen soll. Wegen den seidnen Kleid, welches ich als die Frau des berühmten R.W. tragen muß, dazu fehlt mir die Eitelkeit, die ich wohl auch schwerlich auf meine alten Tage erlangen werde, ich war es in meinen jungen Jahren nicht. Warum bin ich auch hier, warum hörte ich nicht auf das Abrathen der guten einsichtsvollen T›ichatschek‹ oder meinen innern Wiederstreben. Mein Heimweh ist noch keinesweges zu Ende. Nichts hat sich geändert. Hätt ich eine Freundin d.h. eine alte nicht die neuen Bekanntschaften lieb, um mich dann und wann wenn es mich dränkt aussprechen zu können, ich hielt es für ein wahres Glück für mich und würde mich erleichtern. So kann ich nichts muß Alles einfressen.[794]

Einen gewissen Trost fand sie darin, ihren Freundinnen zu schreiben, und sie erhielt auch liebevolle Antworten, beispielsweise von Pauline Tichatschek. Als diese die Familie Brockhaus besuchte, solidarisierte sich Luise mit Minna: Luise *sagte, daß Du ihr sehr leid thust, da es ein sehr schweres Leben bei Richard wäre, aber du solltest Geduld mit ihm haben, da er doch ohne Dich nicht sein kann.* Pauline Tichatschek spielte auf ihren Gatten an, der einer Tänzerin verfallen war, und nahm das ganze *in bitterem Schweigen hin.*[795] Solche Bekundungen taten Minna wohl, da sie nicht die einzige war, die unter der Untreue des Gatten litt. Sie erfuhr auch von Pauline, daß ihre Nichte Johanna Jachmann ihren Gatten Alfred mit einem Stubenmädchen überrascht hatte und nun überlegte, sich von ihm scheiden zu lassen.

Welch ein Unterschied zu dem Aufenthalt in Paris vor zwanzig Jahren! Damals war sie für das Überleben Richards und seines Freundeskreises unentbehrlich gewesen, jetzt hatte sie nur noch zu repräsentieren, was ihr nicht lag. Um Richard für seine schöpferischen Ideen Raum und Zeit zu geben, hatte sie sich früher bemüht, alle Hindernisse wegzuschaffen. Das empfand sie als ihre legitime Aufgabe, die ihr Ansehen und Respekt verschaffte, doch gerade dies wurde ihr nun verweigert. Mit der Bemerkung *Ich bin hier nicht Frau* spielt Minna wohl auf die Einstellung nächtlicher Aktivitäten ein, zu der sich Richard offenbar entschlossen hatte. Auch dies mußte sie treffen, da nun immer weniger Verbindendes vorhanden war. Als Blandine Ollivier ihre Besuche bei Wagner wieder verstärkte und Minna ignorierte, schrieb Minna erbost an Emma Herwegh: *Blandine ist eine ganz gewöhnliche, ich will nicht sagen gemeine Person, die auch bei alle denen die sie kennen in keinen guten Ruf steht, was zwar in Paris nichts sagen will, philisteröse, unter denen ich mich leider zählen muss, stösst* ›sie‹ *eher ab als anziehen. Frau Ollivier besucht meinen Mann öfter, ohne anständiger Weise nach meiner Wenigkeit zu fragen: ich bin dergleichen gewöhnt und lass Alles geschehen ohne die geringste Notiz davon zu nehmen, nur kann ich es mir noch immer nicht verzeihen, dass ich hierher gekommen bin. Fällt in dieser Art wieder früher oder später, etwas Eclatantes vor, so reise ich nach der Schweiz wo ich bleibe. In meine Heimath gehe ich nicht: ich würde mich schämen müssen, da Alle mir abredeten hierher zu reisen und mir viel prophezeiten.*[796]

Ihre Ahnung, daß es zwischen Blandine und Richard gehörig knisterte, war wohl nicht unbegründet, in Paris kursierten bereits Gerüchte. Minna muß ihren Verdacht auch laut geäußert haben, denn Blandines Ehemann Émile schrieb ihr einen ernsten Brief und bat sie, dies zu unterlassen.[797] Die Alarmglocken schrillten stets bei ihr, wenn schwärmerische Frauen in Richards Nähe waren. Es traf sie auch, daß Richard ihre Bitten um Billette für Freunde abschlug, während sie erfahren mußte, dass Blandine ganz Logen zur Ausswahl fast aufgedrungen wurden.[798]

An seine auffällige Hauskleidung hatte sie sich längst gewöhnt. Als der Direktor des Karlsruher Hoftheaters Eduard Devrient Wagner besuchte, vertraute er spitz seinem Tagebuch an: *Der arme Mann, der, wie er mir selbst sagt, in den letzten Jahren gar nichts erworben und in Paris ein immenses Geld gebraucht hat, alles aus Mitteln seiner Freunde, die er zurückzuerstatten eifrig bedacht sein müsse, dieser arme Mann saß im grünen Sammetschlafrock, mit violettem Atlas gefüttert, und türkischen Hosen vom selben Stoffe und einem weiten braunen Sammetbarett, das ungeschickt aufgesetzt, seinem spitzen Advokatengesicht drollig stand. Ich ließ ihn nun nicht im Dunkeln über die geringen Aussichten, welche er auf außerordentliche Geldopfer des Großherzogs habe, weder für die Aufführung des »Tristan«, noch gar für das Ehrengehalt, das er sucht, eigentlich verlangt, damit er ganz sorgenfrei in seiner Häuslichkeit – natürlich in Sammet und Atlas und seinem luxuriösen Komfort, den ich von*

Zürich her kenne – leben und komponieren und tun und lassen könne, was ihm gefällt.[799] Devrient konnte nicht wissen, daß Richard den Luxus als Kompensation für viele Entbehrungen und als Stimulanz zum Schaffen brauchte. Er verstand auch nicht, daß Richard in künstlerischen Fragen unduldsam war, weil er höchste Ansprüche stellte. Als er im März 1862 in Karlsruhe eine Aufführung des »Tannhäuser« besuchte und wegen jeder Kleinigkeit mäkelte, schrieb Devrient: *Gegenbesuch bei Wagner. Daß Brulliot gestern im 2. Akt etwas zeitiger aufgetreten war als gut, dergleichen Kleinigkeiten tadelte er ohne Anhören, und daraus deduziert er den gedankenlosen Zustand des ganzen Theaters. Wie solch ein Mensch nur lebt, aus Verachtung alles Existierenden seinen Thron sich erhöhend … Der Unglückliche verdirbt's mit allen, die ihm wohlwollen.* Das hätte Minna auch unterschrieben, ebenso, wenn er zum Schluß meint: *Wagner … gehört zu denen, die der Welt nicht dienen wollen, sondern denen die ganze Welt für ihre Zwecke bereit sein soll, bei Strafe ihrer grimmigsten Verachtung und Feindschaft.*[800]

Minna schätzte nicht die französische Lebensart. *Alles ist auf auswärtige Vergnügen gerichtet, als Fahren, Reiten, Theater, Maitressen, Soireen u.s.w.*[801] Sie fand es kennzeichnend, daß es das Wort *gemüthlich* in der französischen Sprache nicht gab. Es gab höchstens Abwechslung, wenn sie mit Richard ausging. In einem halben Jahr besuchten sie sieben Theaterstücke, da sie Freikarten erhielten. Dennoch verursachte jeder Theaterbesuch weitere Fahrtkosten von mindestens ein bis zwei Talern, und seine Monologe ertrug sie nicht mehr: *dabei das ewige Räsoniren von Richard zu hören, regt mich auf.*[802] Sie hatten sich nicht mehr viel zu sagen, und Minna gedachte, sich in Paris selbständig zu machen, sollte Richard, der eine Reise nach Wien plante, sich dort länger aufhalten, und sich eine eigene kleine Wohnung zu nehmen.

Einmal wöchentlich veranstalteten sie einen Salonabend, der rege besucht wurde. Die Komponisten Charles Gounod, Stephen Heller und Camille Saint-Saëns waren unter den Gästen, ebenso der Schriftsteller Jules Champfleury und der tschechische Maler Jaroslaw Czermak. Diese Abende waren für Minna nicht sonderlich reizvoll, da sie zu wenig Französisch verstand. Sie hatte dagegen Franz Liszts Mutter liebgewonnen und besuchte sie häufig. Ansonsten hielt sie sich meist im obersten Stockwerk auf, bekam ihre Post durch den Diener auf ihr Zimmer gebracht. Sie nahm sich vor, bei einem neuerlichen erotischen Abenteuer Richards umgehend abzureisen und in die Schweiz zurückzukehren.[803] Die Lage war für beiden Parteien unglücklich. Richard hielt sie von sich fern, um sich selber zu schützen. Dennoch bekam sie genug von der finanziellen Situation mit, um sich zu ängstigen, denn sie schrieb Natalie: *Ich bin oft so in Verlegenheit, daß ich nichts anzufangen weiß, ich habe starke Esser auf dem Hals, auch 600 Fr. Wirtschaftsgeld von R. versprochen gekriegt, aber er giebt es mir nur sehr unregelmäßig und sehr im Einzeln, woraus man sich nicht viel Vortheil ziehen kann, so sehr ich auch nachsinne. Kaufen kann ich mir nichts, weder ein Kleid noch Hut, ist mir auch gleich, ich sehe immer noch anständig genug aus, ich denke immer an Dich und wünsche Dich nicht wie die Zwickauer schnepprigen Schlumpen einhergehen zu sehen.*[804]

Als Richard aber nach Brüssel reiste, kehrte die alte Vertrautheit wenigstens auf dem Papier wieder zurück. Er schrieb ihr launige Gedichte, in denen er von seinen Erlebnissen berichtete und Ratschläge der folgenden Art erteilte:

Nun lebe Du recht wohl
Und iss' nicht zuviel Kohl:
Sonst wird dann Bauch Dir hart,
das räth' dir Dein Richard.[805]

Es waren wohl auch diese Signale der Verbundenheit und Zuneigung, die ihr eine Loslösung erschwerten und sie trotz ihrer unglücklichen Lebenslage immer wieder an ihren Mann banden. Es gelang ihm eher aus der Ferne, freundlich zu ihr zu sein, als im Alltag, wo ihn spitze Bemerkungen von ihr aus der Ruhe brachten und zu bösen Ausbrüchen provozierten, die Minna wiederum als Rohheit interpretierte.

Am meisten schmerzte ihn, daß er fern der deutschen Heimat seine eigenen Werke so selten hören konnte. Er wußte genau, daß solche Hörerlebnisse ihn zu weiteren Arbeiten stimulierten, blieben sie aus, war auch seine Schaffenskraft gestört. An Agnes Street-Klindworth schreibt er: *Ich komme nicht dazu, weder meiner Kunst mich zu widmen, noch irgend ihrer zu gedenken: nicht einen Ton zu hören, noch zu denken … Meine arme Frau vergeht vor Aufregung und Schlaflosigkeit: sie soll eine Badekur gebrauchen; – auch dazu komme ich nicht, sie dorthin zu schicken. Nichts höre ich, nichts erfahre ich, als Gedankenlosigkeit, Stumpfheit, Fehlschlägen, Unterliegen, Abgespanntsein, Achselzucken.*[806] Und an Malwida von Meysenbug: *Eben jetzt aber sind meine älteren Opern gänzlich erschöpft, meine neuen verhindert, enorme Verluste, und – Niemand, der mir hilft!*[807]

Anton Pusinelli hatte Richard geraten, Minna zu einer Badekur nach Bad Soden im Taunus zu schicken. Das Geld hierfür aufzutreiben, fiel ihm sehr schwer, und zum Glück fand sich mit Frau Kalergis, der späteren Frau von Muchanoff, im letzten Moment eine Gönnerin. Sie hatte Wagner sieben Jahre zuvor in Liszts Begleitung in Paris kennengelernt und schenkte ihm nun 10.000 Francs als Entschädigung für die Unkosten, die seine Konzerte ihm verursacht hatten. Damit konnte Minna umgehend abreisen. Jetzt war er im übrigen in der Lage, liegengebliebene Korrespondenz abzuschicken, denn ihm war zwischenzeitlich selbst das Geld für das Porto ausgegangen.[808]

Daß das Leben in Paris nichts für Minna sei, wurde ihm zunehmend klar, er hätte sie lieber in Dresden lassen sollen. Seine Überzeugung, sie könne durch eine ruhige Lebensweise in Paris gesunden, hatte sich zerschlagen. Ihr energisches Temperament führe dazu, so schrieb er Julie Ritter, daß sie sich über alles Mögliche ereifere und dadurch nicht zur Ruhe komme.[809] Der alte Freund Heine erfuhr Ähnliches: *Meine Frau ist in's Bad nach Bad Soden gereist, wie es P*›usinelli‹ *wünschte. Im Ganzen befindet sie sich erträglich, wenn gleich meine letzten Lebensabentheuer nicht der Art waren, daß sie mir immer gute Laune und Geduld ermöglicht hätten. Ich hab's nun einmal schwer, sehr schwer, und das einzige, was mich auf sonderbare Weise erheitert, ist, daß man mir aus der Ferne immer nur wie einem zusieht, der vor Glück und Wohlergehen nicht weiß wohin.*[810]

Kurz bevor Minna abreiste, lud sie Mathilde Schiffner herzlich ein, sie während ihrer Kur zu besuchen. *Paris, daß ich vergessen kann, da es mir nichts als Aerger, Aufregung usw. gebracht hat und ich auch so gut wie nichts habe kennen lernen, da eine Frau hier nicht in ein Theater oder sonst wohin allein gehen kann, immer nur mit meinen Thieren allein bin, freue ich mich auf mein Deutschland, wo ich doch immer noch am glücklichsten war. Richard, wie ich Ihnen schon früher geschrieben, sehe ich meistens nur beim Essen, sonst den ganzen Tag nicht. Dennoch beklagt er sich in letzter Zeit sehr, ich sitze ihn immer auf den Nacken. Unsere Zimmer nehmlich sind durch einen großen Salon dazwischen getrennt, – ich vermeide auch mich vor ihm sehen zu lassen, weiche aus wo ich kann, weiß aber nicht wohin ich wieder einmal verschwinden soll … Unser Zusammenleben kann nur noch bestehen, wenn er ein halbes Jahr hier ist, ich dort, kommt er zurück, so müßte ich hier sein, da meine Gegenwart ihn überall im Wege und zuviel ist … Natalien werde ich schreiben daß sie Ihnen oder der Tichatscheck die Coupons schickt, damit Sie mir ein paar Interessen mitbringen aber ja nichts den R. merken lassen, sonst wären sie in einem Tag hin. Fast möchte ich einen 100 Thr. Schein verkaufen, ich will es noch etwas abwarten, dann der Tichatscheck schreiben … Haben Sie nur keine Sorge um mich, ich bin eine viel zu vernünftige ruhige Frau, habe manches überwinden gelernt, und werde es auch noch. Ich freue mich auf das Zusammensein in Soden, wo wir uns recht ausplaudern können.*[811]

Es bereitete ihr auch Vergnügen, nicht Almosenempfängerin zu sein, sondern sich vor der Freundin großzügig zu erweisen, was ihr durch die Verflüssigung einiger Aktien möglich war, deren Existenz sie vor Richard geheim hielt, und sie berichtete aufgeräumt: *Nachdem ich seit gestern ununterbrochen bis 1 Uhr mit den Schnellzuge angekommen, lief ich gleich herum um eine nette Wohnung zu suchen, wo wir beide mit einander hausen werden und ist mir denn auch wirklich gelungen eine zu finden, daß ich Sie ungescheut einladen kann, mit mir in einem ziemlich geräumigen Zimmer zu schlafen, das Wohnzimmer ist besonders, aber nicht zu schnarchen erlaubt ist. Sie wohnen also bei mir. Was ich dafür bezahle geht Ihnen nichts an, das Uebrige findet sich!* Die Pariser Trostlosigkeit lag hinter ihr und sie wollte sie vergessen: *Wie wollen wir mit einander herum laufen, es ist überall, wohin ich sehe, schön, Kommen Sie, ich bitte, damit Sie recht lange hier sind. O wie freue ich mich Sie hier zu haben! Die Möglichkeit daß Sie nicht können, kann ich mir gar nicht denken, es wäre für mich zu betrübend, ich habe mir Alles so reitzend gedacht, und Ausflüge wollen wir machen herr je, daß die Götter sich freuen sollen, wie wir guten Kinder glücklich sind.*[812]

Richard holte Minna nach der Kur ab und besuchte mit ihr seinen Bruder Albert in Frankfurt und Baden-Baden, wo er der Prinzessin Augusta von Preußen seine Aufwartung machte, um sich bei ihr für ihre Bemühungen um seine Begnadigung zu bedanken (es war eine Teilamnestie erwirkt worden, die für alle Länder außer Sachsen galt). Anschließend entschloß er sich spontan zu einer Dampfschiff-Rheinreise mit Minna. Sie ärgerte sich freilich, als er mit lauter Stimme zwei Einzelzimmer bestellte.[813] Alles, was den Ehestand gefährdete, löste bei ihr Angst aus. Dennoch wird auch sie die Tage mit Richard genossen haben. Ob sie ahnte, daß es die letzte gemeinsame Reise war? Anschließend ging es zurück nach Paris, wo sie einen traurigen Geburtstag erlebte. Sie erkältete sich schwer, weil sie in den Tuilerien fast zwei Stunden auf ihren Mann warten mußte, und hatte heftige Schmerzen im Arm. Das Dienstmädchen Therese hatte einen schönen Blumenstrauß besorgt und auf den Frühstückstisch gestellt, den sie für ein Geschenk ihres Mannes hielt. Er klärte sie aber auf, daß er alles für die Reise ausgegeben habe und nichts besitze, um ihr etwas zu kaufen. Minna resümierte bitter: *Für einen Franc bekommt man jetzt hier einen großen Strauß, der mir am 5t Sept. gewiß große Freude bereitet haben würde, mehr als alle verheißenen Geschenke, und wie oft werden die 5 Franken-Stücke zum Fenster hinaus geworfen, ohne daß er jemanden Freude damit bereitet.*[814] Sie wollte kein Geschenk, sondern ihr hätte das Gefühl gereicht, daß er an sie dachte. So liebenswürdig Richard in seinen Briefen sein konnte, so vergeßlich und gleichgültig konnte er im Alltag sein.

Ihr Leiden an seinem Verhalten ihr gegenüber, seine fast abweisende Kühle, war eine Sache. Etwas anderes waren seine Aufführungen; hier wünschte sie sich genau wie er den Erfolg und war innerlich an seinem Wohlergehen beteiligt. Im großen Pariser Opernhaus waren mehrere Aufführungen des »Tannhäuser« vorgesehen. Die Proben zogen sich über Monate hin; er erkrankte schwer an einem typhösen Fieber, und Minna pflegte ihn wochenlang. Vor der ersten Gesamtprobe schrieb Minna, daß er *die schöne Ouvertüre seines Tannhäuser gestrichen und dafür einen Wust von Venusspukereien hinzugeschrieben* habe,[815] und sie befürchtete, daß das den Erfolg gefährden könne. Da Richard sie nicht mehr an seinen Arbeiten beteiligte, konnte sie nicht begreifen, was ihn zu den Veränderungen und Ergänzungen bewogen hatte. Ihren *guten lieben Sohn* Ernst Kietz lud sie ein, an der Generalprobe teilzunehmen und zeigte, wie sehr sie jeden Ton der Oper kannte: *Ich könnte mich in dieser Probe neben Ihnen setzen, um Sie auf alle Schönheiten dieses Werkes aufmerksam zu machen, wenn Sie mir es nehmlich erlauben würden ... Tausend herzliche Grüße von Ihrer sehr altgewordenen Adoptifmutter M. Wagner.*[816] Sie wiederholte Kietz gegenüber bei allen Gelegenheiten das Mutter-Sohn-Spiel: *Soll ich Ihnen nun rathen und meine Bitte erneuern so schlage ich Ihnen vor, spätestens künftigen Freitag oder Sonnabend Mittag hier zu sein und sich sogleich zu Ihren getreuesten Eltern zu verfügen, wie es einem guten Sohn zukömmt. Sie bleiben dann bei uns zum Diner, und ich trage Sie, wie eine gute Mutter ihr Söhnchen, in die Probe ... Kommen Sie, die Arme Ihrer Adoptiveltern sind weit geöffnet Ihren lieben Sohn zu umarmen. Mit den herzlichesten Grüßen Ihrer getreuesten Mutter Minna.*[817]

Der Skandal der Tannhäuseraufführungen in der Pariser Oper, die Richard in Paris berühmt machen sollten und für die er sich monatelang einsetzte, überstieg alles bisher Dagewesene. In den Logen der Mitglieder des Jockey-Clubs hatte man sich auf einen lautstarken Protest eingestellt, hielt mit den Glacéhandschuhen die Pfeifen bereit, ließ Zwischenrufe erschallen und amüsierte sich über die Ruhestörungen. Dies führte jedoch dazu, daß ein Großteil des Publikums mit ebensolcher Lautstärke gegen die Störungen opponierte. Es wäre fast zu tätlichen Angriffen gekommen. Die Sänger und Sängerinnen mußten oft bis zu fünfzehn Minuten ausharren, bis der Lärm abgeklungen war und sie mit der Handlung fortfahren konnten.

Von der Schriftstellerin Malwida von Meysenbug stammt ein eindringlicher Bericht über die Ereignisse. Sie hatte sich nach der mißratenen Revolution 1848 ins Exil nach London begeben, war 1859 nach Paris gezogen und hatte Wagner dort besucht. Daraus entstand eine Freundschaft, und Malwida, die seit 1860 in England arbeitete, reiste mit ihrer Pflegetochter zur Premiere nach Paris. *(Richard unterhält sich sehr gern mit dem häßlichen Frl. v. M. und alle haben sie gern*, schrieb Minna ihrer Tochter, *sie ist eigentlich eine große Enthusiastin von ihm und dadurch mit ihrer Dame in unser Haus gekommen, die nicht ungerupft, als reiche Engländerin, aus R*›ichards‹ *Händen kommen wird.)*[818] Malwida beschreibt die verschiedenen Parteien, die sich im voraus gegen Wagner gestellt hatten – die Presse, weil er sie nicht bestach, die Claque, die von Wagner mit Verachtung gestraft wurde, und die politischen Grübler, weil Fürstin Metternich ein Kunstwerk gefördert hatte, das angeblich dem französischen Temperament nicht entsprach – und geht dann auf die Herren des Jockey-Clubs ein: »Es war notorisch, daß die Ballettdamen eine Erhöhung ihrer Gage von diesen Herren erhielten und daß die letzteren gewohnt waren, nach beendigtem Diner in die Oper zu gehen, nicht um Harmonien zu hören, sondern um die unnatürlichste und scheußlichste Ausgeburt der modernen Kunst, das Ballett, zu sehen, nach dessen Beendigung sie sich hinter die Kulissen zu näherem Verkehr mit den springenden Nymphen begaben. Was lag diesen vornehmen Wüstlingen an der Aufführung eines keuschen Kunstwerks, das den Sieg der heiligen Liebe über den Sinnenrausch feiert?« Malwida hat die Moral der Geschichte richtig aufgefaßt, allerdings die Wirkung der Musik unerwähnt gelassen, denn die Klänge, die Wagner der sündigen Welt der Venus verleiht, sind weitaus faszinierender als die entsagungsvollen Töne der Minnesänger. Nachdem sie sich über die innere Gemeinheit und maßlose Verdorbenheit der jungen Männer ausgelassen hat, schildert sie, wie bei dem Übergang vom Bacchanal im Hörselberg zum Thüringer Wald bei der Wartburg der Angriff plötzlich losbrach. Die Aufführung konnte zwar zu Ende gebracht werden, aber nur in einer Atmosphäre allgemeinen Tumults.

Wagner wollte daraufhin die Partitur zurückziehen, wurde aber von seinem Freundeskreis überredet, eine zweite Vorstellung zuzulassen. Seine Ahnungen täuschten ihn nicht, denn der Kampf wurde noch erbitterter. Malwida saß in einer Loge mit Minna: »Neben uns waren Franzosen, die sich besonders durch Pfeifen, Zischen und Schreien hervortaten. Ich war völlig außer mir vor Empörung und machte nun auch laut, in französischer Sprache, meinem Zorne Luft. … Ein Haufen von Straßenbuben ist es, der nicht einmal Lebensart genug hat, Leuten, die anders denken, Ruhe und Muße zum Hören zu geben. In dieser Weise sprach ich ganz laut fort, so daß Frau Wagner mir erschrocken zuflüsterte: ›Mein Gott, Sie sind zu kühn, Sie werden sich Unannehmlichkeiten zuziehen.‹« Das konnte Malwida nicht umstimmen, im Gegenteil, sie wandte sich direkt an die Schreihälse: »Meine Herren, wenn Sie auch auf nichts anderes Rücksicht nehmen, so bedenken Sie wenigstens, daß die Frau des Komponisten hier neben Ihnen sitzt.« Das half nur für kurze Zeit, dann lärmten sie weiter.[819]

Wagner beschloß, der dritten Aufführung am 24. März nicht beizuwohnen, sondern mit Minna daheim alles in Ruhe abzuwarten. Vielleicht tat er dies auch aus Rücksicht auf ihren Gesundheitszustand, denn er wollte nicht, daß sie sich allzusehr aufregte und ihr ohnehin lädiertes Herz noch mehr belastete. In der Tat hatte ihre Gesundheit unter den Ereignissen gelitten: *Durch lange höchst unangenehme Tannhäuseraufregungen klopft mein Herz doppelt stark, daß ich nicht schlafen kann und mich sehr angreift, dazu habe ich seit mehr als drei Wochen einen fürchterlichen Husten, der mir heftige Brustschmerzen gemacht.*[820] Die Vorstellung verlief ebenso lärmend wie die vorherigen. Hinterher trafen sich mehrere Freunde im Foyer und fuhren in die Wohnung der Wagners, die gemütlich beim Tee saßen. Richard rauchte eine Pfeife und ließ sich durch die erregten Berichte nicht aus der Ruhe bringen, doch Malwida bemerkte, daß seine Hand zitterte. Er zog daraufhin die Oper ganz zurück.

Für Minna war das Erlebnis mehr als schockierend. Das hatte Hans von Bülow richtig erfaßt, als er entsetzt nach Paris schrieb: *Deine arme Frau! Was muß sie gelitten haben! Viel haben wir ihrer gedacht, gern ihr unser Mitgefühl ausgedrückt. Aber woher ein Wort des Trostes, der Beruhigung schöpfen?*[821] Auch die teilweise hämischen Pressekommentare werden sie betrübt haben, denn sie legte mehr als ihr Mann Wert auf den guten Ruf und wußte, daß viele auch in Deutschland Schadenfreude empfinden würden. Richards tiefe innere Erregung, die sich in dem erwähnten Zittern der Hände äußerte, traf auch sie als Ehefrau. Als der Besuch gegangen war, wird sich seine Enttäuschung gezeigt haben, die sie mit verarbeiten mußte. Ihrer Tochter berichtete sie über den Skandal, wobei sie sich ebenso wie Malwida über die Clubherren moralisch entrüstete: *Der sogenannte Jockey Club, das sind nämlich die reichen, frivolen Herren, welche ihre Maitressen im Ballet haben, die fast alle ohne Gehalt engagiert sind, und sich nach dem Ballet mit diesen hinter den Coulissen amüsieren, und zwar aufs unanständigste. Diese Herren waren wüthend, wenn sie am Theater ankamen, was gewöhnlich erst im zweiten Act war, und von da an ging der spektakel los. Sie hatten Pfeifen gekauft und pfiffen sowie sich eine Hand regte. In die dritte Vorstellung ging ich nicht, ich litt zu fürchterlich mit solchen Gassenbübereien, es soll aber ein völliger Krieg gewesen sein. Alle Damen, Prinzessinnen und Fürstinnen sind aufgestanden, haben applaudiert und mit Fingern nach jenen zwei Logen gedeutet. Das ganze unpartheiliche Publikum hat gerufen »à la porte les Jokeys« usw. Der Kaiser war alle drei Male darin, doch konnte er nichts thun, sie sind Legitimisten. Richard hat seine Partitur zurückgezogen.*[822]

Im Mai 1861 reiste Richard nach Wien, um einer festlichen Aufführung seines »Lohengrin« beizuwohnen. Endlich konnte er das Werk zum ersten Mal vollständig hören! Bei der Generalprobe wurde er auf die Bühne geführt und von den Mitwirkenden stürmisch gefeiert. Alle gaben sich Mühe, dem Komponisten einen glänzenden Eindruck zu verschaffen, was auch gelang und Richard in Tränen der Rührung ausbrechen ließ. Die Ovationen wiederholten sich bei der Aufführung. Er berichtete Minna alles mit Genugtuung, denn er wußte, wie sehr ihr an seinen Erfolgen gelegen war: *Ich hatte mich in eine Parkett-Loge versteckt, daß man mich nicht sehen sollte. Das half aber nichts. Nach der Ouvertüre mußte ich aufs Theater, um mich zu bedanken, dreimal nach jedem Akte, fünf- oder sechsmal nach dem letzten, wo ich denn wieder etwas sprechen mußte. Ein unglaublich herzliches, lebhaftes Volk; dazu Fürsten und Grafen in den Logen; Alles rief und applaudierte mit. Nun, ich kann wirklich was erzählen!*[823]

Aber auch dieser Erfolg reichte kaum, um ihm seine finanziellen Sorgen zu nehmen. Der Tannhäuser-Eklat[824] hatte nichts gebracht, und es gelang ihm einfach nicht, vom Ausland aus für Aufführungen seiner Werke in Deutschland zu sorgen, so daß die erwünschten Tantiemen ausfielen. Den plötzlichen Tod des Hündchens Fips im Juni sah Richard als einen letzten Riß in seinem Zusammenleben mit Minna an. Er beschloß, das Haus in Paris aufzugeben und Minna zunächst zur Kur zu schicken. Er wußte noch nicht, wohin er selbst ziehen würde. Die gesamte Einrichtung – eine Ausnahme blieb der Erardsche Flügel – wurde im Juli verpackt. Er hatte resigniert; *Meine Meubles sind einmal wieder eingepackt und hier im Depot zurückgestellt … Ich wünsche, daß meine Frau sich in Dresden niederläßt und sie dort zu sich nimmt. Ich für mein Teil denke an keine Niederlassung mehr. Dies das Resultat einer letzten, schweren, unendlich mühseligen Erfahrung! Es ist mir nicht bestimmt, meine Muse im Schoße einer traulichen Häuslichkeit zu pflegen.*[825] Der Abschied in der immer leerer werdenden Wohnung war für beide unangenehm, und nicht nur er war *von dieser steten Wiederholung des gleichen unruhigen Schicksals in sehr niedergebeugter Stimmung.*[826] Zusammen mit dem Papagei reiste Minna am 11. Juli zu einer erneuten Kur nach Bad Soden ab. Er quartierte sich derweilen in Paris ein und schrieb Malwida von Meysenbug resigniert: *Zwei schöne Jahre sind rein vergeudet, und ich fühle mich außerordentlich müde. Was ich für die Kunst verloren, habe ich aber vielleicht fürs Leben gewonnen, eine letzte, recht tief eingeschriebene Erfahrung: das, was sich nicht fügt, auch nicht zwingen zu wollen.*[827]

Dann reiste er zu Minna nach Bad Soden. Er fand sie in der Gesellschaft von Mathilde Schiffner, die er als *leicht zu tyrannisierende Freundin* bezeichnete, die Minna *unentbehrlich geworden zu sein schien.*[828] Er hatte kein Verständnis für ihren Wunsch nach einer Vertrauten. *Meinen Mann sah ich seit unserer Trennung nur einen Tag in dem Badeort Soden bei seiner eiligen Durchreise nach Weimar, wo ich mich im September allein, ebenfalls 6 Wochen aufhielt,*[829] schrieb sie an Kietz. Mathilde war demnach im August heimgereist. Sie war an einem Tag in Karlsruhe, wo sie Eduard Devrient zufällig traf; vermutlich schaute sie sich das Theaterstück »Die Räuber« von Schiller an, das es gerade dort gab.[830]

Es schien Richard das Sinnvollste zu sein, daß sie am besten in Dresden aufgehoben wäre – hier hatte sie ihren Hausarzt Pusinelli, einen umfangreichen Bekanntenkreis und sich auch immer wohlgefühlt. In diesem Sinne redete er auf sie ein; er wollte sich währenddessen in Wien nach neuen Arbeitsmöglichkeiten umsehen. Er versprach ihr, unter allen Umständen jährlich 1000 Taler zu schicken.

Minna landete nach einem mehrwöchigen Besuch in Weimar in Dresden. Wieder ein Umzug – sie hatte mit Richard schon so viele mitgemacht und haßte die Unruhe, die immer neue Fremdheit, die man überwinden mußte, den Mangel an Freunden, die Arbeit des Verpackens und Einrichtens: *Gegenwärtig treibe ich mich wieder einmal heimathlos seit 5 Monaten von Ort zu Ort herum, was mir auf meine alte Tage natürlich sehr erwünscht sein muß.*[831]

Richard äußerte Widersprüchliches über die Möglichkeit, wieder mit seiner Frau wieder zusammenzuleben. Einerseits betont er, daß er sich einen Zustand vorstellen kann, wo beide miteinander vortrefflich auskommen, fügt allerdings hinzu, daß dies nur bei einer gesicherten Lebensstellung und einer definitiven Niederlassung an einem angenehmen Orte möglich sei. Damit hatte er die

Lage der Dinge richtig eingeschätzt, denn die ernsten Krisen entstanden immer dann, wenn er eine gesicherte Stelle (wie in Dresden 1849) oder eine vertraute Häuslichkeit (wie im Zürcher Asyl zehn Jahre später) aufgab und Minna dadurch in neue, unbekannte Verhältnisse hineingeriet, noch dazu gegen ihren Willen. Ihre Enttäuschung traf dann auf seinen energischen Widerspruch, da er seine eigene nervöse Unruhe kannte, die ihm keinen anderen Weg offenließ. Diese immer wieder einsetzende Unvereinbarkeit galt es für alle Zeiten zu vermeiden.

Minna beging in trauriger Stimmung ihren silbernen Hochzeitstag. Richard, der in seinem Tagebuch notiert: *24 Nov. Silberne Hochzeit Minna's*[832] – sich selbst also von diesem Feiertag ausnahm – schenkte ihr, wie sie Emma Herwegh verriet, *ein goldenes Armband und den Congé auf ein ganzes Jahr* – gemeint ist damit, daß er sie vorläufig nach Dresden »entlassen« hat. Da sie als Frau eines Revolutionärs im Königreich Sachsen zunächst keinen Daueraufenthalt bekam, benötigte sie eine Sondergenehmigung. Vermutlich bekam sie ein halbes Jahr bewilligt, denn im Dezember schreibt sie aus Dresden: *Bis künftigen April bleibe ich hier, wohin ich dann meinen Wanderstab lenke, wissen die Götter!* Wie damals, als sie beim Dresdener Aufstand Röckel als den Verführer ihres Mannes ausgemacht hatte, war jetzt auch klar, wer ihr Unglück zu verantworten hatte: *Das Alles dankt man den Tristan's.*[833] Ihre Stimmung war resignativ: *Ich … sehe leider lange noch keiner bleibenden Stätte entgegen.*[834]

Richard war derweil auf der Suche nach einer neuen Partnerin. Sein erotisches Sehnen galt nach wie vor der geliebten Mathilde Wesendonck, die Ende 1860 einen schriftlichen Ausbruch von ihm erhielt, der von seinen sonst um »Normalität« bemühten Briefen abstichte: *O, mein Kind! Wo finde ich dann meinen einzigen, einzigen Trost? – Ich habe einmal das Herz und die Seele gefunden, die in diesen Augenblicken mich ganz verstand, und denen ich lieb ward, weil sie mich so verstanden und verstehen durften! Sehen Sie, zu dieser Seele flüchte ich dann, wie ein Todtmüder lasse ich die Glieder sinken, und senke mich in den weichen Aether dieses freundlichen Wesens. Alle meine Erlebnisse, die unerhörten Rührungen, Sorgen und Leiden aus jener Vergangenheit lösen sich, wie aus Sturmgewölk, in einen erfrischenden Thau auf, der mir die brennende Schläfe benetzt: da fühle ich Erfrischung, und endlich*

Ruhe, süsse Ruhe: ich bin geliebt – erkannt![835] Eine große Enttäuschung erfuhr er allerdings ein knappes Jahr darauf, als er zu einer Kurzreise nach Venedig mit Wesendoncks eingeladen war. Er mußte erfahren, daß Mathilde schwanger war (ihr Sohn Hans kam im Juni 1862 zur Welt). Die Geburt bedeutete eine Zäsur, würde sie doch für Monate, wenn nicht Jahre, mit dem Kind beschäftigt sein. Er schrieb ihr: *Ich erwidere Ihnen mit einem Bekenntnis. Es wird unnütz sein es auszusprechen: Alles in und an Ihnen sagt mir, daß Sie alles wissen, und doch treibt es mich, Ihnen auch meinerseits Sicherheit zu geben. – Nun erst bin ich ganz resigniert! Das eine hatte ich nie aufgegeben, und glaubte es mir schwer gewonnen zu haben: mein Asyl noch einmal wiederzufinden, in Ihrer Nähe wieder wohnen zu können. – Eine Stunde des Wiedersehens in Venedig genügte, um dieses letzte liebe Wahngebild mir zu zerstören!*[836]

Einige Liebschaften sollten seine Laune aufhellen, er spricht Cornelius gegenüber im Januar 1862 von einer *Puppe*, wie er die attraktive Seraphine Mauro nannte, eine Nichte seines Wiener Freundes Josef Standhartner. *Ich fänd so ganz und gar nichts darin, wenn das Mädchen mit zu mir käme und mir wär', was sie gerade ihrer kleinen, netten Natur nach mir sein kann. Wie nun aber den »terminus socialis« finden? Ach Himmel! – 's ist mir lächerlich leid!*[837] Die moralische Entrüstung der Umwelt konnte er nicht nachvollziehen. Diese Monate gehören zu den schwierigsten seines Lebens: Er hatte keine Partnerin, mit der er seine Zukunft gestalten konnte, seine Finanzlage war wieder einmal mehr als prekär, seine Ehe zerstört und die Erfolge ließen auf sich warten. Er hatte in vielem resigniert, war enttäuscht, daß keine hohen Protektoren in Deutschland ihn von seinem *Abenteurerleben* befreiten und identifizierte sich mit Hans Sachs aus den »Meistersingern«. *So bin ich denn nun 25 Jahre verheiratet, anerkannt, geliebt bewundert; … treibe mich wieder in Gasthöfen herum und bilde mir ein, Opernkomponist zu sein!*[838] schrieb er Hans von Bülow verbittert, und auch seine Schwester Cäcilie bekam einiges zu hören: *Keine Sicherheit, keine Einnahmen, Not und Sorge: keine Heimat, keine Familie, nichts!*[839] Er war so verzweifelt, daß er den elf Jahre jüngeren Komponisten Peter Cornelius einlud, zu ihm zu ziehen: *Ich verstehe es dann so, daß Du zu mir gehörst wie meine Frau, daß alles, Glück und Mißlingen, gleich und gemeinschaftlich ist, alles, wie es sich ganz von selbst versteht … Versteh mich recht, Du treibst, was Du kannst, und ich tu's; aber immer wie zwei Menschen, die eigentlich wie ein Ehepaar zusammengehören.*[840] Cornelius war klug genug, sich diesem dominierenden Einfluß zu entziehen.

Ein letzter, dramatischer Versuch des Zusammenlebens mit seiner Frau erfolgte im Februar 1862, als Wagner beschloß, sich in Biebrich niederzulassen. Minna verstand seine Briefe auch als Klage über mangelnde Hilfe und wollte ihm beistehen. Er hatte in der ihm typischen Vagheit sogar ein erneutes Zusammenleben in Aussicht gestellt, nachdem er die Stadt als günstigen Wohnort angepriesen hatte: *Ein Einziges erfüllt mich mit Bangigkeit: – Wie würdest Du Dich dabei befinden? Würde Dir eine Niederlassung in Biebrich erwünscht sein? Würdest Du Lust haben? Würdest du einen andren Aufenthalt nicht vorziehen? – Du begreifst, daß wenn ich hier allein von meinen Bedürfnissen ausgegangen bin, es mir Sorge machen muß, ob meine Wahl auch den Deinigen entsprechen wird. … Es käme daher auf den Versuch an.*[841] Als er zusammen mit dem Verleger Schott sich auf die Suche nach einer Wohnung machte, fand er etwas Passendes in einem größeren Sommerhaus. Er wartete auf die Ankunft der Möbel aus Paris und ließ Minna wissen, daß sie den Rest, den er nicht benötigte, haben könnte. Als das Mobiliar im Zollamt angekommen war, entschloß sie sich, nach Biebrich zu reisen, um ihm zu helfen. Beide waren bemüht, nett zueinander zu sein. Durch einen unglücklichen Zufall erfuhr Minna jedoch, daß der Kontakt zu Mathilde Wesendonck nach wie vor anhielt, was alte Wunden aufriß und beide nervlich belastete. Sie schüttete Natalie ihr Herz aus: *Vorigen Sonntag Abend 10 1/2 Uhr kam ich von einer 14tägigen Rheinreise zurück. Richard schrieb mir nehmlich sehr empfindlich, daß er in Biebrich (ein gräßliches Nest) auf jeden Fall bleibe um seine neue Oper dort ungestört componiren zu können. Niemand aber habe er, der ihm sein Leben etwas erleichtern und es ihm etwas bequem mache er müsse sich mühsam ein paar Möbel zusammen borgen, um existieren zu können. Kurz er wurde sehr bitter.*

Minna faßte daraufhin spontan den Entschluß, ihm zu helfen. *Diese Reise ist keine Kleinigkeit, besonders bei dieser rauhen Jahreszeit wo nicht einmal auf dieser Tur erwärmte Wagen sind, ich habe mich beinahe todt gefroren. Ich reiste von hier um 6 Uhr Abend, so direct wie möglich und kam den folgenden Tag gegen 2 Uhr Mittag in Biebrich an. Richard freute sich ungemein als ich kam, er hatte mir*

Die Villa Frickhöfer in Biebrich am Rhein, Schauplatz des letzten, stürmischen Versuchs eines Zusammenlebens von Minna und Richard, Februar/März 1862

vor Freude beinahe den Kopf abgerissen, er war wirklich recht gut.[842] In einem Brief an Cäcilie erwähnt Minna, daß Richard sogar vor Freude weinte. Die gute Laune hielt nicht lange vor, denn am nächsten Morgen bekam er beim Frühstück Post von Mathilde Wesendonck: *Alles war vorbei, ohne daß ich nur ein Wort sagte. Er tobte, brüllte ohne Grund, daß es mich nichts angienge, er könne Corespondiren mit wem er wolle usw.* Das Toben und Schreien gab Minna das Gefühl, die Schuld an dem Eklat zugeschoben zu bekommen, was sie noch mehr aufregte. Am nächsten Tag reiste das Ehepaar mit der Familie Schott nach Darmstadt, um eine Aufführung des »Rienzi« mit Niemann zu erleben und kam den darauffolgenden Tag nach Biebrich zurück. *Wir saßen eben wieder beim ersten Frühstück, richtig, da kam schon wieder ein dicker Brief von diesem Luder der W. an. Ich aber sagte wieder kein Wort darüber. Mein Richard jedoch fieng wieder an, sich in eine wahre perserker Wuth hinein zu schreien, da sagte ich nur nun, allerdings, es ist ein wunderbarer Zufall. Diese Worte spottete er mir nach, wie die Gassenbuben zu thun pflegen, ich sagte, daß er mich schmähen könne wie er wolle, ich würde ihn nichts antworten, so tobte er richtig dreiviertel Stunde fort bis ich ihm endlich sagte, daß er das Recht einer Frau, welches ich allerdings aus Rücksicht für ihn und aus Bescheidenheit nie geltend gemacht hätte, gar nicht kenne, und daß ich mir allerdings diese Correspondenz von Gottes und des Rechtes wegen verbieten müßte, da sie einen so sichtlich schlegten Einfluß auf ihn ausübe. Dieses Alles sagte ich ruhig, obgleich mich beinahe der Schlag vor Aerger getroffen. Den darauf folgenden Tag wurden die Kisten worin unsre Möbel sind, auf dem Zollamte geöffnet und umgepackt, da kam ein Beamteter, der mir ankündigte, daß schon ein paar Tage eine Kiste dastünde, die mit der Post gekommen wäre. Ich meinte es gut weil ich weiß daß R. sich mit dergleichen nicht gerne befaßt ich ließ also das Kistchen öffnen in der Meinung daß es Noten wären um es zu verzollen da war es aber wieder von diesem Weibe*[843] *ein gesticktes Kissen Thee Eau de Cólonge eingewickelte Veilchen. Jetzt hatte ich natürlich wieder einen Skandal zu erwarten, der dann auch nicht außblieb ich mag es nicht wiederholen was ich wieder hören mußte trotzdem ich diesen Unband himmelhoch bat mir vor den Leuten die Schande nicht anzuthun. Ich richtete Richard seine drei Zimmer mit unseren Möbeln so schnell wie möglich ein wozu ich 5 volle Tage brauchte und somit brachte ich mit Hin und Herreise einen Tag in Wiesbaden Darmstadt Mainz die eben genannte Zeit zu. Gott lob, daß ich wieder in meiner friedlichen Zelle bei meinem Jacquotchen bin. Leider mußte ich mich von Neuem überzeugen daß es dieser gräßliche Mensch unmöglich* ›macht‹ *schon jetzt mit ihm zusammenleben zu können, bis er von dem Schicksal d.h. wenn es ihm schlegt gehen wird nicht etwas kuriert sein wird.*[844]

Daß Minna Richard den brieflichen Verkehr mit Mathilde verbieten wollte, zeigt das Ausmaß ihres Unverständnisses für dessen Seelenlage. Sie wartete offenbar darauf, daß seine Liebe zu Mathilde erkaltete. Ihre Hoffnung wurde durch gelegentliche mehrdeutige Äußerungen ihres Mannes genährt. Im Mai nennt er sein Heim in Biebrich ein *provisorisches Asyl* und schreibt: ›Ich‹ *nehme mir unter dieser Voraussetzung* ›daß er seine Arbeit beendet hat‹ *vor, am 24. November bei Dir in Dresden einzuziehen*, um zugleich zu betonen, daß dies auch nur ein Provisorium sein könne.[845] Während er bezeichnenderweise jede Erwähnung der so unglücklich eingetroffenen Post von Mathilde Wesendonck in seinen Erinnerungen unterläßt, gibt er sein unangemessenes Verhalten Minna gegenüber zu: »*Ich hatte die sonderbaren Fügungen tief zu beklagen, die Stoff zur Trübung unsrer Stimmung während unsres kurzen Zusammenseins wurden; am meisten bedauerlich war mir jedoch wohl die Wahrnehmung, wie außerordentlich reizbar und unruhig mein Temperament ist.*«[846] Seine übernervöse Reaktion auf Minnas Vorwürfe und Minnas Wutprojektion auf Mathilde zeigen, daß die Ehe bis auf die Grundfesten zerrüttet war. Richard war übrigens bekannt dafür, daß er im Zorn ungerecht werden konnte. »In seiner leidenschaftlichen Gereiztheit war er zu jeder Ungerechtfertigkeit fähig« schrieb Eduard Hanslick[847], und Ferdinand Praeger: »Er kümmerte sich nicht darum, ob seine schroffe, beißende Kritik die tiefsten Wunden schlug, und doch war er selbst aufs empfindlichste gereizt und verletzt durch den geringsten Tadel.«[848]

Sein Bedauern über den Vorfall teilte Wagner Cornelius mit. Wahrscheinlich machte dieser aufgrund eines Gesprächs mit Minna, mit der ihn eine Freundschaft verband[849], den Versuch einer Aussöhnung und schrieb Richard daraufhin, denn dieser vertraute ihm an: *Liebster, es steht nun fest, ich kann unmöglich mehr mit meiner Frau zusammenleben! Du glaubst nicht, was ich mit diesen wenigen Worten alles sage. Mir blutet das Herz: und doch erkenne ich, daß ich alle Herzensweichheit gewaltsam bekämpfen muß, da durch Festigkeit und Offenheit einzige Rettung möglich ist.* Er gibt zu, daß er sich nach einer häuslichen Atmosphäre sehnt und dies durch ein erneutes Zusammenleben mit Minna erhoffte, und schildert dann, wie sie plötzlich in sein Zimmer trat: *Das Herz ging mir auf, und an meiner großen, gerührten Freude mußte sie leicht erkennen, wie es mit mir steht.* Er machte ihr sogar den Vorwurf, nicht mit Jacquot gekommen zu sein. Sie sah erholt aus, woraus er zu erkennen glaubte, daß es ihr ohne seine unruhige Lebensweise gut ging. Aber es gab nicht viel Gesprächsstoff zwischen ihnen. Anscheinend war Minna auch nicht mehr bereit, sich Monologe anzuhören, denn sie erzählte ihrerseits Einzelheiten aus ihrem Dresdener Leben. Richard versuchte ohne großen Erfolg, sich anzupassen: *Doch war der gute Wille in mir zu groß, als daß ich nicht gern die so eigentümlich verstellte Sprache, die man mit einem Kinde redet, auch gegen sie wieder sprach, Dinge mit scheinbarem Interesse anhörte, die mir ganz fernliegen und oft sogar widerwärtig sind.* Wagner erläuterte Cornelius langatmig, daß Mathilde

Wesendoncks Weihnachtsgeschenk eine lange Irrfahrt hinter sich gebracht hatte und ihn jetzt erst erreichte – unglückseligerweise an demselben Tag, als Minna die Kisten auspackte. *Unfähig, meine Beziehungen zu jener Frau anders als in einem widerwärtig trivialen Lichte zu sehen, will sie keine meiner Erklärungen, die ich rein um ihrer Beruhigung willen ihr gab, verstehen, sondern läßt sich in jenem gemeinen Ton aus, der mich nun wieder alle Fassung verlieren läßt: meine Heftigkeit deutet sie als Wirkung eines fortwährenden aufregenden Einflusses jener Frau auf mich, und – das ganze Wahnsinnsgebäude steht hell und unerschüttert wieder da! Es war für mich, wie um den Verstand zu verlieren.* Es waren zehn Tage der Hölle, und Richard sann auf folgenden Ausweg, damit sich dies nie wiederholen konnte: Er wollte, daß die Habseligkeiten, die er in Biebrich nicht benötigte, nach Dresden geschickt würden und sie ihm in ihrer Wohnung eine Stube reservieren sollte. Er schloß gar nicht aus, daß er später einmal ein paar Wochen bei ihr verbringen könnte, aber grundsätzlich wollte er anderswo leben. Es war ihm klar, daß er sich damit finanziell mit zwei Haushalten belastete, wo er doch kaum einen unterhalten konnte. Diese Entscheidung fiel ihm nicht leicht: *Ich habe so schrecklich viel Bedauern in mir. Es ist mir grauenvoll, jemand durch mich leiden zu wissen!*

So kostet es mich eine ganz ungemeine Anstrengung, mir selbst Vernunft beizubringen. Ganz augenfällig bin ich belehrt, daß meine Frau unter allen Umständen fern von mir sich besser befindet als bei mir: ja, ich erkenne deutlich, daß das eigentliche Gefühl der Liebe für mich gar nicht in ihr existiert: sie kennt nur ihr zugefügtes Unrecht und ist innerlich ganz unfähig, dies je zu vergeben. Zum Schluß kam ihn das Elend des Alleinseins an, und er klagte: *Ach Gott! Nun kommt es dann mit Tränen über mich, und ich sage: jetzt ein freundliches weibliches Wesen, das mich sanft in sich aufnähme!! Das verschließ' ich mir nun! Und so denke ich wohl, sind alle Leiden meiner Frau gerächt!*[850]

Ende März 1862 fertigte Anton Pusinelli ein Gutachten über Minnas Gesundheitszustand an, das Wagner persönlich treffen mußte, da der Arzt die Dresdener Erschütterungen im Jahr 1849 als Auslöser ihres Herzleidens bezeichnete. Bis zu ihrem Weggang aus Dresden konnte er an ihr eine kräftige Konstitution beobachten. Neun Jahre darauf war aus der früher gesunden und kräftigen Frau eine körperlich und seelisch Zerrüttete geworden. »Einen so grellen

Ausdruck schweren innern Leidens hatte ich nicht erwartet ... Ich fand ein organisches Herzleiden ... der ganz unregelmäßige Puls, die fortwährende Athemnoth, die zitternde, bebende Stimme, der ängstliche, gleichsam erschrockene Ausdruck des bleichen Gesichtes, die stete, nicht zu verbergende Unruhe, dies und anderes bestätigten die Diagnose ... so daß der damalige Zustand ein fast hoffnungsloser zu sein schien. Das sofort angewendete medicamentöse und diätetische Verfahren und eine darauf folgende Molken- und Badecur in Schandau hatten zwar einen günstigen Erfolg und minderten die Beschwerden wesentlich, um so mehr, als der langersehnte Aufenthalt im Vaterlande wohlthätig auf das Gemüth der Kranken wirkte, waren aber nicht im Stande, das tiefgewurzelte Leiden gründlich zu heben. Mit Sorgen und gegen meinen Willen sah ich daher die Kranke im Herbst ›1859‹, dem Rufe ihres Gatten folgend, wieder von hier scheiden und die wohlthätige Ruhe des hiesigen Aufenthaltes mit den Aufregungen des Pariser Lebens vertauschen. Die befürchteten Folgen blieben denn auch nicht aus. Die Nachrichten, die ich seitdem erhielt, lauteten nicht tröstlich und ließen die tiefe Sehnsucht nach der Heimath allenthalben durchblicken. Nach zwei leidensvollen Sommern kehrte die Kranke endlich im Herbste 1861 hierher zurück. Die guten Wirkungen des frühern Aufenthaltes in Dresden waren beinahe gänzlich verwischt und es bedurfte eines raschen Eingreifens und strengen Verfahrens, um wieder zu dem erträglichen Zustande von 1858 zu gelangen.«[851] Pusinelli deutet damit an, daß das Zusammenleben mit Richard Minna krank werden ließ, und widersprach damit Wagner, der glaubte, daß der Dresdener Freundeskreis Minna zu sehr aufregte.

Dieses Gutachten, das genaugenommen die Unvereinbarkeit der beiden dokumentierte, verhalf ironischerweise Wagner zu der lang ersehnten Amnestie in Sachsen. Minna trieb nämlich die Angelegenheit voran und bat Richard um einen Brief an den König, den er ihr auch schickte: ›Der Brief‹ *ist so verfaßt, wie Du es wolltest.*[852] Die früher so begehrte Amnestie war ein Gnadenakt für die Kranke, und Minna erhielt am 1. April den Bescheid für Wagner, wonach man ihm die straffreie Rückkehr nach Sachsen ermögliche. Die Nachricht vermochte ihn, der jahrelang dafür gekämpft hatte, nicht mehr zu erfreuen: *Ich für mein Theil habe viel zu überwinden bei dem Gedanken, mich in Dresden wieder niederzulassen, und jeder andere Ort, wo ich still für mich sein kann, wäre mir lieber.*[853]

Als er durch Pusinelli vorsichtig eruieren ließ, ob sie sich scheiden lassen würde, reagierte Minna brüsk ablehnend: *Will er eine gänzliche Scheidung, so sage ich: Nein. Er soll sich gedulden, bis Gott uns scheidet. Trennung? – er hat sich ja schon getrennt, da ich seit Jahren allein in der Welt herumgestoßen werde. Er kann nach Dresden kommen, wann er will, er soll dann stets sein Asyl finden.*[854] Richard kannte ihre Angst vor der Schande, die sie glaubte, im Falle einer endgültigen Trennung ertragen zu müssen,[855] und nahm rasch alles zurück. Minna gegenüber behauptete er, niemals eine Scheidung erwogen zu haben, und schob die Schuld auf den armen Arzt: *In seinem theilnehmenden Eifer ist Pusinelli weiter gegangen, als ich wollte … Er theilt mir nun selbst mit, daß Du seine Aufforderung, zu einer Besprechung nach Dresden zurückzukommen, auch dahin verstanden habest, als wolle man Dich zu einer Scheidung von mir bestimmen. Es thut mir leid, daß Dir ein so peinlicher Gedanken gekommen ist, welcher nimmermehr in mir noch aufgekommen ist.*[856] Das Mißtrauen, das Minna gegenüber Wagners Behauptungen hegte, wurde immer wieder durch solche Äußerungen genährt. Sie konnte sich denken, daß Pusinelli eine Scheidung nicht von selber sich aus erfinden würde.

In seinen weiteren Briefen wiederholt sich ein ähnliches Muster wie nach dem Bruch im Züricher »Asyl«. Richard berichtet über Opernaufführungen und andere Tagesereignisse und versucht, eine Normalität herzustellen, was aber nicht gelang. Minnas körperliches Leiden machte sie reizbar und zuweilen ungerecht. Sie wurde zunehmend ausfallend und beschuldigte ihn, sie in die fremde Welt hinausgestoßen zu haben. Als aus Rußland eine Einladung ihrer Schwester Amalie eintraf, benutzte sie sie, um Richard zu zeigen, wie sehr sich die anderen um sie kümmerten. Das empörte wiederum ihn, ohne daß er etwas dagegen tun konnte, und er schrieb resignierend: *Wer Briefe von Dir bei mir vorfinden wird, wird darin geschrieben lesen, daß meine Frau mich und mein Betragen gegen sie »herzlos«, »roh« und »gemein« nennt. So wird denn dies wohl auch in meine Biographie kommen. Das kann ich nun nicht ändern!*[857]

Anfang Juli trafen Hans und Cosima von Bülow in Biebrich ein. Richard probte mit dem Ehepaar Ludwig und Malvina Schnorr von Carolsfeld die Titelpartien aus »Tristan und Isolde«, wobei Hans am Klavier assistierte; Cosima war – wie Jahre zuvor Mathilde – von der Musik überwältigt und schrieb ihrem Vater nach Rom wahre Lobeshymnen. In Frankfurt am Main, wohin er das Ehepaar Bülow zum Abschied begleitete hatte, leistete sich Richard einen Scherz mit tieferem Sinn. Er forderte Cosima auf, sich in eine Schubkarre zu setzen, die leer auf einem Platz stand; ohne zu zögern war sie dazu bereit. Richard verzichtete jedoch aus Rücksicht auf Hans darauf, sie darin herumzuschieben. Ahnte er die Reaktionen, die der fast sklavische Gehorsam der jungen Frau bei Hans hätten auslösen könnte? Zumindest wußte er jetzt, daß Cosima ihm bedingungslos zugetan war. In diese Zeit fällt übrigens das erste »Du« in ihrem Briefwechsel.

Minna befand sich im Juni 1862 in Reichenhall, wo sie sich einer Kur unterzog. Kurz vorher hatte Richard wieder ein heikles Schreiben von ihr erhalten, denn er teilte Clara mit, daß der Brief auf ihn wirke, als käme er von einer *Wahnsinnigen*.[858] Alles Vertrauen wurde nun auf ihre Kur gesetzt, und Hans von Bülow, der eine endgültige Trennung der beiden für vernünftig hielt, kommentierte maliziös: *Seine Frau hat sich in Dresden niedergelassen, von wo sie sich nun seit einigen Wochen nach Reichenhall in Tyrol begeben, um eine neue Luxuskur zu gebrauchen. In einer Beziehung wäre also Dein für ihn gehegter Wunsch erfüllt: Trennung von Madame*.[859] Damit wird Minna als Luxusweibchen hingestellt, womit er ihr wahrhaft Unrecht antut. Er sollte bald selbst eine Kur nötig haben, nachdem seine Ehefrau zu dem von ihm so innig verehrten Richard übergewechselt war.

Im Juli bat Richard noch einmal den früheren Gönner Otto Wesendonck um ein Darlehen, um die endgültige Niederlassung Minnas in Dresden bezahlen zu können. Er erhielt eine Absage, allerdings dankte Richard ihm einige Tage darauf für die neuerliche Hilfe, so daß Otto sich – vermutlich auf Wunsch seiner Frau – eines anderen besann. Wagner kam auf die Idee, die von Mathilde verfaßten Gedichte, die er im Zustand der höchsten Verliebtheit vertont hatte, von Otto zu erbitten und sie gegen Honorar dem Schott Verlag anzubieten. Wesendonck ging darauf ein, und der Verleger nahm die Lieder sofort an.

Richard und Minna blieben bei Themen, die beide seelisch verkraften konnten. Als im August Richards Daumen durch einen Hundebiß so verletzt worden war, daß er nicht arbeiten konnte, antwortete Minna aus Reichenhall: *Daß Dich der abscheuliche undankbare Leo gebissen erschreckte mich im ersten Augenblick, hoffentlich wird es nicht böse werden. Lieber wollte ich Dir den Biß abnehmen, weil dergleichen Wunden sehr schnell bei mir heilen. Das dumme Thier verdient gar nicht mit Brödchen gefüttert zu werden, wie Du es wahrscheinlich zu thun pflegtest; nimm Dich vor ihm ja in Acht, den alten hämischen Bulldoggen ist doch nie zu trauen. Du würdest mir einen großen Gefallen thun, wenn Du mir recht bald mit zwei kurzen Worten sagen wolltest, daß Deine arme Hand wieder ganz gut ist.*[860] Dennoch gab es immer wieder Momente, wo Minna von verzweifelter Wut gepackt wurde und Richard in ihren Briefen angriff. Ihre Vorwürfe, die sich zuweilen in lautes Klagen verwandelten, zerrten an seinen Nerven. Zuweilen war er am Ende seiner Kraft: *Ach, gute Minna! Du solltest doch auch drauf bedacht sein, es mir leichter zu machen! Selbst Deine gerechten Klagen (und die über Deine letzte Noth sind es!) solltest Du mir mildern. Du bist aber ewig in einem Wahne über mich und mein Leben, aus dem nichts Dich reißen zu können scheint. Glaube nur, daß ich ein vollkommen elendes Leben führe, täglich, stündlich – und nie, nie vergnügt bin! … Unter allen Sorgen und Nöthen blieb mir die Sorge um Dich doch die nagendste.*[861]

Anläßlich eines Konzertes im November in Leipzig nahm sich Richard vor, seine Frau zu besuchen. Er bat sie ausdrücklich, nicht von Dresden aus hinzuzukommen, denn er wollte jede Aufregung von ihr fernhalten. Es erklang neben der Tannhäuserouvertüre erstmals das Vorspiel zu den »Meistersingern«, Bülow spielte Liszts A-Dur-Klavierkonzert. Das Konzert war nur schwach besucht und pekuniär erfolglos. Anschließend reiste er nach Dresden. Minna hatte Clara Wolfram zu Besuch, und so blieb die Begegnung freundlich. *Nichts Unangenehmes!* schreibt er lakonisch.[862] Minna holte ihn am Bahnhof ab, und er konnte sich die Walpurgisstraße anschauen, die es noch nicht gab, als er das letzte Mal in Dresden gewesen war. Sie hatte einen Teppich gefertigt und vor die Wohnung gelegt, auf dem in Großbuchstaben »SALVE« eingestickt war, und den Richard überschreiten mußte. Für ihn hatte sie ein Wohn- und ein Schlafzimmer vorbereitet, und in einem Zimmer ihm zuliebe die rotseidenen Vorhänge aus Paris anbringen lassen. Auch einige Möbel aus der Züricher Zeit standen dort, und der alte Schreibtisch aus Mahagoni, den Wagner in Dresden benutzt und die Familie Ritter nach seiner Flucht erworben hatte, war wieder in ihre

Wohnung zurückgekehrt. Diese rührenden Rückgriffe auf eine vergangene häusliche Gemütlichkeit verrieten ohne große Worte ihren Wunsch, ihm trotz aller Streitereien in Dresden ein Zuhause zu bereiten. Noch immer betrachtete sie sich als seine legitime Ehefrau. Machte sie sich wirklich noch Hoffnungen? Richard war von ihrer Fürsorge ergriffen, aber es stand längst für ihn fest, daß er keinesfalls an das alte Leben anknüpfen konnte. Im April – die Amnestierung lag gerade einen Monat zurück – hatte er ihr vorsichtig klargemacht, daß er nicht dauernd in Dresden sein würde, und überließ es ihr, die Wohnungseinrichtung nach eigenem Geschmack voranzutreiben. Schon das hätte sie mißtrauisch machen müssen, denn Richard beteiligte sich üblicherweise mit Gusto an der Ausschmückung seiner Wohnungen. Er verstand es aber, ihre Hoffnungen zu nähren, indem er in bekannt vager Manier zugleich Dresden als neuerliche Heimat in Aussicht stellte.

Da er Minna immer wieder *in Schulden und ohne Subsidien* ließ,[863] wird das Gespräch über das Geld für beide Seiten das Schwierigste gewesen sein, hatte sie sich doch selbst verschulden müssen, als seine versprochenen Geldüberweisungen wieder einmal ausblieben. Kurz vor seinem 50. Geburtstag war er trotz seines Ruhms immer noch unfähig, sie zu unterhalten. Dies war das letzte Mal in seinem Leben, daß er sie sah. Er reiste zwar Ende Juli 1865 zusammen mit Hans von Bülow nach Dresden, um dem verstorbenen Sänger Ludwig Schnorr von Carolsfeld die letzte Ehre zu erweisen,[864] und es ist seltsam, daß er Minna nicht dort traf. Da aber die beiden zu spät ankamen, reisten sie rasch wieder ab. Wagner arbeitete an der Instrumentation des 2. Akts von »Siegfried« und war in Gedanken bei dem Textentwurf zum »Parsifal«, über seinem Kopf drohte das Damoklesschwert der Ausweisung aus München, er hatte andere Sorgen als die um eine körperlich und seelisch gebrochene Frau.

Die Wesendonck-Episode blieb noch jahrelang eine Zumutung, an der sich Minna aufrieb. Bei Richard verblaßte die Erinnerung im Lauf der Jahre. Als er später zurückblickte, war die leidenschaftliche Liebe auf der Strecke geblieben. Im Nachhinein verkleinerte er auch Mathildes Rolle. *Sie war sehr lieblich … Sie hat mir hübsch bei der Arbeit geholfen … Sie gab einem hübsch wieder, was man ihr gab … Es war eine Beziehung, an welche die Prüfung nicht hätte herantreten dürfen.*[865] Das klang, als sei alles ein neckisch-anmutiger Flirt gewesen. Mathilde hatte ihrerseits einige Jahre nach dem Konflikt angefangen zu schriftstellern und entwickelte sich zu einer routinierten Autorin. So schrieb sie die Dramen »Gudrun« (1868), »Edith oder die Schlacht bei Hastings« (1872), »Friedrich der Große« (1871), »Odysseus« (1878), »Alkestis« (1881) und anderes mehr. Als sie Richard einen Band ihrer veröffentlichten Märchen zusandte, rief er verächtlich aus: *Sie erzählt das ihren Kindern.*[866] Sie gehörte für ihn in die Reihe der Frauen, die ihn verraten hatten, weil sie ihn nicht genug liebten.

Mathilde verhielt sich übrigens Bayreuth gegenüber äußerst großzügig. Als eine der großen Mäzeninnen der Stipendienstiftung bestimmte sie, daß diese auch nach ihrem Tod bedacht werden sollte. Cosima erkannte wohl die Bedeutung dieser Frau, bedankte sich 1900 herzlich für die Zusendung von Büchern *(Mit dem Band Euripides haben Sie mir schöne Stunden bereitet)*, nannte Otto Wesendonck einen *zarten, edlen Menschen* und war für die liebenswürdige Aufnahme ihres Sohnes dankbar.[867] Ihr lag sehr daran, daß über bestimmte Dinge geschwiegen wurde und sie schrieb Mathilde 1878 ein paar Zeilen, die für ihren entrückten Stil typisch sind: *Wenn ich Ihnen diese tiefernste … Stimmung anvertraue, und nicht blos, auch ich, durch Verstummen sie kund thue, so geschieht es, weil ich zu wissen glaube, daß Sie ganz begreifen werden, dass Sie schweigend die Wahrhaftigkeit des Schweigens anzuerkennen, ihr zustimmend verstehen und Sie dem Misverständlichen, Irrthümlichen fast bis zum Trügerischen, vorzuziehen vermögen, welches ach, beinahe ein jedes Reden mit sich führt.*[868] Mathilde wird weniger den späteren Wagner und eher den Freund im Gedächtnis behalten haben, der ihr noch 1861 geschrieben hatte: *Daß ich den »Tristan« geschrieben, danke ich Ihnen aus tiefster Seele in alle Ewigkeit!*[869]

Minna machte sich derweil Gedanken über die Zukunft ihrer Tochter, die bei Trögers in Zwickau wohnte und dort im Haushalt aushalf. Sie war froh, daß Natalie aus dem Hause war, fühlte sich aber verpflichtet, für ihr Weiterkommen zu sorgen. Sie selbst hatte die im 19. Jahrhundert geforderte Disziplinierung der bürgerlichen Frau verinnerlicht und wünschte sich daher eine ordentliche, saubere und arbeitswillige Tochter. Die Sorgen um ihre Zukunft zogen sich nun schon viele Jahre hin. Bereits 1843 hatte Richard gezweifelt, daß Natalie französisch lernen könnte: *Daß sie sich einbildet, durch Erlernung der französischen Sprache sich und der Welt noch einmal nützlich werden zu können, beruht auf einem schwärmerischen Irrthume, der ihr einleuchten würde, wenn sie ihre deutsch geschriebenen Briefe einer kaltblütigen Prüfung unterwerfen wollte.*[870] Minna wußte um die begrenzten Möglichkeiten weiblicher Berufstätigkeit, und als Malwida von Meysenbug in Aussicht stellte, für Natalie eine Stelle als Erzieherin zu beschaffen, schickte sie ihr Geld für Unterrichtsstunden, damit sie die Grundlagen in den Fächern Musik (Klavierspiel), Zeichnen, Französisch und Geschichte erlernen konnte. Außerdem müsse sie *gute Maniren besitzen, um sich in guten Gesellschaften bewegen zu können,* und auch *gut angezogen sein.* Sie riet ihr, in den Lernpausen eine Näherei oder einen Strickstrumpf in die Hand zu nehmen, um sich zu erholen.[871] Da sie Richard nicht mit diesen Sorgen behelligen wollte, schrieb sie: *Du mußt nun mit meinem Rath oder Ansicht zufrieden sein, den ich mir aber, ich verhele es Dir nicht, gern erspart hätte und zwar aus zwei Gründen; erstlich mußt Du altes Kind doch endlich einmal Selbständig werden oder willst Du ewig Dich in dieser Kindlichkeit bewegen und noch Jahre lang Deinen Unterricht fortsetzen?*[872] Sie konnte ihre Rolle als Mutter nicht zugunsten der noch immer offiziell angegebenen Rolle der Schwester aufgeben, auch hinsichtlich ihrer eigenen Verfehlungen als junges Mädchen. Phantasie und Kreativität, das freie Ausleben von Sinnlichkeit und ein ungezwungenes Verhältnis zum eigenen Körper – dies wurde bürgerlichen Frauen nur begrenzt gestattet, und es verwundert daher nicht, wenn Minna die Zwickauer Mädchen kritisierte, die ihr zu liederlich angezogen herumliefen. Sie nannte sie *Plumpsäcke*: *Mit solchen fatalen Geschöpfen tanzte ich auch nicht, wenn ich ein Mann wäre, viel weniger* ›nähme‹ *ich mir eine davon zur Frau.*[873] Minna ahnte, daß von Richard angesichts seiner finanziellen Lage wenig Unterstützung für Natalie zu erwarten war. (Ohne ein soziales Netz war selbst die Arbeit als Gouvernante riskant, da es keine Altersversorgung gab, doch Natalie hätte sich wenigstens ein paar Jahre lang selbst unterhalten können.) Als Minna vorschlug, daß diese eine zweijährige Ausbildung in Bern durchlaufen sollte, wandte sich Richard dagegen, weil er bei ihr einen *schlaffen, energielosen* Charakter zu erkennen glaubte, und hielt es für günstiger, wenn sie in Minnas Nähe in Dresden eine Ausbildungsmöglichkeit bekäme.[874] Ob Natalie die Stelle bei einer englischen Familie annahm, die

Minna durch eine Freundin fand, ist nicht bekannt. Als sie der Mutter von dem Liebeswerben eines Mannes schrieb, wurde diese langsam ungeduldig. Mit ihrem Sinn für Pragmatismus ging es ihr allein um die Versorgung der Tochter, wobei sie wenig zimperlich mit deren Selbstwertgefühl umging: *Sollte Dein Türke sich bis Herbst nicht erklärt haben, so erklärt er sich nie. Dann kommst Du zu mir und es wird schon gehen. … Du bist für T. doch etwas zu alt und ein großes Glück ist es auch nicht, einen Mann mit 320 Thr. Gehalt zu bekommen … Ziere Dich nur nicht, meine gute Natalie, schneide nicht solche häßliche Gesichter, sonst bekommst Du selbst diesen armen Schlucker nicht. Für eine kleine Ausstattung würde ich so gut wie möglich und was in meinen Kräften steht, sorgen.*[875]

Zwölftes Kapitel
»Der schwache, blinde Mann…«: Das Ende einer Ehe 1863 – 1866

Nach der Trennung von Minna litt Richard unter der Einsamkeit: *Ich immer allein, mit – Dienern: gerade ich! Kein weibliches Wesen mir zur Seite! kein gebildeter Mensch, mit dem ich im Hause verkehren könnte! … Mir kann König und Kaiser nichts bieten, wenn es nicht im Hause recht hergeht! Ich komme nicht zur Ruhe. Nun suche ich wieder ein Frauenzimmer, die mir meine Sachen in Ordnung hält! Das geht und kommt, ich kann mich nicht entschließen. Bin ich denn verflucht, daß ich mir hier nicht helfen kann!*[876] Auf der Suche nach einer weiblichen Person, die ihm sowohl einen Haushalt führen als auch das geistige Verständnis für seine Arbeit aufbringen konnte, lernte er im Februar 1862 bei einer Soiree des Verlegers Schott die 29jährige Mathilde Maier in Mainz kennen. Wagners Freund Wendelin Weißheimer, ein Freund der Familie, machte die beiden nach seiner Schilderung miteinander bekannt. Er informierte Wagner im voraus über ihr Kommen und beschreibt das Treffen recht despektierlich: *Als sie kam, saß er in einer der mit schweren Vorhängen versehenen Seitennischen des Salons. Dorthin führte ich sie, öffnete ein wenig und sagte: »Herr Wagner – Fräulein Maier«, schob Schönmathildchen hinein und schloß wieder den Vorhang.*[877] Mathilde vertrat jedoch eine andere Version, die glaubwürdiger klingt. Ihr zufolge wollte Wagner wegen seiner gedrückten Stimmung niemandem vorgestellt werden und hatte die Abendgesellschaft beim Verleger bereits verlassen, kehrte aber wegen eines Unwetters wieder um. In einem Nebenzimmer leisteten ihm daraufhin Weißheimer und ein Tischnachbar von Mathilde abwechselnd Gesellschaft. Mathilde ließ ihm scherzhaft bestellen, daß sie eigentlich einen Besuch seinerseits erwarte. Wagner ging darauf ein und setzte sich zu ihr.[878]

Mathilde Maier, die vergeblich Umworbene.

Richard genoß die Verehrung Mathildes. Er sah in ihr eine mögliche Lebensgefährtin, die ihm den Haushalt führen, aber auch seelisch und geistig folgen konnte. Obgleich seine Briefe an sie nicht den ekstatischen Impetus besitzen wie die an Mathilde Wesendonck, hätte er sie gerne als Geliebte und – wenn Minna rechtzeitig gestorben wäre – auch als Ehefrau besessen. Er hatte zwar eine Haushilfe, die Köchin, Stubenmädchen und Bedienstete in einer Person war und deren Mann als Diener, Gärtner und Hausmeister fungierte. Dennoch bat er sie Anfang 1863, die bürgerlichen Vorurteile fahren zu lassen und zu ihm zu ziehen, wobei er dem *Mainzer Schatz* klarmachte, daß er nicht heiraten könne, solange seine Frau lebe.

Die junge Frau entstammte einem gutbürgerlichen Haus. Ihr Vater war Notar gewesen, und sie lebte mit ihrer Mutter, einer Schwester und zwei Tanten in Mainz. Wie man einem Schreiben von ihr an Nietzsche über dessen »Menschliches, Allzumenschliches« erkennen kann, war sie geistig anspruchsvoll.[879] Es war ihr unmöglich, auf Richards Angebote einzugehen, denn sie hätte damit in ihrem Umkreis einen Skandal provoziert. Das wollte er nicht einsehen. Am liebsten hätte er sie und ihre Mutter geschubst: *Euch ist's vom Schicksal in die Hände gelegt, mich wieder an den Rhein zu bringen. Aber so seid doch gescheidte Frauenzimmer, und risolut!*[880] Immer wieder flammte seine Verliebtheit auf: *Ich liebe Dich tiefinnigst!*[881] Wieder schickte sie ihm eine Absage, und er reagierte verletzt: *Gott weiß, wie weit es mit eurer bürgerlichen Bigot-*

terie geht –; aber, wenn nun Deine ganze Familie mit allen Tanten übersiedelte? – Ja! Ja! es gilt noch einen russischen Feldzug, und ich biete Euch die ebenso schöne Parterrewohnung meines Hauses an.

Er beanspruchte für sich einen Sonderstatus und verlangte von ihr, diesen zu akzeptieren, konnte betteln, herablassend sein oder sogar drohen: *Ihr führt mir die Wirthschaft. Was dann? Was sagen dann die Basen? – Ach! geh!! Ihr seid zu erbärmlich – Ihr da! Zu erbärmlich! Etwas muß doch gewagt werden, wenn man mit dem Wagner zu thun hat!*[882] *Wenn Du Dich nun verheirathetest, müßtest du nicht auch von Deiner Mutter gehen? Eine Stelle wolltest Du ja fast schon einmal annehmen? Betrachte es bei mir so, und nenn' es so! Ich bewohne hier wie in München 2 Etagen übereinander; unten ich, oben könntest Du wohnen. Gott! Gott! immer diese elenden kleinbürgerlichen Rücksichten; – und dieß bei so viel Liebe! Was endlich liebt man denn mehr? – Du siehst, wie's steht! Seit lange kämpfe ich, um Dir recht ruhig hierüber zu schreiben; nun reißt mir aber die Geduld, – es ist zu schändlich, daß ich mir immer so allein helfen soll! Es geht, es geht nicht mehr: – es muß hier ein Entscheid getroffen werden, und ich fürchte, Du verlierst mich einmal, wenn Du mir nicht ganz hilfst. Hier geht's mit Reden und Briefen nicht.* Er machte sie für seine Misere verantwortlich: *Sonntag soll meine große Musikaufführung sein. Wer ist Schuld, daß ich diese Anstrengungen – wie die mit ihnen wechselnde Anspannung – für mich allein, einzig von meinen Dienstboten gepflegt, ertragen muß? Daß ich mich endlich daran gewöhnen muß, und wirklich gewöhne? – Unmöglich kann ich aus solcher Unmittelbarkeit heraus mich noch rüstig an Pflege aus der Ferne halten!*[883]

Es irritierte ihn, daß sie eine Selbständigkeit an den Tag legte, wofür er sie ironisch mit männlichen Bezeichnungen wie *der kleine Herzog* oder *lieber Neffe* belegte, und er verstärkte den Autoritätsabstand, indem er sich *der gute Onkel, Onkel Richard* nannte und sie *lieb Kind* oder *mein theures Mädchen* betitelte. Diese Ambivalenz irritierte Mathilde Maier, und die erhaltene Abschrift eines Antwortbriefes zeigt, wie sehr der von Richard eingenommene Abstand sie störte:

In Ihrem letzten Brief lassen Sie mich fühlen, daß der Ton des meinigen Sie nicht angenehm berührte, und doch ist es derselbe Ton, den Sie von vornherein angeschlagen, und konsequent durchgeführt. Erinnern Sie sich selbst, ob nicht in aller Freundlichkeit, die Sie für mich hatten, eine Art väterliche Zärtlichkeit lag; ein gewisses etwas, das gar sehr von oben kam und wohl sogar meine Eitelkeit hätte verletzen können, wenn ich nicht zu aufrichtige Freude empfunden hätte, Sie ein wenig heiterer zu sehen. Denn wissen Sie, als ich Sie zum erstenmal sah, hat der tiefe Schmerzenszug in Ihrem Wesen einen unauslöschlichen Eindruck auf mich gemacht. Ich hätte gern alle Freuden der Welt zusammentragen mögen, um ihn nur auf Augenblicke zu verwischen. Da wir uns wiedersahen, fand ich auf einmal, daß ich in mir selbst (d.h., wie Sie mich aufgefaßt), das Mittel besitze, Sie ein wenig zu erfreuen. Gern verzichtete ich darauf, von Ihnen gekannt zu sein, wußte ich doch nicht, ob das, was ich bin (ich bin nicht das heitere, sorglose Kind) Ihnen so lieb wäre, wie das, wofür Sie mich nahmen, daß ich darüber vergaß, daß die Bedingung dazu eine Lüge war, wenn auch keine absichtliche, so doch eine geduldete.

Sie übernimmt bewußt die kindliche Rolle, die er ihr ursprünglich zuwies, verlangt aber zugleich, daß er dieses »Spiel" durchschaut und sie nicht auch im wirklichen Leben als Kind betrachtet. Der Brief hat aber einen – wenn auch in anderer Weise ebenso aufschlußreichen – zweiten Teil: *Gott weiß, warum, erklären Sie mich jetzt auf einmal für mündig. Nun darf ich die Täuschung nicht länger fortbestehen lassen; denn jetzt bin ich verantwortlich. Selbst auf die Gefahr hin, Ihnen nun garnichts mehr sein zu können, muß ich das Bild, das Sie sich von mir gemacht und dem ich kaum mehr als das Gesicht geliehen, zerstören ... Es drückt mich nieder, ich kann es nicht ertragen, daß Sie mich für größer halten, als ich bin, und ich will es nur gleich sagen: der Bornirtheit gegenüber, bin ich so feig, wie die meisten Frauen; zwar nicht bis zur Lüge, aber bis zum Verstecken. Ich war nicht so, als ich noch jünger war, aber das Leben hat mich verdorben. Zwei Gründe können vielleicht zu meiner Entschuldigung dienen: zuerst hab ich eine Mutter, der nichts auf der Welt so theuer ist, als ich, und der es darum schrecklichen Kummer macht, wenn ich etwas thue, das falscher Deutung ausgesetzt ist. Ich habe meine Mutter unaussprechlich lieb und kann's nicht ertragen, wenn sie leidet, und gar durch mich. Mein zweiter Grund ist, daß ich nicht Menschenverachtung genug habe, sogar manche dieser Bornirten von Herzen lieb habe.*[884]

Wagner verlangte mehr von ihr, als sie leisten konnte. Ein Leben im Konkubinat hätte sie lebenslang vor der Außenwelt entfremdet

Die Sängerin Friederike Meyer, mit der Wagner eine kurze Beziehung verband.

und als Flittchen abgestempelt. Als sie absagte, schob er die Schuld auf ihre Vernunftgründe, denn eigentlich waren ihm gescheite Frauen unangenehm, und er grantelte: *Ja, ja! ich sag's immer: was die alles weiß, wie die immer Recht hat! Und wie sie auch herausgebracht hat, daß sie mir gleichgiltig werden würde, wenn sie immer bei mir wär'! Nein, sie ist zu klug! dagegen kann man garnichts sagen, denn sie ist ja die Richtern.*[885]

Auch andere amouröse Versuche scheiterten. Er interessierte sich für die Sängerin Friederike Meyer, die aber von ihrem bisherigen Liebhaber nicht loskam. *Sie faßte ein gänzlich hingebendes Vertrauen zu mir*, schrieb er Hans von Bülow, *dessen ich mich dem geistvollen, höchst begabten Mädchen gegenüber gern wert zu zeigen suchte. Nun scheint sie aber doch so tief in den widerlichsten Beziehungen zu Guaita drin zu stecken und ist durch ihren Charakter, ihre gänzlich zerrüttete Gesundheit und dadurch gestörte theatralische Laufbahn in die traurige Lage gesetzt, nicht vollständig mit ihrem Anbeter zu brechen.*[886]

Ende 1862 und Anfang 1863 fanden Konzerte in Wien mit Auszügen aus seinen Werken statt. Er hätte Minna kurzfristig per Telegraph eingeladen, wenn nicht seine Gesundheit – er litt an einer schmerzhaften katarrhalischen Erkrankung – ihn geplagt hätte. So aber ließ er es bleiben. Die Geldsorgen zwangen ihn, im Frühjahr 1863 eine Konzertreise nach Petersburg und Moskau zu unternehmen, die ihm endlich Geld in die Taschen spülte: Der Gewinn betrug 6000 Rubel bzw. 4000 Taler (etwa € 6000). Sofort leistete er sich eine kostspielige Unterkunft in Penzing bei Wien. Speisezimmer, Arbeitssalon, Arbeitszimmer, Teezimmer, Schlafstube und die Garderobe ließ er in bewährter Manier jeweils üppig mit Stoffen tapezieren und verzieren: das Teezimmer wurde beispielswiese glatt grün mit Violettsamtstreifen und Goldleisten in den Ecken ausgestattet, und die Sessel und Diwane neu bezogen.

Minna mißverstand immer häufiger einzelne Sätze seiner Briefe, so daß er langwierig erläutern mußte, was er ursprünglich gemeint hatte. Ihr Mißtrauen störte und verletzte ihn, ohne daß er es abbauen konnte. Gereizt mahnt er sie, sich zurückzuhalten. Er berichtet ihr, daß ihm die Nähe Wiens unerläßlich sei und er sich deshalb in Penzing eine Sommerwohnung genommen habe. Er möchte völlig zurückgezogen dort arbeiten. Seine Ruhe ging ihm jetzt über alles, und auch aus diesem Grunde wollte er Minna keinesfalls um sich haben.

Gute Freunde rieten ihm, eine wohlhabende Frau zu heiraten, um ein für allemal den finanziellen Sorgen zu entfliehen. Er wußte jedoch, daß Minna in eine Scheidung niemals einwilligen würde. An die Hofdame in St. Petersburg, Editha von Rhaden schrieb er, daß kein Vorteil der Welt ihn dazu bringen könnte, *der armen Frau, deren einziges Unrecht im ganzen es ist, sich von mir haben heiraten zu lassen, die Schmach einer gerichtlichen Scheidung mit allen hierzu erforderlichen, empörenden Verhandlungen anzutun.*[887]

Wie immer, wenn er viel Geld in der Kasse hatte, schaute er nicht so genau hin. Zu Weihnachten beschenkte er seine Freunde so maßlos, daß sie peinlich berührt waren. Der Komponist Peter Cornelius berichtete seiner Schwester Susanne, daß er von Wagner einen schweren Paletot, einen eleganten grauen Schlafrock, einen roten Schal, eine blaue Zigarrentasche und Feuerzeug, ferner schöne Seidentücher, prachtvolle goldene Hemdknöpfe, eine Ausgabe des »Struwwelpeter«, einen eleganten Tintenwischer mit goldener Devise, feine Halsbinden und schließlich eine Meerschaumzigarrenspitze mit seinen Initialen bekommen habe.[888] Obwohl Richard durchaus rechnen konnte – einige Jahre zuvor hatte er Sulzer eine genaue Liste aller zu erwartenden Einnahmen aus Aufführungen seiner Werke an verschiedenen Bühnen aufgelistet – konnte er sich anscheinend beim Ausgeben nicht beherrschen. *Übrigens ist Wagner, wenn er Geld in der Tasche hat, wie ein kleines Kind, und scheint gar nicht daran zu denken, daß dies alles einmal ein Ende nehmen könne*« schreibt der Wiener Hofkapellmeister Heinrich Esser über ihn.[889] War es die Freude, beim Einkaufen schöne Dinge in die Hand zu nehmen, oder war es das Bedürfnis, mit materiellen Gaben Freundschaften zu erhalten? Warum zwang ihn die Angst vor dem Bankrott nicht zum Sparen? Es war vor allem sein Unvermögen, für die Zukunft zu planen und vorzubauen – eine Maxime protestantischer Ethik –, an dem Minna so litt und das so oft zu Verdrießlichkeiten zwischen dem Ehepaar geführt hatte. Auf jeden Fall machte es ihm mehr Freude, schöne Geschenke zu kaufen als Minna Geld zu überweisen, denn zwei Wochen nach Weihnachten vertröstete er sie: *Du begreifst nun wohl, daß auch ich nicht auf Rosen gebettet bin, auch nicht in der Wolle sitze. Dennoch kannst Du mit Sicherheit diesen Monat noch auf genügende Geldsendungen von mir rechnen: ich hoffe, trotz Allem, Deine Lage in Kurzem vollkommen zu beruhigen.*[890]

Seine Gelder schmolzen dahin, schon zu Jahresbeginn wurde die Schlinge enger, denn er geriet durch das Aufnehmen neuer Wechselschulden zur Deckung älterer Wechsel in Wuchererhände und wurde von Gläubigern bedrängt. Als er von Heinrich Wolfram erfuhr, daß es Minna gesundheitlich schlecht ging, brach er in Tränen aus. *Alles, was ich durch unser Getrenntleben beabsichtigte, ist doch endlich nur, zu vermeiden, daß wir uns gegenseitig aufreiben ... Dagegen hat nun die kurze Schilderung ihres Zustandes, wie sie Dein Brief enthält, mich plötzlich ganz schrecklich ergriffen. Ich kann mich noch gar nicht fassen und weine in einem fort! Was mich die unglückliche Frau jammert, kann ich nicht sagen! ... Eine Katastrophe mit Minna wäre mir jetzt für alle Zeiten verderblich. Oh, möge sie gedeihen und ruhig alle sonstige Not mir überlassen!*[891]

Da ihm jetzt sogar eine Gefängnisstrafe drohte, rieten ihm Freunde, vor seinen Gläubigern aus Wien zu fliehen. Er bemühte sich, Geld aufzutreiben, war aber wenig erfolgreich (nach heutiger Umrechnung betrug die Höhe der Schulden etwa € 60.000[892].) Sein Ruf litt sehr unter dieser Flucht, und Kritiker wie Eduard Hanslick weideten sich genüßlich an diesen Unerquicklichkeiten, denn auch seine diversen Liebschaften reizten zum Spott: »Er mietete eine hübsche Villa in Penzing, ließ sie nach seinem Geschmack tapezieren und möblieren, nahm eine niedliche Ballettänzerin mit, welche seinen Gästen die Honneurs machte, und – war eines Tages verschwunden.«[893] Esser schrieb an den Verleger Schott: *Wenn er in jeder Stadt, wo er sich gerade aufhält, eine Liebschaft anfängt, so ist dies seine Privatsache, die mich nichts angeht.*[894] Da er nicht wußte, wie das Geld für Minna aufzubringen sei, schrieb er nochmals an die einflußreiche Editha von Rhaden in Petersburg und bat sie, bei der Großfürstin Helene Pawlowna vorstellig zu werden, die eintausend Taler in dreimonatlichen Raten an Minna, Walpurgisstraße 16 in Dresden überweisen sollte. Seinem Schreiben ist eine große Anteilnahme an Minnas Schicksal anzumerken, wobei offen bleibt, was bei ihm aus dem Augenblick geboren oder wahrhaftig war. Er gibt der Hofdame den wenig taktvollen Hinweis, daß die Fürstin infolge der schweren Erkrankung Minnas wohl nicht lange zu zahlen hätte.[895] Eine Zahlung erfolgte jedoch nicht. Da er keine Antwort erhielt, wiederholte er seine Bitte drei Wochen darauf: ›Es‹ *fehlt mir die Versicherung, daß ich meine Frau versorgt wissen darf; oh, könnten Sie mich hierüber trösten!*[896] Alles schien bergab zu gehen, und er trug sich sogar mit Selbstmordgedanken.

Ohne festen Wohnsitz wandte er sich an den alten Gönner Otto Wesendonck mit der Bitte um Aufnahme in seinem Haus, was dieser ihm rundweg abschlug. 1864 reiste er über den Bodensee nach Zürich und von dort nach Mariafeld zu François und Eliza Wille, wo Minna und er in den Züricher Jahren so gute und fröhliche Zeiten erlebt hatten. Der Hausherr war nicht daheim, so daß ihn seine Gattin alleine empfing. Sie war ihm eine liebenswerte Gastgeberin, sorgte für seine Ruhe und überließ ihm sogar einen eigenen Diener. Nach der Arbeit saß er mit Eliza zusammen und räsonierte über die Vergangenheit. Auffahrend beschwerte er sich über seine Frau, sie habe nie begriffen, daß er nicht *mit gebundenen Flügeln leben* könne. *Es ist mir zum strafenden Schicksal geworden, mein eigenes Weib durch übergroße Nachgiebigkeit in der Weise verwöhnt und verzogen zu haben, daß sie endlich in sich selbst allen Halt zu einigem Gerechtwerden gegen mich verlor. Die Folge davon hat sich gezeigt.*[897]

Eine solche Sichtweise, die Minna zum Kind degradierte, vertrat er jahrelang. Das Problem lag anderswo. In ihren Briefen beschwert Minna sich über Richards Roheit und Wutanfälle. Da sie immer wieder an Richards Unverständnis scheiterte, fand sie einen Ausweg, indem sie die immergleichen Vorwürfe wiederholte. Bis zu ihrem Tod ließ sie der Wesendonck-Vorfall nicht los, für den sie der Nebenbuhlerin die alleinige Schuld zuschob. Diese wurde zum Bösen schlechthin stilisiert, so in einem Brief an Cäcilie Avenarius: *Der schwache, blinde Mann, der, als ich nichts Böses, nichts von seiner Liebe zu jener Frau merken wollte, wurde durch seine Eitelkeit zur Rohheit gegen mich getrieben ... Was aber konnte ich dafür, daß jene Frau meinen Mann so schön, so interessant fand, daß sie unsere alte, beinahe 22jährige glückliche Ehe trennte und er mich als die Behinderin seines Glückes haßte und mich noch haßt? Ich habe es ihm und ihr angeboten, daß ich ihnen nicht hinderlich sein wollte, daß sie sich angehören müßten. Doch sie zog es vor, die reiche Kaufmannsfrau zu bleiben und mochte nicht die Frau eines armen Künstlers werden. Warum haben diese beiden Menschen mein Anerbieten damals nicht angenommen?*[898] Das war unfair gegenüber Mathilde Wesendonck, aber es machte den Rückblick etwas erträglicher für sie.

Während sie also bei ihrer Meinung blieb, daß ihr Mann aus Eitelkeit und Schwäche gehandelt habe, verbreitete Richard die Ansicht, daß Minna nicht zu ihm gepaßt habe und die Ehe eigentlich eine Qual gewesen sei. Auch dies war eine Entstellung, aber sie half ihm wiederum, die Trennung zu rechtfertigen. Dennoch fiel ihm in weicher Stimmung immer wieder das Unrecht ein, daß Minna in der Ehe widerfahren war, und er bekannte sich dazu. Zum Tod von Minnas Schwester Charlotte schickte er sein Beileid und fügte hinzu: *Minna, sähest Du die vielen Thränen, die ich häufig und oft um Dich vergieße, und die eben in diesem Augenblick mir fast das Schreiben an Dich unmöglich machen, – Du würdest wissen, was Du von meiner anscheinenden Härte gegen Dich zu denken hättest!! –*

Das Eine weiß ich; wenn ich Dich besuche, so kann dies nur sein, um ganz und unausgesetzt bei Dir zu bleiben; Jedes andere Übereinkommen ist unausführbar. Diesen Entschluß zu fassen kann ich mich aber noch nicht überwinden, – und zwar aus Sorge für dich, wie für mich ... Arme Minna! Das Schicksal hat Dich an einen der seltsamsten Menschen gebracht. Täglich mache ich die Erfahrung

Cäcilie Avenarius, Halbschwester Richards und Freundin Minnas.

mehr, wie wenig ich eigentlich begriffen werde, wie allein und verlassen ich stehe! Welch Wunder, daß du sehr darunter zu leiden hast.[899]

Die Geldsorgen waren so drückend, daß er Pauline Tichatschek Ende April in fast dreister Manier aufforderte, Minna zu unterstützen. *Ich weiß, daß Sie nicht reich sind; ich muß aber nach gemachter freundlicher Erfahrung vermuten, daß Ihnen doch Mittel und Wege offenstehen, in solchen Fällen behülflich zu sein … Somit, liebe Frau Pauline, zähle ich auf Ihren treuen Beistand! Schrecken Sie vor keiner Summe zurück: ich verdiene mir Alles nächsten Winter.*[900] Pauline wird taktvoll genug gewesen sein, Minna hiervon nichts zu verraten, denn das Wissen darüber, daß er sie zur Schuldnerin einer ihrer besten Freundinnen machte, hätte ihr sicherlich gesundheitlich geschadet.

Ausgelaugt, nervlich am Ende seiner Kraft und ohne Aussicht, seine Schulden tilgen zu können, erfuhr er aus heiterem Himmel, daß der junge König Ludwig II. von Bayern seit zwei Wochen nach ihm suchen ließ. Es war der 3. Mai 1864, er hielt sich gerade in Stuttgart auf, als ihn der bayrische Hofrat von Pfistermeister um ein Gespräch bat. Der frisch gekrönte König, ein begeisterter Anhänger seiner Musik, wollte alles tun, um ihn zu unterstützen. Endlich war eine Wende in seinem Leben eingetroffen! Wendelin Weißheimer schildert, wie ihm die Tränen die Wangen herunterliefen und er die Worte hervorstieß »Daß mir das passierte – und gerade jetzt passiert!«, während er seinen Koffer packte und dabei versuchte, seinen grünseidenen Schlafrock, der immer wieder herausquoll, in den Koffer zu pressen – für den zuschauenden Freund ein unvergeßlicher Anblick.[901] Kurz zuvor hatte Richard wirklich geglaubt, es liefe alles auf sein Ende zu. Einen Tag später traf er seinen jugendlichen Gönner in der Münchner Residenz, und er ging mit künstlich wirkender Hochgespanntheit auf die schwärmerische Bewunderung Ludwigs ein. *Ach! Endlich ein Liebesverhältnis, das keine Leiden und Qualen mit sich führt*! ... *Ob ich dem »Weiblichen« ganz entsagen werde können? mit einem tiefen Seufzer sage ich mir, daß ich es fast wünschen müßte! – Ein Blick auf Sein liebes Bild hilft wieder! Ach, dieser Liebliche, Junge! Nun ist er mir doch wohl alles, Welt, Weib und Kind,* schrieb er an Eliza. Mathilde Maier erfuhr, daß sein Treffen mit Ludwig *eine große, nicht enden wollende Liebesszene* gewesen sei, und Hans von Bülow gegenüber steigerte er sein Hochgefühl noch weiter: *Ich habe mir dieses Wunder gezeugt, mit meinem eigensten Sehnen und Leiden, und eine Königin mußte diesen Sohn mir gebären.*[902]

Mit einem Schlag sah alles anders aus. Nach dem Gespräch konnte er seine Schulden in Wien bezahlen und auch Minna war nun – so nahm er jedenfalls an – pekuniär versorgt. Er schrieb an Pusinelli, daß er zum einen seine Schulden an ihn abzahlen und zum anderen Minna regelmäßig unterstützen könne.[903] Der König stattete ihn mit dem Gehalt eines Ministerialrats aus (4000 Gulden jährlich), im Laufe der nächsten Wochen empfing Wagner das Sechsfache dieser Summe zusätzlich als Geschenk, und so ging es immer weiter: Nach heutiger Umrechnung erhielt er mehr als eine halbe Million Euro, ein Zehntel des königlichen Gesamtetats.[904]

Bald spürte er, daß ihm die Verehrung des jungen, schwärmerischen und schwermütigen Mannes nicht genügte. Als er zusammen mit seinem Dienerehepaar Anna und Franz Mrazeck in die Nähe von Starnberg zog, fehlte ihm Minna, die sich in puncto Wohnungswechsel zu einer Expertin auf diesem logistischen Sektor entwikkelt hatte. Er merkte nun, welche Belastung ein Umzug darstellte: *Meine Einsamkeit ist furchtbar ... Die Verlassenheit meines Hausstandes, die Nötigung, mit Dingen, für die ich wirklich nicht gemacht, mich noch immer einzig selbst zu befassen, lähmt meine Lebensgeister: ich hab' jetzt wieder umzusiedeln, ein Hauswesen einzurichten gehabt, um Messer, Gabel, Schüsseln und Töpfe, Bettwäsche usw. mich zu bekümmern gehabt. Ich Verherrlicher der Frauen! Wie überlassen sie mir so freundlich dafür ihre Besorgungen.*[905]

Er machte noch einmal einen Versuch, Mathilde Maier zu gewinnen und verfiel auf die Idee, ihrer Mutter zu schreiben. Darin schlägt er vor, Mathilde als Tochter zu adoptieren, um sie nach Minnas Tod zu heiraten: *Ich muß mit aller Sorgfalt darauf ausgehen, ein jüngeres weibliches Wesen zu finden, dem ich unter dieser oder jener Form die Befriedigung meiner Bedürfnisse übertrage, in welche sich die Sinnlichkeit in keiner Weise mehr zu mischen haben soll … Würde ich Sie versichern sollen, daß Mathilde bei mir gut und edel aufgehoben, gegen jeden Verdacht, gegen jeden Makel auf das allernachdrücklichste und energischste geschützt sein würde? Oder sollte es möglich sein, ohne hierbei einem frevelhaften Wunsche Nahrung zu geben, den Fall des Todes meiner Frau in Berechnung zu ziehen, und für diesen Fall mich um die Hand Ihrer Tochter zu bewerben?*[906] Abgesehen von der Taktlosigkeit dieser Zeilen, Minna betreffend, war er unfähig, sich in die Lage von Mathilde zu versetzen. Wie sie ihm bereits darzulegen versucht hatte, wäre ihr Ruf für alle Zeiten ruiniert gewesen, denn ihre Mutter und alle Verwandten hätten sich von ihr abgewandt. Ihm fiel ein, daß die Folgen katastrophal für Minna wären, wenn ihr Mathildes Mutter schriebe, um Informationen einzuholen. Vielleicht erinnerte er sich dabei an Jessie Laussots Mutter, die Jahre zuvor Kontakt mit Minna aufgenommen und damit seine Pläne, mit Jessie zu fliehen, durchkreuzt hatte, und er warnte daher Mathilde: *Für alle Fälle – Niemand möge sich verleiten lassen, sich etwa an meine Frau zu wenden: keiner würde dieß thun, der sie kennt!*[907] Zum Glück reichte die besonnene junge Frau seinen Brief nicht weiter.

Eine Woche später gab es eine dramatische Wende in seinem Leben, denn Cosima von Bülow besuchte ihn alleine am Starnberger See. Bülow hatte sie und die beiden Töchter vorausgeschickt und traf erst eine Woche später ein. Es kam zum Ehebruch, aus dem die Tochter Isolde hervorging. Das Treffen hatte allerdings eine Vorgeschichte, denn einige Monate zuvor war er zu einem von Hans dirigierten Konzert nach Berlin gefahren und machte mit Cosima eine Spazierfahrt in einem Wagen, wobei es zu einem Treue-

Die Liebesbeziehung mit Cosima von Bülow führte 1870 (vier Jahre nach Minnas Tod) zur Ehe, die in der monumentalen Photographie von Fritz Luckhardt ihr gültiges Bilddokument fand.

gelöbnis kam. Man schaute sich stumm an, sei dann *von einem heftigen Verlangen übermannt worden*, und habe *unter Tränen und Schluchzen* … das Bekenntnis besiegelt, sich *einzig gegenseitig anzugehören*.[908] Richard konnte aber nicht damit rechnen, daß sich Cosima, Mutter zweier kleiner Kinder, für ihn entscheiden würde und machte daher weiterhin Mathilde Maier den Hof. Erst nach dem Treffen am Starnberger See erfuhr Mathilde, daß eine Zusage, doch noch zu ihm zu ziehen, ihn in große Verlegenheit gebracht hätte: *Dein Zumirkommen unter den jetzt einzig möglichen Umständen würde den vollkommen entgegengesetzten Erfolg haben, von dem, den ich ersehnte: er würde ein Quell namenloser, jetzt ganz unerträglicher Peinigungen für mein Herz werden*.[909] Mathilde Maier wird gerätselt haben, was dieser Satz bedeutete. Danach wurden die Briefe seltener, doch blieb der Kontakt bestehen und sie gehörte später zu dem kleinen Freundeskreis derjenigen, die eines der wenigen Exemplare des Privatdrucks seiner Autobiographie »Mein Leben« ausleihen durften, was als Zeichen seines Vertrauens zu werten ist.

König Ludwig hatte Bülow auf Richards Anraten den Posten als königlicher Vorspieler angeboten, und Ende Juli wurde er eingestellt. Ob Hans ahnte, daß Cosimas Tochter Isolde von Richard stammte, ist ungewiß. Diese Monate waren für alle Beteiligten belastend. Liszt kam im September 1864 hinzu. Er hatte seiner Tochter in Karlsruhe ernste Vorhaltungen wegen ihrer Liebesbeziehung zu Richard gemacht und hoffte, die Ehe mit Hans retten zu können. Ende August reiste er ab, und Hans und Cosima taten es ebenfalls. Richard war sieben Wochen lang von Cosima getrennt, was ihn quälte.

Ende 1864 traf Peter Cornelius ein, der König hatte ihn auf Drängen Richards berufen. Der Komponist, den sich Wagner als Adlatus erbat, hatte sich lange gewehrt, weil er befürchtete, seine Selbständigkeit zu verlieren. Dies trat auch ein. Wenn er mittags bei Wagner zu Tisch war, kam er vor dem Abend nicht nach Hause. Seinem Freund Josef Standhartner beschrieb er einen Tag bei Cosima von Bülow. Zuerst las Wagner aus Texten vor, die ihn gerade fesselten, dann wurde der erste Akt von »Tristan und Isolde« ganz gesungen. Kaum hatte man eine halbe Tasse Tee zur Erholung getrunken, landete Richard bei »Parsifal« und erzählte die gesamte Handlung: *Von sich sprechen, lesen, singen muß unser großer*

Freund, sonst ist ihm nicht wohl.[910] Im März reiste er ab. Die Schilderung von Cornelius läßt erahnen, welche hypnotisierende Kraft Wagner mit seinem unerschöpflichen Darstellungstrieb besaß, die alle anderen niederzwang und seinem Willen unterordnete, und was Minna in der Ehe auszuhalten hatte.

Im August 1865 reiste Hans mit seiner Frau nach Budapest, um Franz Liszts Oratorium »Die Heilige Elisabeth« zu hören, und um Cosima abzulenken. Das spürte Richard, der unsäglich unter der nun schon zweiten erzwungenen langen Pause litt. Es quälte ihn, daß diese geistig anspruchsvolle, musikalisch hochbegabte Frau, die bereit war, alles aufzuopfern, ihm entzogen wurde. Zur resignativen Entsagung, die ihm im Fall von Mathilde Wesendonck weitergeholfen hatte, war er nicht mehr bereit. Als sie ihm auch noch aus der Ferne ihre Eifersucht auf Mathilde Maier nicht verhehlte, wurde er aggressiv: *Und diess Alles, während Du dort in Freude und Wonne schwimmst, und ich hier zwischen Wolkennebeln krank und trüb hinsieche! – Sehr hübsch! – Ich werd's mir merken, – und ›Du wirst Dich wundern!‹ – Hoffentlich kommt sehr bald ein gescheidter Brief, sonst ist's aus!*[911] Dann wieder brach seine Sehnsucht wie bei einem Kind aus ihm heraus: *Cosima muss immer bei mir sein – immer dabei: das geht nicht anders … Bleibe bei mir, geh' nicht wieder. Sag's dem armen Hans offen, dass ohne Dich es mit mir nicht mehr geht. O Himmel, könntest Du ruhig vor der Welt mein Weib sein!*[912]

In diesen Wochen zog er in ein Haus in der Münchener Brienner Straße ein und stattete es mit allem denkbaren Luxus aus, was das Gerede in der Stadt weiter anheizte. Mit seinem neuen Leben hätte Minna kaum etwas anfangen können. Richard war in andere Welten eingetaucht. Seine Empfindsamkeit hatte sich weiter verfeinert und seine ästhetischen und sinnlichen Bedürfnisse erfuhren mancherlei Befriedigung, die er brauchte, um sich in eine kreative Stimmung zu bringen. Er konnte sich nun jeden Wunsch erfüllen und stand in geschäftlichen Beziehungen zu einer Putzmacherin, die ihm Stoffe herrichtete. So bestellte er einmal Atlasproben in den Farben hellbraun, dunkelrosa, hellrosa, hellblau, carmoisin rot, dunkelgelb, und entschied sich dann für das dunkle Rosa zusammen mit rosa Atlasband, dazu Bänder in blassem Gelb und Orange. Er wünschte sich eine leicht wattierte Steppdecke mit reichem Blumenmuster, *reich geschoppt*, rings eingefaßt und mit ebensolchen Schleifen reich garniert, außerdem ein paar Hosen und eine Jacke, mit leichtem weißen Atlas gefüttert, sowie noch ein paar Hosen und eine Jacke aus schwerem weißen Atlas, gefüttert mit hellrosa Atlas.[913] Obwohl Richard vermutlich gegen Baumwolle allergisch war[914] und Seide tragen mußte, und obwohl Minna sich an manche Extravaganzen hatte gewöhnen müssen, hätte dieser Überfluß sie dennoch befremdet:, schon in Paris wenige Jahre zuvor hatte sie seinen *Hang zum Luxus* kritisiert.[915]

Es konnte nicht ausbleiben, daß Richard sich in politische Intrigen einließ, zu stark war die Versuchung, auf den empfindsamen König Einfluß zu nehmen. Obwohl sein umfangreichstes Werk, der »Ring des Nibelungen«, von den Gefahren der Macht und des Machterhalts handelt, reizte es ihn, mit Hilfe des Vertrauens, das er beim König genoß, die Welt zu verbessern, so wie er bei Cosima alle Schopenhauerischen Vorsätze der Erlösung durch Verzicht fallenließ, die er Mathilde Wesendonck gegenüber noch zu praktizieren versucht und in seinem Schaffen propagiert hatte. »Die angeblich so märchenhafte, glänzende und triumphale Episode, die Königsfreundschaft … erweist sich im nachhinein als das elendeste, beschämendste und intriganteste Intermezzo, welchen Standpunkt man auch immer einnnimmt,« kommentiert Martin Gregor-Dellin.[916] Wie schon in Dresden handelte er impulsiv und unklug, als er aufgrund ungerechter Presseangriffe einen Gegenangriff startete, der sich gegen Persönlichkeiten des königlichen Kabinetts und des Hofsekretariats wandte. Das konnte nicht hingenommen werden. Teile des Hofadels und des Kabinetts sowie des Hofsekretariats hatten gegen seine Berufung gekämpft und sahen jetzt ihre Chance, ihn loszuwerden. Es kam aufgrund seines luxuriösen Lebenszuschnitts, seines Einflusses auf den jungen Monarchen und der Gerüchte um seine Beziehung zu Cosima zu öffentlichen Streitereien, so daß der König genötigt war, ihm die Abreise aus der bayerischen Residenzstadt zu befehlen. Dies wurde zwar mit einem Jahresgehalt in Höhe von 8000 Gulden abgefedert, ließ aber bei Wagner das alte Trauma der Heimatlosigkeit aufkommen.

Minna genoß derweil in Dresden die Theaterfreikarten und ihr Freundeskreis hielt weiterhin zu ihr. Die Liebe und Achtung, die ihr entgegenschlug, war Balsam für ihre geschundene Seele. Sie hatte auf Wunsch von Richard eine größere Wohnung gemietet, da dieser sie in seinen Briefen weiterhin unter dem Eindruck beließ, daß er irgendwann nach Dresden ziehen würde. Um Geld zu sparen, möblierte sie einige der Zimmer und vermietete sie. Sie spürte wohl, daß Richard die Vergangenheit hinter sich lassen wollte und einen neuen Lebensstil pflegte, der mit ihr nichts mehr zu tun hatte. Ihre Zeilen an Ernst Benedikt Kietz, den Freund aus alten Tagen, weisen in eine schöne Pariser Vergangenheit zurück: *Sollten Sie mich nun schon unter die Seeligen gerechnet haben, so nehmen Sie in Ihrem Herzen für eine alte Freundin einen kleinen Belebungsversuch vor, denn ich gehöre trotz Alledem – noch immer ins irdische Reich … Da sich aber doch bei mir die Befürchtung einschleicht, daß Ihr Hierherkommen noch ein Weilchen sich hinziehen könnte, ich aber doch gerne wissen möchte wie es Ihnen geht, ob Sie verheirathet und Vater von einigen Dutzend Kindern sind usw. – bitte ich Sie mir doch bald eine Nachricht von sich zukommen zu lassen. Mögen Sie aus meiner Bitte entnehmen, daß ich nicht mit unter der erbärmlichen Race von Menschen gehöre, welche jede Vergangenheit mit Füßen treten und mich, stets mit dankbarem Herzen, den alten lieben Freunden, nicht nur aus alten guten Zeiten, sondern aus wirklich den frühesten schlechten Zeiten erinnere. – Wie schlimm waren sie und doch wie glücklich gegen die jetzigen. Wie stand einem damals die Welt auf – welches Sehnen, welches Hoffen!*

Über Richards Leben erfuhr Minna Neues durch die Presse. Vermutlich zeigten ihr Bekannte Artikel und Karikaturen über ihn. So kannte sie die »Augsburger Allgemeine« und den »Punsch«; letztere Zeitschrift hatte eine Travestie auf das *Morgenleben eines neudeutschen Komponisten* veröffentlicht, sie hatte schon öfter Karikaturen von Wagner gebracht. Er war ihr fremd geworden, und sie empfand neben Mitleid auch eine Spur leichter Verachtung, wenn sie fortfuhr: *Kehren wir noch auf einen Augenblick zu meinem lieben Mann nach München zurück. – Wahrscheinlich hatten Sie vor beinahe einem Jahr in den Zeitungen von seinem enormen Glücke gelesen, daß ihn nehmlich der jugendliche König, der sehr musikalisch und zugleich ein Enthusiast der Wagnerischen Musik ist, in Zürich aufsuchen ließ und zu sich bescheiden, ihm ein sorgenfreies Leben bot, damit er ungehindert arbeiten solle; wozu es aber noch nicht gekommen. – Ihr lieber schöner Freund Pecht und mehreres verschrobenes frivoles Gesindel bewegt sich in seiner Nähe, daß man sich in den Zeitungen darüber mokirt, wie z. B. in der Augsburger Allgemeinen Nr. 50 und 55. Sogar der Punsch der in München erscheint, liefert die witzigsten Lächerlichkeiten über Richards Leben und Luxus, was für deutsche Begriffe immer sehr schlimme Folgen haben kann. Es ist wahr, daß manche kleine Übertreibung nur Neid zum Grunde liegt, doch habe ich von Augenzeugen die fabelhaftesten Geschichtchen gehört, die eben nur von Narren zu erwarten sind, von vernünftigen aber nur verhöhnt werden müssen und nun genug, beten wir für den Rumorhäuser – so wird er nehmlich genannt, seine arme Seele.*[917]

Natürlich hatte Minna von Richards Liebesaffäre mit Cosima erfahren. Der Skandal (als solcher wurde die Affäre in der Presse behandelt) wird sie berührt haben, aber sie bewahrte über diesen Punkt Stillschweigen. Der bürgerliche Liebesbegriff baute auf Diskretion nach außen, und hierauf legte sie ihr Leben lang Wert. Friedrich Pecht hatte sie aus der Dresdener Zeit in negativer Erinnerung, denn sie brachte ihn in Verbindung mit den Treffen politisch interessierter Männer, an denen Wagner teilnahm und wo Pecht zufolge »alle möglichen Kunst- und Zeitfragen besprochen und die Probleme theoretisch erörtert ›wurden‹, die gar bald sich auf der Straße in blutige Praxis verwandeln sollten.«[918]

Der unmittelbare Freundeskreis war ihr das Wichtigste geworden. Sie hielt viele Verbindungen aufrecht, so zur Sängerin Burde-Ney, die sie auch zu sich nach Hause einlud.[919] Cäcilie Avenarius wurde von Minna nach Dresden eingeladen und erlebte dort *schöne gemüthliche und genußreiche Tage,* für die sie sich bedankte[920]. Mit Cäcilie teilte Minna die Erfahrungen in Frankreich, und es ist, als wollte sie sich kurz vor ihrem Tod noch ihrer Liebe vergewissern, wenn sie ihr schrieb: *Unsere … Herzensergießungen … datiren sich, mit wenigen Unterbrechungen oder Mißverständnissen, die durch Andere zwischen uns geworfen wurden, von einigen zwanzig Jahren her. Halten wir sie fest. Ich glaube ich könnte es nicht ertragen, wenn Du mir Deine, mir geschenkte Liebe nur einen kleinen Theil entziehen würdest. O, thu es nie und laß mich in Deiner, zu mir gefaßten Liebe erwärmen und glücklich sein. Seit Jahren ist mir von anderer Seite Alles entzogen, was mich hart geprüfte Frau mit all den bitteren Erfahrungen noch aufrecht erhält.* Als Cäcilie darüber klagte, daß ihr eine Freundin fehle, antwortete Minna: *Daß Dir ein lieber weiblicher Umgang fehlt, kann ich begreifen, denn was kann man mit Männern besprechen? Entweder sie sind zerstreut oder schlegter Laune. Ich wollte, ich könnte Dir ein*

Der Dresdener Arzt Anton Pusinelli und seine Frau, Freund und medizinischer Betreuer Minnas, dank seiner langjährigen Freundschaft zu Richard Bindeglied zwischen den getrennt lebenden Eheleuten.

paar Freundinnen von mir schicken. Da sie mich krank wissen, sind sie überaus lieb und gut, sie lassen mich keinen Abend allein, oft waren 4-5 da, was mir während meiner großen Schmerzen wo ich im Bett an nichts theilnehmen konnte, oft ein bischen störend war, jetzt kommen sie immer noch, nun ist es mir angenehm, weil ich doch ein Wort mitsprechen kann, wobei ich mich ungenirt in meinem Sorgenstuhl zurücklege. Männer kommen gar nicht in meinen Bereich, nur der Doctor und mein Bewohner, der nicht zählt, und den ich oft drei Wochen nicht sehe.[921]

Cäcilie lobte nach Minnas Tod ihre *Bereitwilligkeit, einen in ihrer reizenden Häuslichkeit aufzunehmen*, ihre *ausnehmende Freundlichkeit und Herzensgüte* und fügte hinzu: *Sie war für mich ja unbedingt ein großer Anziehungspunkt.*[922] Vielleicht erinnerte Minna sich zuweilen an Richards Bemerkung *Was ihr Frauen unter Euch auszuhecken habt, taugt in der Regel nicht viel*, aber sie scherte sich nicht mehr darum, sondern schuf sich die Umgebung, die ihr genehm war. Die Gemeinschaft von Freundinnen, die ihr Vertrauen genossen und mit denen sie sich unbefangen unterhalten konnte, war ihr in den letzten Monaten ihres Lebens ein Trost.

Im Mai 1865 lud Richard Anton Pusinelli zur Uraufführung von »Tristan und Isolde« nach München ein und bat ihn, Minna gegenüber darüber Stillschweigen zu wahren: *Wenn du kommst, so schone meine Frau und sag' es ihr nicht. Sieh, wie Du das machst, und – komm!*[923] Er handelte klug, denn Minna konnte niemals verwinden, daß das Werk seine Sehnsucht nach Mathilde Wesendonck widerspiegelte. Er hatte Teile daraus den Besuchern des »Asyls« oft genug vorgespielt und vorgesungen, und die »Vereinigung von Größe und Raffinement, von Sinnigkeit und sublimer Verderbtheit« in diesem »höchsten und gefährlichsten unter Wagners Werken«, wie es Thomas Mann 1931 ausdrückte,[924] blieb ihr bis an ihr Lebensende suspekt.

Ihre Eltern, ihr einziger Bruder und zwei Schwestern waren ihr im Tode vorausgegangen, sie besaß neben Natalie nur noch eine Schwester, Amalie von Meck, die in Rußland lebte. Es wurde noch einsamer um sie. Sie spürte ihren körperlichen Verfall immer stärker und bat ihren Mann, ihr eine Vollmacht auszustellen, mit der sie über alles in ihrem Besitz Befindliche nach Gutdünken verfügen könnte. Diesen Wunsch erfüllte er ihr, und sie vermachte daraufhin alles ihrer Tochter. Sie hielt die Fiktion einer Schwesternverwandschaft im Testament aufrecht und riskierte damit dessen Anfechtung. Noch kurz vor ihrem Tod brachte sie es somit nicht über die Lippen, Natalie aufzuklären.

Am 15. Mai 1865 erhielt Wagner die Nachricht, daß seine Frau in Dresden in Lebensgefahr schwebte. Nachfolgende Depeschen kündigten eine vorläufige Besserung an. Was ihm früher Störungen seiner Gesundheit verursacht hätte, berührte ihn nun kaum, da er sich längst innerlich Cosima zugewandt hatte. Er schrieb ihr Gedichte, für deren literarische und inhaltliche Qualität Minna wohl nur Spott übrig gehabt hätte:

O meine Cosima! –
Heut' komm' ich zu Dir! Glücklich konnte ich
auch hier nur sein, weil ich dort mein schönes Wunderweib weiss! –
O Cosima! O Ludwig! Ihr seid schön! – Vereint
mit Euch, wie mächtig, wie schön bin ich! –
Bete für den armen Hans! –
Gegrüsst! Gegrüsst! Mein Weib!
Ich bin erlöst – ich bin glücklich![925]

Endlich war er am Ziel seiner Sehnsüchte. Es war ihm gelungen, nicht nur – wie im Falle von Mathilde Wesendonck – eine musikalisch gebildete Frau der oberen Gesellschaftsschicht zu finden, die ihn liebte, sondern eine, die auch bereit war, sich von ihrem Mann zu trennen, um sich mit ihm zu vereinen.

Drei Wochen vor Minna Wagners Tod war im Münchener »Volksboten« ein Aufsatz veröffentlicht worden, in dem behauptet wurde, daß Wagner im Überfluß lebte, während seine Frau in Armut darben würde. Gustav Kietz zufolge schrieb Minna empört an ihn: *Mein Mann sollte so etwas tun, der lieber alles entbehren würde, ehe er mich in Not kommen ließe!*[926] Sie unterschrieb eine Richtigstellung, die in der Presse tatsächlich erschien:

Ich erkläre hiermit der Wahrheit getreu, daß ich bis jetzt von meinem abwesenden Mann Richard Wagner eine Sustentation erhielt, die mir eine anständige sorgenfreie Existenz gewährt. Es gereicht mir zur besonderen Befriedigung, durch diese meine Erklärung wenigstens eine der vielfachen Verleumdungen, die gegen meinen Mann gerichtet werden, zum Schweigen bringen zu können.

Minna Wagner geb. Planer
Dresden, 9. Januar 1866.[927]

Dennoch gab die andere Seite keine Ruhe. Es wurde gemunkelt, daß die Darstellung zwar von Minna geschrieben, doch nicht selbst verfaßt worden war. Um die Wahrheit herauszufinden, befragte die Zeitungsredaktion nach Minnas Tod eine »höher gestellte Persönlichkeit« aus Dresden und erhielt die Antwort: »Die Gattin Richard Wagners ist vor wenigen Tagen gestorben. Sie lebte seit länger Zeit hier, von ihrem Manne getrennt, allerdings in bitterem Elend, und habe auch ich seiner Zeit vernommen, daß sie Unterstützung aus städtischen Mittel bekommen habe, so daß der Gedanke sehr nahe liegt, daß das in den Zeitungen veröffentlichte Attestat erpreßt, beziehungsweise durch eine augenblickliche Sustentation ihres Mannes hervorgerufen war. Nun hat sich, wie gesagt, das Grab über die Arme geschlossen, und eine weitere Diskussion kann zu nichts führen. Obiges kann aber auch heute noch als Thatsache bezeichnet werden.«[928] Anhänger Wagners – vermutlich Pusinelli – ließen daraufhin die Armenversorgungsbehörde bescheinigen, daß Minna nie deren Hilfe beanspruchte. Die Wahrheit lag in der Mitte. Minna hatte oft genug um ihre Unterstützung bangen und Kredite aufnehmen müssen, aber es war ebenso richtig, daß Richard die Verbindung nie abreißen ließ.

Wenige Tage vor Minnas Tod hatte Richard Cosima seine Erinnerungen diktiert und war bis zur Hochzeit mit Minna angelangt. Wie er seiner Schwester Luise Brockhaus schrieb, konnte er seine jungen Lebensjahre im heiteren Tone nacherzählen und sogar unbefangen über seine Jugendsünden berichten. *Von da – ab … wird mein Leben ernst und bitter, und ich fürchte, der heitre Ton wird nun mich verlassen – es kommt meine Heirath! Von ihr weiss kein Mensch, was ich durch sie gelitten habe!*[929] Damit leistete er der abwertenden Einschätzung seiner Ehe Vorschub, die bis heute die Wagnerbiographik durchzieht. Vergessen, wie er Minna 1849 drängte und beschwor, ihm in die Schweiz zu folgen, vergessen die jahrzehntelange Intimität und Vertrautheit der Korrespondenz, vergessen auch die Voraussetzungen, die Minna schuf, damit er seine frühen Opern schreiben und die späteren entwerfen konnte. Noch 1855, nach dem Laussot-Eklat, hatte er ihr geschrieben: *Keiner von uns kann doch sein Leben mehr überblicken, ohne zu sehen durch welche grossen Beweise von Liebe und Ausdauer in den schwierigsten und oft schrecklichsten Lagen wir uns nahe stehen.*[930] Das war jetzt wertloses Zeug von gestern.

Im Dezember erkrankte Minna an einer katarrhalischen Halsentzündung, zu der ihr altes Nierenleiden hinzukam. Als sie am Arm von Mathilde Schiffner aus dem Hause ging, wäre sie fast auf der ersten Treppenstufe gestürzt, *und stauchte gleich zusammen, vor lauter Kraftlosigkeit. Bis auf den AltMarkt bin ich gekommen, von dort mußte ich aber zuhause fahren, bin noch so davon angestrengt, daß ich das Haus noch nicht wieder verlassen konnte.*[931] Sie schien sich zu erholen, blieb aber schwach. Einen Tag vor ihrem Tod schrieb sie noch einmal der geliebten Cäcilie: *Du glaubst nicht, wie wohltuend mir Deine Briefe sind. Sie sind ein wahrhaft lindernder Balsam für mein noch immer wundes Herz. Könnt' ich als Dank dafür all Deine Schmerzen, die Deiner armen Hände nicht ausgenommen, wegzaubern für alle Zeiten, wie gern täte ich dieses. Nun warte nur, wenn wir erst in Tharandt sein werden, will ich meine Kunst, welche ich nur deshalb erlernte, um Dir zu helfen, durch ein bewährtes Sympathiemittel an Dir anwenden, daß du mir aus lauter Wonnegefühl über die Berge fliegen wirst … Ich hänge die Flügel, kann mich noch garnicht erheben. Kaum, daß ich die Energie habe, einen Brief zu schreiben, wenn auch etwas spät, ich baue auf Deine mir bekannte Nachsicht. Mit der Arbeit geht es mir ebenso. Ich kann jetzt Stunden sitzen und nichts tun, was mir sonst immer *unmöglich gewesen wäre, kaum daß ich lese. Dieses Nichtstun macht mich recht traurig. Nur der Gedanke und mein Arzt tröstet mich auf Besserwerden. Spaziergehen kann ich seit voriger Woche, aber höchstens eine halbe Stunde. Dann bin ich ganz erschöpft und sehe sehr elend aus. Vorigen Sonntag war ich nach Monaten zum ersten Mal im Theater. Es wurde Cortez gegeben, eine Oper, die ich ihrer eigentümlich charakteristischen Musik wegen liebe. Ich sehnte mich nach so langer Zeit nach anderer Luft und nach etwas Kunst.*[932] Sie hatte also vor, mit ihrer Schwägerin zur Kur nach Tharandt zu verreisen und hatte eine Oper von Spontini besucht. Mit »Ferdinand Cortez« verband sie bleibende Erinnerungen, denn Richard sah 1836 eine Aufführung in Berlin und ließ sich davon zur Komposition seiner ersten erfolgreichen Oper »Rienzi« leiten, die sie so liebte. Richards größten und häufig ausgesprochenen Wunsch, daß sie die Verletzungen der Ehejahre vergessen möge, konnte sie nicht erfüllen.

Der Brief blieb unvollendet, Minna verstarb in der Nacht des 25. Januar 1866 im Alter von 53 Jahren. Ihre Sterbeurkunde bescheinigt ein »akutes Lungenödem«. Bei einer erfolgten Obduktion des Körpers war wie erwartet ein abnormal vergrößertes Herz gefunden worden.

Anton Pusinelli schickte Richard sofort ein Telegramm, dem ein Brief mit einer ausführlichen Schilderung folgte. Das Ereignis traf Richard mitten in einer schweren Krise. Ende 1865 war er von München abgereist, hatte ein passendes Haus in der Nähe von Genf gefunden, lebte zurückgezogen und feierte Weihnachten zusammen mit dem Dienstpersonal in der Schweiz. Die erneute Heimatlosigkeit und die Trennung von Cosima waren nur schwer zu ertragen. Im Januar entstand ein Feuer im Genfer Haus, das jedoch keine ernsthaften Schäden hervorrief. Während der Reparaturen fuhr er nach Südfrankreich auf der Suche nach einem geeigneten Haus für sich und Cosima, und in Marseille erreichte ihn dann Pusinellis Nachricht. Schon wegen der Kürze der Zeit konnte er nicht zur Bestattung nach Dresden reisen, und er schrieb an Anton: *Ich nehme an, daß Eure freundliche Fürsorge der Leiche meiner unglücklichen, armen Frau in meinem Namen die selbe Ehre erzeigen ließ, die ich ihr erzeigt haben würde, wenn sie glücklich an der Seite des von ihr beglückten Gemahles dahingeschieden wäre. Ganz in diesem Sinne bitte ich für ihre Ruhestätte zu sor-*

Minna Wagner.

gen.[933] *Ruhe, Ruhe, dem furchtbar gequälten Herzen der Bejammernswerten, Dank all denen, die meinem armen, traurig-seligen Weibe letzte Liebe und Ehre bezeigten.*[934] An Natalie schrieb er über zwei Monate später: *Die traurige Nachricht von Minna's Tode traf mich, wie Du weißt, in weiter Ferne: darüber etwas zu sagen, bleibt mir noch unmöglich. Ich selbst lebe nur noch durch das Bewußtsein, noch zu bedeutenden Werken bestimmt zu sein: dieß giebt mir einzig die Kraft die unerhörten Widerwärtigkeiten zu ertragen, denen mein Leben beständig ausgesetzt bleibt, und von deren unmittelbarer Erfahrung Minna in den letzten Jahren entfernt gehalten zu haben mir wirklich zur Beruhigung gereicht.*[935]

Minna wurde auf dem Alten Annenfriedhof begraben. Pusinelli sorgte für ein würdiges Begräbnis. Reichhaltige Blumen- und Palmenspenden bedeckten den Sarg, dem fünf Wagen folgten. Im ersten saßen der Begräbnispfarrer, Natalie, Luise Brockhaus und Pusinelli mit seinem Sohn Karl, Minnas Patenkind. Der Dresdener Bekanntenkreis, Freunde des Ehepaares und Familienmitglieder erwiesen ihr die letzte Ehre, darunter waren Joseph und Pauline Tichatschek, die ihr in Dresden eine Wohnung besorgt und möbliert hatten, Ferdinand Heine, in dessen Garten das Ehepaar Wagner sich so oft gelabt hatte, Gustav Kietz, der so gerne am Mittagstisch der Wagners gesessen hatte, Otto Kummer, der Bildhauer Ernst Hähnel und der Konzertmeister Franz Schubert. Auch Mathilde Schiffner, Minnas intimste und langjährige Freundin, die in ihre Sorgen und Freuden eingeweiht wurde, war zugegen. Der lange

Zug bewegte sich langsam über den Friedhof. Bei der Feier spielten Bläser der Königlichen Kapelle Trauermusik, und ein Gesangsverein trug einen Choral vor.[936]

Als Cosima Wagner 1887 erfuhr, daß das Grab wetterbedingt schwer beschädigt worden war, veranlaßte sie, daß es wieder hergestellt wurde[937] – eine Geste, die versöhnlich stimmt. Das Kreuz, das ursprünglich auf dem Grabstein stand, verschwand im Laufe der Zeit. 1991, zu ihrem 125. Todestag, übernahm die Stiftung Bayreuth die Kosten für ein neues Kreuz aus Marmor.

Welche Gedanken werden die Trauernden begleitet haben? Gedachte man der Toten als selbständiger Person, oder ging sie als Ehefrau des berühmten Tonsetzers in die kollektive Erinnerung ein? Der Tonsetzer selbst saß noch in Genf und litt unter der Trennung von Cosima. Wenige Wochen nach Minnas Tod notierte er:

Der Tag bricht an. –
Oder ist's die Nacht? –
Dort modert meine Frau –
dort siecht die Geliebte! – Und hier? –
Frühling![938]

Erwähnt er Minnas Tod, um die Schmerzen, die die Trennung von Cosima ihm verursachte, besser herausstellen zu können? Oder stellt er Minna tatsächlich auf eine Ebene mit der »hohen Frau« Cosima? Fragen, deren Beantwortung offenbleibt. Er hatte längst sein Leben mit dem der neuen Partnerin vereint. Er konnte alles ertragen, nur nicht den Verlust der Geliebten. Ohne Liebe gab es für ihn kein Leben. Von »Die Feen« (1833) bis zu »Parsifal« (1881) sind seine Bühnenwerke von dieser Überzeugung durchzogen, die die Sehnsucht nach der mütterlich-sorgenden Partnerin umfaßt und einem tief verankerten seelischen Bedürfnis entsprang. Es war ihm eine Lebensnotwendigkeit, in seinem Schaffen zu zeigen, daß die Liebe ein Naturgebot alles Seienden ist. Dabei betrachtete er alles aus der Sicht des Mannes; seine obsessiv-erotische Bindung an Frauen verlangte von ihnen Treue und Hingabe bis über den Tod hinaus.[939] Diese erstarrte Hörigkeit (die zugleich aggressive Regungen gegenüber selbständigen und eigenwilligen Frauen enthielt) hatte in den ersten Jahren der Ehe auch sein Verhältnis zu Minna geprägt. Offenbarten die frühen Briefe an sie eine manische

Abhängigkeit von ihr, verlagerte sich diese später auf andere Frauen. In den folgenden Jahren verstieg sich Wagner zu einem ekstatischen Schreibstil. Die Verbindungen zu Mathilde Wesendonck und Cosima von Bülow wurden jeweils zu einem erhabenen Ausnahmeverhältnis stilisiert, das mit Letzterer in die Seligkeit mündete. *O, meine Cosima! Wir werden glücklicher sein, als es je Sterbliche waren, denn wir Drei* ›er zählte König Ludwig hinzu‹ *sind unsterblich. Der Tod kann unsren Bund nicht lösen, und doch hoffe ich, ich werde durch grosses Alter ergänzen, was an Lebensdauer uns unterschieden machen könnte. O Cosima! Nun sind nur noch die Werke zu schaffen. Glücklicher können wir nicht mehr werden. Es ist nicht möglich. Der Lenz des Dreilebens steht in vollster Blüthe: der Sommer kann nur noch die Früchte reifen!*[940] Er fühlte sich vom Schicksal endlich einmal reich belohnt und war überzeugt, das große Glück gefunden zu haben. Cosimas Tagebücher sprechen eine etwas andere Sprache: Obwohl sie es niemals bereute, sich für Richard entschieden zu haben, wurde der Preis für dieses Bündnis mit Tränen und Schuldgefühlen bezahlt.

Minna hätte über diese Diktion den Kopf geschüttelt. Dennoch gab es immer wieder Momente, in denen Richard bewußt wurde, wie seine Lebensführung ihre Ehe zerstört hatte, und er bekannte sich zu dem Leid, das er ihr angetan hatte. Als sie ihm einmal über eine Aufführung des »Lohengrin« berichtete, die sie zutiefst bewegt hatte, kommentierte er: *Der Eindruck, den Du von Lohengrin empfangen, hat mich sehr erfreut, und mehr als das: denn ich muß mir ja sagen, daß für so viele Beschwerden und Kümmernisse des Lebens, die Dir durch Deine Vereinigung mit mir bereitet worden sind, die Gaben meiner Kunst die einzigen mir möglichen Entschädigungen sind: nimm die erhebenden Eindrücke, von denen Du mir meldest, so auf, und bedenke, daß, wer das leistet, was ich leiste, hauptsächlich nur mit diesen Leistungen andren auch ihre Opfern lohnen kann. Liebe daher auch meinen Lohengrin; er gehört zu dem, was ich Dir einzig bieten kann!*[941] Das klingt wahrhaftig und war es auch. Aber so wie er ihr seine Musik symbolisch zu Fußen legte, war auch ihr bewußt, wie sehr sie zur Entstehung seiner Werke zumindest bis zu seiner Flucht aus Dresden beigetragen hatte: *Was sein geistiges Gedeihen betrifft beglückt mich das Bewußtsein, daß er alles was er geschaffen nur in meiner Umgebung schuf, und daß ich ihn verstanden, bewieß er mir dadurch, daß er mir alle seine*

Dichtungen, seine Compositionen Scene für Scene schon als Entwurf allein vorlas oder spielte, sich mit mir besprach.[942]

Kurz nach Minnas Tod beendete Richard die Partitur des ersten Akts der »Meistersinger« und zog dann im April in Tribschen ein, ein vornehmes, geräumiges Haus, das noch heute seinen idyllischen Platz am Luzerner See behauptet. Hier verbrachte er gemeinsam mit Cosima die nächsten sechs Jahre seines Lebens. Nach Cosimas Scheidung heirateten Cosima und Richard. Da sie noch in Tribschen lebten, fand die Trauung am 25.8.1870 in einer Kirche bei Luzern statt.

Nachts lebte Minna fort. So träumte Richard einmal, die Treppe sei in seinem Haus verschwunden und er habe Minna zur Hilfe gerufen. Ein andermal war sie ihm entlaufen, worauf er ihr nachlief. Cosima hörte nicht nur einmal, wie er nachts »Minna« rief. Dann wieder träumte er, daß ihn Minna *in Dresden verließ*, obwohl er es doch war, der damals fliehen mußte. Er meint damit wohl die innere, seelische Trennung, ein Riß, der aufgrund seiner politischen Aktivitäten entstanden war. Wiederholt träumte er, daß er ihr kein Geld schicken konnte. In einem weiteren Traum kam er nach Hause und sagte ihr, er sei bei Tichatschek gewesen, *worauf sie wütend* ›war‹, *ich mich entfernte; zu mir sagend: Ich gehe in's Hotel schlafen und gehe morgen zum Advokaten, worauf ich mir sagte: Das muß ein Ende nehmen, und sie mir Billardkugeln nach* ›warf‹.[943] Es gab Momente, wo Richard ahnte, daß es unredlich war, alle Unzulänglichkeiten ihr anzulasten, und seiner Berliner Anhängerin Alwine Frommann schrieb er 1859: *Mag ich mir, zur Beschwichtigung innerer harter Vorwürfe, auch manches als Trost über den Grund ihres physischen Leidens sagen können, so übersehe ich doch keinen Augenblick, dass der Charakter meiner Natur und meines Lebens es war, an dem die Frau so weit zu Grunde ging.*[944]

Richard neigte in seinem neuen Leben immer stärker einer reaktionären Sicht deutsch-nationalistischer Überlegenheit zu. Er litt zugleich unter der Abhängigkeit von König Ludwig. Mit stolzem Selbstbewußtsein schrieb er an Röckel: *Wäre in Deutschland eine Spur von deutschem Geist, von Achtung für Grosses und Edles vorhanden, so würde es sich nicht solch künstlicher Umwege bedürfen, um einen Mann, wie mich, zwischen Fürst und Volk bedeutungsvoll zu placieren.*[945] Wenn er schon politisch nicht als Mittler zwischen dem Herrscher und dem Volk reüssieren konnte, war er wenigstens mit seinem Liebessehnen an sein Ziel gekommen.

Dennoch – bei aller Liebe zu Frauen – baute er seine Überzeugung in den nächsten Jahren aus, wonach diese eine eigentlich verunreinigte Spezies seien, und legitimierte damit die männliche Dominanz als naturgegeben. 1881 schrieb er: *Bei der Vermischung der Racen verdirbt das Blut der edleren Männlichen durch das unedlere Weibliche: Das Männliche leidet, Charakter geht unter, während die Weiber so viel gewinnen, um an die Stelle der Männer zu treten. (Renaissance) Das Weibliche bleibt somit die Erlösung schuldig: hier Kunst – wie dort in der Religion; die unbefleckte Jungfrau gebiert den Heiland.*[946] Hätte er dies Minna vorgelesen, wäre er sich der Proteste sicher gewesen. Die *völlige Hintansetzung* ihrer selbst, wie Cosima sie predigte[947] und wie Richard sie an seiner zweiten Ehefrau genoß, war Minnas Sache nicht gewesen. *Ach! ich will gern entbehren; mir scheint es so recht eigentlich meine Naturbestimmung gewesen zu sein, von allem zu lassen, nichts zu wollen*, vertraut Cosima entmutigt dem Tagebuch an.[948] Obwohl sie mit Richard das erstrebte Glück erreicht hatte, war sie in vielem unglücklich, und es brach aus ihr heraus: *Meine Geburt. O könnte ich sie löschen und damit alle Leiden beenden, die sie gebracht.* Und: *Tiefes Inne-Werden, daß ich nur eine Aufgabe habe, ihm das Leben zu erleichtern.*[949] Als Richard auf Mathilde Wesendonck, Minna und Cosima anspielte und darüber klagte, daß er als Geliebte nie *direkt jemand für sich von der Natur bekommen, immer von einem andren überkommen*, traf dies Cosima tief. *O wie von ganzer, ganzer Seele würde ich es ihm gönnen, daß ein fleckenreines Wesen sich ihm weihte! – Wenn auch solch eine Äußerung mich wohl schmerzt, so siegt doch das glückliche Gefühl, daß er sie tut, daß er so frei ist, meiner so sicher, alles von sich ausströmen zu können, und alles von ihm ist gut!*[950] Richard hatte als junger Kapellmeister mitnichten an Minnas »Fleckenreinheit« gedacht, als er um sie warb. Cosima lag die Rolle der »hohen Frau«. Aber auch ein Hans von Bülow, der in hierarchischen Bezügen zu denken pflegte, legte sich Richard brieflich ehrfürchtig zu Füßen: *Freunde blickt man an, zu Dir blickt man auf … Ich wäre – in vollstem Ernste – wohl geneigt, Dein Stiefelputzer und Kommissionär zu werden, aber den Anspruch, von Dir Freund genannt zu werden, bin ich nicht frech genug, zu erheben.*[951] Minna hätte dies für sich niemals akzeptiert.

Gerne übernahm sie es, ihrem Mann das Leben zu erleichtern. Sie putzte auch seine Stiefel, wenn Geld für eine Magd fehlte, aber sie betrachtete sich zugleich selbstbewußt als Mitschöpferin seines Frühwerks. Dafür gab sie ihr Leben her. Sie wollte anerkannt, respektiert und geliebt werden, und nicht in der Verehrung zu einem Partner aufgehen. Was hatte ein Freund nach einem Besuch der beiden in Zürich über sie geschrieben? »Minna war der gute Engel Wagner's, und die grossen Werke, die er schuf, verdanken alle einen Theil der liebenden Sorgfalt des Weibes in dieser doch nie im vollen Sinne des Wortes glücklichen Ehe.«[952]

Nachwort

Minna Wagner hatte einen umfangreichen Bekannten- und Freundeskreis, mit dem sie korrespondierte. Insgesamt konnten rund 140 Briefe von ihrer Hand nachgewiesen werden, die ebenso wie die bereits 1908 veröffentlichten Briefe Richards an sie einen beachtlichen Fundus für die Erforschung der Ehe bilden.

Von Richard Wagner sind über 400 Briefe und Gedichte an Minna erhalten geblieben, mehr als an irgendeine andere Person in seinem Leben, mehr als an Cosima von Bülow und Mathilde Wesendonck zusammen. Die Hauptquellen der vorliegenden Studie bilden neben diesem Korpus Minna Wagners Briefe an Richard und an ihren Freundeskreis, sowie Richard Wagners Erinnerungen »Mein Leben«.

Minnas Briefe an Wagner sind bis auf wenige zerstört worden. Wagner wollte sie nach Minnas Tod wiederhaben, da er befürchtete, daß einige ihn kompromittieren könnten. Er bat deren Tochter Natalie mit zunehmendem Druck, sie zurückzuschicken. Natalie behielt aber zahlreiche Schriftstücke bei sich. Diese verkaufte sie nach und nach an die britische Wagner-Sammlerin von Memorabilia, Mary Burrell, die Natalie 1890 in einem Heim für ältere Damen in Leisnig aufspürte, so daß neben 128 Briefen von Richard an Minna auch zehn Briefe von Minna an Richard in der »Burrell-Sammlung« der Nachwelt erhalten geblieben sind.

Alle Zitate aus Briefen, aus Richard Wagners Erinnerungen (»Mein Leben«) und aus Tagebüchern von Zeitgenossen sind kursiv gedruckt; dies soll den subjektiv-privaten Charakter der Schriftstücke unterstreichen. Sie sind buchstabengetreu wiedergegeben. Die Briefe Richard Wagners sind, wenn nicht anders vermerkt, alle der Gesamtbriefausgabe entnommen, die bis dato den zwölften Band

(1860) erreicht hat. Die Briefe Minnas stammen, wenn nicht anders vermerkt, aus dem Nationalarchiv der Richard-Wagner-Stiftung in Bayreuth. Die Fußnoten geben das Datum des jeweiligen Briefes an und auch den Adressaten/die Adressatin, wenn dies nicht aus dem Text hervorgeht.

Besonderen Dank schulde ich Herrn Fischer vom Nationalarchiv der Richard-Wagner-Stiftung Bayreuth für seine unermüdliche und stets freundliche Hilfe. Dank geht auch an Herrn Langer von Museum Rietberg (Informationen über die Villa Wesendonck), an die Zentralbibliothek Zürich (Briefe Minna Wagners), an das Stadtarchiv Zürich (Nachlaß Mathilde Wesendonck), an die Sächsische Landesbibliothek Dresden (Briefe Minnas und Rechnungen über ihr Begräbnis), an die Bayerische Staatsbibliothek München (Noten zu Grétrys Oper »Raoul Barbe-Bleue«) an die Richard-Wagner-Museen in Graupa und Tribschen für Informationen sowie an das Herwegh-Archiv in Liestal (Briefe Minna Wagners an Emma Herwegh). Danken möchte ich auch Susanne Amrain und Carola Lipp aus Göttingen für zeit- und kulturgeschichtliche Informationen, Isabel Kraft (Forschungsstelle Richard-Wagner-Briefausgabe, Universität Erlangen-Nürnberg) sowie Christa Jost und Peter Jost, Hochschule für Musik und Theater München (Richard Wagner-Gesamtausgabe) für Informationen zu Wagners Schriften; Hannelore Abt, Berlin, für Lektüre- und Korrekturarbeiten sowie inhaltliche Vorschläge, Hiltrud Schroeder, Berlin, für Recherchen in Berlin und Weimar, und Ursula Frerichs, Quickborn, für sorgfältige Transkriptionen der mühsam zu entziffernden Handschrift Minna Wagners.

Dezember 2002 Eva Rieger

Anmerkungen

1 1.3.1872, in: CT I, S. 495.
2 Die Trauung fand am 25. 8. 1870 statt.
3 25.1.1855, zit. b. Fehr Bd. I, S. 333.
4 Herzfeld 1938, S. 133.
5 5.6.1849.
6 18.6.1849.
7 Vgl. Bekker 1924, der diesen Gedanken ausführt.
8 Ende März 1861, in: Altmann Bd. II, S. 157 (an Luise Brockhaus).
9 18.7.1849.
10 Hurn/Root 1930, S. 3. (Üb.d.V.)
11 Fehr Bd. I, S. 33.
12 ML, S. 98. Vgl. seinen Brief an M. Wesendonck v. 13.9.1861.
13 ML, S. 96ff.
14 zit. b. Allgemeine Musikzeitung 1899, S. 413.
15 Ähnliches findet sich bei Bauer 1995.
16 ML, S. 133.
17 Köhler 2001, S. 128. Auch Gregor-Dellin behauptet, der Kaufmann Schwabe sei Minnas Geliebter gewesen, Gregor-Dellin 1980, S. 119.
18 Köhler 2001, S. 536.
19 a.a.O., S. 532.
20 SB IX, S. 21.
21 Gregor Dellin 1980, S. 123.
22 Burrell 1950, S. 37.
23 Gregor-Dellin 1980, S. 107. Fotos von Minna beweisen das Gegenteil.
24 A. Woltersdorf: Geschichte des Königsberger Theaters von 1744–1855. Berlin 1856, S. 83, zit. b. Glasenapp 1923, Bd. I, S. 277.
25 Wagner »suchte nie nach Verstandesgaben bei den Frauen, mit denen er schlafen wollte … In seinen zahllosen Weibergeschichten, besonders in den wilden Tagen in Biebrich, trieb er es auch nicht mit weiblichen Nietzsches,« schreibt hingegen Robert Gutman respektlos (Gutman 1970, S. 137).

26 10.7.1856.
27 8.5.1850.
28 7.11.1854 (an M. Schiffner).
29 15.12.1858, in: Fehr Bd. II, S. 149 (an Jakob Sulzer).
30 3.6.1857 (Richard an Johanna Wagner; er zitiert darin den Bruder.)
31 Robert Schumann: Brief an Felix Mendelssohn-Bartholdy vom 22.10.1845, zit. in SB II, S. 25.
32 Glasenapp, Bd. I, S. 273f.
33 Dahlhaus/Deathridge 1994, S. 86.
34 11.6.1836.
35 Burrell 1950, S. 494 (3.6.1858).
36 zit. bei Glasenapp, Bd. 1, S. 347.
37 Praeger 1892, S. 56.
38 Kapp/Jachmann 1927, S. 125.
39 Kietz 1907, S. 16.
40 zit. b. Glasenapp Bd. I, S. 361.
41 R. Wagners erste Frau an Emma Herwegh, in: Das Forum 1 (1914), S. 142f. In französischer Sprache in Herwegh 1932, S. 133f.
42 Lippert 1927, S. 178.
43 SB VI, S. 25.
44 SB VI, S. 27.
45 Herzfeld 1938, S. 246.
46 Undatiert; 2. Hälfte 10/1854. Allerdings bleibt offen, ob er bei einem Erfolg ihrer Bemühungen sein Wort gehalten hätte.
47 22.9.1836.
48 Wagner ließ seine Autobiographie »Mein Leben« (ML) in nur wenigen Exemplaren drucken.
49 ML, S. 439.
50 10.7.1849.
51 Diese Parteinahme übernimmt auch Glasenapp in seiner formidablen Wagnerbiographie, wenn er den Brief ohne Angabe der momentanen Entstehungsursache zitiert und damit den Eindruck erweckt, als hätte das Unglück in der Beziehung alles Glück überschattet.
52 6.3.1855.
53 16.4.1850.
54 2.3.1850.
55 CT I, S. 798 (1.3.1874).
56 Jens Malte Fischer: Richard Wagners »Das Judentum in der Musik«. Frankfurt/M. 2000, Widmung.
57 10.6.1836.
58 Gustav Klemm, zit. b. Becker 1962, S. 15f.
59 12.5.1859 (an Minna).
60 Die von Einsiedel sind ein im Gotha genanntes Geschlecht.
61 ML, S. 137.

62 Rheinisches Conversationslexicon, herausgegeben. von einer Gesellschaft rheinländischer Gelehrten, Köln und Bonn 1831, Band 4, S. 702.
63 ML, S. 138.
64 Lewald 1989, S. 181.
65 zit. b. Stümcke 1905, S. 30.
66 Stümcke 1905, S. 60.
67 Herzfeld 1938, S. 13.
68 Franz Brendel: Die Musik der Gegenwart und die Gesammtkunst der Zukunft. Leipzig 1854, S. 46.
69 Burrell 1950, S. 48.
70 Brief Minnas an Theodor Apel, 17.11.1840. Obwohl Richard ihn für sie verfaßte, können die darin enthaltenen Schilderungen als authentisch gelten.
71 ML, S. 11.
72 ML, S. 24.
73 ML, S. 20.
74 25.7.1835.
75 21.8.1835.
76 Wagner 1912, Bd. IV, S. 253.
77 Wagner, Rote Brieftasche, in: SB I, S. 81.
78 ML, S. 95.
79 ML, S. 96f.
80 ML, S. 100, 138f. und 103.
81 2.10.1835 (an Apel).
82 ML, S. 98 und 99.
83 CT I, S. 611 (10.12.1872).
84 ML, S. 100.
85 13.9.1834.
86 ML, S. 100 und 102.
87 Burrell 1950, S. 37.
88 ML, S. 74.
89 ML, S.102.
90 Burrell 1950, S. 596ff.
91 ML, S. 139.
92 ML, S. 102f.
93 ML, S.103.
94 CT I, S. 311.
95 6.6.1835.
96 ML, S.104.
97 31.3.1835.
98 6.6.1835 (an Apel).
99 6.5.1835.
100 ML, S. 109 und 111.
101 26.10.1835 (an Apel).

[102] ML, S. 120.
[103] Die Briefe sind stark gekürzt wiedergegeben.
[104] 4.11.1835.
[105] 5.11.1835.
[106] 6.11.1835.
[107] Auch Mathilde Wesendonck und Cosima von Bülow erfuhren von Wagner, daß ihre Liebe einmalig sei.
[108] 7.11.1835.
[109] 8.11.1835.
[110] 9.11.1835.
[111] Minnas Rolle im »Glöckner von Notre Dame« nach Victor Hugo von Charlotte Birch-Pfeiffer; das Stück wurde im Berliner Königstädtischen Theater gegeben.
[112] 10.11.1835.
[113] 25.11.1835 (an Apel).
[114] 11.11.1835.
[115] ML, S. 121.
[116] 21.5.1836.
[117] 27.12.1835.
[118] ML, S. 129.
[119] 21.5.1836.
[120] 21.5.1836 und 23.5.1836.
[121] 27.5.1836.
[122] 1.6.1836.
[123] Ehemündigkeit mit 21 erst durch BGB (1900) festgelegt.
[124] ML, S. 161.
[125] ML, S. 142.
[126] Königsberger Hartungsche Zeitung Nr. 561 v. 30.11.1906.
[127] ML I, S. 143.
[128] Burrell 1950, S. 601.
[129] 8.5.1850.
[130] CT II, S. 797 (21.9.1881).
[131] ML, S. 141.
[132] Busch-Salmen 1991, S. 217.
[133] Burrell 1950, S. 106.
[134] Burrell 1950, S. 106f.
[135] ML, S. 147.
[136] ML, S. 139.
[137] vgl. seinen Brief vom 6.11.1835.
[138] ML, S. 149.
[139] ML, S. 150.
[140] 20.6.1837.
[141] zit. b. Glasenapp, Bd. I, S. 291.
[142] ML, S. 156.

[143] 12.6.1837 (an Louis Schindelmeisser).
[144] Vor dem 21. 9.1837 (undatiert).
[145] a.a.O.
[146] ML, S. 157.
[147] Rote Brieftasche, in: SB I, S. 83.
[148] 18.5.1859.
[149] ML, S. 156.
[150] 18.5.1859.
[151] Es handelte sich wohl um die »Autobiographische Skizze« oder die »Mitteilung an meine Freunde«, s. dazu Kap. 9.
[152] 18.5.1859.
[153] ML, S. 161.
[154] Vor dem 21.9.1837 (undatiert).
[155] ML, S. 163.
[156] Gregor-Dellin verdächtigt Minna der Unwahrheit: »Wagner glaubte ihr wieder einmal ...« (Gregor-Dellin 1980, S. 133.) Damit wird angedeutet, daß sie mit Holtei flirtete und Wagner belog.
[157] ML, S. 166.
[158] 20.9.1840 (an Th. Apel).
[159] ML, S. 167.
[160] Glasenapp Bd. I, S. 322.
[161] zit.a.a.O.
[162] Burrell 1950, 119f. Minna hatte keinen Grund, Natalie gegenüber diese Schwangerschaft zu erfinden, so daß deren Aussage glaubwürdig ist.
[163] Brief an Minna, undatiert (Dezember 1836).
[164] Burrell 1950, S. 120.
[165] ML, S. 173.
[166] Praeger 1892, S. 75.
[167] ML, S. 179.
[168] 23.8.1839.
[169] ML, S. 189.
[170] Praeger 1892, S. 87f.
[171] ML, S. 189.
[172] ML, S. 191.
[173] vgl. Rheinberg 1990, S. 70.
[174] 3.6.1840.
[175] ML, S. 198.
[176] 14.2.1850 (Richard an Minna).
[177] ML, S. 200.
[178] Praeger 1892, S. 88. Wagner erwähnt diese Episode allerdings nicht in seinen Erinnerungen.
[179] SB I, Einleitung, S. 61f. (29.6.1840).
[180] 20.9.1840 (an Apel).
[181] Praeger 1892, S. 103 und 109.

182 Burrell 1950, S. 129.
183 1841, in: Burrell 1950, S. 129f.
184 ML, S. 205.
185 ML, S. 209.
186 ML, S. 211.
187 Wagner bettelte ihn mehrfach an. Eduard schickte ihm mehrere hundert Franken, bis er sich schließlich verweigerte.
188 11.9.1842.
189 Eine Mitteilung an meine Freunde (1851), in: Wagner 1912, Bd. IV, S. 266. Obwohl Wagner diese Zeilen später verfaßte, belegen sie seine damalige Überzeugung.
190 CT II, S. 176 (16.9.1878).
191 ML, S. 212.
192 ML, S. 215.
193 16.3.1842.
194 ML, S. 232.
195 21.4.1842.
196 8.4.1843 (Zusatz Minnas zum Schreiben Richards).
197 29.4.1842, zit. b. Herzfeld 1938, S. 127.
198 3.5.1842.
199 12.5.1842.
200 Burrell 1950, S. 677 (Brief an Minna vom 10.4.1859).
201 21.4.1842.
202 12.5.1842.
203 12.6.1842.
204 25.7.1842.
205 28.7.1842.
206 11.9.1842.
207 ML, S. 237.
208 11.9.1842.
209 ML, S. 242.
210 28.7.1842.
211 6.9.1842.
212 28.7.1842,
213 25.7.1842.
214 Burrell 1950, S. 166. »Pampen« = sich satt essen.
215 6.9.1842.
216 5.10.1842.
217 Burrell 1950, S. 167. Es gab auch gegenteilige Meinungen. Eduard Devrient fand die Begeisterung des Publikums unbegreiflich, da »die mitunter treffliche Musik … in zu viel erdrückendem Lärm, in zu ermüdenden Längen verhüllt ›liegt‹«. Kabel Bd. II, S. 376.
218 Musikalisches Wochenblatt vom 27.10.1892, zitiert bei Otto 1990, S. 53.
219 Kietz 1907, S. 12.

[220] 21.10.1842.
[221] 3.12.1842 (an Albert Wagner).
[222] ML, S. 249f.
[223] 6.11.1842.
[224] 13.12.1842.
[225] 5.1.1843 (R. Wagner an C. Avenarius).
[226] 6.4.1843.
[227] Glasenapp Bd. I, S. 465.
[228] 25.2.1843 (R. Wagner an R. Schumann).
[229] 3.12.1842.
[230] ML, S. 258f.
[231] ML, S. 260.
[232] 29.5.1843.
[233] 8.6.1843.
[234] 2.6.1843.
[235] 6.6.1843.
[236] 10.6.1843.
[237] 9.6.1843.
[238] Kietz 1907, S. 19.
[239] 9.10.1846 (an Alwine Frommann). Die Sopranpartie reicht bis zum zweigestrichenen h.
[240] Wapnewski 1987, S. 65f.
[241] 15.3.1844.
[242] ML, S. 315f.
[243] 16.7.1843.
[244] Kietz 1907. S. 64.
[245] Burrell 1950, S. 173.
[246] ML, S. 357.
[247] 15.12.1845.
[248] 29.5.1849.
[249] 3.10.1847.
[250] ML, S. 367f.
[251] 10.8.1849.
[252] ML, S. 401.
[253] 13.1.1858.
[254] Wagner 1912, Bd. XII, S. 218-227.
[255] SB II, S. 41.
[256] Kietz 1907, S. 86.
[257] 2.8.1850. Rose zufolge meint Minna den Aufsatz »Das Judentum in der Musik« (Rose 1992, S. 49f.). Dies ist jedoch zeitlich unwahrscheinlich. Mit »Geschlecht« ist Adelsgeschlecht und nicht Rasse gemeint, wie Rose annimmt. Außerdem findet sich in den Quellen (leider) nirgendwo ein Protest Minnas gegen Richards Antisemitismus.
[258] 6.4.1843 (an E.B. Kietz).

[259] 15.7.1848.
[260] Kabel, Bd. I, S. 442f.
[261] 27.12.1849.
[262] 16.4.1850.
[263] 17.4.1855.
[264] Lippert 1927, S. 215. Die Geradlinigkeit und Konsequenz, mit der Röckel zu seinen Überzeugungen hielt, läßt ihn glaubwürdig erscheinen.
[265] Litzmann 1920, Bd. II, S. 185-190.
[266] ML, S. 414.
[267] Röckel o. J., S. 19.
[268] ML, S. 415.
[269] CT II, S. 257 (14.12.1878).
[270] ML, S. 420.
[271] Lippert 1927, S. 187f.
[272] Kabel 1964, Bd. I, S. 488.
[273] Kietz 1907, S. 100.
[274] 16.4.1850 (an Minna).
[275] 18.7.1849.
[276] 4.6.1849.
[277] Fehr Bd. I, S. 5.
[278] 29.5.1849.
[279] 29.5.1849.
[280] zit. b. Lippert 1927, S. 25.
[281] 4.6.1849.
[282] 29.10.1857.
[283] 5.6.1849.
[284] 5.6.1849.
[285] 5.6.1849.
[286] 18.6.1849.
[287] 19.6.1849.
[288] 18.6.1849.
[289] 8.6.1849.
[290] zit. b. Fehr Bd. I, S. 114.
[291] 19.6.1849.
[292] 7.7.1849.
[293] 10.7.1849.
[294] 10.7.1849.
[295] 19.7.1849.
[296] 18.7.1849.
[297] 3.8.1849.
[298] 3.8.1849.
[299] 18.7.1849.
[300] 9.9.1878, in: CT II, S. 172.

[301] Mai 1850.
[302] 18.7.1849.
[303] 3.8.1849.
[304] 3.6.1857 (R. Wagner an Johanna Wagner).
[305] 18.7.1848.
[306] 19.7.1849.
[307] 23.7.1849.
[308] 3. 8. und 11.8.1849.
[309] 18.6.1849.
[310] 23.7.1849.
[311] 7.11.1851.
[312] 11.8.1849.
[313] 16.9.1849.
[314] Feb 1850.
[315] 18.9.1849.
[316] CT II, S. 369 (19.6.1879).
[317] 14.10.1849.
[318] Oktober 1849. Die Uhr wurde an Sulzer verkauft; kürzlich übergaben die Erben sie dem Museum in Tribschen.
[319] 19.11.1849.
[320] 18.9.1849.
[321] 23.11.1849.
[322] 15.12.1857, in: Litzmann 1920, Bd. III, S. 30.
[323] Zweite Hälfte September 1849.
[324] 15.5.1850.
[325] 26.2.1850.
[326] 1.12.1849.
[327] Wille 1982, S. 30.
[328] 19.11.1849 (An F. Heine). Vgl. auch 5.12.1849 (an Fr. Liszt).
[329] 15.5.1850.
[330] 29.5.1849.
[331] 9.2.1850.
[332] Moulin-Eckart 1927, S. 3.
[333] 27.12.1849.
[334] 26.-27.6.1850 (an Julie Ritter).
[335] a.a.O. Wagner deutet hier den Begriff der *Erlösung* um in einen der erotischen Erfüllung.
[336] 16.4.1850.
[337] Mitte Mai 1850.
[338] Burrell 1950, S. 385 (Bericht an Mary Burrell).
[339] Mitte Mai 1850.
[340] Wagner zitiert sie: *Erst kürzlich noch, als Du mir schriebst: »wenn ich Ende Sommers wieder umziehen soll, so reise ich lieber heute noch fort.«* 16.4.1850.

[341] 4.6.1849.
[342] 8.6.1849.
[343] 18.6.1849.
[344] 17.3.1850.
[345] Mitte Mai 1850 (an M. Schiffner).
[346] 17.3.1850.
[347] Burrell 1950, S. 384.
[348] ML, S. 454.
[349] 8.5.1850.
[350] 12.6.1850 (Minna an G. Anders).
[351] 18.6. und 12.6.1850.
[352] Mitte Mai 1850, 26.2. und 26.10.1850.
[353] 26/27.6.1850 (an J. Ritter).
[354] 2.7.1850.
[355] Burrell 1950, S. 403ff.
[356] 7.7.1850.
[357] 26.-27.6.1850.
[358] 2.8.1850.
[359] undatiert (Ende 1850)
[360] 27.7.1850 (an Th. Uhlig).
[361] ML, S. 463.
[362] 24.7.-18.9.1850.
[363] s. Anm. 358.
[364] 9.11.1850.
[365] ML, S. 488.
[366] hg. K. Kropfinger, Stuttgart (Reclam) 1986.
[367] Glasenapp Bd. II, S. 449.
[368] 18.4.1851.
[369] ML, S. 486.
[370] ML, S. 475.
[371] 16.11.1850.
[372] 9.11.1851 (an Minna).
[373] 9.3.1851.
[374] 18.4.1851.
[375] 26.1.1850.
[376] 8.9.1851.
[377] ML, S. 489.
[378] BB, S. 120.
[379] 28.5.1852.
[380] 9.11.1851.
[381] 26.9.1851.
[382] 5.10.1851.
[383] 2.11.1851.
[384] 12.10.1851.

[385] 28.9.1851.
[386] 3.11.1851.
[387] 7.11.1851.
[388] 9. 11.1851.
[389] 14.11.1851.
[390] 2. und 7.11.1851.
[391] 9.11.1851.
[392] 20.11.1851.
[393] 1.11.1852.
[394] 29.11.1851.
[395] 4.4.1852.
[396] 14.10.1852.
[397] 20.11.1851.
[398] 1.11.1862.
[399] 25.12.1857.
[400] 4.6.1849.
[401] 20.1.1851 (an M. Schiffner).
[402] 21.3. und 4.4.1852.
[403] Oktober 1852.
[404] 4.4.1852 (an J. Ritter).
[405] 12.1.1852.
[406] 11.5.1850.
[407] vgl. Zürich. Architektur und Städtebau 1850-1920. Zürich 2001.
[408] 22.3.1852 (Zentralbibl. Zürich Mus Ms L 367).
[409] 1.11.1852.
[410] Walton, in: Langer/Walton 2002, S. 94.
[411] Schwabe 1988, S. 237.
[412] an M. Schiffner, s. Fußnote 408.
[413] 26.2. und 16.3.1852.
[414] 4.4.1853.
[415] 13.4.1852.
[416] 14.11.1853.
[417] Heintz 1896, S. 92.
[418] Golther 1914, S. 12.
[419] 20.8.1858.
[420] 7.8.1852.
[421] 2.8.1858. Damit meint sie vermutlich, daß sie nach außen so tat, als sähe sie nichts.
[422] 4.7.1855, in: Burrell 1950, S. 481.
[423] Einer der wenigen Wagnerforscher, die dies erkannt haben und Minna Gerechtigkeit widerfahren lassen, ist Egon Voss, vgl. Voss 2002.
[424] 12.7.1852.
[425] 21.7.1852.
[426] 22.7.1852.

427 26.7.1852 (an Sulzer).
428 ML, S. 499.
429 Wille 1982, S. 41.
430 a.a.O. S. 32.
431 a.a.O. S. 33.
432 a.a.O., S. 34.
433 Wille 1982. S. 42.
434 ML, S. 504.
435 19.11.1852.
436 9.2.1853.
437 1.10.1852.
438 9.2.1853.
439 25.4.1853.
440 Wille 1982, S. 42.
441 Eidgenössische Zeitung v. 19.5. 1853, zit. b. Fehr Bd. I, S, 225f.
442 Eidgenössische Zeitung v. 21.5.1853, zit. a.a.O., S. 228.
443 zit. b. Fehr Bd. I, S. 231.
444 vgl. Fehr Bd. I, S. 233. In Stil und Inhalt trägt es Mathildes Handschrift, aber auch Johanna Spyri beherrschte den esoterischen Tonfall.
445 Fehr Bd. I, S. 231f.
446 3.10.1853.
447 12.7.1853.
448 15.7.1853.
449 26.7.1853.
450 28.7. und 5.8.1853.
451 3.10.1853.
452 ML, S. 514.
453 11.10.1853.
454 16.10.1853
455 ML, S. 517.
456 14.11.1853.
457 18.5.1852.
458 Nachlaß M. Wesendonck, Stadtarchiv Zürich, Sig. 84 VII.
459 1.6.1853.
460 13.3.1854 (an M. Schiffner).
461 15.1.1854.
462 18.7.1854.
463 5.6.1863, in: Altmann Bd. II, S. 221.
464 13. März 1854.
465 16.2.1856.
466 Keller 1924, S. 393.
467 14.11.1853 (an M. Schiffner).
468 1.7.1854.
469 13.7.1854.

[470] 7.5.1855 (an M. Schiffner). Das Kurhaus ist abgerissen, doch kann man vom Aussichtsvorbau aus die herrliche Aussicht bewundern. Statt wie heute mit der Zahnradbahn gelangte man mit Sänften auf den Berg.
[471] 18.7.1854.
[472] 13.7.1854.
[473] vgl. Westernhagen 1973, S. 88ff.
[474] Heinz 1896, S. 93.
[475] Lesimple 1884, S. 9ff.
[476] 14.3.1854 (an M. Schiffner).
[477] 23.9.1854.
[478] zit. b. Fehr Bd. 1, S. 298.
[479] Umso rätselhafter ist, daß sich Wagner drei Jahre darauf entschloß, *die Verwaltung meiner Einnahmen fortan meiner Frau zu übergeben* (Brief an Liszt vom 8.2.1857). Möglicherweise täuschte er Liszt.
[480] 7.9.1854.
[481] 13.9.1854.
[482] 29. 9. 1854.
[483] 7.10.1854.
[484] 30.9.1854.
[485] 30.9.1854.
[486] 5.10.1854.
[487] 6.10.1854.
[488] ML, S. 521.
[489] 13.1.1858. Auch Albert Wagner war überzeugt, daß Röckel Richard negativ beeinflußt hatte, vgl. Burrell 1950, S. 779.
[490] 30.9.1854.
[491] Mathilde Schiffner schrieb sie von Zürich aus: *Ueberhaupt habe ich mich durch den Unglücksfall in Berlin doch sehr berühmt gemacht, fast in allen Blättern schwätzt man davon, natürlich mit dazugefügten ausgeschmückten Lügen* (7.11.1854). Zum Unfall vgl. Neue Preußische Zeitung Nr. 240 v. 13.10.1854.
[492] 6.10.1854.
[493] 2. Hälfte 10/1854.
[494] 2.Hälfte 10/1854.
[495] Die Herausgeber der Wagner-Briefausgabe setzen den Besuch Dresdens noch vor Weimar (vgl. SB VI S. 238), was aber zweifelhaft erscheint. Das undatierte Schreiben Richards (SB VI, S. 265ff.) ging nach Weimar und war vermutlich der Auslöser für ihre Unternehmung.
[496] 2.Hälfte 10/1854.
[497] Es gehört zu Wagners widersprüchlichem Wesen, daß er kurz zuvor an Wilhelm Fischer schrieb, nach Deutschland ziehe es ihn nicht (8.8.1854).
[498] Lippert 1927, S. 48f., Herzfeld 1938, S. 229. Kopie des Entwurfs in NA.
[499] 7.11.1854.

500 14.3.1855 (an einen unbekannten Freund, evtl. Pusinelli).

501 Lippert 1927, S. 49f. Lippert behauptet irrtümlich, daß dieser Bescheid im Dezember nach Zürich geschickt wurde.

502 2. Hälfte 10/1854.

503 7.11.1854.

504 12.9.1854.

505 zit. b. Golther 1914, S. 13.

506 14.1.1855.

507 6.4.1855.

508 3.3.1855 (an M. Schiffner).

509 16.12.1854.

510 6.3.1855.

511 5.4.1855.

512 6.4.1855 (an M. Schiffner).

513 13.3.1855.

514 15.3.1855.

515 27.3.1855.

516 Gartmann 1985, Anhang. Daß Richard Natalie 1853 für 200 Franken jährlich als Haushilfe einstellte (Brief Richards an Natalie vom 19.11.1853), war demnach ein gutes Geschäft.

517 6.4.1855.

518 Die Preise für Lebensmittel waren Mitte des 19. Jahrhunderts in der Schweiz wie folgt: Brot 12-19 Centimes pro Pfund, Rindfleisch 33, Ochsenfleisch 36, Speck 65, Butter 67–73, Käse 50–55 Centimes pro Pfund. Hinzu kamen die Lohnwäscherei, Kosten für Schuhe, Bekleidung, Gesundheitspflege u. a. m. Gartmann 1985, S. 286.

519 1.3 und 6.3.1855.

520 12.4.1855.

521 6.4.1855.

522 16.5.1855.

523 16.5.1855.

524 17.8.1855.

525 18.1.1856 (an Liszt).

526 7.5.1855.

526a 25.4 und 4.5.1855.

527 1.5., 4.5 und 5.4.1855.

528 22.7.1855.

529 Praeger 1897, S. 288.

530 Glasenapp Bd.III, S. 99

531 16.2.1856 (an M. Schiffner).

532 19.12.1855.

533 29.3.1856.

534 Praeger 1892, S. 307.

535 15.6.1856.

[536] 13.7.1856 (an Musikdirektor Ignaz Heim).
[537] 25.6.1856. Ein andermal: *So bin ich denn heute zu sehr stürmischem Besuche eines gewissen niedlichen Kämmerchens mit einem einzigen Stuhle, der noch dazu ein grosses Loch hat, verurtheilt, was mich etwas angreift* (20.4.1855).
[538] 29.7.1856.
[539] 2.7.1856.
[540] 25.6.1856.
[541] 20.7.1856.
[542] 12.6.1856.
[543] 15.6.1856.
[544] 19.7. und 30.7.1856.
[545] BB, S. 126.
[546] ML, S. 550.
[547] ML, S. 553.
[548] 4/5.10.1857.
[549] zit. b. Fehr, Bd. II, S. 70.
[550] a.a.O., S. 72.
[551] Fehr, Bd. II, S. 68.
[552] ML, S. 546.
[553] 23.2.1857.
[554] 6.2.1857, in: Fehr Bd. II, S. 375.
[555] 23.2.1857.
[556] Eine Heizkammer, von der aus Röhren zu den Zimmern geführt wurden.
[557] 23.2.1857 (an M. Schiffner).
[558] ML, S. 558.
[559] 7.6.1857.
[560] 8.6.1857.
[561] 7.6.1857.
[562] Kopf 1899, S. 281.
[563] zit. b. Golther, S. XIII.
[564] Devrient 1909, S. 287.
[565] a.a.O., S. 284.
[566] 22.12.1857.
[567] Litzmann Bd. III, S. 29.
[568] 4.9.1857, in: Bülow, Bd. IV, S. 109.
[569] 19.9.1857, in: Bülow, Bd. IV, S. 114f.
[570] 29.10.1857.
[571] undatiert, Nachlaß M. Wesendonck, Stadtarchiv Zürich, Sig. 84 VII.
[572] zit. b. Fehr Bd. II, S. 99f.
[573] vor 20.8.1857.
[574] nach 24.9.1857.
[575] ML, S. 566.
[576] 29.10.1857.

[577] 20.8.1858.
[578] Burrell 1950, S. 675.
[579] Dies wird von Kapp behauptet, der das Gedicht gekürzt wiedergibt, vgl. Kapp 1951, S. 173.
[580] Wesendonck 1874, S. 46f.
[581] Golther 1914, S. 206f.
[582] 20.8.1858.
[583] 21.12.1861, in: Altmann 1925, Bd. II, S. 179.
[584] Maurer Zenck 2000, S. 115. In diesem kenntnisreichen Aufsatz beschreibt Maurer Zenck auch, wie sich Wagners Konzept von der Geschlechterbeziehung in der Musik wiederfindet, vgl. auch Rieger 2002. Wagners Aussage in: CT II, S. 255 (11.12.1878).
[585] Golther 1914, S. 120 (Tagebuch zum Jahresgedenktag am 18.10.1858).
[586] ca. Okt. 1857.
[587] Auf dem Skizzenblatt zu Brangänes Beschwichtigung »Wo lebte der Mann, der dich nicht liebte…« notierte Wagner »Im Asyl / erstes Motiv / 16 Mai 1857«, Westernhagen 1973, S. 179.
[588] Sein Lied »Träume« (Text von M. Wesendonck), bearbeitet für Sologeige und kleines Orchester.
[589] Von diesen beiden Stücken ist in der Wagner-Literatur nicht die Rede (vgl. SB IX, S. 105), aber es ist denkbar, daß er sie für kleine Besetzung instrumentierte und auch vorspielen ließ. Rienzi: Marsch der Gesandten, 2. Akt, Finale.
[590] 3.1.1858.
[591] 3.1.1858.
[592] »Cachenez« (Nasenschutz) = ursprünglich ein dünnes Tuch, das man bei kalter Witterung über die Nase band, um sich zu schützen. Schließlich nur noch in der Bedeutung »seidenes Halstuch« verwendet.
[593] 3.1.1858.
[594] 31.12.1857.
[595] 9. und 12.1.1858.
[596] 15.1.1858.
[597] 20.8.1858.
[598] ML, S. 569.
[599] 22.1.1858.
[600] 27.12.1857.
[601] 22.1.1858.
[602] 21.1.1858.
[603] 16.1.1858
[604] 17.1.1858.
[605] 18.1.1858.
[606] 17.1., 28.1 und 29.1.1858.
[607] 1.2.1858.
[608] 17.2.1858.

609 Eine Gästeliste findet sich in: Fehr, Bd. II, S. 386f. Der schöne Saal im Parterre des jetzigen Rietberg-Museums in Zürich ist erhalten.
610 Fehr Bd. II, S. 121.
611 ML II, S. 575.
612 30.4.1858.
613 7.4.1858.
614 ML, S. 575.
615 23.4.1859, in: Burrell 1950, S. 499.
616 30.4.1858 (an M. Schiffner).
617 14.6.1858.
618 30.4.1858 (an M. Schiffner).
619 23.4.1859, Burrell 1950, S. 499 sowie Fehr Bd. II, S. 165.
620 30.4.1858.
621 Wille 1982, S. 63.
622 Burrell 1950, S. 493ff.
623 11.5.1858.
624 14.5.1858.
625 Golther 1914, S. 87 (Tagebuch v. 21.8.1858).
626 20.8.1858 (an Clara Wolfram).
627 27.9.1858.
628 28.4.1858.
629 Fehr Bd. I, S. 124f.
630 14.6.1858 (an E. Herwegh).
631 Burrell 1950, S. 675f.
632 2.7.1858.
633 14.6.1858 (an E. Herwegh).
634 27.4.1858. Er erinnerte sich noch 1879 an die trübseligen Besuche in Brestenberg und erzählte Cosima, daß ihm einzig die Arbeit über die schwere Zeit geholfen habe, vgl. CT II, S. 300.
635 Brief an Liszt, 2.7.1858.
636 14.6.1858.
637 ML, S. 580.
638 8.2.1859.
639 6.7.1858.
640 CT II, S. 653 (14.3.1873). Den letzten Satz dieser Aussage kann man getrost als Rücksichtnahme gegenüber Cosima interpretieren und streichen.
641 Moulin Eckart 1931, Bd. I, S. 654.
642 Weißheimer 1898, S. 28.
643 20.8.1858 (an Clara Wolfram).
644 ca. 28.7.1858.
645 ca. 7.8.1858 (an E. Wille).
646 ML, S. 582.
647 CT II, S. 292 (16.1.1878).

648 Moulin Eckart 1927, S. 410 (Anfang September 1858).
649 ML, S. 583.
650 Bülow, Bd. III, S. 192.
651 2.8.1858.
652 Lippert 1927, S. 94.
653 Zit. b. Herzfeld 1938, S. 262.
654 8.9.1863, in: Scholz 1930, S. 124.
655 5.9.1858 (R. Wagner an Bülow).
656 4.8.1858.
657 11.8.1858.
658 1.9.1858.
659 Undatiertes Schreiben, in: Burrell 1950, S. 496f. Die Herausgeber der Gesamtbriefausgabe behaupten irrtümlich, daß Mathilde den Brief Richards nie zu sehen bekam, vgl. SB IX, S. 231.
660 28.10.1882, in: CT II, S. 1035.
661 Golther 1914, S. 86.
662 21.8.1858.
663 Kopie des Inserats in Fehr, Bd. II, S. 144.
664 18.8.1858.
665 19.8.1858.
666 24.8.1858, in: Burrell 1950, S. 497.
667 28.9.1858.
668 11.9.1858, in: Burrell 1950, S. 662.
669 zit. b. Fehr, Bd. II, S. 135.
670 8.2.1859 (an Alwine Frommann).
671 8.3.1862 (an die Frau des Verlegers Schott).
672 8.2.1859.
673 Burrell 1950, S. 662.
674 19.10.1858.
675 1.11.1858 (an A. Pusinelli). Laudanum = Opium.
676 27.9.1858.
677 15.9.1858.
678 9.9.1858.
679 Tagebuch vom 7.9. 1858, in: Golther 1914, 92f.
680 3. 9. und 27.9.1858.
681 27.9.1858.
682 10.10.1858.
683 Moulin Eckart 1927, S. 3 (10.10.1858).
684 14.9.1858.
685 21.12.1858 (an Emma Herwegh).
686 15.12.1858.
687 Fehr, Bd. II, S. 402f. (6.11.1858).
688 Golther 1914, S. 125f. (1.11.1858).
689 28.9.1858.

690 14.11.1858.
691 14.11.1858.
692 24.9.1858 (an M. Schiffner).
693 10.12.1858.
694 20.11. und 9.12.1858.
695 25.12.1858.
696 14.11. 1858.
697 14.11. und 27.11.1858.
698 12.5.1859. Man knüpfte Wagners Rückkehr weiterhin an einen Gerichtsprozeß; diese Nachricht erhielt Minna im März 1859.
699 10.12.1858.
700 16.1.1859.
701 28.10.1858.
702 19.1.1859.
703 28.10.1858.
704 16.1.1859.
705 Golther 1914, S. 147.
706 Kabel 1964, Bd. II, S. 301 (6.2.1859).
707 a.a.O., S, 379 (18.4.1861).
708 3.12.1858.
709 15.12.1858.
710 9.9.1858.
711 24.9.1858.
712 18.11.1858.
713 7.5.1859.
714 28.10.1858.
715 31.5., 8.6. und 18.5.1859.
716 Wagner 1912, Bd. 1, S.12.
717 Wagner 1912, Bd. IV, S. 256.
718 30.5. und 31.5.1859.
719 12.6.1859.
720 2.5.1859.
721 18.4.1859.
722 Moulin-Eckart 1927, S. 434 (5.2.1859).
723 April 1859.
724 29.8.1859.
725 9.4.1859.
726 18.4.1859.
727 10.2.1860 (an M. Schiffner).
728 2.5.1859.
729 18.11.1858.
730 19.9.1859.
731 25.9.1859.
732 9.10.1859.

[733] 24.10.1859.
[734] 10.11.1859.
[735] Mai 1854.
[736] SB VI, S. 135f; s. auch die Einladung vom 8.5.1854, S. 124f.
[737] 1.7.1854.
[738] Frank Wedekind: Die Tagebücher. Ein erotisches Leben. Frankfurt 1986, S. 295.
[739] Krausnick 1998, S. 13.
[740] zit. b. Rettenmund/Voirol 2000, S. 24.
[741] zit. b. Krausnick 1998, S. 52.
[742] a.a.O., S. 56.
[743] Corvin, zit. b. Krausnick 1998, S. 70.
[744] Krausnick 1998, S. 68.
[745] Craig, S. 217. Frauen mit Waffen (sog. »Flintenweiber«) bedrohten bekanntlich sowohl die sexuell-männliche Potenz als auch die gesellschaftliche Macht und zogen daher besonders viele Aggressionen auf sich – dies bekam Emma Herwegh auch zu spüren.
[746] Emma Herwegh: Im Interesse der Wahrheit. Zur Geschichte der deutschen demokratischen Legion aus Paris, von einer Hochverräterin, hg. von Horst Brandstätter. Reprint Lengwil 1998.
[747] zit. b. Krausnick 1998, S. 28.
[748] zit. b. Craig 1988, S. 211. Nicolas = Kaiser Nikolaus I.
[749] zit. b. Krausnick 1998, S. 47.
[750] Craig 1988, S. 218.
[751] Krausnick 1998, S. 88.
[752] 4.4.1852.
[753] Herwegh 1932, S. 46f.
[754] Schopenhauer 1988, S. 527ff.
[755] Beatrice Eichmann-Leutenegger: »Sprich, warum dies bittere Scheiden?« Mathilde Wesendoncks dichterisches Werk, in: Langer/Walton 2002, S. 85.
[756] Dies scheint übertrieben angesichts der Briefe, die Wagner auf französisch schrieb.
[757] Herwegh 1932, S. 46f.
[758] ML, S. 554.
[759] zit.b. Krausnick 1998, S. 101.
[760] zit.b. Dülmen 1992, S. 40f.
[761] 29.9.1858, in: Burrell 1950, S. 439.
[762] 8.5.1850.
[763] s. S. 130-135.
[764] Burrell 1950, S. 652 (NA).
[765] 15.6.1856.
[766] s. S. 298f.
[767] 29.9.1858, in: Burrell 1950, 439f.

[768] Herwegh 1933, S. 115.
[769] 12.5.1859.
[770] 9.4.1859.
[771] zit. b. Krausnick 1998, S. 66.
[772] 9.4.1859.
[773] 14.4.1859.
[774] 18.1.1858.
[775] zit. b. Fehr, Bd. II, S. 104.
[776] 1.3.1858 (an Cosima).
[777] Craig 1988, S. 220.
[778] zit. b. Krausnick, S. 91.
[779] 29.12.1858, in: Zolling 1899, S. 233.
[780] 18.9.1858.
[781] undatiert, aus Dresden, in: Zinsstag o.J., S. 67.
[782] 29.12.1858, in: Zolling 1899, S. 233.
[783] BB, S. 230f.
[784] 24.3.1860.
[785] 14.11.1859.
[786] 26.7.1859.
[787] 15.12.1861.
[788] 8.12.1860, in: Burrell 1950, S. 702f.
[789] Das Forum 1 (1914), S. 142.
[790] 29.8.1859.
[791] Bericht von Clemens Mathieu, in: Süddeutsche Monatshefte 11(1931), zit. b. Otto 1990, S. 218.
[792] 11.11.1859.
[793] vgl. Burrell 1950, S. 695. Eine Kopie der mehrseitigen Rechnung ist im Bayreuther Archiv vorhanden.
[794] 10.2.1860 (an M. Schiffner).
[795] P. Tichatschek an M. Wagner, 8.12.1860, in: Burrell 1950, S. 702f.
[796] 24.3.1860.
[797] *Je vous dirai qu'Ollivier a écrit une lettre fort sévère à Mme. Wagner, qui, à ce qu'il parait, a fait des cancans très déplaisants sur Blandine.* Liszt an Fürstin Sayn-Wittgenstein, in: Wallace 1927, S. 104. Cancans = Klatsch.
[798] 24.3.1860.
[799] Devrient Bd. II, S. 382. (Wagner befand sich auf der Durchreise nach Wien und traf Devrient in einem Gasthof.)
[800] 10.3.1862 und 18.5.1862, in: Kabel Bd. II, S. 401 und 403.
[801] 10.2.1860.
[802] 23.5.1860.
[803] 24.3.1860 (an E. Herwegh).
[804] 7.5.1860. Schnepprig = schwatzhaft, von Schnepperbüchse, Plaudertasche.
[805] 23.3.1860.

806 22.6.1860.
807 22.6.1860.
808 Glasenapp 1910, Bd. III, S. 266.
809 8.6.1860.
810 10.7.1860.
811 22.6.1860.
812 Juli 1860.
813 An C. Avenarius, zit. b. Herzfeld 1938, S. 285. (Die Originale der Briefe Minnas an Cäcilie A., auf die Herzfeld sich bezieht, konnten nicht aufgefunden werden.)
814 11.9.1860.
815 10.2.1861 (an N. Planer).
816 13.2.1861.
817 19.2.1861.
818 7.5.1860.
819 Wiggershaus 1998, S. 253f.
820 18.4.1861 (an N. Planer).
821 20.3.1861, in: Moulin Eckart 1926, S. 448.
822 5.3.1861.
823 20.5.1861, in: Wagner 1908, Bd. II, S. 182.
824 s. S. 357-360.
825 12.7.1861 (an M. Wesendonck), in: Altmann 1925, Bd. II, S. 164.
826 16.7.1861.
827 25.7.1861, in: Altmann 1925, Bd. II, S. 165.
828 ML, S. 666.
829 14.12.1861, in: Burrell 1950, S. 282.
830 Devrient Bd. II, S. 386 (21.8.1861).
831 15.12.1861 (an E. Herwegh)..
832 BB, S. 135.
833 15.12.1861 (an E. Herwegh).
834 14.12.1861 (an E.B. Kietz).
835 23.12.1860.
836 Ende Dezember 1861, in: Golther 1914, S. 334.
837 9.1.1862, in: Altmann 1925, Bd. II, S.182.
838 24.9.1861.
839 7.1.1862, in: Altmann 1925, Bd. II, S. 181.
840 9.1.1862, in: a.a.O., S. 182. Auch später, als Wagner ihn aufforderte, zu ihm nach Starnberg zu ziehen, sagte er ab, da dessen Nähe ihm die Kreativität geraubt hätte.
841 9.2.1862, in: Wagner 1908, Bd. II, S. 259.
842 6.3.1862 (auch in: Burrell 1950, S. 539f.).
843 Man hat an dieser Stelle »M Weibe« (Mistweibe) herausgelesen, was aber ein Irrtum ist.
844 6.3.1862.

[845] 21.5.1862, in: Wagner 1908, Bd. II, S. 285.
[846] 11.3.1862, in: Wagner 1908, Bd. II, S. 261.
[847] Hanslick, Bd. II, S. 9.
[848] Praeger 1892, S. V.
[849] *So viel ich mich erinnere, hast Du damals, als Du auf der Altenburg warest, Cornelius auch sehr lieb gewonnen* (R. an M. Wagner), 9.2.1862, in: Wagner 1908, Bd. II, S. 234.
[850] 4.3.1862, in: Altmann 1925, Bd. II, S. 181ff.
[851] Lippert 1927, S. 172ff.
[852] 25.3.1862, in: Otto 1986, S. 231.
[853] 26.4.1862, in: Wagner 1908, Bd. II, S. 276.
[854] 16.6.1862 (an Pusinelli).
[855] s. Brief an Clara Wolfram v. 11.7.1862 , in: Wagner 1912, S. 247. Auch Natalie spricht von einer Bloßstellung gegenüber der Öffentlichkeit und der Schande, als geschiedene Frau zu sterben, vgl. Burrell 1950, S. 603 und 605.
[856] 27.6.1862, in: Burrell 1950, S. 542.
[857] 21.5.1862, in: Altmann 1925, Bd. II, S. 200.
[858] 2.6.1862, in: Altmann 1925, Bd. II, S. 202.
[859] 5.8.1862, in: Moulin-Eckart 1927, S. 10 (an K. Klindworth).
[860] 4.8.1862.
[861] 27.12.1862, in: Wagner 1908, S. 310.
[862] 6.11.1862, in: Scholz 1930, S. 33.
[863] 21.11.1862, in: Wagner 1912, S. 251.
[864] BB, S. 143 und 173.
[865] Mack 1980, S. 404.
[866] a.a.O., S. 405.
[867] a.a.O., S. 520 und 652. Wagner spielte im Nachhinein die Beziehung herunter.
[868] Brief von C. Wagner v. 14.1.1878, in: Nachlaß M. Wesendonck, Stadtarchiv Zürich.
[869] 21.12.1861, in: Altmann 1925, Bd. II, S. 179.
[870] 8.4.1843 (an C. Avenarius).
[871] 7.5.1860.
[872] 5.4.1861 (von Minna irrtümlich 5.3.1861 datiert; sie berichtet darin von den Ende März erfolgten Tannhäuseraufführungen).
[873] 7.5.60 an Natalie.
[874] 2.10.1859.
[875] 6.3.1862, in: Burrell 1950, S. 705.
[876] An M. Maier, 22.6.1864, in: Scholz 1930, S. 162.
[877] Weißheimer 1898, S. 92.
[878] vgl. Scholz 1930, S. V.
[879] Abgedruckt in: Scholz 1930, S. 273ff.
[880] 25.1.1863, in: Scholz 1930, S. 57.

[881] 10.5.1863, a.a.O., S. 92.
[882] 11.5.1863, in: Scholz 1930, S. 93.
[883] 22.6. und 6.12.1864, in: a.a.O., S. 163 und 188.
[884] Undatiert, a.a.O., S.271f .
[885] Juni 1862, a.a.O., S. 17.
[886] 16.2.1863, in: Altmann 1925, Bd. II, S. 217.
[887] 14.3.1864, in: a.a.O., S. 230f.
[888] Peter Cornelius, Ausgew. Briefe, I, S. 748f., Scholz 1930, S. 138.
[889] 10.5.1863 an Franz Schott, in: Otto 1990, S.293.
[890] 8.1.1863, in: Wagner 1908, Bd. 2, S. 313.
[891] 16.2.1864, in: Wagner 1912, S. 255.
[892] vgl. Gregor-Dellin 1980, der die Gesamtsumme 1980 auf DM 100.000.– umrechnete.
[893] Hanslick 1894, Bd. 2, S. 9.
[894] zit. b. Gregor-Dellin 1980, S. 510.
[895] 14.3.1864, in: Altmann 1925, Bd. II, S. 229ff.
[896] 3.4.1865, in: a.a.O., S. 235.
[897] Wille 1982, S. 81.
[898] 25.1.1864, zit. b. Herzfeld, S. 304f.
[899] 15.2.1864, in: Burrell 1950, S. 552.
[900] 25.4.1864, in: Otto 1986, S. 259.
[901] Weißheimer 1898, S. 268.
[902] 26.5.1864, in: Wille 1982, S. 79; 5.5.1864, in: Otto 1986, S. 262; 1.6.1864, in: a.a.O., S. 267.
[903] 7.5.1864, in: Altmann 1925, Bd. II, S. 248.
[904] Gregor-Dellin 1980, S. 527f.
[905] an Eliza Wille, 30.6.1864, in: Altmann 1925, Bd. II, S. 258.
[906] 25.6.1864, in: Scholz 1930, S. 165f.
[907] a.a.O., S. 167.
[908] 28.11.1863, in: BB, S. 27. War der November 1863 eine bewußte Vordatierung Wagners, um Cosima in seiner Autobiographie, die mit seiner Berufung nach München schließt, zu erwähnen? Vgl. BB, S. 38f.
[909] 19.7.1864, in: Scholz 1930, S. 171.
[910] zit. b. Gregor-Dellin 1980, S. 539.
[911] BB, S. 41.
[912] BB, S.42 und 46f.
[913] Frühjahr 1864, an Bertha Goldwag, in: Otto 1986, S. 265. Vgl. auch Spitzer 1906.
[914] »Das Übel seiner Hautkrankheit erlaubte ihm nichts anderes als Seide auf bloßem Körper zu tragen. Selbst nur Baumwolle mit den Händen zu berühren verursachte ihm einen Schauder durch den ganzen Körper. Er hatte deshalb alle Taschen seiner Kleider von Seide, ebenso das Futter«. Praeger 1892, S. 264.
[915] 11.9.1860 (an M. Schiffner).

916 Gregor-Dellin 1980, S. 523.
917 28.3.1864, in: Burrell 1950, S. 550. Rumor = Krach, mit Anspielung auf Tann-Häuser.
918 vgl. Pecht 1894, Bd. I, S. 290f.
919 In: Burrell 1950, S. 714.
920 4.12.1865, in: Burrell 1950, S. 716.
921 16.12.1865.
922 29.1.1866.
923 6.5.1865, in: Altmann 1925, Bd. II, S. 272.
924 Thomas Mann: Wagner und unsere Zeit, zit. b. Zelinsky 1976, S. 193.
925 15.11.1865, in: Wagner 1988, S. 99.
926 Meier, S. 235.
927 zit.b. Tappert 1901/02, S. 1409.
928 Sächsische Landesbibl. Dresden, Ms. Dresd. App. 2725,14.
929 3.1.1866, in: Wagner 1912, S. 259.
930 6.3.1855.
931 16.12.1865.
932 24.1.1866, zit. b. Herzfeld 1938, S. 234f.
933 Altmann 1925, Bd. II, S. 281.
934 zit. b. Kummer 1938, S. 211.
935 Burrell, S. 566, 2.4.1866.
936 Kummer 1938, S. 211, vgl. auch den Bericht von Pusinelli, in: Herzfeld 1938, S. 348.
937 Vgl. Brief von Cosima an Natalie v. 31.7.1887, in: Burrell 1950, S. 585.
938 7.2.1866, in: BB, S. 102.
939 vgl. Rieger 2002.
940 13.11.1865, in: BB, S. 98.
941 16.8.1859.
942 Mitte Mai 1850 (an M. Schiffner).
943 3.12.1879, 11.4.1880, 5.10.1881,10.10.1881 und 22.6.1882, in: CT II, S. 457, 519, 803, 806 und 898.
944 8.2.1859.
945 25.10.1866, in: Dahlhaus/Deathridge 1994, S. 56.
946 BB, S. 243 (23.10.1881).
947 Waldberg 1933, S. 92.
948 7.2.1869, in: CT I, S. 51.
949 24.12.1872, in: CT I, S. 61; 10.3.1869, in: CT I, S. 69.
950 8.11.1882, in: CT II, S. 1041. Daß Cosima Richards Abhängigkeit spürte und im Laufe des Zusammenlebens versuchte, durch manche »weibliche« List sich durchzusetzen, ist die Kehrseite dieses Verhältnisses.
951 24.8.59, in: Moulin Eckart 1927, S. 436.
952 Praeger 1892, S. 307.

Siglen und Abkürzungen

BB	Richard Wagner: Das braune Buch. Tagebuchaufzeichnungen 1865–1882, hg. von Joachim Bergfeld. (1975). München/Zürich 1988
CT I, II	Cosima Wagner: Die Tagebücher, ediert und kommentiert von Martin Gregor-Dellin und Dietrich Mack. München, Bd. I 1976, Bd. 2 1977
ML	Richard Wagner: Mein Leben, hg. von Martin Gregor-Dellin. (1963). München 1969
NA	Nationalarchiv der Richard-Wagner-Stiftung, Bayreuth
SB I-V	Richard Wagner: Sämtliche Briefe, hg. von Gertrud Strobel und Werner Wolf. Leipzig Bd. I 1967, Bd. II 1970, Bd. III 1975, Bd. IV 1979, Bd. V 1993
VI-VIII	hg. von Hans Joachim Bauer und Johannes Forner. Leipzig Bd. VI 1986, Bd. VII 1988, Bd. VIII 1991
IX	hg. von Klaus Burmeister und Johannes Forner, Leipzig Bd. IX 2000
X	hg. von Andreas Mielke. Wiesbaden/Leipzig/Paris Bd. X. 2000
XI-XII	hg. von Martin Dürrer. Wiesbaden/Leipzig/Paris. Bd. XI 1999, Bd. XII 2001

Literaturverzeichnis

Primärquellen

Altmann, Wilhelm (Hg.): Richard Wagners Briefe. 2 Bde. Leipzig 1925.

Bauer, Hans-Joachim (Hg.): Richard Wagner Briefe. Stuttgart 1995.

Bülow, Marie von (Hg.): Hans von Bülow: Briefe und Schriften. 4 Bde. Leipzig 1898.

Burrell: Burk, John N. (Hg.): Richard Wagner Briefe. Die Sammlung Burrell. Frankfurt/M. 1950.

Devrient, Eduard: Briefwechsel zwischen Eduard und Therese Devrient. Stuttgart o. J. (1909).

Dülmen, Andrea van (Hg.): Frauenleben im 18. Jh. Qu. München 1992.

Ermatinger, Emil (Hg.): Gottfried Kellers Leben, Briefe und Tagebücher. 3 Bde. Stuttgart/Berlin 1916–1918.

Fehr, Max: Richard Wagners Schweizer Zeit. 2 Bde. Aarau/Leipzig. Bd. I 1934, Bd. II 1953.

Golther, Wolfgang (Hg.): Richard Wagner an Mathilde Wesendonk. Tagebuchblätter und Briefe 1853–1871. (1904). Leipzig 1914.

Heintz, Albert: Richard Wagner in Zürich. Ein Gedenkblatt zum 13. Feb., in: Allgemeine Musik-Zeitung 23. 7. (1896), S. 92–94 (M. Wesendoncks Erinnerungen).

Herwegh, Emma: Im Interesse der Wahrheit. Hg. von Horst Brandstätter. Lengwil 1998.

Herwegh, Marcel: Au Banquet des Dieux. Franz Liszt, Richard Wagner et leurs amis (mit Briefen). Paris 1932.

Herwegh, Marcel: Au Soir des Dieux. Des derniers reflets Wagneriens à la mort de Liszt. Paris 1933.

Kabel, Rolf (Hg.): Eduard Devrient. Aus seinen Tagebüchern. 2 Bde. Weimar 1964.

Kesting, Hanjo (Hg.): Franz Liszt – Richard Wagner. Briefwechsel. Frankfurt/Main 1988.

Kietz, Gustav Adolph: Richard Wagner in den Jahren 1842–1849 und 1873–1875. Dresden 1907.

Kopf, Josef von: Lebenserinnerungen eines Bildhauers. Stuttgart/Leipzig 1899.
Lesimple, August: Erinnerungen. Dresden/Leipzig 1884.
Lewald, Fanny: Meine Lebensgeschichte. (1861/62). Bd. II: Leidensjahre. Frankfurt/Main 1989.
Litzmann, Berthold (Hg.): Clara Schumann. Ein Künstlerleben nach Tagebüchern und Briefen. 3 Bde. (1902–8). Leipzig 1920.
Mack, Dietrich (Hg.): Cosima Wagner. Das zweite Leben. Briefe und Aufzeichnungen 1883–1930. München/Zürich 1980.
Meysenbug, Malwida von: Genius und Welt, in: Cosmopolis August 1896.
Moleschott, Jakob: Für meine Freunde. Lebens-Erinnerungen. Gießen 1901.
Moulin Eckart, Richard Graf Du (Hg.): Hans von Bülow. Neue Briefe. München 1927.
Oesterlein, Nikolaus (Hg.): Katalog einer Richard-Wagner Bibliothek. (1882). Nachdruck Wiesbaden 1970 (2 bzw. 4 Bde.).
Otto, Werner (Hg.): Richard Wagner. Briefe 1830–1883. Berlin 1986.
Otto, Werner (Hg.): Richard Wagner. Ein Lebens- und Charakterbild in Dokumenten und zeitgenössischen Darstellungen (Quellensammlung). Berlin 1990.
Pecht, Friedrich: Aus meiner Zeit. Lebenserinnerungen. 2 Bde. München 1894.
Praeger, Ferdinand: Wagner, wie ich ihn kannte. Leipzig 1892.
Rieger, Eva (Hg.): Frau und Musik. (Quellensammlung). (1980). Kassel 1990.
Röckel, August: Aus dem Grabe eines 48er Revolutionärs. Leipzig o.J.
Roner-Lipka, Berta: Erinnerungen, in: Richard Wagner in Zürich, hg. von Werner G. Zimmermann. Zürich 1986. 170. Neujahresblatt der Allgemeinen Musikgesellschaft Zürich 1986, S. 7–17.
Spitzer, Daniel (Hg.): Briefe Richard Wagners an eine Putzmacherin. (1877). Wien 1906.
Scholz, Hans (Hg.): Richard Wagner an Mathilde Maier (1862–1878). Leipzig 3. Aufl. o.J.
Schopenhauer, Arthur: Parerga und Paralipomena. Werke in fünf Bänden, Bd. 5. Zürich 1988.
Wagner, Richard: Briefe an Theodor Uhlig, Wilhelm Fischer und Ferdinand Heine. Leipzig 1888.
Wagner, Richard: Richard Wagner an Minna Wagner. 2 Bde. (1905). Berlin/Leipzig 1908.
Wagner, Richard: Familienbriefe 1832–1874. (1907) Berlin 1912.
Wagner, Richard: Sämtliche Schriften und Dichtungen. 12 Bde. 5. Aufl. Leipzig o.J. (ca. 1912).
Waldberg, Max von (Hg.): Cosima Wagners Briefe an ihre Tochter Daniela von Bülow 1866–1885. Stuttgart/Berlin 1933.

Wapnewski, Peter (Hg.): Eduard Hanslick. Aus meinem Leben. Kassel/Basel 1987.
Weißheimer, Wendelin: Erlebnisse mit Richard Wagner, Franz Liszt und vielen anderen Zeitgenossen nebst deren Briefen. Stuttgart/Leipzig 1898.
Wesendonck, Mathilde: Gedichte, Volksweisen, Legenden und Sagen. (1862). Leipzig 1874.
Wiggershaus, Renate (Hg.): Malwida von Meysenbug: Memoiren einer Idealistin. (Gekürzt) Königstein/Taunus 1998.
Wille, Eliza: Erinnerungen an Richard Wagner. (1935). Zürich 1982.
Zelinsky, Hartmut: Richard Wagner – ein deutsches Thema. Eine Dokumentation zur Wirkungsgeschichte Richard Wagners 1876–1976. Frankfurt/M. 1976.
Zinsstag, Adolf (Hg.): Die Briefsammlungen des Richard Wagner-Museums in Tribschen bei Luzern. Selbstverlag o. J.
Zolling, Theophil: Richard Wagner's erste Frau. Mit ungedruckten Briefen von Minna Wagner-Planer. In: Die Gegenwart 40–42 (1899).

II. Sekundärliteratur

Bab, Julius: Die Frau als Schauspielerin. Berlin 1915.
Bauer, Hans-Joachim: Richard-Wagner-Lexikon. Bergisch-Gladbach 1988.
Bauer, Hans-Joachim: Richard Wagner. Berlin 1995.
Becker, Wolfgang: Die deutsche Oper in Dresden unter der Leitung von Carl Maria von Weber 1817–1826. Berlin 1962.
Bekker, Paul: Wagner. Das Leben im Werke. Berlin/Leipzig 1924.
Bergfeld, Joachim: Otto und Mathilde Wesendoncks Bedeutung für das Leben und Schaffen Richard Wagners. Bayreuth 1968.
Bélart, Hans: Richard Wagners Liebestragödie mit Mathilde Wesendonk. Die Tragödie von Tristan und Isolde. Dresden 1912.
Busch-Salmen, Gabriele: ...eine reiche und vornehme Wiege... . Pompöse Wohnansprüche Richard Wagners. In: Monika Fink u.a. (Hg.): Musica privata. Die Rolle der Musik im privaten Leben. Festschrift Walter Salmen. Innsbruck 1991, S. 215–239.
Craig, Gordon A.: Geld und Geist. Zürich im Zeitalter des Liberalismus 1830–1869. München 1988.
Dahlhaus, Carl/John Deathridge: Wagner. Stuttgart/Weimar 1994.
Dülmen, Andrea van (Hg.): Frauenleben im 18. Jahrhundert. München 1992.
Erismann, Hans: Richard Wagner in Zürich. Zürich 1987.
Flückiger-Seiler, Roland: Hotelträume zwischen Gletschern und Palmen. Schweizer Tourismus und Hotelbau 1930–1920. Baden 2001.
Gartmann, Joos: Die Pferdepost in Graubünden. Disentis 1985.
Geitner, Ursula (Hg.): Schauspielerinnen. Der theatralische Eintritt der Frau in die Moderne. Bielefeld 1988.

Geitner, Ursula: Vom Trieb, eine öffentliche zu sein. Weiblichkeit und Öffentlichkeit um 1800, in: »Öffentlichkeit« im 18. Jahrhundert, hg. von Hans-Wolf Jäger. Göttingen 1997, S. 77–90.
Glasenapp, Carl Friedrich: Das Leben Richard Wagners. 6 Bde. Leipzig 1905–1911.
Goldschmit, Rudolf K.: Die Schauspielerin. Stuttgart 1922.
Gregor-Dellin, Martin: Richard Wagner. Sein Leben. Sein Werk. Sein Jahrhundert. München/Zürich 1980.
Gutman, Robert: Richard Wagner. Der Mensch, sein Werk, seine Zeit. (1968). München 1970.
Hartmann, Ludwig: Minna Wagner, in: Breslauer General-Anzeiger v. 12.6.1902.
Herzfeld, Friedrich: Minna Planer und ihre Ehe mit Richard Wagner. Leipzig 1938.
Hurn, Philip Dutton / Root, W.L.: The Truth about Wagner. London et al. 1930.
Kapp, Julius: Richard Wagner und die Frauen. (1912). Berlin 1951.
Kapp, Julius / Jachmann, Hanns: Richard Wagner und seine erste »Elisabeth« Johanna Jachmann-Wagner. Berlin 1927.
Kloss, Erich: Richard Wagners erste Gattin, in: Dramaturgische Beilage zur Deutschen Bühnen-Genossenschaft Nr. 43 v. 3.7.1908.
Köhler, Joachim: Der Letzte der Titanen. Richard Wagners Leben und Werk. München 2001.
Krausnick, Michail: Emma Herwegh. Eine biographische Skizze. Marbacher Magazin 83/1998.
Kummer, Friedrich: Dresden und seine Theaterwelt. Dresden 1938.
Lange, Walter: Weib und Welt. Ein Wagnerbuch. Leipzig 1931.
Langer, Axel/Chris Walton (Hg.): Minne, Muse und Mäzen. Otto und Mathilde Wesendonck und ihr Zürcher Künstlerzirkel. Zürich 2002.
Lippert, Woldemar: Richard Wagners Verbannung und Rückkehr 1849–1862. Dresden 1927.
Magli, Ida: Die Madonna. Die Entstehung eines weiblichen Idols aus der männlichen Phantasie. München/Zürich 1990.
Möhrmann, Renate (Hg.): Die Schauspielerin. Zur Kulturgeschichte der weiblichen Bühnenkunst. Frankfurt/M. 1989.
Moulin Eckart, Richard Graf du: Cosima Wagner. Ein Lebens- und Charakterbild. 2 Bde. Berlin 1931.
Naegele, Verena: Parsifals Mission. Der Einfluß Richard Wagners auf Ludwig II. und seine Politik. Köln 1995.
Rettenmund, Barbara/Voirol, Jeannette: Emma Herwegh. Die grösste und beste Heldin der Liebe. Zürich 2000.
Rheinberg, Brigitta van: Fanny Lewald. Geschichte einer Emanzipation. Frankfurt/New York 1990.
Rieger, Eva: »Love is the Essence of the Eternal Feminine«: Richard

Wagner's Concept of Femininity with Reference to Brünnhilde, in: Women & Music 6. (2002), S. 1–10.
Rose, Paul Lawrence: Wagner: Race and Revolution. London/Boston 1992.
Schad, Martha: »Meine erste und einzige Liebe«. Richard Wagner und Mathilde Wesendonck. München 2002.
Schwabe, Günther: Mathilde Wesendonk (1828–1902), in: Rheinische Lebensbilder, Bd. 11, hg. von Wilhelm Janssen. Köln 1988, S. 235–256.
Skelton, Geoffrey: Richard und Cosima Wagner. Biographie einer Ehe. München 1995.
Stadtarchiv Zürich (Hg.): Der öffentliche Verkehr in Zürich 1830–1930. Zürich 1990.
Stümcke, Heinrich: Die Frau als Schauspielerin. Leipzig 1905.
Tappert, Wilhelm: Minna Wagner, geb. Planer, in: Die Musik 1. (1901/02), S. 1401–1411.
Vill, Susanne (Hg.): »Das Weib der Zukunft«. Frauengestalten und Frauenstimmen bei Richard Wagner. Stuttgart/Weimar 2000.
Voss, Egon: »Wagner und kein Ende«. Betrachtungen und Studien. Zürich/Mainz 1996.
Voss, Egon: Die Wesendoncks und Richard Wagner, in: Langer/Walton 2002, S. 117–129.
Wallace, William: Liszt, Wagner, and the Princess. London 1927
Walton, Chris: Otto Wesendonck (1815–1896) und seine Mathilden. In: Langer/Walton, S. 93–98.
Wapnewski, Peter: Richard Wagner. Die Szene und ihr Meister. München 1983.
Wapnewski, Peter: Tristan der Held Richard Wagners. Berlin 2001.
Westernhagen, Curt von: Die Entstehung des »Ring«. Dargestellt an den Kompositionsskizzen Richard Wagners. Zürich 1973.
Zenck, Claudia Maurer: Komponierte Weiblichkeit – Rollenprofil der Isolde, in: Vill 2000, S. 95–123.

Personenregister

Editorischer Vermerk

Es konnten leider nicht alle Rechteinhaber ermittelt werden.
Der Verlag ist bereit, berechtigte Ansprüche angemessen zu vergüten.

Buchanzeigen

Veronika Beci
Franz Schubert
Fremd bin ich eingezogen
Biografie